BEITRÄGE Z

D

DEUTSCHEN SPRACHE UND LITERATUR

HERAUSGEGEBEN

VON

HERMANN PAUL UND WILHELM BRAUNE.

X. BAND.

HALLE A/S.
MAX NIEMEYER.
1885.

INHALT.

NORDISCHE LEHNWÖRTER IM ORRMULUM.

I. Teil. Vorbemerkungen.

§ 1. Das Orrmulum, wie der verfasser es selbst nannte, ist ein früh mittelenglisches gedicht, paraphrase und erklärung der evangelien des kirchlichen jahres enthaltend; seine poetische form ist ein mit äusserster genauigkeit gebauter jambischer septenar. Der verfasser ist der augustinermönch Orrm oder Orrmin, über dessen lebenszeit und heimat wir nicht unterrichtet sind; doch kann man ihn ohne gefahr viel zu irren dem nordöstlichen teil des ehemaligen königreichs Mercien und dem ersten viertel des dreizehnten jahrhunderts zuerteilen (ten Brink, Gesch. d. engl. lit. band I s. 242). Ein wesentlicher grund die heimat Orrms in die genannte gegend zu verlegen ist die in seinem werk auftretende starke mischung des echt engl. sprachguts mit nordischen wörtern, eine mischung wie sie nur in einem gebiet sich zeigen konnte, wo zuvor die dänische herrschaft am stärksten und dauerhaftesten war. Es soll die aufgabe der vorliegenden abhandlung sein, jene nordischen bestandteile in Orrms sprache auf grund wortgeschichtlicher kriterien möglichst streng auszuscheiden und grammatisch zu behandeln.

A. Ueber Orrms schreibweise.

§ 2. Besonders ein moment macht Orrms werk für die sprachwissenschaft kostbar: seine orthographie zeichnet sich durch grosse bestimmtheit und mustergültige consequenz aus, so dass sich daran ein 'grammatisches herz erfreuen muss'. Doch ist die consequenz der lautbezeichnung nicht in allen punkten gleichmässig. So kommt *eo* als zeichen des gebrochenen lautes und des diphthongs vor, obgleich sowol die brechung *eǫ* [1]) als der diphthong *eo* schon zu *e*, *ê* monophthongiert waren. Dass der lautwert von *eo* in Orrms sprache wirklich *ĕ*, *ē* war, erhellt teils daraus, dass fast immer formen mit *e* denjenigen mit *eo* zur seite stehen z. b. *heorrte, herrte* — ae. *heǫrte*, teils daraus, dass *eo* zuweilen vorkommt wo es gar nicht etymologisch berechtigt ist z. b. p. p. *heorrd, herrd* — ws. *hiered, hŷred, seollþe, sellþe* — ws. *sǽlð*, welcher gebrauch zeigt, dass *eo* seine altenglische geltung nicht mehr hatte. Auch andere laute haben eine schwankende bezeichnung, z. b. ae. *ǽ* bei Orrm *æ*, *e*. Im grossen und ganzen aber hat Orrms schrift ein merkwürdig phonetisches gepräge.

§ 3. Besonders in der bezeichnung von länge oder kürze des vocals geschlossener silben zeigt Orrms schrift ein durchgeführtes princip und ermöglicht wichtige schlüsse auf die aussprache seiner zeit: bekanntlich wird in geschlossenen silben die länge des vocals durch einfache, die kürze durch doppelte setzung des folgenden consonanten ausgedrückt. [2]) Z. b. ae. *hûs* — Orrm *hus*, ae. *nǽfre* — Orrm *næfre*, ae. *folc* — Orrm *follc*, ae. *sweltan* — Orrm *swelltenn*. Auch für unbetonte silben wendet er diese bezeichnung an, z. b. ae. *drêfed* — Orrm *drefedd*.

§ 4. Was durch die doppelschreibung des consonantzeichens zwischen zwei vocalen ausgedrückt werden soll, ist zweifelhaft. Jessen und ten Brink a. a. o. sprechen sich nicht näher darüber aus, was der doppelconsonant in dieser stellung, wenn er sich im ae. nicht vorfindet, bedeuten soll. Dagegen scheint Sievers (Ags. gr. § 324 anm.) anzunehmen, dass kürze dadurch bezeichnet wird. Bei dieser annahme wäre jedoch der von Jessen, Sweet und ten Brink hervorgehobene umstand auf-

[1]) Die von ten Brink (Anglia I, 526) vorgeschlagene bezeichnung scheint mir vor derjenigen Sievers' den vorzug zu verdienen, weil sie feinere unterscheidungen ermöglicht und auf dem prinzipe beruht gleitlaute zu unterpunktieren. Aber erst unter der annahme von diphthongierung durch palatale wird das princip der bezeichnung das angegebene und diese diphthongierung scheint Sievers durch die Beitr. IX, 205 ff. beigebrachten gründe für das ws. erwiesen zu haben. Mit ten Brink will ich also *ea, eąrd, ʒęat* für Sievers' *eá, eard, ʒ'eat* schreiben.

[2]) Vgl. ten Brink, Haupts zs. XIX, 213 ff. und Jessen, Tidskr. for phil. og pæd. I, 203 ff.

fällig, dass Orrm nie das consonantzeichen in fällen wie *farenn, etenn, bĭte, dăle* verdoppelt. — Dem principe nach sollte die doppelschreibung zwischen zwei vocalen die länge des vorhergehenden vocals bezeichnen, da ja eine schreibung *irre* in dieser hinsicht der schreibung *næfre* gleich kommt. Zahlreiche der einschlägigen fälle zeigen schon im ae. echte doppelconsonantzeichen und nichts spricht dafür, dass in diesen vocaldehnung eingetreten sei. In fällen wie *ezze, fazzerr* ist eine art dehnung da, wenn man dieselben mit ten Brink Haupts zs. XIX, 213 als *eije, faijer* auffasst, d. h. wenn sich aus ae. *z* ein mit dem vorhergehenden vocal zum diphthong verschmelzendes *i* entwickelt, ohne dass der palatale consonant verschwindet, vgl. Sievers Phonetik, s. 124 und die von Jessen Tidskr. f. phil. og pæd. I, 207 aufgeführte schreibung *sîze* (v. 11421, 11481).

Von den übrigen sind *wraþþenn* — ae. *wrâðian, immess* — isl. *ýmiss* eigentlich die einzigen, welche bestimmter darauf deuten, dass doppelconsonanz zwischen zwei vocalen die länge des vorigen angibt. Vgl. jedoch auch *greþþedd* III § 20 in dieser abhandlung. Auf *chewwenn* — ae. *ceowan* ist weniger zu geben, weil es etwa *cheuuen* bedeuten könnte. Dann andere noch zweifelhaftere fälle. Demnach könnte es scheinen, als ob Orrm in einigen fällen, wo doppelconsonant zwischen zwei vocalen vorkommt, die länge des vorhergehenden vocals zu bezeichnen beabsichtigte; aber für sicher halte ich es nicht. — Bei *ch, sh* dagegen, welche — abgesehen davon, dass streng phonetisch die affricata aus zwei lauten zusammengesetzt ist — einen einheitlichen laut bezeichnen, gibt die beschaffenheit des zeichens dem schreiber gelegenheit die kürze oder die länge des vorhergehenden vocals auszudrücken und er schreibt im ersten falle *cch, ssh,* im letzteren *ch, sh,* z. b. *fecchenn,* aber *tæchedd; nesshe,* aber *flæshess.* Bei *zh* wäre dieselbe unterscheidung möglich, aber der schreiber hat sich dieses auswegs nicht bedient. Dass es wirklich so ist und nicht etwa durch *zh* eine dehnung in offener silbe angedeutet ist, zeigen schreibungen wie *wrĭtenn, bĭte, dăle, răþe,* welche durch ein besonderes zeichen die kürze der offenen silbe hervorheben, vgl. Jessen Tidskr. for phil. og pæd. I, 206.

§ 5. Die doppelschreibung eines consonanten bezeichnet also bei Orrm nach meiner ansicht:

a) die kürze des vorhergehenden vocals in geschlossener silbe nach der hauptregel,
b) ae. gemination oder langen consonanten,
c) die verbindungen *ȝȝ, ww* vielleicht *ii, uu*,
d) zwischen zwei vocalen vielleicht in einigen fällen die länge des ersten vocals.

B. Kriterien für die nordischen lehnwörter.

§ 6. Die kriterien, auf welche ich die annahme der nordischen herkunft eines wortes stütze, sind hauptsächlich:

a) ein den ae. dehnungsgesetzen widersprechendes quantitätsverhältnis,
b) ein den ae. palatalisierungsgesetzen widersprechender consonantismus,
c) nordische vocalisation, wie die diphthonge *eȝȝ, oww* u. a.,
d) *þ*, dem isl. ð entsprechend, wo das ae. *d* hat,
e) nord. consonantische assimilation, wie *nn, dd* < *nþ, zd*,
f) sonstige nordische lauterscheinungen oder bedeutungen,
g) nordische flexion,
h) dass ein wort im nordischen, aber nicht im ae. vorkommt.

Ehe ich zur behandlung der lehnwörter übergehe, will ich zuvor eine untersuchung über die gesetze für dehnung, kürzung, palatalisierung und dahin gehöriges in Orrms mundart anstellen.

C. Ueber die quantitätsverhältnisse bei Orrm.

§ 7. Aus Orrms schreibweise erhellt, dass seine sprache vielfach andere quantitätsverhältnisse hat, als man nach den verwanten sprachen zu erwarten hätte. Die quantitätsänderungen bestehen teils in dehnung, teils in kürzung der vocale. Wie aus den regeln für Orrms bezeichnung folgt, können wir nur in geschlossener silbe die quantität wahrnehmen und unsere darstellung wird sich auch auf solche fälle beschränken.

§ 8. Dehnung. In Orrms mundart ist dehnung vor den folgenden consonantenverbindungen eingetreten:

a) **ld.** Folgende fälle sind bei Orrm belegt: *ald, aldelike, efennald, bald, baldeliȝ,* praet. *cwaldenn,* præt. *dwalde,* adj. und adv. *-fald: anfald, fiffald, twifalde, þrefald; faldess, hald, upphald, haldenn, bihaldenn, kald,* praet. *saldenn, scaldess, wald — beoldenn, beldenn, elde, eldenn, feld,* praet. *heold, held, seldenn*[1]), *ȝeldenn, ȝeldess, — child, cnapechild, maȝȝdennchild, childenn, dwilde*[2]), *gildene, oferrgildedd, milde, unnmilde, mildherrtleȝȝc, mildheorrtnesse, shildenn, dæþshildiȝ, unndæþshildiȝ, dæþshildiȝnesse, þild, þildiliȝ, wilde — gold, goldenn* 'paid', *hold.*

Anm. Wo *ld* nach Sievers Ags. gr. § 197, 4 zu *lt* geworden ist, tritt keine dehnung ein: ae. *milts* — Orrm *millcc.*

b) **mb.** *camb, lamb, wambe — climbenn — crumb, dumb.*

c) **nd.** *and*[3]), *band,* praet. *band,* præt. *fand, fandenn, fandinng, hand*[4]), *handewerrc, handewritt, land, endeland, sand, sanderrmann*[5]), *shande, unnderrstandenn*[6]), *strande, wand,* praet. *wand, — blendeþþ, forrblendeþþ, ende, endedaȝȝ, endeland, endeless, endenn, lende, lendenn, shendenn, wendenn, whilwendlic, -like. — bindenn, forrbindenn, unnbindenn, blind, findenn, findiȝ, grindenn, kinde, kindelæs, ennglekinde, waterrkinde, minde. —* pp. *bundenn, namecund,* pp. *fundenn, bifundenn, grund, hellegrund, hund, lund, stund, sund, forrswundennleȝȝc, forrswundennesse, wunde, wundenn, unnwundedd,* pp. *wundenn, þurrhwundenn.*

d) **ng.** *ange, gang, hanndgang, lang, langenn, mang, amang, sang, uhhtennsang,* praet. *sprang, strang, unnstrang, þwang, shoþwang, wrang —* praet. *onnfengenn, genge, gengenn,* praet. *heng, bilenge, strengenn — king, oferrking, ringenn, singeþþ, offspring, springenn, uppspringenn, stingenn, swingenn, swinginng, þing,*

---

[1]) Ueber *seldenn* siehe s. 7 anm. 2.

[2]) Ich weiss nicht, was Sachse, Ueber das unorganische *e* im Orrmulum §§ 24, 28 veranlasst hat *dwillde* als normalform anzunehmen. Unter den im glossar verzeichneten belegstellen hat nur 18856 *dwillde* und wenn es nur da vorkommt, ist es ohne zweifel ein schreibfehler.

[3]) Verschreibung für *annd* s. § 9 B.

[4]) Nebenform *hannd* s. im II. teil *hannd.* Ueber *hanndgang* u. a. s. § 9, A, B anm.

[5]) Ueber *sanderrmann* siehe teil II.

[6]) Nebenform *unnderrstanndenn* bei weitem gewöhnlicher. Das vom herausgeber im glossar aufgeführte *unnderrstandenn* habe ich sogar in seinem reichen belegverzeichnis nicht finden können.

weorelldþing, þingenn — pp. *forrclungenn,* pp. *stungen,* praet. pl. *sprungenn, tunge, biþrungenn, forrþrungenn, ȝung.*

Anm. Wenn *ng* durch die einwirkung eines tonlosen lautes *nc* geworden ist (Sievers, Beitr. IX, 226), so unterbleibt die dehnung z. b. *annxummnesse, strenncþe.*

e) **rd.** *ærd, middellærd, flærd, kirrkegærd* — *brerd, brerdfull, ferd, reord, rerd, swerd, weordenn, werdenn* — *birde, hirde* [1]), *hirdeflocc, hirdemann, shephirde* — *bord, hord, hordenn, ord, word.*

f) **rl.** *cherl, eorless.*

g) **rn.** *skarn* [2]), *skarnedd* [2]) — *ærn, bærn, bærnenn, dærne, dærnelike, -liȝ* — *eornenn, leornenn, leorninngcnihhtess, lerninngcnihhteflocc, ȝeorne, ȝerne* [3]) *ȝeornenn, ȝernenn, ȝernfull* [4]) — *hirne, hirnestan, stirne* — *corn, unnorne, unnorneliȝ.*

h) **rþ.** *e(o)rþe, e(o)rþeriche, e(o)rþlic, e(o)rþliȝ* — *forþ* [5]), *forþwiþþ, þeþennforþ, forþenn, fullforþedd.*

Anm. 1. Sonstige fälle mit länge, wo man etymologisch kürze vermutet, sind *ofne* nur einmal, also gewiss schreibfehler; *publicaness, puplicaness, spontaneus* haben offenbar die lateinische schreibweise, daneben nach Orrms art *sponntaneuss.* In *bisne* ist schon im ae. langer vocal anzunehmen nach Kluge Beitr. VIII, 535. Jessen Tidskr. f. phil. og pæd. I, 206 hat eine reihe von fällen mit fehlerhafter verwendung des längezeichens verzeichnet.

Anm. 2. Diejenigen consonantverbindungen, welche dehnung bewirken, erhalten auch ursprüngliche länge z. b. *fend, freond, feorþe* [6]).

§ 9. In vielen fällen aber steht kurzer vocal trotz der folgenden dehnenden consonantenverbindung. Unter diesen lassen sich zwei wolbegrenzte beschränkungen der dehnungsregel ausscheiden und für den überrest sind je nach dem fall

[1]) Daneben erscheint zweimal *hirrde,* welches wol schreibfehler ist.

[2]) Ueber *skarn, skarnedd* siehe II. teil. Nach den dortigen ausführungen gehören sie nicht zu dieser regel.

[3]) Die nebenformen *ȝeorrne, ȝerrne* habe ich, dieses nur zu v. 17962, 18376, jenes gar nicht unter den im glossar verzeichneten 15 belegen gefunden, sie sind wol dann verschreibungen.

[4]) Ueber *ȝernfull* vgl. § 9 A.

[5]) Unter den 15 im glossar verzeichneten belegen kommt *forrþ* nur dreimal vor und dürfte dann als schreibfehler angenommen werden. Der herausgeber hat es dessen ungeachtet voran gestellt, als wäre es die normale form.

[6]) *feorrþe* kommt unter den im glossar verzeichneten belegen nur v. 8153 vor.

verschiedene erklärungen der kürze herbeizuziehen. In den zwei ersten fällen liegt kein grund vor anzunehmen, dass die dehnung jemals vorhanden gewesen sei. Kurzer vocal steht vor dehnender consonantenverbindung:

A. wenn der dehnenden consonantenverbindung ein anderer consonant folgt oder in folgender silbe ein stammhaftes *l, n, r* steht[1]) (vgl. ten Brink Haupts zs. XIX, 215.

ld. *allderrdom, allderrmann, — elldernemanness, elldre —* pl. *chilldre — shulldre, shulldrelin, wullderr*[2]).

mb. *timmbredd, fulltimmbredd.*

nd. *anndsæte, anndsware, anndswerenn, anndzætenn, anndzætinnge, anndzætnesse, hanndgang, hanndlenn, hanndwhile —* praet. *wennde — bihinndenn, hinnderrlinng, hinnderrzæp, kinndlenn*[3]), *winndell, winndwenn, grunndwall, hunndredd, sunnderrun*[4]), *unnderr* und zsg. *unnderrn, wunnderr, wunndrenn, forrwunndrenn*[5]).

ng. *anngrenn — enngell, enngleflocc, englekinde, enngleþeod, hunngerr, forrhunngredd, hunngriz.*

rd. *harrdnenn, girrdell.*

rn. *zerrnfull, zerrnnesse.*

rþ. *firrþrenn, mirrþrenn, forrþenn, forrþerr, forrþerrlike, -liz, forrþbi, forrþrihht, forrþwarrd.*

B. In unbetonter silbe:

ld. *weorelld, werelld.*

---

[1]) So gibt ten Brink das gesetz an, aber es ist nicht abzusehen, warum ein flexivisches *r, n* von derselben wirkung wie ein stammhaftes ausgeschlossen sein sollte. Dass nun bei dem flexivischen *n, r* tatsächlich das ergebnis dieser wirkung nicht vorkommt, dürfte teils auf ausgleichung nach dem übrigen paradigma teils auf angleichung an verwante wörter mit ungehinderter dehnung beruhen. Vgl. § 9, C *wurrþenn.*

[2]) Nach dieser regel sollte auch adv. *seldenn* kürze haben. Nach dem glossar kommt es nur zweimal vor v. 8468, 8472 und wenn es nicht schreibfehler ist, vgl. e. *seldom*, muss man annehmen, dass zur zeit der dehnung von dem durch ae. *seld-cyme, seld-lîc* g. *silda-leiks* u. a. bezeugten adj.-stamme **seldo-* vollständige flexion gelebt hat und dass zu *seldenn* die länge von dem adj. übertragen ist. Vgl. *sanderrman* im II. teil.

[3]) Ist wahrscheinlich nordisches lehnwort, siehe II. teil.

[4]) Im glossar steht *sunderrun,* im text aber *sunnderrun.*

[5]) Ueber *sanderrmann* s. II. teil.

Anm. Die adj. *-fald* zeigen durchgängig dehnung und darum haben wir für *-fald* betonung anzunehmen.

nd. *annd*[1]), *oferrhannd, ehhtennde, nizhennde, heþenndom, glowennde, sefennde, þusennde, unnsezenndlice — goddcunnde, goddcunndlezzc, -nesse, grammcunnd, -nesse, grimmcunndlezzc, reowwsunnd.*

ng. Suffix *-inng, -unng:* vgl. Sachse, Ueber das unorganische e im Orrmulum, § 18, 19, wo die vorkommenden wörter verzeichnet sind; suffix *-linng: derrlinng, hinnderrlinng.*

Anm. Die ausnahmen *fanding* (2 mal), *greting, hæþing, offringlac* (je einmal) sind offenbare schreibfehler; *oferrking* hat sich an *king* angelehnt, wie auch *hanndgang, offspring* die länge einer anlehnung an die resp. simplicia verdanken dürften, wenn nicht das letzte glied der zsg. betont wurde.

rd. suffix *-ƿarrd* in *dunn-, forrþ-, fra-, heþenn-, inn-, to-, upp-, wheþenn-, whiderr-, wiþerr-warrd,* subst. *laferrd, laferrdinngess.*

rn. *fazzerrnesse, forrlezerrnesse, ziferrnesse, unnderrn, shæwerrne.*

rþ. *teþennforrþ.*

C. In einzelfällen:

ld. *shollde, wollde* s. § 12.

nd. *hannd* s. II. teil, *stanndenn, senndenn* sind entweder nordische entlehnungen oder wahrscheinlicher ist die kürze wie in *brinngenn* (s. *ng*) zu erklären. *minndiznesse* kommt nur einmal vor und dürfte dann verschreibung sein. *winndeclūt* fordert zur erklärung der kürze betonung auf dem zweiten glied der zsg. *sinndenn* hat gewiss bei der häufigen unbetontheit im satze keine dehnung erhalten. Für die kürze in *zonnd* weiss ich keine sichere erklärung zu bringen. Freilich hat es an den zwei belegstellen v. 10580, 10588 unbetonte stellung, aber auf die stellung und die betonung innerhalb des verses ist nicht viel gewicht zu legen; auch erwartet man bei einem demonstrativ doch häufiger betontheit als unbetontheit; endlich die annahme, dass die kürze von *zonndenn* bezogen wäre, ist sehr wenig ansprechend. — Ueber *munnde* s. § 12.

---

[1]) v. 10091 *and.* das ohne zweifel eine verschreibung ist. Gewöhnlich wird *annd* durch das zeichen ⁊ ausgedrückt.

ng. *lannge* ist vielleicht nordisch oder die kürze stammt aus dem comp. *lenngre,* wo sie regelrecht ist.

brinngenn kann nicht nordisch sein; weil kein solches wort nordisch vorkommt. Zur erklärung der kürze möchte ich eine ausgleichung aus 2. 3. sg. praes. annehmen, wo die kürze lautlich entstehen kann. Die von Sievers Ags. gr. § 359 erwähnten und Beitr. IX, 273 besprochenen kürzeren formen in 2. 3. sg. praes. müssen auch für Orrms mundart vorausgesetzt werden. Freilich sind sie zum grössten teil verwischt und durch die längeren formen ersetzt, aber einige überreste wie 10219 *gett,* 4458 *haffst,* 5348 *stannt,* 5188 *seȝȝst,* durchgängig *seȝȝþ,* dürften doch, wie viel sie auch von dem ursprünglichen typus abgewichen sind, für die einstige existenz der kürzeren form hinlänglich zeugen. Auch von den ebenda in den Beitr. besprochenen p. p. hat Orrm kürzere formen neben den längeren. In diesen kürzeren formen der 2. 3. sg. praes. wäre die dehnende consonantenverbindung durch die synkope mit einem andern consonanten zusammengetroffen und die dehnung wäre dann nach der regel A. nicht eingetreten oder wider aufgehoben, über welche möglichkeit später s. § 12. In *brinngenn* ist eine solche anlehnung an die 2. 3. sg. praes. um so viel möglicher als kein starkes averbo die formen mit lautgesetzlicher länge stützet. Für die notwendigkeit ausgleichung aus 2. 3. sg. praes. anzunehmen vgl. diesen § *wurrþenn* und § 18.

rd. *harrd* adv. *harrde.* Die kürze ist nur unter annahme der ausgleichung aus den *r*-casus, wo sie regelrecht ist, zu verstehen. Vgl. e. *hard* und nicht **hord.*

Auf welchem einfluss die kürze in *ȝerrde, kineȝerrde* beruht, weiss ich nicht.

In praet. *birrde, birrdenn,* das ae. nach der zweiten schwachen conjugation flectiert, ist wol das aneinandertreten von *r* und *d* so spät, dass es hier nicht in betracht kommt. Eine reihe anderer solcher fälle verzeichnet Sachse (§ 120).

rn. Aehnlich könnte auch mit *steorrne, sterrne*[1]) das verhältnis sein — ae. *steorra.* Orrms *sterrne* kann nicht die bildung des wortes sein, welche in g. *stairnô,* ahd. *stërno* vorliegt,

---

[1]) Das einmalige *steorne* 6420 und *sæsteorne* 2134, Kölbing, Engl. stud. I, 4, sind als verschreibungen aufzufassen.

denn dann müsste der vocal lang sein, **sterne*. Es wäre dann anzunehmen, dass aus dem gen. pl., wo nach Sievers Ags. gr. § 276 anm. 1 langsilbige wörter auf *r* gerne synkopieren, das *n* die ganze flexion durchdrungen hätte. Ein analoges verhältnis zeigt, *eȝhe*, dass im acc. pl. *eȝhne, ehne, ehhne* ein *n* hat, das nur aus dem gen. pl. gekommen sein kann, vgl. Sachse § 33 anm. Die möglichkeit, dass *sterrne* die ungebrochene form zu isl. *stjarna* sei, soll unten im II. teil besprochen werden.

errnde, berrne fallen unter denselben gesichtspunkt wie oben *birrde*.

turrnenn, þarrnenn sind gewiss fremdwörter.

rl. *birrlenn* ae. *byrelian* ist eher wie *birrde* zu beurteilen, als dass es nord. lehnwort (isl. *byrla*) wäre. Ueber *derrlinng* s. § 12.

rþ. praes. *birrþ*[1]) ist wie sein praet. *birrde* zu erklären.

Die sippe adj. *wurrþ, wurrþfull, wurrþiȝ, wurrþlike,* subst. *wurrþminnt, wurrþshipe,* subst. *wurrþe,* vb. *wurrþenn* und die zsg. *unnwurrþiȝ, stallwurrþliȝ, licwurrþiȝ, deorewurrþe* hat durchgehends kurzen vocal. Die kürze ist lautgesetzlich in den fällen, wo *rþ* vor consonanten steht, im adj. *wurrþ* ist ausgleichung aus den *r*-casus und dem comparativ, sowie aus jenen compositionsformen anzunehmen. An diese mögen sich die übrigen, wo man länge erwartet, angeschlossen haben.

Das vb. *wurrþenn* hat auch in allen formen kurzen vocal, was auf ausgleichung beruhen muss: praet. sg. *warrþ* — praet. pl. *wurrdenn* — p. p. *wurrþenn*. Die kürze ist lautgesetzlich in 2. 3. sg. praes., praet. pl. und p. p.

§ 10. Verkürzung. Langer vocal wird in Orrms sprache verkürzt: A. vor consonantenverbindungen, B. in unbetonter silbe. Doch sind in beiden fällen vielfache ausgleichungen eingetreten, welche die wirkung des lautgesetzes getrübt haben. Dazu noch C. einzelfälle.

A. Kürzung vor consonantenverbindungen.

1. In der stammsilbe: *ahhte, blosstme, crisstene*[2]), *crisstenndom, esste, esstemete, freollsenn, frellsenn, lasse, lihht* 'easy',

[1]) Kölbing a. a. o. *birþ* 2723 gewiss auch verschreibung.

[2]) Ueber die nebenformen *cristene, cristenndom* s. § 11.

lihht deutsch 'licht', *lihhtenn, lihhnenn, soffte, þessterr, þessterrnesse, -leȝȝc, þohht, uhhtenn, uhhtennsang, uhhtenntid,* praet. *wesshenn. wesste, wessteland.* — *attriȝ, attredd, blettsenn, blettsinng, clennsenn, clennsinng, clennlike, crisstnenn, unnclennsedd,* gen. *deffless, hallȝhe* zu *haliȝ, herrsumm* und zsg. *maȝȝþe, mannsenn, reccless, bireowwsenn, reowwsinng, reowwsunnd, reowwsunnge, seollþe, sellþe, unnsellþe, trowwþe, daȝȝwhammlike, -liccnes, ȝittsung.* Sg. neutr. schw. decl. *little* und pl. *little* von *litell,* das nach Sarrazin, Beitr. IX, 365 ff. langen vocal hat.

2. Vor flexionsendung: praet. *ahhte,* praet. *brohhte,* — p. p. *brohht,* praet. *cwemmde,* pl. *cwemmdenn,* p. p. *demmd, demedd,* pl. *demmde,* pl. *ehhne* zu *eȝhe,* praet. *ferrde,* pl. *ferrdenn,* praet. *flemmde,* p. p. *flemmd,* p. p. *forrdredd,* praet. *herrde,* p. p. *herrd heorrd,* p. p. *ledd* zu *ledenn,* p. p. *lahht* zu *lacchenn,* dem ws. *lǽht, lâht* zu *læccan* entsprechend, p. p. *forrahht,* p. p. *redd* zu *rædenn,* praet. *rohhte,* p. p. *shadde* zu *shædenn,* praet. *sleppte* zu *slæpenn,* praet. *sohhte,* p. p. *sohht,* p. p. *spredd,* praet. *tahhte* p. p. *tahht,* praet. *wepptenn,* praet. *þuhhte, oferrþuhhte,* praet. *forrȝemmdenn.*

Nach diesen kann man auch auf kürze schliessen in fällen wie praet. *fedde, ledde* zu *ledenn, lutte* zu *lutenn, dredde* zu *dredenn, radde* zu *rædenn, shadde* zu *shæden.*

3. Vor dem zweiten gliede einer zusammensammensetzung: *æddmod, æddmodliȝ, chappmenn, unnclænnleȝȝc, dunnwarrd, fifftiȝ, laffdiȝ, eȝȝþerr, eȝȝwhær, nowwþerr, owwþerr, weppmann, -kinn, wissdom.*

B. Kürzung in unbetonter silbe: *allmasst* und *endeless* sind die einzigen fälle der schreibung nach. Es ist natürlich, dass in diesem falle sehr oft anlehnung in schreibung und aussprache stattfand. So z. b. haben sich die übrigen zsg. *-læs* an das adj. *læs* angelehnt, aber die jetzige englische aussprache zeigt den wert von Orrms *endeless.* Unter diese ist doch wol *orrȝhellmod* — ahd. *urguol* — Diez, Etym. Wb. der rom. spr. 288 *orgoglio* — aufzunehmen.

C. Einzelfälle: Ausser diesen gruppen kommen einige fälle mit kurzem vocal vor, in welchen die ursache der kürzung nicht gleich klar ist. Im adj. *ruhh* erkläre ich die kürze wie oben in *harrd, wurrþ,* d. h. durch ausgleichung aus den *r*-casus. Pron. *uss* ist gewiss wegen seiner häufigen unbetontheit im satze gekürzt worden. Der syntaktischen unbetontheit verdanken gewiss auch *þohh* und *þehh* (oft zu *þohh swa þehh* verbunden) ihre kürzung. Praet. *droh* ist nach dem glossar 19mal belegt und 5mal *drohh* geschrieben, was schreibfehler sein muss, da kein grund zu kürzung ersichtlich ist.

Das einmalige *nehh* ist schreibfehler für das häufig belegte *neh.*

In *rekken* — ws. *rêcan* nehme ich an, die kürze sei aus den kürzeren formen der 2. 3. sg. verallgemeinert.

Das zeichen der kürze in *dĕrewurrþe* beruht wol auf verschreibung. Durch syntaktische unbetontheit sind die nebenformen *lĕtenn* zu *lætenn* im präsenstamm, welche Jessen Tidskr. for phil. og pæd. I, 207 bespricht, zu erklären, wenn sie wirklich vorkommen.

§ 11. Wie oben erwähnt ist, leidet das verkürzungsgesetz sehr viele ausnahmen durch anlehnung an wörter und formen, in welchen die länge erhalten bleibt, z. b. *halsumm* zu *hal, tacnenn* zu *tâkenn,* pl. *oþre* zu *oþerr,* vgl. Tamm Beitr. VII, 450. — Die ausnahmen dagegen, wo langer vocal vor *st* bleibt, sind schwierig zu beurteilen: *æst, æstddale, Crist, anntecrist, cristene, cristenndom, breost, gast, mast, mæst, prest, unnwreste,* sup. *læste.* Unter § 10 A haben wir gesehen, dass vor *st* auch kürzung eintreten kann. Das gesetz, wonach vor *st* langer vocal bald erhalten, bald gekürzt wird, weiss ich nicht anzugeben.

§ 12. In bezug auf die dehnung und verkürzung sind die praet. und pp. der ersten schwachen conjugation besonders auffällig, weil sie bei dehnenden consonantenverbindungen teils dehnung, teils kürzung zeigen.

1. Gedehnt sind:

cwellenn, offcwellen — praet. *cwalde, offcwalde,*
dwellenn — 3. sg. praet. *dwalde,*
sellen — 3. pl. praet. *saldenn,*
tellen — 3. sg. praet. *talde* — pl. *taldenn* — p. p. *tald.*

2. Ohne dehnung sind:

2. sg. praet. *shollde̜sst,* 3. sg. praet. *shollde,* pl. *sholldenn,*
wĭlenn — 3. sg. praet. *wollde, nollde* — 2. sg. praet. *wolldesst* — pl. *wolldenn,*
3. sg. praet. *munnde* — pl. *munndenn.*

3. Verkürzt sind:
herenn — 3. sg. praet. *herrde* — pl. *herrdenn* — p. p. *heorrd, herrd*; 3. sg. praet. *ferrde; wenenn* — 3. sg. praet. *wennde* — pl. *wenndenn.*

In den praet. *wenndenn, ȝeorrnde, ȝerrnde* steht kurzer vocal, den gedehnten inf. *wendenn ȝernenn* gegenüber.

Damit halte man die kürzung vor nicht dehnenden consonantenverbindungen in praet. zusammen wie *cwemen* — 3. sg. praet. *cwemmde* — pl. *cwemmdenn, demenn* — p. p. *demmd, demedd* — pl. *demmde;* praet. *flemmde* — p. p. *flemmd.*

Wovon hängt dieser unterschied in den längenverhältnissen ab? Die gruppierung der beispiele scheint mir die antwort zu geben. Die erste gruppe besteht aus praeteritis ohne mittelvocal, Sievers, Ags. gr. § 407, in welchen die dehnende consonantenverbindung also ursprünglich ist, bei den praeteritis der dritten gruppe aber sind die consonanten, welche sonst dehnung erzeugen, erst durch die synkope aneinander getreten. Das zeigt, dass die dehnung früher als die synkope stattfand. Als dann die synkope in den praeteritis der dritten gruppe dehnende consonantengruppen zusammenbrachte, hatte das dehnungsgesetz schon zu wirken aufgehört und vor der durch die synkope erzeugten consonantenverbindung trat statt dessen kürzung ein. Aehnlich wie die praeterita der dritten gruppe verhält sich das subst. *derrlinng* (ae. *deorling, dyrling* bei Bosw.-Toller) < urgerm. **deuri-lingoz* — isl. *dýrlingr.*

Gegen diese erklärung sträuben sich die praeterita der zweiten gruppe. Dass bei diesen *ld* ursprünglich ist, zeigen nicht nur got. *skulda, wilda, munda,* sondern auch isl. *skylda, vilda, munda* (Wimmer, Fornnord. formlära 25, Oldn. Læsebog, 2. udgave s. VII). Was *shollde* betrifft, könnte man annehmen, es wäre durch seine verwendung als hilfswort in dem satze oft unbetont gewesen und fiele also unter unsere regel in § 9 B, dass die dehnung in unbetonter silbe unterbleibt. Aber diese erklärung ist für *munnde, willde* unzulässig, weil diese im ae. keine hilfswörter sind. Wir müssen uns daher nach einer anderen erklärung umsehen. Kluge (Beitr. IX 153 ff.) hat wahrscheinlich gemacht, dass die schwache praeteritalbildung auf ein suffix indoeur. *-tê, -tô,* zurückgeht. Wenn das, wie wahrscheinlich, richtig ist, müssen die betreffenden praeterita urgermanische schlussbetonung gehabt haben, und auch wenn es sich nicht als richtig erweisen würde, ist die annahme urgermanischer schlussbetonung jedenfalls möglich. Diese drei praeterita fordern zur erklärung ihres kurzen vocals die annahme, dass ihre urgermanische schlussbetonung bis auf die dehnungszeit fortgelebt hat, und die dehnung hat deshalb in der unbetonten silbe nicht eintreten können. Die möglichkeit diese annahme zu billigen hängt ganz davon ab, wie man die germanische verlegung der betonung auf die wurzelsilbe auffasst. Nichts, als dass sie in den historischen sprachen allgemein vollzogen ist, spricht dafür, dieselbe als ein lautgesetz zu fassen. Dazu haben verschiedene forscher erwiesen, dass in den historischen sprachperioden in vielen zusammensetzungen das zweite glied betont ist, was gewissermassen dem princip jener accentverlegung widerspricht. Umgekehrt spricht die vielfache trübung der ursprünglichen betonungsverhältnisse durch analogiebildung in den sprachen, welche die alte betonung noch teilweise bewahren, dafür, die allgemeine betonung der wurzelsilbe in den germanischen sprachen als schlussergebnis einer allmählichen ausgleichung zu gunsten der wurzelbetonten formen zu fassen. Aber wenn es so ist, muss man die möglichkeit zugeben, dass die urgermanische betonung, dem systemzwange entzogen, wäre es auch bis in die historische zeit hinein, sich hat erhalten können. Solch ein isoliertes gebiet bilden doch gewiss die praeterito-praesentia mit ihrer eigenartigen flexion.

Das vb. *streonenn, strenenn* ist hier zu erwähnen. Das praet. ist zweimal belegt, einmal 17139 heisst es *strenede* nach der zweiten schwachen conjug., obgleich das ae. keine solche flexion hat, einmal 9822 *streonde*, was eine praeteritalbildung ohne mittelvocal wäre, da es nach der gewöhnlichen ersten schwachen conjug. **strennde* heissen müsste. Vielleicht ist doch auf eine einzige schreibung nichts zu bauen.

§ 13. Ein zweiter umstand ist bei dem behandelten materiale der aufmerksamkeit wert. In den fällen, wo wg. *a* zu grunde liegt, ist der dehnungsvocal bei *ld, mb, nd, ng* fast immer *a,* bei *rd, rn* dagegen ebenso regelmässig *æ*. Die gründe dieser verschiedenheit will ich in § 28 zu ermitteln suchen.

D. Die entwickelung der palatale.

§ 14. Das ae. unterscheidet gutturale und palatale tenuis *c, ć* nach Sievers' bezeichnung Ags. gr. § 75 und gutturale und palatale spirans *ȝ, ȝ́*. Bei Orrm ist *c* erhalten und bald *c* bald *k* geschrieben. Wo man *ć* erwartet, kommt *ch* vor, welches vermutlich eine affricata, wie sie sich im englischen oder schwedischen aus palatalem *k* entwickelt, vorstellt. Das gutturale *ȝ* ist im anlaut *g*, im in- und auslaut *ȝh* geworden; jenes gewiss mit dem lautwert eines explosivlautes, dieses die alte gutturale spirans. Das palatale *ȝ* wird *ȝ* geschrieben und hat entweder den alten lautwert oder es ist zu consonantischem *i* geworden (über *ȝȝ* vgl. § 4). Die entwickelung von *sc*, welche nicht denselben gesetzen wie die von *c* gehorcht, soll besonders in erwägung genommen werden, s. § 24, 25.

§ 15. Anlautendes ae. *c*. Die entwickelung des ae. *c* zu *ch* erscheint bei Orrm in folgenden fällen:

1. vor den das ws. *ea* und dessen *i*-umlaut vertretenden lauten: praet. *chæs* — ws. *ceas*; *chappmenn* — ws. *ceapmen*, *chepinngboþe*.

2. vor dem das ws. *eo* und dessen *i*-umlaut vertretenden laute: *chesenn* — ws. *ceosan*; *chewwenn* — ws. *ceowan*.

3. vor dem das ws. 'feste *i*' (Sievers, Ags. gr. § 22) vertretenden laute: *child* — ws. *cild*; *childenn*.

4. vor dem das *ęa* (diphthongierung durch palatal) und dessen *i*-umlaut vertretenden laute: *chariȝ* — ws. *cęariȝ*, *chaff* — ws. *cęaf*, *chesstre* — ws. *cęaster*, *chele* — ws. *ciele* (Beitr. VIII, 538 anm.).

5. vor dem das ws. *eǫ* vertretenden laute: *cherl* — ws. *ceǫrl*.

§ 16. Dagegen bleibt *c*:

1. vor consonanten, z. b. *claþ*, *cwellenn*.

2. vor dunkeln vokalen, *o, u*, z. b. *corn*, *cullfre*.

Da p. p. *chosenn* affrication hat, ist sie aus praet. sg. und aus dem praesensstamme übernommen. — Ferner streitet dagegen das *chuffinng* 'deceit', welches nur v. 12177 vorkommt: *þatt wass chuffinng* ⁊ *falls* ⁊ *flærd*. Eine solche form ist nach den palatalisierungsgesetzen als echt engl. ganz unmöglich, wie auch die von Stratmann ausgeführten scheinbar verwanten worte fraglich und noch unerklärt sind; doch darf man dieser worte wegen kaum eine verschreibung von *wass chuffinng* für *wass shuffinng* (zu engl. *scoff,* me. *scof* 'irrisio') annehmen, woran zu denken ich sonst geneigt wäre.

3. vor dem *i*-umlaut von *u, û*: *kinde, kineriche, kinn, king, kirrke, kirrtell, kisstiȝ, kiþenn, kiþþeliȝ.* Ueber *kirrke, kinndlenn* s. teil II.

4. vor dem *i*-umlaut von *ô, ǫ̂*: *kechell* — ws. *cêcel* zu ahd. *chuohho, kelenn, kepenn* (Beitr. VIII, 537 ff.).

5. vor den die ws. *ea* (die brechung; nur die ws. brechung vor *l*-verbindungen ist vertreten), *ǫ, a* vertretenden lauten: *callf, camb, cann, care, kald.*

6. vor dem den ws. *i*-umlaut von *ǫ* vertretenden laute: p. p. *kennedd, ankennedd, kemmpe.*

7. in den roman. lehnwörtern: *casstell,* p. p. *bikæchedd, bikahht.*

§ 17. In- und auslautendes *c*. Die affricata *ch* erscheint in folgenden fällen:

1. wo *i, j* urgermanisch nach *c* gestanden hat. Sievers, Ags. gr. § 206, 6.

a) *io*-stämme: subst. *læche, riche,* zsg. *eorþe-, hefenn-, kine-, weorelld-riche;* adj. *eche;*

b) *i*-stämme: subst. *bennche, drinnch, spæche, stinnch;* adj. *riche;*

c) *î*-stamm: *wræche* — g. *wrêkei;*

d) *jon-, jôn*-stämme: subst. *wrecche,* **wicche* in *wicche crafftess, wecche* — ws. *wæcce,* welches wol *æ* durch anlehnung an das zugehörige vb. hat, *macche* — ws. *meccęa, mecca* (Ettm.). Vermischung mit dem *on*-st. *maca* (Ettm.) hat wol das *a* verursacht.

e) bildungen mit dem suffix *-il*: *kechell.* Vielleicht gehört zu dieser kategorie auch *wennchell* n. 'child', worüber Holt (The Orrmullum notes s. 581) spricht. Das wort steht deutlich in ablautsverhältnis zu dem ebenda erwähnten ags. pl. *winclo* 'children'; vgl. noch me. *wenche* f. 'ancilla' (Stratm.).

f) vba der ersten schwachen conjugation: *lacchenn, icchenn, fecchenn, swennchenn, tæchenn, bitæchenn.*

g) vb. *læchenn* 'to cure' durch anlehnung an subst. *læche.*

2. in gewissen *o*-stämmen mit *a, i* in der wurzelsilbe' *bacch, racchess, lich, bodiȝlich.* — Neben

diesen treten noch nebenformen ohne affrication auf *bacc*, *lic*, *inn like*, was auf einen wechsel innerhalb der flexion deutet. Dass ein vorhergehendes *i* in Orrms mundart nicht allein im stande ist, das *c* zu palatalisieren und weiterhin zu *ch* entwickeln zu lassen, wird vielleicht durch das isolierte *icch* dargetan. Ich möchte mich einer ansicht Kluges anschliessen, wonach *i*, *æ* einen hellen vocal zu hülfe haben müsse, um palatalisierung zu bewirken. Die formen *lich*, *bacch* wären demnach von den cas. obl. des sg. ausgegangen, *lic*, *bacc* dagegen von dem nom. acc. sg. und dem pl. Nur als verschiedene ergebnisse einer ausgleichung dürfte man auch Orrms *illc*, *whillc*, *swillc* den engl. *each*, *which*, *such* gegenüber begreifen können.

§ 18. Von den gegebenen regeln über das auftreten von *ch* im in- und auslaut haben ausgleichungen folgende a u s n a h m e n bewirkt.

Die adj. *mikell*, *efennrike* haben *ch* durch eine ausgleichung, letzteres aus den *r*-casus verloren, ersteres aus den alten synkopierten formen, wo vor dem consonanten die affricata sich nicht entwickeln konnte.

Die *i*-stämme *smek* — ws. *smiec*, *smîc* (Sievers, Beitr. IX, 242), *drinnk* nebenform zu *drinnch*, *swinnk* haben sich an die starken vba **smekenn* — ws. *smeocan* (resp. **smoke* — ws. *smoca*) *drinnkenn*, *swinnkenn* angelehnt.

Viele vba der ersten schwachen conjugation zeigen keine affrication: *cwennkenn* 'to quench', *strennkenn*, *ekenn*, *scrennkenn*, *bisennkenn*, *shennkenn*, *swennkenn* neben *swennchenn*, *sleckenn* — *rekkenn*, *þennkenn* und zsg. *bi-*, *ummbeþennkenn*, *sekenn*, *wirrkenn*. Für diese nehme ich ausgleichung an aus 2. 3. sg. praes., in deren kürzerer form die affrication durch den unmittelbar an *c′* tretenden consonanten der endung verhindert wird. Bei der ersten gruppe tritt derselbe zusammenstoss von consonanten, wodurch affrication verhindert wird, auch im praet. und in den synkopierten formen des p. p. ein (vgl. § 9 c, § 10 I, 2).

In *reccless*, *recless* — ws. *rŷcels*, *rîcels* hat die umstellung des *l* die affrication verhindert,

§ 19. A n l a u t e n d e s *ȝ*. Anlautendes *ȝ* aus einem urg. *ȝ* entstanden kommt in folgenden fällen vor:

1. vor dem 'festen ī': *ȝiferr, ȝittsunng.*

2. vor den das wg. *ë* vertretenden lauten: **ȝetenn* in den zsg. *bi-, forr-, rehhtbi-ȝetenn, ȝifenn* — p. p. *ȝifenn* und zsg. *forrȝifenn, ȝife, ȝeldenn, ȝeldess, ȝellp, ȝellpenn, ȝerne* und zsg., *ȝernenn, ȝehatenn, unnȝerim.*

3. vor dem auf wg. *â* zurückgehenden *ǣ*: inf. *anndȝætenn; biȝæte;* praet. pl. *ȝæfenn.*

4. vor den das ws. *ea* und dessen *i*-umlaut vertretenden lauten: *ȝæp, ȝæpleȝȝc, hinnderrȝæp,* praet. *forrȝemmdenn, ȝemenn, ȝemelæste.*

5. vor dem das ws. *ęa* (diphthongierung durch palatal) und dessen *i*-umlaut vertretenden laute: prät. *ȝaff. forrȝaff, ȝerrde, kineȝerrde.* So auch, obschon mit späterer ersatzdehnung, *ȝæn, onn-, toȝæn* und *onn-, toȝæness.* Wenn *ȝarrkenn, ȝarrkinng* zu ws. *ȝęaru* (Sievers Ags. gr. § 104 anm. 1) gehören, sind auch diese hier anzuführen.

6. vor dem das ws. *eo* vertretenden laute: *ȝetenn* v. 17418 — ws. *ȝeotan;* s. II *gett.*

Anm. 1. Vor consonanten und vor andern bei Orrm nach *ȝ*- vorkommenden vocalen als die genannten, bleibt *ȝ*- guttural und ist zu *g*- (wahrscheinlich ein gutturaler verschlusslaut) entwickelt. Besonders zu beachten ist, dass dieses auch vor dem *i*-umlaut von *u* der fall ist: *gildene, oferrgildedd, gillt, gilltenn, girrdell.* So auch vor dem *i*-umlaut des ws. *ǫ*: *genge, gengenn.* Für den *i*-umlaut von aus germ. *ai* entstandenem *â* ist nur pl. *gæt* zu *gat* als beispiel vorhanden. Wenn ae. pp. *ȝoten* bei Orrm *ȝotenn* heisst, ist *ȝ'*- vom präsensstamme und praet. sg. aus durchgedrungen; vgl. pp. *chosenn* zu *chesenn* und über *æȝæde* vgl. teil II.

Anm. 2. Mit den fällen wo *ȝ* für germ. *j* steht haben wir für diese untersuchung nichts zu tun. Ich möchte nur im anschluss an Sievers Beitr. IX, 208, 209 von dem sachbestande bei Orrm aus einige bemerkungen machen. *ȝonnd* würde nach Sievers ein **jęond* voraussetzen, welches seinerseits doch aus **jund* entstanden wäre. Es wäre dann das einzige beispiel solchen vorgangs bei Orrm, denn für *ȝocc* ist eine solche erklärung natürlich nicht nötig. Uebrigens ist *u* nach *ȝ* bewahrt in *ȝung.* Das scheint mir Sievers auffassung, wenigstens was Orrms mundart betrifft, unwahrscheinlich zu machen, obgleich ich freilich keine erklärung für das *o* in *ȝonnd, biȝonndenn* weiss. Für *ȝede* hält Sievers eine directe entwickelung aus ae. *eode* für möglich; aber bei Orrm wäre eine solche entwickelung ganz vereinzelt und also unwahrscheinlich. Man muss dann wol bei ten Brinks deutung des wortes aus ae. *ȝe-eode* stehen bleiben. Sonst könnte man wol an eine übertragung des *ȝ*- aus dem im gebrauch dazu gehörenden präsensstamme *ȝân* denken. Das gutturale *ȝ* wäre dann nach der analogie sonstiger fälle vor dem hellen vocal palatal geworden.

Bei me. *ȝou, ȝour* kann übertragung des *ȝ*- aus N. pl. *ȝe* und ferner angleichung an das pron. der ersten person vorliegen, wie bei Orrm deutlich der fall ist: *ȝunnkerr, ȝunnc, ȝure* zu *ȝe*, wie *unnkerr, unnc, ure* zu *we*.

§ 20. Von diesen regeln kommen folgende abweichungen vor.

Das vb. *biginnenn* hat durchgängig *-g-*, welches aus dem praet. sg. und pl. und p. p., wo es lautlich eintritt, übertragen ist. — Die praet. *gaff, gæfenn, bigatt* müssen nach Kluge (Anglia anz. V, 83) auf nordischem einfluss beruhen. Vgl. dazu § 28 und die betreffenden wörter im teil II. Einmal 10219 kommt *gett* vor. Ob es schreibfehler ist oder in beziehung zum praet. *(bi)gatt* zu bringen, ist nicht zu entscheiden.

Auf das *giferr* 'covetous in erased text at line 10218' ist kein gewicht zu legen und *giferrnesse* ist an der im glossar angegebenen stelle im text *ȝiferrnesse* geschrieben (Sachse, Ueber das unorganische *e* im Orrmulum, der seine angaben im wesentlichen aus dem gedicht selbst geschöpft hat, hat *giferrnesse* s. 17). — Die je einmal vorkommenden *gæress, kirrkegærd* 'church-yard' sind gewiss als schreibefehler zu betrachten. Das richtigere *ȝæress* ist vielfach belegt.

gate neben *ȝate* — ws. *ȝęat* kann aus den formen, wo *ȝ* vor *a* stand, stammen (vgl. § 21, 3).

Ueber *galle* — ws. *ȝealla* s. I § 28, 1 und II. teil.

§ 21. In- und auslautendes *ȝ*. Im in- und auslaut erscheint *ȝ* bei Orrm in folgenden fällen:

1. vor altem *i, j: drіȝȝe*, zsg. (?) *driȝcrafftess, driȝmenn, eȝȝe*, 2. sg. praes. *feȝesst* — p. p. *feȝedd, fleȝȝl* (vgl. Kluge, Etym. wb. *Flegel*) *siȝe, siȝȝefasst*, 2. 3. sg. praes. *seȝȝst, seȝȝþ, leȝȝest, leȝȝeþþ*, p. p. *bileȝȝd, maȝȝþe, maȝȝstre, eȝȝlenn, eȝȝþerr, eȝȝwhær*, 2. 3. sg. praes. *list, liþ*, wozu inf. *lin* — ws. *licȝan*. — In *friȝȝenn* ist *ȝ* aus 2. 3. sg. praes. verallgemeinert. Die dem ws. *fricȝan* entsprechende form wäre **friggenn*. — Ebenso ist in *unnseȝȝenndlic* statt zuerwartenden **unnseggenndlic* das *ȝ* aus 2. 3. sg. praes. auf den ganzen praesensstamm übertragen. Aber auch 2. 3. sg. sind erst durch analogiebildung in die erste schwache conjugation übergetreten, Sievers, Ags. gr. § 416 anm. 3.

hiȝ steht v. 2777 gewiss für **hiȝe* oder **hiȝȝe*. Der vers lautet: ⁊ *soþfasst hiȝ* ⁊ *hope onn himm*. Ich glaube, der verfasser hat auch in der schreibung die elision des schlussvocals ausgedrückt, welche in der aussprache des verses halber vor dem folgenden vocal stattfinden muss (ähnliche fälle aus ae. zeit führt Heyne unter *hrêðe* im glossar seiner Beowulf-ausgabe an.

2. nach *ë*: *weȝȝ(e), aweȝȝ, forrleȝenn, forrleȝerrnesse, reȝȝn.*

3. nach dem das ws. *æ* vertretenden laut. Dass *æ* auch für Orrms sprache mit derselben verteilung wie im ws. vorauszusetzen ist, zeigt deutlich der wechsel nom. sg. *daȝȝ*, gen. *daȝȝess* — pl. *daȝhess*, vgl. § 22. Wenn gelegentlich im pl. *daȝȝess* vorkommt, erklärt sich das leicht durch einwirkung des sg. Die betreffenden fälle sind: *daȝȝ*, praet. *laȝȝ*, praes. *maȝȝ* (*maȝȝ* 'maid' s. II. teil), — *waȝȝn*, p.p. *waȝȝnedd, naȝȝlenn, maȝȝdenn*, vielleicht *maȝȝstre*. Demnach sollte *fraȝȝnenn* auf ein unbezeugtes ws. **fræȝnian* weisen. — *faȝȝerr*.

Praet. *leȝȝde*, wozu Sievers (Ags. gr. § 401) die bemerkung macht, es sei ohne mittelvocal gebildet, ist also hier aufzuführen (vgl. Beitr. IX, 153); es hat dann den umlaut aus dem praes. bezogen.

Anm. 1. Das im glossar aufgeführte eigentümliche *þurrhseȝȝþ* neben *þurrhseþ* 3. sg. praes. von **þurrhsen* finde ich nicht im texte an den im glossar angegebenen stellen.

Anm. 2. Von der regel 1 weicht *wreȝhenn* ab, muss aber, obgleich zweimal belegt, nach den 6 belegen mit *ȝ* und nach der analogie von *feȝesst* als verschreibung erklärt werden. — Dagegen vermag ich das oft vorkommende *meȝhe* 'cousin, relation (female)' nicht zu erklären.

§ 22. Das *ȝ* bleibt guttural, bei Orrm *ȝh* geschrieben, in folgenden fällen:

1. nach consonanten: praes. *berrȝheþþ*, p. p. *borrȝhenn*, p. p. *bollȝhenn; dillghenn, forrdillȝhenn, follȝhenn, hallȝhenn*, pl. *hallȝhe, orrȝhellmod, serrȝhe, serrȝhenn, sinnȝheþþ, swollȝhenn.*

Diese regel ist so durchgehend, dass die dazu nicht stimmenden je einmal vorkommenden *birrȝenn, forrwarrȝedd, follȝesst, follȝenn* der verschreibung verdächtig wären. Aber es ist nicht einzusehen, wie der vorhergehende consonant auf die natur der spirans habe einfluss üben können. Ich glaube, dass hier der folgende vocal dabei bestimmend gewesen ist und so ist *ȝ* in *birrȝenn* — ws. *byrȝan* und *forrwarrȝedd* berechtigt, es fällt unter die regel in § 21, 1). In *forrwarrȝedd* — ws. *wierȝan* ist denn in bezug auf den vocal anlehnung an **warrh* — ws. *wearȝ, wearh* anzunehmen. *follȝesst, follȝenn* wären den sonstigen formen mit *ȝh* von *follȝhenn* gegenüber immerhin als schreibfehler anzusehen.

2. nach dunkeln vocalen:
z. b. *aȝhenn, boȝhess.*

Davon ist ein sonderfall

3. nach *e* — ws. *ea, eo*:
eȝhe — ws. *eage, heh* pl. *heghe* — vb. *heȝheþþ, dreȝhenn* — ws. *dreoȝan, fleȝhenn* — ws. *fleoȝan.*

4. nach hellen vocalen, wenn ein dunkler vocal in der folgenden silbe steht: *stiȝhess, dunstiȝhinng,* an *stiȝhenn* angelehnt, *hiȝhenn* — ws. *hiȝian; diȝhellnesse, niȝhenn;* praet. pl. *sæȝhenn* p. p. in *unnseȝhennlice* (Sievers, Ags. gr. § 391 anm. 5), *reȝhellboc.*

Anm. *ȝh* geht im auslaut und vor consonanten in *h* über: praet. *droh, berrhless, buhhsumm, burrh, druhhþe,* gen. pl. *ehhne, follhsumm, lihhnenn, ploh, serrhfull.*

§ 23. Noch eine entwickelung des ae. *ȝ* begegnet in Orrms sprache, wie es scheint durch die unbetontheit hervorgerufen. *ȝ* erscheint nämlich als

1. *i* = vorsilbe *ȝe-*: *imæn, inoh, iwhillc, full-iwiss,* p. p. *istanedd.* Bei Orrm kommen nur zwei *ȝe-* vor: *ȝehatenn, unnȝerim,* für welche ich keine erklärung habe. Vielleicht beruhen sie, obwol consequent auftretend, nur auf traditioneller schreibweise.

2. mit vorhergehendem *i* zusammengeschmolzen in:

a) subst. und adj. *-iȝ*: *laffdiȝ, dreoriȝ, maniȝ, twenntiȝ.*

b) adj. *liȝ* < *-lic* z. b. *bliþeliȝ, gastliȝ,* woneben häufig auch die endung *-lic, -like* vorkommt, wol durch neue anlehnung an adj. *lic.* Dass *-iȝ, -liȝ* = **-î*, **-lî* sind, erhellt teils aus Orrms bezeichnungsprincip, das für **-ĭȝ*, **-lĭȝ* die schreibung **-iȝȝ*, **-liȝȝ* fordert, teils aus vorkommenden schreibungen wie *haliliȝ, mani, nani, unnshaþinesse, wurrþi.*

Wie diese fälle ist das neben *i̇cc* vorkommende *i* (= **î*) zu erklären: jenes ist die im satze betonte form, dieses die unbetonte, welche wie die adj. *-lic* zunächst zu **iȝ* geschwächt wurde.

§ 24. Anlautendes *sc'*. Das palatale *sc* hat sich bei Orrm zu *sh* entwickelt, welchem zeichen ein zischlaut, die vorstufe des engl. *sh*, zu grunde liegen mag. Vgl. § 25 anm. — Anlautend kommt *sh* in folgenden fällen vor:

1. vor 'festem *i*': *deofellshine*, praet. *shifftedenn; shildenn*, praes. *shineþþ*, p. p. *bishinedd, shir*.

2. vor *e* < *eo: shetenn*[1] — ws. *sceotan*.

3. vor *æ, e* < *ea* und dessen *i*-umlaut: *shæfess, shæwenn, shæwerrne, shene*, so auch *shetenn* 'to happen, to fall to his lot' zu *sceatan* 'cedere in partem alicujus' Ettm. Holt vergleicht verkehrt nur "Ger. *ge-schehen* 'to happen' (Dan. *skee*: Icel. *skè*)".

4. vor *æ* < wg. *â: shep*.

5. vor *ǣ* < wg. *ai*: *shædenn, shæd, shæþe*.

Sievers, Beitr. IX, 208, sagt: 'In einem falle wenigstens wird ags. *eá* aus palatal + *â* im späteren englischen genau wie *eá* aus *au* behandelt: *sceadan* ergibt bei Orrm *shǣdenn* (genau so wie z. b. *sceáwian* zu *shǣwenn* wird)'. Ich muss die richtigkeit dieser auffassung bestreiten; in Orrms sprache ist in diesem wort nie ein *ea* vorhanden gewesen. Wenn Sievers auffassung richtig wäre, würde wol auch vor andern vocalen der aus dem palatal entwickelte gleitlaut mit dem folgenden vocal einen diphthong bilden, welcher wie der entsprechende alte diphthong behandelt würde. Demnach sollte ae. *scęôh* (Platt, Engl. Stud. IV, 149), bei Orrm **sheh* oder **she* geben, aber die wirkliche form ist *sho*. Das von Sievers Ags. gr. § 242 aufgeführte *scôh* gäbe bei Orrm **skoh*, **skọ*. Obgleich nicht von so grosser beweiskraft, zeigt praet. *shop* — ws. *scęôp* dasselbe. — Dabei bleibt der vocal *ǣ* in *shædenn* — ws. *scęâdan*, zu erklären. Ich nehme dafür übertragung aus 2. 3. sg. praes. an. Ausser den § 9 c, § 18 angenommenen übertragungen aus diesen formen, finde ich bei folgender auffassung eines punktes in der ae. lautlehre dafür hinreichende analogien.

---

[1]) Holt hat merkwürdigerweise 'shetenn inn *to shut upp, harden?*' Der zusammenhang ist: '*He (deofell) wile himm skerrenn mare,* ⁊ *ræfenn himm hiss rihhte witt,* ⁊ *shetenn inn hiss heorrte*', wo ja die bedeutung 'schiessen in sein herz hinein' gut passt.

Gegen die von Sievers Ags. gr. § 57 und Beitr. IX, 208 ausgesprochene ansicht, dass wg. *ǽ* im ae. als *ǽ* erscheint, hat Kluge (Anglia anz. V, 82) einige zeugnisse angeführt. Kluge erklärt pl. praet. wie *bǽron* durch übertragung aus dem *i*-umgelauteten praet. conj. pl. und folglich muss er inf. wie *ondrǽdan, lǽtan, rǽdan, stǽpan* durch übertragung des *ǽ* aus einer *i*-umgelauteten form, hier 2. 3. sg. praes., erklären, wie ich für Orrms *shǽdenn* angenommen habe. Dieselbe erklärung möchte ich auch für *weldenn, allwældennd* in anspruch nehmen und kaum kann man anders den inf. *ȝifenn* der 3. sg. praes. *forrȝeteþþ* gegenüber begreifen. Das *ǽ* in *shǽd* wird durch die annahme es sei ein masc. *i*-stamm wie die von Sievers Ags. gr. § 266 angeführten verbalsubstantiva gut erklärt. — Dass in *shǽþe* *i*-umlaut vorliegt, steht durch ae. *shǽð* femininen *i*-stamm fest.

6. vor *ŏ*: praet. *shollde*, praet. *shop*, subst. *sho, shoþwang* — adj. *shorrte.*

7. vor *u* und dessen umlaut: *shulldre, shunenn;* praet. pl. *shulenn* — *dæþshildiȝ, unndæþshildiȝnesse.*

8. vor altem *a, ǫ* und deren umlauten: *shaffte, shall, shame, shameþþ,* p. p. *forrshamedd, shammfasst, shande, shannkess, shapeþþ, shapp, sharrp, unnshaþiȝ,* — *shendenn, shennkesst.*

In *-shipe: gladdshipe, mannshipe, werelldshipe, wittshipe, wurrþshipe* scheint *-shipe* statt **-shepe* auf der geringen tonstärke zu beruhen. Vgl. Sievers Ags. gr. § 98 anm.

9. Schliesslich kommt *sh* auch vor consonanten vor: *shrædenn, shridenn, shrifenn, shriffte, shrud.* Ein palatales *sc* vor consonanten kann im ae. nicht zum vorschein kommen; lautphysiologisch denkbar ist es jedenfalls auch in dieser stellung. Dass nun dieses *sh* als vertreter des palatalen *sc* zu fassen ist und dass nicht etwa alle *sc* sich bei Orrm zu *sh* entwickelt haben, zeigen sicher *skrennkenn, asskenn:* jenes höchstwahrscheinlich, dieses unzweifelhaft englischer herkunft.

Anm. Anlautendes *sc-* ist erhalten in *scrennkenn, skaþesst, skaþelæs.* Die beiden letzten sind doch möglicherweise nordischer herkunft. Ueber *skarn, skarnedd* vgl. II. — *scorrcnedd* ist vermutlich romanisches lehnwort: Sachse, Ueber das unorganische *e* im Orrmulum § 126 anm. — Ueber *scone* siehe § 27.

§ 25. **In- und auslautendes** *sc.* Die vorkommenden fälle, in welchen aus palatalem *sc'* bei Orrm *sh* geworden ist, sind:

1. vor altem *i, j: flæsh-,* pl. *flæshess* Kluge (Anglia, anz. V, 85); *nesshe,* vb. *nesshenn.*

2. nach hellem vocal: *fressh, lifissh, mennissh, þresshenn.*

3. nach dunkelm vocal wol durch analogie der 2. 3. sg. praes. nur in *wasshenn* — praet. *wessh* — pl. *wesshenn.*

Anm. Die wörter mit inlautendem *sk* sind: *asskenn, asske fisskess, fisskenn, mennisske, mennissclezzc, lesske.* Wie viele von diesen nordischem einflusse das *sk* verdanken können, muss dahingestellt bleiben; sicher englisch ist *asskenn* und es ist damit erwiesen, dass ae. *sc* unter umständen in Orrms sprache erhalten ist. Da wir nun im ae. den gegensatz zwischen palatalem und gutturalem *sc* finden, liegt es auf der hand, dass Orrms *sh* und *sk, sc* auf denselben gegensatz zurückgehen.

§ 26. Von dem vorgebrachten material über die entwickelung der ae. palatale und gutturale bei Orrm ausgehend, will ich jetzt einen rückschluss in bezug auf das alter des palatalisierungsgesetzes in seiner mundart wagen. Wir haben oben gesehen, dass die affrication *ch* und das palatale *ȝ* vor allerlei palatalen vocalen vorkommen, aber eigentümlicherweise vor den umlautsvocalen *ê* aus *ô*, *ĭ* aus *ŭ*, *e* aus ws. *ǫ* nicht eingetreten sind. Diese umlautsvocale sind doch auch palatale vocale mit wenigstens ebenso grosser palatalität, wie sie nach der gewöhnlichen annahme das palatalisierung hervorrufende erste element des diphthongs *ea* hat, welcher nach seiner von Scherer (z. G. D. S. 123) dargelegten entstehung = *æa* ist; Sievers Ags. gr. § 35. Demnach scheint mir Sievers (Beitr. IX, 198) durch die annahme von einer verschiedenheit in der aussprache des aus *ǭ̆* durch *i*-umlaut enstandenen *ē̆* und des aus sonstigen wg. *a* umgelauteten *e* keine erklärung der unterbleibenden palatalisierung gegeben zu haben. Man kann ja für jenes *ē̆* kaum eine geringere palatalisierung annehmen als für ws. *æ* und dass dieses palatalisierung erzeugt, zeigt wie bemerkt ausser andern fällen die palatalisierung vor dem diphthong *ea.* Es scheint mir somit kein anderer ausweg offen zu bleiben als das palatalisierungsgesetz vor die umlautszeit zu verlegen: das palatalisierungsgesetz wirkte, als es noch **kôkil-*, **kôni-*,

**kǫnni-* oder **kanni-*[1]), **kǫmpi-* oder **kampi-*, **kundi-*, **kuni-*, **ȝuldin-* hiess, und seine wirkung hatte aufgehört, als diese durch den *i*-umlaut in **kə̂kil-*, **kə̂ni-*, *kənni-* oder *kenni-*[1]), *kəmpi-* oder *kempi*, *kyndi-*, *kyni-*, *ȝyldin-* verwandelt wurden, welche endlich nach bekannten lautgesetzen bei Orrm als *kechell*, *kene*, *kennenn*, *kemmpe*, *kind*, *kine-*, *gildenn* erscheinen. Aber Sievers selbst hätte ja denselben schluss ziehen müssen, da er Beitr. IX, 206 von anderen betrachtungen ausgehend die Ags. gr. § 75 anm. aufgeworfene frage, ob ws. *ȝiest* sein *ie* einer entwickelung **ȝasti-*, *ȝęsti-*, *ȝiesti-* oder **ȝasti-*, *ȝęasti-* > *ȝiesti-* verdanke, zu gunsten der letzteren annahme entscheidet. Dass nun palatalisierung vor dem 'gewöhnlichen umlauts-*e*' vorkommen kann, ist folgendermassen zu fassen. Zur zeit des palatalisierungsgesetzes hatte sich wg. *a* schon in *æ*, *a* verzweigt nach den von Sievers, Ags. gr. § 49, 50 angeführten gesetzen, wobei nur zu bemerken ist, dass ein umlautwirkendes *i*, *j* in der folgenden silbe dieselbe wirkung gehabt haben muss, wie die die übrigen hellen vocale. Wo später umlaut eintrat, stand also zur zeit der palatalisierung überall *æ*, vor welchem die palatale guttural wurden.

§ 27. Noch eine erscheinung ist bei der besprechung der palatale zu erwähnen. Es sind die drei wörter *gom* 'care, heed', 2. sg. praes. *gowesst* 'watchest, surveyest', *scone* 'shining, beauteous'. *gom*, *scone* stimmen in der bedeutung zu gut zu ws. *ȝeam* — Orrm. **ȝæm*, ws. *sciene* — Orrm. *shene*, als dass nicht damit irgendwie ein zusammenhang bestehen sollte. Aehnlich wäre man geneigt *gowesst* zu der sippe von ws. *ȝe-eawan*, *ȝe-iewan* zu stellen. Allerdings liesse sich für *gom* nach den von Sievers, Beitr. IX, 197 beigebrachten analogien (ae. *ôra* — isl. *ǫurar*) nordische herkunft vermuten; aber sonst ist bei Orrm der nordische diphthong *ǫu* als *oww* erhalten und jenes *ô* wäre dann gegen *oww* abzugränzen. Nordische herkunft ist aber für *scone* kaum möglich, denn weil schon in der ältesten schicht der lehnwörter der *i*-umlaut gewirkt hat (s. III § 23), hätten wir von dem nord. *ey*, nicht *ǫu*, auszugehen. Dass adj. 'schön' ist *i*-stamm, finnisch *kaunis*

---

[1]) Ob **kǫnni-* oder **kanni*, **kənni-* oder **kenni-* wird später § 28, 6 besprochen werden.

(Thomsen, Ueber den einfluss der germanischen sprachen auf die finnisch-lappischen s. 96) und folglich wäre der *i*-umlaut durchgängig. Zu *gowwesst* gibt es keine nordische entsprechung. Wir sind also auf das ae. beschränkt, wenn wir nicht aus niederdeutschen sprachen entlehnung annehmen wollen. Das aber scheint mir ein gar verzweifelter ausweg, da sonst bei Orrm keine spur niederdeutschen einflusses vorkommt — über *þohh* s. II. teil.

Die fälle ähneln recht sehr denjenigen, in welchen nach Sievers Beitr. IX, 209 eine accentverschiebung in den diphthongen *ea, eo* vorkommen soll. Wie sie nun eigentlich zu erklären sind, weiss ich nicht, nur so viel glaube ich behaupten zu können, dass jene 'accentverschiebung', wenn diese wörter dazu gehören, keineswegs in die me. periode fällt, sondern vielmehr sehr alt sein muss. Nach § 26 wäre ja sonst **ȝom, *ȝowwesst,* zu erwarten, die diphthonge *ea, eo* haben in diesen fällen nicht da sein können als das palatalisierungsgesetz wirkte. Orrm hat auch beispiele einer ähnlichen wandlung des diphthongs *eo: fowwerr, fowwerrtiȝ, trowwe, trowwenn, trowwþe* und zsg. Auch das sonderbare *ȝho* 'she' dürfte hier aufzuführen sein. — Eine andere form des diphthongs zeigen *awwnenn* 'to shew, declare', *strawwenn* 'to strew', zu welchem vielleicht auch *awwerrmod* 'haughtiness' zu stellen ist. Ich muss auf eine erklärung verzichten, welche gewiss teilweise über das ae. hinausginge (vgl. aschw. *troa* — isl. *trúa* und ahd. *goumo* — *guomo*, isl. *gómr*[1]).

§ 28. Da ich jetzt versuchen will, diejenigen lautgesetze zeitlich zu ordnen, deren relative chronologie sich aus allerlei verhältnissen in dem behandelten sprachmateriale erschliessen lässt, muss ich ausdrücklich vorher bemerken, dass ich meine resultate nur für die vorstufe von Orrms mundart geltend machen will. Inwiefern sie auch für die vorgeschichte anderer dialecte verwendbar sind, mögen künftige untersuchungen der einzelnen mundarten entscheiden. Da viele von den lautgesetzen, deren zeitliche ordnung zu erschliessen ist, in eine zeit fallen, welche vor der altenglischen literatur liegt, können die erschlossenen

[1]) Doc. Noreen hat gefälligst meine aufmerksamkeit auf letztere wörter gelenkt.

vorgänge nicht durch die denkmäler bestätigt werden. So viel wie es mir möglich ist, werde ich jedoch versuchen die ansetzung der lautgesetze und ihre zeitliche einreihung zu begründen. — Indem ich mich an die von Paul, Beitr. VI, 98 ausgesprochene ansicht über die ursprüngliche form der brechung anschliesse, will ich

1. die brechung *a* > **au*, **aǫ*, *e* > **eu*, **eǫ* voran setzen. Man nimmt an, die brechung sei durch die starke labialität (oder *u*-timbre) erzeugt, welche von urgermanischer zeit her den zitterlauten *l*, *r* eigen war. In der vorstufe zu Orrms mundart waren jedoch nur die *r*-verbindungen genug stark labialisiert um brechung zu erzeugen. Die *l*-verbindungen schützten nur durch ihre labialität den *a*-vokal in geschlossener silbe vor der verschiebung zu *æ*. Wenn vor *l*-verbindungen die brechung stattgefunden hätte, wäre später als die brechung *æa* geworden war wenigstens bei wörtern mit nicht dehnender *l*-verbindung, ein anlautendes *c* palatalisiert und weiterhin zur affricata entwickelt worden. Da es nun aber *callf* und nicht **challf* heisst, so ist das ein zeugnis, dass *a* vor *l*-verbindungen nicht gebrochen ward. Dasselbe zeugnis legt *galle* — ws. *ʒealla* mit seinem guttural ab. Die in § 13 erwähnte verschiedenheit der dehnungsergebnisse vor *r*- und *l*-verbindungen scheint mir die gemachte annahme geradezu zu fordern. A priori ist doch wol das natürlichste, dass alle dehnungen vor consonantenverbindungen zur selben zeit geschehen sind und diejenige erklärung der gedachten verschiedenheit, dass die dehnung vor *ld* vor die brechung, die vor *r*-verbindungen nach derselben falle, ist deshalb abzulehnen, so lange als ein anderer ausweg zur erklärung offen steht. Diesen ausweg eröffnet die obige annahme, nach welcher *a* vor *ld* bis auf die dehnungszeit unversehrt blieb und also durch die dehnung langes *a* geben konnte. Vor *r*-verbindungen dagegen wurde *a* gebrochen, die brechung entwickelte sich wie im ws. zu *æa*, die dehnung davon war *ǣa*, welches wie der aus urgermanischem *au* entstandene diphthong *ǣa* sich schliesslich zu dem bei Orrm vorkommenden *ǣ* monophthongierte. Für die angenommene verschiedene labialität der *r*- und *l*-verbindungen ist das verhältnis im ws. zu vergleichen, wo *l*-verbindungen freilich bei dem gutturalen *a* brechung bewirken

können, aber *l* fast nur in verbindung mit dem ebenfalls brechung wirkenden *h* fähig ist bei dem palatalen *e* brechung zu erzeugen. Sowol bei *e* als bei *a* wird aber im ws. durch *r*-verbindungen brechung hervorgerufen, was für die grössere labialität der *r*-verbindungen zeugen dürfte.

2. verschiebung der laute in geschlossener silbe und wenn ein heller vocal oder *j* in der folgenden silbe steht, in palataler richtung, vgl. § 26 den schluss. Durch dieses gesetz verzweigt sich *a, â* in *æ, ǣ* und *a, â* und die brechung von *a* wird zu *æo, æa*. Von diesem gesetz mag es wol auch, was die geschlossene silbe betrifft, abhängen, dass der vor nasalen aus *a* entstandene offene *o*-laut, von Sweet *ǫ* bezeichnet, in *a* sich wandelt. Dass die entstehung dieses *ǫ* wenigstens vor der brechung liegen muss, vielleicht noch früher, zeigt Sievers, Beitr. IX, 211. Dass Orrms sprache einst *ǫ* besessen hat, geht daraus hervor, dass die ersatzdehnung davon als langes *o* fortbesteht, z. b. *soþ* < **sǫnþo-*. Was die geschlossene silbe betrifft, dürfte erstens *ǫ* vor der kürzung durch consonantenverbindungen in *a* gewandelt sein, weil sonst das durch kürzung aus langem *ǫ* entstandene *ǫ* ebenfalls als *a* erscheinen müsste. Orrm hat aber *sofſte, brohhte* mit *o*. Denkbar ist es freilich, dass dieses kürzungsergebnis davon herrühre, dass langes *ǫ* vor der kürzung lautlich mit dem urgermanischen geschlossenen *ô* zusammengefallen war und also auch die kürzung beider dieselbe geworden wäre. So hat man ja im nordischen zu der annahme anlass, dass *ǫ́*, der *u*-umlaut von *á*, mit dem ursprünglichen *ó* lautlich zusammengefallen sei. — Aber ferner muss man annehmen, *ǫ* sei in geschlossener silbe vor der dehnung durch *mb, nd, ng* aufgegeben, weil das dehnungsergebniss *â*, nicht wie bei der früheren ersatzdehnung *ô*, ist, s. § 8. Es liegt also nahe anzunehmen, die aufgebung von *ǫ* in geschlossener silbe sei eine äusserung dieses gesetzes. Wann in Orrms mundart *ǫ* in offener silbe aufgegeben ward, kann ich nicht bestimmen.

3. Die *l*- und *r*-verbindungen geben ihre ursprüngliche labialität auf. Die labialität der *l*- und *r*-verbindungen ist durch die unter der brechung behandelten erscheinungen erwiesen. Diese labialität muss jedoch vor dem *i*-umlaut verloren gegangen sein, denn sonst hätte der *i*-umlaut,

welcher als eine fortschreitende palatalisierung der laute zwischen der umlautsquelle und dem umgelauteten vocal aufgefasst wird, nicht wirken können. Vgl. das verhältnis im ahd., wo *l*- und *r*-verbindungen den umlaut hindern. Da nicht einfaches *r, l,* sogar nicht die westgermanische consonantendehnung, brechung erzeugt (Sievers, Ags. gr. § 80 anm. 2), so dürfte das so zu verstehen sein, dass einfaches *r, l* schon vor der consonantendehnung die labialität aufgegeben hatten.

Anm. Da urgerm. trotz zwischenstehender consonantverbindungen labialen characters, welche ae. brechung erzeugen, ein *e* > *i* über geht, wenn *i, j* in folgender silbe vorkommt, wie Leffler, Om i-omljudet erwiesen hat, so kann also dieser übergang nicht wie der gewöhnliche *i*-umlaut durch fortschreitende palatalisierung der zwischenlaute bewirkt sein.

4. Die palatalisierung der gutturale vor hellen vocalen: *e, ê, i, î, æ, ǣ, æ̨a, ǣa, eǫ, eo.* Dass die palatalisierung vor den *i*-umlaut fällt ist in § 26 erwiesen.

5. Die dehnung vor *ld, mb, nd, ng, rd, rl, rn, rþ.* Die gründe für die verschiedenen dehnungsergebnisse habe ich unter 1. und 2. dieses § zu ermitteln versucht. Die zeitliche ordnung der lautgesetze 4. und 5. unter einander lässt sich nicht erschliessen. Dass die dehnung der synkope vorhergeht, ist in § 12 festgestellt worden. Auch lässt sich nicht ermitteln, in welchem chronologischen verhältnis die dehnung zu

6. dem *i*-umlaut steht. Die in der note zu § 26 aufgestellte frage, ob vor nasalen der umgelautete vocal *ǫ* oder *a* gewesen sei, ist nach 2 dieses § so zu beantworten, dass wenigstens vor gedecktem nasal der umgelautete vocal *a* sein musste. Daraus, dass im ae. der umlaut auch von synkopierten vocalen bewirkt wird, erhellt, dass der *i*-umlaut zeitlich früher ist als

7. die synkope.

8. Die kürzung der vocale vor consonantenhäufungen. Dadurch wird *ǣ* > **æ,* die diphthonge *ea, eo* werden zu kurzen diphthongen, welche wol ungefähr den brechungsdiphthongen gleichgesetzt werden können. Also *rǣdenn* — praet. **rædde*, ws. *ceap-mon* — **c(h)eapp-mann.* Dabei ist zu bemerken, dass vor solchen consonantengruppen, welche dehnung erzeugen, die kürzung nicht eintritt, ausgenommen, wenn durch die synkope

noch ein consonant an eine solche consonantengruppe tritt, oder sie selbst erst durch die synkope entsteht, z. b. *swerd* bleibt lang, aber praet. von *wendenn* wird zu *wennde* und praet. von *hêrenn* wird *herrde,* s. § 12.

9. Die monophthongierug der brechungen und übrigen diphthonge: *æạ,* > **æ, eọ* > *e, æa* > *ǣ̂, eo* > *ê.* Diese entwickelung haben die nordischen lehnwörter mitgemacht, s. teil III § 19. — Die kürzung des diphthongs *æa* wurde also zu *æ̆.*

10. Der übergang *æ̆* > *a.* Dass der laut *æ̆* Orrms mundart angehört hat, ist in § 21 erwiesen. Durch diesen übergang kann die kürzung des diphthongs *æa* als *a* erscheinen: *chappmann* — ws. *ceap-mon.* An diesem übergang beteiligt sich auch das lehnwort *radd* — isl. *hrǽddr,* dessen vocal wol nach der analogie der einheimischen p. p. verkürzt worden ist.

Dieses scheint mir die mutmassliche chronologische folge der besprochenen lautgesetze zu sein.

II. Teil. Die nordischen lehnwörter.

Da ich jetzt zur discussion der bei Orrm vorkommenden nordischen lehnwörter übergehe, will ich bemerken, dass die anzahl der wirklichen nordischen lehnwörter keineswegs mit derjenigen der in erwägung genommenen identisch ist. Oft hat nämlich die discussion einen negativen ausfall, ich muss die nordische herkunft eines wortes läugnen oder wenigstens in abrede stellen. Diejenigen wörter, deren ableitung aus dem nordischen ich entschieden zurückweisen muss, will ich durch ein vorgesetztes [bezeichnen. In welchem umfange ich wörter zur prüfung aufnehmen sollte, war oft schwierig zu entscheiden. Oft kann die englische herkunft eines wortes mir verdächtig vorkommen, obgleich sie einem andern unzweifelhaft erscheint, und umgekehrt kann ich wörter übergangen haben, welche nach anderer ansicht der prüfung bedürftig wären. Um wenigstens etwas festes dabei zu haben, will ich alle diejenigen wörter besprechen, bei denen der letzte herausgeber des

Orrmulum rev. R. Holt auf ein nordisches wort allein verweist. — Den mangel an guten altdänischen wörterbüchern habe ich sehr empfunden. Oft habe ich deshalb nur die altschwedische form anführen können und oft ist mir nur die entsprechende isländische form zur hand gewesen. Das ist jedoch nicht immer auf die rechnung der wörterbücher zu setzen, oft hat es seinen grund darin, dass das betreffende wort nur in der bei weitem umfangreicheren isl. literatur belegt ist. In solchen fällen meine ich doch immer, dass das entsprechende altdänische wort zunächst zu vergleichen ist. Neben der altdänischen oder altschwedischen form will ich jedoch immer die isländische zur vergleichung aufführen. Für meine schreibung der isl. wörter berufe ich mich auf Noreens demnächst erscheinende altnordische grammatik. Nur in einem punkte weiche ich von ihm ab, indem ich den diphthong *au* immer *ǫu* schreibe, welche aussprache er in der alten zeit, aus welcher die lehnwörter bei Orrm herrühren, jedenfalls gehabt hat. Ich tue es in dieser abhandlung zu leichterem verständnis der von mir besprochenen erscheinungen, will aber dadurch keineswegs geläugnet haben, dass die schreibung *au* für die klassische zeit des isländischen berechtigt sei.

A.

addlenn 'to earn'. Kölbing, Engl. stud. II, 498 sagt mit recht: '*addlenn* ist mit altn. *öðlask* zusammenzustellen, welches genau dieselbe bedeutung hat.'

addlinng 'earning' ist ein auf englischem boden dazu gebildetes subst.

[*ægæde, ægede* 'luxury' kann wegen des *d* und des ersten *æ-* nicht isl. *ágǽti* 'renown, glory, excellence' sein, wozu es auch in der bedeutung nicht passt. Ich kenne die etymologie nicht, aber vielleicht hat Holt das richtige getroffen, wenn er in den notes s. 580 sagt: 'I will rather suggest ægæde and ægede to be forms of the A. S. gegæde, which Bosworth explains as 'collection, congregation'. Das passt sehr gut für die bedeutung, welche aus der stetigen zusammenstellung mit *leȝȝkess* an den 3 belegstellen v. 2165, 8045, 8059 hervorgeht. An der ersten stelle lobt Orrm die heilige jungfrau, eben weil sie sittsam zu hause blieb und sich um das eitle treiben anderer mädchen nicht kümmerte. — Das *g* vor *æ* deutet auf ein *æ*, das *i*-umlaut eines wg. *ai* ist. Vgl. I § 19 anm. 1 und Kluge Etym. wb. der deutschen sprache s. v. *gehen*.

afell 'strength' kann ad.-isl. *afl* sein, aber in der form ist nichts, was zur annahme der entlehnung zwingt. Grein hat ae. *abal* 'vigor, vires', freilich nur aus dem asächs. teil der Genes. (cf. Sievers Hel. XXXII.) — *afledd* 'begotten' Holt. Diese bedeutung kann aber nicht richtig sein. Es muss vielmehr 'kräftig' bedeuten, weil die verse 7903, 7904: *Forr cnapechild iss afledd wel affterr weppmanne kinde* deutlich den versen 7911, 7912 entsprechen: '*Forr maʒʒdennchild iss all unnstrang affterr wifmanne kinde.* Es ist also eine adjectivbildung zu *afell* und für **affledd* verschrieben.

ammbohht 'servant, handmaid' kommt ae. nicht vor. Es entspricht dann dem adän. *ambut* — isl. *ambótt* mit derselben bedeutung.

anngrenn 'to make angry, vex' ist adän. *angre* — isl. *angra* 'to anger, grieve', da sich keine ae. entsprechung vorfindet.

[*attbrast* 3. sg. 'escaped' ist kein nordisches wort, sondern praet. von dem ws. *æt-berstan* 'davon kommen' (Bosw.-Toller).

[*aʒʒ* 'aye, always' kann mit adän. *e*, *æ* — isl. *ei*, *ǽ* nichts zu tun haben, weil adän. *e* — **eʒʒ* gegeben hätte. Es rührt vielmehr von ae. *â* 'semper' her; das -*ʒʒ* mag der rest eines damit zusammengeschmolzenen ae. *ʒęô* 'olim' — got. *jû* sein. Doch erwartet man **aʒʒe* oder **aʒʒu* wie *nuʒʒu* 'now'.

aʒhe 'awe'. Zupitza anz. f. d. a. II, 17; VI, 21 bemerkt, dass e. *awe* nicht aus angls. *ege* entstehen kann, sondern auf altnord. *agi* zurückgeführt werden muss. Adän. *aghæ* (isl. *agi*) gibt eben bei Orrm *aʒhe*. Dazu *aʒhefull* 'awefull'.

B.

[*band* 'band'. Kölbing, Engl. stud. II, 498 sagt: 'Unter band war nicht auf ae. bend zurückzuweisen, sondern vielmehr auf altn. band, von dem es ohne zweifel abzuleiten ist.' Die ableitung vom nordischen *band* ist nun aber wegen der vielfach belegten dehnung vor *nd* nicht möglich. Man muss also für Orrms *band* eine dem nord. *band* entsprechende angls. bildung voraussetzen resp. eine neubildung annehmen.

barrness pl. 'children' ist wegen der fehlenden dehnung vor *rn* nordisch: adän. *barn* — pl. *börn* — isl. *barn* — pl. *bǫrn*. Der regelrechte engl. pl. *bærn* — ws. *bearn* kommt daneben vor.

baþe pl. 'both', gen. *baþre* fehlt im angls. Es ist adän. *baþe* — isl. *báðir*. Der gen. ist wol nach der aufnahme neugebildet. — *baþe* conj. 'both' — adän. *baþe* ist eigentlich neutr. pl. desselben wortes.

bennkedd 'supplied with benches' ist eine adjectivbildung zum folgenden. — *bennkess* pl. zu *bennche* 'bench' ist wahrscheinlich eine entlehnung aus adän. *bænker* (isl. *bekkr*) 'bench'. Das ae. *benc* sollte durchgängig affrication haben (**bennch*). — *bennkinnge* 'row of benches' vom vorigen abgeleitet.

beȝȝsc 'bitter, sharp' pl. *beȝȝske* ist, wie der diphthong *eȝȝ* bezeugt, aus adän. *bæsker* — isl. *beiskr* mit derselben bedeutung entlehnt.

beȝȝtenn 'to correct, punish'. Jessen, Tidskr. for phil. og pæd. I, 225 bespricht dieses wort. Er meint, es sei vielleicht ein adän. **böta* — isl. **bǫuta* 'to hunt, beat', wovon das Oxforder wörterbuch nur 1. pl. *bǫutu* und pp. *bǫutinn* hat, und nimmt an, das *eȝȝ* sei aus dem umgelauteten praes. **bøyt* auf den inf. übertragen. Diese annahme scheint mir gewagt, da wir keinen sg. praes. besitzen und also nicht wissen, ob das verbum noch die einstige starke flexion bewahrte. Jessens zweiter vorschlag *beȝȝtenn* aus einem bei Egilsson befindlichen schwachen *bøyta* herzuleiten macht lautlich weniger bedenken. Aber zu allen beiden passt nicht die bedeutung: Die beiden wörter bedeuten 'schlagen', *beȝȝtenn* aber 'strafen' und zwar kann von keiner harten strafe die rede sein. Die einzige stelle, wo das wort vorkommt, ist zu v. 10171 und es steht dort in folgendem zusammenhang:

Þeȝȝ (publicaness) haffdenn wikenn off þe king
To sammnenn hise ȝeldess
Þurrh whamm þeȝȝ durrstenn beȝȝtenn menn
Forr æþelike gillte.

Holt hat *æþelike* 'national, public' und *gillte* 'tribute' übersetzt, was aber nicht richtig sein kann. Um diese bedeutung zu erhalten sollte *æþelike* zu ws. *ēðel* 'domicilium, patria' — ahd. *uodil* gehören, aber dann müsste es **eþelike* geschrieben werden wie *eche* — ws. *ēce*, *cwen* — ws. *cwēn*, *feȝesst* — ws. *fēȝan* u. a.

Es muss vielmehr dem ws. *eaðelic* 'facilis' entsprechen. *gillte* entspricht dem ws. *gylt* m. 'delictum' < **gulti-*, vgl. I § 19 anm. 1, und es ist schwierig einzusehen wie Holt sich durch die bekannte beschäftigung der publicanen hat verleiten lassen können die gedachte übersetzung zu geben. Demnach bedeutet *æþelike gillte* 'unbedeutendes verbrechen'. Dazu passt die bedeutung 'verweisen' recht gut und diese möchte ich auch behaupten, indem ich annehme *ħezztenn* sei von isl. *heit* n. pl. 'threatening words or gestures, threats' ein denominativum. *bezztenn* wäre denn **b-hezztenn* < **bi-hezztenn* wie *blinnenn* 'to cease' < **bi-linnan.*

bigatt s. *gett.*

biggenn 'to abide, dwell' 1. sg. praes. *bigge*, 3. sg. praes. *biggeþþ*, pl. *biggenn* — pp. *biggedd.* Das ae. entbehrt dieses wortes, es liegt entlehnung aus adän. *byggiæ* — isl. *byggva*, *byggja* 'to inhabit, settle, to build' vor. — Zsg. *unnbiggedd.*

bihenngedd pp. 'hung round' s. *henngde.*

[*birrlenn* 'to draw' ist nicht nordisch; vgl. I § 9c.

bisennkenn 'to sink, drown'. Wegen der fehlenden affrication *ch* würde man an entlehnung von adän. *sænkia* (isl. *søkkva*) denken, aber der mangel der affrication lässt sich gut aus englischen sprachverhältnissen herleiten (I § 18).

[*biþennkenn* 'to reflect' s. *þennkenn.*

blome 'bloom' fehlt im ae. in der entsprechenden bedeutung (vgl. Bosw.-Toller s. *blôma*); es ist entlehnung aus nordisl. *blômi* 'blooming', pl. 'flowers'. An der einzigen belegstelle steht es in alliterierender verbindung mit einem andern nordischen worte: *brodd* ⁊ *blome.* — *blomenn* 'to bloom' zum vorigen.

[*blunnt* 'blunt, dull' kommt nur einmal und zwar in alliterierender verbindung mit *blind* vor. Weder nord. noch ae. finde ich das wort, aber nichts in der form hindert, dass es ein englisches wort sei, zum stamme des isl. *blunta* gehörig und in ablautsverhältnis zu dem gleichbedeutenden d. *blintzeln* stehend (vgl. Kluge, Etym. wb. *blintzeln*).

bone 'boon, prayer' — ws. *bên.* Isl. hat die doppelformen *bón* und *bén*, von wechselseitiger ausgleichung aus dem *i*-stammparadigma herrührend, wo in einigen casus der wurzelvocal umgelautet werden musste, in andern nicht. Für das adän. wären diese zwei formen auch vorauszusetzen, aber Wimmer, Navneord. s. 71 gibt nur die form *bøn* an, welche auch im aschwed. nach Rydquist, Svenska språkets lagar II, 96 die einzige ist. Weil im ae. nur *bên* vorkommt, befürwortet Kölbing, Engl. stud. II, 497 nordische herkunft, obgleich gewiss auch im ae. dieselbe doppelheit wie im isl. denkbar ist. Die möglichkeit dass *bone* aus dem nordischen vor dem *i*-umlaut entnommen wurde, also zu einer zeit, wo *ô* in dem worte durchgängig war, wird im III. teil § 23 besprochen werden. — *bone* 1. sg. praes. 'beg, pray' pp. *bonedd* zum vorigen auf englischem boden gebildet; zsg. *unnbonedd.*

boþe 'booth, stall' fehlt im ae. und ist gewiss aus adän. *both* (isl. *búð*) 'booth, shop' entlehnt; vgl. Steenstrup Danelag s. 380. — Dazu die zsg. *chepinngboþe.*

bracc 'struggle, noise'. Die nordische herkunft aus adän. *brag* — isl. *brak* mit derselben bedeutung ist nicht unzweifelhaft, da auch ae. im ws. *ȝe-bræc* 'fragor, strepitus' sich findet und das wort in seiner form nichts hat, was zur annahme nordischer herkunft zwingt.

braþ 'angry' ist wegen fehlender ae. entsprechung eine entlehnung des adän. *braadh* — isl. *bráðr* 'sudden, hasty', metaph. 'hot-tempered, eager'. Dazu ist

braþþe 'anger' eine englische bildung und verhält sich zu *braþ* = *laþþe* : *laþ* = *wraþþe* : *wraþ* (isl. *bræði* 'ira', welches Holt vergleicht, ist also ganz davon verschieden).

brenn 2. imp., *brennd* pp., *brennde* 3. sg. praet. von 'to burn' (transitiv) ist nordische entlehnung aus adän. *brænna* — isl. *brenna,* da bei Orrm auch die metathesierte ae. form *bærnenn,* obgleich mit intransitiver bedeutung, vorkommt.

brodd 'shoot, sprout' ist aus adän. *brod* — isl. *broddr* 'a spike, a spike on a plant' entlehnt. Das entscheidende zeugniss für nordische entlehnung ist *dd* dem *rd* in ae. *brord* 'frumenti spica' gegenüber. — *broddenn* 'to sprout' ist zum vorigen eine englische bildung.

broþþfall 'falling sickness, fit'. Holt nimmt entlehnung aus isl. *brotfall* an, dessen etymologie er auch angibt, folgt aber darin nur Vigfusson, welcher im Oxforder wörterbuch meint, dass 'the spelling in the Orrmulum shews the true etymology, viz. bróð-fall or bráð-fall 'a sudden fall'; brot- is an etymologizing blunder'. Dabei hat Vigfusson vergessen das wort mit der von ihm kurz vorher aufgeführten redensart *falla brot* 'to have an epileptical fit' zusammenzuhalten und die vergleichung mit dem aschw. *brot* 'fallsucht' und adän. *fallæ i brot, brotfælling* dürfte doch zeigen, dass *brot-* kein 'etymologizing blunder' ist. In einer behauptung hat jedoch Vigfusson recht: 'the spelling in the Orrmulum shews the true etymology'; die schreibung mit *þþ* dem *t(t)* der späteren nordischen sprachen gegenüber zeigt, dass dieser fall wie die von Kluge Beitr. IX, 160 behandelten isl. *motti* — ae. *moþþe,* isl. *spotta* — ahd. *spottôn* zu beurteilen ist, d. h. es ist urgerm. *þþ* vorauszusetzen. Somit gehört es vielleicht zu der durch verschiedene ausgleichungen sehr verwickelte consonantverhältnisse zeigenden sippe von ae. *brodettan* 'tremere', *bryttan* 'constringere' Ettm. s. 319 — ahd. *bruttan* 'terrere, obstupefacere' und zugehörigen Graff III, 287, 288 (die verwickelten consonantverhältnisse der sippe lösen sich nach Kluges ausführungen Beitr. IX, 149 ff.). Nur ist zu bemerken, dass keine form der sippe, *broþþ-fall* ausgenommen, *þþ* fordert, aber es k a n n verschiedenen der ahd. formen zu grunde liegen. — Es entsteht also die frage, ob *broþþfall* ein englisches wort ist oder die nordische vorstufe des isl. *brotfall.* Weil jedweder anhalt den nordischen übergang *þþ* > *tt* zeitlich zu bestimmen fehlt, ist diese frage nicht zu entscheiden, aber da das wort im ae. mangelt, möchte ich nordische entlehnung annehmen.

b u c c 'goat', pl. *b u c k e s s, b u k k e s s*; das ae. hat nur *bucca,* welches bei Orrm **bucce* ergeben haben müsste; vielleicht ist deshalb entlehnung des adän. *buk* (aschw. *bukker* — isl. selten *bukkr, bokkr* gewöhnlicher *bokki*) anzunehmen. Doch könnte es auch wie *leom, lem* neben *leme* — ws. *leoma* eine englische angleichung an die *o*-declination sein. Vgl. Sachse, Ueber das unorganische *e* im Orrmulum § 32, 1, 2.

b u l a x e 'axe, hatchet' fehlt im ae. und ist aus adän. *buløx* 'skovøxe' Kalkar, Ordbog til det ældre danske Sprog s. 300 (isl. *bol-øx* 'a poleax, a carpenters ax') entlehnt. Der zweite teil ist mit dem entsprechenden ae. wort in übereinstimmung gebracht. Es bewahrt noch völlig die nordische bedeutung wie aus dem zusammenhange v. 9281, 9935 *Forr nŭȝȝu iss bulaxe sett Rihht to þe treowwess rote* erhellt.

bule 'bull' fehlt im ae. und ist demnach aus adän. *bul* Kalkar Ordbog til det ældre danske Sprog s. 300 (isl. *boli*) entlehnt; das entlehnte wort dürfte auch für das adän. eine schwache form voraussetzen.

[*bun* 'ready, prepared' wird allgemein als nordisches lehnwort angenommen und auf das gleichbedeutende isl. pp. *búinn* zurückgeführt. Aber die historischen verhältnisse und auch verschiedene sprachliche tatsachen — siehe III § 1 — weisen auf das adän. als quelle der nordischen lehnwörter bei Orrm. Nun aber hat diese ganze sippe im adän. wie im aschw. ō und das vb. und pp. ist auch in transitiver bedeutung im adän. belegt *bo* — pp. *boin*; vgl. Kalkar, Ordbog til det ældre danske Sprog s. 236, |welches pp. bei Orrm **boenn, *bon* gäbe. Man muss darum die nordische herkunft von *bun* läugnen und es zu ws. *bûan* pp. *ȝebûn* ziehen. Dieses hat freilich nicht transitive bedeutung, aber eine vermischung mit dem transitiven *ȝe-bûan* ist hier leicht denkbar.

C.

chepinngboþe 'market-booth' s. *boþe*.

[*clake* 'accusation, fault, vice?' kommt zweimal v. 9317, 10201 vor im zusammenhange: ⁊ *Sannt Johann hemm* (*þe Kaserrkingess cnihhtess*) *seȝȝde þuss; ȝiff þatt ȝe wel ȝuw lokenn Fra clake* ⁊ *sake* ⁊ *fra þatt toþþ þatt follȝheþþ ȝiferrnesse* u. s. w. Das ist Orrms widergabe von Lukas cap. III, 14: *Et ait illis: Neminem concutiatis neque calumniam faciatis et contenti estote stipendiis vestris. clake* dürfte also den sinn von '*concutiatis*' enthalten und für diesen begriff finde ich in mhd. *klac* (*-ckes*) 'bersten, brechen, riss, krach' — ahd. pp. *kichlechit* 'quassata' Graff IV, 553 — isl. *klakk-lǫust* 'scatheless, unhurt' verwante wörter. Aber weil das nordische wort *kk* zeigt, welches doch wol in der schreibung bei Orrm ausgedrückt wäre, nehme ich an, *clake* sei keine nordische entlehnung, sondern ein der gedachten sippe angehöriges englisches wort, obgleich im ae. nur in *clacleas* 'immunis' (Bosw.-Toller) bezeugt.

cnif 'knife' ist als ae. erst seit Aelfric (Anzeiger II, 15.

VI, 22) bezeugt; vgl. auch Bosw.-Toller; daher ist entlehnung aus adän. *knif* (isl. *knifr*) wahrscheinlich.

comm 1. 3. sg. praet. von *cumenn* 'to come': ob es auf nordischem einfluss beruht, da 'die länge des *ô* in ae. *nôm, côm* durch doppelschreibung und accente gesichert ist' Sievers Ags. gr. § 390 anm. 2? Aber vielleicht galt diese jedenfalls erst durch analogiebildung nach dem plural entstandene dehnung nicht für Orrms mundart; denn ungern möchte ich in diesen zwei formen nordischen einfluss annehmen, der sich nicht einmal auf 2. sg. praet. *come* erstreckt hätte. Vielleicht ist eine teilweise angleichung an den plur. *cómenn* anzunehmen, so dass die quantität des vocals im sg. erhalten, die qualität desselben aber dem pl. gleich gemacht ist. Dass *comm* als englische bildung relativ jung sein muss, zeigt das vorkommen des *ǫ*, siehe I § 28, 3. Eine ebensolche angleichung an den pl. *kǫ́mum* muss man für das isl. *kom* annehmen, wie Noreen, Svenska landsmålen I, 694 gezeigt hat.

cosstess 'habits' ist wegen fehlender ae. entsprechung aus adän. *costær* (isl. *kostr*) entlehnt. Steenstrup Danelag s. 305 belegt das wort aus Aeðelreds gesetzen (vgl. Sievers Beitr. IX, 269).

croc 'hook, crook, device' ist ohne zweifel adän. *krok* (isl. *krókr*) 'a hook', hat aber an der einzigen belegstelle (wie sonst gelegentlich cf. Stratmann) eine eigentümliche bedeutungsentwickelung zu 'device' erfahren. Vielleicht ist die bedeutung 'fishing-hook' dabei vermittelnd gewesen.

D.

dezenn 'to die' 3. sg. praes. *dezeþþ* wird allgemein als entlehnung des isl. *døyja* betrachtet, weil es im ae. ganz fehlt. Diese ansicht ist jedoch in dieser form nicht aufrecht zu halten. Da adän. *ǿ* bei Orrm als *e* erscheint (vgl. III § 15), würde der diphthong *øy* wahrscheinlich als *ezz* auftreten, also mit dem diphthong *ei* zusammenfallen; die regelrechte entsprechung von *døyja* wäre also **dezz(z)enn*, was doch das vorliegende *dezenn* nicht ausdrücken kann. Dagegen ist *dezenn* die richtige entsprechung für adän. **döia* — aschw. *döia* mit contrahiertem diphthong und dürfte einer späteren schicht der lehnwörter, nach der adän. monophthongierung von *øy* aufgenommen, angehören.

[*dill* 'sluggish': Holt vergleicht isl. *dilla* 'to trill, lull' aber die bedeutung passt nicht gut dazu. Der zusammenhang v. 9885: ⁊ *stunnt* ⁊ *stidiȝ, dill* ⁊ *slaw* und v. 3714: *wiþþ mannkinn þatt wass stunnt* ⁊ *dill* ⁊ *skilllæs swa summ asse* scheint den sinn etwa als 'stumpfsinnig' zu ergeben. Das nordische hat kein formell entsprechendes wort mit dieser bedeutung. Ich möchte annehmen, dass in *dill* ein im ae. nicht bezeugtes ws. **dyle* (resp. **dylle*) aus < **d(w)uli-* (**duljo-*) vorliegt. Die von dem verse verlangte elision wäre dann auch in der schreibung ausgedrückt (vgl. das zu *hiȝ* bemerkte I § 21, 1). Ae. *dol* — ahd. *tol* sind *o*-stämme mit derselben wurzelstufe.

downenn 'to smell': Holt vergleicht mit recht isl. *dǫunn* 'a smell'. Aber die vba. dazu heissen *døyna* 'to smell' und *dǫunsa, dǫunsna* 'to smell at, sniff at', aus welchen *downenn* nicht kommen kann. Deshalb dürfte das subst. entlehnt und *downenn* dazu neugebildet worden sein wie *beȝȝtenn* zu *heit, blomenn* zu *blome, broddenn* zu *brodd.*

drunncnenn 3. pl. praes. 'drown' pp. *drunncnedd* ist wegen seiner bedeutung als nordisches lehnwort anzunehmen. Adän. *drunkna, drukna* — aschw. *drunkna, drukna* (isl. *drukna*) ist das quellwort; ae. *druncnian,* das auch *drunnknenn* gäbe, bedeutet 'inebriari'. Zu *drunncnenn* gehören noch 3. sg. praes. *offdrunncneþþ* 'drowneth', pp. *offdrunnknedd* und *drunncninng* 'drowning'.

E.

[*efennrike* pl. 'equal in power'. Dass es *k* statt zuerwartenden *ch* hat, könnte auf nordischem einflusse beruhen, kann aber auch gut durch das englische (vgl. ae. *efenrîce*) erklärt werden; vgl. I § 18.

eggenn 'to egg on, urge, incite' 3. sg. praes. *eggeþþ* ist gewiss nordisches lehnwort; vgl. isl. *eggja.* Im ae. begegnet nur das part. *-ecȝed* in zusammensetzungen wie *twì ecȝed* 'mit zwei schneiden versehen' (s. Bosw.-Toller), so dass man der bedeutung wegen *eggen* für ein nordisches lehnwort halten muss. Dazu noch *egginng* 'urging'.

[*ekenn* 'to add, increase' — ws. *iecan.* Das *k* für erwartetes *ch* ist I § 18 erklärt. Bei dieser erklärung hat man nicht nötig an das starke vb. zu denken, wovon wie im ws. (Sievers Ags. gr. § 396 anm. 2) nur das p. p. vorkommt (Orrms präpositional gebrauchtes *tekenn, tekenn þat* 'besides, besides that, moreover' ist ae. *tô eacan*). Dadurch ist auch entlehnung aus dem monophthongierten adän. aschw. *ökia* ausgeschlossen.

[*ennde* 'end, death' einmal neben dem oftmaligen *ende* ist als verschreibung aufzufassen und darf nicht auf adän. *ændi* (isl. *endir, endi*) zurückgeführt werden.

epeþþ 3. sg. praes. 'crieth' ist aus ad. *öpa* — isl. *ǿpa* entlehnt. Im ae. entspricht zunächst *wêpan.*

[*errnde* 'errand, message' erinnert durch die kürze des wurzelvocals an adän. *ærænde* — isl. *erendi*, aber die kürze mag wol durch eine spätere synkope von ae. *ǽrende* erfolgt sein. Vgl. I § 9 c.

[*eghe* 'eye' ist die regelrechte entsprechung des ws. *eaȝe* und hat mit adän. *öghæ* nichts zu tun.

F.

fanngenn 'to receive' ist aus adän. *fangæ* (isl. *fanga*) entlehnt, wenn die unterbliebene dehnung vor *ng* nicht wie in *brinngenn* I § 9 c zu erklären ist. Kölbing Engl. stud. II 498 nimmt an isl. *fanga* sei selbst ein fremdwort, aus welchem grunde, weiss ich nicht (aschw. *fanga* begegnet schon in den von deutschem einflusse freien ältesten gesetzen). Die bedeutung darf nicht dabei bestimmend sein, weil in dieser ganzen sippe die bedeutungen 'greifen, holen, übergeben, empfangen' oft im selben worte vorkommen können. — Zsg. *unnderrfanngenn.*

fasste 'a fast' ist aus adän. *fastæ* (isl. *fasta*) entlehnt, da ae. nur *fæsten* vorkommt. Vgl. Sachse, Ueber das unorganische *e* im Orrmulum § 30 anm.

fêre 'power, sufficiency' fehlt im ae., aber stimmt in form und bedeutung gut zu isl. *fǿri.*

fisskenn 'to fish'. Nach I § 25 anm. kann es die regelrechte entsprechung des ws. *fiscian* sein und man hat demnach die annahme der entlehnung nicht nötig.

fisskess 'fishes' kann lautlich wol englisch sein (I § 25 anm.).

flittenn 'to remove, change abode, carry', 3. sg. praes. *flitteþþ*, p. p. *flittedd* ist wegen mangelnder ae. entsprechung als entlehnung aus adän. *flyttæ* (isl. *flytja*) anzuerkennen.

flittinng 'change, removal' ist eine bildung zum vorigen.

[*flocc* 'flock, company'. Bosw.-Toller belegen es schon aus Alfreds Orosius. Nordische entlehnung dürfte daher unwahrscheinlich sein (aschw. *flokkr, flukkr* — isl. *flokkr*).

[*flumm* 'river': Kölbing Engl. stud. II 498 lehnt mit recht Holts zusammenstellung mit isl. *flaumósi* 'rushing heedlessly on' und ae. *fleam* ab und meint *flumm* sei sicherlich ein romanisches wort, wie auch Sachse Ueber das unorganische *e* im Orrmulum § 126 anm.

forrgarrt 'opposed, condemned' kommt v. 14583, 17531 vor. Die angabe der bedeutung als 'condemned' scheint ungenau zu sein. In v. 17531 steht *forrgart* synonym mit *forrwrohht* an der paralellstelle v. 17534. Für *forrwrohht* gibt freilich auch Holt die bedeutung 'condemned' an, aber mit unrecht, denn ws. *forwyrcan* bedeutet nach Grein nur 'male agere, delinquere; perdere, affligere; obstruere; verwirken' und sowol *forrwrohht* als *forrgarrt* lassen sich an allen belegstellen gut mit 'delinquere' übersetzen. Diese bedeutung weist auf adän. *foregöræ, forgöræ* — isl. *fyrirgøra* 'to forfeit' hin. *forrgarrt* ist neutr. sg. des dazu gehörigen participialen adj. isl. *gǫrr* < **garwu-*. Das neutr. hat sich nur an die übrigen genera angelehnt, denn *-*gerrt* < *-*garwiata* wäre doch zu erwarten. Ueber den fehlenden *u*-umlaut siehe III § 24. Ueber *gǫrr, gørr* siehe Noreen, Svenska Landsmålen I 692. Dieselbe bildung ist *oferrgarrt*.

forrgloppnedd 'disturbed with fear, astonishment' stellt Holt richtig mit isl. *glúpna* 'to look downcast, let the countenance fall' zusammen. Die wurzelvocale stehen zu einander in demselben verhältniss wie ae. p. p. *locen* zu inf. *lúcan*. Ob *forrgloppnedd* ein im ae. nicht belegtes wort ist oder eine entlehnung aus dem nordischen, lässt sich nicht entscheiden, da auch im nord. kein wort mit entsprechender vocalstufe sich findet und das wort in seiner form nichts hat, was für nordische abstammung spricht.

[*forrlannge* 'long ago, long before, before' ist wol lieber als zwei wörter zu schreiben; s. *lannge*.

[*fra* 'from, out of' ist nicht entlehnung aus isl. *frá*, sondern ist wie *i* — *inn*, *o* — *onn*, *off* zu beurteilen.

frame 'profit' ist wol lieber als eine anlehnung des ae. *fremu*, *freme* 'commodum, emolumentum' an das adj. *from*, *fram* zu fassen denn als eine entlehnung aus isl. *frami* 'advancement'.

[*fraȥȥnenn* 'to ask, question' kann nicht auf isl. *fregna* zurückgehen; siehe I § 21, 3.

[*friȥȥenn* 'to calumniate' wozu Holt isl. *fregn* 'news, intelligence' vergleicht, ist I § 21, 1 erklärt. Die bedeutung erhält nur durch den zusammenhang an der belegstelle v. 16513 eine färbung von 'calumniate'; als allgemeine bedeutung hätte wie bei Grein 'interrogare, sciscitari; fando accipere' angesetzt werden sollen.

fullþrifenn 'complete' kommt in einem zusammenhange vor, wo die bedeutung nicht scharf hervortritt v. 5128: ⁊ *forr þatt eȥȥþerr hunndredd iss Full tale* ⁊ *þwerrt ūt filledd* ⁊ *swa fullþrifenn þatt itt nohht Ne maȥȥ na more waxxenn.* Englisch ist es wol nicht, da im ae. nichts entsprechendes vorkommt. So mag es denn nordisch sein und zu isl. *þrifinn* 'thrifty' und *þrífask* 'to thrive' gestellt werden.

G.

gœfenn praet. pl. von 6476, 6668, 7350, 8211: s. *gifenn*.

gœtelœs 'careless' ist in seinem ersten teil nordisches lehnwort von dem stamm in *gœtenn* 'to direct, preserve' aus isl. *gǽta* 'to watch, tend, take care of'.

gaff praet. sg. zu *gifenn* habe ich nicht an den im glossar angegebenen stellen gefunden.

galle 'gall' — ws. *ȥealla*. Im teil I § 28, 1 ist dargetan, dass *galle* ein englisches wort sein kann. Die annahme von entlehnung aus adän.-aschw. *galli* — isl. *gall* ist also nicht nötig.

ganngenn 'to go'. Die mangelnde dehnung vor *ng* deutet entweder nordische entlehnung an (adän. *gangœ* — isl. *ganga*) oder ist lieber wie in *brinngenn*, *wurrþenn* u. a. I § 9 c zu erklären. Zsg. *oferrganngenn*.

gate 'a way' fehlt im ae. und ist deshalb als nordisches lehnwort anzunehmen: adän. *gata* — isl. *gata*. Zu bemerken ist die oft vorkommende bedeutung 'art, weise' in *whillc gate, whatt gate* 'auf welche weise, wie'. — Dazu *gatelæs* 'pathless'.

gazhenn 'gain' fehlt im ae. Ettm. hat *gägn* 'commodum, usus', *ungagne* 'inepte', aber erst aus der Dänenzeit. Das nordische stammwort ist adän. *gaghn* (isl. *gagn*) von derselben bedeutung. Dazu *gazhennlæs* 'profitless'.

[*genge* 'company, host, people'. Die dehnung vor *ng* verbietet die annahme der entlehnung von aschw. *gængi* (isl. *gengi*) 'gefolge'; es muss also ein ae. wort vorausgesetzt werden, welches Bosw.-Toller belegt, aber nur aus der Sachsenchronik 1070, wo man an nordische entlehnung zu denken geneigt wäre.

[*gengenn* 'to avail, assist, favour' kann ebenfalls wegen der dehnung vor *ng* kein nordisches wort sein.

gessthus 'guest-house' muss dem ws. *ziest* gegenüber als nordisches lehnwort angenommen werden nach I § 19 (vgl. Kluge, Anglia anz. V, 83, 84); das quellwort ist adän. *gæst* — isl. *gestr*.

gett 3. sg. praes. 'erhält, bekommt', praet. *bigatt* müssen ebenfalls ihr *g*- nordischem einfluss verdanken. Adän. *getæ, gitæ* — inl. *geta* 'to get' ist das nordische quellwort. Vgl. I § 19 und Anglia V, 83, 84. Zu *gett* führt Holt inf. *zetenn* 'to procure' auf, welcher jedoch an der einzigen belegstelle v. 17418 'giessen' bedeuten muss und die regelrechte entwickelung des ae. *zeotan* ist!

gezznenn 'to gain, profit' 3. sg. praes. *gezznepþ* — pl. *gezznenn* fehlt im ae. und *g*- deutet auf entlehnung. Isl. *gegna* 'to suit one, be meet for one' entspricht genau in form, bedeutung und constructionsweise; Holt hat also die bedeutung verkehrt angegeben.

gezznlike 'conveniently' entspricht dem isl. *gegniliga* zu *gegniligr* 'gainly, meet, due'.

gifenn 'to give' D. 239, 241, 248, 279, Hom. 6163, 3. sg. praes. *gifepþ* v. 5512, 11314, 3. sg. praes. conj. *gife* 9293 — p. p. *gifenn* 17510, 19827. Diese fülle von belegstellen habe ich aufgeführt um zu zeigen, dass *g*- keineswegs verschreibung für *z*- sein kann. Zur erklärung muss nordischer einfluss angenommen werden, vgl. Anz. zur Anglia V, 83 und diese abhandlung I §§ 19, 20. Das nordische wort ist adän. *givæ* — isl. *gefa*.

[*giferr* 'covetous' scheint im text gar nicht vorzukommen, denn an der im glossar angegebenen belegstelle, welche für *giferr* und *ȝiferr* gemeinschaftlich ist, v. 10218 steht in Notes s. 389 die bemerkung, dass ⁊ *ȝiferr affterr ahhte* ausradiert worden sei.

[*giferrnesse* 'covetousness' siehe I § 20 und Holts Notes s. 357.

gluterrnesse 'gluttony', gen. *gluterrnesses* fehlt im ae. Holt und Sachse vergleichen isl. *glutran* f., *glutr* n. 'squandering, extravagance'.

golike 'shewy, grand' fehlt im ae. und ist aus isl. *góligr* für **góðligr* entlehnt.

[*gom* 'care, heed' s. I § 27. vgl. Zupitza, Anglia (Anz.) 7, 155.

[*gowesst* 2. sg. praes. 'watchest, surveyest' siehe I § 27.

gresess pl. 'grasses, herbs' kann mit seinem *e* nicht ae. *ȝræs, ȝærs* sein. Es muss also entlehnung aus dem nordischen angenommen werden. Im nordischen entspricht adän.-aschw. *græs*, über dessen verhältniss zu isl. *gras* Noreen Svenska Landsmålen I, 696 not. 2 zu vergleichen ist. — *gresshoppe* pl. 'grasshoppers' hat sich an das vorige angelehnt.

greþþedd v. 1579 ⁊ *sone summ þin laf beþ wel All greþþedd tuss* ⁊ *ȝarrkedd* führt Holt als p. p. zu *greȝȝþenn* 'to prepare, furnish' an, was der bedeutung halber gut passt. Es ist also ein beispiel der späteren adän. monophthongierung des diphthongs *ei* (vgl. *greȝȝþenn* und III § 20).

greȝȝfe 'herald' ist wegen des diphthongs nordische entlehnung: adän. *greve* — isl. *greifi* 'an earl, count'. Diese vornehme bedeutung kommt dem worte nicht ursprünglich zu; vgl. aschw. *stupugrevi* 'kerkermeister' und Kluge, Etym. wb. s. v. *Graf*.

greȝȝþenn 'to prepare, furnish' p. p. *greȝȝþedd* stimmt mit seinem diphthonge zu isl. *greiða*.

Gricclandess g. 'of Greece'. — *Grickess* pl. 'Greeks' dürften auf nordische formen zurückgehen: isl. *Grikkjar, Grikkir*, da das ae. *Crêcas* hat. Dazu das adj. *Grickisshe, Grikkisshe* 'Grecian'.

griþþ 'peace' ist entlehnung des adän. *grith, gruth* — isl. *grið* (Steenstrup Danelag s. 247 ff.). Im ae. kommt das wort erst seit der Dänenzeit vor. — Zsg. *unngriþþ*.

[*grunndwall* 'foundation' braucht nicht wegen fehlender dehnung vor *nd* nordische entlehnung zu sein; vgl. I § 9 A.

H.

hæþeliȝ 'scornfully, derisively', im ae. unbezeugt, ist aus dem nordischen (isl.) *hǽðiligr* 'ludicrous' entlehnt. — *hæþenn* 3. pl. 'scorn' entspricht ebenso dem isl. *hǽða* 'to scoff at, mock'.

hæþinng 'scorn' — isl. *hǽðing* 'a scoffing'.

hannd 'hand' neben *hand* pl. *hanndess* muss auf dem einflusse des adän. *hand* — isl. *hǫnd* beruhen, wenn man nicht eine übertragung der kürze aus den zahlreichen zusammensetzungen, deren zweites glied consonantisch anlautet, zur erklärung der mangelnden dehnung vor *nd* nach I § 9 A annehmen will.

hanndfesst 'betrothed' hat keine ae. entsprechung und ist darum nordische entlehnung wie auch Holt Notes s. 355 meint. Das quellwort ist die adän. entsprechung von isl. *handfesta* 'to pledge, betroth'.

haȝherr 'dexterous' zeigt sich durch die erhaltene nordische nominativendung als entlehnung des adän.-aschw. *hagher* (isl. *hagr*) 'handy, skilful'. — *haȝherrleȝȝc* 'skill' ist eine englische bildung zum vorigen (isl. *hagleikr*). — *haȝherrlike*, *haȝhelike*, *haȝheliȝ* 'quietly, fitly' von *haȝherr* gebildet. Zsg. *unnhaȝherrlike*.

[*hefenn* 'to raise, exalt' ist nicht nordische entlehnung, isl. *hefja*, sondern das ergebnis einer ausgleichung aus 2. 3. sg. praes. des ae. paradigma (Sievers Ags. gr. § 372, 367) und dem übrigen averbo.

henngde 3. sg. praet. 'suspended, crucified', pl. *henngdenn*, p. p. *henngedd* fehlt im ae. und stimmt zu adän. *hængiæ* — isl. *hengja* 'to hang up', woher es entlehnt ist. Zsg. p. p. *bihenngedd*.

herrberrȝhe 'lodging' fehlt vielleicht im ae. vor der Dänenzeit. Ettm. hat *here-berge* f. 'statio militaris, hospitium' nach Somner, bei Bosw.-Toller fehlt die sippe gänzlich. Für das englische wort wie auch für die nordischen adän. *hærbærghe* — isl. *herbergi* nimmt Kluge, Etym. wb. s. v. deutsche entlehnung an, was auch die vocalisation der nordischen wörter wahrscheinlich macht.

heþenn 'hence' im ae. unbezeugt, ist entlehnung aus adän. *hæþan* — isl. *heðan.* Davon ist *heþennwarrd* 'from hence' gebildet.

hezzlenn 'to salute, welcome' ist von dem nordischen gruss *heill* gebildet.

**hezzt* s. *bezztenn.*

hof 'moderation' fehlt im ae. und ist nordische entlehnung, isl. *hóf.* Dazu *hofelæs* 'immoderately'.

I.

[*i* praep. 'in' ist nicht aus dem nordischen *í* abzuleiten, sondern ist eine kürzung von *inn* wie *fra, o, i* aus **framm, off, onn, icc.*

ille adj. 'evil, bad', adv. 'ill, imperfectly', noch nicht im ags. vorhanden, ist aus adän. *illa* adv. — isl. *illa* entlehnt.

immess 'variously' ist, weil es ae. fehlt, nordischer herkunft und entstammt dem adän.-aschw. *ymis* — isl. *ýmiss.* Ob in *immes* das *i* noch lang ist oder ob durch ausgleichung aus den syncopierten formen kürzung erfolgt ist, kann die schreibung kaum entscheiden, s. I § 4.

K.

kaggerrlezzc 'love'. Schon Jessen, Tidskr. for phil. og pæd I, 225 hat White's zusammenstellung mit isl. *kǽrleikr* zurückgewiesen, aber erklärt keine deutung des eigentümlichen wortes geben zu können. Es steht im folgenden zusammenhange: v. 2185

Forr son se mazzdenn wurrþeþþ bald
Ʒho wurrþeþþ sone unnþæwedd,
Forr kaggerrlezzc shall don þatt zho
Shall dafftelezzc forrwerrpenn

und v. 11653

Forr gluterrnesse waccneþþ all
Galnessess laþe strenncþe
⁊ all þe flæshess kaggerrlezzc
⁊ alle fule lusstess Beginnenn þære.

Aus diesen zwei stellen scheint mir für *kaggerr-* dieselbe bedeutung hervorzugehen, welche isl. *kǫgur-* in *kǫgur-barn, kǫgur-*

sveinn 'a bantling' hat, und in der form können die beiden auch gut zu einander stimmen, siehe III §§ 7, 24. Für die genaue übersetzung müsste man die etymologie von isl. *kǫgur-*kennen. Die schreibung bei Orrm fordert jedoch in dem stammwort *gg*.

karrte 'cart, chariot' vergleicht Holt unter andern mit isl. *kartr* 'cart'. Nach Vigfusson Sturlungasaga prolegomena s. 186 ist isl. *kartr* ein keltisches wort und die übereinstimmung könnte denn auch auf entlehnung aus gemeinschaftlicher quelle beruhen. Sachse Ueber das unorganische *e* im Orrmulum § 122 macht die bemerkung, *karrte* könne auch auf ae. *cræt* pl. *cratu* 'wagen' zurückgehen, aber führt keine analogieen für die metathese an, vgl. Sievers Ags. gr. § 179. Gegen Sachse zeugt vielleicht *writt*.

**keȝȝsere* 'kaiser' wird für Orrms dialekt durch die von ihm unternommenen änderungen vorausgesetzt. Holt sagt in Notes s. 357, 382, 386, dass zu v. 3270, 3272, 3294, 8241, 8259, 8271, 9308 im worte *kaserrking* der erste teil aus *keȝȝse* geändert ist. An der letzten stelle teilt er noch mit: 'Further instances of this alteration in the orthography of the word 'keȝȝse' occur, but it is not thought necessary to note them particularly'! Das nordische entsprechende wort ist isl. *keisari*. In v. 3519 kommt der gen. *keȝȝseress* vor.

kinndlenn 'to kindle' p. p. *kinndledd* fehlt im ae.; es wird von dem entlehnten isl. *kyndill* 'a candle, torch' gebildet sein.

kirrke 'church' — ae. *circe, cirice, cyrce, cyrice.* Das griechische *κυριακά* wurde mit der aussprache von *υ* als *i* aufgenommen (Kluge, Etym. wb. s. v.). Wie e. *church* zeigt, ist es vor dem palatalisierungsgesetze aufgenommen worden. Wenn ae. *cyrice* eine nebenläufige aussprache mit *y* andeutete, könnte Orrms *kirrke* davon herrühren. Sonst muss es eine entlehnung des adän. *kirkia* — isl. *kirkja* sein. — *kirrkegærd* 'churchyard' kommt nur einmal vor und ist gewiss für **kirrkeȝærd* verschrieben, was regelrecht dem ws. *ȝeard* entspräche.

L.

lah 'low' schw. flexion *laȝhe*, comp. *lahȝhre, lahre*, sup. *laȝhesst*, im ae. fehlend, ist nordische entlehnung: isl. *lágr*.

[*lannge* adv. 'long'. — Die mangelnde dehnung vor *ng* könnte nordische entlehnung befürworten. Mit adän. *længi* lässt sich die form nicht vereinigen ohne annahme der anlehnung an das ae. adv. *lange* oder das adj. Zu dem adv. gebrauchten dat. sg. neutr. isl. *lǫngu* 'long since' passt freilich die form, aber nicht die bedeutung. Vielleicht hat das ae. adv. die kürze aus dem comp. bezogen, wo sie regelrecht ist. Comp. *lenngra.* — Zsg. *forrlannge* (s. dieses).

lasst 'crime', wofür ae. *leahtor,* ist nord. lehnwort: aschw. *laster* — isl. *lǫstr.*

laȝhe 'law, mosaic law'. Steenstrup Danelag s. 15 ff. behandelt erschöpfend die frage, ob dieses wort englisch sei oder dänisch und weist überzeugend nach, dass es in dieser bedeutung 'gesetz' nur dem nordischen stamme zukommt und den Alt-engländern wie allen übrigen germanischen völkern von haus aus fremd ist. Dadurch lässt sich aber für die nordische sprachkunde eine wichtige tatsache feststellen: ae. *laȝu* f. ist vor dem nordischen *u*-umlaut aufgenommen. Im nordischen hat nur der pl. die bedeutung 'gesetz' und die ae. form ist eben diejenige, welche vor dem *u*-umlaut für adän. *logh* — isl. *lǫg* vorausgesetzt werden muss. Der genuswechsel bei der aufnahme ins ae. erklärt sich leicht bei der identität von nom. sg. f. und nom. pl. neutr.; es ist dieselbe auffassung des gesetzes als ein ganzes, welche in den neueren nordischen sprachen das wort erst zum fem. sg. und schliesslich zum masc. gemacht hat; vgl. Rydquist, Svenska Språkets lagar II, 99. Auch das umgelautete adän. *logh* begegnet in einer spät-altenglischen quelle in der zusammenstellung *fulloc,* Steenstrup Danelag 190.

laȝhenn 'to lower, depress' ist eine englische bildung von dem entlehnten adj. *lah.*

lesske 'flank, inguen' fehlt im ae. und ist nordisches lehnwort. Aschw. *liuski,* neben *liumski* 'schambug' — dän. *lyske* sind die nordischen entsprechungen. Im englischen ist der diphthong monophthongiert (I § 28, 9) und zeigt kürzung der ursprünglichen länge.

leȝhe 'hire, daily, pay', ohne ae. entsprechung, stimmt in form und bedeutung gut zu adän. *leyhæ* f. mit monophthongierung des *ei* in isl. *leiga,* aus welchem ich es als entlehnt betrachte. — *lezhemenn* 'hired servants' ist eine zsg. mit dem vorigen.

-lezzc — isl. *-leikr*. Diese nordische ableitung kommt allein oder mit *-nesse* abwechselnd in folgenden wörtern vor: *æddmodlezzc, ædizlezzc, clænlezzc, dafftelezzc, drunnkennlezzc*[1], *duhhtizlezzc, forrswundennlezzc, goddcunndlezzc, godlezzc, gredizlezzc, grimmcunndlezzc, grimmelezzc, hazherrlezzc, herrsummlezzc, idellezzc, kaggerrlezzc, mennissclezzc, meoclezzc, metlezzc, mildherrtlezzc, modizlezzc, rihhtwislezzc, þeossterrlezzc, unnclænlezzc, wharrfeddlezzc, wherrfeddlezzc*[1]), *zæplezzc*. Vgl. Sachse, Ueber das unorganische *e* im Orrmulum § 15, 16.

lezzkenn 'to trifle, jest' ist entlehnung aus dem nordischen: adän. *lekæ* — isl. *leika*.

lezzkess 'sports' ist ebenso nordisch: isl. *leikr*.

lezztenn 'to inquire' ist eine entlehnung des adän. *letæ* — isl. *leita*.

[*lic* 'a body, corps' siehe I § 17, 2.

[*littnenn* 3. pl. 'look, belong, respiciunt'. Holt vergleicht ae. *wlîtan*, isl. *líta*. Die ableitung von *wlîtan* ist aber unmöglich; denn, wie *wlîte* zeigt, hat Orrms mundart *wl-* erhalten und übrigens giebt es im ae. keine entsprechende bildung der sippe. Das gilt auch für die nordischen sprachen in bezug auf die zusammenstellung mit isl. *líta*. Der zusammenhang v. 6114 fordert auch nicht notwendig ein der gedachten sippe gehöriges wort: *Uppo þe sellfenn* ⁊ *o þa þatt littnenn to þin fode*. Ich möchte eine bildung von ae. *hlŷt* 'loos' annehmen, was wenigstens sowol form als bedeutung erklärt, obgleich ich ebensowenig als Holt die ae. vorstufe belegen kann.

lofft, o lofft 'aloft': das ae. wort heisst *lyft* 'aër'; wahrscheinlich ist *lofft* nordische entlehnung: aschw. *loft, lopt* — isl. *lopt*, welche oft in den adverbialen redensarten *á lopt, á lopti, í lopt, af lofte* vorkommen.

lott 'lot, portion', gen. und pl. *lottess*. *hlot, -es* n. 'sors' begegnet (vgl. Bosw.-Toller) zufrühst in den Blickl.-Hom., also im ausgang des 10. jahrhunderts; entlehnung aus dem anord. ist also denkbar; vgl. adän. *lot* — isl. *hlutr*; dann könnte

[1]) Holt, Notes s. 591 liest die im glossar aufgeführten *andrunnkennlezzc, anwherrfeddlezzc* als *an drunnkennlezzc, an wherrfeddlezzc*. zu v. 14408, 11124, 14130.

weiterhin der im ae. bezeugte acc. pl. *hlotu* (neutr. plur.) nur der nordische acc. pl. nach der *u*-declination sein: isl. *hlutu* — altgutnisch *lutu*.

loȝhe 'fire', im ae. fehlend, ist nordische entlehnung: aschw. *loghi, lughi,* isl. *logi* 'a lowe, flame'.

[*lund* 'disposition' kommt nach dem glossar 3mal vor, kann also kaum verschreibung sein. Holt vergleicht isl. *lund* 'indoles', aber die dehnung vor *nd* macht annahme der entlehnung aus dem nordischen unmöglich. Ettm. führt *lundlaga* 'lien, ren' freilich erst aus der Dänenzeit auf. Aber da *lynd* 'adeps' und das dazu ablautende *lend* — Orrm *lende* 'loin' unzweifelhaft englisch sind, könnte ein ae. **lund* mit ähnlicher bedeutung vorausgesetzt werden, welches formell bei Orrm *lund* gäbe. Ich erinnere hierbei an Bugges bemerkung zu Sigrdrífumál 1, 5—8 in seiner ausgabe der poet. Edda s. 416, wo isl. *lund* 'the mind, temper' als eine übertragene bedeutung von isl. *lundir* 'the flesh along the back' — dän. *lynd* angenommen wird: dasselbe könnte für die ae. sippe gelten.

M.

make 'mate, wife' neben *macche* ist nordische entlehnung (aschw. *maki* — isl. *maki* 'a match'), falls das von Ettm. nach Bosw. aufgeführte *maca, gemaca* nicht schon vor der Dänenzeit dem englischen wortschatze zukäme.

mal 'speech': das ae. wort ist *mǽl*; ae. *mâl* kommt nur seit der Dänenzeit vor und ist das entlehnte adän. *mal* — isl. *mál*. Vgl. Steenstrup Danelag s. 55. — *måle* 'tribute' ist auch eine offenbare nordische entlehnung: adän. *malæ* — isl. *máli*; vgl. Steenstrup Danelag s. 148.

maȝȝ 'maid': Sachse, Ueber das unorganische *e* im Orrmulum § 11 anm. vermutet, *maȝȝ* sei ein nordisches wort. Das einzige nordische wort, welches dabei in betracht kommen könnte, ist adän. *mö* — isl. *mǽr* — acc. sg. *møy*. Wie ansprechend die annahme der entlehnung davon auch sei, ist sie doch nicht möglich, wie das wort jetzt dasteht. Von adän. *øy* kommt sonst kein beispiel bei Orrm vor, aber da adän. *ǿ* als *e* auftritt und da die monophthongierung adän. *ø* desselben diphthongs auch als *e* erscheint (siehe *deȝenn*), so müsste auch *øy* zu **eȝȝ* entwickelt werden. Die entlehnung von *maȝȝ* aus dem nordischen worte lässt sich also nur unter der annahme, es sei für **mezz* verschrieben, behaupten. Nur einmal v. 2489 kommt es vor und jene annahme ist mithin nicht unwahrscheinlich. Ein ae. wort, welches sich zu *mazz* entwickeln könnte, gibt es nicht; ae. *mǽz* '(cognata) femina, virgo', welches Holt vergleicht, ist bei Orrm als *mezhe* 'cousin, relation (female)' erhalten und hat in seiner flexion keine kürzung. Vgl. I § 21, anm. 2.

mennissclezzc 'human nature, manhood', *mennisscnesse* id. und *mennisske* D 218, welches wol mit *kinde* zu einer Zsg. *mennisskekinde* zusammenzuschreiben ist, haben vielleicht *sc* statt *sh* vom nordischen worte bezogen: aschw. *mænniskia* — isl. *manneskja*. Vgl. *mennissh* 'human'.

meoc, mec 'meek' muss wegen fehlender entsprechung im ae. nordische entlehnung sein, wie auch Kölbing, Engl. stud. II s. 498 meint. Nordisch entspricht aschw. *miuker* — isl. *mjúkr*. Der diphthong ist im engl. monophthongiert worden. Zsg. sind *meoclezzc* 'meekness', *meoclike, meocliz* 'meekly', *meocnesse, mecnesse* 'meekness'. — *meokenn, mekenn* 'to humble' ist ein aus dem adj. gebildetes vb.

merrke 'mark' ist eine offenbare entlehnung des adän. *mærki* — isl. *merki*. Das ws. wort ist *mearc*.

[*mikell* 'great, many, much', siehe I § 18.

mĭneþþ 3. sg. praes. impers. *me m.* 'it cometh into my mind, I remember' muss nordisch sein; isl. *minna* 'to remind', dessen impersonelle construction: *minnir mik* zu der bei Orrm vorkommenden stimmt. Ae. *mynzian* wird persönlich construiert und 3. sg. praes. davon müsste bei Orrm **minnzheþþ* heissen, wie *sinnzhedd* vom ae. *synzian*. Vielleicht gehört *mĭneþþ* zu den von Kölbing Engl. stud. I s. 16 erwähnten fällen, wo der herausgeber des Orrmulum das verdoppelungszeichen über *n* mit dem zeichen der vocalkürze verwechselt hat. Es wäre dann **minneþþ* zu schreiben.

N.

náþe 'grace' fehlt im ae.; adän. *nathæ* f. pl. — isl. *náðir* ist das quellwort.

norrþ 'North'. Die unterbleibende dehnung vor *rþ* ist entweder durch die entlehnung vom nordischen (isl. *norðr*) zu erklären oder es ist von *norrþenn* oder seinen zsg., deren zweites glied consonantisch anlautet, beeinflusst worden. Zsg. *norrþdale* 'northward'.

nowwt 'cattle, oxen' ist wegen des diphthongs nordische entlehnung, adän. *nöt* — isl. *nǫut.*

O.

occ 'and' ist das entlehnte adän.-isl. *ok.*

oferrganngenn 'to overpower' s. *ganngenn.* — *oferrgarrt* 'pomp, ostentation' s. *forrgarrt.*

oferrhannd 'mastery'. Die kürze des vocals im zweiten zusammensetzungsgliede rührt entweder von dessen unbetontheit her oder beruht auf nordischem einfluss; vgl. *hannd.*

offdrunncneþþ 3. sg. praes. 'drowneth' — pp. *offdrunncnedd* siehe *drunncnenn.*

onnfanngenn 'to receive' s. *fanngenn.*

Orrm der name des verfassers ist nordisch — isl. *Ormr*; doch weiss ich die längere form seines taufnamens *Orrminn* (D 324) nicht zu erklären. Vgl. Holt, Preface Lix. not. Dazu *Orrmulumm.*

orraþ 'doubtful' zu *raþ.*

orresst 'contest' fehlt im ae., da die belege bei Ettm. aus der Dänenzeit sind. Es ist also eine entlehnung des (adän.)-aschw. *orosta, orusta* — isl. *orrosta, orrusta,* obgleich die abänderung der form mir schwierig zu erklären scheint. Im ae. ist nur ein cas. obl. belegt Sachs. Chron. 1096: *hine on orreste ofercom.* Wenn man die von Sievers, Ags. gr. § 129 erwähnte vocalabstufung für dieses wort in anspruch nehmen dürfte, wären die nordischen cas. obl. dadurch **orrestu* geworden, welches sich an die flexion solcher abstr. *-iþa* wie *ʒesyntu, ofermêttu,* Sievers, Ags. gr. § 255, 3, hätte anschliessen können und wie diese gekürzt werden. Im aschw. gibt es *orista, oræsta* neben *orusta* Rydquist, Svenska språkets lagar VI, 348, welche formen leichter die form bei Orrm geben; vgl. Steenstrup, Danelag s. 227.

P.

ploh 'plough' kommt weder bei Grein noch Ettm. vor. Kluge, Etym. wb. der deutschen sprache s. v. *Pflug* führt ae. *plôh* auf nach Schmid Ges.; daher entlehnung aus adän. *plogh* (isl. *plógr*) unsicher.

R.

radd p. p. 'afraid' fehlt im ae. Die nordische entsprechung ist aschw. *rædder* — isl. *hrǽddr,* das p. p. zu *hrǽða* 'to frighten' ist. Im engl. ist der vocal wie in *ladd* zu *lædenn, shadd* zu *shædenn* gekürzt worden und zu *a* gewandelt, s. I § 28.

raþ 'counsel, direction, meeting' erweist sich durch *þ* dem englischen *rǽd* gegenüber als nordische entlehnung: adän. *raþ* — isl. *ráð*. Dazu ist *orraþ* eine adjectivbildung wie ae. *or-sorȝ* zu *sorȝ, or-môd* zu *môd.*

ráþenn, raþenn 'to counsel, guide' ist adän. *raþa* — isl. *ráða.*

reȝȝsenn 'to raise, exalt, direct' 1. sg. praes. *reȝȝse,* 3. sg. praes. *reȝȝseþþ* ist, wie der diphthong zeigt, aus adän. *resæ* — isl. *reisa* entlehnt.

ro 'quiet, peace' ist wahrscheinlich nordisches lehnwort: aschw. *ro* — isl. *ró.*

ros 'praise', im ae. fehlend, ist nordisch; isl. *hrós* 'praise'. — *rosenn* 'to boast' ist das isl. *hrósa* 'to praise, vaunt, boast', wozu *rosinng* 'boasting' das verbalabstractum ist.

róte, rote 'root' ist eine entlehnung des adän. *rot* — isl. *rót,* da es im ae. fehlt (wo **wrôt* vorauszusetzen wäre).

rowwst 'voice' stimmt mit seinem diphthong zu isl. *rǫust.*

S.

sǽte, sæte 'seat, sitting'. Dem ae. scheint das wort abzugehen, Grein hat es gar nicht und Ettm. belegt es nur aus der Sachs. Chron. 894. Es ist deshalb aus adän. *sæti* — isl. *sǽti* 'seat' entlehnt. Die nordische bedeutung ist jedoch in dem häufigen *at tatt bridaless sæte* 'sitting' leicht abgeändert.

sahhte 'concurring', pl. *sahhte* fehlt im ae. vor der Dänenzeit. Das quellwort ist *sattær* — isl. *sáttr* 'agreeing, reconciled'; v. 1535 steht es alliterierend mit einem andern nordischen worte: *sammtale* ⁊ *sahhte.* Für dieses und die zwei folgenden vgl. Steenstrup Danelag s. 181 ff., 298. — *sahhtlenn* 'to reconcile' — 3. sg. praes. *sahhtleþþ* — p. p. *sahhtledd* ist die dazu vorkommende verbalbildung, welche die nordischen sprachen nicht besitzen. — *sahhtnesse* 'settlement, concord, reconciliation' zu *sahhte.*

sammtale 'agreed' literally 'of one voice' fehlt sowol im ae. als im nordischen. Es ist also die frage, für welche sprache es vorausgesetzt werden darf. Wahrscheinlich ist es ein adj. mit nur schwacher form wie g. *alaþarba, inkilþô.* Sowol ae. als nordisch kommt diese bildung vor: ae. *orwêna* ist der bildung nach mit g. *uswêna* identisch, aber hat den umlaut aus subst. *wên* bezogen. Nordisch enden sie *-i, -a*: isl. *andvani,* aschw. *samkulla.* Auch zsg. mit *sam-* kommen in beiden sprachen vor: ae. *sam-rǣd* Boeth., *sammǣle* Sachs. Chron., worüber jedoch Steenstrup, Danelag s. 215 not. zu vergleichen ist. Da ae. *talu* f. 'sermo, narratio' hat, wäre es nicht unmöglich, dass die betreffende bildung englisch sei. Dass ich jedoch zu der annahme nordischer herkunft mehr geneigt bin, dazu bestimmt mich teils, dass es in *sammtale* ⁊ *sahhte* in alliterierender verbindung mit einem andern nordischen worte steht, teils dass im nordischen die bedeutung 'reden' in der sippe reichlicher entwickelt und zwar durch das vb. *tala* 'to speak' vertreten ist.

[*sanderrman* 'messenger' ist sonderbar. Nordisch kann es wegen der hinlänglich bezeugten dehnung vor *nd* nicht sein. Aber bei dem englischen worte ist es eigentümlich, dass diese dehnung trotz des folgenden *r* eingetreten ist, vgl. I § 9. Das scheint darauf hinzudeuten, dass *r* nicht stammhaft ist, d. h. einer flexion angehört. Ettm. hat *sand, -e* f. 'missio, legatio' und zsg. *onsand* 'missio', wovon *sanderrman* wol hinsichtlich der bedeutung zsg. sein kann. Das *r* wäre dann dasjenige, welches einst dem gen. sg. fem. zukam, aber allgemein abgefallen ist. Denkbar ist es, dass *r* sich in der zsg. inlautend erhalten hat und dass zugleich durch den einfluss des subst. *sand* die dehnung sich vollzogen hat. Die zsg. ist den ahd. *brûti-gomo, nahti-gala,* aschw. *ættarbot* in der bildungsweise gleichzustellen. Für das erhaltene genitiv-*r* kann ich nur das öfter bezeugte me. *nihter-tale* (nach Stratmann = an. *náttartal*) als analogon anführen.

sannenn 'to maintain, prove' ist aus adän. *sannæ* — isl. *sanna* entlehnt.

[*scaldess* 'minstrels, poëts' ist nur unter der annahme von verschreibung für **scalldess* mit adän. **skald* zusammenzubringen; denn der lange vocal in isl. *skáld* ist durch eine spezifisch isländische dehnung entstanden und diese darf man natürlich nicht zur erklärung der länge in *scaldess* in anspruch nehmen. Diese äussere ähnlichkeit mit dem bekannten isl. wort ist es doch wol nur, die Holt veranlasst hat, *scaldess* mit 'minstrels, poets' zu übersetzen; denn der zusammenhang an der einzigen belegstelle v. 2189 ff. fordert es gar nicht, wird sogar durch diese übersetzung gekünstelt. Es kommt in folgendem zusammenhang vor: *Full wel birrþ ure maȝȝdenn ben Forrshamedd, ȝiff mann brinngeþþ Biforenn hire unnþæwfull word ⁊ wælinng word þurrh scaldess, Ȝiff ure laffdiȝ Marȝe wass Forrshamedd ⁊ forrdrefedd, þær enngell comm wiþþ gretinng word Till hire o Godess hallfe.* Diesen versen gehen die unter *kaggerrleȝȝc* angeführten 2185 ff. unmittelbar vorher. Man versteht nicht was 'minstrels, poets' in diesem zusammenhange zu tun haben. Wenn man *scaldess* als die englische entsprechung des ahd. *scalt* 'vituperium' Graff VI, 488 auffasst, wird man, wie mir scheint, sowol der form als der bedeutung gerecht.

secnedd 'sickened'. Der umstand, dass das ae. nur *sŷclian* in dieser bedeutung hat, könnte auf nordischen ursprung (isl. *sjúkna*) deuten. In diesem falle wäre der diphthong im engl. monophthongiert wie in *mec, sket.* Aber Grein hat ein adj. *seocen* 'morbidus, morbosus', wovon auch bei Orrm vielleicht ein vb. **secnenn* mit dieser bedeutung gebildet werden könnte.

[*sekenn* 'to seek, frequent' siehe I § 18.

[*semeþþ* 'seemeth' ist dem nordischen isl. *sóma* nur stammverwant, nicht davon entlehnt; s. Skeat Concise Etym. Dict. of the engl. langu. s. *seem.*

senndenn 'to send' kann wegen der fehlenden dehnung vor *nd* von adän. *sænda* — isl. *senda* entlehnt sein, aber die kürze des wurzelvocals kann auch durch die englischen lautgesetze erklärt werden, s. I § 9 c.

ser 'separate' ist gewiss der entlehnte dat. sg. des nordischen reflexivpronomens adän. *sær* — isl. *sér.* — *serlepess* 'severally, separately' ist eine zsg. vom vorigen. Für den letzteren teil vergleicht Grein ahd. *seltkaluaffo* 'raro' adv. Graff VI, 216, was für dieses wort und ae. *ân-lêpe* passt. Ae. *ân-lŷpiȝ, -lîpe* schliesst sich dagegen an ahd. *selt-kalouffer* Graff

II, 207 an. Schade s. 754 hat noch dazu ahd. *sëlt-kalouf* oder *sëlt-kaloufi* 'rarus' nach Grimms deutscher grammatik. Wie die ahd. formen andeuten und wie aus dem umlaut der englischen formen erschlossen werden darf, liegt ein adj. *u*-stamm zu grunde.

sīt 'pain, ailment': Sachse, Ueber das unorganische *e* im Orrmulum [§ 11 anm. bezweifelt ae. ursprung gewiss mit recht, da kein entsprechendes ae. wort sich findet. Im nordischen liegt das bedeutungsverwante isl. *sút* f. 'grief, sorrow, affection' am nächsten. Die formen stimmen nicht völlig überein, *sīt* weist auf eine umgelautete nordische form **sýt*. Die formen *sút* und **sýt* sind neben einander denkbar als die ergebnisse einer doppelten ausgleichung innerhalb eines *i*-stammes, wie isl. *burðr, stuldr, skuldr* sich zu den aschw. *byrþ, styld, skyld* verhalten und wie isl. *bón, átt* zu *bǿn, ǽtt*. Vgl. aschw. *syta* 'pflegen, sorgen für' und das zugehörige subst. *sytning* 'pflege'.

[*skarn* 'scorn, derision' ist sehr schwierig zu beurteilen. Die länge ist durch die schreibung in diesem und dem folgenden worte und durch engl. *scorn* genügend gesichert. Nordisch kann es jedenfalls nicht sein, denn isl. *skarn*, welches in der form zunächst entspricht, hat teils kurzen vocal und teils eine bedeutung 'grime, dirt, dung', welche nicht ganz zu der von *skarn* passt. Dasselbe gilt von ae. *scearn* 'fimus, stercus' und die form sträubt sich auch sonst gegen die zusammenstellung damit. Nach I §§ 13, 12, 28 und nach Sievers' bemerkung Beitr. IX, 210 zu § 76 seiner grammatik wäre aus ae. *scearn* bei Orrm **shærn* geworden. Nach den auseinandersetzungen in I § 24 kann *skarn* nur auf urgerm. **skairn-* zurückgeführt werden, wie gern man es auch der bedeutung halber zu der sippe von ahd. *scërn* 'scurrilitas' Graff VI, 549 in beziehung bringen möchte. — [*scarnedd* 'scorned, shewn contempt' ist eine participiale bildung zum vorigen.

scaþelæs 'scathless'. Da die ae. sippe teils palatalisierung hat, teils nicht, so kann ich nicht entscheiden, ob das betreffende wort englisch ist oder aus adän. *skathæløs* — isl. *skaðlǫuss* entlehnt. Vgl. *unnshaþiȝ*. Dazu *unnskaþefull*. — *skaþesst* 2. sg. praes. 'harmest'. Davon gilt dasselbe wie von dem vorigen.

skemmtinng 'amusement' ist eine ableitung von dem

entlehnten âdän. *skæmta* — isl. *skemta* 'to amuse'. Ae. fehlt das wort.

skerrenn 'to terrify'. Dass *sk-* vor *e* bleibt, zeigt nach I § 24, dass es kein englisches wort ist und also wahrscheinlich eine nordische entlehnung. Holt vergleicht isl. *skjarr* 'shy, timid', was man von der seite der bedeutung nur billigen kann. Es erübrigt nur die verschiedenheit der form zu besprechen. Das zu *skjarr* regelmässig gebildete verbum isl. *skirra* 'to bar, prevent' kann *skerrenn* nicht sein, es muss also eine derartige englische verbalbildung zu dem entlehnten wort wie *broddenn* zu *brodd*, *blomenn* zu *blome*, *laȝhenn* zu *lah*, *mekenn* zu *meoc* sein. Aber das setzt für das adj. die form **skerr* voraus und das ist eben die form, woraus isl. *skjarr* gebrochen ist. Anders als unter der annahme einer ungebrochenen form lässt sich das wort nicht erklären; denn von der späteren adän. entwickelung **skiærr* aus *skiarr* auszugehen ist nicht zulässig, da der übergang *ia* > *iæ* sogar zur zeit der adän. gesetze noch nicht vollzogen ist, Wimmer, Navneord. s. 7.

skēt 'quickly, soon, straightway'. Das *sk-* vor *e* deutet auf nordische entlehnung und Holt vergleicht mit recht isl. *skjótt* 'cito'. Der diphthong ist also im engl. monophthongiert worden.

skeȝȝredd p. p. 'scattered' muss wegen des *sk-* ein fremdwort sein, aber ich kann die herkunft desselben nicht angeben. Zsg. *tosskeȝȝresst* u. s. w.

skiledd p. p. 'divided': das *sk-* vor *i* bezeugt es als nordische entlehnung; es ist das p. p. von adän. *skiliæ* — isl. *skilja*.

skill 'skill, knowledge, understanding' ist aus demselben grund wie das vorige nordisches lehnwort: isl. *skil* n. pl. 'a distinction, discernment, knowledge'. Dazu die zsg. *unnskill*. — *skillæs* 'ignorant' ist vom vorigen abgeleitet.

skinn 'skin' muss wie die vorigen aus dem nordischen entlehnt sein: adän. *skin* — isl. *skinn*.

skir 'clear' geht auf das nordische isl. *skír* zurück. Das ae. *scîr* hat dagegen regelrecht bei Orrm *shir* 'sheer, unmixed' gegeben.

skirrpeþþ 'rejecteth contemptously' (literally 'spitteth against'), pl. *skirrpenn* stimmt, wie Holt angegeben hat, mit isl. *skirpa* 'to spit'.

Scone, vgl. Engl. Stud. xi, 432.

slan 'to slay, strike' 2. sg. praes. *slast,* 3. sg. praes. *slaþ.* Die entlehnung dieser formen aus adän. *sla* — isl. *slá* scheint mir die einfachste erklärung derselben zu sein. Die regelrechte entwickelung des ae. *slean* kommt daneben vor *slæn,* 3. sg. praes. *slæþ.*

slecken, slekken 'to slake, abute' — p. p. *sleckedd*: im ae. besteht *ȝesleccan* 'debilitare'. *slekkenn* kommt nur mit *þirrst* als obj. vor und dazu passt das ae. wort weniger als das entlehnte adän.-aschw. *slækkia* (isl. *sløkkva*), welches auch mit 'durst' als obj. verbunden wird.

sleh 'cunning', im ae. ohne entsprechung, muss zu isl. *slǿgr* 'sly' gezogen werden.

sloþ 'path, track' fehlt im ae.; es stammt aus dem nord.; vgl. isl. *slóð* 'a track or trail in snow or like'.

sowwþess 'sheep' erweist sich durch den diphthong als nordisches lehnwort: isl. *sǫuðr.*

[*sperrd* 'closed, shut' fehlt im ae., wo nur *sparrjan* 'obdere, occludere' vorkommt. Aber da isl. *sperra* nur 'to raise the spars in the house, stretch out the legs like rafters, struggle' bedeutet, muss wol doch das wort englisch sein (ae. **sperran*); das dän. *spærre* ist gewis aus dem deutschen *sperren* entlehnt.

stanndenn 'to stand': es ist nicht zu entscheiden, ob die kürze vor *nd* auf nordischer entlehnung beruht oder nach I § 9 c zu erklären ist. Das letztere halte ich für wahrscheinlicher. Zsg. *unnderrstanndenn, wiþþstanndenn.*

steorrne, sterrne 'star': in I § 9 c ist gezeigt, welche fern liegende und von genügenden analogien nicht hinreichend gestützte analogiebildung angenommen werden muss um *steorrne* als englisches wort zu behaupten. Diese schwierigkeiten vermeidet man ganz durch die annahme, *sterrne* sei die ungebrochene nordische form des adän. *stiærna* — isl. *stjarna.* — *steorrneleom, sterrnelem* 'stars light' ist eine zsg. vom vorigen.

stoffnedd 'generated' könnte ebenso gut zu ae. *stofn* 'stipes' gebildet sein, wie im isl. *stofna* 'to establish, lay the foundation of' zu *stofn* 'a stem of a tree, a foundation' und brauchte dann nicht nordisches lehnwort zu sein. Doch kommt die übertragene bedeutung 'foundation' von ae. *stofn* nicht vor.

[*strengenn* 'to strengthen' ist wegen der dehnung vor *ng* englisch. Es dürfte sich an die adjectivform *strenge* neben *strong* angelehnt haben, da das ae. nur *strangian* hat. Isl. *strengja* hat eine ganz andere bedeutung.

summ conj. 'as' fehlt im ae. und ist adän. *sum* (isl. *sem*).

T.

tåkenn, takenn 'to take, receive' 2. sg. praes. *takesst,* 3. sg. praes. *takeþþ* — praet. *toc* — p. p. *takenn* ist als nordisches lehnwort allgemein anerkannt: adän. *takæ* — isl. *taka.* Zsg. *unnderrtakenn.*

till praep. 'to, for, till' nimmt man ganz allgemein als nordisches lehnwort — adän.-isl. *til* an, so jüngst Kluge, Etym. wb. d. deutschen sprache s. v. *ziel.* Die form entscheidet in dieser hinsicht nichts, wol aber das auftreten der präpos. im hymn. d. Cædm. und auf dem Ruthw.-kreuz.

tiþennde 'tidings': das *þ* zeugt für entlehnung aus isl. *tiðindi* mit derselben bedeutung.

[*tór, tor* 'hard, difficult': zufolge der sogar durch ausdrückliche quantitätsbezeichnung feststehenden länge ist Holts zusammenstellung mit '*tor* an inseparable prefix in Icel. denoting *difficulty*' entschieden zurückzuweisen, und überdies kommt ja diese partikel in keiner sprache als selbständiges wort vor (belege v. 6350: ⁊ *tatt iss harrd* ⁊ *strang* ⁊ *tor,* v. 7165 ⁊ *grimm* ⁊ *tór to cwemenn* und v. 7173 ⁊ *braþ* ⁊ *tór to cwemenn*); das adj. begegnet auch sonst im me. (mit der umgelauteten nebenform *têre,* vgl. Stratmann). Ich weiss nichts über die etymologie des wortes vorzubringen.

toskeȝȝresst 2. sg. praes. 'scatterest' p. p. *toskeȝȝredd* siehe *skeȝȝredd.* — *toskiledd* p. p. 'distinct' siehe *skiledd.* — *totwinneþþ* 3. sg. praes. 'parteth' ist eine verbalbildung zu *twinne.*

[*toþþ* 'rapacity, rapacious appetite'. Die kürze macht Holts zusammenstellung mit ae. *tôð* 'zahn' unmöglich, welche auch von seite der bedeutung nicht ansprechend ist. Jessen Tidskr. for phil. og pæd. I, 226 übersetzt *toþþ* mit 'unflat' und meint, es sei pl. isl. *tǫð* von sg. *tað* 'manure, dung', doch macht er nur mit unentschlossenheit diesen vorschlag: weder Fritzner noch Vigfusson haben isl. *tað* in übertragener bedeutung. Ich weiss nichts zur erklärung des wortes (die möglichkeit **þoþþ* anzusetzen ist ausgeschlossen wegen v. 7186).

trigg 'faithful, secure' ist aus dem adän. *trygger* — isl. *tryggr* entlehnt.

**tugt* Holt, notes 358 bemerkt zu v. 3537 'þurrh tatt Kaseress hæse'; 'hæse' is glossed in the margin, apparently by the Danish substantive "tugt" in an early hand'. Ich weiss nicht, welch dänisches subst. der verfasser im sinne hat.

twinne 'twin, two, double' dürfte nordische entlehnung sein, da es in der vordänischen zeit im ae. wol nicht vorkommt. Grein hat es gar nicht, nur die zsg. *ze-twinnas* 'gemini' aus Sal., und Ettm. führt das wort auf, aber ohne beleg. Es entspricht im nordischen aschw. *tvinni, tvænni* — isl. *tvinnr, tvennr* 'two and two'. Davon ist das vb. *totwinneþþ* abgeleitet.

Þ.

þarrnenn 'to lack, need' stimmt in der bedeutung mit isl. *þarnask* 'to want, lack' und der mangel der dehnung vor *rn* bezeichnet es als nordisch.

[*þennkenn* 'to think, consider' siehe I § 18. Das isl. *þekkja* bedeutet 'to percieve, know' und das aschw. *þænkia* ist deutsche entlehnung, Rydquist Svenska språkets lagar V 231.

þeþenn 'thence' muss, da es im ae. keine solche bildung gibt, aus adän. *þæþæn* — aschw. *þæþan* — isl. *þaðan* entlehnt sein unter beeinflussung von *heþenn* (gleich adän. *hæþan*). — *þeþennforþ* 'thenceforth' ist eine zsg. davon.

þezz, tezz 'they', *þezzt* = *þezz itt;* gen. *þezzre, tezzre, þezzress* 'their, of them'; dat. acc. pl. *þezzm* 'them' sind offenbar die formen des nordischen demonstrativpronomens adän. nom. *þe,* gen. *þeræ,* dat. acc. *þem* — isl. nom. *þeir,* gen. *þeir(r)a,* dat. *þeim.*

[*þinnkeþþ* 'seemeth, appeareth'. 3. sg. praet. *þuhhte:* Der *u*-vocal im praet. und die analogie mit den I § 18 angeführten verbis bezeugen, dass es englisch ist. Adän. *þykkiæ* — isl. *þykkja* haben beide die assimilation *nk* > *kk* durchgeführt.

þohh, þohh þatt 'though, nevertheless, yet' pflegt man meistens als niederdeutsches lehnwort aufzufassen, so ten Brink,

Zs. für deutsches altertum XIX 221 not. Die zuflucht zur entlehnung aus dem niederdeutschen muss doch besonders bei einem solchen worte als notbehelf gelten und Orrms sprache zeigt im übrigen keinen niederdeutschen einfluss. Das wort kann sehr gut nordisch sein, vgl. adän. *þo* — isl. *þó* mit derselben bedeutung. Leffler hat Tidskr. for fil. n. r. V, 78 und Arkiv for nord. fil. I s. 269 die entstehung von adän. *þo* — isl. *þó* dargestellt. Das urgerm.-got. *þauh* wird durch eine allgemeine nordische contraction von *au* > *ō* vor *h*[1]) zu **þōh*, woraus isl. *þó* durch den späteren wegfall von *h* entsteht. Die angenommene zwischenstufe liegt eben in *þohh* vor. Ueber die kürzung **þoh* > *þohh* siehe I § 10, III. — *þohhwheþþre* 'yet, nevertheless moreover' ist eine zsg. vom vorigen.

þorrness 'thorns' muss wegen der mangelnden dehnung vor *rn* nordisches lehnwort sein: aschw. *þorn* — isl. *þorn*.

þrenngdenn 3. pl. praet. 'thronged, pressed'. Ettm. führt ohne beleg nach Bosworth ae. *þrengan* 'premere' auf. Wenn das hinlänglich als englisch bezeugt wäre, könnte *þrenngdenn* praet. davon sein mit der nach I § 12 im praet. aufgehobenen dehnung. Aber am geratensten dürfte es doch sein das wort als nordische entlehnung zu betrachten: adän. *þrængæ* — aschw. *þrængia* — isl. *þrøngva, þrøngja*.

þrifenn 'to thrive' — 3. sg. praet. *þraf* ist ohne ae. entsprechung und mag daher aus dem nordischen entlehnt sein. Die bedeutung stimmt ganz zu isl. *þrífask* 'to thrive' und für die aufgebung des nordischen reflexivs vergleiche man *addlenn*. Das averbo ist in die englische *i*-reihe übergetreten. Ettm. hat freilich ae. *þrîfan* 'apprehenders, colere, curare', aber Zupitza, Zs. f. deutsches altertum XX anz. s. 135 bezeichnet dies als eine nur theoretische form.

þrinne 'three' Steenstrup, Danelag s. 235 not. citiert *þrinna* aus Aeðelreds gesetzen III, 13 (vgl. Beitr. IX, 269) und

[1]) Noch ein zeugnis für die richtigkeit des Lefflerschen lautgesetzes ist der name *Horic*, ein dänischer könig, zeitgenosse des kaisers Ludwigs des frommen, und schon im jahre 836 erwähnt, Steenstrup, Vikingetogene mod vest i det 9. aarhundrede s. 45, 153. Es ist derselbe name wie isl. *Hórekr* Leffler, Arkiv I s. 272. Da zu dieser zeit der *u*-umlaut noch nicht gewirkt haben kann, vgl. III, § 24, ist also Lefflers lautgesetz die einzige erklärung.

nimmt dafür nordische herkunft an, sowie auch Sachse, Ueber das unorganische *e* im Orrmulum § 64, d. Durch das ae. citat ist gewis eine entwickelung von ae. *þrinen* 'trinus' (Ettm.) ausgeschlossen. Die nordischen entsprechungen sind adän. *thrynnæ, threnne* — aschw. *þrinni, þrænni* — isl. *þrinnr, þrennr.*

[*þurrhsekenn* 'to seek through, examine' s. *sekenn.*

þweorrt ūt, þwerrt ūt 'throughout, entirely.' Holt vergleicht mit recht dän. *tvært.* Aus ae. *þweọrh* kann das *-t* nicht erklärt werden. Ich nehme also entlehnung des adv. *þvært* zum adj. adän. *þvær* — isl. *þverr* 'athwart, across, transverse' an. Ich finde nur in den wörterbüchern keine angabe, dass nordisch *þvert* wie hier rein verstärkend verwant wird.

U.

ummbe, ummbenn 'about, concerning'. Das ae. hat nur *ymbe, ymb* mit umlaut; die bei Orrm vorkommenden formen sind also die nordischen adän. *um* — isl. *umb, um.* Zsg. sind: *ummbeclippenn, ummbesherenn, ummbeþennkenn, ummbetrin.* — *ummbetrin* 'round about'. Holt vergleicht dän. *trind* — schw. *trind* 'round'. Dieses wort muss also in der alten sprache langen vocal gehabt haben und die länge ist auch durch eine doppelschreibung in dem altschwedischen Elucidarium bezeugt: *hoffwodhit ær triint æpter himlen.*

[*ummbeþennkenn* 'to think about' siehe *þennkenn.*

unnbiggedd 'unbuilt upon, uninhabited' siehe *biggenn.* — *unnbonedd* 'unasked' siehe *bone.* — *unnderrfanngenn* 'to undertake, recieve' (v. 360 *unnderrfangenn* verschrieben) s. *fanngenn.* — *unnderrstanndenn* 'to understand' s. *stanndenn*; Holt setzt *unnderrstandenn* voran, aber diese form habe ich an den im glossar verzeichneten zahlreichen belegstellen nicht gefunden. — *unnderrtakenn* 'to entrap, take' siehe *takenn.* — *unngriþþ* 'unquietness, disturbance' s. *griþþ.* — *unnhazherrliz* 'unsuitable' s. *hazherrlike.* — *unnlazhelike, unnlazheliz* 'unlawfully' ist eine bildung von *lazhe.* — *unnmeoc* 'rude' siehe *meoc.* — *unnsahhtnesse* 'discord' siehe *sahhtnesse.* — *unnskaþefull* 'harmless' s. *skaþelæs.* — *unnskill* 'indiscretion, want of discrimination' s. *skill.*

uppbrixle 'object of reproach' fehlt im ae. und stimmt

in form und bedeutung zu isl. *brigzli, brigzl* n. chiefly in pl. 'blame, shame'.

upphald 'support' könnte wegen der dehnung vor *ld* nicht nordisch sein. Im ae. gibt es jedoch kein solches wort; dagegen vgl. isl. *upphald* 'a hǫlding up, lifting, a keeping up, preservation, maintenance'. Vielleicht ist das nordische wort aufgenommen mit anlehnung an das englische vb. *haldenn*; da es nur einmal v. 9217 vorkommt, ist die möglichkeit der verschreibung auch nicht ausgeschlossen.

usell 'wretched, miserable, mean in condition' ist von dem adän. aschw. *usal, usæl, ysæl* (isl. *vesall*) entlehnt. — *uselldom* 'wretchedness' ist davon eine ableitung.

W.

wælinng 'wanton'. Sachse, Ueber das unorganische *e* im Orrmulum § 83 anm. äussert: 'Ist vielleicht *wælinng* in *wælinng word* 2192, das ebenso wie *gretinng word* als ein compos. zu fassen ist, das verbalsubstantivum von einem verb. **wælenn* = an. *véla, vǽla*, betrügen? vgl. z. b. *konur véltar með brögðum ok legorðum* (Vigf.); danach würde *wæling word* ein wort bedeuten, welches den zweck hat, ein mädchen zu verführen, und könnte sehr wol synonym mit *unnþæwfull word* 2191 gefasst werden. — An das ae. *wǽlan* vexare, affligere (Gr.) ist natürlich der bedeutung wegen nicht zu denken.' Mir scheint, dass man dieser auseinandersetzung von Sachse beistimmen muss (vgl. dazu *scaldess*).

[*wakenn* 3. pl. praes. 'watch' — 3. pl. praet. *wokenn*: Dieses wort ist schwierig zu beurteilen. Gegen nordische entlehnung spricht, dass es im nordischen kein starkes verb gibt und ferner hat das schwache isl. *vaka* nur intransitive bedeutung 'to be awake'. Mit ae. *wacan*, praet. *wôc* stimmt die form gut zusammen, aber als bedeutung hat Grein nur: '(erwachen) nasci, oriri' und Ettm. ebenso: 'suscitari, expergiscere, nasci', also nirgends die bedeutung 'to watch'. Die bedeutung 'wach sein' gehört auch der englischen sippe und tritt bei Orrm in 3. pl. praes. *wakenn* 'wake' zu ae. *wacian* 'vigilare' hervor. Vermutlich ist aus dieser bedeutung die bedeutung 'to watch' entstanden und auf das starke vb. übertragen, durch eine bedeutungsentwickelung, deren zwischenstufe Orrms *wakemenn* 'watchmenn' und ae. *wæcce* 'vigiliæ' zeigen.

wand 'rod': Holt vergleicht dän. *vaand* 'a wand, rod', welches isl. *vǫndr* ist; dagegen spricht aber die dehnung vor *nd*. Doch weil das wort im ae. nicht vorkommt, bin ich geneigt, das wort bei Orrm als für **wannd* verschrieben und aus dem nordischen entlehnt anzusehen.

wanndraþ 'trouble, suffering' ist offenbar nordisches lehnwort, wie schon *-raþ* (gegen engl. *rǣd*) zeigt. Es wäre adän. **vand-raþ*, welches freilich in keiner der nordischen sprachen vorkommt. Das geläufige nordische wort ist aschw. *vandræþi* — isl. *vandrǽði* 'difficulty, trouble'. Das wort bei Orrm hat sich nach *raþ* gebildet.

wannt 'wanting' ist nom. sg. neutr. vom nordischen adj. isl. *vanr* 'lacking, wanting'. Dass eben das neutr. erhalten wurde, hängt von dessen häufigem vorkommen in halb adverbiellem gebrauch ab; vgl. das Oxforder wörterbuch s. *vanr*. Vgl. 14400 *All swa summ win wass wannt tatt follc* (dat., vgl. Sachse, Ueber das unorganische *e* im Orrmulum § 68, b) mit isl. redensarten wie *fás er fróðum vant*; nur die construction mit dem gen. ist also abhanden gekommen. — *wannteþþ* 3. sg. praes. 'wanteth, lacketh' ist eine bereits nordische verbalbildung zum vorigen: isl. *vanta* — aschw. *vanta*. — *wanntsumm* 'indigent, poor' ist eine englische ableitung von *wannt*.

war 'humor, pus' wird von White-Holt mit dem gleichbedeutenden isl. *var* zusammengestellt, welche zusammenstellung jedoch Jessen, Tidskr. for phil. og pæd. I s. 226 wegen der länge in abrede stellt. Das wort kommt nur einmal, v. 4782 vor und verschreibung ist also wol möglich. Doch gibt es einen ausweg die länge, für welche die me. nebenform *wore* bei Stratmann spricht, zu erklären und deshalb darf man nicht ohne weiteres Orrms schreibung verwerfen. Isl. *var* ist gewis mit ahd. *warah* 'sanies, tabes, putredo' Graff I, 961 — mhd. *warch* 'eiter' zusammenzubringen. Diese wörter zeigen, dass *h* nach *r* gestanden hat. Aber bei dem wegfall von *h* nach *l, r* wird der vocal in der vorhergehenden silbe zuweilen gedehnt nach noch nicht ermitteltem gesetze[1]): isl. *Válir* — ahd.

[1]) Noch ein beispiel dieser erscheinung möchte ich erwähnen. In meiner mundart Norbärg in Westmanland kommt *fōr* 'furche' vor. Der

Walah, isl. *fírar* — as. *firihôs*. Demnach wäre auch *wār* möglich und die länge bei Orrm neben der kürze in den übrigen nordischen sprachen berechtigt. — Im ae. kommt das wort kaum vor. Ettm. hat ein adj. *varig* 'squalosus, sordidus', das aber Grein *vârig* schreibt, mit 'algosus, squalidus' übersetzt und zu *vâr* n. 'alga' zieht. Das wort müsste ws. **wearh* heissen, bei Orrm **warrh*, **warr*, also wäre bei englischer herkunft die länge des vocals in keinem falle berechtigt.

wengess pl. 'wings': Kein solches wort kommt im ae. vor, annahme von entlehnung ist notwendig und sowol der form als auch der bedeutung nach passt gut isl. *vængr* 'a wing' (ein entsprechendes wort kommt in der adän.-aschw. literatur nicht vor). Die bedeutung 'wing' ist v. 8024 die allein zulässige, aber passt nicht gut zu 16433 *þa fowwre daless* (himmelsgegenden) *þatt lukenn all þiss middellærd wiþþinnenn þezzre wengess*. Möglicherweise haben wir es nur mit einer übertragenen bedeutung etwa wie im Oxforder wörterbuche s. 719 'the wing of a building or the like' zu tun.

wheþennwarrd 'whence' ist ein nordisches wort: adän. *hwæden* (Schonengesetz) — isl. *hvaðan* (vgl. *þeþenn* und *heþenn*).

witerr 'clear': Weil das wort im ae. nicht vorkommt, ist es wol nordisch isl. *vitr* 'wise', obgleich die bedeutung nicht ganz übereinstimmt. Keine andere bedeutung als die angegebene kann als bestimmung von *tákenn, bisne*, bei denen allein das wort vorkommt, passen. — *witerrlike, witerrliz* 'clearly, truly' ist mit dem vorigen nordisches lehnwort, isl. *vitrliga* 'wisely'.

wiþþstanndenn 'to withstand, resist' s. *stanndenn*.

[*wrang* 'wrong, falsely': Zupitza anz. II, 12 hält es für ein nord. lehnwort, weil es im ae. fehle; aber die dehnung vor *ng* spricht gegen nord. ursprung.

3.

[*zemsle* 'care'. Holt vergleicht isl. *geymsla* 'custodia', aber das anlautende *z-* spricht gegen einfache entlehnung

---

vocal ist die regelrechte entwickelung von aschw. *ō*, wogegen aschw. *ŏ* eine ganz andere färbung erhalten hat. Also wird für das wort in meiner mundart aschw. *ō* vorausgesetzt, was aber nur nach den obigen analogien erklärt werden kann.

daraus; *ȝemsle* beruht seiner nord. ableitung wegen auf einfluss des me. *ȝemenn* 'to keep, protect, take care of, govern'.

[*ȝatenn* 'to grant, allow', 3. sg. praet. *ȝatte* — p. p. *ȝatedd*. 'Die formen *geátan, gætan, gêtan* 'concedere' (vgl. Bosw.-Toller s. v.) beweisen die existenz eines von isl. *játa* völlig unabhängigen zeitworts schon für das ae.; immerhin könnte das auffällige *a* von Orrms *ȝaten* auf nord. einfluss beruhen, falls nicht *ȝâ* 'ja' das verb beeinflusst hat.

ȝol 'Yule' kann nicht das ae. *ȝeol* sein, weil dies zu **ȝel* führen musste. Das adän. aschw. *iul* — isl. *jól* hätte nach den analogien im teil III § 19 **el* gegeben. Vielleicht ist die vorliegende form durch eine mischung der englischen und der nordischen vor der monophthongierung von *eo* entstanden.

ȝolldaȝȝ 'Yuleday, Christmass-day' ist eine zsg. davon mit kürzung des ersten gliedes.

III. Teil. Ergebnisse für die altdänische grammatik.

§ 1. Die sprache der lehnwörter. In dem vorigen teil der abhandlung ist überall vorausgesetzt worden, dass die nordischen lehnwörter im Orrmulum aus der altdänischen mundart übernommen sind. Dass wirklich der dänische dialect die lehnwörter abgegeben hat und nicht etwa der norwegisch-isländische, wird vor allem durch die historischen verhältnisse bezeugt. Die Dänen waren es ja, welche am ende des neunten jahrhunderts sich in denjenigen gegenden festsetzten, wo später das Orrmulum entstand. Demnach kann man erwarten, dass im anfang des zehnten jahrhunderts die meisten der lehnwörter aufgenommen sind und also für die grammatischen verhältnisse des altdänischen dieser zeit zeugnis abgeben können. Ferner ist es möglich, dass im laufe der zeit neue entlehnungen aus dem altdänischen stattgefunden haben und besonders kann man vermuten, dass der neue aufschwung der dänischen herrschaft durch Sven tjuguskegg und Knut den grossen dazu gelegenheit hat geben können. Ich glaube auch eine solche spätere schicht der lehnwörter ausscheiden zu müssen, obschon im vergleich mit der ersten sehr gering an zahl.

Aber auch aus den sprachlichen verhältnissen lassen sich einige momente gewinnen, welche mit grösserer oder geringerer bestimmtheit auf das altdänische als quelle der lehnwörter weisen. Diese sind: 1) *boþe* — isl.-norw. *búð*, 2) *gress, gresshoppe* — isl. *gras,* 3) *usell* — isl. *vesall,* 4) *buli, bulaxe* — isl. *boli, bolox,* 5) *summ* — isl. *sem.*

Für das gegenteil spricht *bun* — isl. *búinn,* aber dem bestimmten zeugnis von *boþe* gegenüber muss *bun* als englisch gelten. Dass *bone* nur im isl. eine form ohne umlaut hat und dass nur im isl. *vǽngr* vorkommt, wovon Orrms *wengess* abzuleiten, beweist nicht viel, denn sie können ja zufällig im adän. nicht belegt sein (vgl. die betreffenden wörter im II. teil).

§ 2. Die ältesten dänischen literaturdenkmäler, das gesetz von Schonen, zwei seeländische gesetze, das jütländische gesetz und das stadtrecht von Flensburg liegen in handschriften vor, welche Wimmer Navneord. s. 3 um das jahr 1300 datiert. Da die lehnwörter im Orrmulum aus einer weit älteren zeit herrühren, decken sich ihre lauterscheinungen nicht mit denjenigen der gesetze: manches lautgesetz hat in der zwischenzeit gewirkt und die consequenzen dieser gesetze sind teilweise gewis durch ausgleichungen und anlehnungen verwischt oder durcheinander geworfen worden. Man kann also bei der besprechung der lehnwörter nicht von dem lautstande der gesetze ausgehen, sondern muss sich auf eine viel ältere sprachstufe versetzen. Die runendenkmäler, welche in den anfang des zehnten jahrhunderts gesetzt werden, sind sehr geringen umfangs und ihre lautbezeichnung ist selbst vielfach der erklärung bedürftig. So muss ich von einem lautstande ausgehen, welchen wir auf grund sprachgeschichtlicher kriterien für das altdän. erschliessen dürfen und dann zusehen, in wiefern er sich in den lehnwörtern widerspiegelt. Dabei nehme ich nur das auf, was die lehnwörter zu beurteilen ermöglichen und was für die sprachgeschichte von belang sein kann.

§ 3. Adän. *a.* Adän. *a* ist bei Orrm *a, ă.* Es kommt in folgenden fällen vor: *ammbohht, anngrenn, azhe, azhefull, fanngenn, fasste,* praet. *gaff, gazhenn,* praet. *bigatt, gazhennlæs, hazherr* und zsg., *sahhte, sahhtlenn, sahhtnesse, sannenn, tăkenn, þarrnenn, wanndraþ, wannt, wannteþþ, wanntsumm.* Vgl. dazu § 7, *ǫ*.

Die nordische herkunft ist mehr oder weniger zweifelhaft in: *afell, afledd, bracc, frame, ganngenn, galle, karrte, make, sammtale, skaþelæs, skaþesst, stanndenn.*

Ueber *war* siehe II. teil.

§ 4. Adän. *ā*. Adän. *ā* kommt bei Orrm als *ā* in folgenden fällen vor: *braþ, braþþe, lah, laȝhenn, mal, mále, náþe, raþ, ráþenn, slan, wanndraþ,* und vielleicht auch *war.*

Die wörter *sahhte, sahhtlenn, sahhtnesse* haben erst später durch wegfall von *h* langes *a* erhalten.

§ 5. Adän. *ę*-, *i*- und *R*-umlaut von *a*. Die vorkommenden fälle sind: *bennkedd, bennkess, bennkinnge, brennenn, eggenn,egginng, gessthus, geȝȝnenn, geȝȝnlike, hanndfesst,* praet. *henngde,* p. p. *bihenngedd, merrke, skemmtinng, sleckenn.*

Die nordische herkunft ist mehr oder weniger zweifelhaft in: *mennissk-, senndenn, bisennkenn, þennkenn* und zsg., praet. *þrenngdenn.*

Ein beispiel des *R*-umlauts ist: *gress, gresshoppe*, wenn Noreen, Svenska Landsmålen I 696 not. 2 recht hat.

Der diphthong *ei* wird im § 20 besonders behandelt werden.

§ 6. Adän. *ę́*, der *i*- und *R*-umlaut von *ā*. Dieser laut wird bei Orrm *æ, e* geschrieben. Im isl. ist das normalzeichen dafür *ǽ*. — Die folgenden fälle kommen vor: *gætelæs, gætenn* (vgl. jedoch den nachtrag), *hæþeliȝ, hæþenn, hæþinng, sæte, wengess.*

In *radd* ist *ǽ* gekürzt worden und in *a* übergegangen; cf. I § 28, II *radd.*

§ 7. Adän. *ǫ*, der *u*- und *v*-umlaut von *a*. Wo man diesen umlaut erwartet, findet sich das zeichen eines entsprechenden lautes nur in *ammbohht* — isl. *ambǫ́tt* (vgl. den nachtrag). Jessens vermutung über *toþþ* ist zu unsicher, als dass dies wort hier in betracht kommen könnte; vgl. II *toþþ.*

Sonst steht, wo man *ǫ* erwartet, überall *a*. Die fälle sind: *addlenn, addlinng, forrgarrt, oferrgarrt, gate* (got. *gatwô*), *hannd, kaggerrleȝȝc, lasst, laȝhe.* — Etwas unsicher ist *wand.*

Dass dieses *a* darauf beruht, dass die wörter vor dem gesetze des *u*-umlautes aufgenommen sind, ist im teil II zu *laȝhe* erwiesen.

§ 8. Adän. *ĕ*. Die beispiele dafür sind: praes. 3. sg. *gett, steorrne, sterrne, sterrnelem, skerrenn, þweorrt, þwerrt.*

Die schreibungen *steorrne, þweorrt* mit demselben zeichen, wie für den aus der altenglischen brechung *eo* monophthongierten laut, bezeugen, dass das urgermanische *ë* noch erhalten war und nicht wie im späteren adän. und isl. mit dem *i*-umlaut von *a* zusammengefallen, was auch aus § 25 hervorgehen wird.

§ 9. Adän. *é*. Die beispiele sind: *heþenn, heþennwarrd, ser, serlepess.*

Das *é* geht im späteren adän. in *æ* über. Ob dieser übergang in den genannten lehnwörtern schon eingetreten ist, lässt sich durch ihre schreibung nicht entscheiden, da bei Orrm *e* auch den lautwert von ae. *ǽ* haben kann. Aber nach der analogie des isl. und da das kurze *ë* noch erhalten ist, haben die lehnwörter gewis auch das lange *é* bewahrt. — Zu bemerken ist, dass in *ser* das ursprünglich kurze *e* (g. *sis*) schon gedehnt worden ist. — Ueber *greþþedd, leȝhe, leȝhemenn,* welche durch monophthongierung des diphthongs langes *e* erhalten haben, siehe § 20.

§ 10. Adän. *ǣ̆* ausserhalb des *i*-umlautes. Unter dieser kategorie will ich die fälle: *þeþenn, þeþennforþ, wheþennwarrd* besprechen. Das isl. hat *þaðan, hvaðan.* Das adän. hat auch *hvaþan, hvathen,* aber nur *þæþæn, þeþan, thæthæn* und meistens auch *hvæthæn, hvæden.* Die isl. formen sind gewis die ursprünglicheren und man pflegt anzunehmen, dass die abgeänderten durch anlehnung an *heþenn* entstanden sind. So haben auch adän. *þar, hvar* nebenformen *þær, hvær* — isl. *þar, hvar* durch anlehnung an *hær* — isl. *hér.* — Die schreibung mit *e* bei Orrm spricht vielleicht für diese erklärung.

§ 11. Adän. *ĭ*. Adän. *ĭ* kommt bei Orrm in folgenden fällen vor: *fullþrifenn, gifenn, Gricclandess, Grickess, Grickisshe, griþþ, mineþþ, skiledd, toskiledd, skill, skilllæs, skinn, skirrpeþþ, unngriþþ, uppbrixle, witerr, witerrlike, twinne, totwinneþþ, þrinne.* Ueber *trigg* vgl. § 25.

Zweifelhaft ist die nordische herkunft von *fisskenn, fisskess, kirrke.*

§ 12. Adän. *i*. Die vorkommenden fälle sind: *cnif, ille, skir, tiþennde, þrifenn, ummbetrin.*

§ 13. Adän. *o*. Adän. *o* kommt in folgenden wörtern vor: *brodd, broddenn, broþþfall, cosstess, flocc, lofft, lott, lozhe, occ, orresst, þorrness.*

Unsicher sind: praet. *comm, forrgloppnedd, norrþ*. — Ueber *Orrm* siehe II. teil.

§ 14. Adän. *ó*. Folgende fälle kommen vor: *blome, blomenn, bone, boþe, chepinngboþe, croc, golike, hof, hofelæs, ro, ros, rosenn, rosinng, rôte, sloþ.*

Unsicher ist *ploh*.

In *þohh, þohhwheþþre* hat das lange *o* kürzung erlitten.

§ 15. Adän. *ǿ*, der *i*-umlaut von *ó*. Die beispiele sind: *epeþþ, fére, sleh*. Wahrscheinlich nicht hingehörig ist *sekenn*. — Ueber ein späteres adän. *ǿ*, durch die monophthongierung des diphthongs *øy* entstanden, siehe § 22. — Die lehnwörter mit *ǿ* haben vielleicht den übergang *ø* > *e* im englischen mitgemacht.

§ 16. Adän. *u* kommt in folgenden wörtern vor: *bulaxe, bule, drunncnenn, gluterrnesse, uppbrixle, summ, upphald, usell, ummbe, ummbenn.*

Unsicher sind: *bucc, tugt.*

§ 17. Adän. *y*. Die wörter mit adän. *y* haben an dem englischen übergang *y* > *i* teil genommen und haben also bei Orrm *i*. Sie sind: *biggenn, unnbiggedd, flittenn, flittinng, kinndlenn.* Ueber *trigg* vgl. § 25.

§ 18. Adän. *ý*. Auch adän. *ý* ist bei Orrm in *i* übergegangen. Die beispiele sind nur: *immess, sīt.*

§ 19. Adän. *iú* (*ió*). Das adän. *iú* (*ió*) ist bei Orrm wie ae. *eo* zu *ē* monophthongiert worden, wie Zupitza, anz. II, 7 erkannt hat. Die beispiele sind: *meoc, mec, skēt* und etwas unsicher *secnedd.*

Gekürzt ist *iu* in *lesske*. Ueber *ȝol, ȝolldaȝȝ* siehe teil II.

§ 20. Adän. *ei*. Folgende fälle kommen vor: *beȝȝsc, beȝȝtenn, greȝȝfe, greȝȝþenn, heȝȝlenn, *keȝȝsere, -leȝȝc, leȝȝkenn, leȝȝkess, leȝȝtenn, reȝȝsenn, þeȝȝ.* — Etwas unsicher ist: *skeȝȝredd, toskeȝȝresst.* — In *greþþedd* neben *greȝȝþedd, leȝhe, leȝhemenn* — isl. *leiga* würde man auch diphthong erwarten. Die vorliegenden formen kann ich mir nicht anders erklären denn als vertreter der späteren altdän. monophthongierung von *ei* > *ē*. Die schreibung *greþþedd* schliesst länge des *e* nicht aus; vgl. I § 4, 5. Diese wörter wären also durch eine spätere entlehnung aufgenommen, als diejenigen mit erhaltenem diphthonge. Wimmer, Runeskriftens Oprindelse s. 209 vermutet, dass auf dem stein von Dannevirke, auf dem der name eines königs 'Sven', ohne zweifel 'Sven tjuguskegg' steht, der diphthong *ei* vielleicht schon monophthongiert ist. Auf dem gleichzeitigen stein von Hedeby treten die merkmale, welche für die monophthongierung sprechen, noch stärker hervor. Freilich hat auf demselben stein *haiþabu*, der name Hedeby, wie es scheint, den diphthong voll ausgeschrieben, aber zu grosse beweiskraft für die erhaltung des diphthongs darf man dieser schreibung nicht zumessen. Es kann eine traditionelle schreibweise sein, wie man im englischen noch lange bei der schreibung *eo* neben dem lauttreuen *e* beharrt, nachdem der diphthong schon monophthongiert ist. Aber diese schreibung mit *ai* kann auch mit *þaikn* (auf dem grösseren stein von Gunderup) = isl. *þegn*, Wimmer, Run. Opr. s. 218, gleichzustellen sein, d. h. von dem principe ausgehen einen laut mit denjenigen lauten, zwischen welchen er phonetisch liegt, zu bezeichnen, ein princip, das auf den runendenkmälern und auch in handschriften vielfache verwendung findet. Vielleicht war also zur zeit Knuts des grossen der altdänische diphthong *ei* zu *ē* monophthongiert und die erwähnten wörter sind einige vertreter des einflusses, welchen seine herrschaft auf die sprache hat ausüben müssen. Vgl. § 22.

§ 21. Adän. *ǫu*. Den diphthong, welcher in isl. textausgaben *au* geschrieben zu werden pflegt, schreibt Orrm *oww*, ein sicheres zeugnis, dass zu seiner zeit die aussprache wenigstens nicht *au* war. Aber, da in den lehnwörtern bei Orrm der *u*-umlaut noch nicht gewirkt hat und, wie der *i*-umlaut *øy* zeigt, der übergang *au* > *ǫu* sogar vor der zeit des *i*-umlautes liegt, darf man diesen übergang nicht in verbindung mit dem gewöhnlichen *u*-umlaut bringen, obgleich er gewis eine erscheinung des *u*-umlautes ist. Man muss für das urnordische *au* einen spontanen übergang zu *ǫu* annehmen, ähnlich wie ahd. *au* zu *ou* geworden ist ohne dass die sprache sonst eine spur des *u*-umlautes zeigt. Vielleicht gilt entsprechendes für urnord. *ai* > *ei*. Die bei Orrm vorkommenden fälle sind: *dowwnenn, nowwt, rowwst, sowwþess.*

Auch der diphthong *ǫu* wurde im späteren adän. monophthongiert, zu langem *ö*. In den lehnwörtern bei Orrm findet sich kein beispiel davon. aber daraus folgt nicht, dass Jessen mit seiner behauptung recht hat, dass 'noch bis auf die zeit Knuts des grossen im 11. jahrhundert, als die dänischen einwanderungen aufhörten, im dänischen die alten diphthonge gehört wurden.'[1]) Ist was § 20 über die monophthongierung von *ei* gesagt ist, richtig, so trifft Jessens behauptung für diesen diphthong nicht zu. Aber bestand *ei* nicht mehr als diphthong, so war wahrscheinlich auch die monophthongierung von *ǫu* vor sich gegangen. Die analogie des altschwedischen ist die einzige stütze dieser annahme. Im aschw. sind auch die diphthonge *ei, ǫu* monophthongiert worden, aber während in der literatur vereinzelte beispiele von *ei* vorkommen, etwa aus älteren vorlagen aufgenommen, findet sich von *ǫu* keine spur, was vielleicht darauf deutet, dass die monophthongierung von *ǫu* in einer zeit geschah, welche jene älteren vorlagen nicht erreichen, und also der monophthongierung von *ei* voraufgegangen ist; (Noreen in seinen vorlesungen über aschw. grammatik.)

Anm. Die in I, § 27 besprochenen *gom, scone* dürfen wegen *scone* nicht als der späteren altdänischen monophthongierung von *ǫu* angehörig betrachtet werden, wie a. a. o. dargelegt ist.

§ 22. Adän. *øy*. Von adän. *øy* gibt es bei Orrm nur ein beispiel *maʒʒ*, welches aber etwas unsicher ist.

Die altdänische monophthongierung des diphthongs *øy*, langes *ö*, liegt in *deʒenn* vor.

§ 23. Der *i*- und *R*-umlaut. Welche beispiele der verschiedenen ergebnisse dieses lautgesetzes unter den lehnwörtern vorkommen, ist in den §§ 5, 6, 15, 17, 18, 22 verzeichnet worden. Ueberall wo man den *i*-umlaut erwartet, kommt er also vor, woraus erhellt, dass der *i*-umlaut schon in der älteren schicht der lehnwörter, im anfang des zehnten

---

[1]) Jessen, Tidskr. f. phil. og pæd. I, 224: 'endnu indtil Knud den Stores tid, i 11. Aarh., da de danske Indvandringer standsede, hørtes i Dansk de gamle Tvelyde'.

jahrhunderts aufgenommen, gewirkt hatte. Das vereinzelte *bone* muss diesen massenhaften beispielen gegenüber wie isl. *bón* erklärt werden.

Das adj. *scone* darf nicht als eine form ohne umlaut betrachtet werden, da es in solchem falle wol den diphthong haben würde. Dazu ist der *i*-umlaut weit früher bezeugt, als ein lehnwort ins englische aufgenommen werden konnte, durch den namen *Regner,* ein wikingerhäuptling, der schon im jahre 845 erwähnt wird. Steenstrup Vikingetogene mod vest i det 9. aarhundrede s. 154.

§ 24. Der *u*- und *v*-umlaut. Diejenigen wörter, bei denen der *u*- und *v*-umlaut zu erwarten wäre, sind in §§ 7, 11, 17 verzeichnet. Dass der *u*-umlaut von *a* noch nicht eingetreten war, als die erste schicht der lehnwörter aufgenommen wurde, geht aus der beispielsammlung in § 7 und aus II. teil *laȝhe* hervor. Und wenn dem so ist, so muss man annehmen, dass in *trigg* — g. *triggws* das ursprüngliche *i* erhalten und nicht erst aus dem umlaut *y* — isl. *tryggr* entstanden ist.

Nur *ammbohht* hat umlaut; cf. § 7. (Vgl. jedoch den nachtr.)

Gegen das ende des zehnten jahrhunderts auf dem grösseren stein von Jællinge kommt der *u*-umlaut unzweifelhaft vor in *tanmaurk* = *Danmǫrk, kaurua* = *gǫrwa.* Dieser stein ist von dem könig Harald Blauzahn gegen den schluss seiner regierung errichtet, vgl. Wimmer, Run. Opr. 219, Opuscula ad Madvigium s. 197 ff.

§ 25. Die altdänische brechung. Im § 8 habe ich die wörter aufgeführt, in welchen man die brechung erwarten könnte: praes. 3. sg. *gett, steorrne, sterrnelem, skerrenn.* Das vorkommen ungebrochener formen ist natürlich kein beweis, dass die brechung nicht eingetreten ist. Aber wenn *sterrne* richtig als nordisches lehnwort aufgefasst ist, beweist es entschieden, dass die brechung noch nicht eingetreten war, als die hauptmasse der lehnwörter aufgenommen wurde. In diesem wort muss überall die brechung eintreten, weil überall in den endungen der schwachen feminindeclination ein dunkler vocal steht. Für die grosse wahrscheinlichkeit, dass *sterrne* ein nordisches wort ist, vgl. II *steorrne* und I § 9 c. Auch kann es nicht befremden die brechung nicht zu finden, wo der *u*-

und *v*-umlaut noch nicht eingetreten ist. Diese lautgesetze sind doch unter demselben gesichtspunkte zu betrachten, als eine neigung der sprache die labialität der endungen auf die umgebung einwirken zu lassen. Vgl. I § 28.

Wenigstens um das jahr 855 war die brechung noch nicht eingetreten, weil zu diesem jahre der wikingahäuptling Björn Eisenseite als *Berno* erwähnt wird, Steenstrup Vikingetogene mod vest i det 9. aarhundrede s. 164.

Anm. 1. Nach dem, was in diesem paragraph gesagt ist, kann unmöglich das *haeruwulafiR* auf dem Istaby-stein ein beispiel der brechung sein, abgesehen davon dass *ae* nicht eine geeignete widergabe der brechung wäre; auch ist es gewiss keine andere lautliche abänderung des erwarteten *ě*-lautes. Ich nehme es schlechthin als fehlerhafte ritzung an, welche auf diesem stein ausserordentlich leicht erklärlich ist. Der ritzer hatte unmittelbar vorher die zwei namen *hariwulafa, haþuwulafR* eingehauen, glaubte noch bei einem von diesen zu sein und merkte seinen irrtum erst, nachdem es zu spät war und das *a* schon gehauen. Vgl. Bugge, Tidskr. for phil. og pæd. VII 319.

Anm. 2. Wörter, in denen man die altdänische brechung von *i* vor *ngv, nkv* oder von *e* vor *ggv* erwarten könnte, finden sich nicht unter den lehnwörtern bei Orrm.

§ 26. Ueber die vertretung der adän. *b, d, l, m, n, p, s, t* in den lehnwörtern habe ich nichts zu bemerken.

§ 27. Adän. *k, g* sind immer in den lehnwörtern erhalten, was oft die lehnwörter von ihren englischen verwanten unterscheidet. Das adän. *g* steht 1. im anlaut, 2. in *ng,* 3. in *gg.*

§ 28. Adän. *gh* hat bei Orrm drei gestaltungen:

1. *ȝ(ȝ)* nach hellen vocalen: *geȝȝnenn, geȝȝnlike.* Dieses zeichen hat gewis den lautwert von consonantischem *i*; vgl. I §§ 4, 5, 21 und den diphthong *eȝȝ* = adän. *ei.*

Anm. Ausnahmen bilden *leȝhe, leȝhemenn.*

2. *ȝh* nach dunkelen vocalen: *aȝhe, aȝhefull, gaȝhenn, gaȝhennlæs, haȝherr, haȝherrlike, laȝhe, loȝhe.*

3. *h* im auslaut: *lah, sleh* und *ploh,* dessen nordische herkunft zweifelhaft ist.

Die ausnahme *leȝhe, leȝhemenn* ist (wie die wörter in 2) der alten aussprache von adän. *gh* als spirans treu geblieben. Die altdänische palatale spirans hat an der entwickelung des entsprechenden altenglischen lautes zu consonantischem *i* teil genommen, die gutturale aber ist wie die altenglische geblieben.

Die wörter *leȝhe, leȝhemenn* sind also wie die fälle in I § 22, 4 zu beurteilen, wenn sie nicht so spät aufgenommen sind, dass jene entwickelung schon vollzogen war.

§ 29. Adän. *h*. Das urnordisch-altdänische *h* ist je nach der stellung erhalten oder weggefallen.

A. Anlautendes *h* ist

1. erhalten vor vocalen,

2. weggefallen vor *r*: *radd, ros, rosenn, rosinng*.

Ob dieser wegfall schon vor der aufnahme der lehnwörter geschehen war, oder ob *h* erst durch den schwund von vorconsonantischem *h* in englischen wörtern verloren gegangen ist, kann kaum entschieden werden. Doch war der schwund von *h* vor *r* im dänischen sehr frühe (vgl. Wimmer, Run. Opr. 228) und das erstere kann deshalb möglich sein.

Anm. 1. In *beȝȝtenn* ist nach *b* ein *h* geschwunden, wenn die im II. teil gegebene deutung richtig ist.

Anm. 2. Beispiele, wo *h* vor anderen consonanten als *r* gestanden hat, kommen unter den lehnwörtern nicht vor.

B. In- und auslautendes *h* ist

1. erhalten:

a) im auslaut nach vocal: *þohh*,

b) in der verbindung *ht*: *ammbohht, sahhte, sahhtlenn, sahhtnesse*.

Anm. 3. Dass in den lehnwörtern *ht* bewahrt ist, macht es recht wahrscheinlich, dass in *sīt* isl. *sút* nie *ht* gewesen ist und dass es also nicht mit isl. *sótt* dasselbe wort sein kann. Schon die isl. vocalisation macht diese identität unmöglich, aber wegen der verwanten bedeutung hat man doch daran festgehalten. Ueber etwaigen schwund von *h* auch in der verbindung *ht* vgl. den nachtrag.

In den übrigen stellungen ist *h*

2. geschwunden:

a) zwischen zwei vocalen: *slan* g. *slahan*,

b) vor andern consonanten als *t*: *mal* — ahd. *mahal*, *lasst*. Vgl. Osthoff, Beitr. VIII, 147 und Kluge, Kz. XXV, 96,

c) nach consonanten: *þwerrt* — g. *þwairhs*, *war* — ahd. *warah*.

Anm. 4. Hoffory (Oldnordiske konsonantstudier s. 40) hat die frage aufgeworfen, wie die entwickelung des isl. pl. *nǽtr* zu *nǫ́tt* anzusetzen sei, ob **nahtiR* zu **nättiR* — **nę́ttiR* — **nę́ttR* — *nę́tr* oder **nahtiR* zu **nęhtiR* — **nęhtR* — *nę́tR* wurde, d. h. ob der übergang *ht* zu *tt* der sŷnkope voranfging und erst *tt* nach der synkope vor -*R* vereinfacht wurde oder ob *ht* die synkope überdauerte und dann durch den allgemeinen schwund von *h* nur *t* vor *R* blieb. Hoffory entscheidet sich aus allerlei lautphysiologischen betrachtungen für die erste entwickelung und nimmt die feststellung dieser tatsache zum ausgangspunkt für eine theorie von allgemeiner vereinfachung eines doppelconsonanten vor folgendem consonanten. Wie man auch über diese theorie denken mag, so viel dürfte doch aus den lehnwörtern im Orrmulum hervorgehen, dass *ht* noch nach der synkope bestand und also die von Hoffory verworfene entwickelung die richtige ist. Dass die synkope in kurzsilbigen wörtern zur zeit der ersten entlehnungen geschehen war, zeigt der umstand, dass die langsilbigen *i*-umlaut haben, da ja in kurzsilbigen die synkope vor dem *i*-umlaut stattfand. Dass auch die langsilbigen synkopiert hatten, kann ich durch die lehnwörter nicht beweisen, da man nicht mit sicherheit sagen kann, ob das flectierte *þweorrt* zu den früheren entlehnungen gehört; im allgemeinen aber setzt man doch wol die synkope viel früher als in den anfang des zehnten jahrhunderts.

Anm. 5. Wie lange hielt sich *ht*? In dem worte *ammbohht* = isl. *ambǫtt* kommt *ht* noch vor, obgleich der *u*-umlaut schon eingetreten ist. Dies wort muss also später als die sonstigen wörter, in denen der *u*-umlaut eintreten sollte, entlehnt sein und es scheint demnach, als wäre *ht* über die zeit des *u*-umlauts geblieben. Auf dem alten stein von Glavendrup kommt *trutin* — isl. *dróttinn* — ahd. *truhtîn* ohne *ht* vor, aber auf demselben stein steht *saulua kuþa* — isl. *sǫlva goða* mit *au* als zeichen des *u*-umlautes. Siehe Wimmer, Run. Opr. 247, 248 (das alter dieses steines setzt Wimmer s. 243 um das jahr 900 an und Bugge, Studier over de nordiske Gude- og Heltesagns Oprindelse I, 28 note meint er sei noch jünger). Auf dem historischen grösseren stein von Söndervissinge, von der gemahlin könig Harald Blauzahns für ihre mutter errichtet, also am ende des zehnten jahrhunderts, kommt *tutiR* — isl. *dóttir* — pl. *dohtriR* Tune-st. auch ohne *ht* vor. Vgl. Wimmer, Run. Opr. s. 201. Nun kann man nicht wissen, wie genau die ritzer in der widergabe von *ht* gewesen sind; es kann in der aussprache wol gelebt haben, ohne auf den steinen ausgedrückt zu sein. Wie dem auch sei, jedenfalls ist es denkbar, dass *h* in *ht* die *u*-umlautszeit überlebt hat (wie *ammbohht* zu zeigen scheint) aber bald danach geschwunden ist, wie vielleicht die angeführten runenformen dartun. (Vgl. den nachtrag.)

§ 30. Adän. ð. Die tönende interdentale spirans ð ist bei Orrm *þ* geschrieben und unterscheidet oft das nordische wort von dem entsprechenden engl., da im engl. das urgerm. ð zu *d* geworden ist z. b. anord. *Ôðinn* (ins ae. entlehnt als *Ôðon, Ôðen* in der homilie 'de falsis dis' bei Kemble Sal. u. Sat. p. 120 ff., vgl. auch Haupts zs. XII, 408) gegen ae. *Wôden* oder Orrms *raþenn* gegen engl. *rædenn*. Aber das ð der altdänischen literatursprache geht sowol auf urgerm. *þ* als ð zurück. Die möglichkeit, dass die beiden laute noch in den lehnwörtern unterschieden werden, will ich erst in § 31 besprechen und führe hier alle beispiele auf, in denen in der adän. literatur sprache der laut ð vorkommt, sei es dass ð auf urgerm. þ oder auf ð zurückgeht. Es sind folgende fälle:

1. *baþe, boþe, braþ, braþþe, grezzþenn, griþþ, hæþeliz, hæþenn, hæþinng, heþenn, heþennwarrd, náþe, raþ, raþenn, sloþ, sowwþess, tiþennde, þeþenn, þeþennforþ, unngriþþ, wanndraþ, wheþennwarrd.* — Unsicher sind: *norrþ, skaþelæs, skaþesst, toþþ.*

2. Ausgefallen ist ð in *golike*. Ueber den lautwert von þ vgl. § 31.

§ 31. Adän. *þ*. Urgerm. *þ* ist in den nordischen literatursprachen hauptsächlich im anlaut erhalten, in dem inlaut kommt es nur in der verbindung mit tonlosen lauten vor, (Hoffory, Oldnordiske konsonantstudier s. 36). In diesen fällen muss *þ* auch in den lehnwörtern im Orrmulum erhalten sein. Das urgerm. *þþ* ist in der literatursprache zu *tt* geworden (Kluge, Beitr. IX, 160), aber bei Orrm in *broþþfall* noch erhalten. In den übrigen fällen ist urgerm. *þ* in der altnordischen literatursprache ð geworden. Ob dieser übergang vollzogen war, als die lehnwörter aufgenommen wurden, darüber gibt Orrms schreibung keine auskunft. Es wäre denkbar, dass das nordische *þ* in dem munde der Engländer zu ð wurde, wenn ihre sprache den laut ð damals hatte, was Sievers, Ags. gr § 201 für wahrscheinlich hält. Wahrscheinlich bezeichnet also auch *þ* in den unter § 30 verzeichneten wörtern, wo urgermanisches *þ* in den nordischen sprachen zu ð geworden ist, den laut ð. Schliesslich ist urnord. *nþ* in den lehnwörtern zu *nn* assimiliert; s. § 38.

§ 32. Adän. *r*. Ursprünglich gab es im adän. zwei *r*, ein urgermanisches und eines aus urgerm. *z* entstanden. In den lehnwörtern im Orrmulum ist der unterschied nicht zu erkennen. Das aus urgerm. *z* entstandene *R* kommt in *ser, serlepess, hazherr* vor.

Ueber die nordischen assimilationen von urgerm. *zd, zn* vgl. §§ 36, 37.

§ 33. Adän. *w*. Adän. *w* wird ganz wie das englische *w* geschrieben, was für die aussprache als consonantisches *u* zeugt. Dies geht noch bestimmter aus der verwendung des zeichens *w* in dem diphthong *oww* — isl. *ǫu* hervor. In den nordischen lehnwörtern im Orrmulum ist:

A. anlautendes *w*

a) erhalten vor *a*, dem umlaut davon *e* und vor *i*. Beispiele s. im II. teil.

b) weggefallen vor *e* < *é*: *epeþþ*.

Diese verhältnisse müssen denjenigen des altdänischen zur zeit der aufnahme der lehnwörter entsprechen, weil *w* in diesen stellungen nach englischen lautgesetzen nicht geschwunden sein kann.

Anm. Ob im adän. *w* vor *l*, *r* noch erhalten war, kann man aus mangel von beispielen nicht ersehen. Ueber *littnenn* vgl. teil II.

B. in- und auslautendes *w* ist zwischen zwei consonanten und im auslaut weggefallen: *forrgarrt, oferrgarrt, þrenngdenn, trigg, sleckenn*.

In *trigg* muss dieser wegfall nach § 24 erst im englischen erfolgt sein.

Anm. Ueber *slecken* vgl. Leffler, Tidskr. f. Filologi n. r. IV, 287 ff.

§ 34. Die assimilation *nk* > *kk*. In den lehnwörtern ist *nk* immer erhalten: *bennkess, bennkinnge, bennkedd, drunncnenn*. Ob das darauf beruht, dass diese assimilation noch nicht eingetreten war, oder ob diese wörter wie die sonstigen fälle mit unterbliebener assimilation im adän. zu erklären sind, ist nicht zu entscheiden.

§ 35. Die assimilation *ht* > *tt*. Vgl. darüber § 29, anm. 4, 5 und den nachtrag.

§ 36. Die assimilation *zd* > *dd*. Unter den lehnwörtern sind *brodd, brodden* die beispiele dieser assimilation. Ob sie der früheren oder der späteren schicht der entlehnungen angehören, kann man aus ihrer form nicht ersehen.

§ 37. Die assimilation *zn* > *nn*. Die beispiele dieser assimilation, welche ich unter den lehnwörtern finden will, sind früher nicht als solche aufgefasst worden. Es sind:

1. *twinne* — aschw. *tvinni, tvænni, tvenne, tvanne,* die letzte form in dem älteren gesetz von Vestergötland sechsmal vorkommend, also schwerlich verschreibung, s. K. H. Karlson, Arkiv f. Nord. fil. I, 389 — isl. *tvinnr, tvennr*.

2. *totwinneþþ,* ein vb. von *twinne* gebildet.

3. *þrinne* — adän. *thrynnæ, threnne* — aschw. *þrinni, þrænni* — isl. *þrinnr, þrennr.*

Für diese wörter pflegt man eine erklärung zu geben, welche meines erachtens nicht stichhaltig ist. Tamm, Beitr. VII, 446 vergleicht, doch unentschlossen, isl. *tvennr, tvinnr* mit g. *tweihnai.* Aber g. *tweihnai* gäbe lautgesetzlich im isl. **tvénir,* was ja zu dén tatsächlichen formen gar nicht stimmt. Nimmt man aber eine suffixbetonte bildung zu dem stamme *twis-, þris-,* welcher in g. *twis-standan,* und isl. *tvisvar, tysvar, þrysvar* vorliegt und im md. *zwis* 'zweimal' selbständig vorkommt, so erklären sich die nordischen formen gut nach den lautgesetzen. Urgerm. **twiz-n-́, *þriz-n-́* geben gerade nordisch **twinn-, *þrinn-.* Man vergleiche dafür isl. *tvinna* 'to twine, thwist thread' mit ahd. *zwirnên,* welches dieselbe bedeutung hat. Es erübrigt noch die nordischen formen mit *æ, e* zu erklären. Am meisten bin ich geneigt in den wechselnden nordischen formen die ergebnisse der urgermanischen regel zu sehen, dass ursprüngliches *i* in *ë* gewandelt wurde, wenn in der endung ein dumpfer vocal stand. Paul, Beitr. VI, 82 weist eine solche regel für das ahd. nach, aber auch nordisch kommen beispiele davon vor wie isl. *stegi* — *stigi* 'a ladder' zu *stiga,* isl. *sleði* — deutsch *schlitten* zu ae. *slīdan* und isl. p. p. *beðinn* zu *bíða* (vgl. Noreen, Altisländische gramm. § 173). Durch diese regel werden die betreffenden fälle am einfachsten erklärt.

§ 38. Die assimilation *nþ* > *nn.* Diese assimilation kommt in *sannenn* zu g. *sanþs, mineþþ* zu g. *ga-minþi* vor.

§ 39. Nordische flexion. Bei der aufnahme ins englische haben die nordischen lehnwörter im allgemeinen ihre nordische flexion aufgegeben und sind in die englische flexion übergetreten. Sogar das nordische reflexiv hat die reflexivendung eingebüsst und erscheint wie ein gewöhnliches actives verbum. Die beispiele sind: *addlenn* — isl. *ǫdlask; þrifenn* — isl. *þrífask, þarrnenn* — isl. *þarnask.* Die überbleibsel der nordischen flexion, welche in den lehnwörtern vorkommen, werden nicht mehr als flexion empfunden, das englische sprachbewusstsein fasst die nordische flexionsendung als dem stamme des wortes angehörig auf. Solche flexionsformen sind: nom. sg. m. *haȝherr* — isl. *hagr.* Dass dies auch in den zsg.

hazherrlike, hazherrlezzc vorkommen kann, zeigt dass die nominativendung als stammhaft empfunden wurde. — Ferner kommen adj. sg. neutr. vor: *forrgarrt, oferrgarrt, þwerrt, wannt.* — Ueber die verbalformen zu *gifenn, gett, comm* vgl. II. teil. Dat. sg. des reflexivpronomens *ser* wird auch nur adverbiell gebraucht. Zsg. *serlepess.* Nur in einem worte lebt noch die nordische flexion als solche. Es ist der pl. des dem. pronomens: nom. *þezz*, gen. *þezzre*, dat. und acc. *þezzm.*

Nachtrag.

In teil III § 29 anm. 5 ist angenommen worden, dass im altnord. die verbindung *ht* den *u*-umlaut überdauerte. Diese annahme stützt sich auf *ammbohht*, welches den *u*-umlaut zu zeigen scheint und darauf, dass kein wort mit geschwundenem *h* in *ht* unter den lehnwörtern vorkommt. Eine von Noreen in seinen vorlesungen gegebene etymologie, welche ich mit seiner erlaubnis veröffentliche, macht jedoch den schwund eines *h* vor *t* in *gœtenn, gœtelæs* wahrscheinlich. Das isl. *gǽta* hat in einem dialect von Dalarne den wurzelvocal nasaliert, was den ausfall eines nasals anzeigt. Der schwund des nasals setzt widerum das ehemalige vorhandensein eines *h* voraus. Somit kommt man auf das as. *âhtian* — ae. *êhtan* 'verfolgen' — urg. **anhtian* zurück und Noreen nimmt an, isl. *gǽta* sei eine zsg. davon mit der vorsilbe *ʒa-*. Freilich erwartet man isl. **gœtta*, aber es sind mehrere fälle vorhanden, wo *ht* nicht durch *tt* ersetzt wird z. b. *játa* neben *játta, knésbót* — d. *bucht*, siehe Noreen, Altisl. gr. § 197 anm. 7. Wo das wort in schwedischen dialecten erhalten ist, bedeutet es 'das vieh hüten'. Diese bedeutung dürfte ursprünglicher sein als die bedeutung 'hüten, aufbewahren' im allgemeinen, welche auch dem isl. *gǽta* zukommt. Die bedeutungsentwickelung von dem im deutschen und englischen worte liegenden begriffe aus wäre etwa durch eine bedeutung 'auf die weide treiben' vermittelt. Wenn diese etymologie richtig ist, muss man annehmen, dass *h* in *ht* geschwunden war, als die spätere schicht der lehnwörter aufgenommen wurde. Daraus folgt, dass *ammbohht* keinen *u*-umlaut haben kann, weil es zu der ersten schicht der lehnwörter zählen muss. Der vocal der letzten silbe muss also von urgermanischer zeit her stammen und durch die dumpfheit des femininen stammauslautes erhalten sein. Es ist dasselbe verhältnis wie wenn im isl. zu *gamall* das fem. *gǫmol, gǫmul* — aschw. *gamul* heisst, wo die möglichkeit des wechsels mit *u* eben die annahme eines umlautvocales ausschliesst, vgl. Noreen, Altisl. gr. §§ 113, 73 und Paul, Beitr. VI, 179. Das adän.-aschw. *ambut* erhöht also nur die wahrscheinlichkeit der erklärung. Auch wenn dieser vocal auf indoeur. *a* zurückgeht, was Cæsars *ambactus* wahrscheinlich macht, ist diese erklärung zulässig, vgl. Paul, Beitr. VI, 191 ff. *ammbohht* ist unter den lehnwörtern das einzige, in dem diese erscheinung auftreten könnte und auch wenn die durch die obige etymologie gewonnenen zeitlichen ergebnisse dazu nicht anlass gäben, möchte ich die gegebene erklärung behaupten. Bei dieser auffassung bieten also die lehnwörter gar kein beispiel von *u*-umlaut dar.

UPSALA, 3. februar 1884.

ERIK BRATE.

BEITRÄGE ZUR KRITIK DES LOHENGRIN.

Erster teil.

Zwei verfasser des Lohengrin.

Das mhd. gedicht Lohengrin beginnt bekanntlich mit einer anzahl strophen, welche zu dem inhalt der folgenden erzählung in gar keiner beziehung stehen, sondern dem gedicht vom Wartburgkrieg entlehnt sind. Eine andre kleine partie von str. 24—30, mit ausschluss von 27_7—28_{10}, gibt nur allgemeine andeutungen über die vorzutragenden begebenheiten, wodurch die wissbegierde des landgrafen erregt wird: auf seinen wunsch werden die frauen herbeigerufen und Wolfram von Eschenbach, dem die ganze erzählung von Lohengrin in den mund gelegt ist, beginnt vor der königin zu singen wie Horand vor Hilde (30_8 ff.). Dieser abschnitt ist aber mit den strophen des Wartburgkrieges so eng verknüpft (man vergleiche besonders strophe 27: v. 1—6 aus der Lohengrineinleitung, v. 7—10 aus dem sg. rätsel von Lucifers erschaffung), dass er wol allgemein als werk desselben verfassers betrachtet wird, wozu noch der umstand beigetragen hat, dass die überlieferung des Wartburgkrieges in C und J bruchstücke dieser Lohengrin-einleitung enthält. Andererseits kann dieser abschnitt von 24—27_6 und 29—30 auch kaum von dem folgenden abgelöst werden, da die spuren eines einschnitts an dieser stelle durchaus nicht zu erkennen sind und es überdies fraglich ist, ob die überlieferte anordnung der strophen 29, 30, 31 die richtige ist. Doch die hiermit berührte frage, wo der dichter des Wartburgkrieges abbreche und der des Lohengrin einsetze, soll zunächst unerörtert bleiben. Unsern blick fesselt die erzählung selbst: die erkenntnis ihrer eigenschaften wird uns später die beurteilung der einleitung und die frage nach ihrem verfasser erleichtern. — Jetzt stellen wir uns die aufgabe zu prüfen, ob der mit strophe 31 beginnende fortlaufende vortrag Wolframs (str. 31—767) das werk eines verfassers sein könne oder nicht.

Diese frage ist nicht neu. Schon vor 64 jahren (1820 und sodann 1823) hat Lachmann kurz darauf hingewiesen, dass die partie von v. 1 bis etwa 640 einem andern dichter zuzuschreiben sei, als der grössere schlussabschnitt, wozu ihn im wesentlichen erwägungen über die formalen verschiedenheiten bestimmt hatten. — Aber auch durch widersprüche ganz anderer art konnte man auf die gleiche vermutung geführt werden.

Lachmanns worte sind folgende:

1) Kleinere schriften I, 149 f.; in der recension über das werk von August Zeune, Der krieg auf Wartburg nach geschichten und gedichten des mittelalters herausgegeben.

'(So möchten wir die strophenfolge im Lohengrin für die echte halten und 24—28 Wolfram geben, wofür noch Lohengrin 48_9 spricht;) nach der 30sten wäre die erzählung von Loherangrin gefolgt, die bis ungefähr s. 17. 18 bei Görres ganz mit der jüngeren übereinstimmen mochte, nicht aber im folgenden, wo auch die stellen, in denen Klinsor den erzähler unterbricht, von den sprachfehlern des übrigen nicht frei sind.

Wir möchten nicht entscheiden, ob vielleicht der erste dichter sein werk nicht vollendet hatte, oder ob s. 18, 3 die worte: *als ich hân vernomen Und uns dise âventiur seit in den lieden* vielmehr auf den älteren Loherangrin gehen, als auf eine französische urschrift in singbaren strophen.'

2) Ebenda I, 314; in der recension über das werk von August Koberstein, Ueber das wahrscheinliche alter und die bedeutung des gedichtes vom Wartburger kriege.

'Recensent hatte vermutet, etwa von s. 17 an sei das gedicht von einem späteren fortgesetzt; s. 16 findet sich der erste ungebührliche reim und nachher viele. Unser verfasser hingegen behauptet zwei überarbeitungen. Das ursprüngliche gedicht, sagt er, mochte in kurzen versen geschrieben sein; auf dieses gedicht weise hin s. 18. Allein dort heisst es: *als uns diu âventiur seit in den lieden;* mithin war das gedicht strophisch. Denn ein *maere* kann zwar ein *liet* heissen, aber nicht *lieder*. Also wird entweder ein französisches werk in strophen gemeint, oder ein deutsches ebenfalls in strophen. Und im letzten falle ist kein grund, mit hn. K. anzunehmen, dass das frühere gedicht älter gewesen sei, als der anfang des jetzigen (s. 59); denn woran sollte das höhere alter erkannt werden? Vielmehr wird der umarbeiter eben den anfang des älteren strophischen gedichts beibehalten haben (der, aus kurzen versen in strophen umgesetzt, nicht, durch genauen reim, ein höheres alter verraten würde); dann s. 16 begannen wol die änderungen. Freilich dünkt uns der andre fall wahrscheinlicher, dass der spätere dichter nur das unvollendete, nach dem französischen original, fortsetzte, aber nichts umarbeitete.' —

Die hier zu lösende aufgabe wird nun genauer so festgestellt: zu erweisen, dass str. 31—67_2 des Lohengrin von einem andern verfasser herrühren müsse, als der grosse abschnitt von 67_3—767. Diese zunächst sehr auffällige abtrennung mitten in einer strophe wird gestützt erstens durch beobachtungen über inhalt und form beider teile des gedichts; zweitens erfordern die scheidung gerade an dieser stelle die erwägungen über die bearbeitung des ersten Lohengrinabschnittes im Lorengel: hierüber wird ausführlich im zweiten teil dieser arbeit gehandelt. Jetzt sei nur bemerkt, dass bis 67_2 beide gedichte nach form und inhalt wesentlich mit einander übereinstimmen und späterhin völlig abweichen. Auch die Kolmarer liederhs. bringt die erzählung bis str. 66 einschliesslich: es wird sich aber zeigen, dass dieser umstand mit dem eben erwähnten in keinem zusammenhange steht.

Die schwierigkeit unsrer aufgabe, welche Rückert (s. 262, z. 5) unlösbar schien, macht es erforderlich, die hülfsmittel zur erforschung des tatbestandes möglichst zu häufen. Hierbei dürfen wir uns vor allem nicht der vorteile begeben, welche eine genaue erwägung des inhalts bieten kann; und zwar ist hier erstens zu fragen, ob sich unmittelbare widersprüche über die gleichen dinge oder verhältnisse finden, ob also irgendwo fäden der handlung abgerissen und falsch wider angeknüpft erscheinen; und zweitens, ob das gewebe in beiden partieen, soweit es sich nicht unmittelbar berührt, vielleicht aus ganz verschiedenartigen vorstellungsfäden und auf einem ganz anderen webstuhle verfertigt zu sein scheint, etwa das eine gewebe fest und rauh, das andere locker und weich ausgefallen sei. Es sind also wichtigste inhaltliche eigenschaften beider abschnitte zu vergleichen und die breite ihrer ausdrucks. Letzteres gehört schon zu der darstellung, bei welcher ferner die begründung kurz zu erwägen ist; und nach massgabe des Lessingschen Laokoon ergeben sich vielleicht auch in der darstellung sichtbarer gegenstände und der eigenschaften derselben kleine verschiedenheiten in beiden abschnitten. Sodann ist der stil zu betrachten, bestimmte redewendungen, bilder und figuren. Hierauf die abweichungen in reimen, metrik und sprache.

Ein nahe liegender einwand gegen dies programm wäre der, dass die aufzählung der inhaltlichen widersprüche wertlos sei, da dieselben durch die verschiedenheit der quellen bedingt sein könnten, und dass daher eine untersuchung über diese die vorbedingung aller besprechung des inhalts sei. Dagegen ist zu sagen, dass ein und derselbe dichter gröbere abweichungen einer neuen vorlage von dem, was er selbst schon dargestellt hatte, hätte bemerken müssen, und entweder das alte auch weiterhin fortgeführt oder das neue überall an dessen stelle gesetzt hätte. Es bezieht sich dies wesentlich auf die art der darstellung des gralsreiches und seines königs. Die übrigen widersprüche erstrecken sich aber auf die verschiedene anschauungsweise, die sich in beiden partieen kundgibt; sie ist das magre eigentum der verfasser selbst; und so könnte die ausschau nach den quellen unsere wanderung nur verzögern.

Schliesslich habe ich zu bemerken, dass ich zu der folgenden arbeit eine handschrift unseres gedichtes verglichen habe, die Heinrich Rückert in seiner ausgabe nicht benutzt hat, obwol ihr dasein auch damals schon nicht unbekannt war. Es ist dies der auf der Münchener hof- und staatsbibliothek befindliche Cod. germ. 4871. Derselbe ist fertig geschrieben 1461 *An freytag nach sannd margreten tag* von *Johannes fritz von passaw An der zeyt Des Edelen vnd vessten herren Artolffen von Treubach ... gerichtschreiber* und zwar *ze Kamer in dem geschloss.* Diese bayrische hs. ist deutlich aber sehr gedankenlos geschrieben. Gleichwol ist der text von grossem werte, da er eine von den beiden Heidelberger hss. (a, b Rückert 204) unabhängige und vielfach das bessere bewahrende fassung darbietet. Es ist darin eine strophe mehr enthalten: nach 523_3 folgen zehn verse, die in a, b fehlen; andererseits ist in dieser hs. (c) ausgelassen str. 479, ferner $567_5 - 585_6$; also $18 + 1 = 19$ strophen. Str. 567 und 585 sind zu einer vereinigt, v. 5 und 6 sind hinzugefügt, um überzuleiten; sie verraten sich durch die im Lohengrin sonst nie vorkommende bindung von *was : baz* deutlich als späteren zusatz. Im ganzen hat also c $767 + 1 - 19 = 749$ strophen.

Erster abschnitt. Inhalt.

I. Sachliche widersprüche.

1. Einer der grössten sachlichen widersprüche ist der, dass in der ersten partie Artus könig im gralsreiche ist, während in der zweiten, im genauesten anschluss an Wolfram Parzival diese würde zugeschrieben wird. So heisst es stets, dass Artus einen kämpfer für die bedrängte jungfrau in Brabant aussenden muss; str. 50_4 f.: *wie Artûs einen ritter lât, daz diu massenîe niendert werdern hât*, 51_6: *Artûs der sol ir einen kempfen gewinnen.* Artus muss 42_5 des reiches krone tragen bei der ersten anbetung des grals; stets heisst es Artus und seine fürsten, Artus und die seinen (48_1, 41_2), er spricht bei dem wettstreit der fürsten, welche alle Elsam helfen wollen (52 ff.) zuerst (52), von ihm erbittet der scheidende Lohengrin den urlaub (62), er ist der künec κατ' ἐξοχήν, keinem andern fürsten wird dieser titel beigelegt.[1]) Ueber Parzivals stellung am hofe des Artus gibt unser erster abschnitt keine bestimmte auskunft (nur ist sicher, dass er nicht könig ist). Bemerkenswert ist aber, dass dieser ritter das recht hat (str. 49), die drei jungfrauen vor ihrer wallfahrt zum gral zurückzuhalten und ihnen erst noch genauere anweisungen zu geben (vgl. dazu die bemerkungen im zweiten teil dieser arbeit). Ferner ist Parzival der erste, der nach Artus in dem wettstreit der fürsten (52 ff.) seine kräfte zur befreiung Elsams anbietet. Er wird genannt *Parzivâl der rîche* 49_5, *der edel P.* 61_2, *her P. der degen* 53_1. — Die sachlage in der zweiten partie ist dagegen folgende: Parzival ist gralskönig, str. 711_1: *Des sun man nande Parzivâl, der ist mîn vater und ist herre dâ zem gral;* und weiter 711_7 f.: *selbe heiz ich Lohengrin und Gahardyz mîn bruoder, dem wurden alle unser lant;* und 712_1 f.: *mîn bruoder lîhet manic lant, rîcher dan iur herzogtuom sî in Prâbant.* Hieraus

[1]) Entsprechend ist seine gemahlin nur *künegîn* genannt. In str. 47_3 ist mit c (freilich dann mit zweisilbigem auftakte) zu lesen *die vürstinne vreuweten sich,* und dieser ausdruck auf die drei jungfrauen zu beziehen (46_7—$_{10}$), was auch in sofern besser passt, als dadurch das anstössige fortfällt, das in der unmittelbar folgenden bezeichnung derselben person durch *diu künegîn* liegen würde.

ist ganz klar, dass die königsherrschaft zuerst dem Parzival, dann dem Gahardyz zu eigen war. Artus ist hier aber nur Lohengrins *nâher mâc bekennet* (711_6). Er und die helden, die er mitgebracht hat (715_3 f.), weilen jedoch in dem gralsreiche. Die lage dieses reiches ist in der zweiten partie *in der innern Indiâ* (715_2), im gebirge: *dâ durch mit draete ein snellez wazzer vliuzet* (715_6), *dâ lît bî nâch wunsch ein hûs und zwir als wol erbouwen, dan Muntsalvaetsch erbouwen was.* Im ersten abschnitt ist kein bestimmtes land als Artus' wohnsitz bezeichnet. (Vgl. den zweiten teil dieser abhandlung.) Dass nicht Frankreich anzunehmen ist, wofür eine stelle unseres gedichtes zu sprechen scheint, wird in späterem zusammenhange vorgetragen werden. In dieser partie, in welcher auch das verbot der frage ganz im anschluss an Parzival 818_{25} bis 819_8 begründet wird, ist völliger anschluss an dieses letztere gedicht, bis auf die darstellung des neuen Monsalvaesche. — Die genannten widersprüche sind bei annahme éines dichters aus dem früher erwähnten grunde unerklärbar.

2. In nahem zusammenhange hiermit steht ein zweiter widerspruch. So wenig Parzival im ersten abschnitt *künec* genannt wird, so wenig passt auch diese bezeichnung für seinen sohn. Im zweiten wird Lohengrin dagegen sehr häufig mit diesem titel geschmückt: 68_2, 77_4, 79_3, 81_4, 86_7, 89_3, 92_6, 103_5, 122_9, 136_4 u. s. w. Lohengrin wird vorher eingeführt nur als *her* (63_1 u. $_8$) oder *vürste* (63_3, 65_8, 66_6 u. $_8$, 67_2), ebenso wie auch sein vater nur den titel *her* besitzt. Auch dieser widerspruch wäre bei éinem verfasser ganz unerklärlich. — Auffallend ist es übrigens auch, dass im zweiten abschnitt unser held fast gar nicht mehr mit seinem ehrlichen namen bezeichnet wird, sondern nur durch *ritter, gast, vürste, künec* und allerlei andere umschreibungen. Am törichtsten ist dabei die Wolfram nachgebildete und hier mit behagen zu tode gehetzte bezeichnung *der Wâleis* (zuerst str. 206) und *der Antschouvîn* (zuerst str. 230), die für den sohn eines einfachen ritters an Artus' hofe widerum gar nicht angemessen ist. Der name Lohengrin entschlüpft dem zweiten verfasser einmal in str. 135, sonst kommt er nur am schluss vor, als der schwanenritter namen und herkunft angibt.

3. Verwickelter sind folgende verhältnisse. In str. 40 heisst es, dass Telramund in Schweden kühn einen drachen getötet habe, dass daher sein ruhm durch deutsche lande ziehe und niemand mit ihm kampf wage. Alle herren in den landen standen auf seiner seite, und nur die dienstmannen hielten ihrer herrin Elsam die treue. Auch 84_4 ff. heisst es noch, dass Telramund aller gunst habe, aber höchst charakteristisch mit der begründung, dass er sich um das land verdient gemacht habe und dass auch der kaiser ihm wegen seiner dienste verpflichtet sei, was str. 161_7—$_{10}$ widerholt wird. Aber diese gunst für Telramund ist plötzlich sehr verblasst, während Elsam plötzlich alle herzen gewonnen hat. Sie hat schon 70_1 ff. zur beratung ihres zuges die dienstmannen von Limburg und Brabant berufen und auch ein teil ihrer verwanten hatte sich hierzu eingefunden. Soweit liegt noch kein widerspruch vor. Aber bei nacht (113_4) lässt sie auch den landesherren die aufforderung zukommen, in aller frühe zur beratung in dem münster zu erscheinen, was denn auch ausgeführt wird (vgl. 105_6 ff., 110_6 ff.). Es könnten als herren nun auch die dienstmannen bezeichnet werden, nicht aber könnte gesagt werden, dass aus jedem geschlechte die zwei besten erscheinen sollten (106_6, vgl. 113_5 ff.): mochte das ansehen der dienstmannen noch so sehr gestiegen sein, sie waren doch nicht freie und von ihrem geschlechte konnte nicht die rede sein. Wir dürfen daher nur an freie vasallen der Elsam denken. Vorher war aber gesagt, dass alle herren des landes zu Telramund hielten und nur die dienstmannen nicht; jetzt ist dies ganz anders, da obendrein die herren ungehalten sind, dass nicht alle, sondern nur die zwei besten aus jedem geschlechte berufen sind (113_4—$_{10}$). Folglich wäre hier wider ein widerspruch aufgedeckt. Aber weiter. Diese freien herren des landes werden in einer nacht herbefohlen und werden von dem boten alle zusammen angetroffen (113_5); sie erscheinen, es wird eine frage vorgelegt, auf die man keine schnelle antwort hat, wie gewöhnlich; da sagen die dienstmannen: sie wollten erst ihre zurückgelassenen freunde sprechen (111_7, vgl. 114_3), und dies aufsuchen und besprechen dauert gerade so lange wie eine messe des bischofs (113_1 ff.). Bei der sorgfältigen beachtung von zeit und raum in der zweiten

partie, wovon noch genauer zu sprechen, ergibt sich mit sicherheit, dass die herren schon hier am orte weilten und also wol auch zu der *sprâche* (70_5) berufen waren. Wenn nun 70_2 f. doch nur die dienstmannen genannt werden und ausdrücklich hinzugefügt wird *die sich mit triuwen nie von ir geschieden,* so ist dies nur dadurch erklärbar, dass der dichter den schein erwecken wollte, den sachverhalt unverändert zu lassen, was ja durch den erwähnten v. 70_3 trefflich bestätigt wird, und dass er in wahrheit eben doch andere dinge vorzutragen hatte. — Der dichter hat einen versuch gemacht, den sinneswandel der herren zu motivieren; es heisst 75_5 ff., dass der abt, den der könig von England seiner nichte Elsam geschickt hatte, bei grafen, freien, dienstmannen, städten und landvolk zur treue an die herrin ermahnt. Zunächst bei den dienstmannen war dies nicht nötig. Und da dieser abt noch nichts von der ankunft eines kämpfers berichten konnte, sondern nur moralische gesinnungen wecken, so wäre doch zu glauben, dass die worte des fremden priesters bei den freunden des kühnen drachentöters Telramund nicht verfangen hätten. Man sieht daher auch hierin nur einen schwachen versuch, einen widerspruch, dessen sich der dichter nach v. 70_3 bewusst war, zu verbergen.

Wir erkennen also zweierlei: erstens, dass die landesherren, deren abwendung von Elsam der erste abschnitt deutlich angibt, im zweiten plötzlich ihrer fürstin in treuester gesinnung sich dienlich erweisen[1], und zweitens, dass sie sogar schon zu der *sprâche* in Antwerpen eingetroffen sind, obwol der dichter zunächst ihre anwesenheit verschweigt, da er sich der früheren stelle, die das gegenteil aussagte, bewusst war. — Sehen wir so, dass die fraglichen landesherren unter einem falschen namen als freunde Elsams plötzlich wider eingeschwärzt sind, so dürfen wir weiterhin fragen, ob denn dieser name, diese grosse und dehnbare worthülse *dienestman* nicht abgesehen von der unrechten belastung von vornherein in verschieden weitem sinne in beiden partieen gebraucht sei? Dies ist offenbar der fall. — Zu der überaus schweren bedrängnis der herzogin in dem ersten abschnitt, wo sie auf blossen knieen (31_2), weinend (31_5, 36_9, 37_7) und ihr lockiges haar im schmerz zerzausend (37_9) ihre gebete spricht, zu dieser bedrängnis passt nicht eine grosse schar ergebner dienstmannen aus Limburg und Brabant, passt nicht vor der ankunft des retters eine ausführliche beratung (von str. 70 ab), dass der zug nach Mainz nur ja mit feierlichstem glanz ausgeführt werde (105_8 110_8), passt noch weniger, dass Elsam mit bedächtiger vorsicht für den allenfalls eintreffenden kämpfer schöne kleider hat bereitlegen lassen, wie es in str. 87_4 ff. zu lesen ist. Nein, wer einmal die lage der herzogin in diesen grellen farben darzustellen begonnen hatte, der konnte ihr nicht die treue ergebenheit zweier länder an die seite stellen und konnte ebensowenig an stelle ihrer hellen verzweiflung plötzlich nüchterne sorge um äusserlichste dinge treten lassen. — Der ganze zusammenhang der ersten partie verbietet es, unter den dienstmannen der 40. strophe etwas anderes sich zu denken, als eine kleine zahl treuer hofbeamten. In wie trefflicher übereinstimmung mit diesen erwägungen eine lesart in einer selbständigen redaction unseres ersten abschnittes steht, wird sich zweckmässig erst in einem späteren zusammenhange vortragen lassen. — Der genannte widerspruch lässt übrigens schon die unterscheidenden grundzüge beider abschnitte deutlich erkennen: auf der einen seite grelle zeichnung, leidenschaftliche erregung, auf der andern breite gemütlichkeit und freude an äusserem glanz.

II. Unvereinbare eigenschaften des inhaltes.

1. Wunderdinge.

Rückert behauptet s. 226, es sei ein besonderes kennzeichen unseres gedichtes, dass es sich von allem wunderbaren frei halte, wovon namentlich die darstellungen aus dem bretonischen sagenkreise so reiche gaben enthielten. Dies trifft nur für unsere zweite partie zu, für die erste ist aber das entschiedenste gegenteil charakteristisch. Das wunderbare kommen und gehen des schwanenritters stehe doch auf anderer stufe als die bilder von riesen, zwergen u. s. w. Man darf gerne hiervon absehen und wird doch zahlreiche wunderdinge finden.

Zunächst die wunderbare schelle, die Elsam an ihrem paternoster trägt (32_5); sie ist einem falken von seinem lahmen fusse abgelöst (37_6), der liebe gott erregt ihr klingen

(32_3 u. $_7$), das *in doners wîse* geschieht (38_3, 46_5) und *tûsent rast* weit tönt (32_8); Artus und die seinen werden davon betäubt (31_7), sie verstehen aber sogleich, dass dies ein mahnruf gottes sei (41_5 f.) und Lohengrin wird ausgesant (31_8 u. ö.). — Weiterhin: Telramund hat in Schweden den drachen getötet (str. 40), wodurch er so berühmt geworden. Gawein hat mit zwei starken riesen gefochten (54_4 ff.), von denen er einen umgebracht und einen *sêre gebunden* hat. Jôrant trägt einen wundergürtel um die seiten, der ihm die kraft von acht männern gibt (58_7 ff.). Dem Lohengrin wird ein *unmâzen* grosses ross herbeigeführt, das vor schnelligkeit in die luft fliegt (61_7 ff.). Aber als Lohengrin eben den fuss in den steigbügel hebt, kommt der schwan herbeigeschwommen; sofort wird das ross wider in den stall gebracht, und der junge ritter will ohne weiteres *mit disem vogel swar er kêret* (63_{10}). Fünf tage wird er nun auf dem meere in die lüfte geworfen, ohne speise und trank zu bekommen (65_3 ff.); der schwan fängt sich ein fischlein, Lohengrin klagt, dass er ihm nichts davon gibt; da fängt der schwan ein *obelatelîn*, das aber im wasser ganz trocken bleibt, und gibt davon die eine hälfte seinem ritter, während er sich selbst mit der anderen bedenkt, und *ez wart nie vürst noch vogel baz gespîset* (66_{10}). Die grössten wunderdinge enthält aber die mehrfache anrufung des grals (41—51). An der ersten anbetung durch die zwanzig bekränzten, fahnen tragenden priester nebst Artus mit der reichskrone (41_4—42_{10}) ist nichts wunderbares. Dann aber gehen die königin und die frauen mit blossen füssen, härenen hemden und besenruten vor das muttergottesbild (43) und tragen mit sich *Ezidemôn daz reine tier* und sein liebchen *Sibîne.* Dieses hat die wunderbare eigenschaft durch ihres geliebten stimme trächtig zu werden und nach vierzig wochen aus der nase ein kälbchen zu gebären, und zwar auf das gold; welches weiss man nicht. Dies wunderkälbchen braucht keine nahrung, sondern es lebt von dem glanz des goldes und dem hauch aus der mutter munde (str. 44). Die dritte erfolgreichere anbetung durch drei reine jungfrauen ist auch nicht frei von wundern. Key sagt *lât diu kinder valken tragen* (47_2); die fürstinnen verstehen gleich, was dies zu bedeuten habe, wir nicht; vor dem gral lassen sie die falken entfliegen (50_{10}).

Was hierunter zu denken ist, wissen wir nicht; eine nicht fern liegende erklärung scheint nicht haltbar: der falke ist ein symbol des geliebten; durch das freilassen der falken könnte ein entsagen von der liebe, ein keuschheitsgelübde ausgedrückt sein. Sodann hat wol auch keiner den Vlesiant, den Judas aus dem Pelibronne brachte (47_5 f.)[1], gekannt, worein die drei jungfrauen gekleidet werden; schuhe erhalten sie, wie sie Sybille ihrer lieben tochter erdacht hat; und die tochter dieser wunderbaren Sybille, namens Felicia, reicht ihnen die gürtel.

Wir sehen also ganz ab von dem wunder des schwans, von den beiden gralsverkündigungen (str. 51 u. 59_{10}), sowie von der weihung des heiligen steins durch die taube (49_8), und finden doch noch zahlreiche dinge von märchenhafter unbegreiflichkeit — in 36 strophen. In dem zweiten abschnitt von über 700 strophen steht dem fast nichts ähnliches gegenüber. Wunder wirkende edelsteine werden wol öfter erwähnt, so z. b. eingewirkt in das goldgeschenk, das die stadt Rom dem Lohengrin macht (652_4 ff.); ähnlich gibt Elsam dem gatten, als er in den krieg zieht, eine keuschheit wirkende brosche mit (387_2 ff.); oder mancher empfängt zu der fahrt nach Mainz heimliches kleinod von frauen und mädchen (170_8 ff.). Darin liegt so wenig etwas wunderbares wie etwa in dem teufelsglauben jener zeit; hierher gehören auch stellen wie folgende: es heisst 333_7, dass die juden *gotes pilde anderweit mit marter gewunden an, dâ von ûz den wunden bluot unt wazzer ran;* im kloster Ouwe bei Ravensburc am Bodensee werde das blut noch täglich gezeigt (334_7), und vor wem es sich verberge, der sterbe im selben jahre (v. 9). Hierfür gibt Rückert s. 256 die quelle an, wie auch für die erzählung von der lanze des Longinus, welche der kaiser Heinrich (388_8 ff.) vom könig von Burgund erwirbt: blut und wasser, das von dem speere rann, machte blinde sehend (389), der speer und mancher kreuzesnagel gehört noch jetzt dem reiche (v. 4). — — Ebenso mochte die meinung von den unverbrennbaren seidenstoffen, die von würmern oder drachen im feuer hergestellt

---

[1]) Ueber die ganz unklare zeile 47_7 vgl. den zweiten teil dieser abhandlung.

und in feuer zu erneuern seien (548_8 ff., 653_5 u. $_{10}$ und 654_{10}); zu den gangbaren vorstellungen der zeit gehören. — Wunderbar bleibt das kurze mitkämpfen der apostel Petrus und Paulus in der sarazenenschlacht (vgl. 635_{10}), worauf nach Görres die chronik des Siegbert hinwies, und jener himmelsbrief mit goldnen buchstaben, welcher dem papste sagt, dass die leichen der gefallenen christen drei tage weiss, die der heiden aber schwarz aussehen sollten (593_9 ff.). Endlich, über den umstand, dass der schwan (67_3 und 78_1 ff.) für einen engel gehalten wird, vgl. man hier den zweiten teil. — Der sicherlich unserm zweiten verfasser zugehörige gedanke, dass der schwan sich dem abt wirklich *in engels pilde* zeigt und dann wider *in vogels pilde sich wandelt*, ist nur eine ausführung jenes grundgedankens.

Sonst ist nichts wunderbares in den 7008 versen der zweiten partie erzählt, und wenn wir diese wenigen und so sehr zahmen abweichungen von der wirklichkeit mit der grellen phantastik des ersten teils vergleichen, so werden wir einen grossen gegensatz der ganzen denkweise anerkennen müssen, der nicht durch verschiedene vorlagen, die ein und derselbe dichter benutzt hätte, erzeugt sein konnte.

2. Raum und zeit.

Ein weiteres merkmal der verschiedenen auffassungsweise in der ersten und zweiten partie sind die abweichungen in der beobachtung von raum und zeit.

Zeitangaben sind beim ersten dichter äusserst spärlich. Kaum ist die glocke gehört, so beginnt auch die erste anrufung des grals (41_5), nach dieser ist die königin sofort auf die zweite bedacht ($43 - 46_2$), und hierauf folgt sogleich die dritte; neue kleider sind augenblicklich hergestellt (48_7), und es wird nur einmal gesagt: *der tac mit sîner sunnen quam* (50_1) [1]. Nach der anrufung durch die drei jungfrauen und dem ersten bescheid des grals (str. 51) folgt ohne weiteres der wettstreit der fürsten (52—58), der durch die entscheidung des grals beigelegt wird (59_{10}), und wider ohne alle zeitvergeudung wird Lohengrin ausgesant (64_{10}). Erwähnt wird nur, dass der held fünf tage ohne speise und trank ungemach erlitt auf

[1] So in c, die lesart ist besser, vgl. d. zweiten teil.

dem wogenden meere (65$_4$). Hier aber ist die zeitangabe mit besonderem nachdruck gemacht und nicht bloss der äussere rahmen für die ereignisse. Der gleiche nachdruck liegt (54$_4$) in der zeitangabe, dass Gawein tag und nacht mit zwei riesen gekämpft habe; und ebenso (51$_{10}$) in dem drängenden befehl des grals, dass der retter der jungfrau noch heute von dannen ziehen müsse. Im ganzen gilt für diese erste partie zweifellos das Goethesche wort: den poeten bindet keine zeit. — Ganz anders ist es in dem zweiten abschnitt. Nach Lohengrins ankunft bis zum zweikampfe sind noch drei und eine halbe woche zeit (111$_6$); der erste tag reicht von str. 71—109; der zweite von 110—154; der dritte von 155—157; dann bis zum zweikampf geht es schneller. Auf dem zuge nach Mainz ist auch die zeit stets angegeben: in Saarbrücken sind zwei tage aufenthalt (186$_8$ f.), dann ist man zwischen Oppenheim und Mainz nach weiteren fünf tagen angelangt (188$_8$). Vorher befand sich prinz Gotehart von England fünf tage in Antwerpen (170$_7$), am pfingsttage ist das gestühl in Mainz errichtet (196) und der zweikampf findet statt. Und so geht es fort, wenn auch nicht immer mit ganz gleicher genauigkeit. 350$_6$ ist der kaiser Heinrich eine woche früher nach Bonn gekommen, als könig Karl von Frankreich. In Mailand erwartet der kaiser bis zum dritten tage die ankunft des königs von Arl (402$_1$), und als hernach (405$_3$) der Franzosenkönig auch herankommt, wird noch ein ruhetag angesetzt (406$_3$). Die kaiserliche krönung findet sodann wider an einem pfingsttage statt (655), bis zu derselben werden die fürsten nach der sarazenenschlacht gebeten noch acht tage zu bleiben (650$_8$ ff.), und nach der krönung verweilen die herren hier gemeinsam noch einen monat (661$_7$). — Und so wären die beispiele noch zahlreich zu häufen.

Aber auch die raumangaben sind in beiden partieen sehr verschieden. — Zunächst betreffs der länder und städte greift die behende phantasie, die wir im ersten teil erkennen, gern nach dem entlegenen. Dem helden wird ein knappe Kyir aus Kumberland zum begleiter gegeben (61$_5$); man will ihn mit cyperwein auf der fahrt sich erfreuen lassen (64$_7$); sein vater Parzival hat die heidenschaft und *der Persyanden lant* aufgesucht (53$_7$ ff.), der riesentöter Gawein heisst *in Spangenlande* löwe und mann (54_2), und Telramund hat in Schweden den drachen getötet (40_3). — In der zweiten partie werden wir dagegen ganz überwiegend mit der geographie der Niederlande, des Unter-, Mittel- und Oberrheins, Süddeutschlands und Oberitaliens bekannt gemacht, die personen erleben keine kühnen abenteuer in fremden ländern. Natürlich werden die heimatsorte vieler sarazenenfürsten genannt bei schilderung der grossen schlacht, aber lediglich um bezeichnungen für die personen zu haben, endlich wird als sitz der gralsburg, wie erwähnt, die *innere Indiâ* angegeben. Die geographischen kenntnisse, welche sich in der zweiten partie zeigen, sind vielfältig und genau. — Wichtiger als das bisherige ist aber dies, dass in der ersten partie veränderungen des schauplatzes der handlung so gut wie nie erwähnt werden, während wir in der zweiten hierin peinlichste genauigkeit wahrnehmen. Nur wird einige male geäussert, dass man ins münster gehen solle oder wolle (36_7, 43_4, 49_4); dies hingehen wird aber nicht geschildert, überhaupt kein wechsel des orts genannt, während doch das kleideranmessen für die drei jungfrauen (48_7 ff.), die dreimalige gralsanrufung, dann der wettstreit der fürsten (52 ff.), endlich das umkleiden Lohengrins (61_1 f.), das herbeiführen des rosses (61_7), das herannahen des schwanes — dies alles nur bei häufigem ortswechsel vor sich gehen konnte. — Dagegen ist in der zweiten partie jede gleichgültigste änderung der scene sorgfältig erwähnt. Ritter und frauen sehen vom palas aus den nahenden scwanenritter (71_9 f.); darauf geht der kaplan zu der fürstin, die *an ir râte saz* (72_5); dann eilt man ans gestade (73_1). Hier angelangt wird der fremde held ins münster geführt (81_8), dann in den palas (82_2), dann geleitet ihn der Lothringer *in ein kamer wît diu mit rîchen tepchen schône was beleit* (86_8), von dort bringt man ihn (89_3) in den palas zurück. Nach mahlzeit und tanz suchen alle die herberge auf (103_6); 110_2 ist wider messe im münster und ebenda (110_7) beratung mit den landesherren; ihre antwort nach der messe des bischofs wird in der sacristei gegeben (128_6); und so geht es fort bis zum schluss. Weniges sei noch herausgegriffen: so die zelte in Saarbrücken (174_3 ff.), die umkleidung in einem pavelûn (179_6), das zelt des Lothringers (181_3), dann die verschiedenen gestühle: 1. in Mainz

(196_4), dasselbe wird umschränkt (201_2), dann noch eine zweite schranke angebracht (201_3), zwischen beiden die herren eingelassen (209_3 ff.); 2. gestühle in Rom (658); 3. in Köln (688_2) u. s. w. u. s. w.

Dieser plötzliche wechsel der darstellungsweise, einmal ohne alle beachtung von raum und zeit, ein ander mal mit peinlichster beachtung derselben wäre bei ein und demselben dichter ganz unbegreiflich.

3. Beratungen.

Ein besonderes merkmal der zweiten partie ist die grosse unschlüssigkeit der personen; die langwierigsten beratungen sind zu nicht immer bedeutenden dingen erforderlich. Bereits Görres hat geistvoll hierauf hingewiesen. Es sei das wichtigste hervorgehoben. Schon v. 70_8 berät sich die fürstin mit dienstmannen und verwanten, *wie sie wolt gebâren* an dem kampfestage; dann werden die landesherren bei nacht berufen und 110_6 sind sie erschienen; Elsam berät auch mit ihnen *wie sie handeln solt ir vart* (v. 8); man rät mage und mannen zu der fahrt aufzufordern (111_1); die dienstmannen finden sofortige antwort hierauf zu schwierig und möchten sich erst mit ihren freunden besprechen (v. 7); nach der messe wollen sie bescheid bringen (113_2 ff.). Nun folgt beratung mit diesen freunden (114_3—115_6); man kommt zu einem entschluss: bei dem zuge zu folgen und keinen sold zu nehmen. Nun beraten sich auch die städte und beschliessen, kost geben zu wollen für alle (116_3 ff.); dies teilen sie den herren nach langen einleitungen (118_4 ff.) mit (120). Alle dienstmannen, ritter, knechte, umsassen und fürsten sollen auf rechnung der städte mitziehen (120, 121). Nun wird dieser bescheid der fürstin überbracht (128_7 ff.). Nach tisch will letztere weiter beraten (132_1 ff.). Es soll überlegt werden, welche fürsten zu besenden seien (137_1 ff.). Nun wird sehr umständlich über die einzelnen gesprochen, den könig von England (137_3 ff.), den Lütticher bischof (138_1 ff.), den vom Berge (139_1—140_6), den von Bâr (140_7 bis 142_6), den von Lützelburg (142_8), alle verwante zusammen (143_2) und den von Flandern (143_6). Auch soll der Lothringer zu hause werben (145_6 ff.); dieser wird selbst herberufen deshalb (146_1 ff.), aber er will zunächst mit seinem rat über die sache sprechen [!!] (146_7), indessen sei er selbst wol der beste bote (146_8 ff.); nun die zwei räte berufen (147_4 ff.), diesen die sache abermals erklärt (147_6—148_9), ihre antwort (148_{10} bis 149_6); weitere bitte, dass auch die tante der Elsam mitziehen möchte (149_7 ff.); dann werden die boten nach allen seiten ausgesant (151_1 ff.) und 151_6 ist die beratung beendigt. Man hat also mit unterbrechung von einigen messen, mahlzeiten und tänzen viele hundert verse lang über ein und dieselbe herrichtung des zuges beraten. — So arg treibt mans im folgenden nun doch nicht weiter; aber das beraten wird noch oft erwähnt. So (186_8—$_{10}$) berät die fürstin noch einen tag zu rasten; als der papst boten zum kaiser gesant hat, bitten diese um schleunige antwort, ob auf des kaisers hülfe zu rechnen sei, aber der kaiser muss sich erst morgen nach der messe mit den fürsten beraten (356_6 ff.); dies geschieht (365_1 ff.). Als später der papst geschickt hatte, dass eilige hülfe wegen der niederlage von den sarazenen nötig sei (407_7 ff.), so wird doch erst einen ganzen tag noch beraten, wie die fahrt zu machen und die armeecorps abzuteilen seien (413_1 ff.). Nach der schlacht berät Lohengrin mit den herren, wie ers mit den im sarazenenkriege gefangenen fürsten halten solle (602_2 bis 603_3); dann wird der beschluss davon dem kaiser mitgeteilt, der weiter rät, den fürsten das versprechen abzunehmen, nie wider gegen papst und Griechenkaiser zu kämpfen (604). Und 609_3 wird weiter beraten, wie das land vor der widerkehr der heiden zu schützen.

Und wie stehts dagegen im ersten abschnitt? Kaum hört man die glocke, so wird auch der gral dreifach angerufen; kaum weiss man, worum sichs handelt, so möchten auch alle sofort zum kampfe ausziehen; kaum bestimmt der gral den Lohengrin, so wird er auch schon ausgerüstet und nimmt abschied (62_1 ff.), kaum naht der schwan, so zieht er auch schon mit seinem ritter von dannen. Eine eminent schnelle entschlussfähigkeit steht hier der grossen unschlüssigkeit in der zweiten partie gegenüber. Und solche gegensätze sollten demselben hirn entstammen?

4. Minne.

In der zweiten partie werden die personen von frau minne unaufhörlich beunruhigt. Kaum haben Elsam und Lohengrin gegenseitig ihre wolgestalt empfunden, so heisst es schon: *seht ob diu minne da iht ze schaffen hæte* (93_3); bei tisch verdirbt die minne ihnen den appetit (96_1—$_6$), und auch den andern gehts nicht besser (96_7—97_6); 127_9 f. brach dem Lohengrin *in daz herze ir munt sô rôt: sie was ouch sîner ougen meien anger;* das zweite mittagsessen verläuft wider ebenso (134_1—$_{10}$), und 151_8 f. hat der fremde ritter wider der minne *last ûf sich gevazzet.* Bei der kurzweil Lohengrins mit den frauen werden alle herzen aufs neue gefangen genommen (152_1—154_1), und auch prinz Gotehart wird sofort als minne-belastet eingeführt (167_{10}). Str. 180 widerholt, dass die minne die herzen von Elsam und Lohengrin von anfang an so stark verriegelt und verschlossen und sich so siegreich in sie eingeprägt habe, dass weder luft noch wasser ihr feuer dämpfen können. Natürlich werden auch im zweikampfe beide streiter von der minne angestachelt (216_7 ff.), aber nicht natürlich ist es, dass Lohengrin Elsam, den erkämpften lohn seiner tapferkeit, zuerst nicht in besitz nehmen will (226_2 u. $_6$, vgl. 708_6). Frau minne sendet Lohengrin zur tjost bei seinem hochzeitsfeste (245_5 ff.). Und als er vom Ungarnkriege heimkehrt, sind er und Elsam von der minne wie eine presse zusammen geschmiedet (306_1 ff.). Aber auch die heiden leiden an minne. Den Ungarnherzog Ludewîn hat *diu minne geladen mit ir soume* (274_6), und im sarrazenenkriege werden beide parteien durch minne und ehrgefühl angestachelt, so 520_4 ff.. Nach der sarrazenenschlacht bei der versammlung unter dem schönen zelt der kaiserin wirkt die minne wider sehr heftig (616_1 ff.): weib und mann müssen ihr maut zollen (616_7 ff.). Und als (623_{10}) die königin Anne von Lamparten und Lohengrin zusammenkommen, heisst es gleich: *nû muost der minne brant ot aber riechen;* aber auch sonst *kolt sie in manegem herzen* (624_1). Und später schiesst die minne nochmals auf die königin Anne *ir bolzelîn, daz ez weizgot muost die lenge bî ir sîn* (665_2 f.). Und beim letzten aufenthalt in Köln werden wider alle bei Lohengrins anblick von minne berauscht (678_{10}).

Dem gegenüber ist in der ersten partie von minne gar nicht die rede. Und es lag doch so nahe! Einer bedrängten jungfrau helfen, das war ein rechtes minnewerk! Statt dessen ist der antrieb hier nur das göttliche gebot des grals und die freude an abenteuern, welche sich in den dramatischen reden der wettstreitenden fürsten deutlich kundgibt (52—58). — Auch dieser gegensatz scheint unerklärbar bei ein und demselben dichter.

5. Erweckung der hôchgemüete; kleidung; höfische förmlichkeit; quellenangaben.

Die höfischen dichter des mittelalters legen grossen wert darauf, dass ihre personen sich immer in angenehmer stimmung zeigen und dass zur hebung ihres *muotes* alles wünschenswerte getan werde. Dem durch und durch höfischen geiste der zweiten partie unseres gedichtes entspricht es, dass ihr verfasser unermüdlich über das frohe oder leidende selbstgefühl seiner personen bericht erstattet. So wird (73_6, 77_{10}, 89_9 f., 90_1 ff.) die gehobene stimmung über Lohengrins ankunft und erscheinung erwähnt; 86_5 f. müssen sich alle schön kleiden, die *uns vreude helfen wellen;* 102_5—$_7$ sind alle über die *kunft des gastes muotes rîche;* auch der bischof erkennt, dass derselbe freude mehren werde (104_6 ff.); prinz Goteharts *muot* wird erhöht durch die höfischen reden der frauen (167_6); Elsam konnte *trûren verren* (179_{10}); aber 203_4 f. heisst es: *wan ez nû an daz treffen gie, dâ von sie alle kurzewîle und vreude lie;* 301_7 *vlücket sich ir vreude;* 331_{10} *brâht der keiserîn diu vart vreuden pfende;* nach der sarrazenenschlacht erwecken die frauen mit ihrem schalkhaften augenspiel manchem *die hôchgemüete* (611_5 ff.); und als die welschinnen den brabanter helden nicht gesehen haben, *so giht unmuot ûf unser vreude pfandes* (613_5 f.). — Auch von dieser wertschätzung einer tadellosen stimmung ist in der ersten partie nicht ein schatten wahrzunehmen.

Wie das innere, so muss auch dass äussere der personen in der zweiten partie ohne makel sein. Eine herzogin auf blossen knieen betend (31_2), und eine königin barfuss und nur in härenem hemde, nebst ebenso leicht bekleideten hofdamen vor das muttergottesbild ziehend (43_4 ff.) — solches benehmen in der ersten partie findet durchaus kein analogon in der zweiten; denn wenn dort auch natürliche dinge in einer uns befremdlichen weise dargestellt werden (236_3, 313_1 ff., 314_7 ff., 384_7 ff., 682_4 ff., 682_7 ff., 699_1 ff. u. s. w.), so erscheint man doch vor den leuten in tadellosester correctheit. Namentlich muss man sich recht häufig umkleiden, besonders die frauen; so vor tisch 86_5, 133_7, 308_8 ff.; nach tisch 98_5, 179_4 ff.; Lohengrin wird natürlich gleich nach seiner ankunft des harnischs entledigt und es werden ihm die bereit gelegten kleider angetan (82_4, 86_7—88_3). Die Lothringerin fährt nach Metz, um dort kleinode und kleider zu kaufen (172_4 ff.); nach der brautnacht wird die ankleidung des heldenpaares ausführlich geschildert (239_7 ff.); und als nach der sarrazenenschlacht der Brabant in das zelt der kaiserin kommen will, beeilen sich die frauen, sich vorher noch schöner kleiden zu lassen (619_2 ff.). — Im ersten abschnitt fehlt solch höfischer schmuck; die kleidung bei den gralsanbetungen hat symbolische bedeutung.

Höfisch ritterlich und gewählt ist auch überall das benehmen der personen in dem zweiten teile. Bei den mahlzeiten, deren hier etliche beschrieben werden (92_4 ff., 133_6 ff., 196_{10}, 309_1 ff., 318_6 ff. [320_1 ff.], 407_1 ff., 658_6 ff.) wird häufig auf angemessene tischordnung bedacht genommen, so 95_1, dass je ein herr und eine dame bei einander sitzen, auch 133_9 ordnet der bischof bunte reihe an; 194_6 befiehlt der kaiser, dass Elsam und die kaiserin bei einander sitzen sollen; 407_2 prüft er mit Lohengrin zusammen die tischordnung in Mailand. Vor und nach tisch wird wasser gereicht (93_7 und 97_7). Man versäumt auch nicht, einander durch schmeichelhafte reden häufig zu erfreuen: Lohengrin wünscht, dass das gesinde und alle gönner durch ihn froh gemacht werden (85_8 ff.), worauf der Lothringer meint, dass alle darnach streben müssten, ihn zu erfreuen und ihm dienste zu erweisen, und auch Elsam ermahnt ihn (92_1 ff.), sich hier nicht als gast zu betrachten. Sie erkundigt sich am andern morgen ausführlich nach seiner nachtruhe (127_3 ff.) und ob er auch durch den vetter von Lothringen nicht zu früh geweckt sei: *wan er in schimpfe dicke üppeclîch erschînet.* Als Elsam über die besendung der fürsten sich beraten muss, bittet erst der bischof (136_1) um urlaub für die herrin, und hernach (136_7) widerholt dies Elsam selbst. Schmeichelhaftes lob erteilt sie der treue des bischofs (138_{10}) und des abtes (165_9 f.). Höflich und gewählt ist die rede Lohengrins mit der königin Anne von Lamparten (626_8—630_{10}). Ein ritterlicher wettstreit wird geführt (621_1 ff.), wen der papst beim besuch der kaiserin an der hand führen solle. Der prinz von England wird (167_4 ff.) *mit süezen sprüchen rîch* von den frauen begrüsst, wofür er huldvollst dankt; beim trinken nach der ersten mahlzeit erfreut man einander durch liebliche scherzreden (102_4), und *manic süezer spruch ergie gein dem gaste* (127_2 f.) nach der messe am zweiten morgen. Höfische scherze mit den frauen treibt Lohengrin 128_4 f., 133_4 ff.; und als nach seiner ankunft der Lothringer schild und schwert des gastes tragen will, befiehlt er dem kämmerer dies zu überlassen (80_5 ff.). Er weiss den worten des bischofs, wenn Elsam noch nicht klug rede, es ihrer jugend zuzuschreiben (93_8 ff.) höfisch auszuweichen (94_1 ff.). Häufig ist ferner von allerlei kurzweil, tanz und spiel erzählt, dem diese bedächtigen aristokraten huldigen (viele stellen). Nicht minder sind zahllose begrüssungen und besuche von fürstlichkeiten erwähnt (viele stellen). Oft werden vorher durch boten die herrschaften angemeldet (179_8 f., 345_5 f., 619 f.). Hierbei zieht man nicht selten unter posaunen- und trommelgetön heran (203_{10}, 235_6, 619_7); das gedränge ist stets sehr gross (619_{10}, 640_4, 646_7, 677_6 und $_8$, 392_1). Natürlich wird auch bei solchen begrüssungszügen der glanz der rüstungen und waffen, wie auch sonst, hervorgehoben; man vgl. im allgemeinen: 244_6 ff., 245_7 ff., 247_1 f., 249_8 f., 398_4 ff., 426_1 ff. u. s. w. Glänzend ist auch die ausrüstung Lohengrins zum sarrazenenzuge (385_1 ff.). Als beispiel besonders umständlicher sitte stellt sich noch die art dar, wie könig Rulf zu der *Walhenvart* bestimmt werden soll: erst beratung zwischen kaiser und fürsten, wie der könig Rulf von Burgund zu gewinnen sei (392_1), dann bischof Willekîn von Mainz zu ihm gesant (v. 4 ff.); antwort Rulfs an diesen (393_4—394_{10}); lob dieser antwort von den fürsten (395_1 ff.); dieselbe soll dem kaiser überbracht werden; ob aber Rulf nicht selber mitgehen wolle (395_5 ff.)? Rulf antwortet: ja; doch soll ein andrer sprechen (396_1 ff.); die fürsten meinen, dass es dem kaiser zu herzen dringen werde (396_4 ff.); der Mainzer und der Brabant sagen dann dem kaiser die antwort (397_2 ff.), wofür dieser seine treue versichert (397_8 ff.). — Aehnliche umstände macht der Lothringer beim zweiten Mainzer aufenthalte (336_1—349_{10}), als er dem kaiser zu melden hatte, dass der Franzosenkönig sich mit ihm aussöhnen wollte (338_6 ff.), nun fragt der kaiser darnach (345_9 f.), aber der Lothringer, der keinen officiellen auftrag hatte, will erst morgen antwort geben (346_3), worauf der kaiser ausführlich sagt: gut, morgen nach der messe (346_{4-7}). — Ferner: als der kaiser den Brabant bittet, während der Walhenvart sich das land anvertrauen zu lassen, widerspricht dieser, da er mitziehen will; darauf wird die kaiserin zu ihm gesant, die auch keinen andern bescheid erzielt, und hierauf wird der wille des helden in einer versammlung bei der kaiserin ausdrücklich noch allen bekannt gemacht; darüber vergehen im ganzen fast 100 verse (366_8—376_3).

Leicht liessen sich diese beispiele für bedächtige förmlichkeit und umständliches tun noch häufen, wobei natürlich an die langwierigen beratungen zu erinnern ist. Nicht ein schatten von alledem findet sich in der ersten partie; wir werden vielmehr grosse gedrungenheit der handlung in derselben sogleich erkennen, weshalb die ausführlichere erwähnung des höfischen bedächtigen treibens in der zweiten partie notwendig erschien.

Zu erwähnen ist noch, dass in der ersten partie nur berufung auf die schrift erfolgt (36_5, 41_3), und dass auch 32_9 diese quelle genannt wird: *Brandan ez schreip, der was niht meisterkünste blôz;* Brandan, der so oft im Wartburgkrieg erwähnte! Natürlich ist dies nur eine erdichtete quelle. Nie wird hier von der *âventiure* gesprochen. Um so mehr aber in der zweiten partie. *Aventiure* ist sowol das ursprüngliche ereignis, das abenteuer, der stoff, als die erste etwa prosaische niederschrift hiervon, als auch die dichterische gestaltung der begebenheiten durch den verfasser. *Aventiure* ist aber nicht 'der genius des dichters', 'die ihn beseelende, treibende und innerlich leitende macht', wie Rückert s. 225 schreibt. Das wort findet sich zahllos bei dem zweiten verfasser. Ferner beruft er sich auf die chronik (263_2, 735_2, 742_2, 747_9; Repgausche chronik oder bearbeitung derselben); oder er braucht wendungen wie: *als ich hôrte jehen* (170_2); *als mir ist geseit* (664_5); *als ichz hân vernomen* (191_2) u. ä. Und nur einmal bei erwähnung der kurwürden sagt er 198_{10}: *swer sîn niht weiz der suoche ez an den schriften.* Soweit diese berufungen etwas bestimmtes aussagen (chronik, schriften) sind sie glaubwürdig; in der ersten partie offenbar nicht; also auch hier widerspruch.

Zweiter abschnitt. Darstellung.

I. Allgemeines.

1. Breite, kürze; motivierung; dramatisches leben.

Die erste partie zeichnet sich aus durch dramatische lebendigkeit und sehr knappe motivierung. Aufregung herrscht wegen der furchtbar tönenden glocke; Artus sagt: Gott ist erzürnt auf uns (41_5), und sofort wird die erste procession zum gral angeordnet und ausgeführt. Vergeblich; die glocke tönt fort; die spannung steigt. Nun die procession der frauen auch behende ausgeführt (43_4—46_2); auch sie kehren jammernd und erfolglos zurück (46_2), da denkt Key an das letzte hülfsmittel, die phantastisch gekleideten jungfrauen mit den falken. Es gelingt. Und nun sofort der dramatische wettstreit der fürsten (52—58), der schnell und wirksam durch die klagende schwester Lohengrins abgeschlossen wird: *mirst herzen leit geschehen, sol ich dich, lieber bruoder, nimmer mêr gesehen; dû bist der kempfe: uns sagt der gral diu maere!* (59_{8-10}). Nun weinen der mutter, zurüstung, gefühlvoller abschied, in dem er alle segnet (62), ankunft des schwans und sofortige abfahrt. Diese hast und spannung der ereignisse ist ganz dramatisch; die antriebe des tuns sind, wie oben erwähnt, uns mehrfach dunkel. Und diese reiche handlung in 260 versen (str. 41—66)! Vergleicht man damit, dass in der zweiten partie von str. 71—210 nichts vorgeht, als Lohengrins ankunft, sowie vorberatungen und ausführung des Mainzer zuges, so erkennt man wider deutlich die unvereinbarkeit beider teile. Gleichwol findet sich eines in der ersten partie auch mehrfach widerholt: das glockentönen (so 31_7 f., 32_5 f., 38_4 f., 41_6 f., 46_3 f., 50_2). Die ersten beiden stellen dürfen aber mit fug abgerechnet werden, sie stehen in den beiden strophen 31 und 32; diese und auch strophe 33 haben wir als eine allgemeine übersicht über die erzählung anzusehen, letztere beginnt erst mit strophe 34, wenn auch strophe 33 wegen der rede Elsams zu Telramund schon hierzu gehörig erscheint; doch da strophe 34 zeitlich vor str. 33 fällt, so möchte letztere billig mit zu 31 und 32, die offenbar einleitende übersicht bilden, gehören. Die widerholung dessen, was in dieser stand, in der eigentlichen erzählung ist aber nicht voll anzurechnen, und so blieben nur vier gültige stellen, wo die glocke erwähnt ist. Könnte diese widerholung aber nicht beabsichtigt sein? Sollte vielleicht aus den zeilen des gedichtes das glockengetön stets wider hervorhallen, so wie es dort bei Artus ununterbrochen erschallte? Aber auch hiervon abgesehen: was bedeutet dieser kleine umstand gegen die grosse breite, die von str. 67_3 beginnt? Gleich zu anfang bemerken wir's. Nicht bloss ist der schwan *in engels wîse gestimmet* (67_3), nein, in drei zeilen wird auch aus der farbe auf einen engel geschlossen. Und dann das selbstgespräch, nur keine sorge zu haben, wie es auf dem wag ihm ergehen werde, die fahrt gedeihe wol zu allem guten. Diese reflexion ist unbedingt nicht von dem verfasser der ersten partie. Solche hoffnung ist nur möglich, wenn je an dem ausgang gezweifelt wurde, und vorher fühlt sich der held als ein so sicher geleitetes werkzeug der vorsehung, dass er sogar speise und trank ablehnt (64_8 f.). Und dann überhaupt solch eine reflexion! In der ersten partie wird schnell gehandelt, nicht reflectiert. Die stäten widerholungen des zweiten teils sind uns schon deutlich geworden aus dem, was über das ewige hofieren, schöne empfangen, schmeichelhafte reden und endlose beraten gesagt wurde. Ebenso häufig werden messen gelesen; am morgen nach Lohengrins ankunft, hört Elsam deren gleich zwei, die erste beim abt (110_1 ff.), die zweite beim bischof (122_6 ff.). Dass am tage von Lohengrins ankunft und an dem folgenden in derselben weise gespeist wird (92_4, 133_6), und darauf beide mal ein tanz erfolgt (98_7, 135_2 ff.); dass bei der beratung Lohengrin sowol 128_4 ff. als 135_6 ff. mit den frauen und Gyselbrecht von Lothringen scherz treiben muss; dass sowol 110_9 als 136_{10} der rat die tür verschliesst; dass der kaiser sowol 296_1 ff. die Baiern, als 298_1 ff. die Franken tröstet, es werde alles von den Hunnen zerstörte wider aufgebaut werden; dass wir (465_2 und 465_7) nicht nur miterleben, wie Lohengrin den könig von Amatyst, den von Yngulîe und den von Latriset tötet, sondern auch 1. vorm kaiser (469_1 ff.), 2. vorm baroch (476_1—479_3), 3. vor den frauen (679_7) diese und andre seiner heldentaten, und 4. (691_{1-10}) im gestühle von der kaiserin widerholt hören — dies alles sind nur merkmale der breite, welche in der zweiten partie immerfort sich finden, während wir sahen, dass die erste dagegen ein muster dramatischer kürze bildet, wobei allenfalls noch einmal an die verschweigung von raum und zeit in diesem abschnitt zu erinnern wäre.

2. Darstellung der äussern welt.

Lessing sagt im Laokoon, dass die darstellung sichtbarer unbelebter gegenstände von der poesie am wirksamsten durch eine entstehungsgeschichte dieser gegenstände gegeben werde; dass die darstellung menschlicher schönheit entweder durch verweisungen an die bildenden künste, oder durch darstellung der bewegung, der verwandlung der schönheit in reiz, oder durch darstellung der wirkung der schönheit auf andere auszuführen sei. Der dichter der ersten partie hat diese gesetze unbewusst befolgt. Er beschreibt nicht die kleidung der drei jungfrauen, sondern er lässt sie vor unsern augen herrichten (47_5—49_2); ebenso wird auch bei den ersten processionen zum gral auf eine bestimmte herstellung der kleidung verwiesen, nie der zustand beschrieben. Von Lohengrins äusserer erscheinung erzählt der erste dichter nichts; nur hören wir, als ihn seine klagende mutter an *sînen werden munt* küsst: *er was noch âne bart* (60_5). Aber welche idealgestalt schafft sich unsre phantasie wenn wir den alten Walwân sagen hören: keiner der helden möge glauben, dass er ihm weichen würde, *ez wær dan Lohengrin alterseine; der leget hiure harnasch ane durch tumpheit zeinem schalle, dô sô die jungen heten muot, daz sie zem steine loufen, alsô man noch tuot; dô spranc er vür die blôzen ritter alle. Mîn munt in hôher vreche giht* etc. (55_6—56_1). Der ergraute degen beugt sich nur vor diesem jüngling! Dagegen beschreibung in der zweiten partie: 77_7 ff. *dô was sîn wâpenlîch gevert sô rehte keiserlîchen, die îsenhosen umb sîniu bein und allez sîn geschick so reht hêrlîch erschein.* Str. 88 wird sein männlich geschicke, seine graden beine, ritterlichen glieder und *sîn klâriu varwe* gerühmt. Und sein *ritterlîch gelaeze* und *menlîch gestalt* wird widerholt gepriesen (so 89_7 f.; ähnlich 154_5, 166_4 ff.; 183_3 *daz sîn lîp wær nâch wunsche vol gemezzen*); auch dem kaiser dünkt dasselbe (192_8 f.). Walwans einziger ausspruch wog schwerer, als diese vielen! Von Elsams äusserem sagt die erste partie nichts; nur einmal wird erwähnt, dass sie *ir reidez hâr roufet* (37_9). Im zweiten teile finden wir für sie jene steckbriefbeschreibung, die Lessing verurteilt. Ihre hände *lanc snêwîz und linde* (79_7, 92_7); ihre finger *smal und sinewel* (92_8); *ir blankiu kel nâch wunsche gedræt* (92_9); brüste hoch und weiss wie hermelin, die hütten weiss, weich und doch gereift (313_4 ff.) Endlich ist ausführlich, aber nicht in homerischer weise, Lohengrins zimierde beschrieben (533_1—535_{10}). Also auch in diesen dingen unterscheiden sich beide abschnitte.

II. Stil.

1. Besondere wendungen.

Anrufungen zur achtsamkeit finden sich in der ersten partie sehr zahlreich, in der zweiten sehr spärlich.

31_4 *nû merket wie siez ane gevienc;* 41_1 *nû hœrt, lât iu die wârheit sagen;* 42_1 *nû hœrt die hôhen werdekeit;* 42_8 *hœrt ob ir gebet iht tüge;* 46_1 *hœrt wie ez Key an gevienc.* 47_1 *hœrt wie ez Key kan vürbaz jagen;* 50_2 *hœrt wie man von der glocken vremde mære vernam;* 59_6 *hœrt ob diu magt iht jœmerlîchen weine;* 63_1 *hœrt waz her Lohengrîn nû ger.* 66_2 *nû merket reht waz ich wil sagen.*

Und auch folgende redensarten sollen die achtsamkeit der hörer wecken, wenn sie auch zunächst an die personen gerichtet sind, welche die rahmenerzählung angibt:

31_{10} *der ez niht weiz, dem sî noch vrâge erloubet;* 38_{10} *derz rehte weiz, der ist nicht künste lære.*

In der etwa zwanzig mal so grossen zweiten partie findet sich nur ungefähr die gleiche anzahl solcher anrufungen:

74_1 *nû merket reht waz ich iu sing;* 82_6 *nû merket wie in antwurt dô der stæte;* 91_9 *hœrt wie diu vürstinne zuo ir gaste sprach;* 135_3 *merket waz ich singe;* 154_2 *hœrt wie sich in den landen virt diu kunft des gasts;* 158_2 *merket wie diu âventiure ez vürbaz jage;* 162_6 *hœrt wie ez nû diu âventiure handelt;* 209_7 *nû hœrt wie quam in den rinc;* 227_2 *hœret wie der ritter zuo dem keiser sprach;* 579_5 *nû merket rehte waz ich sage.*

Ein wenig kräftiger anruf liegt dagegen in folgenden worten:

81_5 *nû lât in varn und hœret wiez in hie ergie;* und

überhaupt kein anruf liegt in 76_2 *muget ir hœren wie,* und 78_3 *nû sult ir hœren wie erz vürbaz handelt.*

Die genannten beispiele aus beiden abschnitten lassen sich billig noch in 2 rubriken sondern. Zumeist ist gesagt: 'passt auf, ihr hörer, was nun kommt'! Hier wird die aufmerksamkeit für die zukünftige begebenheit scharf angeregt. An andern stellen wird aber auf etwas gegenwärtig wirklich hörbares hingewiesen: hört die klagende jungfrau (59_6), hört die tönende glocke (50_2), hört wie man von der kunft des gastes spricht (154_2). Es heisst nicht: 'merkt auf, wie es nun weiter geht', sondern das unmittelbar gegenwärtig wahrnehmbare wird hervorgehoben. Der hinweis, nun auf etwas besonders fesselndes gefasst zu sein, ist nachdrücklicher, es ist erst eine kurze spannung erregt, die bei dem unmittelbaren betonen des bemerkenswerten wegfällt. Beispiele dieser letzteren art finden sich noch an einigen stellen der zweiten partie mit *seht*: 70_{10} *seht wie sie dort den swan her vliezen sâhen;* 93_3 *seht ob diu minne da iht ze schaffen hœte;* 280_6 *seht ob der tôt dâ iht sîn soumer lüede;* 687_1 *seht wie vater und muoter kumt;* allenfalls auch 519_1 f.: *Seht wie ûf meres ünden kiel walgent, alsô ez sich under einander wiel.* Mag man diese unterscheidung aber auch nicht für zweckmässig halten, so zeigt sich doch, dass die anrufungen zur achtsamkeit in der zweiten partie mindestens achtzehn mal so selten vorkommen als in der ersten.

Weiterhin finden sich in der zweiten partie eine reihe von wendungen, die in der ersten überhaupt nicht vorkommen. Hier ist es zunächst ein beliebter übergang mit *daz lât nû sîn* o. ä., zu dem im ersten abschnitt nur das analogon *die wîsen lât nû besemen tragen* aufzuweisen ist (45_4, über diesen fall vgl. aber 2. teil, 1. abschn., formale änderungen). Statt dessen später folgende fälle: 81_5 *nû lât in varn;* 93_4 *daz lât nû sîn, ich sage iu mêr;* 154_2, 173_7, 204_8 *daz lât nû sîn;* 238_3 *nû lât sie ligen;* 248_5 *lât sie nû des krieges irre gên;* 301_7, 617_2, 630_9 *daz lât sîn;* 382_{10} *daz lâz ich sîn und sage;* 384_7 *daz lât nû sîn;* 388_1 *nû lât in varn;* 419_4, 549_1 *daz lâz ich sîn;* 428_4 *durch kürze der rede lâz ichz sîn;* 489_1, 593_3, 707_4 *daz lâzen sîn;* 600_4 *daz ichz nû wol lâze sîn;* 681_4 *die rede lâze wir nû sîn;* und wenn wir gleich zu anfang der zweiten partie 68_3 und

68_5 *nû lât in ligen* und *nû sagen von der reinen klâren herzogîn* finden, so darf auch dies ein wenig mit ins gewicht fallen für die gewünschte abgrenzung.

Auch zu folgenden lieblingswendungen findet sich kein seitenstück in der ersten partie: 77_9 *allez sîn geschick;* 88_{13} *und hete doch ein menlîch geschicke;* 154_5 *wie menlîch er geschicket wære unde gestalt;* 624_7 *daz schuof sîn edelîche form und sîn menlîch geschicke;* 694_7 *und hât wol solch geschicke;* ähnlich 89_7 f. *so ritterlîch gelæze unt so reht menlîch gestalt;* 141_9 *daz der sô reht menlîch gelæze an im trage.* Es wurde ja schon von einem andern gesichtspunkte aus auf diese stellen verwiesen.

Natürlich finden sich auch folgende wendungen in der ersten partie nicht: 76_7 *der rât dûht sie alle guot*; 117_7, 118_8, 299_8, 344_7 *diu rede dûht sie alle guot;* 122_1 *der rât geviel in allen wol;* 179_1 *die herren alle ez dûhte guot;* 396_1 f. *sît daz diu rede iuch dunket guot.*

Auch folgende redensarten widerholen sich nur im zweiten teile: 136_8 *dâ mite schîet sie sich von dan,* 156_7 *da mite schieden sie sich dan;* ähnlich 194_8 f. *dâ mite urloupte er sich sân unde diu keiserîn . sus schieden sie sich dan;* ferner dasselbe 131_1 und 362_8.

Häufig findet sich auch hier als füllsel die wendung *hie und dort, dort und hie,* z. b. 271_9, 398_2, 623_2, 406_4, 444_9 u. s. w. — Und die wendung *jene unde dis(e),* z. b. 86_2 *mîn muome, ir vrouwen, ritter, kneht, jen unde dis,* oder 296_4 *er sprach: ir herren, jene und dis;* ebenso noch 391_9, 514_1. — Auch hebt die zweite partie gern hervor, dass man noch jetzt ebenso handle wie zur zeit der erzählten begebenheit: 550_9 *unt tet als noch die zornegen hiute tuont;* 566_7 *als noch tuot werltlîch êre;* 593_1 *alsus diu werlt noch hiute lebt;* 645_9 *als noch hiute, swenn daz herze guotes gan;* 697_9 *als den trûten wîben hiut von man geschiht;* 731_5 *er tet als die wîsen liut noch gerne tuont.* Nichts dem ähnliches im ersten abschnitt.

Am häufigsten und nur im zweiten teile, bezeichnend für die breite, die dort überall herrscht, ist folgende wendung: 96_8 f. *diu minne lîht dâ niht erlie des daz eteswâ ein solich rede ergie;* 80_8 *zehant er des dâ niht enliez, er hiez nemen* etc.;

101_1 *der hovemeister niht enliez den schenken er daz trinken balde bringen hiez;* 105_6 *die nû diu vürstin des niht lâzen wolde, sie sande* etc.; 114_5 *der herren einer under in des niht enlie, er wolt* etc. Und so noch sehr häufig: 123_2 f., 126_2 f., 167_1 f., 201_1 f., 234_1 f., 236_4 f., 245_5 f., 332_8 f., 384_4 f., 386_1 f., 391_1 f., 673_9 f. Aehnlich sind folgende wendungen: *der cappelân des niht vergaz, er gie* etc. (72_4) und *die von Prâbant niht bevilt, sie dankten* (311_2 f.). — Auch gewisse beteuerungsformeln finden sich nur im zweiten abschnitt: 83_2 *habt ez von got ûf die êre mîn;* 85_5 *habt ez ûf die triuwe mîn;* 207_5 *habet ez ûf die êre mîn;* 377_9 *ûf mîn wârheit ich ez nim;* 397_9 *habtz ûf die wârheit mîn*; 270_5 *ûf mîn wârheit ich ez nim,* u. a. m.

2. Bilder und figuren.

Man sollte erwarten, dass aus dem gebrauch der bilder und figuren aufs neue der unterschied beider partieen recht deutlich sich erschliessen liesse: le style c'est l'homme. Aber so leicht jeder philologe aus wenigen seiten Wolframs, Goethes oder Schillers den verfasser erkennen würde, so gilt dies doch nicht von der ehrsamen mittelmässigkeit. Wie die gedanken, so ist hier deren kleid gewöhnlich flickwerk. Gleichwol können einige unterschiede auch hier hervorgehoben werden. Da keine allgemeine characteristik des stiles im Lohengrin bezweckt ist, so wird nur weniges aus einer reicheren sammlung herausgegriffen. Wir beachten ausser den vergleichen die metonymie, bei der, wie der name sagt, eine bezeichnung statt der andern gesetzt ist: lanze für krieger, lichte augen für die ganze person etc. Kaum dienlich sind uns personification und hyperbel. Von figuren sind apostrophen, antithesen, litotes, ausrufung, rhetorische fragen und pleonasmus kurz zu erwähnen.

Am wichtigsten scheint es, dass entsprechend ihrem dramatischen character, ausgeführte vergleiche in der ersten partie nicht vorkommen. Elsam sagt zu Telramund: *Lûzifer der hete iuwer muot* 33_8; zu solchen phantastischen vergleichen schwingt sich der realistischere geist der zweiten partie nie auf; wol aber hat der dichter des Wartburgkriegs mit Luzifer mehrfach zu schaffen. Die Metapher 45_8 f. *nû ist der tavelrunde her von dir besezzen, daz mans vindet âne wer* ist von der belagerung entlehnt, wofür auch keine parallele im zweiten abschnitt. In beiden fällen ist geistiges mit sinnlichem verglichen; ebenso 33_2 *vor wissewende lûter als ein spiegelglas* und 61_3 *des herze in jâmer als ein zunder brande.* In der zweiten partie ist dies selten; gewöhnlich wird ein sinnliches mit dem andern verglichen. Ausnahmen sind *âne valsches muor* (167_9), *der schanden muor* (698_5), und wenige andre. — Dazu kommt die epische ausführlichkeit der vergleiche im zweiten teile z. b. *reht als ein hamer îsen wellet und ampôz alsus die künege zwên zesamne walten den strît* (459_2); *nû quam der keiser mit den scharn und die kristen ritterlîch gein in gevarn, reht alse ein habech der eines reigers gerte,* (284_8 ff.); 272_9 f.: *reht alse dâ ein valkenterz kumt under starn, sus sie mit hurt die koverung zestôrten.* (Die jagdkenntnisse in der zweiten partie zeigen sich besonders str. 339—342.) Drei vergleichungsgegenstände sind gehäuft 123_7 ff.: *doch merket wie der sunne schîn gar alle stern verswachet, unt sam diu rose den valwisch tuot, und als ûz der vinster schînt ein glüende gluot, sus was diu vürstîn vür sie alle gemachet.* So finden sich zahlreiche ausführliche vergleiche aus dem natur- und menschenleben. Manche der ersteren sind sehr zart; so (90_4 ff.) *süezer dan iht süezer sî, gruont der junge in ir herzen âne zwî, gar meien pernde er in ir ougen blüete.* Das wird mehrfach widerholt: (127_{10}) *sie was ouch sîner ougen meien anger,* oder (124_9) *in ir ougen als ein meie gruont.* Der kaiserin kann die *touwec vart* des Lohengrin *vreude erliuhten* (369_6), und zwar *baz danne al der bluomen schîn in meien luftes geuden und aller vogelîn süezer sanc.* Von natursinn ist in der ersten partie keine spur zu bemerken. Daneben aber findet sich auch in der zweiten, dass dem Gerfridolt wie einem igel die haare zu berge stehen, als er von Waridachs tode hört, und dass er vor grimm eisen fressen möchte (573_6 ff.), und als Lohengrin von hinnen scheidet, *bullet der keiser sam ein rint,* (724_1). — Einige kräftige metonymieen finden wir in der ersten partie: 45_5 *man sach dâ liehtiu ougen mit den münden klagen;* 56_3 *gestanden swert ist guot ze grôzer herte;* v. 4 *ich wil mich zeln ze swertes siten* : *swertes siten* ist das benehmen des kräftigen schwertschlägers, heldentat; *ich wil mich,* d. h. meine taten: meine taten sind heldentaten; dies ist eine ganz verwickelte metonymie. Im zweiten abschnitt lesen wir (491_4) *der touf sô ritterlîchen vaht* und Lohengrin heisst (557_7 und 588_1) *der swan;* aber auch hier stehen so starke metonymieen wie (612_{10}) *nâch dem daz herze uns mit gesihte dürstet* (vgl. Rückert s. 290). Es ist uns dies wenig dienlich. — Personificationen sind die ganz gewöhnlichen: *minne, sælde, êre* etc.

Die figuren ergeben nichts sehr erhebliches. Starke pleonasmen hat die zweite partie: 84_1 f. *Durnehteclîch unz ûf den grunt maht im der ritter al die sache genzlîch kunt;* 98_{10} *blüende bluot;* 123_9 *glüende gluot;* 125_9 f. *daz wort daz Gabrîêl barc in die gruft Marîen, der erz kund inz herze stempfen;* 301_9 *dâ von sich ir herze wolt der leste entladen von sorgen bürde;* 435_9 *daz der tôt wart maneges lebens last mit bürd.* Diese pleonasmen sind für die breite des zweiten abschnittes bezeichnend; natürlich bietet die erste partie nichts derartiges. — Ausrufe hat nur die zweite: 74_{10} *hey;* 417_2, 544_3, 588_{10} *hî;* 124_{10} *ahî;* 518_{10} *hû;* 458_5 *ei;* 598_{10} *wê;* 450_2 *hurtâ!* — Antithesen nur hier, aber überhaupt wenige: 151_{10} *ir kurziu kunft was im ein langiu bîte;* 289_3 *die schuofen daz diu kürze in wart gelenget; minne* und *unminne* sind 252_6, 489_4, 489_{10}, 520_8 entgegengesetzt; 257_2: *der bôt von golde und von silber solche habe, dâ von ich und daz rîche wærn getiuret; mich dûht, daz ich sîn wær geswaht;* 543_6 *swer sie entrennen wolt, der muost lîht firmen dulden von des swertes ort der sie durch reht bevogte* (Rückert s. 289). — Litotes und apostrophe ergeben nichts; wir haben die erstere im ersten abschnitt 63_3, im zweiten 209_5, 238_1, 322_1, 513_{10} u. s. w.; die letztere einerseits 45_7 ff., andererseits 215_7, 538_6, 542_8, 573_1.

Von rhetorischen fragen bietet der erste teil zwei kräftige beispiele: 39_7 *wer möht im daz versâzen?* und 54_1 ff.: *waz hulfe dan, daz man mich hiez in Spangenlande lewe unt man, und mich der künic nante den sturmgîten?* etc. In der zweiten partie ist nur 252_5 ff. bemerkenswert: *ob des herz müest hôher dan ein anderz sweben, den lîht diu minne mit unminn het gepfendet?*

Wir sehen also, dass wendungen, bilder und figuren auch manche abweichungen beider teile zeigen, die in der masse mit ins gewicht fallen.

III. Reime, metrik, sprache.

Lachmann war, wie die angeführten stellen darlegen, vor allem durch die sprachlichen verschiedenheiten in unserm gedichte zu der annahme zweier verfasser geführt worden. Allerdings ist der hinweis auf den ersten ungebührlichen reim auf s. 16 bei Görres (str. 62_6) abzulehnen, da eine anzahl ähnlicher unregelmässigkeiten in dem ersten teile hervorgehoben werden muss. Aber gleichwol bleiben ganz einschneidende unterschiede bestehen.

Im ersten abschnitte ist nur éine hervorstechende unregelmässigkeit der reime zu bemerken: es sind dies bindungen von *e : en*. In den hss. und in Rückerts ausgabe sind die meisten fälle freilich verdeckt; dass aber ausser den hier zu erwähnenden 5 derartigen reimen noch 9 gleiche in dem kurzen ersten abschnitte ursprünglich gestanden haben, ist aus der vergleichung mit einer andern redaction des ersten teiles klar ersichtlich (vgl. den 2. teil 1. abschn. Aenderungen, Reime). Hier seien erwähnt $32_{3:6}$ *schellen : erhelle;* die hss. haben zwar *schelle* (in c hat das *n* ursprünglich dagestanden), aber das wort ist schwach. — $44_{3:6}$ *vriedelinne : gewinnen.* — $51_{3:6}$ ist *minne : gewinnen* zu lesen (was auch c hat), da *minne* nicht personificiert gedacht, wie hier, stark flectiert. — $56_{3:6}$ *herte* (von Rückert richtig eingesetzt, abc *herten*) *: werten.* — $62_{3:6}$ *degene : gesegenen.* — Vergleicht man dazu a. a. o. die 9 weiteren reime, so erkennen wir, dass so viele derartige bindungen bei im übrigen sehr sauberem versbau nur dadurch veranlasst sein können, dass die unterdrückung des schluss-*n* dem dialekt des verf. eigentümlich war: bekanntlich zeichnet sich besonders das Thüringische hierdurch aus. — Hierzu passt auch die weiter zu erwähnende einmalige bindung von *üe : ü* in $36_{3:6}$. — Noch eine unregelmässigkeit wird gegen den Rückertschen text einzufügen sein; er setzt 31_3 die form *hæte* ein; diese für den ind. praet. ist aber nur oberdeutsch (Weinhold, Mhd. gr.[2] § 394); dagegen ist die md. form *hête* oder *hete*; *ê : æ* ist nun ein im md. häufiger reim. Es würde aber auch die form *hete* (*: stæte*) für unsern dichter nicht unerhört sein (vgl. den 2. teil, 1. absch., zu plusstrophe K 20). — Im übrigen sind die reime des ersten abschnittes rein (die verkürzte form *tugentlich* 65_8 wird noch erwähnt). — — Wie steht es dagegen im zweiten teile? Die reime *e : en* verschwinden hier zwar nicht, werden aber bedeutend seltener. Während diese bindung in den 36 strophen 31—66 sich 14 mal findet, fehlt sie in den darauf folgenden 73 strophen ganz. Denn in 80_7 ist *kamerære* zu setzen (ac, b und Rückert haben *kameræren*), da im 9. verse *der kamermeister* steht. Und 84_6 ist gegen a und Rückert mit bc *in den landen* zu lesen, da Limburg und Brabant gemeint sind. — Dagegen bleibt der unregelmässige reim bestehen $141_{8:9}$ *sagen : trage;* $146_{3:6}$ *willen : stille* (c falsch *stillen*); $151_{3:6}$ *gemæze : sæzen*; hier liesse sich vielleicht schreiben *niht mêr dâ* (abc) *sæze diu vürstîn noch die vürsten dô;* so wäre der anstössige reim beseitigt. — $153_{1:2}$ fällt widerum fort, da für *daz geben* zu lesen ist *dâ gebe* (c *was do gebe*). — $165_{3:6}$ *empfangen : gedrange.* — $169_{3:6}$ *gedâhten : smâhte.* Es folgt eine pause von fast 140 strophen. Zwar setzt Rückert $241_{3:6}$ *singen : Lutringe,* c aber hat *Lutringen* und dies ist einzusetzen, zumal Rückert dieselbe wendung *von Lutringen* dreimal im reime geduldet hat: 364_{10}, 396_{10}, 675_6. Ebenso ist $248_{7:10}$ *dache : krachen* leicht zu ändern, indem man *krache* setzt: das wort ist auch stark. In $249_{8:9}$ nimmt Rückert s. 273 auch einen ähnlichen reim an, *achmardî : sîn;* dagegen im texte setzt er *achmardîn* (vielleicht einer der zahlreichen druckfehler?). Die form *achmardîn* ist aber haltbar; im jüngeren Titurel findet sie sich 2mal: 1504 und 3326; sehr gut möglich ist es also, dass unser verf. auch *achmardîn* gesprochen hat. — Auch $300_{3:6}$ fällt weg *warte : zarten.* In ab steht *da mite sie bî der keiserîn sîn warten;* Rückert ändert in *warte,* ohne an dem unschicklichen sinne anstoss zu nehmen: Lohengrin kehrte zurück und *quam vrælîch sîner Elsen, die er ze Kölne vant 'da mite sie bî der keiserîn sîn warte';* wir lesen mit c *dâ muost sie bî der k. s. warten.* — Der nächste reim von der fraglichen art nach $169_{3:6}$ findet sich also erst in $306_{7:10}$: *gehôrten : stôrte.* — In 373_5 steht *dar : gevarn;* aber für einsetzung von *gevar* ist schon Bartsch (Germania 3, 244 ff., besprechung der Rückertschen ausgabe). — In $374_{7:10}$ *lâzen : strâze* und $386_{7:10}$ *underlâzen : strâze* (c *strassen*) ist beide male *strâzen* einzusetzen, da das wort auch schwach ist. — $416_{7:10}$ *leiten : breite.* — $436_{3:6}$ *hæhe : enpflæhen.* — In $522_{7:10}$ *swarten : barte* ist mit c *swarte* zu setzen, da das wort auch stark ist. In $525_{3:6}$ setzt Rückert richtig *houfen : sloufe* ein, obwol abc *sloufen* haben; das wort ist in der bedeutung kinderwickel zweifellos. stark; in der bedeutung henkelchen, ring, öse kommt es ausser an unsrer stelle nur noch vor (abgesehen von den glossen, wo es als *ansula* gedeutet wird) in den predigten des 13. jahrhds., hrg. v. Grieshaber, 2. bd. s. 116. Dort ist die flexionsweise nicht erkenntlich; man vgl. Schmellers worte bei Grieshaber 2 s. XI. Aber das wort wird wahrscheinlich in dieser bedeutung nicht anders gebeugt werden als in der erstgenannten. — In $580_{7:10}$ ist *enkunde : wunde* zu lesen, da letzteres wort auch stark ist. — $601_{8:9}$ *undervarn : schar,* so in ab und bei Rückert; c hat *scharn,* dasselbe hatte schon Bartsch vorgeschlagen (a. a. o.); dieses ist zweifellos einzusetzen, da sehr ausführlich über die heeresabteilungen der christen, ihre schaaren, geredet ist. — $620_{3:6}$ *quæmen : genæme* (c *quęme*). — $685_{7:10}$ *gunden : kunde* (c *gunde*). — $705_{7:10}$ *wolde : holden* (abc *holde*). — $734_{3:6}$ *enkunden : gunde.* — $757_{7:10}$ *worten : orte,* mit c ist *orten* zu lesen (c *arten*). — $764_{3:6}$ *verhelzen* (c falsch *verheltze*) *: gesmelze.* — — Es sind im ganzen 14 solcher reime stehen geblieben in den 7008 versen; also genau dieselbe anzahl als in den 362 versen des ersten abschnitts. Das verhältnis ist also fast 1 : 20. — Wenn die unterdrückung des auslautenden *n* dem dialekt eigentümlich gewesen wäre, so hätte sie zweifellos häufiger sich zeigen müssen. Sie wird auf mangelhafter reimkunst beruhen. Andere ungenauigkeiten der consonanten im reime stehen zur seite. So $253_{7:10}$ *retten : getrettet;* $266_{7:10}$ *retten : enpfettet;* $366_{4:5}$ *müget : tüge,* obwol alle 3 hss. den indicativ bieten; $409_{7:10}$ *gevazzet : hazzen;* $612_{7:10}$ *vürste : dürstet,* obwol wider alle 3 hss. *dürste* haben. Einige andere ähnliche reime der Rückertschen ausgabe sind aber wol zu beseitigen. So $357_{3:6}$ *willet : stille;* wahrscheinlich ist mit c der conj. *wille* einzusetzen. Die lage ist folgende. Der papst sendet an den in Bonn weilenden kaiser eine botschaft, dass er die Sarrazenen zu bestehen habe und dass er dazu um des kaisers unterstützung bitte. Zugleich wird auf die weit gerühmte kraft des brabantischen fürsten gehofft, und die boten sagen nun zum kaiser: *herre, die wîl so well wir an dem von Prâbant versuochen wie der vart sîn lust sich wille(t).* Da der Brabant noch keine nachricht erhalten hat von dem, was hier vorgebracht wird, so ist also seine entscheidung noch bevorstehend; sein wille muss sich erst bilden, die boten können nicht nach einer bereits erfolgten tatsache sich erkundigen. Deshalb ist der conj. richtiger. Man vgl. Paul, Mhd. gr.[2] § 361. — Ferner $507_{1:2}$ *wart : schar* (ab); die lesart von c ist zu billigen: *diu kristenheit geteilet wart manegen enden von der hurteclîchen vart* (statt *schar*) *der übermeht* u. s. w. — Ueber den von Rückert eingesetzten reim $510_{3:6}$ *wîze : lîtzet* vgl. s. 117 f. — Sodann finden sich reime *e : er* $552_{1:2}$, $633_{7:10}$, $733_{1:2}$ und $756_{7:10}$. — Bindungen von *n : m* stehen $293_{4:5}$, $296_{1:2}$, $169_{8:9}$; dagegen ist wider zu ändern $601_{7:10}$ *dâ heime : eine;* in c steht *sorge deheine* und dies wird nicht allein durch den reim nahe gelegt, sondern auch durch den sinn gefordert, es folgen nämlich nach den worten (*sie*) *jâhen offenlîch sie heten sorge deheine* diese verse *daz wart in gæhes undervarn, dô die kristen gein in zogten mit ir scharn: ich wæn ir wær dô keiner sorgen eine:* die absicht der heiden sich sorglos zu stellen, wird durch die tapferkeit der christen zu nichte.[1]) Ferner $759_{4:5}$; Rückert setzt *Kunegunt : kumt* in den text, obwol alle 3 hss. *kunt* bieten. Dieses ist festzuhalten. In v. 5 ist statt *mit wîh diu keiserlîche wirde kumt* mit c zu lesen: (*den*) *mit wîh wart keiserlîchiu wirde kunt.* — Sodann haben wir den reim *inne : inge* in $345_{3:6}$ zu beseitigen; c hat nämlich in v. 6 andere lesart: *die sie der fürsten chunft prachten inne;* diese lesart muss deshalb aufgenommen werden, weil bei der meldung doch die hauptperson, der kaiser, auch hätte genannt sein müssen. — Endlich bleiben noch bestehen *beleip : reit* in $270_{1:2}$ und $294_{1:2}$; *eben : pflegen* $118_{4:5}$. Die form *Dürgen* 262_7 und 512_3 wird der aussprache des verf. gemäss gewesen sein (vgl. Bartsch a. a. o.); in c steht beide male diese

[1]) An dieser stelle ist übrigens noch anderes anstössig. Worauf soll sich das *in* beziehen in 601_6? Doch nicht auf den berg Galerianus? (Vgl. 355_7.) Und doch ist kein andres subj. zu finden, wie auch das *in* in v. 4 deutlich zeigt. Man darf wol vorschlagen: *die besten hiez man daz, diez heimlîch tragent, und jâhen offenlîch, sie heten sorge deheine.* — Ferner muss 600_5 verderbt sein; oder wie ist die stelle zu erklären? Eine geringe änderung hilft uns: *der Galerianus wart gelâzen ein; ein : sîn* ist für unser verfasser durchaus passend (vgl. s. 117, oben).

form, für ab ist sie für 262_7 von Rückert angegeben. — Trotz diesen ausscheidungen sind im ganzen noch 15 fälle mit anstössiger consonanz des reimes stehen geblieben. Auch dieser umstand rechtfertigt die annahme, dass die vorher erwähnten reime von *e : en* (im zweiten abschnitte) nicht dem dialekt sondern der reimnot ihr dasein verdanken.

Nach den consonanten besprechen wir auffällige vocalische bindungen im zweiten teile. Sie machen es in hohem grade wahrscheinlich, dass der verf. ein Bayer gewesen ist. Und hierfür spricht auch der inhalt vieler stellen des gedichtes, von denen die wichtigsten zunächst erwähnt sein mögen. In dem Ungarnkriege spielt Bayern natürlich eine grosse rolle (261 ff.). Die eindringenden feinde vernichten in Bayern *ein michel volc* 262_2 f. Der kaiser hat der grossen übermacht nur ein häuflein von 12000 mann entgegen zu stellen: die krieger werden zaghaft und zwei drittel fallen vom kaiser ab, aber die Bayern und Franken halten treu und tapfer mit ihm aus (268_3, 269_4 ff.). Lohengrin legt sich zu ihnen, da sie ihm wol gefallen (269_7). Der Bayernherzog Arnolt hat sich bei der flucht der Ungarn reich verdient gemacht (293_1 ff.). Und im Sarrazenenkriege musten zwar dieser herzog und die bayrischen bischöfe wegen der noch immer drohenden gefahr im osten heimbleiben (414_7 ff.), aber *der Beier doch vil durch ir manheit vuoren, die minne und hôchgemüete jeit, daz man sie an der schar wol prüeven mohte* (415_1 ff.). Sie werden der ersten heeresabteilung beigegeben und sind dort *ein sô stolziu schar, daz man sie möht entsitzen* (414_3). Das meiste aber bietet der schluss. Der eigentlichen erzählung von Lohengrins abenteuern ist bekanntlich eine chronik der sächsischen kaiser anfügt (731—762). Dieselbe schliesst also bei Heinrich II., der herzog von Bayern war, dem urenkel Heinrichs I (753 ff.). Unter ihm werden die Ungarn zum christentum bekehrt (755_5), und durch den dem kaiser verwanten Ungarnkönig auch die Polen zu gleichem tun bewogen (755_8 ff.): das ist des kaisers einfluss (756_{1-3})! Unter ihm werden überhaupt weite lande bekehrt (756_{4-6}), das bistum Babenberg wird von ihm gestiftet (756_7 f.), kein kaiser hat so für verbreitung des christentums gesorgt (756_9 f.). Papst Benedictus bittet ihn höfisch, zur weihe nach Rom zu kommen (757_7 — 758_{10}). Der papst weiht das bistum Babenberg ein (760_1 ff.), es gefällt ihm so gut, dass er sich hier seine letzte ruhestätte wünscht (760_7), was auch befolgt wird (760_9). Das wol gepflegte grab ist noch heute im hintern chor zu sehen (761_{1-3}), auch der kaiser liegt dort begraben (v. 4 ff.). Er hatte sich um gott und die welt verdient gemacht, dass man ihn ehren muss (762_3); er und seine gemahlin, die heilige Kunegunt, können der seele vor gottes tron helfen (762_5); und ferner heisst es: *sô ist daz lant sô tugentrîch, daz an triuwen niendert lant ist sîn gelîch, daz ez pillîch hât phliht an dem getihte* (762_{8-10}); d. h. also: es hat anteil an dem gedichte, die verherrlichung Bayerns war ein nebenzweck; daher die fortsetzung der kaisergeschichte bis auf Heinrich II.; diese sprache ist klar und deutlich! Aber auch die einführung Heinrichs I. als einer hauptperson können wir jetzt begreiflich finden: Lohengrin musste sich natürlich — das war allbeliebte sitte in diesen gedichten — in heidenkämpfen hervortun; nun kannte der dichter die Repgausche chronik und griff Heinrichs Ungarnkriege heraus, da hierin sein vaterland eine grosse rolle spielen konnte. Und weiter: der herzog Arnolt war ein Wittelsbacher! Erst unter Otto dem grossen verlor dies geschlecht die bayrische herrschaft, um sie dann später endgültig in besitz zu nehmen. (Vergl. Buchner, Geschichte Bayerns, 5. bd. s. 8.) So erklärt sich die verbindung Lohengrins mit dem Sachsenkaiser, wofür die sage keinen anlass bot, leicht aus dem vaterländischen bedürfnis dieses dichters. — Unter diesen umständen sind die hinweise auf die bayrische kurwürde (198_4, 737_9) keine feste stützen zur datierung (des zweiten teiles), wozu sie Rückert (s. 257 f.) verwertet hat.

Zu der warmen vaterlandsliebe unsres verfassers steht seine mundart in bestem einklang. Rückert will zwar dieselbe nicht anerkennen (s. 259, 268, 286 f.) und erklärt die fraglichen tatsachen durch mangel an technischer gewantheit; aber solche begründung ist hinfällig: wenn der verf. *zît* sprach, so war *bereit* oder *eit* gar kein reim dazu. Bartsch ist daher mit recht (a. a. o.) mit der darstellung des textes in unsrer ausgabe nicht zufrieden. Er hat ohne unsre inhaltlichen erwägungen auf grund der reime die sache für abgetan betrachtet. Er führt 15 fälle an, wo *ou* für gewöhnliches mhd. *û* steht; dazu kommt 3 mal die bindung von *î : ei*: $86_{8:9}$ *wît : beleit*; $92_{4:5}$ *zît : geleit*; $733_{4:5}$ *aptî : zwei*. Vielleicht ist als viertes beispiel hinzuzufügen das erwähnte *ein* in 600_5: *sîn* (vgl. hier s. 114 anmerk.). — Sodann findet sich 14 mal *â : ô* gereimt, was — im verein mit den vorher erwähnten lauten — auch nur auf Bayern weisen kann. So $300_{7:10}$ *bâten : unverschrôten*; $304_{7:10}$ *erlâzen : stôzen*; $307_{4:5}$ *nâch : krôch*; $323_{1:2}$ *gâch : zôch*; $348_{8:9}$ *nâch : zôch*; $393_{1:2}$ *rât : tôt*; $418_{3:6}$ *sâzen : grôzen*; $468_{7:10}$ *lâzen : grôzen*; $507_{7:10}$ *grôze : mâze*; $552_{7:10}$ *mâze : widerstôze*; $636_{1:2}$ *Rôm : sâm*; $662_{1:2}$ *zôch : gâch*; $714_{7:10}$ *enlâzen : verstôzen*. Hierzu kommt noch ein beispiel, welches nach Rückert nicht hierher zu rechnen ist: 69_6 hat er den reim *verlôze* (*: schôze*) stehen lassen. Das wort *verlôzen* ist im mhd. wb. für unsre stelle und für MSH 3, 367[b] nachgewiesen. Lexer hat diese angaben widerholt mit dem druckfehler von MSH 3, 367[b]. Er stellt die frage, ob nicht *verlâzen* statt dessen anzunehmen sei. Rückert hat auch den druckfehler angenommen und hinzugesetzt, dass das mhd. wb. ausser für unsre stelle für frauenlob das erwähnte wort belege. Frauenlob steht s. 367, aber nicht das wort *verlôzen*, welches sich vielmehr auf s. 467[b] in einem namenlosen liede findet. Und hier ist es nicht befremdlich: gleich in der vorhergehenden strophe steht *rât : nôt; tôde : genâde;* so ist auch an der betr. stelle zu lesen: *so bit* (angeredet ist Maria) *in durch den willen dîn, daz er mich niht verlâze* (*: genôze*). Und ebenso ist an unsrer stelle zu setzen: *sît sicher daz iuch iht sîn güete verlâze.* Zum überfluss bietet nun noch die handschr. c *verlasse*. Das wort *verlôzen* aber ist ganz vom mhd. sprachschatz auszuscheiden. — Noch ein umstand spricht für den völligen durchbruch der bayrischen diphthongierungen: während nämlich der verf. häufig kurze und lange vocale im reime bindet, vermeidet er dies bei *i*. Dies zeigt, dass die länge desselben nicht mehr bestand. Er reimt *aht : âht* ($84_{8:9}$, $217_{8:9}$); *am : âm* ($87_{1:2}$); *an : ân* (44 mal), *ar : âr* (9 mal), *at : ât* (4 mal): im ganzen 60 fälle *a : â*. Und sogar *o : ô* ($233_{7:10}$ und $419_{7:10}$). Dagegen finden sich 126 fälle des reimes auf *in*, niemals ist kürze und länge gemischt: 96 mal *în* und 30 mal *in*; ferner 31 mal *îch*, 15 mal *ich*: nie beides vereinigt. Nur einmal bietet unsre ausgabe einen derartigen reim: $510_{3:6}$ steht *wîze : litzet*. Für das letzte wort steht in den hss. abc *leitze*, in dem Coblenzer bruchstück *litze*; für das erste wort bietet c *weitze*, das gen. bruchstück *witze*. Man vergl. Rückerts ausführliche anmerkung zu der stelle s. 287 f. Schwerlich wird er in derselben das richtige getroffen haben: das zeitwort *litzen* gibt es zunächst gar nicht, aber wenn man die bildung desselben nach *litz* und *derlitzen* auch zugäbe, so ist doch die bedeutung der wurzel nicht für uns brauchbar. *Litz* heisst gelüste, laune, grille, tücke, eigenheit; nirgends aber steht es (wie hier der zusammenhang verlangt) für einen antrieb aus hohen und heiligen gedanken. Insbesondere ist aber Rückerts hinweis auf das wort *derlitzen* bei Schmeller (I, 1547 f.) abzuweisen; dort steht: 'derlitzen, etwas (das einem vorenthalten oder verheimlicht wird) endlich einmal zu riechen, zu schmecken, zu sehen bekommen.' Rückert behauptet, dass dies 'schwache verbum *derlitzen* genau dem sinne entspricht, in welchem hier im Lohengrin das nicht zusammengesetzte verbum *litzen* gebraucht ist.' Diese bemerkung ist ganz unverständlich. *Litz* passt nicht, aber *derlitzen* noch viel weniger. Die stelle muss verderbt sein. Und so viel ist gewis, dass durch sie in den zweiten teil des Lohengrin die bindung *i : î* nicht nur nicht hineingetragen werden darf, sondern dass sogar die unpassendheit dieses reimes die stelle noch deutlicher als verderbte erkennen lässt. Dagegen findet sich im ersten abschnitte ($65_{8:9}$) die verkürzte form *tugentlich : mich* im reime. Da unmöglich zu gleicher zeit *tugentleich* und *tugentlich* gesprochen sein kann, so beweist dieser reim, dass jene strophe noch nicht von dem bayrischen verfasser herrühren kann; dagegen steht $69_{3:6}$ das *verlâze : schôze*: wir haben also auch durch die reime es deutlich vor augen, dass innerhalb jener wenigen strophen der neue verf. einsetzt. — Endlich mag darauf hingewiesen sein, dass auch einige reime mit *uo : u* oder *üe : ü* im zweiten teile sich finden ($436_{1:2}$, $449_{1:2}$, $485_{8:9}$, $290_{4:5}$). Diese bindungen sind ja aber sowol dem obd. wie md. eigentümlich. — — Eine weitere eigenschaft des zweiten abschnitts, die auch mit der bayrischen verfasserschaft in bestem einklang steht, ist die auffällige fülle verkürzter wortformen (auch im reime). Die apokope ist im bayrischen dialekt sehr beliebt (vgl. Weinhold, B.G. § 15 u. ö.). Eine kleine auswahl solcher reime hat Rückert s. 270 f. verzeichnet;[1]) aber die verkürzungen finden sich von 67_3 ab auf schritt und tritt, und zwar schon gleich im 5. vers dieser strophe. Dagegen bietet der erste abschnitt nur ein beispiel und hier steht eine offenbar falsche form (53_7 f.): *die heidenschaft dort jensît mers hân ich mit suoche erbûwet und in der Persyanden lant:* das *in* ist ganz anstössig, wir erwarten hier einen acc., der im einklang steht zu dem ausdruck *die heidenschaft*; wenn man sich mit *unde der P.* nicht befriedigt fühlt, so ist leicht durch ein flickwort (*ouch*) nach *und* aufzuhelfen. — Auch das versinnere des ersten abschnittes ist frei von apokopen; 48_4 u. $_5$, die beide einen takt zu viel haben, dürfen nicht durch apokopen gebessert werden. — Nichts ergibt sich aus dem gebrauch zweier kürzen an den stellen des klingenden reimes, den sich der zweite dichter 11 mal gestattet; dass dasselbe auch dem ersten verf. zuzutrauen ist, wird unten s. 127 f. nahe gelegt. — Desgleichen ist nichts aus dem mangel der cäsur im 7. verse der strophe zu entnehmen: in unsrer ausgabe fehlt die cäsur im ersten abschnitt siebenmal, aber es wird im anhang darzulegen versucht, dass diese ziffer auf 2 einzuschränken ist. — Im zweiten abschnitt des Lohengrin fehlt die cäsur 7 mal: 95, 161, 182[2]), 184, 190, 258, 485. Viele fälle erledigen sich durch apokope: 93, 101, 126, 152, 210, 303, 305, 316, 317, 326, 336, 338, 345, 366, 487, 488, 540, 557, 578, 658, 717, 722, 753, durch synkope endlich 767. (Das meiste schon von Bartsch vorgeschlagen.) — Im einzelnen sind noch folgende stellen zu erwähnen: 127 Rückerts text verlangt die harte betonung *messé*; mit c ist *wolt* vor *mit der messe* zu stellen und zu lesen: *mîn tote wolt mit der messe gern iur hân gebiten langer.* — 153 erledigt sich durch Bartschens vorschlag: *sie wirt underwîlen doch etslîchen gar ze sûre.* — 254 ist *wenn* und *hânt sie* (mit den hss.) zu lesen. — 294 fällt fort durch c: *daz sie wolt ir mannes kunft mit willen nimmer warten.* Hierdurch erledigen sich Bartschens vorschläge. — 319 Rückerts umstellung (gegen abc) mag bestehen bleiben, aber *dicke* ist zu apokopieren und für *kiel* mit c *ein kiel* zu setzen. — 391 von Bartsch sehr einfach gebessert: *dar zuo sô wizzet swaz ich*

---

[1]) Bartsch hat die von Rückert versäumten apokopierungen nachgeholt $339_{1:2}$, $341_{4:5}$, $421_{1:2}$, $426_{1:2}$, $462_{4:5}$.

[2]) c liest hier *mit schoner rede.*

iu möht êren wol erbieten. — Auch 414 ist zu apokopieren, aber *deme* für *dem* (Bartsch) kaum anzunehmen; eher *sînem.* — In 447 wird mit c für *nâmen war* zu setzen sein *man wâren.* — 451 Bartsch: *künege vor het.* — 621 in ab steht nach Rückerts angabe: *der pabst jach ich wil den strit mit nuwen gewalte scheiden;* dies *niuwen* setzt Rückert vor *strît* und beseitigt so die cäsur; Bartsch stellt dieselbe durch die form *nîwen* wider her; aber beides ist deshalb unrichtig, da diesem 'neuen' wettstreit des ritterlichen benehmens durchaus kein ähnlicher vorhergegangen ist. c gibt für *nuwen meinem*; natürlich ist das einzusetzen. — 653. Rückert hat 46 mal durch *sô, dâ, nû, dô, ouch* holperigen versen aufgeholfen: hier wäre ein *dô* nach *keiser* ganz angemessen; dann kann das *und* der 3 hss. und die cäsur bestehen bleiben. — 674 der vers hat bei Rückert nur 6 takte; c bietet den fehlenden, für *was er* steht da *der chaiser was.* — 751. Auch hier bessert c durch das wörtchen *gein* vor *der vrouwen*; ferner ist *dô* vor *strâften* zu setzen.

Endlich sei als letztes unterscheidendes merkmal der beiden partieen erwähnt, dass sich in der zweiten 68 strophenenjambements finden, während die erste kein einziges bietet.

Diese letzten betrachtungen über reime und sprache gewähren uns das sehr bemerkenswerte ergebnis, dass der erste abschnitt unsres gedichtes im thüringischen, der zweite im bayrischen dialekt verfasst zu sein scheint.

Die notwendigkeit der annahme zweier verfasser des Lohengrin haben wir also aus folgenden gründen erkannt: 1. finden sich grobe sachliche widersprüche; 2. sind die aus beiden abschnitten erschlossenen herrschenden gedankengänge und die ganze lebensauffassung beider dichter völlig verschieden; 3. weicht ihre darstellungsweise erheblich ab, und 4. sprechen sie nicht denselben dialekt.

Die abtrennung nach 67_2 lässt sich erst genauer begründen durch das im folgenden teile vorzutragende. Dort wird zu erweisen versucht, dass der Lorengelbearbeiter nur das werk des ersten Lohengrindichters gekannt habe, und dass die alte fortsetzung der fraglichen 67. strophe im Lorengel (in veränderter form) noch vorliege. Auch wird eine erklärung gebracht, warum der zweite verfasser gerade an dieser stelle einsetze; endlich wird auf den stand beider dichter aus bestimmten merkmalen eine folgerung gemacht. — — Aber auch ohne die hülfe des Lorengel würde man nahe an diese abgrenzung herangelangen. Zunächst geben die reime von $65_{8:9}$ und $69_{3:6}$ einen anhalt; sodann steht bereits in 68_2 das wort *künec* für Lohengrin; weiterhin lässt sich str. 66 wegen der wunderbaren ernährung durch die oblate nur dem ersten dichter zumuten; also blos str. 67 bleibt noch im zweifel; von dieser würde aber auch v. 7—10 wegen der für den ersten verf. unerklärbaren reflexion (oben s. 103), und v. 4—6 wegen der widerholung (vgl. s. 103) und wegen der apokope des reimes in v. 5 verdächtig. — Also auch ohne den Lorengel würden wir auf die abtrennung zwischen 66_{10} und 67_3 hingewiesen.

Zweiter teil.

Das werk des ersten dichters nnd der Lorengel.

Im folgenden soll eine lösung der frage versucht werden, ob es von dem ersten abschnitt des Lohengrin (L I) etwa eine fortsetzung gegeben habe, die im Lorengel (W; Wiener Piaristen-hs.) verarbeitet vorliege. Die übereinstimmung des Lorengel mit dem Lohengrin reichte gerade so weit, als die eigentümlichkeiten des ersten Lohengrinabschnittes (L I) beobachtet werden konnten. Es wäre nun recht gut möglich, dass der erste Lohengrindichter nicht dort abgebrochen hätte, wo der zweite einsetzt, sondern dass er die erzählung weiter geführt und nur der zweite (L II) diese fortsetzung aus irgendwelchen gründen nicht benutzt hätte. — Natürlich ist es die nächste aufgabe festzustellen, wie der Lorengeldichter mit L I verfahren sei, damit man wisse, in welcher gestalt eine vorausgesetzte fortführung von L I hier noch vorgefunden werden könne. Doch auch zu dieser arbeit kann nicht unmittelbar vorgeschritten werden: W hat nämlich nicht denselben text vor sich gehabt, wie wir ihn im Lohengrin besitzen, sondern einen durch zusätze und änderungen mannichfach umgestalteten. Diese wandlungen vor W ermitteln wir durch vergleichung einer weiteren handschrift von L I: die Kolmarer liederhandschrift (K; in München) bietet 41 strophen, die sich wesentlich mit dem ersten Lohengrinabschnitt decken. Dieser text hat vielfach gemeinsames, echtes und schlechtes, mit W, was von L abweicht; andererseits aber stimmt jede der beiden hss. zum teil wider allein zu L. Daraus ergibt sich, dass beide hss. nicht aus L abgeleitet sind, sondern aus einem von L unabhängigen texte; keine der hss. stammt aber aus der andern, sondern sie rühren aus einer gemeinsamen vorlage her (X). So ergibt sich folgendes schema:

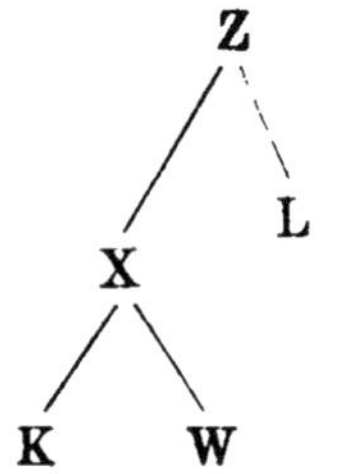

Es erwächst nun die weitere aufgabe, die abweichungen, die X von L hat, zu prüfen und den gewinn, der für L etwa zu erreichen ist, festzustellen. Die ermittelung von X ist also aus einem zwiefachen grunde nötig. — Hiernach zerfällt unsre aufgabe in 3 abschnitte:

1. Feststellung der hs. X und ihres verhältnisses zu L.
2. Feststellung der änderungen von W I gegenüber X.
3. Erledigung der hauptfrage, ob L I eine weitere fortsetzung gehabt habe, die in W II (W I = Lorengel 1—59_2, entsprechend L I; W II der rest) erhalten sei.

Zum schluss wird anhangsweise ein blick geworfen auf das verhältnis von L I zum Wartburgkrieg. Es wird nicht ganz zu umgehen sein, die dort ausgesprochenen vermutungen gelegentlich schon teilweise vorwegzunehmen.

Erster abschnitt. Die handschrift X*.

Zunächst mag eine vergleichende tabelle veranschaulichen, welche strophen in L, K und W sich entsprechen. W, das die meisten zusätze hat, wird dabei an erste stelle gesetzt.

W	L	K	W	L	K	W	L	K
1	26	—	22	45	14	44	56	29
2	30	—	23	46	15	45	57	26
3	32	—	24	44	16	46	58	32
4	—	—	25	47	18	47	59	34
5_{1-6}	34_{1-6}	1_{1-6}	26	—	17	48	60	35
5_{7-10}	—	—	27	48	19	49	61	36
6	—	—	28	—	20	50	62	37
7_{1-6}	—	—		49	21	51	—	—
7_{7-10}	34_{7-10}	1_{7-10}	29	—	—	52	—	—
8	—	—	30	—	—	53	63	38
9	—	—	31	—	—	54	64	39
10	33	2	32	—	—	55	65	40
11	35	3	33	—	—	56	66	41
12	36	4	34	50	22	57	—	—
13	—	5	35	51	23	58	—	—
?}	37	6	36	52	24	59_{1-2}	67_{1-2}	—
14}	—	—	37	53	25			
W 15—21 lücke	38	7	38	—	31			
	39	8	39	—	30			
	31	9	40	—	33			
	40	10	41	—	—			
	41	11	42	54	27			
	42	12	43	55	28			
	43	13						

Im ganzen kommen zur vergleichung in betracht
aus L 38 strophen und 2 verse: L 26, 30—67_{1-2};
aus K 41 strophen (K 20 erfordert dabei besondere erwägung);
aus W 35 strophen: 1—3, $\widehat{5+7}$, 10—13, 22—28, 34—40, 42—50, 53—56 und 2 verse von 59 ($_{1-2}$).

Davon sind in allen 3 handschriften 27 strophen gemeinsam, und zwar
L 33—36, 44—66;
K 1—4, 14—16, 18—19, 21—29, 32, 34—41;
W $\widehat{5+7}$, 10—12, 22—25, 27—28, 34—37, 42—50, 53—56.

Hiernach bleiben zur einfachen vergleichung in L 11 strophen: 26, 30—32, 37—43, und 2 verse von 67.

Davon fallen auf W 3 strophen und 2 verse: L 26 = W 1; L 30 = W 2; L 32 = W 3; L 67_{1-2} = W 59_{1-2}; auf

K 8 strophen: L 31 = K 9; L 37—39 = K 6—8; L 40—43 = K 10—13.

In K bleiben zur einfachen vergleichung 14 strophen, davon stimmen 8 zu L; 6 zu W: K 5 = W 13; K 17 = W 26; K 30 = W 39; K 31 = W 38; K 33 = W 40; aber auch K 20, worüber ausführlicher zu reden, muss mit W 28, das schon unter den 27 strophen LKW aufgeführt ist, in beziehung gesetzt werden.

Hiernach sind mit W verglichen:

KL 27
L 3 (und 2 verse)
K 6 strophen.

Im ganzen 36 strophen und 2 verse.

Wir gehen über zur handschrift X und fragen zunächst, welche umstände es beweisen, dass weder W aus K abgeleitet sei, noch etwa das umgekehrte stattfinde. — Die übereinstimmungen beider handschriften werden später erörtert. Sie bestehen in gemeinsamen plusstrophen, gemeinsamen umstellungen der strophen und in gemeinsamen veränderungen der lesarten. Dass diese gemeinsamkeiten die ableitung aus L ausschliessen, lässt sich erst nach prüfung der hs. X erweisen.

Die hs. K ist nicht aus W abgeleitet, dies bedarf keiner weiteren ausführung: W hat zahlreiche verderbnisse, die K nicht hat. W ist aber auch nicht aus K abgeleitet, wie sich erweist:

1. dadurch, dass W strophen von L in überarbeiteter form darbietet, die K nicht hat;
2. dadurch, dass W in einer reihe von lesarten den alten text, wie ihn L bietet, bewahrt, während K abweicht.

L 35, K 3, W 11 v. 7. LW *ringen;* K *bringen.*
L 46, K 15, W 23 v. 1 und 2. LW *Key;* K *kung.*
L 45, K 14, W 22 v. 6.
L: *in tete ein glocke maneger hande swaere*
K: *jn tet der herren leyt in hertzen s.*
W: *der glocken don tet in all freud verkeren*
L 48, K 19, W 27 v. 3.
L: *was der Key het gesprochen*
K: *was der helt „ „*
W: *was Keye „ „*
L 54_2, K 27, W 42. L: *in Spangenlande*; W: *in Spangerlant*; K: *yspan.*
L 58, W 46, K 32 v. 3. LW *Jôram;* K *Jarant.*

L 65, K 40, W 55 v. 4:
L: *daz werte wol gein fünf tagen*
K: *da er kam an dem dryt tag*
W: *er fur bis an den fünften tag*

Dies mag genügen.

3. spricht gegen jene annahme, dass die reihenfolge der strophen einmal in WL zusammenstimmt, wo K dagegen abweicht: L 56, 57, 58; W 44, 45, 46; K 29, 26, 32.

Also W und K sind nur seitenverwänte. Die übereinstimmenden züge sind aber grosse. Aus ihnen sowol wie aus den gemeinsamkeiten, die K und W jedes einzeln mit L haben, schliessen wir auf die hs. X.

Diese hat enthalten:

1. 270 verse LKW,
2. 80 verse LK,
3. 32 verse LW.

Also 382 verse. Da L v. 251 (L v. 251 = W v. 1) bis L v. 662 im ganzen 412 verse betragen, so fehlen also in X innerhalb dieser partie 30 verse, 3 strophen, und zwar L 27—29.

Da X 6 plus-strophen hat (in KW erhalten), so betrug der ganze umfang von X 442 verse. Dies ist das wenigste. Es ist möglich, dass L 27—29 zufällig von W und K zugleich ausgelassen sind, in X aber noch standen. Auch ist a priori nicht ausgeschlossen, dass von den selbständigen zusätzen in W nicht schon einiges in X vorhanden gewesen und von K nur nicht aufgenommen sei. — Endlich kann X eine fortsetzung gehabt haben, die mit L nicht verglichen werden kann und in K nicht erhalten ist.

Dass K die strophen L 26, 30, 32, die noch nicht die rechte erzählung darbieten, ausgelassen hat, ist begreiflich. — Der grund der auslassung von L 27—29 in X ist leicht festzustellen. L 27 brachte in seinen letzten vier versen eine antwort auf das sog. rätsel von Luzifers erschaffung; der anfang war also allein brauchbar; aber auch diese halbe strophe, die erst noch zu vervollständigen war, enthielt nichts, das nicht entbehrlich gewesen wäre. So blieb sie aus. L 28 bezog sich aber auf früher von Klingsor gesagtes, was einzeln und allein unverständlich war. L 29 enthielt die aufforderung, die früher

(L 21) fortgegangenen frauen wider herzuberufen, Klingsors anerbieten vom streite abzulassen und jetzt gern zuzuhören — beides für den anfang der Lohengrin-erzählung unbrauchbar, während die aufforderung des landgrafen, weiter von Lohengrins aussendung zu erzählen, ohne die vorhergehende und von der richtigen stelle gerückte strophe L 31 auch unverständlich war. (Ueber L 31 folgt bald genaueres). Also diese auslassungen in X sind sehr wol begreiflich.

Wir besprechen nun 1. die plus-strophen in X, 2. die umstellungen, 3. die änderungen in gehalt und form und das verhältnis zu L.

I. Die plus-strophen in X.

1. Zunächst ist zu erwägen eine strophe, die nur in K erhalten ist, von der aber auch in W ein schwacher schatten sich zeigt: die reime *kint-sint* (K *kint-wint*) in der nachbarstrophe W 28: Steinmeyer (ausgabe des Lorengel, Haupts zs. XV, 181—244) vermutete schon deshalb (s. 235), dass die strophe auch W vorgelegen hätte. Eine solche begründung wöge wol kaum schwer; aber andre erwägungen machen es wahrscheinlich, dass diese stelle sogar in Z gestanden habe und in L ausgefallen sei. Da K sonst keinen einzigen zusatz enthält, der nicht aus X entnommen wäre, und auch die ganz unbedeutenden änderungen keine überarbeitung, sondern nur eine unbeabsichtigte unwillkürliche wandelung verraten, so ist anzunehmen, dass auch hier K nicht in den text eingegriffen, sondern vorgefundenes überliefert habe. Dass aber X nicht aus dem Lohengrin geschöpft hat, möchte, um das vorwegzunehmen, schon durch den einen umstand deutlich sein, dass diese angenommene entlehnung dann grade so weit gienge als das eigentum des ersten dichters zu erweisen ist — mit einem solch sonderbaren zufall darf man nicht rechnen. Ist aber L nicht das original, sondern bereits entlehnung, so ist zuzugeben, dass auch in L ebenso gut etwas ausgelassen oder verdorben sein kann, als in X.

Die fragliche strophe K 20 lautet (zs. XV, 228):

Felicia Sebinen kint
zu irn gespielen sprach 'es ist noch alz ein wint

wie daz er sie gecleit mit richer spehen. (*l.* ir sît)
dry gurtel die wil ich uch geben,
welch auge sie an sehe dar nach die herczen streben.
ydoch liess ich sie mentschen nie gesehen.
ein yglich gurtel steyne hat und ist wol in der güte
(daz lasset uch nit wesen zorn)
von einem bösen worte würden sie verlorn
die wyle sie weren geben hochgemüte.'

In L 47, K 18 (W 25) findet sich in v. 7 eine höchst dunkle stelle.

L ab: die steine ob aller kiusche swebent
c: die sterne „ „ „ „
K: der stein ob aller kiusche swebt
(W: das kleit ob aller wirde schwebt).

Diese stelle ist eine der allerschwierigsten im ganzen Lohengrin, obwol Rückert keinen anstoss daran genommen hat. Was sind das plötzlich für steine? Gewiss edelsteine! Aber wo kommen sie her? Befinden sie sich an dem Vlesiant der jungfrauen? Auch bei den wunderbar krausen phantasieen des ersten Lohengrindichters sind doch nirgends neun zehntel des gedankens fortgelassen. Hier hilft uns nun die fragliche strophe K 20. Man lässt sichs gefallen, wenn Key zunächst nur im allgemeinen sagt: diese steine wirken noch grössere wunder als die keuschheit, sie sind erhaben darüber, sie schweben darüber — wenn nur später gesagt wird, welche gemeint sind, und dies geschieht durch die schlussworte der genannten strophe: an den begehrenswerten gürteln, die die göttin Felicia noch nie den menschen sehen liess, haften zaubersteine, die *hochgemüete* gewähren, die aber freilich auch durch éin böses wort verloren werden können. Diese strophe gehört zwischen L 48 und 49, wo sie K bietet, und wir müssen sie hinnehmen, da ohne sie der sinn dieser stelle im Lohengrin unverständlich bleibt. Und es lässt sich kein haltbares bedenken gegen ihre aufnahme vorbringen.

Freilich findet sich im Lohengrin von str. 31—67_2 kein einziger reim, wie er hier $_{3:6}$ steht: *spaehen* : *gesehen.* Wol aber in L $23_{3:6}$, also in der partie des Wartburgkrieges. Dort steht *spaehe* : *versehen* (denn so ist mit J zu lesen, vgl. Strack, Zur geschichte des gedichtes vom Wartburgkriege, 1883, s. 39). Ferner finden sich in dem sogen. rätsel von den pfeifern

(Brandanlegende) Simrock nr. $64_{3:6}$ als klingende reime *spehe : sehen* und ebenda $47_{7:10}$ *stete : tete*, und $52_{3:6}$ *verjehen:sehen*. Wir werden nun sehen, dass L I so untrennbar mit dem Wk. verknüpft ist, dass wir die herschende meinung, nach der mit beginn der eigentlichen Lohengrin-erzählung ein neuer verfasser einsetzt, nicht halten können. Daher ist zu wünschen, dass man die beigefügten parallelstellen wenigstens bedingungsweise einstweilen gelten lasse. — Die hauptsache aber ist, dass der inhalt der fraglichen strophe ganz dasselbe gepräge trägt als der übrige in unserer Lohengrinpartie. Und gerade v. 6 mit dem anrüchigen reim ist ganz in demselben hohen tone gedichtet: *ydoch liess ich sie mentschen nie gesehen!* Und ebenso ist vortrefflich v. 9 die drohung, dass von einem bösen worte die wunderkraft dieser heiligen steine verloren gehe. L mag die strophe durch irgendwelchen zufall verloren haben.

2. K 5 W 13. Kaum zu verfechten ist die echtheit dieser strophe, die zwischen L 36 und 37 zu stehen käme. Die lage in L ist folgende: Der caplan empfiehlt der herzogin, gott im münster ihre not zu klagen (36_{7-10}). Darauf folgt die entstehungsgeschichte der wunderschelle (37_{1-6}); und dann wird erzählt, dass Elsam diese schelle läute, wenn sie, weinend und das haar zerzausend, ruft: *getriuwer got, mîn jâmer merke.* Hierauf heisst es 38_1 *Ir cappelân die messe sanc.* — Der angeratene gang zum münster wird also in L auch ausgeführt, nur ist vorher der gedanke durch die erzählung von der schelle unterbrochen. Diese unterbrechung mochte wol irgendeinen fahrenden, der das lied vortrug, veranlassen, zu grösserer deutlichkeit eine strophe einzuschieben, in welcher der wunsch des caplans ausgeführt wird. Dies ist str. W 13, K 5. Die jungfrau tritt ins münster und betet um erlösung aus der bedrängnis durch den unebenbürtigen grafen, der an ihr freilich eine gute partie machen würde. (Letzteres widerholt nach L 33_{6-10}). — Solche gesonderte darstellung geringfügiger handlungen, namentlich auch der hinweis auf die verwandelung des schauplatzes (*in daz münster trat*), liegt nicht im charakter dieses dichters (vgl. oben s. 92 ff.). Dagegen ist der einfache hinweis, wie ihn 38_1 gibt: *Ir cappelân die messe sanc* völlig angemessen. Hiernach gilt uns die strophe für interpoliert.

3. K 17, W 26. Die strophe steht zwischen L 47 und 48. Die situation ist folgende: Key hat soeben geraten, die jungfrauen falken tragen zu lassen und sie mit dem Vlesiant und den heilbringenden edelsteinen zu schmücken. Nach diesen worten kommen in L 48 Artus und seine ritter herbei, um zu hören, was Key gesprochen habe. Die fragliche plusstrophe von X enthält eine rede der königin, in welcher sie den trefflichen ratgeber belobt. Sie lautet in K (Steinm. 228):

Ach got wer gabe dir den list.
ich wene daz der engel by dir erwachet ist
und hat den bösen geist von dir gedrungen.
was du ie gutes hast gedacht
wenig und daz din munt zu lichte ie hat bracht
daz wirt von dir gesaget und gesungen.
der engel hat den bosen geist in falken wys verbrewet.
du ret bofer und redest golt
uss dem kupfer . dar umb sint dir die meinster holt.
wer hat dirs uff die zungen din gesewet?

— v. 5 das *wenig* ist = *wæn ich;* v. 7 *brewen* oder *bræen* ist gewis das *bræhen,* das Parzival 171_{23} in D steht (Schade, ad. wb.); es heisst also: 'Dein engel hat den bösen geist wie ein falke (ganz und gar) aufgespürt.' v. 8 *du ret bofer* scheint angemessen zu *du rettest bofer* zu ergänzen zu sein; es heisst dann: 'du redetest geifer (Schmeller, I s. 384) und redest gold aus dem kupfer'; d. h. es ist jetzt sein rat von grösster bedeutung. Dass die königin die wandelung des sonst immer geifernden Keys in einen weisen ratgeber der einwirkung eines guten engels zuschreibt, der den bösen vertrieben hat, ist ganz im stil des L I. Es erinnert dies an die stelle des Wk., in der Klingsor von Wolfram aussagt, dass jeden vierten tag der teufel den engel in ihm vertreibe. (Bei Simrock str. 51 f.; vgl. dazu s. 344.) Auch sind die gedrängten metaphern in v. 8 u. 9 dem Lohengrindichter völlig angemessen. Endlich ist aus dem lob der singenden meister, welches die königin diesem ritter vorhersagt (v. 4—6, v. 9), nichts gegen die echtheit zu erschliessen. — Wenn die strophe im original gefehlt hätte, so wäre schwerlich ein grund zu ihrer zudichtung aufzufinden. Wol aber ist es verständlich, dass unser dichter, der ohne weitere einführung den gralsstein und die taube mit der oblate aus dem grossen vorbilde entnahm (L 49), hier, wo er von den bekannten epen in der darstellung Keys abwich, eine besondere motivierung seines tuns gab. Diese motivierung muste aber, man möchte sagen mit notwendigkeit, eine phantastische sein: auf eine hand voll wunder kommt's unserm kecken zauberer nicht an: ein engel ward herbeigerufen und Key war weise. Man kann deutlich sich das gedankengewebe wider zusammenfügen, welches den verfasser des originals zu dieser conception befähigt haben kann. Dagegen wären für einen interpolator solche erwägungen zu fein und obendrein die gabe, so vollständig den ton des dichters nachzuahmen, ganz ungewöhnlich. Formal ist nichts anstössig; nur würden die seltenen worte *bofer* und *verbræjen* schwerlich gerade einem zudichter zur verfügung stehen; dagegen passt auch dieser umstand ganz gut zu L I: die leichte bewegung der phantasie bekundet sich auch im wortreichtum. — Die auslassung der strophe in L konnte aber, abgesehen von nachlässigkeit und den verschiedenen möglichkeiten des zufalls, durch ihre dunkelheit veranlasst sein. — Die strophe gilt uns als echt.

4. Weiteren zusatz bilden 3 strophen aus dem fürstenstreit: W 38—40; K 31, 30, 33. Hier, wo jeder ritter seine tapferkeit und deren besondere betätigungen rühmt, lag es von vornherein sehr nahe, andre helden noch einzuführen. Dagegen wäre eine auslassung von 3 strophen dem zufall kaum noch zuzuschreiben: eine einzelne konnte am rande beigefügt und dann bei weiterer überlieferung vergessen sein: bei dreien ist das unwahrscheinlich. Absichtliche auslassung des überliefert vorgefundenen käme aber auf rechnung des verfassers der zweiten Lohengrinpartie (L II), der indessen sonst eine so breite gemütlichkeit zeigt, das man ihm schwerlich solche redactionsstriche zutraut. — Im einzelnen war es wol begreiflich, dass ein so berühmter ritter wie Iwein, der bei diesem redekampf an Artus hof vergessen war, von einem späteren eingefügt wurde (W 40, K 33). Hierbei erzählt dieser held, dass er vor *Coran* (K) oder *ze Turnau* (W) manchen besiegt habe, besonders aber einen könig erschlagen, den sein ross tot in die burg zurückgetragen habe. Solche lobpreisung erst der allgemeinen taten und dann einer besonderen stimmt wol zu der weise der übrigen hier auftretenden gralsritter (vgl. Parzifal,

Walwan, Gawein). Doch beweist das wenig, wo anderes gegen die echtheit spricht. Besonders ist v. 1—3

> Iban der rede ser befilt
> daz man in nit von erste zu dem kampff erwelt.
> er sprach 'von grossem zorne mocht ich sterben.

eine bedenkliche nachahmung von L 57_{1-3}:

> Lanzelet het grôzen zorn,
> daz er nicht ze kempfen langest wart erkorn;
> er sprach 'ir welt mich von den sinnen twingen.'

Dass das erwähnte abenteuer Iweins sonst nicht bekannt ist, hat Steinmeyer s. 235 f. bemerkt. — Also diese strophe gilt uns als zusatz. — Deutlicher ist indessen die unechtheit von K 30, W 39. Ein ritter *Lebant* (*Lewan*, W) windet vor Artus die hände und bittet dringend um entsendung zu der herzogin: er würde den grafen schleunigst töten und der jungfrau ihre *hochgemüete* widerbringen. — Der inhalt ist viel zu schwach, als dass er dem oft unsinnigen, aber stets lebhaft beschäftigten geiste des ersten Lohengrindichters entstammen könnte. Ueberdies ist noch ein umstand verdächtig: dieser *Lebant* ist ein junger ritter; in L sprechen aber zunächst die alten und erst str. 58 kommen die jungen herbei. — Wie dieser ritter, so ist uns auch der *markys von Purril,* alias *her Paldewein,* den K 31, W 38 nennen, unbekannt. (Steinmeyer 225.) Erwähnt muss werden v. 5, 6.

> K: und wann daz blůt von helmen in die luften schoss
> daz man es kos vor eines trachen wilde.
>
> W: von meinem schwert das feur auf gen den luften schosz
> dasz man mich gleichet einem leben wilde.

Vermutlich stand in der gemeinsamen vorlage *viur,* nicht *bluot,* denn blut aus helmen ist verkehrt; dann wäre zu lesen:

> und wan daz viur von helmen gein den lüften schôz
> daz man ez kôs vür eines trachen wilde(n),

die funken aus dem stahl gleichen dem feuer, das ein drache speit. Diese wendung könnte man dem ersten Lohengrindichter zumuten. Aber es ist ein vergleich, der dem bewusstsein jener zeit überhaupt nahe lag, und wenn wir die grosse allgemeinheit des inhaltes dieser strophe erwägen, so ist sie doch als unecht abzulehnen: dieser ritter rühmt sich manchen preis erworben zu haben, immer hat er sich des kampfes erfreut, glut aus den helmen geschlagen, jeden helden umgebracht, der ihm in den weg gekommen, nie ist es seiner ritterschaft missglückt, drum kann er auch bei der bedrängten herzogin den kampf behaupten. Man vergleiche damit die ins einzelne gehenden anpreisungen, welche die ritter im Lohengrin geben, und man wird diese strophe nicht aus der verborgenheit hervorziehen. — Zu bemerken ist noch, dass jede dieser letzten 3 strophen einen unhaltbaren reim aufweist in K (W bessert): 31: *hant : mysselang;* 30 *hende : daz du mich zu einem botten dare sende* (was geändert werden muss); 33 *befilt : erwelt.* — Hiernach ist das ergebnis, dass unter den 6 plusstrophen in X 2 echte enthalten sind: K 20 und K 17 (W 26).

II. Umstellung von strophen in X.

1. Die umstellung von L 34, 33 in X (Steinmeyer s. 233 f.) ist dadurch gekommen, dass L 31 an eine falsche stelle gerückt war. Diese allgemeine einleitende strophe gehört vor L 29 (darüber später genaueres, s. 133 ff.): sie muss schon in einer hs. von Z am rande nachgetragen und aus der richtigen reihenfolge gelöst sein. In K steht sie nach L 39, wo sie nicht im mindesten hinpasst (vgl. Steinmeyer 234 f.); W hat hier die lücke (vgl. darüber das spätere). — In X war nun von Elsams geschick nichts weiter erzählt, als dass sie eine schelle am paternoster trug, die bis an Artus hof erscholl (L 32). Noch nichts war von ihrer bedrängnis durch den grafen (wie es L 31_8 enthält) angegeben. Daher wurde ganz selbstverständlich L 34 vor 33 gesetzt, da nun Elsams lage klar war. Dass L 33 vor L 34 gehört, ist besonders deutlich durch L 33_6, wo noch K hat *ein hôher grâfe warp da umb ir minne,* während doch in L 34 bereits der name des grafen genannt war.

2. Die entscheidung über die stellung von L 44 nach L 45 und 46 in X ist eine schwierige. Einen einigermassen befriedigenden sinn erhält str. 44 wenn wir an die bedeutung des tieres *Ezydemôn* in dem rätsel vom schlafenden kinde denken. Dort ist *Ezydemôn* der gute engel des kindes, der *luhs* der teufel. So soll auch hier der gute engel in persona herbeigeholt werden und zugleich sein friedel *Sibîne.* Wenn die strophe an der stelle bleibt, wo sie der Lohengrin bietet,

so bedeutet sie, dass die königin die andern frauen auffordert zu ihrer procession das wundertier nebst seiner geliebten herbeizuholen, um sich hierdurch zu feien. Bedenken wir aber, dass diese procession, die erst nach ankunft des *Ezydemôn* von statten geht, erfolglos ist, so müssten wir die wirkung dieses engels als eine sehr fragwürdige betrachten. — Wenn die strophe dagegen nach L 45, 46 steht, so spricht sie Key zur königin, die procession der frauen ist vorüber. Es steht nun erstens dieser anordnung nichts entgegen, zweitens aber passen die worte L 47$_1$ *Hœrt wie ez Key kan vürbaz jagen* dann besser, wenn inzwischen nach Keys ersten worten etwas anderes erzählt ist, wie es eben str. 44 geschieht, zumal das schnelle aufeinander von L 46$_1$ *hœrt wie ez Key ane gevienc* und 47$_1$ *Hœrt wie ez Key kan vürbaz jagen* etwas auffällig ist. Die hauptsache aber ist, dass wol *Ezydemôn daz reine tier* als engel zu fassen ist, nach dessen herbeiholung die gralsanbetung nicht mehr erfolglos bleiben kann, wie es dann eben durch die dritte procession, die der jungfrauen, sich zeigt: so erscheint die stellung in X L 45, 46, 44 als die bessere.

3. Schwer zu bestimmen ist die stellung von L 31 in X. In W fehlt die strophe ganz, K bietet sie in dem abschnitt, welcher der lücke von W (15—21) entspricht. Die letzte strophe in W vor dieser lücke darf man als selbständige zusatzstrophe von W bezeichnen (W 14). Sie steht nach W 13 K 5, einer in X hinzugetretenen strophe (s. o.). Diese letztere hatte den inhalt, dass Elsam das ihr vom caplan empfohlene gebet tatsächlich ausführt. W 14 fügt weiter hinzu, dass gott die bitte der im jammer ihr haar ausraufenden jungfrau erhörte und ihr einen ritter aussante. Diese strophe ist ein selbständiger zusatz in W und doch hebt Steinmeyer mit recht hervor, dass sie an die stelle von L 37, K 6 getreten sei. In der letztgenannten strophe wird erzählt, dass die jungfrau die schelle von dem lahmen fusse des falken nimmt. Dies war aber in W schon in str. 8 und 9 so dargestellt, dass der sterbende herzog von Brabant der tochter den falken zur hut empfiehlt und ihr rät, die goldene schelle von seinem bein zu nehmen und zu läuten, wenn sie zur kirche gehe. Also hier wollte wol W das früher ausführlicher gesagte nicht wiederholen und änderte; das haarraufen blieb. Es ist hiernach

durchaus wahrscheinlich, dass L 37 K 6 nicht noch in der lücke von W, die nun beginnt, gestanden habe. Die lücke enthält in W 7 strophen; (die hs. bietet die verszählung); in K stehen auch 7 strophen, und zwar K 7—13 = L 38—39, 31, 40—43; also wider 7, nur die falsche reihenfolge von L 31. — L 31 ist nun wahrscheinlich vor L 29 zu setzen[1]), denn letztere setzt voraus, dass Lohengrins name genannt sei. Nach Strack, a. a. o. s. 34 ist L 27 zu 2 strophen zu ergänzen: der schluss der einen hätte Lohengrins namen erhalten. Aber diese annahme ist nicht nötig. Im Wk. gibt Klingsor das sog. rätsel über Luzifers erschaffung auf; er rühmt, nur wenige meister wüssten davon, er bringt die erzählung von des wirtes magd, der landgraf will dahin, ebenso die frauen, welche hinweggehen. Klingsor ermutigt, ruft aus (L 22): nun seht ihr meine tüchtigkeit! Die antworten dieses laien Wolfram wollten meine fragen schädigen; aber ihr aller sinn ergründe ich; sieglos sah ich schon einen, der einen grossen puckler statt des schildes erkor: Wolfram ist ihr aller puckler; ich aber bin Heinrich von Ofterdingens schild, und verstehe meinerseits so zu schiessen, dass kleine bolzen mitfliegen, dagegen hilft auch der puckler nichts. Und nun spielt er den grössten trumpf aus: er rühmt sich von den göttinnen Juno und Felicia unmittelbar von Artus leben im gebirge gehört zu haben; spöttisch meint er, Wolfram möge die göttinnen herbeiholen, dass sie ihm dasselbe mitteilten. Ein abt hatte Artus' und seiner helden taten niedergeschrieben. Artus schickte helden aus, seit er aus dieser welt geschieden, ins christenland. Eine glocke hätte auch einmal eine solche aussendung erwirkt, wodurch dann ein hoher graf im kampfe gestorben sei; an Artus hof herschte über die glocke schwerste bestürzung. — Aber auch diese grösste kenntnis, die Klingsor von den göttinnen erworben hat, macht ihm jetzt Wolfram zu schanden. Er weiss durch den heiligen Brandan, der jenes buch über Artus taten geschrieben hat, von diesem könig, von Felicia und Juno; er löst auch die frage nach Luzifers erschaffung, woran er erst durch die unterbrechungen des fürsten gehindert. So, ruft er, bleibe ich auch von deinen bolzen unverletzt! Und nun gibt er eine kurze

[1]) Diesen hinweis verdanke ich herrn prof. Zarncke.

andeutung über Elsams glocke und die aussendung Lohengrins (L 31); der fürst will weiteres hören, schickt aber zunächst zu den frauen, damit auch diese die wunderbare *mære* erfahren; Klingsor gibt nach, *mir ist zornes buoz*, er wünscht selbst von der erzählung weiteres zu vernehmen. Die frauen kommen (L 30), Wolfram steht vor der landgräfin wie Horant vor Hilde. Er beginnt L 32: *got læset reht wol wie er wil.* — — — — Dies alles soll erweisen, dass L 31 auch im Lohengrin am falschen orte steht, und dass wir ohne alle zusätze durch die blosse umstellung L 31, 29, 30, 32 auskommen. Wohl begreiflich aber ist es, dass auch in X diese strophe an eine unpassende stelle gerückt ist. In K ist dieselbe zwischen L 39 und 40 eingedrungen, wo der dichter nur von Telramund erzählt: das verkehrte ist offenbar. — Wenn wir von der lücke absehen, bietet W alle strophen von X mit ausnahme der erwähnten L 37, die nach früherem überflüssig war. Die auslassung von L 31 wäre also von vornherein befremdlich; die strophe war aber weder in K noch in L am rechten orte; und da nun W auch grade eine lücke von 7 strophen hat, in welche die 7 strophen von K also gerade passend einträten, so ist wol wahrscheinlich, dass L 31 auch in W zwischen L 39 und 40 gestanden habe und folglich diese veränderung bis zu X hinaufgehe. (Vgl. hierzu Steinmeyer s. 235). — So hat X im ganzen 3 umstellungen von strophen aufzuweisen, von denen die 1. und 3. verderbnisse sind, während wir in der 2. eine erhaltung des besseren erkannten.

III. Die änderungen in X.

1. Inhalt.

Von belang sind nur die 27 strophen KWL. Die strophen KL können nur oberflächlich in betracht gezogen werden, die strophen WL werden bei W erörtert. — Die änderungen des vorstellungsgehaltes in X sind keine bedeutenden.

L 35, W 11, K 3 v. 1. *ich wil iu, herre, machen kunt* (L); diese anrede an den landgrafen, wie im Wartburgkriege, war in der lostrennung von dieser rahmeneinkleidung nicht mehr verständlich. K hat daher: *ir herren, lasst euch machen kunt;* W: *fürbasz wil ich euch m. k.* — Ebenda, v. 6. Ein fehler, der schon in X gestanden hat, ist der, dass Elsam beim kaiser klagt und nicht Telramund. L: *mit klage erz an des rîches keiser brâhte;* K: *mit klage sie es fur den keser br.;* W: *für den römischen keiser sie das br.* (Steinmeyer ändert in *er*; vgl. dort s. 235, und hier später 2. abschn., II. änderungen, W 11). — v. 7 muss der richtige text *die mâge sîn* in X mindestens schon zu *die maget sin* entstellt gewesen sein; denn K hat *maget vyn* und W *maget gut*; hierauf suchten nun beide einen leidlichen sinn wider herzustellen:

L: man sach in und die mâge sîn mit grôzen diensten ringen
K: man schreib im gein der maget vyn daz zu eim rechten bringen
W: da gunt die edel maget gut nach hohem preise ringen.

L 47, K 18, W 25, v. 4. Für das richtige in L: *diu künegîn nam in bî der hant* war in X an dem ausgang der zeile *zu hant* eingetreten, das nun K und W selbständig ergänzten: K: *diu kunigynne sprach zu hant;* W: *er sprach 'nu folget mir zuhant.'*

L 50, K 22, W 34, v. 6. In L wird gesagt, dass gott Artus zur aussendung des ritters veranlasse, in X der schall der glocke.

L 51, K 23, W 25, v. 4—5. Der ausdruck in L, dass Elsam durch *ir vater rât in sorgen wât* gebracht sei, erschien wol auffällig. Daher wurde gesetzt, dass er sie um die ehe *gesprochen an* und aus dem rat ward des reimes halber ein *man*. Der sinn wird hier kaum verändert.

L 55, K 28, W 43, v. 10. In L ist bloss gesagt, dass Lohengrin beim laufen zu dem stein trotz seinen schweren waffen weiter gesprungen sei als alle andern nicht geharnischten ritter. In X ist die entfernung, um die er sie übertrifft, gleich recht ausreichend auf 12 schuhe bemessen.

L 57, K 26, W 45, v. 10. In L ist gesagt, dass Artus und die fürsten den ritter auswählen sollen, in X dagegen hat dies Artus allein zu tun.

L 60, K 35, W 48, v. 7. Lohengrin muss scheiden, seine mutter ist tief betrübt, sie umarmt ihn und küsst ihn, *ir jâmer daz möht einen vels erbarmen.* Da heisst es:

L: doch er im schiere ein ende gît: sîn muot begonde ringen
K: der red er sch. e. e. gab, der muot was ym geringe
W: Lorengel dem ein e. gab, sein mut w. i. geringe.

In X ist also Lohengrin selbst ganz leichten frohen sinnes; in L dagegen fasst er sich und überwindet seinen abschiedsschmerz (*ringen* = ahd. (*h*)*ringan*). Denn wogegen kämpft er hier? Doch wol gegen seine eigne schmerzensregung! Solch ein vorübergehender zwiespalt in seinem innern erscheint uns modernen nicht ohne reiz. Aber es ist ganz unwahrscheinlich, dass eine dichterische darstellung vor 600 und mehr jahren einen Artusritter habe vorführen können, dem die ausführung seiner abenteuer durch sentimentale abschiedsqualen erschwert waren. — Wir werden nun sogleich sehen, dass L die tendenz hat, die thüringischen reime zu beseitigen. Daher wird jene ganz gefällige deutung der stelle unrichtig sein und das in L enthaltene ist als reimbesserung zu verstehen. Was aber hatte dieser corrector bei seiner änderung gedacht? Schwerlich das erwähnte, sondern vielmehr: sein herz und seine phantasie begann zu kämpfen: d. h. stolz malt er sich bereits den zweikampf aus. Aber dies passt gar nicht in den zusammenhang: als gegensatz zu dem schmerz der mutter wird sein leichter sinn hervorgehoben. Diese vorstellung allein befriedigt.

L 61, K 36, W 49, v. 1. In L bringt man dem Lohengrin den harnasch schnell herbei, in X eine auswahl von solchen: eine änderung, die durch ausfall eines buchstabens erfolgt ist: *twâl* ward zu *wal*.

L: daz harnasch wart im sunder twâl
K: man bracht im h. s. wal
W: „ „ „ zeuges wol die wal.

v. 6. Der knappe, den Lohengrin mitnehmen soll auf die fahrt, stammt in L aus *Kummerlande*, in X aus *Ungerlande*. Sein name ist in allen drei fassungen verschieden.

L 63, K 38, W 53, v. 8. Lohengrin lässt bei ankunft des schwans in L von den herumstehenden rittern, in X von seinem knechte (K) oder diener (W) das wunderross wider in den stall zurückbefördern.

L 64, K 39, W 54, v. 1—6. Die ganze fassung nebst den reimen ist in L und X verschieden. In L trägt der vater Parzifal Lohengrins schild an das schiff, er reicht ihn dem sohne, er fragt betrübt, wer diese nacht seiner pflegen würde, und lässt schnell noch speisen herbeitragen. In X dagegen trägt Lohengrin selbst den schild, und vater und mutter (bezw.

schwester, K) haben solche pein, dass es einen harten stein (bezw. den lieben gott, W) erbarmen muste. Offenbar ist der nichtssagende inhalt von X eine verderbnis.

L 65, K 40, W 55, v. 1. In L trägt *ein snellez wazzer* den Lohengrin hinweg, in X *ein klein(es)*.

L 66, K 41, W 56, v. 6. In L sieht Lohengrin die oblate trocken und rein *in des sêwes ünden*, während X ohne weitere zögerung den schwan diese nahrung fangen lässt.

v. 10. In L sagt der dichter, dass weder fürst noch vogel je besser gespeist seien, während X diesen gedanken in einer rhetorischen frage wuchtiger ausdrückt: *wa wart furst oder vogel baz gespîset?* —

Einzufügen ist hier noch eine änderung, die nur in K direct steht, während W an dieser stelle die lücke hat. Gleichwol ist aus anderen strophen für W, und hierdurch für X das gleiche zu entnehmen. In L 40_8 heisst es:

dannoch al ein die dienestman
die wurben sus etc.

Wir sahen früher (s. 87 ff.), dass augenscheinlich der zweite dichter unter den dienstmannen anderes verstanden habe, als der erste. In X steht nun eine lesart, die uns verrät, was der fortsetzer an jener stelle ausgemerzt haben wird: es ist das wörtchen *zwêne*. K hat str. 10_8: *sunder ir zwene tytsche man*. Die verderbnis *diutsche man* aus *dienestman* ist eine leicht begreifliche. Aber auch W hat das *zwêne* gehabt, W 120_{8-9}:

ich han zwen treue dinestman
die heissen Waldemar und sein euch undertan.

Sodann 31_{8-9} *ir lant hat er bezwungen gar pis auf zwen held.* Auch passt gut zu einer solch kleinen zahl treuer anhänger der ausdruck 127_7 *dar zu hat er genumen mir mein land und auch mein leute.* Jedenfalls sind wir nach dieser übereinstimmung berechtigt für X die *zwêne dienestman* anzunehmen. Da wir früher gesehen haben, welche durchaus abweichende vorstellung L I und L II mit den dienstmannen verbinden, so dürfen wir sicher schliessen, dass wenn der verfasser von L II das *zwêne* vorgefunden hätte, er es hier würde ausgeschieden haben. In X lag aber gar kein grund vor, die *zwêne* einzusetzen. Ferner aber passt es für die drastische darstellungsweise des ersten Lohengrindichters durchaus, dass er nur so wenige hofbeamten der bedrängten jungfrau treu bleiben lässt. Auf die stelle W 120 und 127 wird aber später auch noch ein neues licht zu werfen sein (dritter abschn. III, 2). — Uns gilt es als wahrscheinlich, dass mit X *zwêne dienestman* als die ursprüngliche lesart festzuhalten sei.

— — So ergeben die inhaltsänderungen in X für L nur einen magern gewinn. Erstens dieses *zwêne,* zweitens die lesart *sîn muot was im geringe* (L 60_7) und schliesslich das fragezeichen nach L 66_{10} (wozu allenfalls die oben s. 110 erwähnten rhetorischen fragen in L I zu vergleichen). Die schwachen verderbnisse in X sind bei besprechung von W später in abzug zu bringen.

2. Form.

Zunächst die eigennamen. Sie haben schwer gelitten. Die form *Prâbant* ist schon in X zu *Prafant* geworden. So lautet sie stets in W und auch in K liest man dasselbe 1_1, 4_1, 23_2 (hier *prauant* geschrieben) u. s. w. — *Telramund* heisst in W *Dunramunt,* z. b. W 5_3; 11_2 u. o.), oder *Dundramunt* (z. b. 139_2). In K lesen wir *Durremunt* (1_3) oder *Dorremunt* (z. b. 3_2). — *Ezidemôn* (in c *Es Sidemon*) heisst in K *ein zydemar* (16_2) und in W steht: (*zu*) *Zedlamar* (24_2). — Auch *Elyze, Parzivâles barn,* ist umgetauft in X; K hat 15_7 *Esilg* und 26_7 *Eselig*; an dieser stelle tilgt W den namen ganz — vermutlich wegen seiner üblen nebenbedeutung —, an der ersten dagegen (W 23_8) lesen wir *Isilia*; diese aber wurde in W auf diese weise gleichnamig mit *Elsam,* die dort 3_5 als *Isilie* vorgeführt wird, im übrigen aber nur mit ihrem titel benannt ist. — *Parzivâl* ist zu *Parzefal* geworden. — *Penylle,* das kind Lanzelets ist in W ganz ausgemerzt, während sie in K *Benedige* heisst. — Aehnlich ergings der mutter der Felicia, die in L *Sybille,* in K *Sebine* heisst und in W ganz vom schauplatz verschwunden ist. — Dagegen ist die *Sibîne* von L, die geliebte Ezidemons, in K zu einer *Lisine* geworden. W streicht auch diese. — Auch der *Persyanden lant* (L 53_8) hat X wahrscheinlich nicht gehabt: K *in Persien dem lant*; W *in der Persider lant.* — Vor allem aber ist das umtaufen Lohengrins zu einem *Lorengel* bereits in X vollzogen (dazu ist Steinmeyer s. 244 zu vergl.). — Lanzelets name muss früh vergessen sein: K hat 15_8 *Benedige lantzleres kint* (wo W den namen tilgt) und 26_1 *hern Lanczlin wart die rede zorn,* an dessen stelle W einen besser bekannten *Wenzel* setzt. — Lohengrins knappe *Kyir* ist in K *Diether,* in W *Neithart* benannt. — *Ungerlant* für *Kummerlant* ist schon erwähnt. — Endlich ist der wunderbare *vlêsiant* (L 47) in X nicht mehr von *Jûdas,* sondern von *ianant* (K), in W aber von *Joram* geholt, und zwar nicht mehr aus dem *Pelibronne,* sondern *von dem dilbrun,* K, oder *von Tellenbrunn,* W. — Auch diese namensänderungen lassen auf verderb durch häufigen vortrag schliessen.

Sodann die reime.

Hier mögen erst die wenigen unbedeutenden genannt sein, die auf die verkürzung der endung *-en* sich nicht erstrecken. L $34_{1:2}$ *genant : erkant;* X: *Prafant : genant.* L $51_{4:5}$ *rât : wât;* X: *man : an.* L 54_3 *sturmgîten,* K *in sturme wyten,* W ändert: *zu streit gund pitten.* L $58_{3:6}$ *Berne : gerne;* X: *Pernere : were* in K, und *pere* in W. L $59_{8:9}$ *geschehen : gesehen;* K *we : me;* W *ser : mer.* L 61_1 *twâl;* X *wal.* $63_{1:2}$ *ger : her;* K *massenyn : sin;* W *sein : fein.* L 64_{1-6} *bî, vrî, henden; dar, war, senden;* X *breit, bereit, armen; sîn, pîn, erbarmen.* L 64_8 *iht* (c *niht*), X *pflicht.* L 65_4 *tagen : tragen;* X *tag : pflag.* L 66_4 *obelatelîn : sîn;* K *wie : gie;* W *fing : ging.* — —

Nun die beispiele über änderungen des thüringischen reimes. — Schon in der partie des Wk., welche den anfang des Lohengrin bildet, sind derartige reime durch verschiedene oft sehr ungeschickte mittel beseitigt. Strack hat diese fälle s. 39 seiner erwähnten schrift bereits aufgeführt und erwiesen, dass die formen *e : en* das ursprüngliche bilden. Auch in L I ist eine anzahl solcher reime wider herzustellen, wie ein vergleich mit X dartut.

36_6: L *seht daz man ez got künde* (: *verstüende*); K liest so: *ir solt es gotte kunde* (: *vorstunde*). W ändert. Der ausdruck in L ist ganz anstössig: man soll es nicht gott mitteilen, sondern sie, allein die bedrängte herzogin. Einzusetzen ist: *ir solt ez got erkünden* (: *verstüende*).

52_{10}: L *got gebe daz ieman sîn vür mich gedenke* (: *geswenke,* X *gelenke*); K *niemant darff fur mich uff die reyss gedenchen* (: *gelencken* = *gelenke,* das *n* ist sinnlos angehängt),

W *auf dise reis kein helt für mich gedenke.* Schon die verschiedene art, wie alle 3 an dem reim anstoss nehmenden hss. ändern, zeigt, was echt ist. Insbesondere aber ist die ungeschickte lesart von L verdächtig. Es ist unangemessen, wenn Artus sagt: Gott gebe, dass keiner vor mir dahin ziehen wolle; wogegen es trefflich passt, wenn er entschieden ausruft: keiner darf vor mir dahin! Die lesart von K erhält das alte am treuesten: *nieman darf vür mich ûf die vart gedenken.*

51_7: L *daz er und al die fürsten sîn begriffen mit den eiden* (*:scheiden*). K *alz er in und die furste s. b. m. dem eyde.* W *den pesten ritter den wir han bei unsern hosten eiden.* Man schwört oder versichert bei dem eide, aber nicht bei den eiden; vgl. auch L 57_4 *ûf mînen eit*; K hat in dem sing. das richtige wider erhalten.

58_2: L *die vrâgeten dô die alten waz man nu dâ tuo?* K *und wolten sehen waz die alten wolten tuo(n)* (*: zuo*). W ändert. Wider bestätigt das törichte *man*, dass L die lesart ändert. Man fragt nicht, was man tut, sondern was die alten tun.

60_7: *sîn muot begonde ringen.* X *sîn muot was im geringe* (*: bringen*).

64_{10}: L *mit dem ritter sîne,* ebenso in K *mit dem vogel sine,* W *und auch der fogel seine.* Die form *sînen* ist einzusetzen, trotz Rückerts einwänden s. 271, die sich stützen auf belege aus L II. Hier ist das *n* ebenso ungrammatisch weggelassen, wie es an anderen stellen ungrammatisch angefügt ist (über die form Weinhold, mhd. gr.[2] § 516).

65_7: L ab *mit geilen,* c *mit gaile,* K *in der geile;* W ändert. Offenbar ist *mit geile* einzusetzen; *geile* fröhlichkeit, lust: der schwan verschlingt die oblate mit lust. Der plural ist unsinnig, und das wort ist stark.

Hier ist ferner noch herzusetzen 41_7, wo nur K zu vergleichen ist. L *seht daz man zweinzic priester wert schôn under krône stelle* (*: welle*). K *wir sollen zwentzig p. w. sch. u. die crone stellen.* Hier ist wie oben in dem *seht daz man ez got künde* noch ungeschickt genug der alte infinitiv beseitigt.

Sodann ist auch nur mit K zu vergleichen 40_3 *von* (c: *in*) *Swedenlanden;* K *in der Sweden lande.* Es liegt auf der hand, dass der plural beseitigt werden muss, es handelt sich um éin land. — — Zu diesen 9 derartigen reimen kommen dann noch die früher erwähnten 5 (I. teil, s. 111).

Von einzelnen wendungen, die eine änderung des sinnes nicht hervorrufen, möge aus X hier nur eine angeführt werden. Im ersten teil (s. 106) war als einziges beispiel der in L II beliebten wendung *daz lât nû sîn* u. dgl. in L I die stelle angeführt *die wîsen lât nû besemen tragen* (L 45_4). In X stand *die edelen musten besemen tragen.* Betrachtet man die stelle in L genauer, so sieht man, dass sie in diesem zusammenhange störend ist. Durch dieses *lât nû* will der verf. gewöhnlich eine schilderung abbrechen oder beendigen (vgl. die beispiele s. 106). Hier dagegen ist das rutentragen ein zug aus der allgemeinen procession der frauen, bei welcher länger verweilt wird; der dichter will nicht durch dieses *lât nû* diesen kleinen abschnitt der handlung erledigt wissen. Ferner aber liegt in dem ausdruck etwas anstössiges, das lediglich das gefühl wahrnehmen kann: die frauen bekunden in ihrem aufzug die allertiefste demut, mit banger klage ersehnen sie ihrem gebete erhörung. Die ganze darstellung zeigt, wie früher erwähnt, dramatische spannung. Der ausdruck 'lasst sie nun ruten tragen' hat dagegen etwas behaglich-ruhiges; und auch die *wîsen*, die erfahrenen, verständigen, passt nicht so gut. Zwar zeugt ihre demut von einsicht, aber der gefällige gegensatz von *die edelen* und *besemen tragen* geht verloren. Hiernach ist es wahrscheinlich, dass die lesart von X das richtige erhalten hat und einzusetzen ist: *die edelen muosen besemen tragen.* — Zugleich aber ist die wendung, die sonst in L I sich nirgends fand, während sie in L II beliebt ist, aus dem ersten abschnitt völlig beseitigt.

Der gewinn für L aus X ist also, insgesamt erwogen, folgender: X hat erhalten 2 echte plusstrophen, eine zu billigende umstellung, und einige brauchbare lesarten; besonders aber führt es zu der erkenntnis, dass in L I alte thüringer reime nach möglichkeit, aber mit erkennbarem ungeschick, beseitigt sind. — Dass aber X eine selbständige redaction neben L darstellte, ward ausser durch die genannten erwägungen von vornherein wahrscheinlich dadurch, dass bei einem bereits um L II vervollständigten gedichte die entlehnung gerade nur des ersten teiles ein ganz merkwürdiger zufall wäre.

W aber griff in X eine vorlage auf, die durch zusätze, umstellungen, namensentstellungen und verderbte lesarten bereits arg gelitten hatte.

Zweiter abschnitt. Die überarbeitung des ersten Lohengrin-teiles im Lorengel.

Wir betrachten wider zusätze und änderungen gesondert.

I. Zusätze in W I.

14 strophen. Man vgl. Steinmeyer s. 233 ff.

Die falsche stellung von L 31 in X, sowie die umstellung von L 34, 33 veranlassten zu dem zusatz von **W 4**. (Steinmeyer 233 f.). Hinzugefügt ist nur die klage des herzogs, nicht rechtzeitig für die tochter gesorgt, d. h. also wol die wahl eines eidams versäumt zu haben (v. 10 hat schon Steinmeyer als fade bemerkung bezeichnet). Eine besserung ist dieser zusatz nicht: der vater befürchtet schon im voraus eine bedrängnis der jungfrau, während in L Telramunds treulosigkeit plötzlich und unverhofft kommt. — v. 3 = 5_4. — Dass die strophe unecht, ist deutlich erkennbar.

Ferner sind neu **W 5_{7-10}, W 6, W 7_{1-6}, W 8—9.** Auch hier zeigt sich eine widerholung: zweimal erhält Telramund die ermahnung zur treue 5_{7-10} und 7_{7-10}. Ferner ist dieser zusatz nicht allein ziemlich inhaltslos, sondern auch unangemessen. Der alte dichter liess den herzog in einer strophe sterben (L 34), um schnell auf das wichtigste zu kommen: der bearbeiter braucht dazu 6 strophen (4—9) und lenkt hierdurch einerseits die aufmerksamkeit von der hauptsache ab, andererseits macht er den schleunigen übergang zu Telramunds treulosigkeit nach den worten von 6 und 7_{1-6} zu einem recht harten. — Also auch diese strophen unterscheiden sich deutlich durch widerholung und unangemessenheit von denen der vorlage.

W 8—9. Auch die tochter wird zur treue ermahnt (was freilich viel blasseren sinn hat), zugleich erhält sie einen falken, womit sie preis erwerben könne: er trage eine goldene schelle am bein, die solle sie führen, wann sie zur kirche gehe. Dort aber solle sie fleissig gott und seine mutter Maria um errettung der hinscheidenden seele anflehen. (Dasselbe sollte auch Friedrich W 7_{10} tun, wobei die betr. lesart von L entsprechend geändert wurde.) Vgl. übrigens Steinmeyer s. 235 (mitte). Hier will W besser begründen: in L war die goldene wunderschelle dem lahmen fusse eines beliebigen falken, der sich überschlagen hatte, abgelöst (L 37); hier dagegen hinterlässt sie der sterbende herzog in feierlichstem augenblicke. Offenbar war es dem verf. von W ein zu starkes stück, dass das glöckchen eines gewöhnlichen falken urplötzlich solche wunder tue, während dagegen ein solches feierlich vererbtes tier eher als geweihter zauber aufgefasst werden konnte.

Die zugefügte sorge des herzogs um sein seelenheil mochte aber wol ein abglanz der theologischen ängstlichkeit des verf. sein, die an verschiedenen stellen hindurchleuchtet. Hierdurch am meisten weisen sich die beiden strophen als eigentum des bearbeiters aus. Aber wenn auch die vorlage noch wunderbareres bietet, so ist der hauptgedanke, die vererbung des falken mit der zauberischen schelle, doch noch so märchenhaft unverständlich, dass man die vorliegende stelle schwerlich dem alten dichter absprechen würde, wenn man nicht klar vor augen sähe, dass sie von dem bearbeiter herrührt. Der gedankenkern ist ja auch alt; obendrein ist die form ohne anstoss. Dieser fall muss uns für die beobachtungen über W II vorsichtig machen.

Dagegen würde man **W 14**, welche strophe an die stelle von L 37 getreten ist und den reim v. 4 : 5 sowie das haarraufen der jungfrau bewahrt hat, schwerlich für echt und alt halten können. Das an stelle des alten gehaltes auch hier wider eingesetzte gebet, die widerholung von v. 4 und 10 und die stotterei des ganzen sind für den bearbeiter bezeichnend.

W 29—33 folgt ein einschub von 50 versen, der im wesentlichen durch ein merkwürdiges misverständnis veranlasst zu sein scheint. — In L I ist der gral noch ebenso aufgefasst wie bei Wolfram: es ist ein wunderkräftiger edelstein, an welchem durch zaubrische schrift die gottheit ihre wünsche zu erkennen gibt. L 49_8 wird auch der gral als *blôzer stein* bezeichnet, die 3 jungfrauen mit ihren falken sollen mit ihrer procession warten bis die taube die oblate auf dem stein niedergelegt hat. Dies geschieht im Parzival um die wunderkraft des grales neu zu beleben; diese wirkung wird auch hier im Lohengrin gewis erwartet werden, obwol es in der knappen darstellung des ersten dichters nicht ausdrücklich gesagt ist. Aber es scheint sich im Lohengrin I die vorstellung bereits verdunkelt zu haben, dass dies allemal am karfreitag stattfindet; eine solche zeitangabe wäre nicht gleichgültig: auch der erste Lohengrindichter würde sie schwerlich unterdrückt haben. (Vgl. oben s. 92 ff.). — Im Lorengel ist die schrift an dem gralsstein allem anscheine nach nicht mehr verstanden. Die stelle des L. (49_9) *daz sie (diu tûbe) die oblât bringet ûf den blôzen stein* (in K ebenso, nur ist *blôzen* ausgefallen) lautet in W: *und bringt ein reine oblat auf den altarstein.* Der bearbeiter dachte gewis an die oft von ihm genossene hostie, die hier die bekannte heilige geist-taube herbeibrachte auf den altar, wo er solche hostie zu sehen gewohnt war. Vermutlich war in X das in K fehlende wort *blôzen* bereits ausgefallen, W musste also einen takt einfügen; wenn die weihung des gralssteins noch verstanden gewesen wäre, so hätte über die aufbesserung der stelle kein zweifel obwalten können. Im Lohengrin meldet nun die am gral erscheinende zauberschrift von Elsams bedrängnis. Im Lorengel ward die fragliche unkenntnis betreffs des grals der anlass zu dem grossen zusatze. Zu demselben ward der verf. hingeführt durch die worte (L 51_1) *des grâles schrift den kinden sagt* (ebenso K, also X); die 'schrift', die der bearbeiter nicht begriff, suchte er durch einen vom gral veranlassten und durch die taube überbrachten brief der gottheit zu erklären. Gewis gab der ausdruck *des grâles schrift* den hauptanstoss zu dieser gedankenreihe. Zugleich ist hiermit der taube eine nähere beschäftigung erteilt, denn in dem bestreben, über sie genauere auskunft zu geben, sieht Steinmeyer auch einen antrieb zu diesem zusatze. Das weitere zutreffende, das aus der verderbnis von K 22_2 entstammt, findet sich bei St. s. 235 (gegen ende) angegeben. — Die 50 verse enthalten folgendes: Parzefal tritt mit 3 fürstenkindern ins münster; man betet; *da kam ein taub von himel zu der stunde, si bracht ein brief, den nam zuhant ein keusche maget reine.* Die königin erbricht den brief und liest nun von der bedrängnis der herzogin in Prafant durch den grafen, der das ganze land bezwungen *pis auf zwen held.* Der jungfrau solle der könig nun einen kämpfer geben: dann würde der glockenton schweigen. — Also ausser dem brief nichts neues in diesem zusatz. Begreiflich ist es, dass der verf., der die spätere strophe (L 51) von L. mit der auskunft von *des grâles schrift* auch bringt, zu widerholungen veranlasst war (Steinmeyer s. 235 unten). So sind ähnlich W 31_{3-6} und 35_{3-6}, auch die reime stimmen; ganz gleich sind 32_{10} und 35_{10}; und ohne zweifel fand 32_{8-9} sein seitenstück in der lücke (W 15—21), wo mit aller wahrscheinlichkeit auch in L 38 K 7, v. 8—9 derselbe gedanke mit den reimen auf *-eben* stand. Dieser reim ist an derselben stelle der strophe in K 9 (L 31) fälschlich eingedrungen; da es nach früherem wahrscheinlich ist, dass auch diese strophe in der lücke stand, so fand sich, wenn jene verderbnis in K 9 bis auf X zurückgeht, der reim in der lücke sogar zwei mal. — Der ungeschickte und breite ausdruck, die vielen widerholungen dieser stelle verraten deutlich den bearbeiter. Auch würde eine sorgsame kritik, der L I nicht zur vergleichung vorläge, wahrscheinlich auch durch die worte 35_1 *des grales schrift* u. s. w. der art der verballhornung auf die spur kommen.

Weiterhin ist zugefügt in W **str. 41.** Es spricht darin ein neuer ritter in dem fürstenstreit seinen wunsch aus für die jungfrau zu fechten. Er heisst *herzog Mügelein* und hält sich natürlich wie alle andern für den grösten helden dieser welt. An dem könig *Ortanne* hat er seine ritterschaft bewährt. Steinmeyer s. 235 berichtet schon, dass man von diesem herzog nichts wisse; auch hier kann durchaus nichts sicheres über ihn vorgebracht werden; aber eine vermutung darf man aussprechen. — Unsere bearbeitung ist mit viel wahrscheinlichkeit von einem ehrsamen sog. meistersinger des 15. jahrhunderts verfasst. Zu den zwölf begründern dieser langlebigen kunstschule rechnete man einen seiner zeit sehr angesehenen dichter Heinrich von Mügelin oder Mügelein (im Meissnischen). Wilhelm Müller hat über ihn genaueren bericht gegeben in den Göttinger studien 1847, 2. abteilung s. 903 ff. Ferner K. J. Schröer, Heinr. v. Mügeln 1867. Er war ein sehr gelehrter herr und er genoss die besondere gunst kaiser Karls IV., an dessen hofe in Prag er längere zeit verweilte. Seine blüte fällt in die jahre 1345—70. — Es wäre nun ein wol begreifliches verfahren eines ehrfurchtsvollen kunstjüngers gewesen, den vielgerühmten stifter seiner schule dadurch zu ehren, dass er ihn in seine erzählung verflocht und an den hof des Artus versetzte, oder dass er wenigstens seinen namen auf diese weise zu 'verewigen' suchte. — Die abscheuliche ausdehnung, die der fürstenstreit durch die zusätze von X und W bekommen hat, steht in deutlichem gegensatz zu den eigenschaften der vorlage. — Die nächsten zusatzstrophen **W 51, 52** vervollständigen das abschiednehmen des Lorengel. In L 62, der letzten vorher überarbeiteten strophe in W, hatte der schwanenritter vergessen, von der königin urlaub zu nehmen und ferner war infolge einer nötigen reimänderung in W der abschied von der schwester ausgefallen. Beides wird in W 51 nachgeholt, und dem jungen ritter lassen die frauen unter tränen ihre glückwünsche und gebete folgen. — In W 52 wird sein fortziehen, sein schwert, sein ritterliches benehmen erwähnt; vor allem aber wird das ross gepriesen: es ist ein geschenk der königin und hat einen wert von 100 mark klaren goldes. Es kam dem dichter darauf an, dieses ross recht zu rühmen. Auch im Lohengrin hiess es, *daz ez sîn sterke niht entrouc* und dass es vor schnellheit in die lüfte flog, sobald es die erde berührte (*swie ez die erde mit den vüezen ruorte*); sein wert sollte hier im Lorengel durch die schenkung von ihrer majestät und den hohen preis in noch deutlicherem lichte gezeigt werden: es ist dies ross das einzige, das später dem Lorengel zum zweikampfe stark genug ist. (Näheres folgt weiter unten.) — Durch diese zusätze ist widerum die woltuende kürze des alten gedichtes verdorben.

W 57 und **58**, nach denen noch die 2 verse 59_{1-2}, die zu L 67_{1-2} im einklang stehen, folgen, werden später besprochen.

Im ganzen unterscheiden sich die zusätze durch breite, widerholungen, unangemessenheit und mangel aller scharfen fassung sehr deutlich von den strophen in L I.

II. Aenderungen in W I.

1. Inhalt.

Auslassungen aus X sind nicht zu verzeichnen, ausser der erwähnten strophe L 37, deren inhalt in W 8 und 9 und in W 14 ersatz gefunden hat (vgl. o. s. 143 f.). Durch beschädigung der überlieferung sind aber str. 15—21 ausgefallen. Hiernach sind aus X bestehen geblieben 442—70 = 372 verse. Hiervon aber sind von K 20 nur 2 reime in W 28 erhalten, die im übrigen zu der schon mitgerechneten strophe K 21 L 49 stimmt; ferner muss von der erwähnten strophe W 14 füglich abgesehen werden: so bleiben uns nach abzug dieser beiden strophen im ganzen 352 verse zu genauerer betrachtung übrig.

Umstellungen sind in W ausser den bereits bei X besprochenen nicht erfolgt.

Nicht unerheblich ist aber der gehalt dieser 352 verse verändert. Es kommen hierbei in betracht 270 verse WKL; 32 verse WL und 50 verse WK.

Zunächst sind in W 1—3 30 verse erhalten, die als umprägung von L 26, 30, 32 erkennbar sind.

W 1 (L 26). Leidlich erhalten. Zugesetzt ist, dass Artus in Frankreich weilt (darüber sogleich genaueres s. 150 f.). V. 1 und 2 sind beseitigt und dafür eine kurze hinweisung angebracht auf die Ursulageschichte, welche späterhin eingeflochten ist: W 74—86 (ausführliches darüber folgt).

W 2 (L 30) ist dagegen nicht mehr verstanden von W. Und das ist begreiflich. In L ist dies eine der strophen, welche die rahmenerzählung bieten: die landgräfin kommt auf die Wartburg (um nun die geschichte von dem schwanenritter anzuhören), bei ihr weilen 40 frauen, darunter 8 hohe gräfinnen von Abenberg, und vor der königin steht nun Wolfram, wie Horant vor Hilde. Klingsor muntert den bisherigen gegner auf zu singen. Im Lorengel bekommt Artus den besuch. Eine landgräfin mit über 100 rittern erscheint, sodann *von Aldenburg der edlen herzoginne kint die kam gen Frankenreich in hoher ere.* Dort singt der von Eschenbach; Horant und Hilde waren wol unbekannt oder in den trümmern der überlieferung unkenntlich geworden; es heisst: *und Joram man auch bei den frauen sitzen* *sach* — Joram, der auch W 46 (= L 58, dort aber *Jôrant*) im fürstenstreit seine kräfte mit nachdruck anbietet und der auch W 25_6 an stelle des *Jûdas* von L (47_6) getreten zu sein scheint. Auch Klingsor ist bei Artus in Frankreich, er sagt auch hier *singet fürbasz meister weise.* Der grund zur erhaltung der strophe (verwechslung von *Hôrant* und *Jôram*) ist von Steinmeyer s. 234 f. treffend angegeben.

W 3 (L 32) ist wenig verändert. In der letzten zeile, die in L lautet: *Clingzor, ich kan die rehten wârheit singen*, verstand W den rechten sinn wider nicht und änderte: *vernemet mich so wil ich fürbasz singen.*

W 5_{1-6} (L 34_{1-6}) ohne veränderten sinn.

W 7_{7-10} (L 34_{7-10}) hat änderung in der letzten zeile: L *und habe die tohter mîn vür dîne vrouwen*; W: *pit got für mich und unser libe frauen.* Hier bricht wol wider jene theologische sorge durch, die wir gelegentlich schon wahrnahmen.

W 10 (= L 33). Zwei törichte abschwächungen des gedankens. V. 7, L: *sie sprach 'ich wânde daz mîn vater iuwer herre wære'*; in K: *sie sprach 'ich wande daz uwer herr myn lieber vatter waere'.* (Ueber die cäsur vergl. den anhang). Vermutlich war für W diese zeile nicht deutlich genug; er setzte daher, ohne zweifel verständlich: *du retst mir an mein ere.* (Aehnlich ist die wendung in W 13_6: *ein schwacher graf der spricht mir an mein ere*). — — Schlimmer aber ist die änderung in v. 10. L: *daz wort ir brâht vil manic herzen swære;* in W: *so rett die herzogin mit grosser schwere.* Dem gedanken ist die spitze abgebrochen: durch die vornehme zurückweisung Telramunds, den sie mit Luzifer vergleicht, soll erst die *herzen swære* entstehen.

W 11 (L 35). Stumpfes unverständnis zeigt hier v. 4, W: *er sprach sie an umb die e*; das war nichts neues und vor allem kein klagegrund. L hat: *er gap ir schult, si hete die ê im gelopt.* Vielleicht stand schon in X die fassung, die K hat: *er sprach sie an sie hete ym ee gelobt.* Diese wendung klingt ähnlich wie die häufiger vorkommende: *er sprach sie an umb die ee.* In dem blossen antrag lag keine grosse sünde, wol aber in der falschen beschuldigung, dass sie ihm ihre hand versprochen hätte. Der sinn kümmerte aber unsern 'dichter' nicht zu viel, er setzte nichts ahnend die andre ähnlich klingende wendung ein. — Begünstigt wurde dies unverständnis dadurch, dass bereits in X (vgl. s. 135 f.) in v. 6 *sie* statt *er* stand. (Von Steinmeyer im Lorengel beseitigt, vgl. bei ihm s. 235, mitte). Wenn *er* dagestanden hätte, wäre der bearbeiter doch wol stutzig geworden: 'er spricht sie um die ehe an, sie ist betrübt, (d. h. offenbar durch den gedanken an solch eine misheirat, vgl. 10_7), er bringt die sache vor den kaiser' — dieser sinn wäre doch sehr unpassend. Denn selbst ihre abschlägige antwort konnte kein grund zur beschwerde sein. — So aber ist der gedanke, dass sie den wie Luzifer übermütigen antragsteller, den ungetreuen verwalter ihres landes, verklagt. Also die überlieferte lesart scheint durch v. 4 befestigt zu werden. Steinmeyers bedenken aus W 127 kann hier nicht gebilligt werden, da diese strophe, wie im nächsten abschnitt zu erörtern ist (3. abschn. III, 2), schwerlich von dem bearbeiter herrühren wird; aber auch in der zusatzstrophe 31_7 findet sich derselbe gedanke wie dort: indessen lässt sich derselbe mit unsrer stelle wol vereinigen, indem er nur aussagt, dass der graf vorm kaiser auf seiner werbung besteht. — V. 7 bezieht sich auf die klage, die s i e stellt: *da gunt die edel maget gut nach hohem preise ringen* (vgl. unter X, s. 136): sie begann nach preis zu ringen, sie strebt nach ehre, handelt der ehre gemäss, indem sie Telramund wegen seines beleidigenden antrags beim kaiser verklagt. In L bemühen sich Friedrich und seine verwanten beim kaiser und der jungfrau wird mitgeteilt, dass sie einen kämpfer stellen müsse. — In W v. 8—10 besendet der kaiser sogleich viele fürsten, die ihr ein urteil bekannt machen sollen, wenn man einen kämpfer für sie dingen konnte. — Auch dieser sinn ist befremdlich: statt der einfachen anordnung eines zweikampfes werden sogleich fürsten herbefohlen, die entscheiden sollen, wenn man einen kämpfer zu finden vermocht habe.

W 12 (= L 36). Hier zeigt sich eine verständige änderung: nur in Prafant und Engellant, nicht aber wie in L, und noch in X, auch in Frankreich sucht die fürstin vergeblich nach einem kämpfer. — L 38_4 heisst es, dass *der galm gein Frankrîche gienc*: der caplan hört es mit freuden, dass sich von dem ton die lüfte teilen. Dann heisst es weiter v. 7: *da von Artûs und al die sînen hôrten vremde mære.* Dies beides, das nach

Frankreich tönen und die kunde bei Artus bezieht man leicht auf einander. So schon San Marte (Leben und dichten W. v. E. II 451), und Strack (a. a. o. s. 25 f.). Und ebenso tut es der Lorengelbearbeiter: er versetzt Artus überall nach Frankreich, z. b. 1_8, 2_6, 50_6 u. o. Wenn nun in L 36_2 stand, dass man auch in Frankreich vergeblich für Elsam warb, später aber Artus gerade helfer wird, so war dies ein widerspruch, den W mit richtigem takte ausmerzte. Richtiger aber ist es L 38_4 nicht auf Artus' reich zu beziehen, wozu eine nötigung nicht vorliegt: mit dem Frankreich ist nur eine beliebige, sehr grosse entfernung angegeben. Die lüfte teilen sich von dem donnergleichen getöse (nur dies steht unmittelbar vor jenen worten über Artus) und infolge dieses weithin dringenden schalls muss Artus einen kämpfer entsenden. Sein aufenthaltsort ist mit bestimmtheit nicht genannt. Dagegen ist in L 36 mit bestimmtheit gesagt, dass in Frankreich — dann also auch bei Artus — kein kämpfer zu finden gewesen. Dass L 36 oder 38 eingeschoben sei, ist durchaus unhaltbar, und ebenso etwa die absicht diese strophen verschiedenen verfassern zuzuschreiben. Wir nehmen also nicht Frankreich, sondern wie L 24 ff. geschehen, das ganz unbestimmte *gebirge* als Artus wohnort an. Daher halten wir den beweis, den Strack a. a. o. aus dem angenommenen widerspruch von L 38 und L 24 ff. gegen die einheit des verfassers schöpft, für nicht stichhaltig. Jedenfalls ist in L 36 auch noch nicht Artus in Frankreich gedacht: die ritter der tafelrunde wären gewis sofort für Elsam eingetreten, auch ohne die mahnende glocke. — Es wäre also höchstens nach str. 36 ein neuer verfasser anzusetzen; aber auch dies ist unzulässig, denn in L 71, also zu anfang der zweiten partie, steht in v. 4 auch wider: *dô er sich von den bergen schiet,* also Lohengrins herkunft aus dem gebirge ist auch hier angenommen. Dies zeigt, dass der verf. von L II an der fraglichen stelle (L 38_4) keinen anstoss genommen hat: wir wollen seinem beispiel folgen.

V. 8—10 in unsrer str. (W 12) rät der zu einem dienstmannen *Sondelban* umgeformte caplan *Albiân* nur: 'gott und seine mutter anzurufen, ihn an seine wunden zu gemahnen, er allein könne helfen'; in L redet der caplan beherzter: 'er wolle sich selbst töten, wenn gott sie beim anblick ihrer thränen ohne kämpfer liesse.' Solche kräftige worte passten wol schlecht zu dem matten herzschlag unseres bearbeiters.

W 22 (L 45). Auch hier wider eine törichte entstellung. L und X haben in v. 1 und 2: *Als* (*ez*) *diu künegîn hete erdâht*, *diz* (*ez*) *wart von* (*mit*) *maneger schœnen frouwen vollebrâht.* Was W in der lücke an der ausrüstung der frauen geändert hatte, wissen wir nicht. Die anbetung selbst und das rutentragen war geblieben; aber sie gehen *für den gral in hohen eren* (statt *durch vremde mœre*), und nach den späteren neigungen unsers erzählers zu schliessen, konnte er eine königin mit ihren frauen nicht barfuss und in härenen hemden einherziehen lassen: sonst sieht man bei ihm nur seide, schön gewirkte stoffe, gold, elfenbein und sehr viel edelsteine. — In unsrer strophe lässt er nun diese frauen 'tag und nacht' gott dienen — eine offenbare verdrehung: denn es kam dem verf. des alten gedichtes lediglich darauf an, dass die frauen durch einmalige bekundung tiefster demut und ein brünstiges hülfegebet die gottheit sollten zu bewegen suchen. Es drängte alles zur entscheidung: wenn ein mittel fehlschlug, wurde sofort zu einem andern gegriffen: zu einem solch langen gottesdienst fehlte es den aufgeregten an zeit und ruhe. Zugleich hat der bearbeiter hierdurch eine zeitangabe eingeschwärzt, die in L I mit vorliebe übergangen werden. Gewis hatte W auch die ausrüstung geändert oder ihre bedeutung nicht begriffen; wozu sonst die lange quälerei? Er hatte dem gedanken gewis wider die spitze abgebrochen und suchte, was er dem gebet an inbrunst und demut nahm, durch dauer zu ersetzen.

V. 7—10 ist auch die schöne apostrophe an die brabantische herzogin in W beseitigt. Waren die worte anstössig: *nû ist der tavelrunde her von dir besezzen daz mans vindet âne wer?* Hätten die helden der tafelrunde so ihre fassung verlieren können? Oder galt der schwungvolle zwischenruf des dichters für ungehörig? Er lässt statt dessen die frauen zur Maria flehen: *tu unser nit vergessen, erfreu uns schir, du maget her* u. s. w.

W 23 (L 46) bietet einen drolligen zusatz. In L heisst es v. 3: *er* (d. h. Key) *trat ir bî und muost ir ruofen sêre* (nämlich wegen der so fürchterlich tönenden glocke); in K, und wahrscheinlich auch in X, steht statt dessen: *er trat hinzu, er* *gunde ruofen sere.* Dies *gunde ruofen* hat die phantasie des verf. ins spiel gesetzt: er begann zu rufen, folglich hat ers vorher nicht gekonnt: Key war ein stummer und hat plötzlich die sprache wider erlangt. Erheblich verstärkt wurde diese gedankenbewegung durch die nur in X vorhandene, aber von uns als echt erkannte strophe K 17 W 26 (s. s. 129 ff.). W liest hier v. 3 *der was ein stum und pot got wird und ere;* v. 6: *er ward reden und sprach 'folgt meiner lere'.* Ferner wird hier in W 23 vorweggenommen, dass er durch sein andächtiges gebet den glockenton bezwang (v. 4 und 5). Dies erfolgt aber dadurch, dass er, wie in L, zu der dritten anbetung auffordert. In L waren es die drei reinen jungfrauen, die töchter des Parzifal, des Lanzulet und des Gawan. W begnügt sich mit einer: Parzifals tochter Isilia: *got hört ir pet für uns all gar gemeine.*

W 24 (L 44). Das oft erwähnte wunderwesen *Ezidemôn,* in W *Zedlamar,* scheint hier auch keinen guten engel mehr vorzustellen, sondern es ist lediglich ein gutes und edles tier. Zwar ist es von der gotteskraft geschaffen und mit *mit gnad und heilikeit behaft,* aber es wird nicht als glückbringender dämon zu der anbetung des grals herbeigeholt, sondern man will es gott — opfern! Auch hat das tier seine *vriedelinne Sibîne* mit ihrer nasengeburt verloren; und die billige ernährung durch den *smac* (so in Xc; a b: *schîn*) *der von dem klâren golde gât* und den atem aus der mutter munde erstreckt sich hier nicht auf das also wunderbar geborene wesen, sondern auf Zedlamar selbst.

In **W 25** (L 47) sind die wunderbaren falken, die Key den jungfrauen zu tragen empfiehlt, beseitigt: auch der Lorengeldichter begriff wol nicht, was uns zu erklären nicht gelang (vgl. aber die vermutung oben s. 90 f.). Dagegen liess er den *vlêsiant* als *fleydigant* bestehen, aber nicht jene drei jungfrauen oder seine einzige *Isilia* werden darein gekleidet, sondern *die edlen all.* Geändert ist auch v. 7. Statt *die steine ob aller kiusche swebent* schreibt er *das kleit ob aller wirde swebt* (vgl. das frühere, unter X, s. 127). W verstand die steine nicht, da ja auch in X die erklärung erst folgt. Sein *kleit* ist natürlich der *fleydigant.* — Den schluss der strophe: wenn dies nicht hülfe, müste gottes mutter nicht leben, hat W beseitigt. Vermutlich war ihm eine solche äusserung selbst in der form eines irrealen bedingungssatzes bedenklich: wir sahen schon oben, dass dieser mann an übertriebener theologischer ängstlichkeit leidet. Daher setzt er unverfänglich: *dar inn ward got gar tief gemant, dasz er sein gotlich hilf und gnad in gab und sant*; *da nam gar schir ein end der glocken leuten.*

In **W 27** (L 48) ist wider Keys plötzliche redegabe eingeschwärzt: in L und W fragen nun alle nach Keys worten: die königin erzählt davon und in L heisst es: *si sprâchen 'nû hât êre vür gebrochen'*, glücklich ist man über den erfolg versprechenden rat. — In W heisst es dagegen: *Kei was ein stum, sein red hat für gebrochen.* — — Hierauf werden die jungfrauen nach Keys vorschrift gekleidet; aber die schuhe, wie sie Sybille ihrer lieben tochter erdacht hatte, und den kopfputz (*schapel*) lässt W fort. Solche dinge waren wol nicht vornehm genug.

Auch in **W 28** (L 49) werden daher die gürtel ausgelassen, wie auch ihre überreicherin die zaubrische Felicia, von der schon L 24 ff. erzählt ist. — Sonderbar ist die änderung in v. 3: in L heisst es, die jungfrauen seien nun einem engel gleich, *den got selbe het gepriset;* W setzt dafür *als die engel, die got selber mit eren het gespeiset*! Das bild ist neu! — Auch v. 7—10 ist etwas umgeformt. W lässt vor ausführung der letzten anbetung ebenfalls noch ein amt vollbringen, aber nicht vor dem grale, sondern in dem saale; die taube aber soll die oblate auf den altarstein, statt auf den gralsstein bringen: das erwähnte unverständnis, wodurch nun auch der gral hier zunächst wegfallen konnte; aber sie wollen ihn dafür alsdann in das münster mitnehmen (v. 10). Wir wissen zu wenig, von welcher art und deutlichkeit des bearbeiters vorstellung vom gral gewesen ist: daher ist der grund dieser änderung schwer ersichtlich. — Nun folgen in W die zusatzstrophen über den brief des grals.

W 34 (L 50). Ganz natürlich ist für unsern verfasser die änderung von v. 1 u. 2. L und X hatten hier *der tac mit sîner sunnen quam.* W verstand diese unterscheidung nicht mehr und setzte *dar nach der tag mit seinem lichten glaste kam.*[1])

[1]) Auch L a b haben *der tac mit sînem schîne quam;* aber die übereinstimmung von c mit K beweist, was das alte ist. Uebrigens zeigt

— Unbedeutend sind die weiteren änderungen dieser strophe: v. 3—6 ist in L widerholt, dass infolge des glockentones die tafelrunde nun ihren besten ritter aussenden müsse. In W, wo durch den brief vom gral die sachlage schon bekannt, erinnert ein ritter den Artus, dass er nun seinen besten mann auswählen müsse. — V. 7—10 wird in L die procession der jungfrauen ausgeführt und die falken vor gottes bilde abgestossen; statt dessen freuen sich in W die ritter der neuen botschaft und *sprachen ir gepet vor gotes pilde.* Wider ausfüllung der gedankenlücke durch ein gebet.

W 35 (L 51) bringt einmal die gedanken des originals ziemlich treu; aber gerade hier war änderung am platze, da wesentlich dasselbe in dem briefe des grals angegeben war.

W 36 (L 52). V. 4 ist gut erhalten; aber v. 5 in L: *daz* (sc. *sper*) *kan ich gein des helmes stricken bringen her* verstand W wol nicht (da das *her* in der tat auffällig) und er setzte: *mit meiner ritterschaft ich das gar wol bewer.* Die *poynders hurte,* v. 6, war ihm wol unbekannt; er setzt ganz anders: *mit gotes hilf mag ich es wol volbringen.* Offenbar waren überhaupt die einzelheiten des kampfes dem Lorengelbearbeiter unbekannt. V. 7 unterlässt er, Artus seine fähigkeit zum fusskampf preisen zu lassen, er setzt allgemein *hochgelopte ritterschaft* noch einmal ein, für *ich hân ouch snelheit mit der hant* steht bei ihm *kum ich gen Prafant in das lant,* dort will er schild und helm dem gegner zertrennen, L und X haben *daz harnasche.*

W 37 (L 53) hat wesentlich den alten inhalt bewahrt. Nur v. 7 scheint unserm überarbeiter nicht klar genug gewesen zu sein. L liest: *die heidenschaft dort jensît mers hân ich mit suoche erbûwet,* d. h. also: das heidenland jenseits des meeres habe ich aufgesucht und angebaut. K bietet eine verderbte lesart: (*daz weiz man noch in manchen landen witen*) *in heidenschaft jensit dez mers wo ich es han durchpuet.* W hat nun entweder auch verderbtes vorgefunden oder den verschlungenen ausdruck *hân ich mit suoche erbûwet* nicht verstanden. Wir

die trennung von tag und sonne, die ja im Wbk. eine so grosse rolle spielt, wider die geistige verwantschaft des Lohengrin I mit dem genannten werke.

finden bei ihm, recht deutlich, aber wenig schön: *dort über mer in heidenschaft hab ich vil streits gepauet.*

W 42 (L 54) v. 3 *sturmgiten* stand schon in X nicht mehr; K hat *in sturme wyten;* W aber gibt ganz andern sinn: *da (in Spangerlant) mich die künegin selbs zu streit gund pitten.* — V. 4 u. 5. Der riesenkampf dauerte in L u. X nur einen tag und eine nacht; in W dagegen *zwen tag und auch ein ganze nacht.* — V. 6 heisst es in L und X, dass bisher mit dem hier sprechenden Gawein noch keiner den streit hätte aufnehmen können; W dagegen bietet den gedanken, dass mit den riesen im lande vorher noch keiner gestritten hätte. V. 7 Gawein bindet den riesen in L und X, in W schlägt er ihm statt dessen tiefe wunden. V. 8—10 hat zwar ganz neue fassung in W, aber wesentlich denselben sinn.

W 43 (L 55). Recht charakteristisch ist eine kleine änderung von v. 3 Walwan sagt in L und X: nirgends sei ein ritter so stark als er; darauf folgt in L: *nieman sol denken daz ich in des meine,* also eine ziemlich herausfordernde behauptung: ‘ihr alle seid mir nicht gewachsen’! — Der gesittete Lorengelverfasser dämpft die wendung durch die änderung: *euer keiner denk dasz ich in ark das meine,* also: ‘ich will gewiss keinen durch ein solches wort beleidigen’. Dem übermut des sprechenden ist wider die spitze abgebrochen.

W 44 (L 56). Die verwickelte metonymie von L v. 4 *ich wil mich zeln ze swertes siten* (vgl. oben s. 109) verstand unser verfasser gewiss nicht: er setzte eine ganz andere gehaltlose zeile ein *nu schickt mich dar mit meiner wer* und änderte den reim. — In der nächsten zeile gibt er für den gedanken von L und X: er, Walwan, habe zwölf mal mit hohen königen gefochten: *ich han zwelf jar gestriten vor dem keiser her.*

W 45 (L 57) L und X haben in v. 3: *ir welt mich von den sinnen twingen;* dies hat W geändert in: *das tut mein er und manheit krenken.* Vielleicht war der ausdruck nicht mehr gewöhnlich, vielleicht war auch die wendung für unsern sanften verf. zu ungestüm. — Des reimes wegen muste nun auch v. 6 geändert werden; in L und X lässt sich Lanzelet ross und harnasch herbeibringen, hier heisst es — wider etwas gleichgültig allgemeines statt des besonderen in der vorlage —: *auf dise reis darf niemant für mich denken.* — In v. 7 ist in L und X die schwester Lohengrins als diejenige genannt, welche den übermut dieses ritters tadelt; W setzt aber nicht seine Isilia ein, sondern wider allgemein nur *ein juncfrau in da straft und sprach.*

W 46 (L 58). Der inhalt von v. 1 u. 2 in L und X: dass nun junge ritter herbeigekommen seien und die alten nach ihrem tun befragt hätten, ist in W fortgefallen und statt dessen der inhalt des dritten verses auf die beiden ersten mit ausgedehnt. Den anstoss dazu gab gewis der thüringische reim von v. 2 (vgl. das frühere, über die handschrift X s. 141). Hierdurch ist die gefällige abwechselung, dass nach den alten die jungen auftreten, beseitigt. — In v. 6 heisst es in L und X: jeder sei gern der kämpfer gewesen. W fährt in der beschreibung des ritters Joram fort und sagt an dieser stelle statt dessen: *und paret freischlich sam ein wilder pere.* — Den wundergürtel, den dieser ritter umbindet, wodurch er in L die kraft von acht männern, in K sogar die von zwölfen erhält, hat der Lorengeldichter seiner eigentümlichen zauberkraft beraubt, es heisst nur: *der gap im sterk und mannes kraft.*

W 47 (L 59). Befremdlich ist die änderung in v. 3. L und X haben: *er trat* (*quam*) *niht vür die massenîe aleine,* W dagegen: *da si funden frauen und meget reine.* Zu dieser änderung wird, da ein andrer grund nicht ersichtlich, die unbekanntschaft mit dem wort *massenîe* veranlasst haben: das wort ist immer umgangen. — V. 5 ist gesetzt statt des weinens der schwester, von dem auch v. 6 erzählt: *gar tugentlich si da zu irem bruder sprach.* — Bemerkenswert ist wider v. 10. L bietet: *du bist der kempfe: uns* (so in c, natürlich richtig; Rückert hat mit a b *und*) *sagt der grâl diu maere.* Es ist also anzunehmen, dass wider am gral eine schrift erschienen, welche den namen des auszusendenden helden verkündete. In dem erwähnten von der taube gebrachten briefe stand nichts von dem; eine zweite höhere mitteilung durch ein solches tier schickte sich kaum: so muste die unklare stelle fallen, und man liest: *der sol der kempfer sein . owe der schwere.* Hiernach hat ihn wol Artus bestimmt.

W 48 (L 60). In v. 9 sorgen in W die fürsten für den

ausziehenden Lorengel, während vorher in L und X edelknappen gut genug waren.

W 49 (L 61). Auch hier ist in v. 5 ein knappe zu einem *stolzen degen* umgeformt. In v. 9 u. 10 ist die wunderbare schnelligkeit des rosses, das in die lüfte fliegt, gedämpft: nur *sein mut* fliegt jetzt so weit. Der gedanke ist zu einer solchen schwindsüchtigen blässe herabgesunken, wie es auch oben beim wundergürtel des Joram der fall war.

Zu **W 50** (L 62) vgl. unter den zusätzen W 51 f. (s. 147).

W 53 (L 63). Ueber v. 3 vgl. form, s. 160 oben.

W 54 (L 64) v. 1—6 sind unter X erwähnt. V. 7 lässt W die rebhühner fort und ebenso die heimat (Cypern) des weines, an dem Lohengrin auf seiner beschwerlichen fahrt sich laben soll. Wider ausmerzung der einzelheiten.

W 55 (L 65). Statt des lebendigen ausdruckes von L und X, dass Lohengrin fünf (in K drei) tage auf dem meere nicht habe kannen mit wein einhertragen sehen, schreibt W: *dasz der vil edel fürst gemaches nie gepflag.* In v. 7 verschlingt der schwan das fischlein nicht mehr *mit geile,* wie in L und X, sondern *aleine* (vgl. unter den 'einzelnen ausdrücken' s. 160).

W 56 (L 66). In v. 3 ist in den früheren fassungen nicht bemerkt, weshalb der schwan in die see taucht; W vergisst das nicht und schreibt: *nach seiner speis.* Das *nû merket reht waz ich wil sagen* in v. 2 (L) ist als *merkt was ich damit meine* in v. 3 (W) erhalten. — Nicht recht ersichtlich ist der grund zu der änderung von v. 7: *der swane ez mit dem snabel her gein des helden hende wîset,* das ohne bemerkenswerte wandelung auch in K erhalten; W schreibt: *er* (*der fogel*) *pots dem edlen fürsten dar des lop stund hochgepreiset.*

Ueber die beiden verse von **W 59** = L 67_{1-2} ist nichts zu erwähnen.

Diese beiden zeilen und die zuerst besprochenen drei strophen (W 1—3) stehen nur in LW; das übrige bisher vorgetragene in LKW; es bleiben also noch die 6 strophen von KW zu erörtern. Von diesen galten uns 4 als unecht; die abweichungen, die W von K darin aufweist, sind unter X genügend hervorgehoben; sie waren nicht erheblich und zwar wahrscheinlich deshalb, weil ihr unbedeutender inhalt dem unvermögen unseres bearbeiters gerade genehm war. Dagegen muss über die 2 strophen, die zwar in L fehlten, aber uns doch als echt galten, ein wort gesagt werden.

K 20 ist in W so gut wie ganz verschwunden; man darf aber nach dem ähnlichen fall von W 14 = L 37, wo nur ein reim gewahrt war, in W 28, v. 1—2, wol mit Steinmeyer noch eine spur davon wittern. Der grund zur beseitigung mag ein zwiefacher sein: erstens entfernte der bearbeiter alle kleinen einzelzüge; die *schuohe,* der *schapel* sind ausgelassen, so waren auch die gürtel nicht brauchbar. Zweitens aber reckt sich die wunderphantasie des Lohengrindichters hier wider mächtig empor: die göttin Felicia gibt die zaubergürtel, die sie menschen nie sehen liess! Das muste fallen in unserm Lorengel, wo alles rechtschaffen hergeht! Da dieser inhalt gerade eine strophe ausfüllt, so ist die beseitigung derselben nicht auffällig: die gründe dieses tuns lassen sich so leicht bloss legen.

In **W 26** (K 17) ward reichlich die neue redegabe Keys wider gepriesen und dies um so mehr als an stelle des gewis nicht mehr verstandenen inhalts von v. 7—10 doch ein andrer gesetzt werden muste. Andererseits war aber gerade diese strophe, welche die einwirkung des engels auf Key rühmt, ein wichtiger anlass mit zu der erfindung seiner bisherigen stummheit. Dass der engel aber zur begründung von anderem dienen sollte, ist bei X erwähnt (s. 129 f.).

2. Form.

Es lohnt der mühe, nachdem man so gesehen hat, wie der inhalt von dem bearbeiter eingreifend umgestaltet ist, kurz auch zu beachten, was er aus der form gemacht hát.

Alle redeblumen sind unbarmherzig zerstört. Wir beobachteten (oben s. 109) in L I einige kräftige beispiele der metonymie. L 45_5 *man sach da liehtiu ougen mit den münden klagen.* W dagegen: *da horet man jemerliches clagn.* L 56_3: *gestanden swert ist guot ze grôzer herte;* W: *man darf wol guter held zu solcher ferte.* L 56_4 *ich wil mich zeln ze swertes siten;* dieser ausdruck (oben s. 109) gieng dem bearbeiter wol ganz über den spass: er beseitigt ihn mit haut und haaren. Auch die metonymie in der neu von uns aufgenommenen strophe K 17 W 26: *du rettest bofer und redest golt ûz dem kupfer* ist ganz ausgemerzt. Desgleichen der unmittelbar vorher stehende vergleich: *der engel hât den bœsen geist in valken wîse verbrœhet;* statt dessen lesen wir: *mit kraft von dir getriben.*

Die woltuende litotes von L I in str. L 63, v. 3 (W 53): *die (vürsten) het des jungen vürsten niht verdrozzen* ist entfernt. W liest: *der helt was kün, seins mutes unverdrossen.*

Die rhetorische frage von L 58_{10} *wer vuogte baz dan ich ze herten strîten* ist zu einem einfachen aussagesatz geworden: *sein herz ie topt nach stürmen und nach streiten.* Die kräftige apostrophe von L 45_7 ist schon genauer erwähnt.

Die eigennamen sind wesentlich wie in X; nur weniges ist geändert: der *dinestman Sondelban* statt des caplans *Albiân* ist bereits genannt (vgl. Steinmeyer s. 226); *Walwan* ist zu einem *Walman, Gawein* zu *Gabin* geworden.

Von einzelnen ausdrücken ist nur weniges zu erwähnen, da das meiste beim inhalt schon vorgetragen, anderes aber bei den reimen anzuführen ist. Bemerkt sei, dass das wort *geile* und *geil* L 65_7 und L 66_8 beide male beseitigt ist, während es in X noch steht; freilich mildert schon K das zweite mal durch den zusatz *in tugend geil:* im Lorengel ist das wort an keiner stelle überliefert: gewis hatte es bereits seinen unanstössigen sinn eingebüsst.

Ferner ist es wünschenswert zu wissen, ob der bearbeiter die in L I beobachteten anrufungen an die hörer (1. teil s. 105) habe stehen lassen und ob er sie in seinen eigenen strophen vielleicht nicht bringt. L 26_3, $_6$ und $_7$ ist das *hœrt* nur in v. 3 von W 1 in abgeschwächter form erhalten. L 31 ($_4$ u. $_{10}$) steht nicht in W. L 38_{10}, 41_1, 42_1 u. $_8$ fallen in die lücke. L 46_1 ist in W 23 erhalten; L 47_1 in W 25. Dagegen ist die betr. wendung von L 50_2, 59_6, 63_1 in W ausgefallen, während L 66_2 in W 56_1 u. $_3$ noch fortlebt. Es stehen also 6 fälle in nicht überlieferten strophen von W, 5 sind ausgefallen und 4 erhalten. Aehnliche wendungen finden sich in L I in den reden der personen 43_8 und 47_7: die erstere stelle fällt in die lücke von W, die zweite: *hœrt waz mîn sin bediutet* hat sich nur ohne das *hœrt* erhalten: *als ich euch wil bedeuten.* Aber der bearbeiter liebt auch dieselben redensarten; zunächst an die hörer: W 2_1 *fürbasz mügt ir wol nemen war;* 3_3 *hört was got wunder tet mit einer schellen;* 25_3 *nu hört was da her Key fürbasz gedachte*. Aehnliches in den reden der personen 10_6, 27_5, 29_{10}, $30_{3,4,10}$, 31_3, 32_9, 33_4, 34_3. Also dies bequeme äusserliche merkmal versagt den dienst zur unterscheidung des alten und neuen.

Wichtiger müssen uns aber gerade bei einem bearbeiter dieses schlages die reime sein. Denn er hat das augenscheinliche bestreben, so unbekümmert er den inhalt auch entstellt, die reime unangetastet zu lassen (Steinmeyer s. 244). Und hierbei ist er so sklavisch ängstlich, dass er, wo er das betreffende reimwort selbst nicht halten kann, doch womöglich die art des reimes nicht aufgibt. Man kann hier schnell die fälle durchgehen, wo der verf. den reim von X geändert hat.

L 36, W 12³/₆. L: *verstüende : erkünden*; W: *unterwinden : finden*. Vielleicht war diese bedeutung von *verstân* schon verdunkelt; zugleich sollte der thüring. reim entfernt werden. Bemerkenswert ist es, dass doch ein reim sehr ähnlicher art an die stelle gesetzt wurde.

L 44, K 16, W 24³/₆. L: *vriedelinne : gewinnen*; K: *kindelinne : gewynnet*; W: *bringen : gelingen*. Es ist die strophe vom *Ezydemôn*, die so wesentlich verändert ist. Vermutlich lag W die fassung von K vor: *inne* — *innet*, ein reim, den sich W nie gestattet. Aber auch hier ist eine ähnliche art an die stelle getreten.

L 45, K 14, W 22³/₆. LX: *maere : swaere*; W: *eren : verkeren*; wesentlich also das alte.

L 46, K 15, W 23⁴/₅. LX: *geschach : brach*; W: *zwang : clang*. Die andacht Keys sollte als den glockenton besänftigend dargestellt werden. Die änderung von *durch ir ôren brach* in *clang* lag nahe, und alsdann war das gewünschte leicht mit dem reim *zwang* einzufügen.

V. 7—10 haben ganz andere reime: es ist die stelle, wo W statt der in L vorgeschlagenen drei jungfrauen nur die eine Isilia setzt. Seine reime sind aber auch die gewöhnlichsten und nach *ein* die häufigsten im ganzen gedichte: auf *-eine* und *-ant*.

L 47, K 18, W 25¹/₂. LX: *jagen : tragen*; W: *abenteur : steur*. Es ist die stelle, wo die falken beseitigt sind. Es war wol nicht leicht, etwas anderes gleich *tragen* zu lassen.

In v. 8/9 ist der reim auf *-eben* durch einen solchen auf

-ant ersetzt: es war wol schwierig bei der völligen umprägung des inhaltes noch das alte zu wahren.

V. 7/10 *-euten* statt *-iutet* ist kaum zu erwähnen nötig.

L 48, K 19, W $27^4/_5$. LX: *sagen : behagen;* W: *sprach : geschach.* Ohne ersichtlichen grund: denn wenn auch *massenîe* beseitigt wurde, so konnte der reim doch unangetastet bleiben.

Dagegen machte in v. 8/9 der völlig veränderte inhalt solche erhaltung unmöglich.

L 50, K 22, W $34^4/_5$. LX: *lât : hât;* W: *man : han.* Wider kam dem dichter die *massenîe* in den weg. Statt *in der massenîe* setzte er *an dem hof*; nun war aber ausfüllung des verses erforderlich; daher empfahl sich für *den er hât* die vollere wendung *den ir müget han.*

Der reim von W $42^8/_9$ auf *-art* statt des auf *-in* in LX ist wol entlehnt aus W 39 (K 30), wo er auch an derselben stelle der strophe sich findet.

L 56, K 29, W $44^4/_5$. LX: *siten : gestriten;* W: *wer : her.* Es ist die stelle mit der dunkelsten metonymie. — V. 8/9: *sagen : tragen* in XL ist zu *sag : trag* in W geworden.

L 57, K 26, W $45^3/_6$. LX: *twingen : bringen;* W: *krenken : denken.* Wenn einmal der ausdruck *ir welt mich von den sinnen twingen* anstössig erschien, so war ein mässigerer inhalt auf denselben reim wol schwer zu finden.

L 58, K 32, W $46^1/_2$. Der neue ausdruck in W ist wesentlich nach dem von W $8^1/_2$ gebildet. Dort: *der edel fürste lobesam der tet als ie den weisen fürsten wol an zam.* Hier: *ein edler fürste hiesz Joram, der rett als einem künen degen wol an zam.*

L 59, K 34, W $47^8/_9$. L: *geschehen : gesehen;* K: *we : me.* W: *ser : mer.* Gewis lag W die fassung von K vor und die form *me* war ihm nicht mehr geläufig.

L 61, K 36, W $49^4/_5$. LX: *schilt : zilt;* W: *gut : hochgemut.* Der ausdruck *ein knappe der was mit im ûf die vart gezilt* war vermutlich dem bewusstsein dieses bearbeiters bereits verdunkelt. Das wort *gut* fand sich nach ausweis von K wol schon in X; so war es leicht in den reim gesetzt, zumal das wort *hochgemut* in dieser art von dichtung fast auf jedes lebende wesen passt.

L 62, K 37, W $50^1/_2$. LX: *wert : (be)gert;* W: *mein : gesein.* V. 2 ist wesentlich nachgebildet nach der zusatzstrophe von W über den herzog Mügelein: *her künig rüst mich auf die fart, mag es gesein.* Diese höflich bedingende wendung, die von den kräftig ruhmredigen worten, welche die Artusritter im Lohengrin äussern, bedeutend absticht, hatte unserm friedlichen verf. gewis so gut gefallen, dass er ihre widerholung für wünschenswert hielt. Wir lesen hier: *küng, edler herre mein, mein herz urlaup begert von euch, mag es gesein.*

In v. 3/6 war der reim von L: *degene : gesegenen* in X nicht rein erhalten. K hat *degen : ir frau gotz gnad sol uch nit verwegen.* Dies lag vermutlich schon in X vor: so häuften sich hier 4 reime auf *-egen,* von denen 2 als klingend, 2 als stumpf gelten sollten. Dieser umstand sowie die dunkelheit der erwähnten 6. zeile mochten W zur änderung veranlassen.

V. 8/9. LX: *erschrac : lac;* W: *sach : geschach.* Man darf vermuten, dass das logische gefühl des verf. durch die zeile *daz sie unmehtic vor der massenîe lac* (K: *tafelrunde*) schon ebenso fremdartig berührt wurde als das unsere. Wir erwarten von der eintretenden handlung zu hören, nicht von der vollendeten. So setzt auch W: *si ward kraftlos.*

L 63, K 38, W $53^7/_{10}$. *êret* in LX, *ere* in W.

L 65, K 40, W $55^7/_{10}$. LX: *geile : teilen;* W: *aleine : gemeine* (s. o.).

L 66, K 41, W $56^8/_9$. LX: *geil : teil;* W: *hant : sant.* Beide fälle aus dem erwähnten grunde.

V. 4/5. L: *obelatelîn : sîn;* K: *wie : gie;* W: *fing : ging.* Vielleicht war die form *gie,* die vermutlich schon in X stand, nicht mehr geläufig.

Ferner hat W in der in L nicht erhaltenen strophe W 26, K 17 v. 7—10 geändert, da der sinn gewis völlig dunkel blieb. — Der reim auf *-int* in W $28^1/_2$, der aus K 20 herrühren kann, ist mehrfach erwähnt.

In den vier unechten plusstrophen von KW oder X hat W zwei unbedeutende änderungen vorgenommen durch die zufügung eines *n* am ende der reimwörter von 38 und 40, v. 7 und 10. Ferner hat 39_{1-2} andere gestalt gewonnen; wahrscheinlich hatte in der vorlage von W bereits der name *Lebant* sein *t* eingebüsst, wodurch er zum reim auf *underwant* untauglich wurde.

In den 32 versen von WL, die K nicht enthält, ist trotz der einschneidenden änderung des inhaltes nur ein reim umgewandelt: W 1, L $26^3/_6$. L: *glocke : locke;* W: *schone : done.* Der grund hierzu ist aber nicht erkennbar.

Bei allen diesen reimen sind nur solche umbildungen genannt, die eine ganz andre art von reim hervorriefen. Wenn z. b. *geswenke* statt *gelenke* oder *krenken* statt *denken* gesetzt ist, so konnte das übergangen werden: denn wir wünschen nur zu erfahren, in wie weit der charakter der alten reime bewahrt ist, um so zu wissen, was hierdurch etwa bei der betrachtung der fortsetzung als alt und neu unterschieden werden könne. — Das ergebnis der reime ist folgendes. Die 352 fraglichen verse haben 176 reime. Von diesen sind im ganzen 30 mehr oder minder beseitigt, das verhältnis ist also 6 : 1, d. h. durchschnittlich ist nicht einmal in jeder strophe ein reim verändert. Trotz diesem bestreben nach erhaltung der alten reime haben sich mannichfache wandlungen eingestellt. Von den thüringischen reimen der vorlage fallen 2 in die lücke, die übrigen 12 sind bis auf einen beseitigt ($48^7/_{10}$). Dies ist geschickter gemacht als in L. Merkwürdiger weise verschmäht der bearbeiter selbst diese reime nicht; man vgl. die zusatzstrophen $4^4/_5$ und $^7/_{10}$, $32^7/_{10}$, $52^7/_{10}$ (ferner häufiger in späteren strophen, die augenscheinlich von ihm herrühren). Also diese reime werden gar keinen anhalt bieten für erkenntnis des allenfalls echten in der fortsetzung. — Zwei kürzen an stelle des klingenden reimes finden sich neu hergestellt in $26^7/_{10}$, 28_7 und 42_6. — Elfmal lesen wir verkürzte wortformen im reim, die sich der erste dichter nicht gestattete: 22_9 *er* (*êre*); 25_1 u. $_2$ *abenteur, steur;* $_9$ *sant* (= *sande*); 27_8 *lobeleich* (*îche*), $_9$ (*in dem*) *reich*; 28_8 *taub so rein*; 42_2 *schan* (*schône*); 43_8 (*aus freiem*) *mut*; 47_8 *ser*; 56_9 = 25_9. Unrichtig verlängerte wortformen finden sich im reim 24_7 *kunde* (*kunt*); 28_7 *sale* = *sal*; 46_6 *pere* = *ber*; 54_{10} *der fogel seine.* — Unreine vocalbindungen haben sich eingeschlichen *a : ô* $42^1/_2$; *ê : æ* $1^7/_{10}$, $10^7/_{10}$; *e : æ* $46^3/_6$; *e : ê* $44^4/_5$. — So sind also trotz der ängstlichen anklammerung an die alten reime vielfältige unreinheiten in echten strophen eingedrungen und das hauptmerkmal derselben, die thüring. reime entfernt. — Dagegen finden sich in den 14 vom bearbeiter zugefügten strophen 7 ohne jeglichen reimverstoss ($5_{7-10}+7_{1-6}$; 8; 9; 29; 30; 41; 51); in zweien ist nur die ungenaue bindung von *a* : *â* auffällig ($6^4/_5$; $31^4/_5$ u. $^8/_9$); *ô* : *o* steht $33^1/_2$; *herre* : *êre* $13^3/_6$; apokopen nur 14_2 und 33_5 u. $_8$; verlängerung 33_7; endlich die 4 reime *e* : *en*. Also durch sprach- und reimfehler unterscheidet sich hier das neue und alte keineswegs.

Fragen wir uns schliesslich, wie viel der bearbeiter von dem eigentümlichen inhalt der vorlage beibehalten und beseitigt hat, so erkennen wir folgendes.

Von den wunderdingen sind ganz fortgefallen die beiden gralsschriften, die falken der 3 jungfrauen und das gefährliche zauberwesen Felicia, vor dem sich unser reimschmied gewis bekreuzigt hat wie vor Beelzebub selber. Sehr verblasst ist der Ezidemôn, zahmer geworden ist Lohengrins ross und Jorams wundergürtel hat mit dem alter an kraft erheblich eingebüsst. Geblieben ist aber Elsams schelle, nur ist dieser goldene zauber von einem feierlich vererbten falken abgelöst, geblieben ist Gaweins riesenkampf, die wunderbare speisung durch die oblate und Lohengrins bereitschaft, sofort mit dem schwan von dannen zu ziehen.

Die eindringlichkeit vieler begebenheiten ist von dem bearbeiter abgeschwächt. So die letzte gralsanbetung: statt der 3 auserwählten jungfrauen beten teils *die edlen all* im *fleydigant* teils nur Isilia; die procession der frauen war gewis auch verändert. Das ungestüm der ritter ist geringer geworden (vgl. 43_3, 45_3, auch die höflichen wendungen 52_2, 41_2). Viele einzelzüge, welche die entrollten bilder lebendig machen, sind beseitigt (vgl. 27_{8-10}, 36, 45_6, 54, 55; ferner ausgelassen K 20 [Felicia]). Andererseits ist das tun der personen mehrfach vorsichtiger begründet (Elsam nicht versorgt str. 4; die schelle feierlich vererbt 8—9). — Nicht verstanden ist ausser der gralsschrift die bedeutung der steine (25) und des glockentönens (23_3), infolge dessen Key so laut rufen muss. Hieran schlossen sich dann die zwei neuen erfindungen dieses meisters: Keys stummheit und der brief des grals; ferner der geistreiche

Mügelin. Als letztes merkmal des bearbeiters beachten wir seine theologische gedrücktheit (12_{8-10}, 22_{7-10}, 25_{8-10}, und man vergleiche auch 7_{10}, 8_{10}, 9_{6-10}, und die weiteren eingeschobenen gebete 29_{4-5}, 34_{10} u. s. w.). — In der darstellung hat er das schnelle fortschreiten, die dramatische lebendigkeit abgeschwächt (so durch das tag und nacht andauernde gebet der frauen, den gralsbrief und das lange gerede an des fürsten sterbebette [4—9, in L nur 34]), zugleich hat er sich hierbei vielfach durch widerholungen, die der erste dichter mied (erster teil s. 102 f.), verraten. Die gefälligen redeblumen hat er zerstört, die schärfe der gedankenfassung vielfach abgestumpft (10_7 u. $_{10}$, 37_7 u. ö.); die reime hat er bei seiner ungewöhnlichen schwäche zwar meist ängstlich beibehalten, aber ihre reinheit doch vielfach getrübt. — Die zwischenrufe an die hörer sind dem vorbilde auch in neuen strophen nachgeahmt.

Wir wissen jetzt genau, in welcher gestalt wir allenfalls eine fortsetzung von L I in W II erwarten dürfen. Und wir wissen genau, welche vorstellung wir uns von dem geist oder vielmehr geistesmangel des bearbeiters zu machen haben. Der knappgefasste krause und eindringliche gehalt des alten gedichtes ist verbreitert, gemildert und abgestumpft, aber er ist nicht beseitigt. Die jämmerlichen zutaten kann man fast überall von den echten versen unterscheiden; nicht immer ist aber das alte noch deutlich zu erkennen; unschöne widerholungen verraten oft das gemisch. Aeusserliche merkmale (bestimmte redewendungen, die reime) geben nur einen schwachen anhalt zur unterscheidung: die vorstellungen, die art, breite und schärfe ihrer fassungen müssen verglichen werden.

Erinnern wir uns schliesslich zur richtigen würdigung der fortsetzung noch solcher früher erwähnter eigenschaften von L I, die hier nicht zu widerholen gelegenheit war: sehr geringe beachtung von raum und zeit, keine steckbriefbeschreibung der personen und gegenstände; keine hochschätzung höfisch feiner sitte (begrüssungen u. s. w.), liebenswürdiger *hôchgemüete* und minne; keine umständlichkeiten, beratungen, alltäglichkeiten (essen und trinken) — die eigenschaften von L I sind auffällig scharf ausgeprägte! —

Dritter abschnitt. Die reste einer fortsetzung von L I im Lorengel.

I. Gründe, die von vornherein für erhaltung einer fortsetzung von L I im Lorengel sprechen.

1. Beziehungen von W II zu L II.

Es ist keine frage, dass dem bearbeiter des Lorengel die fortsetzung des Lohengrin von dem zweiten dichter (L II) nicht vorgelegen hat. Wenn auch in W I der frühere gehalt oft bis zur unkenntlichkeit entstellt war, so blieb doch im ganzen eine grosse ähnlichkeit zu dem alten gedichte erhalten und namentlich waren die reime ziemlich treu bewahrt. Im Lorengel wird nach v. 59_2 (= L 67_2) gedankengang und reimgewand im ganzen ein völlig abweichendes. Dies ausführlicher darzulegen wäre zeitverschwendung. Trotzdem bleiben kleine züge beiden fassungen gemeinsam, die der zufall nicht geschaffen haben kann. Wir können etwa 5 solche züge in betracht ziehen. a) in L II und W II ist übereinstimmend die ankunft Lohengrins in Antwerpen. L 70_5: *z' Antwerf was diu sprâche;* W 59_6: *dar mit der helt gen Antorf schnell zukerte.* L II könnte diese angabe aus Wolfram haben, aber er beruft sich unmittelbar daneben auf *lieder* — das passt nicht. W hat aber sicherlich den Wolfram nicht gekannt: wir würden sonst gewis irgendeine spur davon finden; auch ist von vornherein zu vermuten, dass eine dichtung ohne 'ton' für eine meistersingerseele keinen grossen reiz gehabt hätte, und wenn eine solche Wolfram gekannt hätte, so wäre ihr dessen gehalt doch ein buch mit sieben siegeln geblieben. b) In W II und L II übereinstimmend wird Lohengrin durch eine feierliche begrüssung unter musik am strande empfangen (L 76, W 116). c) Auf der fahrt entschläft Lohengrin durch den gesang des schwanes (L 68_{1-2}, W 59_3). d) Der name Gundemar, des abtes im Lohengrin, welcher der Elsam durch ihren grossvater Gotehart geschickt ist (seine erste einführung L 75) erinnert in der tat, wie Steinmeyer bemerkt (s. 238 f.) an den oder die Waldemar im Lorengel. Freilich kann hier Steinmeyers meinung nicht beigepflichtet werden, dass aus dem Gundemar des Lohengrin die beiden dienstmannen, die auch K erwähnt, hervorgegangen seien, sondern uns scheint der vorgang der umgekehrte zu sein: dass im Lohengrin die 2 dienstmannen beseitigt sind und doch noch der brauchbare name für eine andere person verwendet wurde. e) Der ausdruck in L 70_{6-7} *als ich hân vernomen und uns diu âventiur seit in den lieden* verlangt von uns seine erklärung. Er steht ganz zu anfang der zweiten partie. An eine französische vorlage ist kaum zu denken; ein strophisches gedicht muss gemeint sein. Wenn eine fortsetzung des alten gedichtes vorhanden war, so muss natürlich auf diese hingewiesen sein: die betreffende stelle ist ein grosses kreuz der erklärung; so ist uns mit eins darüber hinweg geholfen. Endlich f) Auch die deutung des schwans als eines engels in W II und L II mag erwähnt werden (L 67_3, 78_{1-7}, W 59_4, 70_{10}). — — Es fragt sich nun, wie eine solche beziehung am wahrscheinlichsten sich erklären lasse. Noch einmal: eine vorlage, aus L I + L II bestehend, ist nicht überarbeitet; warum sollte der verf. sonst die umständlichen beratungen, die *sprâche ze Antwerf*, den bischof von Lüttich, den abt Gundemar, den Lothringer u. s. w., die alle ganz zu anfang des zweiten teiles auftreten, beseitigt haben? Seinem dumpfen sinne musste doch alles breite und pedantisch umständliche höchst willkommen sein. — Aber auch eine umarbeitung von L II kann nicht vorgelegen haben. Erstens wäre es ganz merkwürdig, dass ein solcher bearbeiter gerade an der stelle eingesetzt hätte, wo der neue verfasser anhebt. Zweitens aber kann man von einer umarbeitung nicht mehr reden, wenn alle hauptpersonen und alle hauptbegebenheiten des früheren gedichtes ausgemerzt sind. Die personen sind genannt; aber ebenso fehlen die umfänglichen beratungen zu Elsams zuge nach Mainz, diejenigen von Elsams rat, von den dienstmannen und landesherren, von den städtern und es fehlt deren anerbieten, die kosten zu tragen. Es fehlt der Mainzer zug selbst, die vergnügungen des Lothringers und Lohengrins mit den frauen — kurz es fehlt alles, bis auf die erwähnten kleinen züge und bis auf den selbstverständlichen vorgang des zweikampfes und das durch L I bereits genügend begründete erscheinen des kaisers. Drittens aber spräche gegen eine aus L II umgeprägte vorlage der umstand, dass sich in W II einige gedanken finden, die zu L I in bestem einklang stehen, während in L II das gerade gegenteil von ihnen zu erkennen war. Es sind dies züge, die Elsams grosse bedrängnis und demut, das alleinige treubleiben ihrer zwei dienstmannen angeben: später darüber genaueres. Man müste also dem bearbeiter von L II zutrauen, dass er L I aufs sorgfältigste studiert und viele widersprüche mit grossem scharfsinn oder sicherem gefühl aufgespürt hätte: ein solcher hätte aber wahrlich eine bearbeitung dieses Lohengrin verschmäht, sondern höchstens durch eine völlige neudichtung bewiesen, welches gold der poesie aus diesem stoff zu tage gefördert werden kann. — — Also mehr als genug des beweises, dass L II auf W II nicht eingewirkt haben kann. Wenn aber dennoch eine beziehung hergestellt werden muss, so bleibt nichts übrig, als das verhältnis umzukehren und eine einwirkung der vorlage von W II auf L II anzunehmen. Da nun, wie erwähnt, einige vorstellungen von W II besonders gut zu L I passen, so soll die weitere möglichkeit erst gar nicht erörtert werden, ob nicht die vorlage von W II in einer selbständigen und guten fortsetzung von L I von einem andern verf. als dem des L I bestanden habe. Das hiesse durch ganz unberechtigte bedenken die arbeit erschweren. — Wie aber kann die fortsetzung von L I dem verf. von L II bekannt geworden sein, ohne dass er sie ausgiebig benutzt und seiner darstellung zu grunde gelegt hat? Wenn wir alle umstände beachten, so bietet sich hier eine nahe liegende vermutung. — Der erste Lohengrindichter war ohne zweifel ein fahrender, wie die anrufungen an das publikum, die dramatische eindringlichkeit und kürze seines vortrags und vor allem die kecken erfindungen, die er auftischt, beweisen. Der zweite dichter war dagegen ohne zweifel kein fahrender: hierüber belehrt uns ein flüchtiger blick auf die breite und behagliche ruhe seiner darstellung; ein fahrender wuste besser, womit man wirken konnte: es fehlen alle merkmale, die bei diesen leuten gäng und gäbe sind und es finden sich andererseits allerlei tüchtige gedanken, die selten wol in einem spielmannshirn gewohnt haben: so namentlich die gründlichen juristischen kenntnisse des zweiten dichters, die R. Schröder im 13. bande von Haupts zeitschrift erörtert hat. Hiernach schliesst man leicht auf einen schreiber oder ministerialen eines bayrischen herzogs. Es liegt nun sehr nahe, die einwirkung auf L II sich folgendermassen zu erklären. Das spielmannslied war in mehreren kleinen pergamentbüchlein niedergeschrieben; hiervon reichte das erste bis str. 67_2 (L I); dieses erlangte oder erwarb der dichter von L II, er besserte die reime und fügte die wenigen änderungen an, die wir ausserdem erkannt haben. Die fortsetzung von L I wollte oder konnte er nicht gewinnen, er hörte sie aber von dem verf. oder einem andern fahrenden vortragen, und was von diesem vortrag haften geblieben, das bildet die schwache gedankenbrücke von L II zu W II. Hierzu passen vortrefflich die worte: *als ich hân vernomen und uns diu âventiur seit in den lieden.* Die annahme eines bei str. 67_2 abbrechenden heftes ist aber dadurch geboten, dass wenn der verf. von L II ausgewählt hätte aus der weiter vorliegenden dichtung des fahrenden, ihm es doch wahrlich nicht auf den bettel zweier zeilen (L 67_{1-2}) hätte ankommen können. Diese ganze vermutung ist aber keine romanhafte und allzukühne, sondern lediglich eine logische schlussfolgerung, zu der die tatsachen nahe hinan geleiten.

2. Die handschrift K.

Die handschrift K enthält nur 41 strophen des Lorengel (schon in X ist diese namensform durchgedrungen), aber mit folgender überschrift: *Diss ist ein teile an dem Lorengel dez mit einander IIIIc lieder sint jm swarczen tone.* Die zahl 400 passt nun keineswegs zu den 767 strophen des Lohengrin (L I + L II); aber an diesen darf überhaupt nicht gedacht werden, da K aus X schöpft und letzteres eine von L unabhängige redaction darstellt. Nun ist es zwar auffällig, dass K gerade 2 verse früher schliesst als L I und dies kann leicht zu der vermutung führen, dass das ursprüngliche gedicht nur bis zu diesem abschnitt gereicht habe. Wir erkennen aber deutlich, dass hier nur der zufall waltet, denn erstens ist eine fortsetzung von L I durch das verhältnis von L II zu W II gefordert, sowie vor allem durch die später vorzutragenden widersprüche in W II; zweitens aber hat der schreiber von K glücklicher weise nicht zu bemerken vergessen, dass seine vorlage einen zehnmal grösseren umfang gehabt hat. — Mag immerhin die zahl 400 eine etwas abgerundete sein: jedenfalls lag K eine grosse fortsetzung vor, die nicht L II war —: auch dies spricht von vornherein für das, was in diesem letzten abschnitt erwiesen werden soll. — — Diese ziffer lässt uns aber auch darauf schliessen, dass der erste Lohengrindichter die eigentliche hauptsache seiner erzählung noch dargestellt haben wird: das verbot der frage, dessen nichtbefolgung und den fürchterlichen abschied des schwanenritters. Dies war doch der eigentliche kern der sache, dies reizte ohne frage am meisten zur dichterischen darstellung. Der bearbeiter des Lorengel schliesst freilich, nachdem der priester über dem paar seinen segen gesprochen hat. Aber wird uns bei diesem reimschmied noch irgendeine torheit wundern? Ein grund, weshalb K aber so früh abbrach, lässt sich später noch vortragen: es scheint, dass in X bald darauf eine grobe verwirrung folgte.

II. Ueberblick über die eigenschaften von W II.

1. Reime.

Nach den früheren beobachtungen erwarten wir aus den reimen in W II keine grossen ergebnisse. Eine inhaltlich haltbare strophe wird durch einige reimverstösse nicht verdächtig, und umgekehrt berechtigt die reinheit der reime nicht eine im übrigen bedenkliche strophe dem alten dichter zuzuschreiben. Gleichwol können gehäufte unregelmässigkeiten im allgemeinen andeuten, welcher gewinn aus W II zu erzielen ist. — Hier ist nun die nächste frage, ob sich solche unregelmässigkeiten nicht finden lassen, wenn wir in unserm gedichte, das doch in nhd. lautfassung vorliegt, die neuen diphthonge in die alten mhd. längen umbilden. Zweitens aber könnten sich infolge der nhd. vocaldehnung an den stellen des klingenden reimes worte mit zwei alten kürzen in grösseren mengen eingestellt haben (wovon wir ja oben schon einige beispiele kennen lernten).

Das gedicht hat 171 reime mit *ei*, davon sind überall die laute entweder beide = mhd. *î* oder beide = mhd. *ei*, nur ein beispiel nicht: 205$^3/_6$ *kurzweile* : *geile*, letzteres wort ist aber von Steinmeyer irrig eingesetzt; obendrein sahen wir oben (s. 160), dass *geil* im Lorengel kaum noch in der alten bedeutung fortlebt. Leicht erlaubt der sinn eine wendung mit *eile*. Ebenso enthalten 9 reime mit dem diphthong *au* keine bindungen des alten und neuen *ou*. Auch neues *eu* — 12 fälle — könnte verschiedenen ursprungs sein; bei unserm verf. aber nicht. — Hätte der bearbeiter bereits die neuen laute gesprochen, so wäre diese entschiedene trennung der neuen und alten eine höchst auffällige erscheinung. Der zweite Lohengrindichter, der doch immerhin noch recht hoch über diesem manne erhaben ist, konnte bei seinem dialekt solche enthaltsamkeit nicht üben. Für das gelten der alten laute spricht aber noch eine andre tatsache: der verf. des Lorengel hat mehrfach altes *î* : *i* gebunden, und hier ist dann dasselbe zu widerholen, was früher zu L I str. $65^8/_9$ erwähnt wurde (oben s. 118). Dort sollte durch einen reim *î* : *i* die betreffende str. — aus diesem unter andern gründen — dem bayrischen verf. abgesprochen werden. Hier ist ebendeshalb für den Lorengel überhaupt die nhd. lautentwickelung zu leugnen. Zunächst hier dasselbe beispiel *tugentlich* : *mich* W $55^8/_9$; dann $82^1/_2$ *kosperlich* : *mich*; $112^8/_9$ *tugentlich* : *mich*; $161^8/_9$ *herzogin* : *sin*; $184^8/_9$ *Friderich* : *sich*; $190^4/_5$ *ritterlich* : *sich*. — — Im übrigen mag hervorgehoben werden, dass mehrfach *i* : *ie* reimt; $66^1/_2$ *nit* : *dit* (*diet*); $62^7/_{10}$ *nieten* : *pitten*; $200^7/_{10}$ *empfienge* : *jungelinge*. — — Besonders häufig ist aber *a* : *o*; $42^1/_2$ *dan* : *schan* (*schôn*); $68^4/_5$ *schon* : *lan*; $113^8/_9$ *schwan* : *thron*; $121^8/_9$ *man* : *schan*; $131^8/_9$ *schon* : *man*; $139^8/_9$ *undertan* : *schon*; $149^8/_9$ *an* : *schan*; $161^1/_2$ *schon* : *gan*; $192^1/_2$ *kron* : *man*. — Dies weist nach Oberdeutschland und da die diphthongierung von *î*, *û*, *iu* noch nicht erfolgt ist, nicht nach bayrischem, sondern alemannischem gebiete. — Ein höchst auffälliger reim ist $165^8/_9$ *wal* : *mal*, wo Steinmeyer s. 242 (vor der mitte) für *wal* *weil* vermutet, was gut in den sinn passt; aber *mal* : *wîl* ist undenkbar; daher ist wol zu schreiben: *nâch einer kurzen twâl*.

Zur unterscheidung des alten und neuen gewinnen wir durch diese beobachtungen nichts. Die bindungen von *a* : *o* können sich auch in echte strophen eingeschlichen haben, wie z. b. in $41^1/_2$.

Auch verschmäht der verf. noch nicht die bindung zweier kurzen silben an den stellen des stumpfen reims. Die beispiele auf *agn, ebn, egn, ign, umen* sind zahlreich.

Dagegen finden sich ziemlich gehäuft zwei mhd. kurze

silben des reimes, wo eine lange und kurze silbe, ein klingendes reimwort erwartet wird. So $59^7/_{10}$; $72^7/_{10}$; $113^7/_{10}$; $141^7/_{10}$; $144^7/_{10}$; $145^3/_6$; $151^7/_{10}$; $154^3/_6$; $156^3/_6$; $157^7/_{10}$; $158^7/_{10}$; $171^3/_6$ und $^7/_{10}$; $172^3/_6$; $178^7/_{10}$; $181^3/_6$; $188^7/_{10}$; $190^3/_6$ und $^7/_{10}$; $194^7/_{10}$; $201^3/_6$. Lang zu kurz findet sich in: $123^7/_{10}$; $132^3/_6$; $138^3/_6$; $159^7/_{10}$; $163^7/_{10}$; $168^7/_{10}$; $176^3/_6$; $195^7/_{10}$; $197^3/_6$; $200^3/_6$. In W I fanden sich unter 224 klingenden reimwörtern 4 die aus zwei alten kürzen bestanden, in W II unter 500 solchen reimen 52 derartige. Das verhältnis ändert sich also ganz erheblich; etwa 9 : 52. — Ebenso steht es mit den apokopen und synkopen: in W I in 560 versen 15; in W II in 1250 versen 102. Und weiterhin dasselbe bezüglich der unorganischen verlängerungen (anfügung eines *e*): in W I in 560 versen 6, in W II in 1250 versen 30; also doch auch ein verhältnis von 13—14 : 30; d. h. mehr wie 1 : 2. — Diese grossen änderungen lassen erwarten, dass der bearbeiter in der zweiten hälfte viel mehr von dem seinigen hinzugetan hat.

2. Eigenschaften des inhaltes.

Ein allgemeiner überblick über den gehalt von W II bestätigt die aus den reimen gewonnene erwartung, dass das meiste hierin von dem bearbeiter gedichtet sein muss. An stelle der schnell fortschreitenden und scharf zugespitzten handlungen, die auch im ersten abschnitt von W noch deutlich durchblickten, bemerken wir jetzt weite strecken lang die breiteste nichtigkeit.

Vor allem müssen wir unaufhörlich von essen und trinken uns berichten lassen. So gleich 64—65 bei dem bürger; diesem kommen die herren 67_8 mit reicher speise entgegen (*der selbig sit* soll ihnen *aus fremden landen* hergekommen sein!); Lorengel speist 6 strophen lang bei der herzogin (131—136), (wie genügsam war er vorher auf dem meere!); beim kaiser ist mahlzeit 140—144_2; Lorengel und sein wolerzogener gegner trinken zusammen wein 149_4 (150_2 labt sich zugleich das hofgesinde); Telramund und der kaiser sind 159_{6-9} schon wider hungrig, und 160_{4-5} Lorengel desgleichen; 172_{4-10} stärkt sich unser held für den zweikampf; und natürlich wird essen und trinken beim hochzeitsfest später wacker erwähnt (202_5; 204_{4-5}). — Auch unterschlägt unser sg. dichter nicht den bericht über die reinigung der hände vor und nach den mahlzeiten, so 132_9; 133_2 u. $_7$; 137_4; 141_1; 144_4 (diesmal ist es kalt und frisch; in v. 6 giesst mans fort); 173_2. — Ebensowenig passt zu L I die kurzweil, die man hier bei und nach tisch liebt. So spielleute schon bei dem bürger 65_{7-10}; in 133_3 wird von einer andern kurzweil geredet, während Steinmeyer schon bemerkt: 'vorher war doch noch nichts kurzweiliges vorgekommen, da die dem Lorengel vorgetragene klage der herzogin schwerlich auf dieses prädicat anspruch erheben dürfte' (s. 240). Dann 136_{4-5} bei tisch kurzweil, singen und saitenspiel; 137_6 desgleichen; ebenso nach dem abendessen 161_8 und natürlich endlich auch beim hochzeitsfest. — Grossartig ist der reichtum, den alle personen hier besitzen; das blitzert und glänzt überall von rotem gold und *kosperlichen* steinen, und man verschenkt ganze schüsseln mit perlen und rubinen. So die frauen beim bürger in gold und seide 63_4 u. $_7$; in derselben weise muss sich zum empfang die herzogin mit ihren frauen schmücken 114_7; nach demselben wirft sie sich in ein kostbares festgewand von sammt und schmückt sich mit gold und seide (123), Lorengel empfängt einen sammtmantel mit edelsteinen und gold (123), einen gürtel mit gold, perlen und edelsteinen, ein *halspant* mit demselben schmuck, und endlich das becken mit *pernlein und rubein*. Beim bürger ist ein *kosperlicher sal, der was gezirt mit gold und seiden überal* 64_8; auf dem tische steht bei ihm *manch schöns trinkfasz mit gold und edlem steine* 65_3 und bei der herzogin wurden *vil kleinet reich auf die tafeln gesetzt, dar ein schenkt man den edlen wein so clare* 132_5 f. — Entsprechend sind die süss-holden begrüssungen, die eine dieser drahtpuppen vor der andern macht. Ganz arg ist gleich die umständliche bitte des bürgers an Lorengel, ihm sein schwert zu geben 62_8—63_1; dann folgt die begrüssung Lorengels durch die frauen, die *hübsch und minigleich* gewesen sein sollen 63_{3-6}; der bürger bittet den fremden hier wirt und gast zugleich zu sein; alles sei ihm untertan 64_{1-6}. Später erfährt Lorengel von den frauen der herzogin dieselbe liebenswürdige aufnahme (73). Ebenso gehts aber auch dem einheimischen Waldemar: die herrin empfängt ihn *tugentlich* und er dankt dafür in derselben weise 112_8—113_1. Grosse umstände macht Lorengel, als die herzogin vor ihm kniet; er bittet nämlich Waldemar sie aufzuheben 118; (Steinmeyer s. 240). In str. 122_{3-5} wird Lorengel noch einmal von den frauen und rittern begrüsst; ebenso gesittet empfängt der kaiser den grafen *mit süssen worten schon* und dieser sagt: *got dank euch, herre meine* 139_{9-10}. Aber die beste leistung dieser art ist das benehmen, das Telramund dem Lorengel gegenüber beobachtet. Er schickt ihm nämlich *zwelf pukel gut, sam ers kund finden in der stat, mit gutem wein* 145_{5-6}; er selbst macht ihm seine aufwartung, *'seit mir gotwilkum herre mein'*! Lorengel dankt sehr artig und wünscht, dass gott und Maria dem liebenswürdigen gegner *all zeit pfleger sein* mögen 147_1 u. $_9$; dann trinken beide; hierauf 151 ff. preisen die drei ritter ihre heldentaten, wobei Lorengel sehr ruhmsüchtig redet (vgl. Steinmeyer s. 241) (das ganze ist übrigens eine nachbildung des wettstreits der fürsten in dem gralsreich); nachher spielen die gegner zusammen brett (was wol nur ein harmloser zeitvertreib ist, s. 155_7 u. $_8$, doch vgl. Steinmeyer s. 241). Später ist zu bemerken das umständliche fragen der herzogin, wann der gast schlafen wolle 161_2, das hingeleiten ans bett 162_7, das umfangen früh morgens, 163_8, und endlich die langwierigen anmeldungen des kampfes: erst beruft der kaiser durch zwei ritter den Friedrich (164_2 *der edel fürst der* muss eine verderbnis sein für *der edel keiser*, vgl. dazu Steinmeyer s. 242 oben), der kaiser fordert ihn zum kampfe auf 164, er ist bereit, meldets an Lorengel *und lest in dar bei grüssen* 167_7; dann antwortet der schwanenritter, dass er einverstanden sei. — Trotzdem nun alles hier so prächtig und glänzend hergeht, muss namentlich der gast widerholt aufgefordert werden, vergnügt zu sein und sich nicht zu langweilen: 62_7, 66_1, 173_{5-6}, 122_6, 136_{10}, 160_7. Diese ängstlichen berichte über die stimmung der personen waren in L I nicht zu beobachten; weitere ähnliche fälle sind hier 61_{10}, 63_{9-10}, 131_5, 132_4, 134_7, 137_2, 160_5. — Weiterhin werden auch hier die ganz gleichgültigen angaben über die ortsveränderungen nie versäumt. So 64_8, 67_3, 121_7 u. $_9$, 136_2, 140_2, 150_2, 162_2; ebenso bei den kampfanmeldungen 164 ff.; sodann 169_5, 171_9, 175_2, 175_{10}, 199_9, 200_{4-5}. — Schliesslich kommen auch wider beschreibungen von personen und gegenständen vor (vgl. im ersten teil s. 104 f.). Lorengels goldner harnasch 62_{2-3}, helm wie spiegelglas 68_7, brünne und schwert 68_8; dies ist nur unbedeutend; die herzogin hat äuglein klar und ihr *roter munt bran als feur, dar aus liesz sie gar vil der süssen worte* 119_{2-3}; dann ist 131_{7-10} das tischtuch geschildert, in 135 folgt ein ausführlicher steckbrief der herzogin und 162 werden schlafzimmer und das bett darin genau beschrieben. — Im einzelnen ist noch unpassend, dass die beiden kämpfer zunächst in harmloser tjost, zu blosser festbelustigung (150_7 *uns kumt vil fremder geste*) mit einander fechten und hierauf erst der ernstere zweikampf folgt (vgl. Steinmeyers treffende erklärung dafür s. 242), s. dazu 164_{7-10}, 165_{7-10}, 167_8—168_3, und alsdann die ernstliche kampfansage erst nach dem speergefecht zu rosse 187_{1-5}, 189_4. — Endlich noch eine grobe ungeheuerlichkeit: Lorengel landet zwei mal! (61_1 und 117_1). Eine erklärung dafür folgt später. Soviel erscheint uns als höchst wahrscheinlich: dass die erste landung von dem bearbeiter herrührt. Denn der ganze empfang von dem bürger ist von grund aus verdächtig und kann jedenfalls nicht von einem fahrenden spielmann des 13. jahrhunderts geschrieben sein. Dagegen passt der ganze abschnitt vortrefflich für den bearbeiter. Er erinnert uns an den Mügelin. Mit diesem wollte der jünger seinen kunstmessias ehren, mit dem bürger wahrscheinlich seinen eignen stand. In str. 64—65 geht es dort gar zu prächtig her und wenn 67_6 die edlen herren vor einem bürger aufstehen, so merkt man deutlich die absicht. — —

Alle diese eigenschaften der form und des inhaltes stellen es ausser zweifel, dass die meisten strophen in W II von dem bearbeiter verfasst sein müssen. — Die gründe seines veränderten verfahrens werden sich später erst deutlicher erkennen lassen, nachdem wir dasjenige, was nicht seinem geiste entsprungen sein kann, in genauere erwägung gezogen haben.

III. Der echte kern.

1. Bevor wir auf die leichter als echt zu erkennenden strophen eingehen, haben wir uns mit einem abschnitt zu beschäftigen, der der philologischen kritik sehr grosse schwierigkeiten bietet.

Vor der lücke (86_7—112_6) steht ein abschnitt, der mit der Lohengringeschichte scheinbar gar nichts zu schaffen hat; man möchte ihn daher leicht am ehesten als zudichtung über bord werfen (so Steinmeyer s. 238 mitte). Als nämlich Waldemar den Lorengel (nach seiner ersten ankunft) begrüsst, findet der greise ritter grosse ähnlichkeit zwischen dem gaste und Parzifal und erzählt dem ankömmling sofort eine lange geschichte, wie Parzifal mit dem gral einem fürchterlichen morden einhalt geboten habe, das Etzel vor Köln verursacht, und wobei auch die elftausend jungfrauen ihren märtyrertod gefunden hätten. — Den inhalt der begebenheit hat Steinmeyer s. 236 erzählt und zugleich den schluss davon ohne zweifel richtig ergänzt. — Betrachten wir den fraglichen abschnitt zunächst für sich, abgesehen von dem zusammenhange, in dem er steht. Ein jeder wird den eindruck haben, dass uns ganz lesbare verse vorliegen. Der abstand von dem leeren gerede des bearbeiters, das wir soeben kennen gelernt haben, ist ein so grosser, dass wir ohne weiteren beweis ihm diese strophen absprechen dürfen. Ja, es kann es auch von vornherein nicht zugegeben werden, dass, wenn ihm die erzählung in prosa oder anderem versmass vorgelegen hätte, er sie selbst in den schwarzen ton Klingsors so übertragen hätte: dazu ist die fassung viel zu knapp, treffend und gut — die vergleichung mit den unechten strophen ist der beste beweis.[1]) Da es nun sehr unwahrscheinlich ist, dass unser verfasser aus verschiedenen hss. erzählungen in dem schwarzen tone zusammengetragen habe, so nehmen wir an, dass in X diese Ursula-legende bereits stand. — Ferner: es ist nicht denkbar, dass dieser abschnitt in X mit der hauptbegebenheit noch unverbunden war; so viel ist zweifellos, dass die ganze erzählung in X einer person in den mund gelegt war, die häufig ihr *ich* darin anbrachte (74_8;

[1]) Leider befinde ich mich hier teilweise im gegensatz zu Steinmeyer (s. 239 mitte); er meint, dass str. 76—78 so ungeschickt dargestellt seien, dass man wol schliessen dürfe, sie seien aus dem inhalt des uns jetzt fehlenden stückes zusammengebettelt. Dies ungeschickt kann sich nur auf einige reime beziehen und auf diese darf man nicht zu grossen wert legen. Die gedanken sind sehr scharf geprägt, kein störendes einschiebsel (das wir in des bearbeiters strophen doch immer zu beobachten hatten) ist vorhanden, der inhalt ist zu reich selbst für eine zusammengebettelte strophe des meisters (er hätte gewis die worte verdoppelt und die gedanken halbiert), und überdies entspricht das vorwegnehmen einiger begebenheiten in dieser einleitung Waldemars genau der art, die Wolfram L 31—33 beobachtet.

$76_{1,3,4,5}$; $77_{1,2,3,4}$ u. s. w.); aber auch die besondere richtung des gesprächs an Lohengrin kann nicht von dem bearbeiter hergestellt sein: gerade die wendungen, die den vergleich Lorengels mit Parzefal aussprechen, sind ebenso gewählt wie treffend: *mich dunket wol in meiner acht, euch hab eins meisters hant loblich nach im gemacht: her Parzefal nent man den ritter here: an künig Artus hof fint man nit sein geleich, nach dem seit ir gepildet adeleiche* (str. 74, 75). Noch mehr aber wird die unmöglichkeit, dass der bearbeiter der erzählung die besondere beziehung zu Lohengrin gegeben habe, dadurch deutlich, dass die genannten verse durch andere stellen von feierlichem tone eingeschlossen sind, die sich noch weiter von der art unseres stümpernden meisters entfernen. Dies sind erstens die äusserung über die tafelrunde 74_{4-6}, wo keiner sitzen darf, er sei denn ohne laster und schande, und zweitens diejenige vom gral: dem Parzifal ist er von einem engel aus dem ewigen reiche gebracht: *er hat vom stein swes er begert, helt er sich dar mit rechte; der stein der hat von got grosz kraft und wil neur sein bei hochgelopter ritterschaft und kumt auch nimmermer aus dem geschlechte.* — Es gilt uns also als durchaus wahrscheinlich, dass die geschichte von dem kampf vor Köln und dem tode der elftausend jungfrauen in diesem versmasse und als erzählung an Lorengel gerichtet sich bereits in X vorfand. — Nun ist die weitere frage: könnte dieselbe (immer noch abgesehen von dem allgemeinen zusammenhange in unserm gedichte) von dem verf. von L I herrühren? Die antwort ist ein entschiedenes ja!

Zunächst erscheint es im allgemeinen als einleuchtend, dass unser fahrender, der so sehr die verquickung verschiedener stoffe zu lieben scheint (er bringt bereits ein buntes durcheinander: Parzifal mit dem gral, Artus, Juno, Felicia und Brandan!), dass dieser auch noch Etzel und die Ursula-legende hinzugefügt und dabei den stoff in eine noch nie dagewesene beziehung zum gral gebracht habe (vgl. Steinmeyer s. 239). Aber auch die art, wie Etzel von dem grafen gegen das heilige Köln herbeigelockt wird, ist nicht allein noch nirgends gefunden (Steinmeyer ebendaselbst), sondern es lässt sich wahrscheinlich machen, dass auch diese nur ein ausfluss der überreichen, oft verblüffenden erfindungsgabe unsers alten dichters ist. Vergegenwärtigen wir uns einmal die geistesverfassung, die vorhanden sein muste zur erdichtung der märchenhaften träume von L I! Vor allem Elsams schelle: um die gralsritter zu beunruhigen, muss dies glöcklein eines lahmen falken, das Elsam im gebet läutet, fast die ganze erde mit seinem getöse erfüllen! Wer kommt sonst auf einen solchen gedanken? Und nun gar die aufgeregten zaubrisch verrückten gralsbeschwörungen mit Ezidemôn und den falken! — Ferner sind wahrscheinlich die verworrenen träume des Wartburger rätselstreites demselben hirn entsprungen. Brandans buch auf der zunge des ochsen mit leuchtenden augen, die verschiedenen astrologischen gaukeleien, die oft glänzend erdachten rätsel und der reizende einfall, dem Wolfram seinen eigenen zauberer Klingsor gegenüber zu stellen — dies alles sind geistige betätigungen, die auf eine beispiellos ungezügelte und ergiebige erfindungsgabe hinweisen. Wir schätzen dieselbe um so höher, je mehr wir uns die sorgfältige anklammerung der meisten mhd. dichter an die überlieferten stoffe vergegenwärtigen. Und eine solche reiche phantasie gehörte auch hier zur erfindung der goldenen hufeisen! Der graf will sich an den Kölnern rächen: dies tut er in der sonderbaren weise, dass er nach dem fernen Indien reitet zu Etzel, seine rosse mit 32 goldenen hufeisen beschlagen lässt und seinen plan darauf baut, dass durch diesen übermütigen prunk Etzels habgier erregt werde und er das heimatsland des reichen grafen, Köln, mit krieg überziehe. Auch hier muss man sagen: wer kommt auf so etwas? Am meisten ähnelt der gedanke dem von Elsams schelle: beide male ist der retter in der not (Elsams und des grafen von Köln) auf eine äusserst wunderbare weise herbeigerufen.

Ferner aber ist an dem bilde, das wir hier betrachten, jeder zug so scharf gezogen, dass sich alles klar und fest bei uns einprägt, gerade wie die begebenheiten von L I, und dass wir alle vorstellungen hier, wie dort, mit kräftig-deutlichen gefühlen beantworten. Der alte Waldemar, der *hundert jar werder ritterschaft gepflegen* hat und dem jetzt haar und bart ergrauen, erzählt von dem übermut und der not des Kölner grafen. Derselbe hat unrechtmässige herrschaft über Köln behaupten wollen; man befehdet ihn, schwächt sein gerichte, tötet seinen bruder, hängt 12 seiner ritter vor seinen eignen augen auf und hätte ihm dasselbe schicksal zugefügt, wenn er nicht über die mauer entflohen wäre. Er kommt zu fuss auf sein schloss gegangen, da findet er sein schönes weib im kreise der frauen, die um die getöteten männer weinen. Nun schmiedet er seinen erwähnten racheplan. Mit einer gewissen lust über das schlaue geheimnis empfiehlt er den dienern den etwaigen verlust des kostbaren goldes mit grossartiger misachtung hinzunehmen; die knechte des hofschmieds prügeln sich um geraubte goldstücke, Etzel erfährt's; er bricht auf nach dem westen mit einem riesenheer, das 22 sprachen spricht, unterstützt von *Tulant über mer,* vor Köln wütet der kampf 22 tage, keiner ist vor tiefen todeswunden sicher, die 11000 jungfrauen werden erschlagen, überall herrscht fassungsloser schrecken; da plötzlich kommt der retter in der not: Parzifal mit dem gral! — Man sieht, diese begebenheiten sind von anfang bis zu ende scharf zugespitzt; die handlung eilt und alles ist bedeutend. Die grelle zeichnung von L I findet hier ihr ebenbürtiges seitenstück. — Ja, wir dürfen annehmen, dass in diesen abschnitt der bearbeiter weniger eingegriffen hat als in die früheren. Gleichwol bemerken wir deutlich seine spur, und zwar in einigen reimen. Apokopen und synkopen finden sich 74_1, 75_1 u. $_4$, 77_1, 78_1, 79_2, 81_9 (sehr leicht zu ändern), 84_8, 85_8, 86_1 u. $_5$. Zwei kürzen für den klingenden reim finden sich 85_7, wo zugleich ein unorganisches *e* angefügt ist. Letzteres findet sich ferner 74_3, $76^3/_6$, $78^7/_{10}$, 83_3. Sodann steht $79^7/_{10}$ *ê : æ*. Im übrigen sind die reime rein: die genannten verstösse dürfen, wie die betrachtung von W I lehrte, ein ergebnis aus dem inhalt nicht aufheben.

Bevor wir nun prüfen, in welchem zusammenhange der fragliche abschnitt dem alten gedichte angehört haben könne, ist dreien einwänden entgegenzutreten, die sich gegen die echtheit desselben vorbringen liessen. 1. Parzifal ist auch hier 75_1 in Frankreich angenommen. Uns darf diese angabe hier so wenig stören, wie an andern stellen: sie rührt vom bearbeiter her, worauf auch die apokope im reime hinweist. 2. Parzifal ist hier besitzer des grals und in L I war doch Artus könig? (vgl. dazu Steinmeyer s. 238). Ja, könig ist Artus auch hier (75_2) und Parzifal der erste ritter an seinem hofe; aber gralsbesitz und königsherrschaft sind zu trennen. Auch in L I wird Parzifal als eigentümer des heiligen steines anzusehen sein (man vergleiche seine auffallenden befugnisse in L I, oben s. 85). Also Parzifals besitz des grals in unserm abschnitt steht nicht im widerspruch zu L I, sondern er wirft nur ein deutlicheres licht auf verhältnisse, die dort etwas dunkel geblieben waren. — 3. Etzels wohnort ist hier 76, in *Indian* angegeben, während in L I Artus nicht in Frankreich wohnt, sondern in dem *gebirge*, was doch wol gleichzusetzen ist mit dem aufenthalt in Indien, wie ihn L II und der jüngere Titurel angeben? Nein, diese folgerung, die auch Strack macht s. 28, ist nicht statthaft. Dies gebirge, in dem der aus der welt geschiedene Artus mit Brandan, Juno, Felicia, Sybille und ähnlichen zauberwesen haust, ist ein blosses phantasieland; wie es andere gedichte genauer bestimmt haben, ist bei unserm überall selbständigen verfasser ganz gleichgültig. — Also diese drei einwände sind abzulehnen. — — Einen hinweis darauf in welchem zusammenhange unser abschnitt dem alten gedichte angehört haben könne, bietet uns weiterhin eine abscheuliche verwirrung, die im Lorengel vorliegt. Trotzdem nämlich der schwanenritter bereits in str. 61 gelandet ist und schon die ganze Ursulageschichte kurz nach den mühsalen der meerfahrt über sich hat ergehen lassen, fährt er doch in str. 116 noch einmal ans land und wird feierlichst empfangen. Eine solche torheit würde nun selbst unser meister nicht begangen haben, wenn ihn die umstände nicht dazu eingeladen hätten. Wir haben ferner erkannt, dass es die erste landung ist, welche von dem bearbeiter herzurühren scheint. Zugleich bricht die hs. K am schluss von Lorengels meerfahrt ab (deren schreiber aber viel mehr vorlag). Leicht bietet sich nun die annahme, dass die blätter der vorlage X in verwirrung geraten waren, dass der schreiber von K hieran anstoss nahm und abbrach, dass aber unser bearbeiter dem Lorengel aus dem schiff verhalf, ihn bei dem vornehmen bürger in sammt und seide gehüllt sich erholen liess und nachher als die vorlage die richtige ankunft brachte, dieselbe in aller unschuld noch einmal feierlichst ausführte. Alles was wir von dem bearbeiter kennen, rechtfertigt diese beleidigende erklärung vollauf. — Die Ursulageschichte gehört also an eine spätere stelle und es fragt sich, an welche? Bedenken wir, dass der bewegte geist unsres spielmanns alles fad-alltägliche verschmäht, so werden wir erwarten, dass er nicht wie es die verfasser von L II und W gemacht haben, seinen ritter aus dem zauberlande lange an essen, trinken, schlafen und dem augenblinzeln schöner frauen sich habe ergötzen lassen, sondern dass er volleren gehalt geboten haben würde. Immerhin war aber bestrafung des treulosen grafen unmittelbar nach der ankunft auch ihm wol zu hart und hastig. Dagegen mochten ihm nach erfolgter begrüssung und einkehr (das genauere später s. 187) drei umstände den vortrag der Kölner begebenheiten ratsam erscheinen lassen. 1. Der glanz des jugendlichen retters wurde dadurch erhöht, dass sein gepriesener vater durch ruhmestaten der welt erlösung von fürchterlicher not gebracht hatte. Das scheiden dieses auch hierdurch noch verklärten schwanenritters wurde um so schmerzlicher und bejammernswerter. 2. Lohengrin ward auf eine harte probe gestellt, bei dieser erzählung das geheimnis seiner herkunft zu bewahren. Er konnte zeigen, wie heilig ihm die pflicht des schweigens war; die strafe, die Elsam für die frage erdulden muss, erscheint bei der strengen selbstbeherrschung Lohengrins noch berechtigter. 3. Die erzählung von dem Kölner grafen bietet ein eigentümliches deutliches seitenstück zu der hauptbegebenheit unseres gedichtes. Wie jener graf mit Etzels hülfe treulos sein vaterland in not bringt, so bedrängt Telramund mit des kaisers hülfe treulos die eigene herrin: dort rettet Parzifal, hier dessen sohn. Diese gegenüberstellung in dem augenblick, wo der schwanenritter die rettende tat ausführen will, trug zur verklärung der ganzen lage erheblich bei; und dank und bewunderung für das hohe gralsgeschlecht ist der gemeinsame klang, der beide begebenheiten verbindet. — Wenn diese erklärungen, die sich doch leicht ergeben, die tatsachen richtig uns vergegenwärtigen, so erkennen wir nicht allein, wo die erzählung von den Kölner unglückstagen einzufügen ist, sondern auch, welch glücklicher gedanke unsern erfindungsreichen verfasser bei der erdichtung derselben leitete. — Dass aber die so kümmerlich auf uns gekommene Ursulageschichte sein werk sei, ward durch die erwägungen über die überlieferung und durch diejenigen über die psychologischen eigenschaften des genannten abschnittes in gleicher weise nahe gelegt.

2. Wir betrachten nun diejenigen strophen unseres gedichtes, die fernerhin eine gewähr der echtheit bieten. Unmittelbare widersprüche zu dem übrigen gehalt von W II, auffällige angemessenheit zu dem von L I, und die, wie uns scheint, nur in éiner weise erklärliche beziehung zu L II lassen das urteil kaum schwanken, welche strophen herauszuschälen sind; nur über wenige wird ein zweifel zurückbleiben.

59$_{1-6}$. V. 1—2 ist noch in L. Das übrige sagt uns, dass der held vom schwan nach Antorf geführt wird: die beziehung zu L II (L 70) hält diesen abschnitt (vgl. s. 167). Sodann gilt uns **72**$_{1-6}$ als echt, worin Waldemar aussagt, dass er und mancher ritter das land bereits hätten verlassen wollen. Dieses stimmt nicht allein zu der grossen bedrängnis der herzogin in L I, sondern es steht auch im widerspruch zu W II, wo z. b. 114$_8$, 121 u. ö. sogar grafen in alter treue zu Elsam halten, wo also schlechterdings gar kein grund das land zu verlassen vorlag. Der umstand, dass hier noch einige *ritter* genannt sind, verschlägt nichts: eine schaar unfreier männer war selbstverständlich in die hofhaltung einer herzogin eingeschlossen, und nur die treue der zwei einflussreichen dienstmannen mochte der erwähnung wert erscheinen. — Durch diese halbe strophe werden aber auch noch einige andere stellen gerettet. Zunächst steht 72$_6$ im reime der name Callebrant: der bearbeiter hat in W I ausser Mügelin mit seinem könig Ortanne und einmal Dietrich von Bern keinen neuen namen angebracht, dagegen oft die alte fülle hiervon eingeschränkt: es ist daher wahrscheinlich, dass er auch hier altes aufnahm und nicht in die echten zwei stollen diesen Callebrant einfügte. Dann ist aber in **67** wahrscheinlich auch etwas echtes vergraben. Aber ganz vergraben! Dass Callebrant in L ein bürger gewesen sei, ist ganz undenkbar, nur sein gang zu den dienstmannen muss noch alt sein, sonst könnte ja Waldemar hier nicht sagen: wir wollen mit ihm an den strand! Ist aber so viel zugegeben, so muss auch Lohengrin von Callebrant erblickt sein am strande; dies geschieht in strophe **60** und diese ist mutatis mutandis wol brauchbar; besonders ist uns v. 9 willkommen: *mich dunkt, ir seit ein edler küng aus heidenlant;* wo schweifen die schläfrig-alltäglichen gedanken des bearbeiters in so weite ferne und nun gar zu gottlosen heiden? — Aber zwischen str. 60 und 72 ist die meldung Callebrants nötig, auf die 72_{1-6} die antwort erfolgt; die ganz lahme 68. str. kann es nicht sein, dann bleibt nur die **70.**, und diese ist vortrefflich. Besonders der ton von v. 4 erinnert an L I: *was Sampson sterke ie gewan iedoch so wolt ich lieber sein als diser man.* Der vergleich mit Sampson ist sehr brauchbar und die fassung nicht ganz gewöhnlich. Endlich ist die deutung des schwans als eines engels durch die übereinstimmung mit L II ein leichter beweis für die echtheit (vgl. oben s. 168). Nur v. 7 ist grausam verdorben: der bürger will begründen, dass gerade er den schwan gesehen habe, und führt dazu seinen verdauungs spaziergang an. Dieser zwischensatz ist fürchterlich. — Natürlich muss auch in der vorlage statt des wortes *purger* 70_1 und 60_4 etwas anderes, etwa *ritter* gestanden haben.

115_{7-10}. Dieser abgesang, in dem Waldemar zum empfang des ritters weiterhin auffordert, gehört unmittelbar zu der zweiten landung, die echt ist, weil sich die zweimalige ankunft nur durch eine verwirrte vorlage erklären lässt und weil in der zweiten widerum eine beziehung zu L II sich zeigt. Endlich ist die vorliegende stelle durch widersprüche zur vorhergehenden als echt geschützt: hier heisst es: *wie er her fert pis dasz er kumt zu lant,* man will ihn eben ankommen sehen; in v. 2 derselben strophe steht aber *wie kam er her zu land* und 113_7 *der edel fürst wer dar zu lande kumen*: solche widersprüche können nur durch mischung von altem und neuem erzeugt sein, und es ist kein zweifel was dann das alte ist. — Vielleicht gehört dieser abgesang zu den vorher besprochenen stollen.

116. Die strophe ist wie die folgende bereits dadurch als echt gebilligt, dass wir den zweiten empfang zur erklärung der doppelten begrüssung unseres helden brauchen. Aber diese strophe hat auch wider, wie wir sahen eine augenscheinliche ähnlichkeit mit L 76 in L II, wo zwar mit dem heiltum, fahnen und gesang der ritter begrüsst wird, während hier saitenspiel, harfen, geigen, pfeifen und lobgesang gewählt sind: gleichwol ist die feierlichkeit des empfanges an beiden stellen doch eine auffällig ähnliche; so ist die strophe hier deshalb als echt anzusetzen, da nach unsrer erklärung nur durch sie — in ihrer grundgestalt — die anregung zu der betr. in L II gegeben sein kann.

In **117** erfolgt die landung. Zur erklärung der ersten brauchen wir sie. Ferner scheint der ausdruck *der schwan verschwant vor in allen geleiche* ein plötzliches unsichtbarwerden desselben zu bedeuten; dann hätten wir hier wider ein wunder, was zu L I vortrefflich passt. Bei der ersten landung heisst es 61_2: *sein edler schwan sich wider auf den se hin schwang* und in L 81_3 *er vuor den wec den er was her gevlozzen.* — Besonders angemessen ist aber am schluss unsrer strophe der kniefall der herzogin vor dem gaste: dies steht wider in trefflichem einklang zu ihrer grossen bedrängnis in L I, während es für die in gold und seide gehüllte herzogin im kreise ihrer treuen grafen und herren durchaus zwecklos und unschicklich erscheint. Also auch dieser umstand sichert die strophe.

Desgleichen muss der abgesang von str. **120** einen echten kern enthalten. Allerdings ist er verhüllt. Wozu braucht aber diese unbekümmerte herzogin in all ihrem glanz dem fremden zu versichern, dass sie zweie treue dienstmannen habe, die ihm untertan seien? Dies war unter diesen verhältnissen doch eine sehr unangemessene bemerkung! Und nun gar das nachhinken, dass die grafen u. s. w. ihm auch dienen würden (121_{1-3}). Wir sagen wider, zu dieser törichten wendung müssen den bearbeiter die umstände veranlasst haben; er hat die worte der vorlage mangelhaft verbessert. Und was in der letzteren gestanden hat, ist ziemlich zweifellos: die herzogin klagt dem ritter, dass nur ihre zwei dienstmannen ihr treu geblieben seien (dasselbe also was in L 40 in der fassung X ausgesagt war). Statt des *frum und reine* in v. 10 stand gewis im reime *al eine,* d. h. die beiden sind *in triuwen al eine* ihr zur seite geblieben. So aufs beste erklärt sich auch die nachtragsbemerkung über die treue der grafen (121_{1-3}).

Auch **127** wird durch die widersprüche zu dem übrigen gehalten. Vor allem v. 7: *dar zu hat er genumen mir mein land und auch mein leute:* prächtiger einklang mit L I, grober misklang mit der herrlichkeit in W II. Ferner v. 10 *dasz ich ein kempfer haben sol noch heute*: in 128_2 setzt der bearbeiter, die zeitverhältnisse besser beachtend: *ein kempfer musz ich han* *auf den morgigen tag.* Dieser widerspruch ist wider für éinen verf. unerklärbar; er weist uns deutlich nach, was echt ist (vgl. übrigens Steinmeyer s. 240). Die worte von v. 7 *dar zuo* weisen auf eine vorherige erwähnung ihrer ganzen lage hin: diese ist in den beiden stollen von 127 in einer weise vorgebracht, die wir dem verf. von L I ruhig zutrauen dürfen (natürlich werden kleinigkeiten geändert sein). Wir dürfen daher, da die gedanken von 127_{1-6} in X gestanden haben müssen, diese besondere fassung hier und somit die ganze strophe für das alte lied unbedenklich in anspruch nehmen.

Auf die klage muss Lohengrin natürlich etwas geantwortet haben: in W **130** findet sich eine strophe, die recht schicklich erscheint. Besonders v. 7 ff. *und het er aller risen sterk und auch Sampsones krefte, wil got mit hilf mir bei gestan, so sag ich euch, es musz im an sein leben gan* — diese stelle ist ganz im tone des alten spielmanns: riesen und Sampson passen für ihn, schlecht aber für den verfasser von W. Auch sind die innigen worte *ir clag erparmt in ser aus herzen grunde* dann nur angemessen, wenn die lage der herzogin solches mitleid verdient. Und die fassung der ganzen str. ist tadellos.

Endlich ist nach allen gesetzen psychologischer wahrscheinlichkeit die **182.** strophe von dem ersten dichter; und durch sie werden noch andere stellen gerettet. Kein ross ist nämlich stark genug, den ritter im zweikampf zu tragen; da plötzlich sendet ihm gott durch ein wunder sein bewährtes tier (das flügelross von L 61) gesattelt und kampfbereit von einem berge herab zu. Die vaterschaft dieses gedankens kann uns nach den früheren beobachtungen über die wunder in L I nicht zweifelhaft sein. — Nun muss natürlich in dem alten liede auch erwähnt gewesen sein, dass kein ross für Lohengrin stark genug war. Die fürchterlichen stotternden widerholungen über das zu schwache pferd machen es von vornherein wahrscheinlich, dass hier altes und neues gemischt vorliegt. Einen hinweis zur erkenntnis des echten gibt uns das wort *krank* 178_4, dem gegenüber sonst immer (vier mal: 178_{10}, 179_8, 180_2, 181_3) *schwach* zu lesen ist. An jener stelle ist das wort im reime gesichert. — Hiernach wählen wir **178_{1-6}** als echt heraus. — Und auch der abgesang lässt sich finden. In 180_{10} heisst es von dem rosse Telramunds, es eile so schnell wie der pfeil von der sehne. Dieser kräftige vergleich ist für den unfähigen bearbeiter zu treffend; dazu kommt, dass die gedanken von **180**$_{7-10}$ in 181$_{1-6}$ in etwas verwässertem aufguss noch einmal geboten werden. Diese beiden umstände geben ein recht, auch diese vier zeilen herauszuheben, wenn auch die unrichtigen *e* der reime in v. $^{7}/_{10}$ auf veränderte fassung schliessen lassen; doch lässt sich durch andere formen derselben worte das anstössige beseitigen.

Hiermit aber ist die reihe der durch bestimmte eigenschaften oder schlussfolgerungen gesicherten strophen abgeschlossen. Gleichwol kann noch weiterhin echtes in W II vergraben sein. So vermutlich in der schilderung des zweikampfes 185—197; neu ist sicherlich das *widersagen* in 187$_{1}$ und 189$_{4}$, denn diese erneute kampfansage ist unverständlich, wenn die gegner, wie es doch in dem alten gedichte der fall gewesen sein müste, von vornherein in allem ernst und nicht nur zur ergötzung der gäste mit einander fechten. Aber bei der hergebrachten art dieser kämpfe ist nichts zu ermitteln, was man mit einiger gewähr gerade unserm verf. von L I zuschreiben dürfte. Echt könnte auch sein die herbeikunft des kaisers, des königs von Polant und Burgunden zu dem zweikampfe: denn neue namen bringt der bearbeiter wol kaum; so könnten fraglich sein str. 138, 139, 176. Aber mit solch dünnen beweisfäden lässt sich natürlich nichts fest verknüpfen. Auch 174 empfiehlt sich durch gefällige wendungen. Für alles übrige ist aber die verfasserschaft des bearbeiters so gut wie sicher.

Wir haben also herausgelöst: 59$_{1-6}$, 60, [67], 70, 72$_{1-6}$, 74—86, 115$_{7-10}$, 116—117, 120$_{7-10}$, 127, 130, 178$_{1-6}$, 180$_{7-10}$, 182. Hierdurch gewinnt man eine handlung, die nur ganz geringe lücken aufweist. Lohengrin naht; man meldet von seiner ankunft; Waldemar rät zu seiner begrüssung; feierlicher empfang und landung erfolgt; die herzogin erzählt, dass nur ihre beiden dienstmannen ihr treu geblieben, der graf ihr land und leute genommen habe; Lohengrin bemitleidet sie und versichert seine hülfe. Darauf mag Waldemars erzählung gefolgt sein: wie sie endigte, wissen wir nicht. Das nächste, was wir kennen, ist die auswahl des rosses zum kampfe, die göttliche sendung des alten wundertiers — hiermit bricht die handlung ab, wenigstens die als echt zu erkennende. — Also überall schneller fortschritt und eine gliederung der handlung so scharf und bedacht wie in L I. — Da W 72_{1-6} und 115_{7-10} sich sehr wol zu einer strophe vereinigen lassen, ja sogar die ausdehnung der hier befindlichen aufforderung Waldemars auf mehr als eine strophe sehr unwahrscheinlich ist, so kann man sogar die stelle bezeichnen, wo die verwirrung der hs. X eingetreten sein wird: eben nach dem aufgesang von W 72. — — Die reimverstösse des ausgewählten abschnittes sind sehr gering. Apokopen 116_4, $117_{4,5}$; verlängert sind $180^7/_{10}$; in $60^3/_6$ steht *mære : herre* und $116^8/_9$ *mer : hêr*. — — — Zur erklärung dafür, dass der bearbeiter in W II viel mehr von dem seinigen hinzugetan hat, als in W I, dient uns zunächst vor allem auch wider die verwirrung in seiner vorlage. Ferner aber haben wir in dem früheren abschnitte erkannt, dass er, wo irgend möglich, zusätze anbringt: er verlängert das sterben des herzogs, den abschied Lorengels und die auskunft des grals, durch eine strophe ja auch den wettstreit der fürsten, der aber in der vorlage bereits genügend verwässert war. Wie aber hätte er die anbetungen und beschwörungen des grals noch verlängern sollen? Zusätze aus dem vorrat seiner vorstellungen mochten in diesem phantastischen teile wol am wenigsten angemessen sein: er eilte daher und begnügte sich damit, das vorgefundene weidlich abzuschwächen. — Ganz anders wurde es dagegen später: hier passten vortrefflich alle die erwähnten begrüssungen, speisungen und kurzweiligkeiten, und in dieser dem bearbeiter sich hier bietenden gelegenheit, mehr seinem dichterischen laster die zügel schiessen zu lassen, erblicken wir den zweiten grund seiner reicheren zusätze.

Leider hat er uns über seine vorlage nichts verraten: aus dem umstande, dass er abbricht, brauchen wir nicht das gleiche für X zu schliessen; vielmehr mag die angabe von K zu erwägen sein, dass das ganze gedicht 400 strophen enthalten habe. Jeder weitere anhalt, wie weit der alte fahrende gedichtet habe, fehlt; ist jene angabe richtig, so müssen wir doch, bei dem zwar oft geschmacklosen, aber immer reichen und anregenden gehalte von L I, das schicksal beklagen, das uns fortsetzung und schluss dieses werkes vorenthalten hat.

Anhang.

Lohengrin und Wartburgkrieg.

(Andeutungen.)

Es ist eine allgemein angenommene meinung, dass ein anfang der Lohengrinerzählung vom dichter des Wartburgkrieges herrühren müsse; denn es wäre sonst ganz unverständlich, wie ein dichter darauf verfallen wäre, den Lohengrin in dieser weise als teil des Wartburgkrieges darzustellen. Dazu kommt, dass str. 27 einerseits zu dem sog. rätsel[1]) von Lucifers erschaffung, andererseits zu dem von Lohengrin gehört. Hier hilft man sich nun damit, dass man die strophe als aus zweien zusammengewachsen sich vorstellt (Strack s. 34), doch ist eine solche forderung wol zu umgehen (vgl. oben s. 134). — Aber hiervon ganz abgesehen, wo wäre nun wohl die stelle, an der die arbeit der oder des verfassers des Wartburgkrieges schliesst und die des ersten Lohengrindichters beginnt? — Strack meint (s. 28 ff.), dass nach L 32 der alte dichter absetze und mit str. 33 der neue beginne, dem zwar noch 'die kurze erzählung des rätselspieles vorlag', welche er indessen überarbeitete. Ueberarbeitung in ganz geringem grade (änderung der thüringischen reime und ganz weniger anderer stellen) wird auch hier verteidigt. Strack aber meint, dass in dieser partie 'eine vorlage, die in derselben strophenform gedichtet war', erweitert sei. Wenn aber dieses knappgefasste lied schon erweitert ist, so müste die vorlage von gröster undeutlichkeit gewesen sein, und es wäre unverständlich, dass die nach verschiedenen merkmalen früher gekennzeichnete individualität des zweiten verfassers darin nicht im mindesten zur geltung gekommen wäre. Die gründe, die Strack vorführt für die abtrennung nach str. 32 sind folgende. Zunächst verficht er die schon früher besprochene

---

[1]) Ich sage 'sogenanntes' rätsel, denn die geschichte von Lucifers erschaffung, die von Lohengrin und die von Brandan ('die pfeifer', Simrock no. 4) sind nicht mit recht so zu benennen. Ein rätsel verbirgt einen als bekannt vorauszusetzenden sinn in einer kunstvoll verschleiernden form. In den fraglichen drei fällen wird dagegen nach einer bestimmten kenntnis gefragt, und mit demselben rechte, als hier von rätseln gesprochen wird, könnte man sagen, dass ein examinator rätsel aufgäbe

ansicht, dass für Artus in L 38 Frankreich als wohnort angegeben, während vorher der berg in Indien. Aber hier geben wir keinen widerspruch zu (vgl. oben s. 151). Im übrigen gibt er zu erwägen, dass str. 31 und 32 dinge kurz berichtet sind, 'die dann später 37 ff. nochmals ganz ausführlich erzählt werden'. 'Ohne ersichtlichen grund wird durch diese vorwegnahme das interesse des lesers oder hörers abgespannt.' Dieser grund ist wol ersichtlich. Alles auffällige dieser widerholung schwindet, wenn wir einerseits die rahmenerzählung genau berücksichtigen und andrerseits die umstellung von str. 31 billigen. Wolfram deutet mit str. 31 im allgemeinen an, was für eine interessante begebenheit er vortragen könne; hierauf ruft der landgraf Hermann die frauen und diese erscheinen (str. 29, 30). Wolfram beginnt mit einer allgemeinen betrachtung über gottes güte, die hier der schelle, die Elsam am pater noster trug, solche kraft verlieh (32). (Und diese kurze einleitung erstreckt sich auch noch auf str. 33.) — Wenn man die lage von diesem standpunkte aus betrachtet, muss man sogar gestehen, dass die kurze hindeutung auf das folgende in str. 31 unentbehrlich ist, damit die spannung des landgrafen erregt und die herbeirufung der frauen erwirkt werde. Und aus str. 32 wird nur der öfter ausgesprochene gedanke widerholt, dass die schelle bis zu Artus tönt. Es ist aber überhaupt ganz unanstössig, dass im beginn eines dichterischen vortrags einleitungsweise einige hauptbegebenheiten angedeutet werden. — Was Strack s. 29 aus der namensform *Elsam*, gegenüber späterem *Elsâny*, schliesst, gilt nicht allein für seine abgrenzung, sondern auch für die unsere. Gewis ist eine der formen eine verderbnis: *Elsani* und *Elsam* konnten leicht in der hs. verwechselt werden, es brauchte bloss ein i-punkt auszufallen; die Münchener hs. liest überall *Elsam*. Der name steht ausser 31_1 und 32_5 an folgenden stellen: 79_5, 91_2, 175_4, 236_2, 654_8, 680_3. Der fehler könnte vom verfasser oder vom abschreiber herrühren. Es könnte sein, dass der verf. von L II die partie L I nicht selbst neu aufgezeichnet, sondern in der irgendwie erworbenen abschrift eines andern die kleinen besserungen der reime u. s. w. angebracht hätte; er aber behielt die richtige namensform bei und nur in einer redaction ward seine (oder die erste) niederschrift des namens verlesen. Dann hätte die hs. c das alte bewahrt. Es wäre aber auch möglich, dass die abschreiber keine schuld trügen und der verf. die alte namensform falsch gelesen hätte; es wäre dann die vorliegende abweichung in der tat alt und echt. Dann wäre nur anzunehmen, dass der verf. von L II die im Lorengel vergrabene fortsetzung von L I nicht angehört, sondern gelesen hätte: sonst wäre die verwechselung zu auffällig. Aus dem versmass lässt sich mit völliger sicherheit nichts erschliessen. In L I passt ebenso gut *Elsâny* und in L II lässt sich *Elsam* fast überall einsetzen; nur liest sich 236_2 dann weniger glatt: *wié Élsam vón Prabánt diu kiúsche mágt*; *Elsány* ist hier gefälliger. Aber andererseits ist letztere form ganz bedenklich in 654_8: *und Élsâný des wǽre gemeit:* hier allein findet sich die betonung *Élsâný*, dies ist sehr anstössig; *Elsám* dagegen kann man sich wol gefallen lassen. So spricht eine gewisse wahrscheinlichkeit dafür, dass in c das echte steht und die abweichung des namens in a, b zu erklären sei durch änderung vom abschreiber in einer der ursprünglich von verschiedenen händen geschriebenen partieen des gedichtes. — — Ein wichtiger beweisgrund von Strack ist der, dass weder in dem von ihm angenommenen alten rätselspiel noch in dessen fortsetzung im siebenten verse der strophe die cäsur fehle. Das erste fehlen derselben in str. 33 veranlasst ihn, von da ab den neuen verfasser anzunehmen. Aber obwol er auf s. 31 (unten) richtig angibt, dass auch in v. 307 die cäsur sich nicht finde, hat er doch diesen umstand bei seiner schlussfolgerung ganz übersehen. Nach Stracks eigener begründung müste also nach str. 30 das werk abgebrochen haben. Von str. 31 bis 67_2 vermisst man die cäsur in unserer ausgabe 7 mal, in der zweiten partie verhältnismässig viel seltener (14 mal rechnet Strack, nach den ausführungen im ersten teil dieser abhandlung auch nur 7 mal, s. s. 119 f.). Uns kommt es jetzt darauf an, ob dieser umstand einen beweis liefert, dass die Lohengringeschichte, um uns vorsichtig auszudrücken — nicht aus dem dichterkreise hervorgegangen sei, welchem der Wartburgkrieg, oder nur der rätselstreit daraus, zu verdanken ist. Für die 7 verse mit schlechter cäsur bietet X mehrfach etwas besseres. **59_7** L: *der künec und al die vürsten vrâg | ten waz der edelen wære*; K: *der k. und al die fürsten sin die fragten w. ir w.*; W: *man fragt die maget tugentlich was ir geschehen wære.* Da im vorhergehenden verse *maget* steht, ist in der tat das *ir* zu billigen. W und K bezeugen die lesart von X. — **33**$_7$ L: *si sprach: ich wânde daz mîn va | ter iuwer herre wœre;* K: *si sprach: ich wande daz uwer herr ‖ myn lieber vatter w.* W ändert stark. K weist den weg zur besserung; wenn das wort *lieber* ausgefallen, war auch die cäsur zerstört; man wird zu lesen haben: *si sprach ich wânde daz mîn vater ‖ iur lieber herre wœre.* — **37**$_7$ L: *swenn sô daz wazzer zuo ir ougen brach von herzen sterke.* K: *daz wasser ir zun augen uss ging von grund uss h. st.* W fehlt hier. Der ausdruck in L ist nicht ohne bedenken. Man erwartet, dass von dem kirchgang der jungfrau, von dem gebete, das der caplan empfohlen, die rede sein werde. Statt dessen lässt das *swenn sô* auf ein widerholtes tun schliessen; und hierzu passt auch nicht gut der zehnte vers: *si sprach: getriuwer got mîn jâmer merke.* Dieses anstössige fehlt in K. Die änderung von L ist begreiflich durch verstümmelung der wendung *von grund ûz herzen sterke* zu einfachem *ûz herzen sterke.* Nun war zufügung eines taktes nötig und man weiss, wie leicht solche kleine einschiebsel misglücken. So mag in Z gestanden haben: *daz wazzer zuo ir ougen brach ‖ von grund ûz herzen sterke, dô* (K) *lûte sich diu schelle klâr* u. s. w. — **L 38**$_7$, L: *dâ von Artûs und al di sî | nen hôrten vremde mære;* K: *da von kung Artûs und die syn erfuren fr. m.* — Endlich ist **49**$_7$ *vür iuch sol ein priester mes | se singen vor dem grâle* leicht durch umstellung, wie sie Rückert im übrigen reichlich anwendet, zu ändern in: *ein priester vür iuch singen sol die messe vor dem grâle.* — Es bleiben hiernach bestehen die falschen cäsuren in 31$_7$ und 43$_7$, denen nur durch grössere änderungen aufzuhelfen wäre. Die besseren lesarten von X sind dadurch von besonderem werte, dass diese überlieferung durchaus keine gute zurecht gestutzte, sondern vielmehr eine durch die zeit verschlechterte ist. Alsdann bleiben also in L I nur zwei fälle der fehlenden cäsur. In dem von Strack abgegrenzten gedichte finden sich gar keine entsprechenden fälle, denn L 29 kommt nicht in betracht. Dagegen finden sich solche in andern partieen des sg. zweiten teils des Wk. und zwar in dem rätsel von den königstöchtern zwei: Simrock str. 42, 43; in der erzählung von den pfeifern zwei: 59, 65; in dem rätsel von Salomons thron eines, 69, und in dem

dem von dem jäger desgleichen, 90. Wenn also nur behauptet werden soll, dass die Lohengrinerzählung von der gesamtheit des Wartburger rätselstreites nicht losgelöst werden könne, so liegt in den genannten zwei falschen cäsuren keineswegs ein beweis gegen diese behauptung. — Für die *schrift*, worin Strack einen hinweis auf eine vorliegende fortsetzung des alten rätselspiels sieht, ist 32_9 *Brandan* als verf. genannt; *an den schriften* findet sich noch 198_{10}, und die *korônic* ist auch 263 erwähnt (s. oben s. 101).

Die bisherigen bemühungen um das schwierige gedicht vom Wartburgkrieg gehen alle von der annahme aus, dass dasselbe mit zahlreichen interpolationen versehen sei, da in der tat die zudichtung hier überall einsetzen konnte. Auf diese voraussetzung hin suchte man meist an der hand äusserer merkmale einen als echt zu billigenden kern herauszuschälen. Es hat nun den anschein, dass man sich bei diesen bestrebungen zu leicht über die erheblichen psychologischen schwierigkeiten hinwegsetzte, die solcher annahme entgegenstehen. Die verschiedenen rätsel und geschichten verraten alle eine sehr ähnliche geistige beschaffenheit des urhebers: überall dieselbe phantastisch krause gelehrsamkeit, überall dieselbe oft glänzende darstellungsgabe, — und überall die thüringischen reime. Dieselben eigenschaften sind die auffallendsten züge an L I. Ja, im einzelnen ist die verkettung so gross, dass wir z. b. für das richtige verständnis des *Ezydemôn* das erste rätsel des Wk. heranziehen musten. Zeugen nun diese eigenschaften auch nicht unbedingt für éinen verfasser, so doch für eine bestimmte schule: einen kleinen kreis von leuten aus demselben lande und von derselben bildungsstufe: man rät sehr leicht bei diesem inhalt der gedichte auf fahrende, die ihrem früheren geistlichen berufe untreu geworden waren.

Wir sind nicht im stande irgendwo eine stelle zu finden, an der die von dem dichter des Wartburgkrieges unbedingt vorauszusetzende allgemeine hindeutung auf die Lohengrinerzählung aufhört und der verf. von L I anfängt. Weder äussere, noch innere gründe lassen sich aufstellen. Dagegen lässt sich die verquickung zweier antworten auf Klingsors fragen wol als alt und echt aufrecht erhalten. Die geistige verwantschaft im Wartburgkrieg und L I ist unleugbar und es ist von vornherein nicht gut glaublich, dass der oder die verfasser des Wartburgkrieges auf eine so grosse und weite geschichte, als die von dem schwanenritter ist, nur mit einigen strichen hingedeutet hätten.

So gilt es uns als wahrscheinlich, dass eine tiefere psychologische zergliederung des gedichtes vom Wartburgkriege festzustellen hätte, dass gehalt, aufbau und äussere form der gedanken denen sehr ähnliche seien, die wir im ersten Lohengrinabschnitt vorfanden und erläuterten, dass daher die verfasserschaft beider gedichte nicht zu trennen und in L $1—67_2$, wie auch Lachmann glaubte, ein tieferer einschnitt nicht anzunehmen sei. Der fahrende (oder seine genossenschaft), der so viele stoffe behandelte, zog auch die Lohengringeschichte in den kreis seiner darstellung, legte sie Wolfram in den mund und verband sie mit seinem rätselstreit, dessen abschluss sie vielleicht bilden sollte. Zum beweis dieser vermutungen kann natürlich nur eine ausführliche untersuchung im angegebenen sinne führen, die aber das ziel der vorliegenden erörterungen weit überschreiten würde.

LEIPZIG. ERNST ELSTER.

ZU CODEX JUN. XI.

Bei den verhandlungen über die herkunft der im codex Jun. 11 enthaltenen sammlung angelsächsischer gedichte ist ein punkt bisher unberücksichtigt gelassen worden, welcher in dieser frage vielleicht einiges licht verbreiten kann. Ich meine die beobachtung von Rieger, verskunst s. 12, anm., dass in der Genesis und Exodus *ea* bisweilen mit *ʒ* alliteriert. Unter hinweglassung des zweifelhaft überlieferten verses Exod. 288, sind die beispiele folgende:

> ʒeorne tôʒeánes, and sǽdon ealles þanc — Gen. B 238
> þâ wæs iû ʒêre ealdan wîtum — Ex. 33
> wǽron i[u]nʒe men ealle ætʒædere — Ex. 190
> eád and æðelo: hê wæs ʒearu swâ þeáh — Ex. 339.

Zu diesen kommt, wie ich glaube, auch noch der vers

> iû âhte ic ʒeweald ealles wundres — Satan 107,

da in demselben die alliteration gewiss auf *iû*, nicht auf *âhte* ruhte.

Rieger bemerkt zur erklärung dieser erscheinung: 'ein solches verfahren setzt bei dem betreffenden dichter für den anlaut *g* in allen fällen die aussprache *j* voraus, der auch die vocalische alliteration, besonders die auf *ea, eo,* nicht versagt zu werden brauchte.' Ich weiss nicht, ob Rieger mit der zuletzt gemachten einschränkung selbst auf diejenige deutung hinweisen will, die mir die einzig mögliche zu sein scheint, nämlich die, dem *ea, eo* die aussprache *jea, jeo* oder *ja, jo* zuzuschreiben, über die ich zuletzt Beitr. IX, 208 f. gehandelt habe (ich verweise dazu nachträglich auf die damals von mir übersehenen erörterungen Zupitza's im anz. f. deutsches altert. II, 5 f.). Lesen wir in den angeführten zeilen *ʒealle(s), ʒealdan, ʒeád,* so entsprechen diese formen genau den am a. a. o. handschriftlich nachgewiesenen *zearfoðe, unzeáðe* etc. für *earfoðe, uneáðe.*

Wenn dies richtig ist, so ist anglischer, speciell northumbrischer, ursprung für Genesis B, Exodus und Satan I ausgeschlossen, denn auf dem ganzen anglischen gebiete lauten *eall, eald* bekanntlich *all, ald,* genauer *âll, âld* mit dehnung, und daraus konnte sich natürlich kein *zeall* etc. entwickeln.

Hierzu stimmt vortrefflich eine weitere dialektische eigenheit wenigstens der Genesis B, nämlich die behandlung der 2. 3. sing. ind. der (langsilbigen) verba und der participia praeteriti schwacher verba auf dentale. Wie Beitr. IX, 173 f. ausgeführt ist, finden sich hier synkopierte formen in der prosa nur im süden, auf sächsischem und kentischem boden. In der poesie fehlen sie, ausser in den Metris (wie bereits angemerkt), in dem Menologium, und in der Genesis B, ganz vereinzelte ausnahmen abgerechnet, deren vorhandensein ich nicht leugnen möchte, da ich nicht alle texte wieder auf diese frage hin durchgeprüft habe. In Gen. B finden wir *wyrð* 236. 431. 552. 558, *weorð* 405. 519 (*cymð* 315. 806), *āhwet* 406, *sent* 515, *zetrŷwð* 569 (*cwyð* 581), *lǽst* 619 (*forzifð* 662, *lizst* 734), *slît* 802, *blîcð* 811, an participien *zesett* 252, *forlǽd(d)* 598. 630, *zelǽst* 727, und von diesen sind eine ganze anzahl, wie ich demnächst nachweisen werde, metrisch als synkopiert sichergestellt. Für die anderen in frage kommenden gedichte lässt dies kriterium freilich im stich, aber nur deshalb, weil das in betracht kommende material zu gering ist; in der ganzen Exodus finden sich z. b. überhaupt nur drei 3. personen sing. ind., die hierher fallen könnten, *wyrceð* 282, *dêmeð* 542, *lǽdeð* 543; bei solchen geringen zahlen ist man kaum zur erwartung von ausnahmen berechtigt. Aber auch nach dem erstgenannten kriterium allein bleibt ja nur der süden des landes als heimat der besprochenen gedichte übrig, und selbst hier lassen sich die grenzen noch enger ziehen. Ich glaube, die ganze sammlung ist in Kent oder dessen nachbarschaft zusammengebracht worden, für einzelne der gedichte auch direkt kentischer ursprung nachzuweisen.

Zunächst erinnern jene *zea* für *ea* natürlich an die vielbesprochenen mittelkentischen *yea, ya* (zur literatur s. Danker, Die laut- und flexionslehre der mittelkent. denkmäler, Strassburg 1879, s. 7 ff.); denn dass wirklich altes *ea* im kentischen zu *jea* oder *ja* werden konnte, geht meines bedünkens trotz aller einwände aus der gleichung altkent. *Ealdinȝ* nom. loci Cod. dipl. II, 260 = neukent. *Yalding* hervor. Hierzu stimmt, dass die angeführten *unȝeáðe, ȝearfoðe* sich im Boethius finden; denn beide handschriften dieses textes geben (wie demnächst von anderer seite ausführlicher wird dargelegt werden) auf ein kentisches original zurück [1]). Nach Kent weist aber mit grosser wahrscheinlichkeit auch noch eine andere sehr charakteristische form, nämlich *styde* mit seinem rätselhaften *y* für *stede* locus. Die form begegnet in der handschrift viermal, *ȝlêdstyde* Gen. 1810, *folcstyde* Gen. 2000, und mit nachträglicher correctur zu *stede* in *styde* Gen. 356 • und *burhstyde* Satan 363. In den übrigen poetischen texten erscheint die form nicht mehr; dagegen ist *y* der ausschliesslich bezeugte vocal dieses wortes im northumbrischen, wo dasselbe *styd* lautet (z. b. in Lind. Matth. p. 11, 16. 12, 5, cap. 26, 52. 27, 32. 28, 26, Marc. 1, 35, Joh. 10, 40, *stydd* Luc. 10, 1; dat. *on styde* Rit. 101, 1[b], vgl. auch *stydfæstnise* Rit. 20, 1. 2, *vnstydfullƀ* Rit. 121, 1, *vnstydfullnisse* Rit. 192, 1; im Ps. und Rushw.[1] fehlt das wort; in Rushw.[2] steht *steyde* Mc. 1, 35, was wie eine correctur von *stede* zu *styde* aussieht). Ausserdem findet sich aber die form *styde* mehrmals in ortsnamen und zwar fast ausschliess-

---

[1]) Ich verweise hier der kürze halber nur auf die zahlreichen *e* für *y*, die in den Metra erscheinen, wie *wercest* 4, 18, *wercan* 26, 73, *unnet* 10, 17. 16, 6. 22, 10. 17, *unnetta* 25, 44, *unnetne* 28, 52, *ȝehêded* 20, 151, *semle* 20, 198, *unmendlinȝa* 25, 30, *ymbhwerft* 28, 12, *rene* 29, 10 für *wyrcest, wyrcan, unnyt, ȝehŷded, symle, unmyndlinga, ymbhwyrft, ryne.* Uebrigens liegt es nahe, auch die verse

Jôbes eafera se wæs ȝeó cyning 26, 35
ealde ȝe ȝiunȝe ealle forhwerfde 26, 86

hierherzuziehen, indem man den ersten halbversen doppelalliteration gibt. Dass sich das übrigens nicht mit der — an sich höchst unwahrscheinlichen — annahme verträgt, Aelfred habe auch den versificierten text der Metra verfasst, liegt auf der hand. Ich glaube auch nicht an die verfasserschaft des königs, sondern bin der meinung, dass die sog. Metra in kentischer mundart, also doch wol von einem Kenter, auf grund einer bereits in kentischen dialekt umgesetzten handschrift des ganzen prosatextes gearbeitet worden sind. Unsere beiden handschriften bieten freilich nicht mehr ganz den alten kentischen text, sondern eine unvollkommene rückübertragung in den sächsischen dialekt.

lich in Kent und den angrenzenden grafschaften. Die ältesten belege stehen in der in kentischer mundart abgefassten urkunde des königs Aethelberht von Wessex vom jahre 862, Cod. dipl. II, 72 ff. no. 287 = Sweet, O. E. T. 438 f.: *tô Bipplestydæ. ðanne fram Bipplestydę tô Acustydę ... fram Acustyde;* sämmtliche angeführten ortschaften liegen in der nähe von Bromley in Kent (*Fearnbiorzinza mearc* z. b. ist Farnborough, SO. von Bromley; *Acustyde* wird von Kemble mit Oxted in Surrey identificiert). In der widerholung dieser urkunde durch Aethelred vom jahre 987, Cod. dipl. III, 226 ff., erscheinen die namen ebenfalls in der gestalt *Bipplestyde* und *Acustyde*, nur bei der widerholung des letzteren ist in sächsischer form *Acustede* geschrieben. Demnächst bietet die (nur in alter abschrift vorliegende) fälschlich vom jahre 790 datierte urkunde desselben königs, welche von Kemble, Cod. dipl. II, 70 in die jahre 860 bis 862 gesetzt wird, ebenfalls in Kent, südlich vom Medway, den namen *Horsūstyde.* Aus Surrey liefert die urkunde des dux Aelfred (zwischen 871—889), Cod. dipl. II, 120 no. 317 = Sweet, O. E. T. 451 ff. die fromen *Sondemstyde, Netelamstyde* und *Netelhæmstyde* neben einmaligem *Sondenstede.* Hiermit sind die alten belege erschöpft. Weitere verbreitung der form *styde* in den küstengebieten im norden von Kent bezeugen jedoch noch die beiden nur in späten, 'halbsächsischen' abschriften erhaltenen urkunden Cod. dipl. III, 271 ff. no. 685 und IV, 208 no. 853; die erstere nennt *Grænstydæ* neben *Grenstede* = Greenstead in Essex, und *Polstydæ* neben *Polstede* = Polstead in Suffolk, die letztere *Ringstyde* = Ringstead in Norfolk (daneben auch *on ǽlce* und *on ǽfrîce styde*).

Ausser diesen dem südosten Englands entstammenden belegen habe ich nur noch ein *styde* in weit abliegender gegend gefunden. Das dem 11. jahrh. entstammende cartular von Worcester, cod. Cotton. Tib. A. XIII, überliefert nämlich in einer 814 ausgestellten schenkungsurkunde des königs Kenulf von Mercia die form *Dûnhâmstyde*, Cod. dipl. I, 255 (und III, 389) no. 202. Die lage dieses ortes ist aus dieser urkunde nicht zu bestimmen; aber in einer andern urkunde derselben sammlung, Cod. dipl. III, 259 f. no. 680, verleiht erzbischof Oswald von York, der vormalige bischof von Worcester, unter einstimmung *ðæs hêredes æt Wiozernaceastre*, eine hide land *æt Hymeltûne*, bei deren grenzbestimmungen unter anderem auch *Dûnhæmstedes æcerzeard* genannt wird, und da *Hymeltûn* = Himbleton in Worcester nach Kemble feststeht, ist auch *Dûnhâmstede* in jener grafschaft zu suchen. Wir hätten somit einen beleg für mercisches *styde*, welches passend dem northumbrischen *styd* zur seite träte. Für die ortsbestimmung unserer gedichtsammlung kann aber dieses *styde* so wenig in betracht kommen, wie die northumbrischen *styd*; denn *Dûnhâmstyde* liegt auf einem boden, wo wir kein *zeall* erwarten können. *Styde* und *zea* für *ea* zusammen weisen wie ich glaube bestimmt auf Kent und nachbarschaft hin, und dort, in Kent oder Surrey, wird denn auch mit Grosshopp, Anglia VI, 265 ff. die quelle der eigentümlichen dialektformen zu suchen sein, welche die handschrift des sog. Satan auszeichnen. Doch darüber lässt sich einstweilen nicht discutieren, ehe eingehendere untersuchungen wenigstens den versuch gemacht haben zu zeigen, was in den gemeinhin für kentisch angesehenen texten und urkunden wirklich als charakteristisch für diesen dialekt betrachtet werden darf.

TÜBINGEN, 17. april 1884.

NOTIZEN ZU THOMAS BIRCK.

Ausser den beiden kürzlich von H. Holstein in der Zs. f. deutsche philologie XVII, 71 ff. ausführlich besprochenen dramen, der Comoedia gegen die doppelspieler und dem Ehespiegel, hat Thomas Birck noch ein drittes spiel verfasst, einen Hexenspiegel, der aber nicht zur veröffentlichung gelangt ist. Er selbst hat über die schicksale dieses seines letzten dichtwerkes in der ausführlichen vorrede zu der Letze Predig berichtet, mit der er sich bei seinem abgang von Untertürkheim von seinen alten pfarrkindern verabschiedete. Exemplare dieses bisher ziemlich unbekannt gebliebenen [1]) opus befinden sich auf

[1]) L. M. Fischlin, Memoria theologorum Würtembergensium I, 294 f. citiert die schrift, die er offenbar nicht selbst gesehen, unter dem ungenauen titel 'Valet-Predigt auss Act. XX.' und gibt fälschlich Tübingen statt Speyer als druckort an.

der hiesigen universitätsbibliothek und auf der öffentlichen bibliothek zu Stuttgart; beide haben mir vorgelegen. Der umständliche titel lautet (rotdruck gesperrt, antiqua cursiv) wie folgt:

Letze Predig | *M. THOMÆ BIRCKIJ.* | Der Reinen Augspur- | gischen Confession, vnd Concordi- | buchs zugethanen Pfarrhers zu Gawangelloch, | bey der Churfürstlichen Hauptstatt Heydelberg gelegen, die er | in seiner newen Pfarr begriffen, vnd seinen vielgeliebten alten Pfarr- | kindern zu Vnderntürckheim in Würtemberg (welche jhn nach jhrem | hertzlichen Wunsch, außgenommen der Herrschafft, vnd dem gemeinen | Flecken vbelhaussender Magistrat, vnd jhren anhang gern noch einmal | auff der Cantzel gehört hetten) zu endtlicher Lehr, Trost vnd | Warnung, in Truck verfertiget. | Sampt einer Vorrede, darinnen er | sein vnuerschuldte Verfolgung (die durch Göttli- | che Verhängnuß mit dreyen schrecklichen Exempeln, offent- | lich bezeigt worden: In dem einer seiner Widersacher, auß Verzweiffe- | lung leyder sich selbs erhenckt: der ander, sich selbs erstochen: Der dritte, | gar schnell vnd plötzlich deß jähen Todts gestorben) mit gutem, | sattem, vnwiderleglichem Grundt, auß- | führlich erzehlet. | Christlich lieber Leser, hie hast du beneben vielen | wichtigen Sachen, so manche zur vntertruckung der Warheit, | listige vnd gewaltthätige Practic, dergleichen in dem hochlöblichen Für- | stenthumb Würtemberg, zwar ohne Schuldt deß thewren Landsfür- | sten wider einen Kirchendiener niemals fürgeloffen, mit höch- | ster Verwunderung zuernemen. | Gedruckt in der Keys. freyen Reichsstatt Speyer, bey | Gilg Viuet, im Jahr, 1602.

Die rückseite des titelblattes trägt das motto: 'Psal. 94. ver. 15. Recht mus doch recht bleiben, vnd dem werden alle Fromme Hertzen zufallen.' Darauf folgt s. 1—132 eine 'Vorred', überschrieben 'An ein Ersame Burgerschafft zu vndertürckheim', dann s. 132—208 die 'Letze Predig' selbst, s. 209 bis 214 (gedruckt ist 314) ein zwölfstrophiges 'Klagliedt | Vber das newe Capernaum, den vndanck- | baren Flecken Vnderntürckheim, | Gestellt | Durch einen Kirchendiener, auß Brüderlichem | Mitleiden gegen dem außgeschaffenen | Pfarrer, daselbsten. | Zu singen im Thon, | Nun lob mein Seel den HERREN, &c.' (Wackernagel IV, 170, no. 242), endlich s. 215 f. ein druckfehlerverzeichnis ('Nachdem Christlicher lieber Leser, wegen dess eilens, in die Franckforter Mess, viel Wörtlein, benebem (so) dem ordentlichem Zifferieren, punctieren vnd absetzen, vnrecht getruckt worden: So sollen die fürnembste *Errata* folgender massen corrigiert vnd gelesen werden.'), das freilich den druckfehlerwust des in der tat äusserst flüchtig hergestellten buches bei weitem nicht erschöpft.[1])

Die vorrede gibt einen ausführlichen und in seinen details recht interessanten bericht über den ursprung und verlauf der streitigkeiten zwischen Birck und den gemeindevorständen von Untertürkheim und deren anhang, die schliesslich zur absetzung des unbequemen und streitbaren pfarrherrn führten, der nicht müde wurde, seinen 'theuren landsfürsten' und die gerichte des landes mit beschwerden, retorsions- und defensionsschriften, apologien, litiscontestationen, sollicitationen, dupliken u. s. w. zu belästigen. Ich hebe daraus hier nur die stelle hervor, worin Birck über seinen Hexenspiegel berichtet (s. 12 f.).

'Wie aber dem? so habe ich (der ich beweißlich von der warheit geredt) nit allein die beclagte Schelmen Schmach, in mich fressen,[1]) sonder auch nach meines theüweren Landsfürsten erwinschste ankunfft, **dreissig gulden**, auszalen miessen, dan als ich ein *Tragœdiam*, mit folgendem Titul begriffen.

Hexen Spigel.

'EIn vberaus schöne vnd wolgegründte *Tragœdj*, darinen augenscheinlich zusehen, waß von vnholden, vnd zauberern zuhalten seye: Ob sie können wittern: Im lufft fahren: Näch[t]liche zusammenkunfft, (13) Gastungen, vnd Täntz halten: Mit dem Teuffel der bulschafft pflegen, vnd kinder zeugen: Iren leib gross vnd klein machen, oder in vnuernünfftige Creaturen verendern: den Leuten, die verschloßne wahr bey nacht stelen: Menschen vnd vich beschedigen, vnd wider heilen: zukünfftige ding wißen vnd war sagen: vnd durch waß mittel, ein Christ sich vor ihnen hietten, oder wan er schaden empfangen, wie er

---

[1]) Auf dem 'Titul' sind gleich zwei druckfehler zu berichtigen, z. 16 soll gelesen werden 'Bezeugt worden' und z. 3 v. u. 'zuvernemmen.'

[1]) Dies bezieht sich auf einen streit mit dem dorfschulmeister, der so undankbar gewesen war, zur partei der feinde Bircks abzufallen, obwol dieser 'ihne, als einen armen wingartner, vnd deß gemeinen flecken kimmetfeger, zu diser guten schul geholffen.' Dieser streit hatte sich zu offener rebellion des schulmeisters zugespitzt, der u. a. einmal dem pfarrer 'in beysein viler Ehrlicher Bürger, vnd seiner schul knaben' vorgeworfen, 'wan ich sage, das er das nider kniehen, bey faust grosser beulen betröwung gebotten, so liege ich (*reuerenter* zuschreibē) wie ein schelm.' Der schulmeister gieng frei aus, der pfarrer aber, der das unbotmässige verhalten des schulmeisters in einer pfingstpredigt öffentlich gerügt und dadurch eben jenen zornesausbruch hervorgerufen hatte, bekam einen starken verweis, und auf die nachfolgende beschwerde über die ihm durch den schulmeister angethane beschimpfung den bescheid: warum er denn gegen ihn gepredigt habe!

sich verhalten: Vnd welcher massen, die Oberkeit, sie an greiffen, bewahren, Verrechten, befragen, vnd straffen: Vnd wie auch die pfarrer vnd Seel sorger, nach dem Gesatz vnd Euangelio, mit ihnen handlen sollen.

Auß viler keyser vnd königen, Chur: vnd fürsten, Grauen, Freyhern, vnd andern Adenlichen personen erfharungen, vnd bedencken, Beuorab, aus etlichen *Concilien,* vnd vielen guten biechern, der fürnembstē Lehrern der heiligen schrifft, der Rechten, vnd Artzney der philosophen, vnd Geschicht schreibern, getreulich zusammen getragen? Vnd mit vilen denck würdigen Historien, den Satz vnd gegen satz besagende, zu erörterung d' warheit, reichlich erclärt: vnd allerhandsachen, wie auch der für nembsten Länder, herschafftē, Bistumb, Clöster, Stifft, Stät, vnd personen Namen, in Alphabetische Register, richtig gebracht.'

Vnd dise *Tragœdi,* habe ich meinen theuren Landsfürsten, ich zugeschriben, vnd den *Titul* sampt dem *prologo,* wie auch nit weniger, die *Dedication* schrifft selbs, iren F. G. vnderthönig vberschickt, vnd *supplicando* demietig gefragt: Ob ich sie also *publicieren* solle. Hierauff haben ire F. G. diß mein fürhaben, deren nit weniger gefallen laßen, als der keyser *Ludouicus Pius* die teutsche Reimen vers, so ein teutscher poet, seiner Maiestat verehret, ime, in allen gnaden belieben laßē. Vnd zu mehrer versicherung der erlaubten *publication* mit iren F. G. eigen Handen, die gnädige einwillung vff den rand geschriben. Als ich sie nu nach Tübingen, Hern Georg Gruppenbach geschickt, vnd er sie einen *Theologum,* vnd *Doctorem Iuris,* fleißig durchleßen laßen, hat er vff ir beider *Censur,* sie, auff seinen kosten, zu trucken, vnd mich für mein gehabte miehe, mit 30 Exemplarien zu uergaben, sich in schrifften erclärt. Vnd da er tausent *Exemplaria* fertigen wöllen, vnd allbereit, in vnsers Gnädigen fürsten vnd Herrn abwesen, Neün bogen, vnd ieden tausent mal getruckt, habe ich ihn, vmb stillstand, biß ire F. G. wider ins Land (14) kommen, ersucht. Seytemal ich, eines puncten halben vnderthönig zufragen, mier fürgenommen. Indem ein solches geschehen, Vnd aber meinem theuweren Lands fürsten, in der langwürigen reiß, vnd andern hochwichtigen vilfältigen sachen, die gnädige bewilligung der *publication,* aller dings abgefallen: Ist an Herrn Gruppenbach, ein Beuelch ergangen, dass er mit dem Trucken, aller dings oberstehē, vnd die 9000. bogen, beneben meinem *Original,* gehn S[t]utgarten zur Cantzley schicken solle. Nach dem es geschehen, bin ich *cietirt,* vnd vngeacht daß iren F. G. gnädige hand schrifft, ich für gezeigt, dem Trucker, seinen vncosten zubezalen angehalten worden. Wan man mier guts gegönnet, vnd ire F. G. dero fürgezeigte Handschrifft, vnderthönig verstendiget, vnd für mich ein demietige *Intercession* vnd fürbit gethon, ist kein zweifel, die, als Ein theüwerer Warhaffter Fürst deß Reichs, hetten das werck (darinnen so gar nichts vnrechts zufindē, das man mier auch den wenigsten vers, nit verwissen) eintweder fürgehn lassen, oder aber, des vncostens, mich gnädiglich vberhebt. Weil aber ich, allenthalben verspilt, habe ich Herren Gruppenbach (der mich doch wol gehalten, vnd dise *Tragœdi,* noch von hertzen gern Trucken thet) dreißig gulden auszalen miessen. Vnd, das war das erst vnglück, so mir, vff die Vndertürckheimische *Inquisition* begegnet.'

Leider scheinen sowol das manuscript wie die 1000 exemplare der neun druckbogen verloren gegangen zu sein, vermutlich weil sie mit andern alten akten eingestampft sind. In Stuttgart wenigstens sind sie nicht mehr aufzufinden.[1])

Ueber das leben Birck's kann ich noch folgende genauere daten beibringen. *Thomas Birck Vracensis* wurde am 19. aug. 1569 sub rectura Cl. Joh. Hochmann in Tübingen immatriculiert (Tübinger universitätsmatrikel). Am 13. aug. 1572 magistrirte er unter dem decanat von Philipp Apianus (Joh. Nic. Stoll, Sammlung aller Magister-Promotionen, welche zu Tübingen von Anno 1477—1755 geschehen. Stuttgart 1756, s. 42). Von da ab lässt sich seine wirksamkeit in Württemberg an der hand von Christ. Binder, Wirtembergs Kirchen- und Lehrämter, Tübingen 1798, verfolgen.[2]) Danach war er von 1573—74 collaborator am paedagogium in Stuttgart (s. 804), 1574—75 diaconus in Murrhard (s. 139), 1575—80 pfarrer in Erbstetten, oberamt Marbach (s. 225), 1580—85 in Oberbrüden, oberamt Backnang (s. 127), 1585—1601 wie bekannt in Untertürkheim (wo damals das domkapitel Constanz den pfarrer ernannte, ebenda s. 184). Dann erscheint er wieder von 1610—29 als pfarrer in Rottenacker an der Donau, oberamt Ehingen (s. 603; die gemeinde selbst hatte den pfarrer zu wählen).

Die lücke von 1601—1610 wird durch seinen aufenthalt in Gauangelloch (SSO von Heidelberg) ausgefüllt, wohin er nach seiner vertreibung von Untertürkheim durch den herrn Johann Philipp von Bettendorf berufen war. In dieser zeit hat Birck ausser der Letze-Predig noch veröffentlicht eine 'Predigt von der Schreibfeder, wie man dieselbig gebrauchen sol, auß dem 5. Cap. des Buchs der Richter, Strasburg bei Jost Martin 1609 in 4.', die ich nur nach dem citat in Georg Draudius, Bibliotheca librorum Germanicorum classica, Franck-

---

[1]) Im filialarchiv zu Ludwigsburg befindet sich, nach freundlicher mitteilung des herrn professor Hermann Fischer, ein fascikel 'Reichskammergerichtsakten, Lit. B., Nr. 4322: Bürck, Kläger, contra Bürgermeister und Rath in Untertürkheim, 1604—1610.' Ich habe diese akten nicht eingesehen, weil dieselben schwerlich etwas über den Hexenspiegel enthalten können; sie fallen in die jahre nach der absetzung Bircks.

[2]) Ich verdanke diesen nachweis der güte des herrn prof. Roth.

furt a/M. 1611, s. 172, kenne, und — seine umfänglichste leistung — seinen Regentenspiegel, eine erweiterung der leichenpredigt, die er seinem am 12. april 1606 verstorbenen gönner und patronatsherrn gehalten und dessen minderjährigen söhnen Reinhart Friderich, Georg Albrecht und Ludwig Christof gewidmet hat. Mir liegt dieselbe in dem exemplar der öffentlichen bibliothek zu Stuttgart vor. Der titel lautet mit einigen abkürzungen: 'Regenten-Spiegel, | Darinnen alle fromme | Regenten, jhre Räht, vnnd Beampte, bey | vielen denckwürdigen Exempeln der Alten, augenschein- | lich zu sehen haben: Wie sie in Geistlichen vnd Weltlichen Händlen, | beydes, zu jhrem ewigen Heil vnd zeitlichen Wolfahrt, durch den gantzen | Lauff jhres Lebens, ohne Anstoß deß Gewißens, vnd Verlust | eines guten Namens, sich verhalten | sollen. Nach Anleitung der schönen Historien vom Gottseligen | König *Iosia*, auß der lieben Bibel, den Schrifften *Lutheri*, vnd andern | guten Büchern getrewlich zusamen gezogen, vnd | *summariè* gepredigt, | In Christlicher Versamlung eines grossen Adels: Bey der Begräb- | nuss, Weyland des Gestrengen, Edlen, vnd vesten, Hanns Philipsen von Bettendorff, | ... Durch | *M. THOMAM* Birck ... | Vnd auff des Adels freundlichs Begehren, von jhme | in Truck verfertiget. | ... Getruckt | Zu Franckfurt am Mayn durch Nicolaum Hoffman, | In Verlegung Johann Jacobi Porsch, Anno 1607. | '

Voraus geht auf fünf unbezifferten seiten eine 'Dedicationsschrifft', an die genannten söhne des verstorbenen gerichtet, dann folgt s. 1—386, die predigt selbst, der hauptsache nach eine aus einer umfänglichen literatur zusammentragene beispielsammlung, in 20 'Erinnerungen', oder wie der verfasser selbst s. 9 dies erläutert, 'etliche namhaffte lehr vnd nohtwendige Erinnerungen, so auß der Historien Josiæ gar artlich können gezogen werden.' Hieran schliesst sich s. 387—389 ein sechsstrophiges 'Klagliedt. | Vber die hochbetrübte | Leiche, weyland dess Gestrengen, Edlen | vnd Vesten, Hanns Philipsen von Bettendorff, zu | Göwangelloch, der in seinem Adenlichen Hauß daselbsten, | den 12. Aprilis, Anno 606 . im HERRN, gantz seliglich | entschlaffen ist. | Im Thon. | 1. An Wasserflüssen Babylon. | 2. Der Thorecht spricht, es ist kein Gott. | 3. HERR Gott der du erforschest mich. |' nebst einer 'Grabschrifft' in 8 und einer 'Taffelschrifft' in 14 zeilen. Den beschluss macht, s. 390—398, ein 'Alphabetisch Register, der fürnembsten Lehr- | puncten dieses Regenten Spiegels.'

Ich will endlich noch bemerken, dass auch der Adlerspredigt auf s. 31—45 ein poetisches produkt Birck's angehängt ist, ein 54strophiges 'Adlerslied'.[1]) Dasselbe gibt neben einer auslegung der eigenschaften des Adlers str. 48 ff. eine beschreibung 'Von dem kunstreichen Vhrenwerck zu Eßlingen auff dem Marckt, an dem Rahthauß' das in den jahren 1586—89 von Jacob Diem in Tübingen verfertigt, einen flügelschlagenden adler als hauptzierde besass und dessen einrichtung dem verfasser überhaupt den anlass zur abfassung seiner Adlerspredigt gegeben hat. Näheres über dieses kunstwerk (auch einen abdruck der beschreibenden strophen des Adlersliedes) findet man bei Karl Pfaff, Geschichte der Reichsstadt Esslingen, Esslingen 1840, 507 ff.

TÜBINGEN, 12. mai 1884.

ZU OPITZENS DEUTSCHER POETEREY.

Die kleine schrift von V. Beránek, Martin Opiz in seinem verhältnis zu Scaliger und Ronsard, Wien 1883 (32. jahres-

---

[1]) Das lied ist nach sieben melodien zu singen, denn:

Weil jederman nicht alles gfellt,
  Ist vns des Adlers Lied gestellt
Nach lust, in siben Melodey
  Zusingen steht eim jedem frey.

Die melodien sind: 1. Hilff GOtt daß mir gelinge, du edler Schöpffer mein, &c. (Wackernagel III, 84, no. 242). 2. Merck auff, was will ich singen, &c. die Legend vom Abgott Bel (Wackernagel V, 709, no. 1033). 3. Die sonn die steht am höchsten, &c. (Wackernagel III, 977, no. 1161). 4. Ach GOtt, wie wol ist denen, den jhr Leib eigen ist. Darin die gantz Historia vom Joseph in Egypten begriffen ist. 5. Frisch auff, vnnd thu frolocken, du gantzes Würtemberg. 6. Ich stund an einem morgen, heimlich an einem ort (weltlich bei Uhland no. 70, geistlich bekanntlich sehr oft, Wackernagel II, 1056 ff., no. 1293—98; III, 1082 ff., no. 1255. 1258—60; IV, 319, no. 444; IV, 787, no. 1173; V. 681, no. 1008; V, 897, no. 1133). 7. Ach GOtt wem soll ich klagen, das heimlich leiden mein (Wackernagel III, 863, no. 1016).

bericht über die k. k. staatsoberrealschule im III. bezirke) hat das verdienst, die mechanische art, in welcher Opitz sein buch von der deutschen poeterei compiliert hat, zuerst durch ausführliche nachweise deutlich ans licht gestellt zu haben. Nicht unerhebliche nachträge zu diesen nachweisen hat sodann die eben erschienene sorgfältige dissertation von Otto Fritsch, Martin Opitzens buch von der deutschen poeterei, Halle 1884, gegeben, welcher, ohne die arbeit von Beránek zu kennen, die arbeit der quellenaufsuchung noch einmal gemacht hat. Hiermit dürfte das material, welches Ronsard und Scaliger geliefert haben, so ziemlich beisammen gebracht sein. Wenigstens finde ich in einigen gelegentlich gemachten aufzeichnungen über diese frage nur ein paar kleinigkeiten, die nachzutragen wären. So hätten zu Beránek s. 12, Fritsch s. 40 zu dem citat aus Ronsard noch weiterhin die worte aus der vorrede zur Franciade (Oeuvres III, 20 ed. Blanchemain) ausgeschrieben werden sollen: 'Au contraire, le poëte heroïque invente et forge arguments tous nouveaux (= *setzet viel das zwar hingehöret, aber newe vnd vnverhoffet ist* Opitz), fait entreparler les Dieux aux hommes et les hommes aux Dieux, fait haranguer les capitaines comme il faut, descrit les batailles et assauts, factions et entreprises de guerre ... Il a pour maxime très-necessaire en son art de ne suivre jamais pas à la verité, mais la vray-semblance et le possible ... laissant la veritable narration à l'historiographe.'

Ferner sind gewis Opitzens ausführungen (s. 31) über die *ἀναστροφή* durch Ronsards vorrede zur Franciade, Ouvres III, 26 veranlasst: 'Tu ne transporteras jamais les paroles ny de ta prose ny de tes vers; car nostre langue ne le peut porter, non plus que le latin un solecisme. Il faut dire: Le roy alla coucher de Paris à Orleans, et non pas: A Orleans de Paris roy coucher alla.'

Zu dem, was Beránek s. 22 und Fritsch 63 f. zu Opitz 42 f. beigebracht haben, lässt sich noch eine weitere stelle aus Ronsards vorwort *Au lecteur* (vor der eigentlichen vorrede zur Franciade, Ouvres III, 11) anführen. Auch da bemerkt Ronsard, dass die alexandriner 'sentent trop leur prose'. Schliesslich meint er aber doch — und das ist charakteristisch, weil diese worte Opitz vielleicht den mut gegeben haben, hier von seinem meister abzuweichen —: 'Or, tout ainsi que je ne les aprouve du tout, si ce n'est en tragedies, ou versions, aussi je ne les veux du tout condamner: j'en laisse à chacun son libre jugement pour en user comme il voudra.'

Endlich hat auch Ronsard zu den bemerkungen Opitzens über das übergreifen eines satzes aus einer verszeile in die andere den anlass gegeben. Er sagt in der vorrede zur Franciade, Oeuvres III, 26: 'J'ay esté d'opinion en ma jeunesse, que les vers qui enjambent l'un sur l'autre nestoient pas bon en nostre poësie; toutefois j'ay cognu depuis le contraire par la lecture des autheurs grecs et romains, comme

Lavinia venit

Littora.'

Neben Ronsard und Scaliger hat aber Opitz, was bisher allgemein übersehen worden ist, an mehreren stellen seines werkes noch eine dritte quelle benutzt, nämlich eine ausgabe der werke von Bartas mit dem ausführlichen commentar von S. G. S., d. h. dem bekannten theologischen vielschreiber Simon Goulard de Senlis. Mir liegt eine solche vor unter dem titel: Les Oevvres poetiques de A. de Salvste, Seignevr du Bartas ... Le tout nouuellement r'imprimé, auec Arguments, Sommaires et annotations par S. G. S. ... [Rouen] 1608.

Die erste stelle, welche benutzung dieses werkes zeigt, findet sich im neudruck s. 14, 10 ff.; es ist der abschnitt, wo Opitz von den 'nahmen der Heidnischen Götter' spricht 'derer sich die stattlichsten Christlichen Poeten ohne verletzung ihrer religion jederzeit gebraucht haben.' Hierzu halte man Bartas im 'Advertissement' A 7[b]: 'Les autres voudroyent que ces mots de Flore, Amphitrite, Mars, Venus, Vulcan, Jupiter, Pluton etc. fuissent bannis de mon liure. Ils ont de vrai quelque raison, mais ie les prie considerer que ie les ai clair-semez. Et quand i'en vse, c'est par Metonymie, ou faisant quelque allusion à leur fables: ce qui a esté pratiqué iusqu' à present, par ceux qui nous ont donné des Poemes Chrestiens.'

Opitz s. 19 ff. handelt über das heroische gedicht. Die von Beránek s. 11 und Fritsch s. 37 f. citierten worte Ronsard's sind sicher nicht Opitzens quelle, sondern Opitz hat sich hier auf den commentar von Simon Goulard zum ersten verse des ersten tages der ersten woche von Bartas gestützt. Die stelle lautet: '*Toy qui guides le cours du ciel.* Les poetes plus renommez, tant Grecs que Latins, ont accoustumés de faire deux choses au commencement de leurs poemes: l'vne d'inuoquer quelque Deité, qui les inspire et adresse en la besongne qu'ils entreprennent: l'autre de proposer en peu de paroles et sommairement le contenu de tous leurs discours. Homere, prince des poetes Grecs, fait l'vn et l'autre en son Iliade et Odyssee. Hesiode, Pindare, Stesichore et autres l'ont ensuiui. Entre les Latins, Virgile tant en ses Georgiques, qu'au commencement de l'Eneide fait le mesme: et ceux qui sont venus depuis ont suiui ce stile conuenable et aisé.' Für Opitz 21, 13 ff. kommt dann noch speciell die anmerkung zu v. 9 in betracht: '*O grand Dieu.* Repetition de sa p r o p o s i t i o n c o n i o i n t e auec p r i è r e à celui qu'il auoit appellé Pere du verset precedent.'

Zu den nachweisen von Beránek s. 17 und Fritsch s. 51 zu Opitz s. 28 über den gebrauch neuer composita halte man ferner Bartas im Advertissement, A 6[a]: 'Les autres m'obiectent l'affectation des nouueaux, et le trop frequent vsage des Epithetes composez. Je ne suis point de l'opinion de ceux qui estiment que nostre langue soit, il ya desia vingt ans, paruenue au comble de sa perfection, ains au contraire ie croi qu'elle ne fait que sortir de son enfance. De sorte qu'on ne doit trouuer mal seant qu'elle soit, suiuant le conseil d'Horace, enrichie, ou par l'adoption de certains termes estrangers, ou par l'heureuse inuention de nouueaux' u. s. w.

Zu s. 30 hätte daran erinnert werden können, dass bereits Zöllner in Prutz' Deutschem Museum 1865, s. 260 den Ronsardschen beleg für *pindariser* nachgewiesen hat. Ueber die ableitung neuer verba von eigennamen speciell äussert sich Ronsard nicht, wol aber wider Bartas im Advertissement A 6[b]: 'Seulement ay-ie fait de quelques noms qui sont vraiment François, des verbes, comme de Limaçon, limaçonner, Dædale dedaler' etc. Zweifelsohne hat Opitz auch diese stelle vor augen gehabt.

TÜBINGEN, 28. juli 1884. E. SIEVERS.

Halle, Druck von Ehrhardt Karras.

BEITRÄGE ZUR GESCHICHTE

DER

DEUTSCHER SPRACHE UND LITERATUR

HERAUSGEGEBEN

VON

HERMANN PAUL UND WILHELM BRAUNE.

X. BAND. 2. HEFT.

HALLE A/S.

MAX NIEMEYER.

1885.

INHALT.

Zur beachtung: Alle auf die redaction der 'Beiträge' bezüglichen zusendungen bittet man zu richten an Professor Dr. W. Braune in **Giessen.**

ZUR RHYTHMIK DES GERMANISCHEN ALLITERATIONSVERSES.

I.

Vorbemerkungen.

In dem metrischen excurs seines Corpus Poeticum Boreale, I, 432 ff., hat Guðbrandr Vigfússon über den ungenannten urheber der ansicht, dass die altnordischen metra auf festen bestimmungen über silbenzahl beruhen, die volle schale seines zornes ausgegossen und auch diejenigen in dieses verdammungsurteil mit einbegriffen, welche diese 'baseless fancy' angenommen haben, obgleich sie 'ought to have at once seen its worthlessness'. Vielleicht würden seine eindrücke weniger 'shocking' gewesen sein, wenn er sich die mühe gegeben hätte, auch den dritten meiner metrischen aufsätze, Beitr. VIII, 54 ff., zu lesen. Denn er würde da s. 74 ff. gefunden haben, dass ich ausdrücklich die früher geäusserte ansicht zurückgenommen habe, dass die kurzzeile des fornyrðislag aus zwei gleichartigen, speciell fallenden (trochäischen oder spondäischen) takten bestehe, und dass ich schliesslich mit Edzardi darauf zurückgekommen bin, die natürliche wort- resp. satzbetonung zur grundlage der betreffenden versschemata zu machen, unbeschadet freilich der vorher gewonnenen bestimmungen über silbenzahl und auflösung. Er hätte sich auch bei genauerem zusehen leicht die falsche angabe ersparen können, dass ich — der ich doch wol unter den 'Northern metrists' s. 432 der eigentlich schuldige bin — vom Háttatal und Háttalykill ausgegangen sei. Denn ich habe ausdrücklich von diesen zunächst abgesehen, und mich an die alten skaldischen texte selbst gehalten. Erst im zweiten teile meiner untersuchungen habe ich dann nachgewiesen, dass die praxis dieser beiden theoretischen werke noch ganz die der alten skalden ist. Ebenso hätte er finden können, dass ich oft genug den unterschied in der strenge des versbaues in der 'alten' poesie und in der kunstskaldik betont, dass ich die grösseren freiheiten der ersteren als ein überbleibsel aus einer ursprünglich nicht nach silbenzahl regelnden kunstperiode bezeichnet, dass ich es endlich mit rücksicht hierauf als eine noch zu lösende aufgabe hingestellt habe, eine geschichte der entwickelung der nordischen metrik zu schreiben.[1])

Ich kann danach, glaube ich, den vorwurf mit 'a total neglect of historical and chronological method' gearbeitet zu haben, mit gutem gewissen von mir ablehnen, und ich bin nach wie vor überzeugt, es sei nicht unmethodisch, die anfänge später fest geregelter erscheinungen in älteren perioden nachzuweisen, über die man vorher überhaupt noch keine untersuchungen, weder pro noch contra, angestellt hatte. Ich halte solche arbeit auch dann nicht für unmethodisch, wenn ihre resultate bisher mit vorliebe gehegten lieblingsideen allgemeiner, oft bloss speculativer natur widersprechen. Dem verwerfungs-

[1]) Ich möchte bei dieser gelegenheit noch auf ein anderes curioses beispiel von opposition um nichts aufmerksam machen. In der Deutschen altertumskunde V, 1 s. 99 anm. rät gelegentlich des verses Vǫluspá 9, 4 (= 27, 7 Hildebrand) Hoffory durch den mund Müllenhoffs 'mit andern versen von ähnlicher art (sic), wie 10, 4. 11, 3 (= 28, 7. 29, 5 Hildebrand) und manchen andern gründen .. doch unsern neusten metrikern sich ihre sache noch mehr als einmal gründlich zu überlegen und die alte meinung noch nicht für abgetan zu halten' — und das notabene nachdem er ebenda s. 75 ff. 'nicht ohne verständigung über das einzelne mit mir (sc. Müllenhoff) nach möglichkeit die (sic) strengere metrische regelung durchführte' (ib. 74), d. h. nachdem er den ganzen text der von Müllenhoff als echt anerkannten strophen der Vǫluspá mit verschwindenden ausnahmen nach meinen metrischen regeln constituiert hatte! Gerade die angeführten verse aber habe ich Beitr. VI, 312. 316 besprochen und ausdrücklich gesagt, dass wir darin vielleicht freiheiten anzuerkennen haben, die durch emendation zu entfernen sich nicht empfehle! [Es wird vielleicht nicht überflüssig sein, ausdrücklich zu constatieren, dass die vorstehende bemerkung über dies erste symptom der nun wie es scheint glücklich vollendeten schwenkung Hoffory's von der freien forschung zur correkten schulhaltung vor dem erscheinen von dessen 'Streitschrift' niedergeschrieben ist.]

urteil Vigfússons gegenüber begnüge ich mich denn hier einfach zu constatieren, dass seine gegengründe nicht im geringsten meinen glauben an die richtigkeit der von mir zahlenmässig festgestellten gesetze über silbenzahl und auflösung in der nordischen metrik erschüttert haben. Es sind das eben facta, mit denen die theorie sich abzufinden hat, nicht teile einer theorie, die ohne weiteres durch eine beliebige andere theorie umgestossen werden können. Dagegen kann ich mit vergnügen anerkennen, dass ich mit einigen theoretischen aufstellungen Vigfússon's über die rhythmen der altnordischen verse jetzt näher zusammentreffe, und zwar darf ich mir wol zur erläuterung hinzuzusetzen erlauben, dass bereits ehe ich mit Vigfússon's arbeiten bekannt geworden war, fortgesetzte beobachtungen auf dem gebiet der germanischen alliterationsdichtung mich zu gewissen modificationen meiner ursprünglichen anschauungen geführt hatten, welche über die zuletzt gegebene formulierung, Beitr. VIII, 78 f., noch etwas hinausgehen.

Der erste dieser punkte betrifft die viersilbigen verse von der form

grund Valkyrjur — Vspá 31,12

etc. (Beitr. VIII, 71 ff.), für welche ich Beitr. VIII, 75 mit versetzter betonung ictus auf dem zweiten gliede des compositums annahm, also das schema

$$\acute{-} \times \mid \acute{-} \times$$

statuierte (mit $\times$ bezeichne ich eine beliebige unbetonte silbe von gleichgültiger quantität). Jetzt glaube ich, gestützt namentlich auf die weiter unten darzulegenden verhältnisse im angelsächsischen, dass auch für diese verse kein grund vorliegt, von der natürlichen wortbetonung abzugehen, und lese dieselben demnach als

$$\acute{-} \mid \acute{-} \times \times,$$

d. h. ich nehme jetzt auch viersilbler an die statt aus zwei zweisilbigen 'füssen' aus einem einsilbigen und einem dreisilbigen teile oder 'fusse' zusammengesetzt sind.[1]) Allgemeiner

---

[1]) Ich verkenne nicht das bedenkliche in der anwendung des wortes 'fuss' für die beiden teile der kurzen alliterationszeile; Vigfússon's

ausgedrückt: die kurzzeile des kviðuháttr und ähnlicher metra besteht — wenn wir von den bekannten regeln über quantität und auflösung absehen — normaler weise aus 4 silben, die entweder paarweise (als –́ × oder × –́) oder in der verteilung 1 : 3 zu 'füssen' zusammentreten. Hiernach ergeben sich folgende 7 grundschemata:

1. –́ × | ⏓́ ×	5. –́ | –́ × ×
2. –́ × | × –́	6. –́ × × | –́
3. × –́ | ⏓́ ×	7. –́ | × × –́
4. × –́ | × –́	

Von diesen fällt no. 7 tatsächlich mit no. 2 zusammen, nicht aber auch mit no. 6, wie sich weiter unten ergeben wird. Eine achte, an sich mögliche form, × × –́ | –́, wird gemieden.

Ein zweiter punkt, in dem sich meine auffassung jetzt mit der von Vigfússon berührt, bezieht sich auf die dreitaktige zeile des dróttkvætt, für die ich auch Beiträge VIII, 79 noch das schema

–́ × | ⏓́ × | –́ ×

als einziges festhielt. Es scheint aber natürlicher zu sein, auch der sechssilblerzeile (welche gewiss durch verlängerung des alten viersilblers um –́ × entstanden ist) im princip zunächst dieselbe freiheit der betonung zuzugestehen, wie dem viersilbler. Wenigstens dem eingang derselben, welcher dem viersilbler geradezu entspricht[1]); denn die ausnahmen für den letzten takt sind so gering, dass sie kaum in betracht kommen können. Für die ersten zwei füsse aber begegnen gerade in der älteren literatur oft genug dieselben gruppierungen der wortaccente wie beim viersilbler (also neben dem normalen –́ × | –́ × z. b. × –́ | –́ × oder –́ | –́ × ×), und gerade der umstand dass das normalschema –́ × | –́ × namentlich für die geradzahligen vísuorð (oder zweiten halbzeilen, wenn man will) später mehr durchgeführt wird, macht es im zusammenhang

measure ist ein guter ausweg, aber ich wüsste keine treffende verdeutschung dafür, und behalte so notgedrungen 'fuss' bei. — Genaueres über die betonung der dreisilbigen füsse s. unten.

[1]) Genaueres hierüber s. unten im Anhang II.

mit dem was wir sonst über germanische versbildung wissen, sehr wahrscheinlich, dass wir auch dort ein dem natürlichen wortaccent entsprechendes versschema vor uns haben. Belege für diesen freien gebrauch stellt z. b. das von Vigfússon I, 444 f. als die ächte Torf-Einarzeile bezeichnete versmass in reichlicher menge, namentlich in den zweiten halbversen; z. b. für x–́ | –́x | –́x

né Hrollaugi flјúga — ok saumaðan hvergi
at kerstraumi rómu — þærs ágætar þóttu
at mér skyldi kaupa — of ǫndugi þræta,

für x–́ | x–́ | –́x

es Þóra hjǫrtr átti — en réðo því nornir,

und mit auflösung

nema ráða vel kunni — at um myrkvanstaf villisk

u. dgl. mehr. Im übrigen ist die Torf-Einarzeile in silbenzahl und auflösung genau so gebaut wie jede beliebige sonstige dróttkvættzeile. Davon dass hier die zweiten halbzeilen 'two-measured' seien, kann keine rede sein. Alle verse lassen sich ohne ausnahme und ohne den geringsten anstoss als regelrechte sechssilbler lesen, nur nicht die beiden zeilen

Þórir jarl á Mœri — tio launstafi ristna

wenn man, um den vers unregelmässig zu machen, mit Vigfússon die wörter *jarl* und *ristna* streicht unter dem vorwande dass sie nicht 'needed' seien (I, 448)! Sonst sind natürlich auch diese correcte sechssilbler. Die sechssilbige zeile stand eben von anfang an fest. Was spätere zeiten daran geändert haben, beschränkt sich einmal auf die grössere regelung der ursprünglich freieren ictenstellung in den beiden ersten füssen, sodann auf die ausbildung des binnenreimsystems und die entwickelung festerer regeln über die stellung der alliteration, und ein gleiches gilt von den übrigen, sowol kürzeren wie längeren metris: eine entwickelung die wol eine eingehendere historische untersuchung verdiente und hoffentlich demnächst finden wird.[1])

[1]) Auf ein nicht unwichtiges indirektes beweismoment sei hier noch im vorbeigehn hingewiesen. Wer mit Edzardi glaubt, dass das

In einem anderen theoretischen punkte muss ich mich dagegen auch jetzt noch durchaus ablehnend gegen Edzardi und Vigfússon verhalten. Beide erklären, wie man das bisher immer getan hat, etwaige unbetonte silben im verseingang für einen 'auftakt' schlechthin, und nehmen im zusammenhang damit ausfall einer senkung (pause) an, wo zwei hebungen unmittelbar zusammentreten. Da Edzardi leider nicht mehr dazu gelangt ist, die Beitr. VIII, 348 f. angekündigten ausführungen über diesen punkt zu geben, so will ich hier in kürze meine abweichenden anschauungen mit einigen worten darlegen, ohne mich im augenblick auf eingehendere auseinandersetzungen einlassen zu können.

Die auffassung von unbetonten eingangssilben als 'auftakt' ist zunächst vom reimvers hergenommen, und hat dort ihre volle berechtigung. Bei diesem beginnt die eigentliche rhythmische reihe sicher erst mit der ersten hebung. Der rhythmus ist, von dieser ab gerechnet, stets der gleiche, nämlich fallend. Ob dieser reihe eine (oder mehrere) unbetonte silben vorausgehen, ist ohne alle bedeutung für den inneren bau des verses. Der 'auftakt' ist eben nur ein vorschlag zu der eigentlichen rhythmischen reihe, der beliebig stehen oder fehlen kann. Just die willkür in seiner anwendung ist es, die diesen vorschlag als 'auftakt' charakterisiert. Ganz anders liegen die dinge, wenn mit dem stehen oder fehlen einer unbetonten silbe im verseingang gewisse modificationen der ganzen verszeile hand in hand gehen, wenn der charakter des ganzen verses ein anderer ist, je nachdem derselbe, um den alten ausdruck zu gebrauchen, trochäisch oder iambisch anhebt. Es kann dann meines bedünkens keine rede davon sein,

---

viersilbenmass der kviðuháttrzeile gewissermassen die natürliche, unbewusste niederschlagsform eines bloss als 'zweihebungszeile' gewollten verses sei, den bitte ich sich einmal die in nachahmung des alten kviðuháttr gedichteten modernen Forspjallsljóð im vergleich zu irgend einem beliebigen alten gedichte im kviðuháttr anzusehen. Er wird dann sofort den unterschied zwischen dem alten metrum und der ohne verständnis der alten kunst gearbeiteten nachahmung erkennen. — Denselben mangel an metrischer kenntnis zeigen übrigens auch die späten eingangsverse zur Vegtamskviða: eine entschiedene bestätigung der Keyser-Bugge'schen vermutung, dass beide stücke denselben verfasser haben (Bugge, norrœn fornkvæði s. XLVII).

dass in solchem falle die unbetonte eingangssilbe nur die rolle eines auftakts spiele; sie ist dann ein wesentlicher bestandteil des verses und muss als solcher auch von der theorie in die eigentliche rhythmische reihe hineinbezogen werden. Dass nun im nordischen die unbetonten anfangssilben im allgemeinen diese letztere geltung als wesentliche teile der rhythmischen reihe haben, glaube ich durch meine zahlensammlungen erwiesen zu haben. Ich kann also dort auch im allgemeinen von einem auftakt nicht reden, sondern nur in den seltenen ausnahmefällen, wo eine unbetonte silbe einer sonst vollständigen rhythmischen reihe vorausgeht (vgl. z. b. Beitr. VIII, 67. 77).

Von diesen gesichtspunkten ausgehend habe ich den nordischen viersilbler charakterisiert als zusammengesetzt aus zwei entweder gleichartigen oder ungleichartigen füssen; d. h. ich habe den wechselnden bau dieser zeile nicht auf ein system von synkopen der senkungen und einen dem parallel gehenden ersatz durch auftakte zurückgeführt, sondern auf das princip des taktwechsels (s. insbesondere Wilh. Meyer, Der Ludus de Antichristo, München 1882, s. 52 ff.), und ich sehe keinen grund hiervon abzugehen. Edzardi meint zwar Beitr. VIII, 348 f. seine abteilung $a \mid \acute{-}\, p \mid \acute{\underline{\smile}} \times \mid$ oder $a \mid \acute{-} \times \mid \acute{-}\, p \mid$ (ich setze hier $a \mid$ für auftakt, p für pause) sei consequenter und natürlicher, als die meinige: $\times \acute{-} \mid \acute{\underline{\smile}} \times$ und $\times \acute{-} \mid \times \acute{-}$; aber ich weiss nicht, worin die grössere consequenz liegen soll, wenn nicht etwa darin, dass diese auffassung wider an die beim reimvers übliche und dort richtige anknüpft. Ich muss aber auch hier diese analogie als nicht ohne weiteres bindend ablehnen. Im reimvers findet die unterdrückte senkung ihren ersatz durch die pause resp. durch das aushalten der vorangehenden hebung über den ganzen takt. Hier aber geht gar keine silbe verloren, sondern die an der einen stelle ausfallende senkungssilbe tritt so zu sagen an einer andern stelle wider hervor. Nach der messung von Edzardi und Vigfússon (welcher Edzardi's pausenlehre aufnimmt) fände die ausfallende senkung doppelten ersatz, nämlich einmal durch die pause, sodann durch den sog. 'auftakt'. Vigfússon geht auf diesen punkt gar nicht ein, da er sich um das statistisch nachgewiesene material überhaupt nicht kümmert. Edzardi findet es freilich auffallend, dass auch beim fehlen der letzten senkung meist (sage dafür: regelmässig) auftakt steht (also *a* | ´–× | ´–*p* |, oder nach meiner abteilung ×´– | ×´– |), aber er meint, dass hierin nur ein accessorisches moment vorliege. Man könne hier eine ähnliche neigung vermuten wie bei dem schema *a* | ´–*p* | ⏓́× | resp. ×´– | ⏓́× |, wo er ein streben annimmt, der 'kahlen' hebung, auf welcher häufig der hauptstab ruhe, eine art stütze zu geben. Dieser auffassung aber widerstreben immer wider, wie ich glaube, die zahlenverhältnisse, welche doch tatsächlich den sog. 'auftakt' in den angeführten verstypen als etwas durchaus essentielles erscheinen lassen.

Die analogie des reimverses kann in diesen fragen durchaus nicht massgebend sein, denn der reimvers mit seiner stricten rhythmischen gliederung ist das jüngere, der abwechselungsreichere alliterationsvers das ältere, für das nicht notwendigerweise dieselben gesetze gelten müssen wie für jenen. Wenn éin historischer zusammenhang zwischen beiden stattfindet, und das ist mir allerdings nicht zweifelhaft, so muss es sich umgekehrt darum handeln, nachzuweisen, wie das jüngere schema aus dem älteren hervorgegangen ist, und das ist, meine ich, nicht allzu schwer zu sehen. Von den freiheiten des alliterationsverses hat der ältere reimvers des deutschen und englischen im gegensatz zu seinen fremden vorbildern (z. b. der vers Otfrids im gegensatz zu dem iambischen dimeter der hymnenzeile) offenbar drei beibehalten, nämlich erstens die möglichkeit, dass zwei hebungen unmittelbar nebeneinander treten, zweitens die möglichkeit sie durch mehr als eine silbe zu trennen, drittens die möglichkeit, den vers nach belieben 'iambisch' oder 'trochäisch' zu beginnen, oder nach dem standpunkt des reimverses ausgedrückt, die fähigkeit zur synkope der senkung, zur auflösung der eigentlich einsilbigen taktglieder (silbenverschleifung) und zur auftaktbildung.[1]) Dagegen fehlt der taktwechsel, den wir im nordischen kennen gelernt haben und der ebenda hervortretende zusammenhang zwischen 'synkope der senkung' und 'auftaktsetzung'. Beide punkte aber sind nicht nur nordische

[1]) Die beiden ersten punkte sind bereits von Trautmann, Anglia II, 170 hervorgehoben.

eigentümlichkeiten, sondern kehren in ähnlicher weise auch im westgermanischen alliterationsvers wieder, wie unten ausführlicher gezeigt werden soll. Sie dürfen daher, wenigstens in ihren anfängen, als charakteristica bereits des germanischen alliterationsverses betrachtet werden. Erst durch die unterordnung der reimzeile unter éin bestimmtes rhythmisches (trochäisches) schema sind die 'synkope der senkung' und die 'auftaktbildung' zu dem geworden, was sie im reimvers tatsächlich sind und was dort ihr name besagt. Wenn nicht mehr 'iambische' und 'trochäische' füsse gemischt werden durften, so musste einerseits die folge von gesenkter und gehobener silbe am verseingang, die ursprünglich einen 'iambischen' fuss bildete, in auftakt + hebung eines 'trochäischen' fusses umgesetzt, andererseits die erste von zwei ursprünglich durch taktwechsel zusammentretenden hebungen (× –́ | –́ × ...) über einen ganzen takt ausgehalten werden, um das mass desselben zu füllen. So ergibt sich, wenn wir die den ganzen takt füllende hebung durch — andeuten, die umbildung des typus × –́ | –́ × | ... in × | —́ | –́ × | ... sozusagen von selbst. War aber einmal die unbetonte eingangssilbe diesergestalt ausserhalb der rhythmischen reihe gestellt, so war es nur natürlich, dass man nun diesen 'auftakt' nach belieben setzte, ohne rücksicht auf den innern bau der zeile, mit dem er ja nun auch nichts mehr zu schaffen hatte. —

Doch ich breche diese vielleicht noch nicht zeitgemässen allgemeinen erörterungen ab, um mich dem eigentlichen thema dieses aufsatzes zuzuwenden, welcher der untersuchung der rhythmischen verhältnisse im westgermanischen, speciell angelsächsischen alliterationsvers gewidmet ist.

Als ich meine letzten bemerkungen zur nordischen metrik niederschrieb, war ich (Beitr. VIII, 63) noch der meinung, dass die westgermanische, also auch angelsächsische alliterationszeile frei, d. h. ohne takteinteilung lediglich nach den von Vetter, Rieger u. a. aufgedeckten gesetzen gebaut sei. Ein unterschied zwischen dem alt- und angelsächsischen vers in bezug auf grössere oder geringere fülle war ja augenfällig und allseitig anerkannt. Aber dieser unterschied schien sich innerhalb des ziemlich weiten spielraums zu halten, den jene regeln offen liessen. So habe auch ich mich jahre lang mit der etwas vagen formulierung begnügt, dass allein die gewohnheit des einzelnen dichters über das durchschnittsmass der fülle des verses entscheide. Freilich habe ich — wenn ich soviel von der genesis der folgenden untersuchungen erzählen darf — dabei immer das unbehagliche gefühl gehabt, dass trotz aller freiheit doch ein bestimmtes rhythmisches etwas beim lesen durchklang, das eine genauere bestimmung verlangte, ohne dass ich jedoch eine solche in festen sätzen hätte geben können. Endlich lenkte mich ein äusserer anlass, wie ich glaube, auf die richtige bahn. Eine mündliche mitteilung Kluge's über vocaldehnungen nach ausfall von *h* in wörtern wie *feorh* — *feóres*, die ich glaubte durch metrische gründe in anknüpfung an Rieger stützen zu können, führte mich zu einer durchsicht der ags. dichtungen in bezug auf minimalverse, die über quantitäten und silbenzahl einzelner wortformen aufschluss geben könnten. Bei dieser zusammenhängenden scansionsarbeit traten mir nun gewisse früher wenig beachtete erscheinungen so lebhaft entgegen, dass ich nicht umhin konnte eine statistische untersuchung über den ags. versbau überhaupt anzuschliessen. Die resultate derselben ergaben denn, für mich überraschend genug, eine sehr nahe verwantschaft der ags. halbzeile mit dem nordischen viersilbler oder zeigen doch, wenn man das glaublicher findet, dass die freiheiten des ags. versbaues sich innerhalb weit engerer schranken bewegen, als man bisher angenommen. —

Es wird die folgenden untersuchungen im einzelnen vielleicht von vorn herein etwas glaubhafter machen, wenn ich einige grössere statistische zahlen aus dem zusammenhange herausgerissen vorausschicke, welche dartun, dass wenigstens in gewissen fällen eine bestimmte praxis bewusst geherscht hat. Ich entnehme die beispiele dazu dem versmaterial des Beowulf, welcher überhaupt mir im folgenden als grundlage dienen soll.

Man nimmt allgemein an, dass dem hauptstab ein 'auftakt' beliebig vorausgehen könne oder nicht; nur bei gewissen minimalversen sei der 'auftakt' notwendig (Rieger). In der tat aber ist die setzung des 'auftakts' nichts weniger als willkürlich. Im Beowulf erscheinen z. b. zweite halbverse der form $\acute{-}\times \mid \acute{-}\times$, wie *hŷran scolde* 10, *æfter cenned* 12, *aldorleáse*

15 im ganzen (einige verse mit eingerechnet bei denen die quantität gegen die herausgeber zu berichtigen ist) 592; solche mit 2 unbetonten silben zwischen den hebungen wie *ȝôde ȝewyrcean* 20, *heold þenden lífde* 57 u. s. w. 238, zusammen also **830**; mit 'auftakt'[1]), also × | –́ × (×) | –́ ×, begegnet dieser typus dagegen nur **11** mal in der überlieferung, und unter diesen versen sind, wie unten ausgeführt werden wird, noch 4—5 höchst unsicher, gehören wahrscheinlicher ursprünglich einem andern typus an. Jedenfalls berechtigt das zahlenverhältnis 830 : 11 zu der annahme, bei dem schema –́ × (×) | –́ × sei der auftakt bewusst gemieden worden. Ebenso notwendig aber, wie hier verpönt, ist der 'auftakt', wenn der hauptstab, statt wie oben auf eine länge, auf eine kürze fällt und ihm nur eine einsilbige senkung folgt. Das schema ⏑́ × | –́ × begegnet ohne 'auftakt', wie schon Rieger gezeigt hat, so gut wie nie, nämlich, abgesehen von 985, wo die herausgeber falsch abteilen, nur in v. 1872. 3173. 3182, die auch sonst verdächtig sind; dagegen mit 'auftakt' erscheint dieser typus, also × | ⏑́ × | –́ ×, 130 mal. Ferner fehlen bei diesem schema durchaus verse mit zweisilbiger senkung nach dem hauptstabe; den verhältniszahlen für –́ × | –́ × und –́ × × | –́ ×, nämlich 592 : 238 (abgerundet 5 : 2) stehen hier für × | ⏑́ × | –́ × und × | ⏑́ × × | –́ × die zahlen 130 : 0 entgegen! Aber auch die quantität der zweiten hebung ist nicht gleichgültig. Der typus –́ × | ⏑́ × begegnet 34 mal, darunter wird 29 mal die senkung nach der hebung durch ein vollwort, sei es selbständig, sei es zweites glied eines compositums ausgefüllt. Derselbe typus mit 'auftakt' auch 34 mal, und zwar stets mit durchaus unbetonter silbe in der erwähnten senkung. Sehen wir auch von diesem, sicher wesentlichen unterschied ab, so bleiben immer noch die auffallenden verhältnisse –́ × | –́ × zu × | –́ × | –́ × wie 592 : 11, aber –́ × | ⏑́ × zu × | –́ × | ⏑́ × wie 34 : 34.

Ferner wird angegeben, die silbenzahl der stabworte, d. h. doch schliesslich die anzahl der silben in den senkungen, sei gleichgültig. Durchaus nicht. Wir haben oben das schema –́ × × | –́ × mit zweisilbiger senkung nach der ersten hebung 238 mal getroffen; das umgekehrte –́ × | –́ × × begegnet nur

[1]) Ich sehe hier von der silbenzahl dieses auftaktes einstweilen ab.

22 mal; darunter sind aber 14—15 verse, in denen durch einsetzung einer älteren sprachform die zweite senkungssilbe in wegfall kommt. Immerhin steht also das verhältnis auch in der überlieferung ca. wie 11 : 1. Steht dagegen keine senkung zwischen den beiden hebungen, so ist zweisilbige senkung am schluss obligatorisch (–́ | –́ ×× mindestens 120 mal) oder es muss 'auftakt' eintreten: × | –́ | –́ × 127 mal, kein –́ | –́ ×. Dazu noch 257 × | –́ | ⏑́ ×. Auch dieses letztere verhältnis ist auffällig. In dem 'auftaktlosen' schema von 2 + 2 silben fanden wir –́ × | –́ × zu –́ × | ⏑́ × wie 592 : 34 mit besonderer einschränkung bezüglich der ersten senkung, hier beim 'auftakt' aber × | –́ | –́ × zu × | –́ | ⏑́ × wie 127 : 257 oder abgerundet dort ca. 17 : 1, hier 1 : 2!

In dieser weise könnte ich noch eine ganze reihe parallelen von gleicher evidenz aufstellen. Aber ich denke, die angeführten zahlen schliessen bereits hinlänglich den verdacht aus, dass alles dies sich bloss durch zufall so gefügt habe und nicht das resultat einer bestimmten technik sei. Ich kann daher jetzt um so eher zur darlegung der positiven gesetze des ags. versbaues übergehen, als aus den unten zu gebenden einzelzahlen ein jeder sich leicht die gesammtsummen für weitere parallelen zusammenstellen kann.

ERSTER ABSCHNITT.

DIE METRIK DES BEOWULF.

I. Der bau der zweiten halbzeilen.

Die grundregeln für den bau der zweiten halbzeilen sind folgende:

1. Die halbzeile besteht aus zwei je eine hebung enthaltenden teilen, die wir in ermangelung eines besseren namens als 'füsse' bezeichnen wollen.

2. Die beiden füsse sind entweder beide zweigliedrig oder der eine ist eingliedrig, der andere dreigliedrig. Ein eingliedriger fuss besteht bloss aus einer hebung, ein zweigliedriger aus hebung und senkung, ein dreigliedriger aus einer

hebung und einer zweigliedrigen senkung, deren eines glied einen nebenictus trägt, oder, anders ausgedrückt, aus hebung, nebenhebung und senkung.

3. Hieraus folgt, dass die beiden füsse nicht ohne weiteres als zeitgleiche takte im sinne des reimverses aufzufassen sind. Gleiche dauer der füsse kann im allgemeinen nur für die verse angenommen werden, welche aus zwei zweigliedrigen füssen bestehen. Bei den nach dem schema 1 + 3 oder 3 + 1 (s. darüber no. 4) zusammengesetzten wird durch die grössere anschwellung des einen fusses für die kürze des andern ersatz geschaffen.

4. Die zweigliedrigen füsse sind entweder f a l l e n d (trochäisch) oder s t e i g e n d (iambisch), die dreigliedrigen nur f a l l e n d, mit nebenictus auf der zweiten oder dritten silbe. Steigende und fallende füsse können in beliebiger abwechselung mit einander verbunden werden, vorausgesetzt dass der ganze vers nicht mehr als viergliedrig wird (vgl. no. 2). Nur im ersten halbvers finden sich auch fünfgliedrige verse in grösserem umfange entwickelt (2 + 3 und 3 + 2).

5. Die hebungen fallen in der regel auf haupttonige silben, seltener auf schwere ableitungs- oder endsilben.

6. Träger der hebung kann im allgemeinen nur eine lange silbe sein, oder diese länge wird in ◡́× aufgelöst. Nur beim zusammentreffen zweier icten (auch bei dem von hebung und nebenhebung) kann der zweite ictus zu einfachem ◡́ verkürzt werden.

7. Die senkungen werden meist durch ableitungs- und endsilben, aber auch durch en- und proklitische wörter, nur ausnahmsweise durch nicht haupttonige compositionsglieder ausgefüllt. Doch üben die letzteren in der regel wider einen besonderen einfluss auf die folgende hebung aus.

8. Die schlusssenkung jedes auf eine senkung ausgehenden verses ist einsilbig; die mittlere senkung, wo vorhanden, ist meist einsilbig, sehr oft zweisilbig, selten mehrsilbig; die eingangssenkung der steigend beginnenden verse gewöhnlich 1—3 silbig, seltener mehrsilbig.

9. Eigentliche auftakte vor sonst abgeschlossenen (viergliedrigen resp. fünfgliedrigen, s. no. 4) rhythmischen reihen begegnen nur ausnahmsweise.

Hiernach ergeben sich folgende grundtypen des angelsächsischen verses:

A. Grundtypus $\acute{-}\times \mid \acute{-}\times$.

1. Dieser grundtypus ist der häufigste; beispiele der einfachsten form sind etwa

hŷran scolde 10	lange âhte 31
æfter cenned 12	hrinʒedstefna 32
aldorleáse 15	leófne þeóden 34

u. s. w. Solcher verse hat der Beowulf in Heyne's ausgabe (nach der ich citiere, weil sie die neueste mit quantitätsbezeichnung ist) 575 einschliesslich der verse 1248, wo *anwiʒʒearwe* zu lesen, 2158, wo die cäsur vor *eft* zu legen ist.[1]) Bei dieser zählung ist nur vorausgesetzt, dass verba wie *styrian, herian* in versen wie *snyttrum styrian* 873, *herian þorfte* 1072 als *styrjan, herjan* zu lesen sind (von Heyne's *hêrian* ist natürlich ganz abzusehen) und dass die adverbia auf *-lîce* wie *earfoðlîce* 86. 2935 noch ihre alte quantität bewahrt haben. Zu diesen 575 versen kommen noch ohne weiteres *þrym ʒefrûnon* 2 (oder älter *ʒefruʒnon*; Heyne *ʒefrunon*; der ausfall des *ʒ* erzeugt selbstverständlich länge des vocals); desgl. *frînan wille* 351; *sittan eódon* 493 (Heyne falsch *eodon*, s. ten Brink, Zs. f. d. altert. XXIII, 65), *wîtiʒ drihten* 1555 (Heyne *witiʒ*; die länge nach ahd. *wîzag*; Schubert, de Anglosaxonum arte metrica

[1]) Bei meinen zählungen sind ausgeschhlossen die streckverse und eine anzahl verderbter zeilen; im ganzen 60, nämlich v. 62. 149. 240. 389. 403. 461. 586. 587. 955. 1107. 1164—69. 1175. 1706—8. 1803. 2030. 2147. 2169. 2216—22. 2224 f. 2228—31. 2252 f. 2276. 2278. 2362 f. 2526. 2793. 2996 f. 3001. 3151—57. 3162. 3170. 3174. 3176. 3179. Wo eine sichere heilung einer verderbten zeile vorlag, habe ich keinen anstand genommen die zeile als unversehrt zu betrachten. — Ich sehe leider bei der schlusscontrolle, dass die im folgenden gemachten statistischen angaben nicht absolut richtig sind, da meine nachweise z. b. einschliesslich der eben bezeichneten auslassungen nur 3165 zweite halbverse umfassen statt der 3184 des Beowulf. Ich glaube aber versichern zu können, dass die fehlenden 19 verse sich nur auf die allergewöhnlichsten versarten verteilen, bei deren häufigkeit es auf ein paar belege mehr oder weniger nicht ankommt, und bei deren auszählung — das geschäft ist mühsam genug — man am ersten ermattet. Für vollständigkeit der belege für die selteneren formen glaube ich bürgen zu können.

p. 30 will *wittiȝ* lesen nach *wittiȝ drihten* 1842; das ist metrisch ebenso gut, aber sprachlich nicht notwendig; *wittiȝ* ist nur jüngere nebenform von *wîtiȝ*, wie *þrittiȝ* von *þrîtiȝ*); *feówertŷne* 1642 (Heyne *-tyne*; die länge des *ŷ* versteht sich bei der contraction von selbst; vgl. schon Schubert s. 30); *scŷran môste* 1940 (so richtig Grein, *scŷran* zu *scîr*; Heyne *scyran*, was bekanntlich nur für ihn eine mögliche form ist, denn spätws. *scyran* für *scieran* scheeren kommt nicht in betracht); *fǽted wǽȝe* 2254 (*fǽted* zu got. *fêtjan*, Schubert p. 29 f., Heyne *fæted*); *Hûȝa cempan* 2503 (Schubert s. 34; Heyne *Huȝa*, was sprachlich sehr anstössig ist, man müste bei kürze des vocals *o* erwarten; im glossar schreibt auch Heyne bereits seit der ersten auflage *Hûȝas*); *Sweóna leóde* 3002 (*Sweona* Heyne).

Ferner gehört hierher der vers

swylce tweȝen 1348,

denn es ist nicht *tweȝen* sondern *twêȝen* zu schreiben, wie unten in dem abschnitt 'sprachliche ergebnisse' weiter ausgeführt werden wird.

Ferner kommen von den scheinbaren ausnahmen in Heyne's text noch folgende in wegfall:

mearum rîdan 856	feówer mearas 2164
oretmecȝas 363. 481	waldend fira 2742
fealwe mearas 866	sylfes feore 3014.
eahta mearas 1036	

Diese verse sind ganz in ordnung, nur muss man *meárum, -as, fíra, feóre, ôretmecȝas* schreiben, nach der bereits oben s. 218 erwähnten beobachtung Kluge's, dass die mittelenglischen reime in solchen wörtern in der regel vocaldehnung nach ausfall des *h* erweisen (näheres s. unten im sprachlichen teile III, 1). Zusammen also 592 belege für typus $\acute{-}\times \mid \grave{-}\times$.

2. Bemerkenswert ist, dass zweite glieder von compositis nur sehr selten in der senkung des typus $\acute{-}\times \mid \grave{-}\times$ erscheinen. Am häufigsten wird noch bei eigennamen eine ausnahme von dieser regel gemacht. So erscheinen verse wie

Hrôðȝâr sôhton 339	Beówulf leófa 1217. 1759
Ecgþeó hâten 373	

im ganzen 10, nämlich noch 665. 1647. 1817. 2011. 2156. 2390, alle auf die vier namen *Hrôðȝâr, Beówulf, Ecȝþeó, Wealhþeó* verteilt. An andern compositis finden sich nur 5 an erster stelle des verses:

ǽʒhwǽr sêlest 1060 — þreóhund wintra 2279
hrinʒnet bǽron 1890 — hordweard sôhte 2294

und mit auflösung der ersten hebung

meduseld bûan 3066

und bei zweisilbiger senkung nach no. 6

Gûðlâf and Ôslâf 1149

Hierbei ist noch zu erwägen, ob nicht statt *ǽʒhwǽr* 1060 vielmehr die verkürzte form *âwer* oder *ôwer* einzusetzen ist, die im Beowulf ja auch mehrfach belegt ist. Mir ist dies um so wahrscheinlicher, als auch noch in einem verse des typus C, nämlich *ne ʒesacu ôhwǽr* 1738, dasselbe wort denselben metrischen anstoss bietet. Auch der zweite vers ist zweifelhaft. Die stelle lautet im zusammenhange

cwôm þâ tô flôde felamôdiʒra
hæʒstealdra (heáp) hrinʒnet bǽron.

Es liegt zweifelsohne aus stilistischen gründen nahe, *bǽron* in *beran* zu ändern, und dafür scheint sogar ein handschriftliches zeugnis zu sprechen. Das facsimile zeigt unter der *a*-schlinge des *æ* deutlich einen starken punkt, der durchaus wie ein tilgungspunkt aussieht. Doch möchte ich mich darauf nicht zu sehr berufen, da weder Wülcker noch Zupitza über diesen punkt etwas erwähnen. Durch die änderung in *beran* würde aber der vers normal, insofern er nun unter den unter sub no. 12 behandelten typus gehörte.

Ueber die verse 1318. 1370. 1907. 2026 s. unten zu D, 1.

Auch an zweiter stelle des verses werden composita gemieden. Das einzige beispiel abgesehen von eigennamen ist

monna ǽʒhwylc 2888,

für eigennamen finden sich nur 2 belege für den reinen typus $\acute{-}\times \mid \acute{-}\times$

leófa Beówulf 1855. 1988;

dazu kommen noch weitere 7, wenn man die noch zu besprechenden auflösungsformen hinzurechnet (367. 457. 530. 1385. 1442. 1705. 2001).

Ueber gesetzmässige abweichungen von dieser regel bei verkürzung des zweiten fusses zu ⏑́× s. unten no. 12; über das verhalten in der ersten halbzeile unten II, A, II.

3. Die einfachste modification des grundtypus besteht in der auflösung einer oder beider hebungen in ⏑́×. Die beispiele für auflösung der ersten hebung sind ziemlich häufig:

sceaðena þreátum 4	metodes hyldo 671
weoroda rǽswan 60	niðer ʒewîteð 1361
mæʒenes strenʒest 196	hruron him teáras 1873
wine mîn Beówulf 457. 1705	setl[1]) ʒetǽhte 2014
wine mîn Unferð 530	meduseld bûan 3066

u. s. w., 141. 202. 44. 95. 416. 91. 546. 615. 98. 751. 90. 867. 84. 913. 1063. 99. 1121. 62. 84. 1203. 71. 97. 1313. 1422. 1610. 36. 78. 1713. 17. 33. 45. 1802. 95. 1937. 82. 2037. 2106. 13. 26. 2201. 34. 35. 72. 2445. 76. 88. 2535. 64. 2719. 76. 2830. 49. 2952. 71. 3048. 87. 3122,

zusammen 68 mal, dazu mit quantitätsberichtigung *wĭʒena strenʒest* (*strenʒel*) 1544. 3116 (s. unter 'quantität' im sprachlichen abschnitt), *eʒesan þŷwað* 1828, *moneʒum fŷra* 2002, *ŏfest is sêlest* 256 (s. im sprachlichen teil III, 5); ferner die 5 verse

þolian scoldon 833	hleonian funde 1416
scamiʒan þorfte 1027	þafian scolde 2964,
wunian scolde 1261	

die ich besonders anführe, um gleich bei dieser gelegenheit darauf aufmerksam zu machen, dass bei den verbis der II. schwachen klasse die *ia*-formen der endung für zwei silben zählen, wie mit evidenz aus der behandlung der langsilbigen hervorgeht (bei den kurzsilbigen lässt sich aus der metrik nichts entscheiden, da ja *þolian* und *þoljan* metrisch gleichwertig sind). In allem 78 mal ⏑́×× | ´×.

4. Nur etwa halb so oft als auflösung der ersten, begegnet auflösung der zweiten hebung:

ellen fremedon 3	folce Deniʒa 465
umbor wesende 46	sâwlberendra 1005
oft ʒefremede 165	dryhten Hiʒelâc 2001

[1]) Ungleich dem nordischen gebrauche zählt silbenbildende liquida oder nasalis in der ags. metrik, im allgemeinen wenigstens, mit, also *setl* = *setel*, *tâcn* = *tâcen* etc. Ueber ausnahmen s. unten im sprachlichen teil, silbenzahl, nr. 6.

etc. 135. 147. 226. 361. 78. 585. 729. 870. 941. 1020. 92. 1254. 1342. 1420. 1584. 1607. 1848. 1936. 47. 89. 2213. 2479. 2530. 2668. 2841. 3131,

dazu verse mit schwachen verbis

eft ʒewuniʒen 22
sôð ic taliʒe 532
hnâʒran taliʒe 678
oft bewitiʒað 1429
eáʒum stariʒe 1782
mâran tilian 1824
wên ic taliʒe 1846
in ʒefetian 2191

und mit berichtigung einer falschen quantität im ersten fusse *hrûse dynede* 2559 (Schubert s. 30, Heyne *hruse*). Zusammen 41 belege.

5. Auflösung beider hebungen ist abermals seltener; die 9 beispiele sind:

mæʒenes Deniʒea 155
samod ætʒædere 329. 387. 730. 1064
Dena ond Wedera 498
ʒryra ʒefremede 592
hafelan werede 1449
hæleða moneʒum 3112

6. Zweisilbige senkung nach der ersten hebung ist sehr häufig, namentlich wenn die erste der beiden unbetonten silben kurz ist, also nach den gewöhnlichen deutschen begriffen 'silbenverschleifung' möglich ist. Man könnte also auch geradezu von auflösung der senkung sprechen, wenn nicht die drei- und mehrsilbigen senkungen die annahme verböten, dass eigentlich nur einsilbige (oder aufgelöste) senkung normal sei.

Die senkung wird gebildet

a) am gewöhnlichsten durch eine endsilbe + unbetonter vorsilbe oder proklitica, seltener aus enklitica + vorsilbe, wie

a) ʒôde ʒewyrcean 20
frætwa ʒelǣded 37
ealle onwôcon 111
cwicne forlǣtan 793
bearhtm onʒeáton 1432
b) sunnan ond mônan 94
wîde ʒeond eorðan 266. 3100
wrâðum on andan 709
wiste þê ʒeornor 822
sêlre bið ǣʒhwǣm 1385
wisse hê ʒearwe 2340
c) leód wæs âsunʒen 1160
blǣd is ârǣred 1704

u. s. w., 119. 48. 54. 79. 84. 85. 217. 18. 46. 55. 354. 98. 412. 34. 79. 86. 524. 56. 601. 9. 14. 31. 43. 48. 62. 93. 710. 33. 69. 77. 85. 823. 25. 31. 38. 69. 79. 94. 910. 60. 61. 74. 77. 86. 1033. 39. 85. 1102. 42. 1260. 73. 91. 1316. 41. 87. 1404. 19. 39. 47. 48. 51. 69. 70. 1609. 46. 56. 96. 1735. 55. 1865. 67. 1903. 39. 56. 69. 72. 80. 92. 96. 97. 2048. 58. 2112. 31. 34. 72.

73. 85. 90. 2240. 85. 92. 96. 2306. 12. 17. 22. 25. 51. 94. 2402. 25. 32. 39. 51. 53. 55. 65. 66. 77. 80. 82. 97. 2532. 44. 62. 66. 98. 2644. 65. 74. 75. 86. 90. 2726. 47. 59. 86. 2800. 11. 24. 26. 29. 38. 44. 45. 2905. 17. 48. 49. 66. 99. 3013. 19. 21. 47. 53. 60. 64. 68. 70. 3160.

Hierzu mit den nötigen quantitätsberichtigungen *ǽfre ȝefrûnon* (oder *ȝefruȝnon*) 70, *âna ȝehêȝan* 425, *bêȝa ȝehwæðres* 1044, *wǽre ne brǽce* 1101, *ȝôdne ȝefrûnon* 1970, *hilde ȝefrûnen* 2953, *feóre ȝedîȝde* 578, *fŷra ȝehwylcne* 2251, *Sweóna ond Geáta* 2473. 2947, *tŷne ætsomne* 2848, *bêȝa on wênum* 2896, *flâne fulleóde* 3120; zusammen 180 belege mit verschleifbarer senkung. Diesen stehen 38 verse gegenüber in denen die erste silbe der senkung lang ist:

a) folcum ȝecŷðed 262
ôðrum ȝesellan 1030
mâððum ȝesealde 1053
b) eówic ȝehealde 317
wyrsan ȝeþinȝea 525
þeódnes ȝefêȝon 1628
ȝoldes ȝefandod 2302
sundur ȝedǽlan 2423
ôðres ne ȝŷmeð 2452
ealdorȝewinna 2904
ǽrest ȝesôhton 2927
c) herian ne cûðon 182
sceððan ne meahte 243
habban ne mihte 462
d) wundur hwâr þonne 3063
Gûðlâf ond Ôslâf 1149
sôð is ȝecŷðed 701
hord ys ȝesceáwod 3085.

Wie a) gehen noch 1098. 1229. 1369. 1532. 1639. 3023. 3042. 3118 und mit quantitätsberichtigung *hondum ȝebrôden* oder *ȝebroȝden* 1444 (Heyne *ȝebroden*), wie b) desgleichen *feóres ȝetwǽfde* 1434 (Heyne *feores*), wie c) noch 1455. 1516. 2341. 2828. 3054 und mit quantitätsberichtigung *sorh is ȝenîwod* 1323, *wrôht wæs ȝenîwad* 2288; ferner mit zwei enkliticis in der senkung

dôð swâ ic bidde 1232
sêc ȝif þû dyrre 1380
ȝâ þǽr hê wille 1395.

Eine wirklich schwere silbe an erster stelle der senkung findet sich nur einmal, in dem citierten verse *Gûðlâf ond Ôslâf* 1149.

b) Selten durch zwei endsilben eines wortes. Es kommen fast nur schwache praeterita der *ô*-klasse und der genitiv plur. auf *-ena* in betracht:

a) weardode hwîle 105
fundode wrecca 1138
swîȝedon ealle 1700
b) Geátena leóde 443

Dazu noch *myndziend wǽre* 1106, *holtwudu sêce* 1370 (doch vgl. unten zu D, 1) und *hindeman sîðe* 2050. 2518. Nicht hierher rechne ich dagegen die folgenden verse:

nǽnezum âraŏ 599
ǽnize þinza 792. 2375. 2906
windize næssas 1359
blôdizan zâre 2441
ǽnize hwîle 2549
Grendeles mâza[1]) 2007
Grendeles môdor 2119. 2140
Grendeles mǽzum 2354,

denn für die zeit in welche die entstehung des Beowulf zu setzen ist, sind die späten formen die hier den ersten fuss bilden, aus rein sprachlichen gründen sehr unwahrscheinlich, wenn auch das metrum natürlich nicht gegen sie spricht. Es sind sicher die älteren synkopierten formen *nǽnzum, ǽnze, windze, blôdzan, Grendles* einzusetzen.

c) Ebenfalls selten durch ein zweisilbiges unbetontes, meist verschleifbares wort:

a) heold hine syððan 142
feónd oferswŷðeð 279
deáð oferswŷðeð 1769
zylp ofersitte 2529
forð ofereódon 2960
niht ofer ealle 650
swîn ofer helme 1287
wind ofer ŷðum 1908
forð ofer ŷðe 1910

b) heóld þenden lifde 57
breác þonne môste 1488
hreó wǽron ŷða 548
sôð æfter rihte 1050.

d) Neben diesen positiven bestimmungen ist auf die wichtige tatsache hinzuweisen, dass **lange mittelsilben** mehrsilbiger wörter mit langer wurzelsilbe nicht in der senkung erscheinen dürfen. Während ein vers wie *ǽrest zesôhton* 2927 durchaus unanstössig ist, würde man vergeblich nach einem verse wie *ǽresta sôhte* suchen. Auf ein wort von der form –́ – × kann, wie sich weiter unten ergeben wird, nur noch eine lange silbe oder deren auflösung ⏑́× folgen, und das eingangswort wird dann mit nebenictus als –́ –̀ × gemessen (typus E). Oder es folgt das dreisilbige wort auf –́ resp. ⏑́×, und hat dann ebenfalls die messung –́ –̀ × (typus D), oder endlich, es folgt auf eine eingangssenkung und trägt dann beide icten des

[1]) Heyne *maza*; ich werde im folgenden die verse mit selbstverständlichen quantitätsberichtigungen nicht mehr besonders ausscheiden, sondern beim citat das betreffende wort mit einem stern dahinter bezeichnen.

verses, × | –́ –́ × (typus C). In jedem falle vereinigt also ein wort von der gestalt –́ – × zwei metrische icten in sich. Da nun die quantität der ersten ictussilbe (wie übrigens natürlich auch die der zweiten) hierbei nicht ausschlaggebend gewesen sein kann, da positionslange endsilben vor einer proklitischen silbe unbedenklich in die senkung treten dürfen, desgleichen auch zweisilbige enkliticae wie *þenden, þonne, wǽron* trotz langer erster silbe in der senkung gebraucht werden, so muss die erklärung dieser erscheinung in der accentuierung jener silben mit einem nebenton gesucht werden; d. h. von natur nebentonige silben dürfen nicht in die senkung gesetzt werden. Als oberstes gesetz für die bildung der senkung folgt hieraus, dass alle im satze unbetonten silben, aber auch nur diese, für die senkung verwant werden dürfen. Typische ausnahmen von dieser regel werden im weiteren verlaufe der untersuchung besprochen werden.

7. Zweisilbige senkung mit auflösung der ersten hebung; die verschiedenen formen der senkung unterscheide ich nicht weiter, ausser dass ich die nichtverschleifbaren besonders angebe:

a) flota wæs on ŷðum 210
seonowe‿onsprunȝon 818 (elision?)
witena ȝehwylcne 937
wæter oferhelmað 1365

b) metod hie ne cûðon 180
maneȝum ȝecŷðed 349
fela sceal ȝebîdan 1061
siȝores tô leáne 1022
cearu wæs ȝenîwod* 1304
Heorot is ȝefǽlsod 1177
fræȝn ȝif him wǽre 1320
eȝesan ne ȝŷmeð 1758
eafoðes ȝetwǽfed 1764
fyrenum ȝesynȝad 2442
hatian ne meahte 2467
mæȝenes behôfað 2648
cwico wæs þâ ȝêna* 3094
scaðena ic nât hwylc 274

Wie a) gehen noch 1015. 24. 1116. 29. 74. 1789. 2083. 2347. 2517. 2840 und, eine vereinzelte und zweifelhafte versform, *ȝladum sunu Frôdan* 2026 mit verschleifung eines an sich stärker betonten wortes in der senkung, über welche unten zu D, 1 zu vergleichen ist. Zusammen 29 belege.

8. Zweisilbige senkung mit auflösung der zweiten hebung. Die beispiele sind:

a) healwudu dynede 1318[1]
sundwudu þunede 1907[1]

b) ȝeóce ȝefremede 177
helpe ȝefremede 551. 1553

[1]) Doch vgl. zu diesen versen unten s. 250, anm.

sêle bewitiað 1136
ârna ȝefremedon 1188
hyldo ne taliȝe 2068
wǽre* ȝeþolian 3110
c) lâðum beweredon 939.

Wie b) noch 1515. 1797. 2005. 2646. 2925. 2932.

9. Zweisilbige senkung mit auflösung beider hebungen begegnet dreimal:

duȝuðe◡ond ȝeoȝuðe 160
duȝuðe biwenede 2036
wætere ȝelafede 2723

10. Ueber verkürzung des letzten fusses zu ◡́× bei zweisilbiger senkung s. unten unter 12.

11. Mehr als zweisilbige senkung ist selten. Die fälle sind:

a) ealle◡ofercômon 700
sæȝde◡ofer ealle 2900
sibbe◡oððe treówe 2923
b) ǽniȝe ȝefremman 2450
c) sæȝde se þe cûðe 90
fremme se þe wille 1004
wyrce se þe môte 1388
hŷde se þe wylle 2767
d) ȝyrede hine Beówulf 1442
e) yrre wǽron bêȝen* 770
f) heold hine tô fæste 789
g) brûc þenden þû môte 1178
wes þenden þû lifige 1225
h) sealde þâm þe hê wolde 3056.

In a) ist möglicherweise elision anzunehmen, in b) sicher *ǽnȝe* zu schreiben. Ob die andern verse als licenzen aufzufassen oder zum teil, etwa durch tilgung eines pronomens, auf eine der strengeren formen zurückzuführen sind, lasse ich dahingestellt. Für die fälle unter g) liegt es nahe, an erweiterten typus E zu denken.

Diesen normalformen des typus A stehen nun noch einige seltenere zur seite.

12. Der zweite fuss wird in der regel zu ◡́× verkürzt, wenn die senkung des ersten fusses durch ein stärker betontes einsilbiges wort oder das zweite glied eines compositums ausgefüllt wird. Die beispiele sind:

a) wyrd oft nereð 572
ȝid oft wrecen 1066
þrió wicȝ somod 2175
bôt eft cuman 281
snûde◡eft cuman 1870[1])
snotor ceorl moniȝ 909

[1]) Mit elision zu lesen.

b) ȝûðrinc moniȝ 839
ȝoldfâȝ scinon 995
andweard scireð 1288
heardecȝ toȝen 1289
sîdrand moniȝ 1290
Beówulf fetod 1311
sǽdeór moniȝ 1511
hleóburh wera 1732
ȝârholt bere 1835
sǽȝeáp naca 1897
hŷðweard ȝeara 1915
sǽwonȝ tredan 1965
ûhthlem þone 2008
blôdfâȝ swefeð 2061
rûmheort cyning 2111
eorðweard þone 2335
nîðheard cyning 2418
sorhleóð ȝæleð 2461
hrinȝnet beran 2755
Wîȝlâf sitoð 2907
wælhlem þone 2970
ondslyht giofan 2973
elland tredan 3020
ȝoldweard þone 3082
herespêd ȝyfen 64
eoforlîc scionon 303
siȝerôf cyning 620
breȝorôf cyning 1926
Hioroȝâr cyning 2159
bealocwealm hafað 2266.

Sehr viel seltener tritt diese verkürzung des zweiten fusses ohne die gegebene bedingung ein. Jenen 36 versen stehen die folgenden 7 gegenüber:

a) Hrunting nama 1458
Hrunting beran 1808
rîdend swefað 2458
hwîlum dydon 1829 [1])
Hrêðel cyning 2431

b) æðelinȝ maniȝ 1113
æðelinȝ boren 3136

und mit zweisilbiger senkung

feormiend swefað 2257
feóres onsæce 1943

(doch können diese letzteren beiden verse auch als ´ × × | ⏑́ × zum typus E gehören, s. unten E, 9, a).

Wirkliche ausnahmen von der hauptregel bilden von den zuerst aufgeführten 7 versen doch nur die beiden mit *hwîlum* und *Hrêðel* beginnenden. Denn in den andern fünf hebt der vers mit einem worte an, dessen schwere endsilbe bei antritt einer flexionssilbe nicht in die senkung treten kann, und zwar offenbar deshalb nicht, weil sie einen starken nebenton hatte (s. oben). Nehmen wir diesen nebenton auch für die obigen verse an, so fügen auch sie sich der allgemeinen regel, die dann so gefasst werden könnte: Verkürzung des zweiten fusses zu ⏑́ × tritt im allgemeinen ein, wenn die zweite silbe des ersten fusses einen natürlichen nebenton enthält. Dem mangel

---

[1]) Doch vgl. hierüber im sprachlichen teil III, 5.

an fülle des zweiten fusses wird durch gesteigerte fülle des ersten abgeholfen.

Es steht diese beschränkung vollkommen gut im einklang mit der oben unter 2 und 6, d vorgeführten beobachtung, dass stark nebentonige silben in den senkungen des normaltypus nicht geduldet werden. Man kann sagen dass im allgemeinen die alternative hersche: unbetonte silben in erster senkung und voller zweiter fuss, oder nebentonige silbe in erster senkung und kürzung der zweiten hebung.

Von einer eigentlichen minderung des normalschemas an quantität oder fülle kann also hier nur in sehr beschränktem masse die rede sein, da was dem einem fusse genommen, dem andern zugesetzt wird.

13. Verkürzung des ersten fusses zu ◡́× finden wir bei Heyne, von den oben gegebenen berichtigungen abgesehen, an 4 stellen:

foran ǽᵹhwilc 985	cyninᵹ mǽnan 3173
þeᵹn betstan 1872	woroldcyninᵹ 3182

Der erste vers ist nur falsch abgeteilt, *wæs* der folgenden zeile ist hinzuzuziehen, wodurch der vers zum typus D fällt. V. 3173 erlaubt wenigstens das facsimile ebensogut ⁊ *cyninᵹ* zu lesen wie *kyninᵹ*; v. 3182 ist der schluss des wortes in der hs. verloren, es kann also recht wol das dem sinne viel besser entsprechende *woroldcyninᵹa* dagestanden haben, das schon Kemble forderte. Ob man nun in dem einzig zweifellos überlieferten *þeᵹn betstan* eine vereinzelte licenz sehen oder sich entschliessen will, dafür *þeᵹna betstan* zu schreiben, überlasse ich dem mehr oder minder conservativen geschmacke meiner. leser; ich bin mit Schubert s. 41 für das letztere.

Im ganzen finden wir sonach 1060 verse des grundtypus A, welche, wie sie überliefert sind, den forderungen genügen, dass der zweite fuss nur einsilbige senkung habe und dem ganzen kein auftakt vorausgehe. Dem stehen folgende ausnahmen in der überlieferung entgegen:

14. Zweisilbige senkung im zweiten fuss (auflösungen durch stern vor dem worte angedeutet).

a) ôðres dôʒores 219. 606
forman dôʒore 2574
leóda æ̂niʒum 794
secʒa æ̂neʒum 843
*ʒumena æ̂niʒum 2417

b) wîca neósian 1126

c) ʒeorne trûwode 670
strenʒe ʒetrûwode 1534
sîðe ne trûwode 1994
beorʒes ʒetrûwode 2323
bearne ne trûwode 2371
strenʒo ʒetrûwode 2541
wiðres ne trûwode 2954

d) oftost wîsode 1664
wæ̂pen *hafenade 1574
wundor sceáwian 841. 3033
deád is Aeschere 1324.

e) Beówulf Scyldinʒa 53
dohtor Hrôðʒâres 2021
þeóden *Heaðobeardna 2033
lâðra ôwihte 2433
wundor is tô secʒanne 1725.

Von diesen 24 versen sind die 6 ersten durchaus unsicher, da aus sprachlichen gründen die älteren formen *dôʒres, dôʒor*[1]), *æ̂nʒum* einzusetzen sind; für b) liegt die änderung in *neósan* nahe, das im Beowulf 7 mal überliefert ist, während *neósian* nur zweimal steht, an der oben citierten stelle und 3046 in einem ersten halbverse *dennes niósian*, wo die dreisilbige form ebenfalls anstössig ist. Zu c) ist zu bemerken, dass die häufigkeit auffallen muss, mit welcher gerade das verbum *trûwian* ausnahmen bildet. Von 9 ausnahmen welche durch dreisilbige praeterita schwacher *ô*-verba veranlasst sind — und solche praeterita liegen ja im Beowulf massenhaft vor — entfallen 7 auf dies eine verbum, und wider ist dies verbum überhaupt nur an diesen 7 stellen belegt. Ich glaube danach, dass auch hier die ursprüngliche dialektform verdrängt worden ist, und dass nach v. 1167 *ʒehwylc hiora his ferhðe treówde* überall diese letztere form, *treówde* (= ws. *triéwde*, zu *triéwan, trŷwan*) für *trûwode* einzusetzen ist. Ueberhaupt scheint *trûwian* fast nur im westsächsischen, oder doch wenigstens fast nur im süden üblich gewesen zu sein. Bei Aelfred ist es häufig, so auch in den jüngeren sächsischen prosatexten, aber der Ps. hat ausschliesslich, 12 mal, *ʒetreówan* (praet. *ʒetreówdun* Hymn. 195, 41), ebenso das northumbrische: Lind. praes. ind. sg. 3 *ʒetreweð* Mt. 27, 43, pl. *ʒetrewað* Mt. 28, 14, *ʒetreuað* Joh. 16, 33, imp. *ʒetriów* Mt. 9, 2, *ʒetriue* Mt. 9, 22, praet. *ʒetreudon* Mt. 27, 20, *ʒetreóudon* Luc. 18, 9, Rushw. 2 pl. *ʒetriówað* Joh. 16, 33, opt.

[1]) So, nicht *dôʒre* ist wahrscheinlich für den dat.-instr. *dôʒore* zu schreiben, vgl. meine ags. grammatik § 289; die form *dôʒor* ist Beow. 1396 überliefert; vgl. dazu unter *swylce þŷ dôʒor(e)* 1798 unter C, 4.

ȝetriówe Mt. 27, 43, *ȝetreówe* 9, 2, *ȝetreuwe* 9, 22, Ritual *ȝitrîwendo* 14, 3, *ȝitrîwa wê* 24, 10, *ȝitrîwendvm* 38, 16, *vê mistrîvað* 39, 1, *ve ȝitrîvað* 61, 2, *ȝitrîvnde* 62, 2, *ȝitrîvað* 3 sg. 109, 16, und nur einmal begegnet ein praet. *trûȝude* Joh. 2, 24 Lind. (*trŷȝade* Rushw.).

Es bleiben also in wirklichkeit nur die 10 unter d) und e) zusammengestellten ausnahmen, und diese gehören wahrscheinlich nicht zu unserem typus, sondern wie sich weiter unten ergeben wird, zum typus D.

Keine ausnahme bildet *Eofores niósade* 2487, denn hier hat die hs. metrisch correct *niósað*; auch nicht v. 2620, wo vor *âbredwade* abzuteilen ist.

Ein einziges mal begegnet dreisilbige senkung, *unȝedêfelîce* 2436. Ich zweifle nicht dass dafür *unȝedêfe* (oder vielleicht altertümliches **unȝedôfe* ohne umlaut) im original gestanden hat.

Also im ganzen 1075 verse mit einsilbiger schlusssenkung gegen 10 zweifelhafte ausnahmen mit zweisilbiger.

15. Auftakt vor dem typus $\acute{-}\times(\times)\,|\,\acute{-}\times$ wird gemieden. Die wenigen ausnahmen im Beowulf sind:

a) swâ sǽ bebûȝeð 1224
þurhfôn ne mihte 1505
hŷ eft ȝemêtton 2593
tô wîdan feóre* 934
ond feórum* ȝumena 73
swâ ȝuman ȝefrunȝon 667
forberan ne mehte 1878
nû hæleð ne môston 2248

b) ȝesacan ne tealde 1774
swâ wæter bebûȝeð 93

c) þâ mec sinca baldor 2429
hæfde cyninȝa wuldor 666

d) oððe‿eáȝena bearhtm 1767

Von diesen sind die verse 73. 934 unter a), und die drei unter c) und d) noch unsicher, da in den ersten beiden *feore, feorum* gelesen werden kann (s. den sprachlichen teil III, 1), in den andern *baldr, wuldr, bearhtm* möglicherweise als einsilbig zu gelten haben (s. den sprachlichen teil II, 6). Sicher keine ausnahmen sind *tô Hrônes næsse* 3137 (druckfehler bei Heyne, vgl. v. 2806 und das glossar) und *nemne feáum ânum* 1082, *on hreóum môde* 2582, welche durch einsetzung der älteren formen *feám, hreóm* zu regelmässigen versen des typus werden (vgl. den sprachlichen teil II, 4). Zweifelhaft ist auch *swâ mê Hiȝelâc sîe* 435, da sehr wol eine einsilbige form, *sî* oder *seó* im texte gestanden haben kann (s. den sprachlichen teil II, 3); ferner *ofer heáðu bringan* 1863 mit dem unverständlichen *heáðu,* für welches Kluge, ohne den metrischen anstoss zu kennen, Beitr. IX, 190 gewiss richtig *heafu* vorgeschlagen hat. Auch v. 395 *in eówrum gûðgeatawum* kann nicht hierhergezogen werden; Bugge's vorschlag *-getâwum* zu lesen verstösst hier gegen die metrische regel und ist also abzulehnen; der vers gehört zu typus C.

Die verzweigung des typus A lässt sich hiernach in folgender weise tabellarisch darstellen (besternte zahlen deuten auf verse die nicht mit voller sicherheit, z. b. wegen möglicher elision oder unsicherer sprachform, der betreffenden abteilung eingereiht werden können).

<table>
<tr><th colspan="3">Einsilbige senkung:</th><th colspan="3">Zweisilbige senkung:</th></tr>
<tr><td>1.</td><td>–́ x | –́ x</td><td>592+8*</td><td rowspan="2">6.</td><td>–́ ⏑ x | –́ x</td><td>197+16*</td></tr>
<tr><td></td><td></td><td>592+8*</td><td>–́ – x | –́ x</td><td>43+ 2*</td></tr>
<tr><td></td><td></td><td></td><td></td><td></td><td>240+18*</td></tr>
<tr><td>3.</td><td>⏑́ x x | –́ x</td><td>78+1*</td><td>7.</td><td>⏑́ x x x | –́ x</td><td>28+ 1*</td></tr>
<tr><td>4.</td><td>–́ x | ⏑́ x x</td><td>41</td><td>8.</td><td>–́ x x | ⏑́ x x</td><td>16</td></tr>
<tr><td>5.</td><td>⏑́ x x | ⏑́ x x</td><td>9</td><td>9.</td><td>⏑́ x x x | ⏑́ x x</td><td>2+ 1*</td></tr>
<tr><td></td><td></td><td>128+1*</td><td></td><td></td><td>57+ 2*</td></tr>
<tr><td rowspan="4">12.</td><td>–́ –̀ | ⏑́ x</td><td>29</td><td>12.</td><td>[–́ x x ⏑́ x</td><td>2]</td></tr>
<tr><td>–́ x | ⏑́ x</td><td>5</td><td></td><td></td><td></td></tr>
<tr><td>⏑́ x –̀ | ⏑́ x</td><td>7</td><td></td><td></td><td></td></tr>
<tr><td>⏑́ x x | ⏑́ x</td><td>2</td><td></td><td></td><td></td></tr>
<tr><td></td><td></td><td>43</td><td></td><td></td><td>2*</td></tr>
<tr><td rowspan="5">15.</td><td>x | –́ x | –́ x</td><td>4</td><td></td><td></td><td></td></tr>
<tr><td>x | –́ x | ⏑́ x x</td><td>1</td><td></td><td></td><td></td></tr>
<tr><td>x | ⏑́ x x | –́ x</td><td>5</td><td></td><td></td><td></td></tr>
<tr><td>x x | –́ x | –́ x</td><td>1</td><td></td><td></td><td></td></tr>
<tr><td>x x | ⏑́ x x | –́ x</td><td>1</td><td>15.</td><td>x x | –́ x x | –́ x</td><td>1*</td></tr>
<tr><td></td><td></td><td>12</td><td></td><td></td><td>1*</td></tr>
<tr><td></td><td></td><td>Sa. 775+9*</td><td></td><td></td><td>Sa. 297+23*</td></tr>
</table>

Mehrsilbige senkung:

11.
- ́–××× | ́–× 8+4*
- ́⏑×××× | ́–× 1
- ́–×××× | ́–× 1

10+4*

Die gesammtzahl aller verse des typus A beträgt demnach 1118.

B. Grundtypus × ́– | × ́–

1. An häufigkeit steht dieser typus hinter dem grundtypus ́–× | ́–× erheblich zurück, im Beowulf entfallen auf ihn im ganzen ca. 715 verse. Dabei tritt aber noch die eigentümlichkeit hervor, dass bei dem steigenden typus B die neigung zur bildung mehrsilbiger senkungen im ersten fusse des verses in viel stärkerem masse sich geltend macht als bei dem fallenden typus A. Zweisilbige erste senkung darf sogar geradezu als norm bezeichnet werden.

2. Die einfachste form des typus erscheint nur selten in versen wie

ond Hâlȝa til 61
ymb þînne sîð 353
þǽr Hrôðȝâr sæt 356
hŷ bênan sint 364
ic þê nû þâ 426
hie Wyrd forsweóp 477

u. s. w., 484. 547. 58. 67. 80. 753. 1002. 1108. 81. 94. 1285. 1300. 58. 60. 1554. 2078. 79. 2194. 2263. 2463. 2567. 2855. 2916. 3049,

zusammen 30 belege; dazu noch *on breóstum læȝ* 552, *on lande stôd* 1914, *oft seldan hwǽr* 2030, die zwar metrisch correct, aber sonst anstössig sind.

3. Auflösung der ersten hebung begegnet nur 5 mal, in den versen *in* (*on, tô*) *sele þâm heán* 714. 920. 1017. 1985, *ond hæleða bearn* 1190, auflösung der zweiten hebung dreimal, *tô aldorceare* 907, *him Beówulf þanon* 1881, *wið Hrefnawudu* 2926, auflösung beider hebungen zweimal, *on nicera mere* 846, *wið hæleða breȝo* 1955.

4. Am gewöhnlichsten sind, wie bemerkt, verse mit zweisilbiger erster senkung, wie

syððan ǽrest wearð 6
swâ hê selfa bæd 29
him on bearme læȝ 40
him on môd bearn 67
þǽr wæs hearpan swêȝ 89
óð þæt ân onȝan 100

u. s. w., 103. 7. 15. 34. 37. 38. 44. 45. 51. 232. 38. 45. 51. 77. 330. 48. 52. 81. 84. 405. 9. 13. 21. 37. 40. 42. 45. 54. 72. 88 etc.,

zusammen 317 verse, aus denen ich noch

him wæs bêȝa wên 1874
nô þæt lǽsest wæs 2355

wegen der formen *bêȝa* und *lǽsest*, und

sum on handa bær 3125

wegen der verschieden bezeichneten versabteilung besonders hervorhebe.

5. Zweisilbige erste senkung und a) auflösung der ersten hebung:

swylcum ȝifeðe bið 299
wið þæs recedes weal 326
is his eafora nû 375
þâ wæs Hereȝâr deád 467
ofer wæteres hrycȝ 471
hine fyren onwôd 916
þætte wrecend þâ ȝŷt 1257

u. s. w., 497. 516. 903. 1268. 1314. 1500. 1710. 79. 1862. 2052. 73. 2152. 2202. 2356. 65. 73. 2435. 92. 2716. 31. 2852. 2915,

zusammen 29 belege; dazu noch *swâ mê Hiȝelâc sî* 435 (hs. *sîe*, vgl. oben s. 234 f.).

b) auflösung der zweiten hebung:

þær wæs mâðma fela 36
him wæs ȝeómor sefa 49. 2420
ofer landa fela 311
sôhte holdne wine 376
hwæt mê Grendel hafað 474
nymðe lîȝes fæðm 782
ac se wonna hrefn 3025

u. s. w., 679. 820. 34. 1019. 1137. 1661. 2004. 62. 2232. 2512. 43. 2654. 58. 2981,

zusammen 22 belege, zu denen wahrscheinlich mit elision auch noch

hæbbe◡ic mǽrða fela 408

zu rechnen ist.

c) auflösung beider hebungen:

æfter æðelum fræȝn 332
hwîlum cyninȝes þeȝn 868.

6. Dreisilbige erste senkung ist ebenfalls ziemlich häufig:

ðð þæt him eft onwôc 56
ȝeond þisne middanȝeard 75
sê þe in þŷstrum bâd 87
þæs þe hê Âbel* slôȝ 108
þæt ǽniȝ ôðer man 503
and siððan wîtiȝ* ȝod 686
þonne his ellen deáh 573
ne meahte wǽfre môd 1151

u. s. w., 114. 33. 40. 91. 201. 71. 86 (mit ergänzung von *hê*). 310. 69. 419. 24. 30. 38. 537. 45. 61. 89. 602. 33. 61. 73. 85. 94. 717. 24. 34. 57. 74. 826. 88. 1055. 69. 80. 1179. 86. 92. 1218. 20. 21. 35. 53. 67. 94. 96. 1397. 1435. 37. 43. 54. 72. 76. 1503. 7. 9. 33. 38. 40. 41. 43. 45. 46. 57. 85. 1671. 1715. 49. 51. 72. 1836. 40. 84. 94. 1919. 41. 50. 68. 2015. 20. 41. 2148. 2237. 2300. 63. 79. 85. 2400. 4. 10. 34. 62. 69. 81. 99. 2528. 42. 47. 48. 51. 87. 96. 2607. 36. 41. 76. 97. 99. 2705. 25. 57. 83. 2813. 66. 73. 77. 2984. 93. 3004. 12. 27. 79. 89. 96. 3126,

zusammen 131 verse, ohne die folgenden:

þonne is eówer sum 248
wolde on heolster fleón 756
nǣfre on ôre læȝ 1042
ond þonne ǣnne heht 1054
þonne on ǣnne sîð 1580
nelle ic beorȝes weard 2525
hiora in ânum weoll 2600
þone ic lonȝe heold 2752
ac hyne ecȝ fornam 2773
hê hine eft onȝon 2791
þonne ic sweorde drep 2881
swylce on horde ǣr 3166

bei denen wahrscheinlicher elision und damit zweisilbige senkung anzunehmen ist.

7. Hierzu kommen mit auflösungen a) auf der ersten hebung 12:

ôð þæt seó ȝeoȝoð ȝeweox 66
cûðe hê duȝuðe þeáw 359
ond þæt ȝeæfndon swâ 538
hwæðre mê ȝyfeðe wearð 555
ne wæs him Fitela mid 890[1])
hê æfter recede wlât 1573
ond þǣre idese mid 1650
þæt þû on Heorote môst 1672
and þâ þas worold ofȝeaf 1682
sê þe oft maneȝum scôd 1888
þæt hit on heafolan stôd 2680
æt mînum fæder ȝenam 2430.

b) auf der zweiten hebung 6:

hæbbe ic mǣrða fela 408[2])
ac hê mê habban wile 446
ne hine wiht ne dweleð 1736
þæt hê mec fremman wile 1833
ond þone mâððum byreð 2056
nemne wê ǣror mæȝen 2655.

c) auf beiden hebungen:

þæt hê þâ ȝeoȝuðe wile 1182

8. Sichere beispiele für viersilbige erste senkung sind nur in geringer anzahl vorhanden. Ich rechne dahin

ac hê hine feor forwræc 109
þâra þe þǣr ȝûð fornam 1124
þone þe him Wealhþeó ȝeaf 2174
þone þe him hrinȝas ȝeaf 3035

---

[1]) *næs* zu lesen?
[2]) Wahrscheinlich mit elision zu lesen.

þâ him swâ ȝeþearfod wæs 1104
nû is þînes mæȝnes blǽd 1762
sæȝde him þæs lǽnes þanc 1810
sceal ûrum þæt sweord ond helm 2660
þonne hê tô sæcce bær 2687
þâ hine sió þrâȝ becwôm 2884,

aber nicht die verse

ne wiston hie drihten ȝod 181
ne wæs þæt ȝewrixle til 1305
nô ymbe þâ fǽhðe spræc 2619,

weil hier älterem sprachgebrauch gemäss gewiss *nyston, næs* und *ymb* zu lesen ist, auch nicht die verse

þâ hine on morȝentîd 518
þonne ǽniȝ ôðer man 534
ôð þæt hyne ân âbealȝ 2281
þǽr hê hine ǽr forlêt 2788,

die ich mit elision und dreisilbiger senkung lese. Dagegen dürfen wider für sicher gelten zwei verse mit auflösung der ersten hebung:

þæt hê eówer æðelu can 392
heó fore þǽm werede spræc 1216

und drei mit auflösung der zweiten:

ȝif hê ûs ȝeunnan wile 346
ac hîȝ him ȝeþinȝo budun 1086
swâ ic ȝió wið Grendle dyde 2522

9. Fünfsilbige erste senkung ist zweimal überliefert

siððan hê hire folmum hrân 723
hwæðere him on ferhðe ȝreów 1719.

Im zweiten falle bietet sich dazu noch ungesucht eine erleichterung des verses wenn man *hwæðer‿im* liest mit elision des *e* vor *h*.

Was die zweite senkung anlangt, so erscheint auch diese des öfteren zweisilbig, übersteigt aber dieses mass nicht (vgl. unten 15), und erscheint meist nur in verbindung mit einer ebenfalls gesteigerten ersten senkung.

10. Zweisilbige zweite senkung neben einsilbiger erster, ist nur zweimal belegt:

þû wâst ȝif hit is 272 sum sâre anȝeald 1252

und mit auflösung

tô Heorute âteáh 767	swylc Aeschere wæs 1330.

In v. 767. 1252 ist übrigens vielleicht wider elision anzunehmen.

11. Beide senkungen zweisilbig, wie

hê þæs frôfre ʒebâd 7	ʒǣð â Wyrd swâ hió scel 455
him on fyrste ʒelomp 76	wæs him Beówulfes sîð 501
mid his eorla ʒedriht 357	ac him drihten forʒeaf 697

u. s. w., 122. 265. 420. 536 (*wǣron bêʒen þâ ʒit*). 933. 1088. 94. 1183. 1255. 77. 1338. 1471. 98. 1617. 23. 1728. 40. 47. 71. 1827. 1976. 78. 2135. 39. 42. 2259. 2443. 2575. 2615. 88. 2718. 2820. 35. 2976. 90.

Zusammen 41 belege. Zweifelhafter wegen möglicher elision sind

hwâ þâm hlæste onfenʒ 52	syððan Hâma ætwæʒ 1199
sê þâm feónde ætwand 143	hê þæt sôna onfand 2301. 2714
þǣr fram sylle âbeáʒ 776	

und weiter auch

hê ʒeblôdeʒod wearð 2693

wegen der jungen sprachform *ʒeblôdeʒod* statt *ʒeblôdʒod.*

An auflösungen kommen noch hinzu a) auf der ersten hebung:

mid his hæleða ʒedriht 663	him þæt ʒifeðe ne wæs 2683
þâ þæs moniʒe ʒewearð 1599	wæs þæt ʒifeðe tô swîð 3086
ic on Hiʒelâce wât 1831	ic on ofoste ʒefenʒ 3091,
þê him Onela forʒeaf 2617	

b) auf der zweiten:

þæt wæs ʒeómuru ides 1076,

c) auf beiden hebungen:

bûton Fitela mid hine 880.

12. Zweisilbige zweite senkung neben dreisilbiger erster. Sichere beispiele sind

þê on þâ leóde becôm 192	nô þû him wearne ʒeteóh 366
wes þû ûs lârena ʒôd 269	swâ him se hearda bebeád 401
þæt hê for eaxlum ʒestôd 358	nô þû ymb mînes ne þearft 450

u. s. w., 404. 31. 596. 634. 765. 73. 806. 950. 1210. 1303. 1468. 1665. 73. 1734. 60. 1877. 1942. 2133. 2299. 2333. 2449. 72. 2625. 2823, zusammen 30 belege, dazu an zweifelhaften noch

ne wæs hit lenȝe þâ ȝên 83 (næs?)
nǽfre ic mâran ȝeseah 247
âhte ic holdra þŷ lǽs 487
þæt ic mid sweorde ofslôh 574
þæt hit on wealle ætstôd 892
fela ic lâðes ȝebâd 930

und mit auflösungen

þeáh hê þǽr moniȝe ȝeseah 1614
ac hine wundra þæs fela 1510

13. Zweisilbige zweite senkung neben viersilbiger erster:

þŷ hê þone feónd ofercwôm 1274
nǽfre hit æt hilde ne swâc 1461
ond hine þâ heáfde becearf 1591
sê þe ǽr æt sæcce ȝebâd 1619
þæt þû him ondrǽdan ne þearft 1675
þæs þe ic on aldre ȝebâd 1780
þâm þe ǽr his elne forleás 2862
þæt hê hyne sylfne ȝewræc 2876

und an zweifelhaften

nô ic him þæs ȝeorne‿ætfealh 969
þâ hine se brôȝa‿anȝeat 1292
ôð þæt hine‿yldo benam 1887
nô hê him þâ sæcce‿ondrêd 2348

14. Zweisilbige zweite senkung neben fünfsilbiger erster:

þæs þê hire se willa ȝelamp 627
hwæðere hê his folme forlêt 971
þone þe heó on ræste âbreát 1299 (elision?)
tô þæs þe hê on ræste ȝeseah 1586
þê hê ûsic on herȝe ȝeceás 2639
þâra þe hit mid mundum bewand 1462

15. Dreisilbige zweite senkung ist dreimal unsicher überliefert:

nô þǽr ǽniȝe swâ þeáh 973
sê wæs betera þonne‿ic 469
hê þê æt sunde‿oferflât 517

In dem ersten verse ist zweifelsohne die synkopierte form *ǽnȝe* einzusetzen, in den beiden andern ist elision möglich.

16. Auch bei diesem typus vermeidet man es, zweite glieder von compositis in die senkung zu setzen; vgl. oben s. 223 f. unter A, 2. Abgesehen von *fyrwet* und *inwit-* und *edwît* (die schwerlich mehr als composita empfunden wurden oder doch als erste glieder von compositis auf der zweiten silbe keinen entschiedenen nebenton hatten) in den versen

hine fyrwyt (fyrwet) bræc 232. 1986. 2785
ne him inwitsorh 1737
under inwithrôf 3124
þonne edwîtlîf 2892

kommen ausnahmen wider nur zu gunsten von eigennamen vor, wie

ic þes Hrôðȝâr mæȝ 277
swâ mê Hiȝelâc sî[e] 435
þâ wæs Hereȝâr deád 467
eóde Wealhþeów forð 613
nû ic Beówulf þec 947
ne wearð Heremôd swâ 1710
þonon Eómǽr wôc 1961
syððan Heardrêd læȝ 2389,

vgl. noch 356. 1163. 1300. 1881. 2174. 2356. 2360. 2435. 2915, und mit zweisilbiger senkung

wæs him Beówulfes sîð 501
swylc Aeschere wæs 1330
ic on Hiȝelâce wât 1831

17. Hiernach ergiebt sich folgende übersicht über die ausbildung des grundtypus ×–́ | ×–́:

Zweite senkung einsilbig:			Zweite senkung zweisilbig:		
2.	×–́ | ×–́	30+ 3*	10.	×–́ | ××–́	1+ 1*
3.	×⏑́× | ×–́	5		×⏑́× | ××–́	1+ 1*
	×–́ | ×⏑́×	3			
	×⏑́× | ×⏑́×	2			
		40+ 3*			2+ 2*
4.	××–́ | ×–́	317	11.	××–́ | ××–́	41+ 7*
5.	××⏑́× | ×–́	29+ 1*		××⏑́× | ××–́	7
	××–́ | ×⏑́×	22+ 1*		××–́ | ××⏑́×	1
	××⏑́× | ×⏑́×	2		××⏑́× | ××⏑́×	1
		370+ 2*			50+ 7*

	Zweite senkung einsilbig:			Zweite senkung zweisilbig:	
6.	xxx–́ | x–́	131+12*	12.	xxx–́ | xx–́	30+ 6*
7.	xxx⏑́x | x–́	12		xxx⏑́x | xx–́	1
	xxx–́ | x⏑́x	6		xxx–́ | xx⏑́x	1
	xxx⏑́x | x⏑́x	1			
		150+12*			32+ 6*
8.	xxxx–́ | x–́	10+ 7*	13.	xxxx–́ | xx–́	8+ 4*
	xxxx⏑́x | x–́	2			
	xxxx–́ | x⏑́x	3			
		15+ 7*			8+ 4*
9.	xxxxx–́ | x–́	2	14.	xxxxx–́ | xx–́	5+ 1*
		2			5+ 1*
		Sa. 577+24*			Sa. 97+20*

Zweite senkung dreisilbig:

xx–́ | xxx–́	1*
xx⏑́x | xxx–́	1*
xxx–́ | xxx–́	1*

Die gesammtzahl der verse dieses typus ist also 721.

C. Der grundtypus x–́ | –́x.

1. Der grundtypus C teilt mit dem grundtypus B den steigenden eingang und demnach die neigung zur bildung mehrsilbiger senkungen an erster stelle. Zweisilbige eingangssenkung ist auch hier vorwiegende norm.

Eine besondere eigentümlichkeit dieses typus bildet die neigung, den zweiten fuss zu ⏑́x zu verkürzen, ohne dass für die so ausfallende more ein sichtbarer ersatz geschaffen wird. Während im typus A –́x | –́x diese verkürzung auf ca. 1100 verse nur etwa 40 mal und meist nur unter besonderen umständen eintrat (s. 219 und 230 f.), begegnet der gekürzte typus x–́ | ⏑́x mit seinen unterarten unter 564 versen ca. 270 mal, der volle typus x–́ | –́x ca. 290 mal. In dem verkürzten typus wird ausserdem, offenbar um den gleichklang x⏑́x | ⏑́x zu vermeiden, die erste hebung so gut wie nie aufgelöst, s. unten unter 13.

Ich stelle die belege für den vollen typus voraus.

I. Voller typus.

2. Einfachste form des typus $\times \acute{-} \mid \acute{-} \times$ mit einsilbiger erster senkung, wie

on freán wǽre 27
ond orcnêas 112
ȝebûn hæfdon 117
ond ȝrîmhelmas 334
wið þê môton 365
beleán mihte 511
ȝehwǽr dohte 526

u. s. w., 511. 544. 562. 571. 649. 859. 911. 62. 1079. 96. 1141. 1278. 98. 1308. 1463. 1536. 1629. 76. 86. 1876. 1957. 99. 2064. 91. 2187. 2510. 2631. 2741. 3017. 3183. 84,

zusammen 37 belege, in denen der zweite ictus auf die stammsilbe eines selbständigen wortes fällt; dazu noch *hreó*[*u*]*m môde* 2582, oben s. 234, und mit ictus auf nebentoniger silbe

mid Hruntinȝe 1660
þâ sêlestan 3123.

3. Viel beliebter als diese form, in der die beiden ictenlängen unmittelbar zusammenstossen, sind verse mit auflösung der ersten hebung:

ond heaðuwǽdum 39
forscrifen hæfde 106
tô banan folmum 158
ȝewaden hæfde 220
tô Wedermearce 298
ȝehroden ȝolde 304

u. s. w., 308. 55. 414. 73. 83. 531. 88. 707. 39. 81. 805. 55. 923. 68. 91. 98. 1115. 31. 97. 1237. 1343. 51. 1413. 30. 38. 73. 80 (lies *stǽle* für Heyne's *stæle*). 97. 1508. 62. 96. 1600. 41. 49. 1837. 58. 96. 1912. 20. 29. 51. 75. 2060. 89. 2105. 46. 2204. 5. 2321. 98. 2401. 86. 98. 2550. 70. 89. 2708. 27. 71. 2806. 16. 93. 2955. 61. 94. 3084. 3137. 48. 67. 73 (s. oben 232),

zusammen 76 belege. Selten ist dagegen wider auflösung beider hebungen:

tô brimes faroðe 28
tô scipum feredon 1155
tô Denum feredon 1159
mid ofermæȝene 2918
on sele wunian 3129

Auflösung der zweiten hebung allein fehlt gänzlich; ein beispiel mit zweisilbiger eingangssenkung s. unter 5.

4. Voller typus mit zweisilbiger eingangssenkung:

þone ȝod sende 13
tô ȝescæphwîle 26
þâ him mid scoldon 41
swylc him ȝod sealde 72
hwæt þâ men wǽron 233
nû ȝê feorbûend 254

u. s. w., 289. 318. 35. 83. 93. 417. 33. 85. 505. 22. 63. 732. 857. 82. 905. 31. 90. 1001. 1158. 87. 1272. 1372. 76. 1477. 83. 1549 (*þæt ȝebearh feóre*

s. 223). 1703. 12. 1822. 1911. 79. 91. 2065. 2183. 88. 2275. 84. 2380. 96. 2409. 91. 2534. 86. 2602. 69. 2864. 2912. 21. 3055. 3163 (*swâ hit weorðlîcost*),

zusammen 56 belege, dazu mit ictus auf nebentoniger silbe

tô ʒefremmanne 174 — ûssum hlâforde 2635
ôð þæt semninʒa 645 — be þê lifiʒendum 2666 [1])
sê þe wealdendes 2293 — þâ þe brentinʒas 2808
þæt hê wealdende 2330 — hyne yrrinʒa 2965.

und mit geringer änderung

nemne feá[u]m ânum 1082 — swylce þŷ dôʒor[e] [2]) 1798

5. Auflösungen treten hier nicht so hervor wie bei einsilbiger senkung:

a) auflösung auf erster hebung:

þâ wið ʒode wunnon 113 — tô his winedrihtne 360
nê his myne wisse 169 — þæt þês sele stande 411
wê sint Hiʒelâces 342 — mid his heteþancum 475

u. s. w., 407. 90. 584. 94. 692. 708. 78. 810. 15. 948. 70. 1043. 1227. 49. 83. 1328. 56. 63. 91. 1481 (*mînum maʒoþeʒnum*, bei Heyne falsch abgeteilt). 1577. 1738. 1826. 63 (lies *heafu* statt *heáðu*, oben s. 235). 2071. 2295. 2446. 56. 2545. 2609. 33. 34. 3097,

zusammen 39, und mit ictus auf nebentoniger silbe:

syððan æðelinʒas 2889 — mid his ʒædelinʒum 2950

b) auflösung beider hebungen:

ic þæs wine Deniʒa 350
ond on mere staredon 1604
wæs se fruma eʒeslîc 2310.

Auflösung der zweiten hebung allein fehlt wie bei 3; einzige ausnahme *hê onweʒ losade* 2097.

6. Voller typus mit dreisilbiger eingangssenkung:

þeáh hê him leóf wǽre 203 — þæt hŷ him tô mihton 313
ǽr hê onweʒ hwurfe 264 — nalles for wræcsîðum 338
ôð þæt hŷ sæl timbred 307 — wit unc wið hronfixas 540

u. s. w., 543. 642. 47. 83 (*þeáh þe hê rôf sîe*). 688. 755. 951. 1046. 1140. 1479. 1655. 59. 1834 (*þæt ic þê wel heriʒe*, lies *herʒe*). 2162. 2352. 2460. 2605. 2867. 70 (*swylce hê þrŷðlîcost*). 75. 3058,

zusammen 27, dazu zwei mit ictus auf nebentoniger silbe

ic mê mid Hruntinʒe 1491 — þæt ic mê ǽniʒne 1773

[1]) Natürlich *lifʒendum* zu lesen.
[2]) Vgl. hierzu s. 233, anm.

ferner mit einsetzung einer synkopierten form

ne seah ic elþeód[i]ȝe 336

und endlich an zweifelhaften versen

oððe◡on wæl crunȝe 636 sume◡on ȝalȝtreówum 2941

wo vielleicht elision anzunehmen ist.

7. Derselbe typus mit auflösung auf der ersten hebung:

þæt him his winemâȝas 65
þâra þe cwice hwyrfað 98
þâ hie tô sele furðum 323
sê þe wið Brecan wunne 506
swâ þone maȝan cende 944
sume on wæle crunȝon 1114[1])

u. s. w., 1176. 89. 1386. 2051. 2448. 2573. 2622,

zusammen 13 belege. Andere auflösungen fehlen auch hier wider fast ganz: *in eówrum ȝûðȝeatawum* 395 ist wol *-ȝeatwum* zu lesen.

8. Voller typus mit vier- oder fünfsilbiger eingangssenkung ist selten:

a) nô hê þære feohȝyfte 1026
swâ hê hyra mâ wolde 1056
þæs þe him ǽr ȝod sealde 1752
þâra þê hê cênoste 206

b) þâra þe hê him mid hæfde 1626

Dazu noch die zweifelhaften verse

ȝehŷrde◡on Beówulfe 610
swylce◡hira mandryhtne 1250
þonne◡ǽniȝ man ôðer 1354. 1561

und mit auflösungen

næfne him his wlite leóȝe 250
hwanan eówre cyme syndon 257
þæt hie ǽr tô fela micles 695
þæt hie heora winedrihten 1605
ne hŷrde◡ic snotorlîcor 1843 (elision?).

II. Gekürzter typus.

9. Gekürzter typus mit einsilbiger eingangssenkung:

in ȝeárdaȝum 1
on bearm scipes 35
tô hâm faran 124
mid ǽrdæȝe 126
æt hearȝtrafum 175
on wanȝ stiȝon 225
on land Dena 253

1) Elision?

u. s. w., 288. 460. 507. 9. 845. 940. 49. 1145. 93. 1247. 80. 1331. 1579. 93. 1648. 79. 1857. 1967. 2080. 2151. 2264. 2349. 2438. 2657. 2885. 97. 2933. 46. 63. 3135. 61,

zusammen 38 belege, dazu mit ictus auf nebentoniger silbe *âbredwade* 2620.

10. Gekürzter typus mit zweisilbiger eingangssenkung ist die häufigste form im ganzen grundtypus:

þæt wæs ʒôd cyninʒ 11	lêton holm beran 48
þonne wîʒ cume 23	scôp him Heort naman 78
þonne þâ dydon 44	hû hit Hrinʒdene 116

u. s. w., 136. 46. 78. 98. 99. 223. 24. 49. 52. 84. 96. 331. 79. 80. 400. 39. 44. 47. 52. 76. 89. 590. 95. 641. 81. 99. 711. 38. 49. 64. 72. 821. 29. 32. 36. 919. 21. 45. 54. 94 etc.,

zusammen 156[1]) belege, dazu noch 4 mit ictus auf nebentoniger silbe:

ic eów wîsiʒe 292. 3104
ic him þênode 560
þæt wê fundiaδ 1820.

Diese letzteren könnten jedoch auch als ××⏑́ | ×⏑́ allenfalls zum typus B gehören (vgl. unten zu D, 5). Doch ist dies wenig wahrscheinlich, da der typus B sonst stets auf eine stark betonte silbe oder deren auflösung ausgeht.

11. Gekürzter typus mit dreisilbiger eingangssenkung:

þæt hit wearδ eal ʒearo 77	þæt hie sint wilcuman 388
þæt þis is hold weorod 290	ymb hine rinc maniʒ 399
ʒewîtaδ forδ beran 291	þæt mîne breóst wereδ 453

u. s. w., 600 (mit ergänzung von *on*). 18. 77. 84. 90 (elision?). 799. 802. 64. 957. 67. 76. 1075. 1125. 80. 1239. 1329 (elision?). 68. 83. 93. 1452. 92. 1526 (elision?). 37. 1602. 11. 89. 1736. 42. 50. 1825 (elision?). 50. 1904. 2094. 2350. 2447. 54. 95. 2500. 15. 19 (elision?). 99. 2647. 52. 2709. 50. 2977. 3022. 74 (lies *stride*). 3109. 67. 78,

zusammen 57 belege.

12. Gekürzter typus mit vier- oder fünfsilbiger eingangssenkung ist wider selten, die belege sind:

a) sê þe hine deáδ nimeδ 441	þonne wê on orleʒe 1327
tô þæs þe hê wînreced 715	wolde hyre mǣʒ wrecan 1340
þâra þe on swylc staraδ 997	wolde hyre bearn wrecan 1547

[1]) V. 1396 ist vor *þû* abzuteilen.

forþan ic mê on hafu 2524
sê þe wyle sôð sprecan 2865
b) þonne hê on þæt sinc starað 1486.

ne mæȝ ic hêr lenȝ wesan 2802

13. Auflösungen werden bei dem verkürzten typus gemieden. Während beim vollen typus 147 versen ohne auflösung die zahl von 145 versen mit auflösung gegenübersteht, liefert der gekürzte typus 266 verse ohne auflösung und nur 6 mit auflösung, nämlich

on fæder (wi)ne 21
ne mihte snotor hæleð 190
on þǽm meðelstede 1083

of hliðes nosan 1893
æt brimes nosan 2804
nû is ofost betost 3008.

Von diesen versen ist der erste nur durch conjectur hergestellt; im zweiten dürfte *snottor* zu schreiben sein, wodurch der vers zum typus B fällt (über *snottor* und *snotor* s. im sprachlichen teil unter 'quantität'), im letzten die sicher altertümlichere form *ofst* (vgl. ebenda). Die quantität des *o* von *nosa* oder *nose* 'vorgebirge' ist zweifelhaft; das wort erscheint nur an diesen beiden stellen, und die machen es wahrscheinlich dass *nôsa* oder *nôse* zu lesen ist. So bleibt eigentlich nur *on ðâm meðelstede* übrig, das wahrscheinlich als *meðlstede* mit einsilbig gerechneten *meðl* aufgefasst werden muss, vgl. den sprachlichen teil, 'silbenzahl' no. 6.

14. Auch der typus C duldet im Beowulf keine nebentonigen compositionsglieder in der senkung. Die einzige ausnahme bildet in der überlieferung der vers

ne ȝesacu ôhwǽr 1738,

wofür nach dem oben s. 224 und 242 entwickelten sicher *ne ȝesacu ôwer* zu lesen ist.

15. Das gesammtbild der verzweigung dieses grundtypus ist demnach folgendes:

Voller typus:		Gekürzter typus:	
2. × –́ | –́ ×	39+1*	9. × –́ | ⏑́ ×	39
3. { × ⏑́⏑ × | –́ ×	76	13. × ⏑́⏑ × | ⏑́ ×	3*
3. { × ⏑́⏑ × | ⏑́⏑ × ×	5		
	120+1*		39+3*

	Voller typus:			Gekürzter typus:	
4.	xx–́ | –́x	64+ 2*	10.	xx–́ | ⏑́x	160
5.	xx⏑́x | –́x	40+ 1*	13.	xx⏑́x | ⏑́x	2*
	xx–́ | ⏑́xx	1			
	xx⏑́x | ⏑́xx	3			
		108+ 3*			160+ 2*
6.	xxx–́ | –́x	29+ 3*	11.	xxx–́ | ⏑́x	52+ 5*
7.	xxx⏑́x | –́x	12+ 1*	13.	xxx⏑́x | ⏑́x	1*
	xxx–́ | ⏑́xx	1*			
		41+ 5*			52+ 6*
8.	xxxx–́ | –́x	4+ 4*	12.	xxxx–́ | ⏑́x	9
	xxxx⏑́x | –́x	4+ 1*			
		8+ 5*			9
8.	xxxxx–́ | –́x	1	12.	xxxxx–́ | ⏑́x	1
		1			1
		Sa. 278+14*			Sa. 261+11*

Die gesammtzahl der verse dieses typus ist hiernach 564.

D. Grundtypus –́ | –́xx.

Als charakteristicum dieses typus ist oben s. 220 f. hingestellt, dass die senkung des zweiten fusses 'zweigliedrig' sei und dass sie auf ihrer ersten oder zweiten silbe einen nebenictus trage.

Der erste teil dieses satzes, welche die senkung unseres typus den 'eingliedrig' gemessenen senkungen der typen A—C gegenüberstellt, ergibt sich als consequenz aus der tatsache, dass die mehrsilbigen senkungen jener typen beliebig mit einsilbigen wechseln können, hier aber, d. h. sobald der vers mit –́–́ oder einer auflösungsform davon beginnt, auf die zweite hebung stets nicht mehr und nicht weniger als 2 silben zu folgen haben. Die zahl 2 ist für die schlusssenkung dieses typus ebenso stabil wie die zahl 1 für die schlusssenkungen der typen A und C.

Die richtigkeit des zweiten ansatzes folgt daraus, dass im vollsten gegensatz zu den typen A, B, C bei dem typus D die senkung sehr häufig durch das zweite glied eines compositums oder einer dem entsprechenden formel gefüllt wird, welche auf einer der beiden silben einen natürlichen nebenton haben, z. b. in versen wie

feónd máncỳnnes 164	máȝa Heálfdènes 189
smíðes órþàncum 406	wórd út fàran 2552
béarn Héalfdènes 1021	ȝúman út scùfon 215

oder mit nebenton auf der letzten silbe

Héort ínnanwèard 992	éorl fúrðor stòp 762
hólm stórme wèol 1132	dráca mórðre swèalt 893

u. dgl. Das einzelne hierüber bringen die folgenden ausführungen.[1]) In entsprechender weise bietet sodann der letzte haupttypus, der durch umkehrung von ⏊́ | ⏊́ ×× entstehende typus E ⏊́ ×× | ⏊́, wie wir weiter unten sehen werden, abermals eine menge an sich stark nebentoniger silben in der senkung, sodass hierin die typen ⏊́ | ⏊́ ×× und ⏊́ ×× | ⏊́ sich aufs engste berühren.

Je nach der lagerung des nebenictus zerfällt der grundtypus D in die beiden abteilungen

⏊́ | ⏊́ ×̀ × und ⏊́ | ⏊́ × ×̀.

In der ersteren kann sodann die nebentonige silbe wider lang oder kurz sein, ⏊́ | ⏊́ ⏊̀ × oder ⏊́ | ⏊́ ◡̀ ×. Auflösung findet sich fast nur auf der ersten hebung. Hiernach ergeben sich folgende einzelfälle:

I. Untertypus ⏊́ | ⏊́ ×̀ ×.

a) Die nebentonsilbe ist lang.

1. Vollkommen sichergestellt ist die betonung, wo die senkung durch ein zweisilbiges compositionsglied von der form ⏊̀ × gefüllt wird:

---

[1] Ueber die behandlung der composita in den typen A, B, C vgl. s. 224. 242. 248. Ich will noch besonders hervorheben, dass ein zweisilbiges zweites compositionsglied (oder formelglied) wahrscheinlich überhaupt nicht in einer senkung von A erscheint (C ist auszuschliessen, weil es keine innere senkung hat). Die verse:

healwudu dynede 1318	sundwudu þunede 1907
holtwudu sêce 1370	ȝladum sunu Frôdan 2026

welche oben s. 229 vorläufig unter A gestellt sind, gehören vermutlich doch zum erweiterten typus E, sind als ⏊́ ◡̀ × | ◡́ × × aufzufassen, s. unten E.

a) ohne auflösung:

feónd mancynnes 164
bearn Ecʒþeówes 529. 632. 958. 1384. 1474. 1652. 1818. 2000. 2178. 2426
dǽl ǽʒhwylcne 622
swŷn ealʒylden 1112
feorh ûðʒenʒe 2124
ʒûð onsǽʒe 2484
sweord Beówulfes 2682
unmurnlîce 449
unwâclîcne 3139

Zusammen 18 belege.

b) mit auflösung auf der ersten hebung:

fæder alwalda 316
smiðes orþancum 406
micel æfþunca 502
sunu Ecʒlâfes 591. 981
sele Hrôðʒâres 827
firen ondrysne 1933
seʒn eallʒylden 2768

u. s. w., 1457. 1551. 64. 1885. 2054. 2368. 99. 2588. 2753. 2908. 72. 3111. 21;
zusammen 21 belege.

c) mit auflösung auf der zweiten hebung:

mǽʒ Hiʒelâces 759. 814. 1531.

d) mit auflösung auf beiden hebungen:

hroden ealowǽʒe 495
nefan Hererîces 2207
sunu Hyʒelâces 2387
seʒn Hiʒelâce 2959

2. Zweifelhaft ist die betonung nur in fällen der composition mit *un-*:

wiht unhǽlo 120
slât unwearnum 742
dôm unlŷtel* 886
wîf unhŷre 2121
weard unhióre 2414
bât unswîðor 2579
fŷr unswîðor 2882

und mit auflösung

ʒumum undyrne 127
Denum unfǽcne 2069
ʒuman unfrôdum 2822
hiʒum unrôte 3149.

Bei dem bekannten schwanken in der betonung der composita mit *un-* können nämlich alle diese verse auch nach dem typus A –́×–́× gelesen werden. Dass sie wirklich wenigstens zum teil so aufgefasst wurden, beweist der vers

milts unʒyfeðe 2922

welcher als –́× | ⏑́×× gemessen vollkommen correct ist, aber als –́–́××× eine unstatthafte auflösung einer nur nebentonigen silbe zeigen würde.

3. Nach art der composita sind ferner unzweifelhaft zu betonen dreisilbige einfache wörter von der form –́ – ×. Die hauptmenge der belege liefern:

a) die ableitungen auf *-inʒ*, wie

weard Scyldinʒa 229
helm Scyldinʒa 371. 456. 1322.
Ârscyldinʒa 464
lond Brondinʒa 521
helm Scylfinʒa 2382
Gûðscylfinʒas 2928
Wæʒmundinʒa 2608

u. s. w., 500. 1070. 1711. 2604, zusammen 13, und mit auflösung

ʒlæde Scyldinʒas 58
wine Scyldinʒa 30. 170. 2027. 2102
Siʒescyldinʒa 598
ides Helminʒa 621
Heaðoscylfinʒas 2206

u. s. w., 779. 1109. 1564. 2053. 3006, zusammen 13.

b) participia praesentis auf *-ende*:

landbûendum 95
sælîðende 377
unlifiʒende 467
brim weallende 848

u. s. w., 309. 568. 1014. 1228. 1309. 2016. 2023. 2717. 2909. 3114, zusammen 14, und mit auflösung

selerædende 51 [1])
searohæbbendra 237
hioroweallende 2782

c) zweisilbige adjectiva und pronomina auf *-en, -er, -iʒ*, wie

hrinʒ ʒyldenne 2810
mæʒ ôðerne 2485
freán eówerne 2538
fleám eówerne 2890
rinc ôðerne 2986
freán ûserne 3003. 3108
hof môdiʒra 312
fylwêriʒne 963
unsynniʒne 2090
ræd æniʒne 3081

und mit auflösung

seʒen ʒyldenne 47
wudu bundenne 216
flotan eówerne 294
ʒuma ôðerne 653
maniʒ ôðerne 1861
hiʒeþihtiʒne 747
heorodreóriʒne 1781. 2721
cyninʒ æniʒne 1852
fela môdiʒra 1889

d) an vereinzelten beispielen fallen sodann noch hierher

mîn ærende 345
hund þûsenda 2995
hrinʒweorðunʒe 3018
ealdhlâfordes 2779
Finn Henʒeste 1097
ʒrundwyrʒenne 1519
rôf ôretta* 2539

---

[1]) Heyne's *sêle rǽdenne* ist metrisch mindestens anstössig.

und mit auflösung

micel ǽrende 270	woroldrǽdenne 1143
ʒuman ônetton* 306	mæʒenbyrðenne 3092
scaðan ônetton 1804	seofan þûsendo 2196

und sicher auch

bite îrenna 2260

wo die hs. die jüngere sprachform *îrena* bietet. Ziemlich isoliert stehen die verse

folc tô sǽʒon 1423
wéras ón sâwon 1651
ʒode‿ic þanc secʒe 1998

b) Die nebentonsilbe ist kurz.

4. Ich beginne die zusammenstellung abermals mit den compositis, über deren betonung kein zweifel sein kann:

leóht unfæʒer 728 [1])	bearn Healfdenes 1021
hund missera [2]) 1499. 1770	ʒrim andswaru 2861

und mit auflösung

maʒa Healfdenes 189. 1475. 2012. 2144
suna (-u) Healfdenes 344. 1041. 1653
hider wilcuman 394
ʒodes andsaca(n) 787. 1683
samod ǽrdæʒe 1312. 2943
suna (-u) Ôhtheres 2381. 2395
fæder Ôhtheres 2929
fela missera 153. 2621 [2])
mæʒenfultuma 1456 [2])

zusammen 23 belege.

5. Von anderen wörtern kommen fast nur noch die dreisilbigen formen von verbis der II. schwachen klasse in betracht, diese aber sind sehr häufig. Man kann geradezu sagen dass diese formen, natürlich nur von verbis mit langer wurzelsilbe, gerade am schlusse des verses –́ –́ × × ihre typische stellung haben. Belege:

---

[1]) Dieser vers ist zweifelhaft, da für den Beowulf wahrscheinlich *fǽʒer* anzusetzen ist, s. unten im sprachlichen teile unter 'quantität'.

[2]) Ich stelle *missere* und *fultum* als alte composita hierher. Möglich dass im originaltext die zweite silbe dieser wörter noch lang war.

a) für praesensformen

feó þinȝian 156	ȝlêd fæðmie 2653
lenȝ sorȝian 451	neán sceáwiað 3105
feó leánize 1381	hât (ȝnorn) þrôwian* 2606. 2659

u. s. w. 721. 88. 97. 809. 972. 1392. 1414. 27. 45. 2590. 2656. 2774. 3009, und mit auflösung der ersten hebung

freoðo wilnian 188	hiȝes cunnian 2046
Heorot fǽlsian 432	draca rîcsian 2212
weras ehtiȝað 1223	dracan sceáwian 2403
wlitiȝ hanȝian 1663	ȝearo sceáwiȝe 2749
ȝuman þinȝian 1844	fela reordian 3026.

Einmal findet sich auch auflösung der zweiten hebung,

hord openian 3057

b) für's praeteritum:

secȝ wîsade 208	lâst sceáwedon 132
feó þinȝode 470	rǽd eahtedon 172
hlyn swynsode 612	weán âhsodon 423

u. s. w., singular 320. 726. 902. 52. 1205. 7. 1408. 1567. 1688. 1722 (*þrôwade*). 1796. 1899 (*hlîfade*, s. den sprachl. teil). 1917. 2085. 86. 2165. 2286. 2384. 2794. 2898. 3028, plural 204. 640. 984. 1213. 2076. 3051

und mit auflösung der ersten hebung

sele hlîfade* 81	ȝode þancedon 227
Heorot eardode 166	wada cunnedon 508
hider wîsade 370	brimu swaðredon 570

u. s. w., singular 626. 771. 844. 1091. 1118. 1238. 1398. 1501. 1590 (*þrôwade*). 1631. 1800 (*hlîfade*, s. darüber den sprachlichen teil). 2099. 2103. 2337. 53. 2595 (*þrôwode*), plural 570. 1103. 1441. 1627,

zusammen (mit und ohne auflösung) 43 singulare und 16 plurale.

Diese unterscheidung zwischen praesens- und praeteritalformen einerseits und zwischen singular und plural des praeteritums andererseits war zu machen, weil nur für den sing. praet. eine natürliche betonung ⏑́⏑̀× feststeht. Für das praesens und den plural praet. weist aber die sprachliche entwickelung bekanntlich auf die betonung ⏑́⏑×̀, und es muss daher zweifelhaft bleiben, ob die betreffenden verse demnach nicht zur zweiten abteilung unseres grundtypus gehören, welche den nebenictus auf der zweiten senkungssilbe trägt. Auf alle fälle aber zeigt das metrum, dass es falsch ist, das *i* der praesensformen von schwachen *ô*-verbis gleich *j* zu setzen; im Beowulf allein bekämen wir bei umsetzung des *i* in unsilbisches *j* 31 verse die zu kurz wären.[1])

6. Verhältnismässig selten wird der zweite fuss durch zwei selbständige wörter der form $\acute{-}$ und $\acute{\smile}\times$ gebildet, deren zweites dem ersten im satzaccent nachsteht. Sichere beispiele dieser art sind:

ȝuman ût scûfon 215
streám ût þonan 2546
word ût faran 2552.

Eine reihe anderer verse ist dagegen zweifelhaft:

þeód eal ȝearo 1231
beorh eal ȝearo 2242
lǽst eall tela 2664
heold mîn tela 2738
sunu deáð wrecan 1279
beáh eft þonan 2957
dracan eác scufun 3132,

weil hier nämlich das zweite wort den stärkeren satzton zu haben scheint; diese verse gehören dann zum typus A, speciell zu no. 12.

7. Eine verkürzung dieses typus findet nicht statt. Dagegen erscheint derselbe erweitert durch:

a) einschiebung einer unbetonten silbe nach der ersten hebung. Hierher fallen die bereits oben s. 233 unter A, 14 d, e aufgezählten verse wie

oftost wîsade 1664 **dohtor Hrôðȝâres 2021.**

Schwerlich aber ist hierher zu stellen der unregelmässige vers:

wundor is tô secȝanne 1725.

Solche flectierte infinitive bringen auch sonst am versschlusse öfter störungen hervor (im Beowulf im ersten halbvers viermal; weiteres s. unten II, F, 1 und im sprachlichen teile), und sind wahrscheinlich in unflectierte zu emendieren: *wundor is tô secȝan* u. s. w. einfach nach typus A. Für unflectierten infinitiv

---

[1]) In der Elene, wo Zupitza das *j* eingeführt hat, ergeben sich so 6 verse, die hinter den minimalmass zurückbleiben: *ferhð staðeljan* 427, *mâ rîcsjan* 434, *neán myndȝjað* 657, *fâh prôwjan* 769, *eft ȝearwjan* 1000, *hyȝe staðoljan* 1094.

nach *tô* gibt Grein II, 541, IV zehn belege, darunter stehen zwei im Beowulf selbst: *mǽl is mê tô fêran* 316 und *freóde tô friclan* 2557.

b) durch **auftakt**, nur zweimal

þâra ymbsittendra 9 þâ secȝ wîsode 402.

Aenderungsvorschläge liegen sowol für a) wie b) zum teil recht nahe. Wegen der 5 verse mit *wǽpen, wundor, dohtor* verweise ich auf den sprachlichen teil; bei *lâðra ôwihte* kann elision angenommen oder *wihte* gesetzt werden (vgl. Seel. 65, wo Verc. metrisch anstössig *âwiht,* aber Ex. correct *wiht* liest). *Oftost* 1664 kann aus einer dittographie entstanden sein, und v. 402[b] ist vielleicht mit streichung des *þâ* als parenthese zu nehmen.

Ueber die verse *ne seah ic elþeódiȝe* 336 und *swylce þŷ dôȝore* 1798 s. oben s. 246 und 245.

II. Untertypus –́ | –́ × ×̀.

Dieser typus ist nicht immer mit sicherheit zu erkennen, weil er sich nahe mit dem haupttypus –́ ×̀ × | –́ berührt. Sie unterscheiden sich nur dadurch, dass haupt- und nebenictus ihre stellen getauscht haben, und wenn die drei letzten silben des verses sich auf zwei selbständige wörter verteilen, was oft der fall ist, so ist nicht überall ohne weiteres klar, welches von ihnen den stärkeren satzton hatte. Auch ist nicht von vornherein die möglichkeit abzuleugnen, dass in solchem falle, wo das natürliche gewicht der beiden wörter nicht allzu verschieden war, eine bestimmte rhythmische gewohnheit auch gelegentlich zur bevorzugung des schwächeren wortes geführt haben könne. Beispiele dieser art sind ja aus den untersuchungen von Rieger und Horn bekannt, z. b. die genetivischen formeln wie *barn godes,* welche stets das erste glied alliterieren lassen, also diesem das stärkere gewicht geben, während heutzutage wenigstens der determinierende genetiv im allgemeinen den vorzug hat.

Ich behandle alle zweifelhaften fälle gleich hier unter dem typus –́ | –́ × ×̀, damit man das gesammte material bequem übersehen kann.

8. Vollkommen sicher ist die betonung bei **dreisilbigen compositis** aus 2 + 1 silben. Es begegnen hiervon jedoch nur die beiden beispiele

Heort innanweard 992	flet innanweard 1977.

9. Ebenso sicher sind die verse hierher zu stellen, in welchem der zweite fuss durch ein **verbum mit vorausgehendem adverbium** gebildet wird, wenn dies adverbium eine wesentliche nähere bestimmung zum verbum enthält, wie

holm up ætbær 519	ȝod eáðe mæȝ 478
swêȝ up âstâh 783	eorl furðor stôp 762
ceól up ȝeþranȝ 1913	leóht inne stôd 1571
hond up âbrǽd 2576	ȝæst inne swæf 1801
forð neár ætstôp 746	stîȝ under læȝ 2214
blǽd wîde spranȝ 18	sinc eáðe mæȝ 2765
hrâ wîde spronȝ 1589	from ǽrest cwôm 2557

und mit auflösung der ersten hebung

wæter up þurhdeáf 1620	flota stille bâd 301
stefn in becôm 2553	walu ûtan heold 1032
fæder ellor hwearf 55	wæter under stôd 1417.
duȝuð ellor scôc 2255	

Ebenso mit substantivischem adverb in fällen wie

blôd êdrum dranc 743	ȝeofon ŷðum weol 515
swât êdrum spronȝ 2967	hreðer ǽðme weoll 2594
holm storme weol 1132	draca morðre swealt 893.
swât ŷðum weoll 2694	

Glaublich ist mir ferner diese betonung bei andern zweisilbigen adverbien, auch wenn dieselben weniger prägnante bedeutung haben, wie

word æfter cwæð 315	hreðer inne weoll 2114
word æfter spræc 341	leóht eástan côm 569
ȝyd æfter wræc 2155	ȝearo sôna wæs 121
breóst innan weoll 2332	Breca nǽfre ȝît 583.
Heorot innan wæs 1018	

Schon zweifelhafter sind mir fälle wie

scop hwîlum sanȝ 496	nioðor hwêne slôȝ 2700
raðe æfter þon 725	bona swylce læȝ 2825,
horn stundum sonȝ 1424	

namentlich die beiden letzten, denn *hwêne* gehört zweifellos mit *nioðor* zu einer accentgruppe zusammen, und *swylce* 'auch' hat zu wenig satzton. Aus demselben grunde glaube ich auch nicht, dass man den schwachtonigen einsilbigen adverbien wie *eft, oft, eác, ʒît, ǽr, wel* im vorzuge vor einer zweisilbigen verbalform den haupticus geben darf:

secʒ eft onʒan 872
Fin eft beʒeat 1147
helm eft ʒescær 1527
hord eft ʒesceát 2320
lŷt eft becwôm 2366
þanon eft ʒewât 123
ʒamen eft âstâh 1161
nyðer eft ʒewât 3045
weán oft ʒehêt 2938
hlǽw oft ymbhwearf[1]) 2297
moniʒ oft ʒesæt 171
moniʒ oft ʒecwæð 858
lîf eác ʒescôp 97
seʒn eác ʒenôm 2777
eard ʒît ne const 1378
sweord ǽr ʒemealt[2]) 1616
sweord ǽr ʒebrǽd 2563
bill ǽr ʒescôd 2778
helm ǽr ʒescær 2974
weard ǽr ofslôh 3061
scyld wel ʒebearʒ 2571.

10. Für sichere fälle des typus –́ | –́ × ×̀ halte ich dagegen wider alle die verse in denen sonst noch die beiden schlussworte in näherer syntaktischer oder formelhafter verbindung stehen:

a) hond rond ʒefenʒ 2610
word ôðer fand 871
sceaft nytte heold 3119
metod eallum weold 1058
b) ferh ellen wræc 2707
sunu deáð fornam 2120
Môd þrŷðo wæʒ 1932
c) wyrm hât ʒemealt 898
ʒæst yrre côm 2074
wyrm yrre cwôm 2670.

Ausnehmen möchte ich jedoch als zweifelhaft

bona swîðe neáh 1744
nefa swŷðe hold 2171
Hyʒd swîðe ʒeonʒ 1927

in anbetracht des bekannten umstandes dass *swîðe* vor einem adj. oder adv. nicht alliteriert, also geringeren ton hat als diese.

11. Nach demselben grundsatze müssen die verse zum folgenden typus gerechnet werden, in denen die beiden ersten worte näher zusammengehören:

a) ʒodes yrre bær 712
Dena land ofʒeaf 1905
ʒodes leóht ʒeceás 2470
dracan heáfde neáh 2291

---

[1]) So ist schon aus sprachlichen gründen für das überlieferte *ymbehwearf* zu lesen.

[2]) Auf dem *ǽr* liegt keinerlei nachdruck, es dient bloss dazu den plusquamperfektischen sinn der praeterita hervorzuheben.

freán eaxlum neáh 2854
b) fela þǽra wæs 993[1])
feá worda cwæð 2247. 2663
lŷt manna þâh 2837
c) ʒomel swyrd ʒeteáh 2611
sume worde hêt 2157
d) hider ût ætbær 3093
foran ǽʒhwylc wæs 985.

Zweifelhaft ist hier wider betonung des nachgesetzten *eall* in

a) werod eall ârâs 652. 3031
duʒuð eal ârâs 1791
b) beót eal wið þê 523
fiet eall ʒeondhwearf 2018
lîc eall forswealʒ 2081
worn eal ʒespræc 3095
Denum eallum wearð (wæs) 768. 824. 1418

und mit elision

fêða‿eal ʒesæt 1425.

Hier hängt die entscheidung davon ab, ob man *eall* attributiv oder praedicativ fasst. Im ersteren falle trifft der ictus das verbum, im zweiten das wort *eal* selbst. Ich halte das erstere für wahrscheinlicher.[2])

12. Hiernach bleiben noch folgende vereinzelte verse übrig:

bil eal þurhwôd 1568
feor eal ʒemon 1702
brûc ealles well 2163
freán ealles þanc 2795
fêhð ôðer tô 1756
ʒeonʒ sôna tô 1786
eft sôna bið 1763
lŷt ǽniʒ mearn 3130
ʒod wât on mec 2651.

Eine sichere entscheidung wird sich hier nicht geben lassen; ich bin geneigt, die *eal* abermals für schwächer betont zu halten, desgleichen *ǽniʒ* im letzten verse.

13. Auflösung der ersten hebung ist, wie die citierten beispiele lehren, häufig. Von andern auflösungen findet sich einmal die der zweiten hebung

cyninʒ æðelum ʒôd 1871

und einmal sogar die der nebenictussilbe

wôp up âhafen 128

[1]) Oder ist hier grösseres gewicht auf den enklitischen charakter von *wæs* zu legen und demnach *þǽra* zu betonen?

[2]) Soweit nicht wider, in den drei letzten versen, wegen der gewöhnlichen enklise von *wæs*, *wearð* anders zu entscheiden ist.

wenn man nicht lieber annehmen will dass dieser vers, allerdings mit vernachlässigung der natürlichen betonung, zum folgenden typus gehöre (schema –́ –̀ × | ⏑́ ×).

14. Eine erweiterung erfährt typus –́ | –́ × –̀ bisweilen durch steigerung der senkung auf zwei silben. Die beispiele sind (verse bei denen elision möglich ist, durch sternchen bezeichnet):

*word inne‿âbeád 390
hleór bolster onfenȝ 689
hrôf âna ȝenæs 1000
wîȝ ealle fornam 1081
lîȝ ealle forswealȝ 1123

*heal swêȝe‿onfenȝ 1215
secȝ weorce ȝefeh 1570
feorh swenȝ ne ofteáh 2490
sibb ǽfre ne mæȝ 2601
*heals ealne‿ymbfenȝ 2692[1])

und mit auflösung der ersten hebung

þeȝn nytte beheold 494
*duru sôna‿onarn 722
cyninȝ ealdre beneát 2397.

Einige male findet sich sogar dreisilbige senkung:

hond swenȝe ne ofteáh 1521
Geát unȝemetes wel 1793
Wyrd unȝemete neáh 2421

þeȝn unȝemete till 2722
deáð unȝemete neáh 2729.

Ueber den vers *winter ȳðe beleác* s. unten unter E, 9.

Zur erklärung dieser freiheit ist an die behandlung der inneren senkung in den typen –́ × | –́ × und × –́ | × –́ zu erinnern. Wie dort zwischen zwei hebungen, steht hier die innere senkung zwischen hebung und nebenhebung, und geniesst demnach dieselbe freiheit, nur seltener, entsprechend dem mehr in sich geschlossenen charakter des fusses –́ × –̀.

15. Endlich ist noch einer verkürzung auch des typus –́ | –́ × × zu –́ | ⏑́ × × zu gedenken. Dieselbe findet sich einige male bei anwendung dreisilbiger formen von *cyninȝ* und von *wesende*, namentlich in compositis, endlich von *ondswarian*:

a) heáhcyninȝes 1040
eorðcyninȝes 1156
sǽcyninȝa 2383
Frêscyninȝe 2504
þeódcyninȝes 2695
woroldcyninȝa 1685. 3182[2])

b) feorh cyninȝes 1211
fyll cyninȝes 2913

c) cnihtwesende 372. 535.

d) andswarode 258. 340.

---

[1]) So statt des überlieferten jungen *ymbefenȝ* zu lesen.

[2]) So statt *woroldcyninȝ* zu lesen, s. oben s. 232.

Aehnliche beispiele aus anderen dichtungen hat Schubert, De Anglosaxonum arte metrica 16 f. gegeben, welcher den auffälligen gebrauch solcher wörter bereits richtig beobachtet hat (freilich von einem falschen standpunkt der beurteilung ausgehend), z. b. *sweordberende, rǽdberendes, feorhberendra* Gen., *reordberende, -dra, -dum* El. Crist, *efenwesende* Crist. Der grund lag offenbar darin, dass diese composita (nebst den genetivischen formeln, die aber doch sehr zurücktreten) überhaupt in keinen andern verstypus passten. Die einzige andere möglichkeit der verwendung bot nämlich typus C nach dem schema x–́ | ⏑́xx, und diese form wird gemieden, s. C, 3. 5. 7, oben s. 244 ff.).

Nicht hierher gehören die scheinbaren ausnahmen, welche in manchen texten durch formen der verba *hlifian* und *þrowian* gebildet werden; denn diese lauten in wirklichkeit *hlīfian* und *þrôwian* (s. den sprachlichen teil III, 5).

16. Die gesammtübersicht über diesen typus ergibt demnach folgendes:

Untertypus I.

1—3.	–́ | –́ –̀ x	64+ 7*
	⏑́x | –́ –̀ x	55+ 5*
	–́ | ⏑́x –̀ x	3
	⏑́x | ⏑́x –̀ x	4
	–́ | –́ ⏑̀x x	1*
		126+13*
4—6.	–́ | –́ ⏑̀x	6+ 6*
	-ode	24
	-ian	20
	-edon	9
	⏑́x | –́ ⏑̀x	19+ 2*
	-ode	19
	-ian	10
	-edon	7
	–́ | ⏑́x ⏑̀x	1
		115+ 8*

Untertypus II.

8—12.	–́ | –́ x –̀	33+35*
	⏑́x | –́ x –̀	16+25*
13.	⏑́x | ⏑́x x –̀	1
	–́ | –́ x ⏑̀x	1*
		50+61*
15.	–́ | ⏑́x x̀	11
	⏑́x | ⏑́x x̀	1+ 1*
		12+ 1*

	Untertypus I.			Untertypus II.	
7b.	xx | –́ | –́–̀x	1	—	—	—
	x | –́ | –́◡̀x	1			
		2			
7a.	–́x | –́x̀x	7	14.	–́ | –́xx–̀	6+ 3*
	–́x | ◡́xx̀x	2		◡́x | –́xx–̀	2+ 1*
	–́xxx | –́–̀x	1		–́ | –́xxx–̀	5
		10			13+ 4*
		Sa. 253+21*			Sa. 62+67*

Die gesammtsumme der verse dieses typus beträgt hiernach 403 resp. nach abzug von 61 wahrscheinlicher zu E gehörender verse, 342.

E. Grundtypus –́xx | –́.

1. Dieser grundtypus kann in zwiefacher weise analysiert werden. Man kann ihn sich entstanden denken aus –x + x–́; dann gehörte er zu den gleichfüssigen typen A bis C (–́x | –́x, x–́ | x–́, x–́ | –́x). Oder aber er ist zusammengesetzt aus –́xx und –́ und schliesst sich dann an den ungleichfüssigen typus D –́ | –́xx an. Eine theoretische entscheidung über die frage, welche auffassung die richtigere sei, lässt sich nicht geben, da beide an sich möglich sind. Die untersuchung des einschlägigen versmaterials aber zeigt, dass für weitaus die meisten fälle nur die zweite auffassung zu recht bestehen kann. Das kriterium ist hier, wie bei typus D, die regelmässige existenz eines natürlichen nebentons an erster stelle der senkung, welche entweder durch die nebentonige zweite silbe eines compositums oder die schwere mittelsilbe eines dreisilbigen wortes mit langer stammsilbe ausgefüllt wird. Ausnahmen von dieser regel (abgesehen von den variationen welche durch die auflösung der ersten hebung sich ergeben) sind ausserordentlich selten.

Ich ordne das material je nach der verteilung der vier normalsilben des verses auf einzelne wörter: 3 + 1, 2 + 2, 1 + 1 + 2 oder 1 + 2 + 1 und schliesse daran die stärkeren abweichungen an, die sich auch bei diesem typus finden.

2. Der vers beginnt mit dreisilbigem compositum, dessen zweites glied lange stammsilbe hat. Ein sehr gewöhnlicher fall, z. b.:

weorðmyndum þâh 8
lofdædum sceal 24
mancynne fram 110
unblîðe sæt 130
undyrne cûð 150. 410
sinnihte heóld 161
nihtbealwa mǽst 193
uncûðne nîð 276
sæ̂ȝrunde neáh 564
unȝeára nû 603
Beówulfe wearð 819. 2843

u. s. w., 241. 87. 302. 5. 14. 21. 22. 499. 550. 676. 720. 847. 922. 29. 56. 1052. 67. 73. 1120. 70. 95. 96. 1230. 41. 70. 1317. 33. 53. 66. 1402. 90. 1514. 1624. 32. 43. 58. 1716. 53. 75. 77. 1823. 39. 82. 83. 1909. 18. 25. 59. 60. 83. 2029. 98. 2116. 37. 89. 2223. 46. 69. 71. 80. 82. 2358. 61. 78. 86. 93. 2407. 12. 83. 2502. 11. 65. 2612. 2769. 84. 2812. 21. 27. 32. 87. 95. 2902. 39. 3039. 44. 73. 3144. 50;

dazu noch *fîftêna sum* 207, *fîftŷne men* 1583, da ja über die quantität von *têne, tŷne* vernünftiger weise kein zweifel bestehen kann. Zusammen 103 belege.

3. Hierzu kommen mit auflösungen a) auf der ersten hebung:

Scedelandum in 19
heaðowylma bâd 82
þeȝnsorȝe dreáh 131
hetenîðas wæȝ 152
siȝedrihten mîn 391
Wederȝeáta leód 1493. 1613

u. s. w., 422. 660. 850. 936. 1008. 48. 1201. 1406. 1512. 58. 1635. 44. 70. 1741. 1879. 1906. 66. 71. 81. 2022. 87. 2170. 2226. 43. 44. 2314. 27. 29. 59. 2540. 77. 2679 (bei Heyne falsch abgeteilt). 2989. 3040; dazu natürlich noch *frioðowǣre* (nicht *-wære*) *bæd* 2282,

zusammen 42 belege.

b) auf der zweiten hebung:

uncûðes fela 877
gummanna fela 1029
Folcwaldan sunu 1090
wyrmcynnes fela 1426
ȝûðræ̂sa fela 1578
unsôfte þanon 2141
Weoxstânes sunu 2603. 2863. 3077.
Weohstânes bana 2614
wordrihta fela 2632
earmbeáȝa fela 2764,

zusammen 12 belege.

c) auf beiden hebungen:

Hiȝelâces þegn 194. 1575. 2978
meðelwordum fræȝn 236

nicorhûsa fela 1412
eoforheáfodsezn 2153,

zusammen 6 belege.

d) ausnahmsweise begegnet auch auflösung der nebenictussilbe:

wîzheafolan bær 2662
lîzezesan wæz 2781.

4. Der vers beginnt mit dreisilbigem compositum, dessen zweites glied kurze stammsilbe hat. Diese form wird nur selten gebraucht:

Sûðdena folc 463
beázhroden cwên 624
Norðdenum stôd 784
mundbora wæs 2780

und einmal mit auflösung der schlusssenkung

Healfdenes sunu 1010.

5. Der vers beginnt mit einem dreisilbigen wort der form $\acute{\_}\_\times$. Die beispiele sind:

êhtende wæs 159
slæpende fræt 1582
lifigende breác (cwôm) 1954. 1974
lâcende hwearf 2833
seczende wæs 3029
swôzende lêz 3146
wîzendra hleó 429. 900. 1973. 2338.
îrenna eyst 803
yrrinza slôh 1566
semninza bið 1768
drióriзne fand 2790
ænizne dæl 3128
zinzeste word 2818
entiscne helm 2980.

Dazu noch, mit berichtigung falsch angesetzter quantitäten,

zîzanta cyn 1691
Hêminzes mæz 1945. 1962

zusammen 21 belege, und mit auflösung der ersten hebung

æðelinga fær 33
æðelinza bearn 1409,

der zweiten

Brôsinza mene 1200.

Auf eine kurze mittelsilbe fällt der nebenictus nur einmal

sinzales wæz 1778.

6. Der vers besteht aus zwei zweisilbigen wörtern. Das erste ist dann fast regelmässig ein compositum:

wordhord onleác 259
Hrôðȝâr ȝeseón 396
wældeáð fornam 696
uplanȝ âstôd 760
welhwylc ȝecwæð 875
uncûð ȝelâd 1411

u. s. w., 737. 816. 96. 988. 1045. 1119. 27. 1276. 1495. 1502. 17. 22. 42. 50. 65. 1721. 90. 1891. 2093. 95. 2250. 89. 2303. 2555. 60. 85. 2704. 2930. 3147,

zusammen 35 belege, dazu noch 7 mit auflösung:

heaðorǽs fornam 557
medoful ætbær 625
eotonweard âbeád 669
mæȝenrǽs forȝeaf 1520
Hiȝelâc onȝan 1984
mereȝrund ȝefeoll 2101
wudurêc âstâh 3145.

Diesen 42 regelmässigen versen stehen als einzige ausnahmen entgegen

Henȝest þâ ȝŷt 1128
Næȝlinȝ forbærst 2681
rǽhte onȝeán 748
feorran ond neán 840
hamere ȝeþuren 1286.

Von diesen werden wol nur die beiden ersten verse bestehen bleiben dürfen, da die schlusssilbe von *Henȝest* und *Næȝlinȝ* wol einen nebenton tragen kann (an änderung in *Næȝelhrinȝ* denke ich nicht). Aber *rǽhte onȝeán,* wo noch dazu elision nahe liegt, ist sicher zu kurz und in *rǽhte tôȝeánes* zu bessern. Im letzten verse ist endlich statt *neán* eine zweisilbige form einzusetzen, worüber unten mehr (s. 269). Für *ȝeþuren* endlich ist *ȝeþrûen* zu lesen, s. Beitr. IX, 282.

7. Der vers beginnt mit einem einsilbigen wort oder dessen auflösung. Das material ist bereits oben 257 ff. unter typus D vorgeführt.

Neben diesen regelmässigen unterarten des typus ⏒̲́ ⏓̀ × | ⏒̲́ finden sich nun noch zwei erweiterte formen, die wol ebenfalls als typisch entwickelte licenzen gelten dürfen.

8. Statt éiner senkungssilbe nach dem nebenictus erscheinen deren zwei, in der regel sehr leichte silben. Diese licenz entspricht ganz der oben s. 260 unter D, 14 behandelten. Sichere beispiele sind

fæstrǽdne ȝeþôht 611
nihtweorce ȝefeh 828
fletræste ȝebeáh 1241
ȝiȝanta* ȝeweorc 1563
sǽlâce ȝefeah 1625
ȝûðrǽsa ȝenæs 2427
werȝendra tô lŷt 2883
lîȝŷðum forborn 2673

und mit auflösung der ersten hebung:

woroldâre forʒeaf 17
selereste ʒebeáh 691
Siʒemunde ʒesproṅʒ 885
oferhŷda ne ʒŷm 1761
Heaðobeardna ʒestreón 2038
æðelinʒa ʒedriht 118
æðelinʒa ʒestreón 1921,

mit auflösung der schlusshebung:

ʒumcynnes ʒehwone 2766.

Ferner, wegen möglicher elision nicht ganz sicher,

meodosetla ofteáh 5
fyrenþearfe onʒeat 14,

zusammen 18 belege.

9. Die erste hebung wird zu –́× erweitert:

fîfelcynnes eard 104
îrenbendum fæst 999
âtertânum fâh 1460
symbelwynne dreóh 1783
frôfor eft ʒelamp 2942
Onʒenþiówes bearn 2388
mâðmǽhta wlonc 2834
wundordeáðe swealt 3038

und mit auflösung der schlusssilbe

wundersióna fela 996
mâððumsiʒla fela 2758,

endlich mit zweisilbiger senkung nach no. 8:

sundornytte beheóld 668

und so auch einmal als variante des typus –́ | –́×–̀

winter ŷðe beleác 1133.

Von diesen versen dürfte sich eine anzahl durch annahme einsilbig gerechneter formen mit (stimmlosem?) *l, r, m,* wie *fîfl, frôfr, âtr, mâðm* als regelmässig erweisen, vgl. Beitr. VIII, 328 anm., und unten im sprachlichen teil unter 'silbenzahl' no. 6. Für *wundor-* und *îren-* wird diese erklärung wol schwieriger beifall finden; für *Onʒenþiówes* stehen die nebenformen *Onʒenþiós* oder *Onʒenþiowes* zur verfügung (vgl. dazu den sprachlichen teil III, 2), und *symbelwynne* ist eine seltene nebenform des acc. statt *symbelwyn,* welches auch einen regelrechten vers der form –́×–̀ | –́ ergeben würde.

10. Hiernach bleiben noch folgende vereinzelte verse des typus –́××–́ übrig:

a) morðorbed strêd 2437
b) wâ bið þǣm þe sceal 183
wel bið þǣm þe mot 186
ȝǣð eft sê þe môt 604
c) Beówulf is mîn nama 343.

Vers 2437 steht zwar für sich allein, ist aber an sich nicht auffällig. Er stellt die regelrechte umkehr des untertypus –́ | –́×–̀ (D II) dar. Zwei weitere, aber nicht ganz sichere, fälle sind *feormiend swefað* 2257 und *feóres onsæce* 1943, s. oben s. 231. Immerhin darf man constatieren, dass diese form im allgemeinen gemieden wird.

Die verse unter b) kann man entweder als parallelen zu E, 9 wie

fîfelcynnes eard 104,

betrachten, oder man könnte vermuten, dass in ihnen ein typus –́× | ×–́ vorliegt, dessen zweiter fuss zweisilbige senkung hat (wie oft in ×–́ | ×–́, s. B, 10 ff.). Letzteres ist nach dem syntaktischen einschnitt wohl am wahrscheinlichsten.

Ebenso ist dann, nur mit auflösung der schlusshebung, auch der vers

Beówulf | is mîn náma

zu lesen.

11. Tabellarisch dargestellt erscheint also der grundtypus –́××–́ in folgender verzweigung:

	Regelmässige formen.	
2—6.	–́–̀× | –́	161+35*
	⏑́×–̀× | –́	51+25*
	–́–̀× | ⏑́×	13+ 1*
	⏑́×–̀× | ⏑́×	6
	–́⏑̀×× | –́	2
		233+61*

	Seltenere formen.	
8.	–́–̀×× | –́	8
	⏑́×–̀×× | –́	7+2*
	–́–̀×× | ⏑́×	1
		16+2*
9.	–́×–̀× | –́	8
	–́×–̀× | ⏑́×	2
	–́×–̀××–́	1
		11

Regelmässige formen.			Seltenere formen.		
4—5.	–́ ⏑̀ × | –́	5	10.	–́ × –̀ | –́	1
	–́ ⏑̀ × | ⏑́ ×	1			1
			10.	–́ × | × × –́	3
				–́ × | × × ⏑́ ×	1
		6			4
		239+61*		Sa.	32+2*

Die besternten zahlen der ersten columne beziehen sich auf die unter D behandelten verse, die auch in der tabelle von D oben s. 261 bereits aufnahme gefunden haben.

Die gesammtzahl der verse dieses typus (mit ausschluss der drei unter no. 6 besprochenen verse 748. 840. 1286) beträgt hiernach 273, resp. mit einrechnung der 61 unter D besprochenen verse, 334.

F. Reste.

1. In einer reihe von versen geht die halbzeile in der überlieferung auf –́ –́ aus, zum teil mit nur einsilbiger senkung davor, so dass also das minimalmass des verses von vier silben nicht erreicht wird. Diese verse sind:

a) þeáh þe hê ȝeonȝ sŷ 1832
 þenden hit sŷ 2650
b) ond on bǣl dôn 1117
 swâ sceal man dôn 1173. 1535
 swâ sceal mǣȝ dôn 2167
c) swâ hê nû ȝŷt dêð 1059
 swâ nû ȝŷt dêð 1135
 swâ hê nû ȝên dêð 2860
d) hât in ȝân 386
 on flet ȝǣð 2035. 2055
e) þæt hê mê onȝeán sleá 682
 on flet teón 1037
f) him þæs lîffreá 16
 nefne sinfreá 1935
g) þâ wit (ȝit) on sund reón 512. 539
 æt Wealhþeón 630
h) swâ hŷ nǣfre man lyhð 1049.

Alle die verse unter a—g enthalten in letzter hebung ein einsilbiges wort das durch contraction aus einem zweisilbigen entstanden ist oder dem doch mindestens eine zweisilbige form zur seite steht. Nach dem was bereits Schubert und Rieger über diesen punkt beigebracht haben, dürfte es keinem zweifel unterliegen, dass überall die längeren formen einzusetzen sind. Man schreibe also in a) *síe*, in b) *dôan,* in c) *dôeð,* in f) *frîȝa,* in g) *reónun* und *þeówan.* Grammatisch zweifelhaft können nur die fälle unter e) sein. Es wird nicht angehen, die alten *h* hier zu restituieren, weil in den meisten fällen die contrahierten formen auch im Beowulf gebraucht werden. Ich glaube eher, dass man nach art von *dôan* erweiterte nebenformen wie *sleáe, teóan* gebildet habe. Ein gleiches gilt auch bezüglich *ȝân, ȝǽð*, für welche sich älteres (wenn auch sprachgeschichtlich jüngeres) *ȝâan, ȝâeð* denken lassen. Sonst steht natürlich das von Rieger empfohlene *ȝonȝan* zur verfügung. — Was endlich *lyhð* 1049 betrifft, so wird *ne* davor zu ergänzen sein; vgl. *nǽfre hit æt hilde ne swâc* 1461; sonst wäre anglisches **lêið*, **lǽið* (vgl. Ps. *slêð*, north. *slǽs* = ws. *slyhð*) zu erwägen, worüber im sprachlichen teil mehr.

2. Auch bei anderem verstypus bringen contrahierte wortformen noch öfter störungen hervor, welche ebenso durch auflösung der contractionen zu entfernen sind:

man ȝeþeón 25
mandreám fleón 1265
beorh þone heán 3098
feorran ond neán 840[1])
Deniȝea freán 1681.

und mit contrahiertem wort in erster hebung

neán bîdan 528.

3. Nach ausschluss dieser verse, welche keine wirklichen ausnahmen bilden, bleiben dann nur noch drei anstössige halbzeilen übrig:

ȝeȝnum fôr 1405
bealonîð weoll 2715
searoȝeþræc 3103

Die erste stelle ist bereits verschiedentlich emendiert (ich lese *þǽr heó ȝeȝnum fôr*, Beitr. IX, 140). Die beiden andern haben die herausgeber unangetastet gelassen. Für 2715 ergibt sich leicht die besserung

þæt him on breóstum bealonîðe weoll
âttor on innan,

für v. 3103 weiss ich einstweilen keine heilung, da *searwa ȝeþræc* auch keinen passlichen vers ergibt. Wahrscheinlich ist am schlusse des verses eine silbe ausgefallen.

---

[1]) Vgl. oben s. 265.

II. Der bau der ersten halbzeilen.

Die fünf rhythmischen typen der zweiten halbverse kehren auch in den ersten halbzeilen in reichlicher menge wider. Ausserdem begegnen aber in diesen noch eine reihe anderer typen, welche in den zweiten halbversen entweder ganz fehlen oder aber nur sporadisch auftreten, während ihre anwendung in der ersten vershälfte typisch ausgebildet ist.

Der grössere reichtum der ersten vershälfte an rhythmischen formen hängt mit derjenigen eigentümlichkeit zusammen, welche diesen teil der langzeile von dem zweiten auf das charakteristischeste unterscheidet, nämlich der verschiedenen alliteration. Während die schlusshälfte der langzeile nur éinen reimstab besitzt und diesen regelmässig in den ersten fuss stellt, kann die erste halbzeile deren zwei haben (die sich dann natürlich auf die beiden füsse derselben verteilen) oder, bei nur einfacher alliteration, den reimstab zwischen dem ersten und zweiten fusse wechseln lassen.

Stellt sich so, was die möglichkeit der doppelalliteration anlangt, die erste halbzeile als eine steigerung gegenüber der zweiten dar, so ist sie dies oft auch in rhythmischer beziehung. Die steigerung geschieht:

a) bei dem typus A durch einschiebung natürlicher nebenaccente in die senkung bei doppelter alliteration;

b) bei den typen D und E durch vermehrung des normalen masses 1 + 3 resp. 3 + 1 auf 2 + 3 resp. 3 + 2, ebenfalls im allgemeinen nur bei doppelter alliteration;

c) bei allen drei typen A, D, E durch häufigere auftaktbildung.

Die typen B und C weisen keine wesentlichen abweichungen von den im zweiten halbverse üblichen formen auf.

Stellung des reimstabs im zweiten fusse findet sich so gut wie ausschliesslich in versen des typus A. In diesem falle gelten für die bildung des ersten fusses einige besondere regeln.

Das einzelne wird sich aus den folgenden übersichten ergeben.

A. **Grundtypus** $\acute{-}\times|\acute{-}\times$.

1. Normaler typus der zweiten halbzeile.

1. Die einfachste form des typus wie

zomban zyldan 11

begegnet 471 mal; darunter befinden sich 7 verse auf *-lîce:* 100. 1557. 1637. 1658. 2123. 2304. 2823 (vgl. oben s. 222). Hierzu kommen noch weiter mit berichtigung falscher quantitäten in *ǣled* 3016. 3126, *bêza* 1125, *twêza* 2533, *fǣted* 1037. 2283. 2702, *hrûsan* 2280. 2832, *Hûzas* 2915, *mâza* 1854, *nîwe, -an* 950. 1790. 2595, *strǣle* 1747, *Sweóna* 2959, *þrîtiz* 123, *þrȳðum* 494; nach ausfall von *h: feórum, -e* 1153. 1294. 1307, *meárum* 918, *ôretmeczas* 332; ferner mit einsetzung zweisilbiger formen für contractionsformen der überlieferung in *heán* 116, *heá* 1927, *-freán* 1884, zusammen 497 belege; dazu sicher noch *zyddum zeóm*[*o*]*re* 151, *endedôz*[*o*]*res* 2897, *dennes niós*[*i*]*an* 3046 und *wintres wylm*(*e*) 516.

2. Auflösung der ersten hebung wie in

monezum mǣzðum 5

findet sich 84 mal, dazu mit auflösung contrahierter formen

Deniza freán 271. 359
ezesan þeón 2737,

ferner mit quantitätsberichtigung

wizum ond wǣpnum 2396,

zusammen 88 belege.

3. Auflösung der zweiten hebung wie in

Scyldes eaferan 19

begegnet 40 mal.

4. Auflösung beider hebungen wie

zumum ætzædere 321

fünfmal: 281 (oder *bealwa* zu lesen). 575. 1191. 1328. 1329.

5. Zweisilbige mittelsenkung mit kurzer silbe an erster stelle wie

folce tô frôfre 14

erscheint 180 mal; darunter sind jedoch 17 verse wo elision möglich ist, und 7 verse mit zweifelhaften formen: *mistize* 162, *windize* 572, 1225, *hǽðene* 853, *mihtizan* 1399, *sâwele* 1743, *môdizes* 2699, für welche aus rein sprachlichen gründen *mistze, windze, hǽðne, mihtzan, sâwle, môdzes* einzusetzen sein dürften. Diese 24 verse gehörten dann vielmehr zu no. 1. Dagegen kommen hinzu mit quantitätsberichtigungen bei *zeeóde* 2201. 2677, *-on* 1968. 2918, *Frŷsum* 1208. 2913, *hrûse, -an* 2248. 2412, *wrîdað* 1742; nach ausfall von *h: meárum* 1049. 1899, *-a* 2167; endlich auch noch v. 2853, wo wol der inf. *wlîtan* zu lesen ist. Zusammen 193 belege, worunter 24 zweifelhaft.

Dieselbe form mit langer silbe an erster stelle der senkung wie

weóx under wolcnum 8

ist seltener, sie tritt nur 91 mal auf, dazu noch mit berichtigung der quantität in *wâzum* 996.

6. Auflösungen der form –́⏓× | –́× finden sich:

a) auf der ersten hebung, wie

eotenas ond ylfe 112

48 mal (v. 1976 lies [*h*]*raðe wæs zerŷmed*); an 5 stellen ist dabei elision möglich.

b) auf der zweiten hebung, wie

þrâze zeþolode 87

28 mal mit einschluss von v. 3050, wo für *ômize* wol *ômze* zu lesen ist. Elision ist 4 mal möglich. Dazu mit quantitätsberichtigung *âr wæs on ofoste* 2784.

c) auf beiden hebungen, wie

hæleð under heofenum 52

fünfmal: 161. 622. 812. 1675.

7. Dreisilbige mittelsenkung wie

hwîlum hie zehêton 175

steht sicher noch 292. 442. 532. 706. 803. 932. 1418. 1605. 1619. 1644. 1741. 1870. 2261. 2289. 2382. 2624. 2855. 3017. 3083. 3104; dazu noch *meltan mid þâm môd*[*i*]*zan* 3012; elision ist möglich 46. 248. 419. 685. 847. 1258. 1849. 2111. 2295.

2687. 2804; für *môdiȝe on meðle* 1877 ist *môdȝe* zu setzen, so dass, bei annahme von elision, nur einsilbige senkung herauskäme. Zusammen 34, darunter 13 zweifelhafte belege.

8. An auflösungen finden sich hierzu auf der ersten hebung

bitere ond ȝebolȝne 1432
wesan þenden ic wealde 1860,

auf der zweiten hebung

wîȝe under wætere 1657,

auf beiden hebungen

receda under roderum 310.

Hierunter ist, wie man sieht, dreimal elision möglich.

9. Viersilbige mittelsenkung begegnet in

secȝe ic þê tô sôðe 591
syððan hê under seȝne 1205
þeȝnas syndon ȝeþwǽre 1231
rǽsde on þone rôfan 2691;

darunter ist zweimal elision möglich. Ueber v. 2173 s. unten.

10. Auftakt findet sich in folgendem umfange:

a) bei einsilbiger mittelsenkung 8 mal einsilbig

ȝewâc æt wîȝe 2630
ȝesæt on sesse 2718
ȝeswâc æt sæcce 2682

und mit auflösung

a) ȝenered wið nîðe 828
âhæfen of horde 1109
þæt hire wið halse 1567 (A 3?)
ætȝifan æt ȝûðe 2879.
b) þæt hire‿on hafelan 1522 (A 3?)

5—6 mal zweisilbig:

ic wæs endesǽta 241
hŷ on wîȝȝetâwum 368
þæt him fêla lâfe 1033
ȝeaf mec sinc ond symbel 2432
on swâ ȝeonȝum feóre (feore?) 1844

und mit auflösung

þǽr wæs hæleða hleahtor 612;

einmal dreisilbig

oððe him Onȝenþeówes 2476

und einmal viersilbig

þæt wê him þâ ȝûðȝetâwa 2637.

Alle diese verse mit mehr als einsilbigem auftakt sind verdächtig. V. 241 ist wol nur falsch abgeteilt, es geht eine lücke voraus, und *ic wæs* kann also sehr wol zum vorausgehenden vers gehört haben. Für v. 368 und 2637 liegt es nahe an *-ȝeatwum*, *-ȝeatwa* zu denken. In v. 1033 erweckt die form *fela*, welche für *feóla* stehen soll, bedenken: ob die erklärung *fela lâfe* 'überbleibsel der feilen' = 'schwerter' zweifellos ist? V. 2476 könnte *Onȝenþeós* gestanden haben (s. unten im sprachlichen teile III, 2) und für die zwei übrigen verse sind möglicherweise einsilbig gerechnete *symbl*, *hleahtr* anzunehmen (s. im sprachlichen teil, silbenzahl, no. 6).

b) bei zweisilbiger mittelsenkung 20 mal einsilbig,

in mǣȝða ȝehwǣre 25
in Câines cynne 107
ârâs þâ se rîca 399
forhabban in hreðre 1152
onfôh þissum fulle 1170
ȝeworden in wîcum 1305
onȝeat þâ se ȝôda 1519
ȝefenȝ þâ be eaxle 1538
wið orð ond wið ecȝe 1550
ȝeseah þâ on searwum 1558
ȝesæt þâ wið sylfne 1978
hû lomp eów on lâde 1988
ârâs þâ bi ronde 2539
ȝesîȝan æt sæcce 2660
ȝeweold his ȝewitte 2704
âcîȝde of cordre 3122 (elision?)

und mit auflösungen

a) ȝewiton him þâ wîȝend 1126
forȝyteð ond forȝŷmeð 1752
forsiteð ond forsworceð 1768
b) onȝunnen on ȝeoȝoðe 409,

einmal zweisilbig

ȝe æt hâm ȝe on herȝe 1249,

einmal dreisilbig

ac unc sceal weorðan æt wealle 2527.

c) bei dreisilbiger mittelsenkung 6 mal einsilbig:

ȝemunde þâ se ȝôda 759
ȝebîde ȝê on berȝe 2530
*onmunde ûsic mǣrðo 2641

und mit auflösung

ȝewât him þâ tô waroðe 234
*ȝehêdde under heofenum 505
ne hêdde hê þæs heafolan 2698,

zweimal zweisilbig

ne ȝefeah hê þǣre fǣhðe 109
ne ȝeweóx hê him tô willan 1712.

d) bei viersilbiger mittelsenkung einmal einsilbig:

ofslôh þâ æt þǽre sæcce 1666.

Fünf weitere beispiele von auftakten bei dem durch nebenicten gesteigerten typus A s. unten unter no. 20.

Im ganzen ergeben sich hiernach ca. 50 belege für auftakt im typus A gegen die 13 belege für die zweite vershälfte.

11. Verkürzung des zweiten fusses zu ⏑́× nach nebentoniger erster senkung tritt nicht ganz so oft auf wie im zweiten halbvers. Die 28 belege sind:

a) wonsceaft weras 120
frumcyn witan 252
þreánŷd þolað 284
wælhreów wiʒa 630[1]
þrŷðword sprecen 644
þrŷðærn Dena 658
syndolh sweotol 818
feásceaft ʒuma 974
wîdcûð werum 1257
ʒûðhorn ʒalan 1433
sorhleás swefan 1673
ʒromheort ʒuma 1683
dryhtbearn Dena 2036
ʒrundwonʒ þone 2589
wælrǽs wera 2948
wælnîð wera 3001
wordʒyd wrecan 3174

b) maʒodriht micel 67
medoærn micel 69
medubenc moniʒ 777
ʒryreleóð ʒalan 787
međoful maniʒ 1016
heaðorôf cyninʒ 2192
freoðowonʒ þone 2960

c) heardran hæle 720 (hǽle?)
eám his nefan 882
hlǽw on hliðe 3159.

Hierzu auch vielleicht mit auflösung einer contrahierten form

metodsceaft seón 1181,

doch ist vielleicht *seóan* mit länge anzusetzen.

Es ist zu beachten, dass von diesen 24 versen 16 doppelte, 8 einfache alliteration haben.

Hiernach ergibt sich folgende tabellarische übersicht:

Ohne auftakt:			Mit auftakt:	
1.	–́× | –́×	497+5*	10.a) (×)×)×)× | –́× | –́×	3+7*
3.	| ⏑́××	40		
2.	⏑́×× | –́×	88	(×)× | ⏑́×× | –́×	4+1*
4.	| ⏑́××	6	| ⏑́××	1
		630+5*		8+8*

---

[1]) *wiʒa*, nicht *wîʒa*, s. den sprachlichen teil.

Ohne auftakt:

5. –́×× | –́× 261+24*
6.b) | ⏑́×× 23+ 6*
6.a) ⏑́××× | –́× 43+ 5*
6.c) | ⏑́×× 5
332+35*

7. –́××× | –́× 21+13*
8. | ⏑́×× 1*
⏑́×××× | –́× 1+ 1*
| ⏑́×× 1*
22+16*

9. –́×××× | –́× 2+ 2*
2+ 2*

Sa. 985+60*

Mit auftakt:

10. b) (×)×)× | –́×× | –́× 22
× | –́×× | ⏑́×× 1
× | ⏑́××× | –́× 3
26

10. c) (×)× | –́××× | –́× 5
| ⏑́×× 3
8

10. d) × | –́×××× | –́× 1
1

Sa. 43+8*

11. –́–̀ | ⏑́⏑ 17
⏑́×–̀ | ⏑́× 7+1*
–́× | ⏑́× 3
27+1*

2. Gesteigerter typus.

12. Um so häufiger und charakteristischer ist die verstärkung des normaltypus durch einfügung von nebentonigen silben (d. h. nebenicten) in die stelle der senkungen. Es ergeben sich folgende unterabteilungen (quantitätsberichtigungen wider durch sterne angezeigt):

13. Nebenton in erster senkung, wie

a) feásceaft funden 7
frumsceaft fîra* 91
lŷthwôn lôȝon 203
wîsfæst wordum 627
eorl(l)îc ellen 638

u. s. w., 808. 43. 93. 1034. 1112. 1215. 35. 39. 67. 82. 1332. 1491. 1549 (*brôden**). 1625. 64. 1810. 92. 2032. 65. 2214. 55. 2301. 7. 28. 35. 2553. 2773. 2835. 2988. 3035;

zusammen 35, dazu noch 6 verse mit eigennamen, *Beówulf* 364. 677. 1192, *Hrôðȝâr* 1484, *Wîȝlâf* 2746, *Hǽðcyn* 2926, die hier an häufigkeit gegen die übrigen composita (vollcomposita) sehr zurücktreten, endlich ein vers mit auflösung einer contraction, *feorhseóc fleón* 821.

b) mit auflösung der ersten hebung wie

felahrôr fêran 27
heaðorôf hæbbe 381
heaðoreáf heoldon 401
searonet seówed 406
siȝehrêð secȝum 490
seofon niht swuncon 517

u. s. w., 1177. 1402. 36. 1520. 54. 91. 2017. 18. 2405. 75. 2554, dazu an eigennamen zweimal *Hiȝelâc* 1821. 1924, zusammen 19 belege,

c) mit auflösung der zweiten hebung

hordburh hæleða 467
ȝûðhrêð ȝyfeðe 820
wælreáf werede 1206
unriht efnde 1255
eald sweord eotonisc 1559. 2617. 2980
deáðcwealm Deniȝea 1671

u. s. w., 1048. 1608. 1803. 2044. 73. 3007, zusammen 14 belege, und

d) mit auflösung beider hebungen

freoðoburh fæȝere 522
atel(l)îc eȝesa 785

Von diesen 77 versen haben 67 doppelalliteration. Ausnahmen bilden die 8 eigennamen, bei denen nur zweimal, 1924. 2926 doppelalliteration sich findet; von sonstigen compositis nur vier adjectiva auf *-lic*:

earmlic wurðan 808
sârlic þûhte 843
dryhtlic îren 893
leóflic îren 1810.

Diese composita auf *-lic* galten gewiss ebensowenig für vollcomposita wie die eigennamen. Es bleibt daher zweifelhaft ob diese beiden gruppen von wörtern überhaupt hierher zu stellen sind.

14. Die nebentonsilbe kann aufgelöst werden in ◡×:

folcstede frætwan 76
morðbeala mâre 136
feorhbealo feorran 156
sundwudu sôhte 208
brimclifu blîcan 222
beorht hofu bærnan 2314

u. s. w., 226. 430. 623. 41. 754. 1117. 22. 23. 48. 78. 1244. 85. 1464. 71. 1517. 1620. 1739. 79. 1941. 2047. 70. 78. 2121. 2251. 66. 2321. 58. 2420. 30. 57. 2536. 38. 85. 2623. 3150, zusammen 41 belege, dazu noch mit auflösung der ersten hebung

mæȝenwudu mundum 236
beadohræȝl brôden* 552
ȝomenwudu ȝrêted 1066
hreðerbealo hearda 1344
ȝomenwudu ȝrêtte 2109
maȝoþeȝn môdiȝ 2758

und 12 mit auflösung der zweiten hebung:

ȝûðsearo ȝumena 328
ȝoldsele ȝumena 716
dryhtsele dynede 768
ȝestsele ȝyredon 995
ȝoldwine ȝumena 1172. 1477. 1603
bencþelu beredon 1240
mundȝripe mæȝenes 1535
eorlscipe efnde 2134. 3008
wîcstede weliȝne 2608.

Theoretisch könnte dieser typus –́⏑̀×|–́× auch als eine erweiterung von E aufgefasst werden. Da indessen für diesen typus der eingangsfuss normalerweise die form –́–̀× hat, und der sicheren beispiele für die erweiterung von –́×̀×|–́ zu –́××|–́× nur verhältnismässig wenige sind (s. unten E, II), so halte ich es für richtiger bei der oben angedeuteten auffassung stehen zu bleiben.

Alle 59 verse dieser gruppe haben doppelalliteration.

15. Nebenton in zweiter senkung bei einsilbiger mittelsenkung, wie

wîȝes weorðmynd 65
heáh ond hornȝeáp 82
Grendles ȝûðcræft 127
lâð ond lonȝsum 134. 192
fâh ond fŷrheard 305
strǣt wæs stânfâh 320

u. s. w., 350. 357. 913. 90. 1001. 1523. 30. 34. 47 (mit ergänzug von *ond*). 1786. 1801. 2038. 2215. 90. 93. 97. 2450. 2510. 65. 87. 2626. 2954,

dazu mit quantitätsberichtigung *fǣȝer foldbold* 774 (s. darüber im sprachlichen teil) und drei auf *-lic,* 1926. 2087. 2110, zusammen 33 mit doppelalliteration; ausnahmen bilden abermals die eigennamen:

þeóden Hrôðȝâr 417
ȝlædne Hrôðȝâr 864
ȝlædne Hrôðulf 1182
leófa Beówulf 2664.

16. Derselbe typus mit auflösungen: a) der ersten hebung wie

ȝamol ond ȝûðreów 58
æðelinȝ ǣrȝôd 130
þolode þrŷðswŷð 131
weras on wilsîð 216
witena welhwylc 266
eoten wæs ûtweard 762

u. s. w., 827. 1560. 2189. 2343. 2683. 2981. 3022, zusammen 13 belege, alle mit doppelalliteration.

b) der zweiten hebung:

manna mæȝencræft 380
mihtiȝ meredeór 558
ferhðes foreþanc 1061
sîd ond searofâh 1445
ȝôd ond ȝeatolic 1563
hreóh ond heoroȝrim 1565
bold ond breȝostôl 2197
hât ond heaðoȝrim 2692
eald ond eȝesfull 2930

zusammen 9 verse mit doppelalliteration.

c) beider hebungen:

sefa swâ searoȝrim 595
biter ond beaduscearp 2705

d) der nebenictussilbe[1]):

bær on bearm scipes 897
lond ond leódbyriȝ 2472 (-byrȝ?)
healle‿ond heáhsetl 1088

e) beider schlusssilben:

mæȝ ond maȝoþeȝn 408.

17. Nebenton in zweiter senkung bei zwei- und mehrsilbiger mittelsenkung:

a) hŷnðu‿ond hrâfyl 277
folc oððe freóburh 694
tryddode tîrfæst 923
hâmas ond heáburh 1128

b) þicȝean ofer þâ niht 737
reste hine þâ rûmheort 1800
hyrte hine hordweard 2594
wôd þâ þurh þone wælrêc 2662.

Zu a) gehören noch 152 (*Hrôðȝâr*). 413. 824 (*dôȝera* im ersten fuss, wahrscheinlicher *dôȝra* zu lesen). 1162. 1201.* 78.* 1431. 1507. 76.* 1922.* 2120. 33. 2421.* 2639. 2894. 2958. 92. 3091. 3106. 19. 33. 70.

Zusammen 26 beispiele für zweisilbige, 4 für mehrsilbige erste senkung, sämmtlich mit doppelalliteration. In den besternten versen ist elision möglich.

18. Derselbe typus mit auflösungen: a) der ersten hebung:

ȝlidon ofer ȝârsecȝ 515
hyȝe wæs him hinfûs 756;

b) der zweiten hebung:

symbel ond seleful 620
ȝrâpode ȝearofolm 2086
swancor ond sadolbeorht 2176
beáȝas ond breȝostôl 2371
heht þâ þæt heaðoweorc 2893
hylde hine þâ heaðodeór 689

---

[1]) Oder gehören diese verse zum erweiterten D?

c) der nebenictus, mit oder ohne gleichzeitige auflösung der zweiten hebung

sôna him seleþeȝn 1795
eahtodon eorlscipe 3175.

19. Nebenictus in beiden senkungen. Die belege sind nicht sehr häufig, und die eigennamen und adjectiva auf *-lic* treten stark darunter hervor.. Im übrigen finden sich wider die üblichen auflösungen. Die belege sind:

a) breósthord blôdreów 1720
gûðrinc ȝoldwlanc 1882
ǽȝhwæs unrîm 2625. 3136
b) ǽnlic ansŷn 251
snellic sǽrinc 691
fûslic fyrdleóð 1425
wrætlic wǽȝsweord 1490
wîȝbord wrætlic 2340
ombeht unforht 287
c) wliteseón wrætlic 1651
d) æscholt ufan ȝrǽȝ 330
e) ȝûðsweord ȝeatolic 2155
heoruwearh hetelic 1268,

mit auflösung des ersten nebenictus

a) nŷdwracu nîðȝrim 193
drihtsele dreórfâh 485
freólicu folccwên 642
þrecwudu þrymlic 1247
leódbealo lonȝsum 1723
fyrdsearu fûslic 2619
b) ȝûðsearo ȝeatolic 215,

mit auflösung des zweiten nebenictus

oȝeslic eorðdraca 2826,

endlich mit auflösung beider nebenicten

fyrdsearu fûslicu 232,

wenn hier nicht wie 2619 einfach *fûslic* zu lesen ist. Doppelalliteration ist überall durchgeführt, ausser in dem verse

Hrôðȝâr Beówulf 654.

Ueber zweifelhafte verse mit mehrsilbiger mittelsenkung s. unten E.

20. Auch bei den durch nebenicten gesteigerten versen finden sich einzelne auftakte:

a) ȝewât þâ ofer wǽȝholm 217
b) ȝesâwon seledreám 2253
c) ofsæt þâ þone seleȝyst 1546
bebeorh þê þone bealonîð 1759
d) hê ȝefenȝ þâ fetelhilt 1564.

21. Hiernach ergibt sich folgende übersicht über den durch nebenicten gesteigerten typus A:

Nebenictus in erster senkung:		Nebenictus in zweiter senkung:	
13. a) –́ –̀ | –́ ×	33 + 9*	15. –́ × | –́ –̀	33 + 4*
b) ⏑́× –̀ | –́ ×	18 + 1*	16. a) ⏑́×× | –́ –̀	13
c) –́ –̀ | ⏑́××	14	b) –́ × | ⏑́× –̀	9
d) ⏑́× –̀ | ⏑́××	2	c) ⏑́×× | ⏑́× –̀	2
	67 + 10*		66 + 4*
14. –́ ⏑̀× | –́ ×	41	16. d) –́ × | –́ ⏑̀×	3
⏑́× ⏑̀× | –́ ×	6	e) –́ × | ⏑́× ⏑̀×	1
–́ ⏑̀× | ⏑́××	12		
	59		4
		17. –́××(×)×) | –́ –̀	30
		18. a) ⏑́××× | –́ –̀	2
		b) –́××(×) | ⏑́× –̀	6
		c) –́×× | –́ ⏑̀×	1
		–́×× | ⏑́× ⏑̀×	1
			40
	Sa. 126 + 10*		Sa. 110 + 4*

Nebenictus in beiden senkungen:

19. –́ –̀ | –́ –̀	10 + 1*	–́ ⏑̀× | –́ –̀	6
⏑́× –̀ | –́ –̀	1	–́ ⏑̀× | ⏑́× –̀	1
–́ –̀ | ⏑́× –̀	2	⏑́× –̀ | –́ ⏑̀×	1
⏑́× –̀ | ⏑́× –̀	1	–́ ⏑̀× | –́ ⏑̀×	1
			Sa. 23 + 1*

Dazu noch 5 verse mit auftakt, s. no. 20; zusammen also 279 verse, darunter 15 mit einfacher alliteration: 11 mal bei eigennamen, 4 mal bei compositis auf *-lic*. Da es der verse mit eigennamen im ganzen 14 sind, so ergibt sich für diese ein verhältnis von einfacher und doppelter alliteration wie von 11 : 3; bei den adjectivis auf *-lic* sind die verhältniszahlen dagegen wie 4 : 3 bei stellung des *-lic* in der ersten senkung, wie 0 : 10 bei stellung des *-lic* in der zweiten senkung.

22. Bezüglich des verhältnisses der ersten und zweiten halbzeilen ergibt sich ferner:

		Erste halbzeile.		Zweite halbzeile.
1. fuss	vollcomposita	121		4—6
	eigennamen	8		11
	-lic	7		—
2. fuss	vollcomposita	98		1 (*ǣʒhwylc*)
	eigennamen	6		9
	-lic	10		—
beide füsse mit nebenictus		24		—

3. Alliteration im zweiten fuss.

23. Es gehören hierher die zahlreichen halbverse, welche die alliteration auf der vorletzten, oder bei auflösung derselben in ◡́×, auf der drittletzten silbe haben, wie

ðð þæt him ǣʒhwylc 9	ic þæt hoʒode 633
þæt hine on ylde 22	cōm þā tō recede 721
nalas hie hine lǣssan 43	āhleóp þā se ʒomela 1398

u. s. w. In der beurteilung der art wie solche verse zu lesen seien, haben die metriker bisher geschwankt. Ich selbst habe vor zeiten (Heliand s. XXIII) mich der annahme von Horn angeschlossen, dass hier das alliterierende stabwort das einzige stabwort der zeile sei, mithin die beiden icten der zeile in dasselbe verlegt werden müsten, also

þæt hine on ýldè
ic þæt hóʒodè

u. s. w. Gegenüber den neuen anschauungen die ich in folge meiner statistischen untersuchungen über die rhythmen der alliterationszeile gewonnen habe, kann ich diese auffassung nicht mehr festhalten. Man könnte zwar daran denken, dass hier ein schema

××–́ | –́

vorläge, welches die genaue umkehr von –́ | –́×× darstellte; aber ich glaube, man müste dann als consequenz erwarten, dass am versschlusse vorwiegend zweisilbige composita erschienen, welche die beiden zusammentretenden versicten bereits durch ihren natürlichen wortaccent vorbildeten. Dem ist aber nicht so. Obwol es an compositis, wie wir gesehen haben, im ersten halbverse durchaus nicht fehlt, stellt sich bei den versen der besprochenen art das verhältnis der zusammengesetzten wörter zu den einfachen wie 23 : 292. Man kann also nur annehmen, dass composita hier gemieden, nicht dass sie gesucht werden, und das kann nach allen sonstigen analogien doch nur darin seinen grund haben, dass die schlusssilbe keinen versaccent trug. Ist das richtig, so muss der erste der beiden versicten notwendig vor der alliterationssilbe gesucht werden, denn es ist nicht daran zu denken, dass die ictenzahl des ersten halbverses, der eher nach erweiterung als nach verkürzung drängt, jemals wirklich auf 1 reduciert worden sei.

24. Da nun sonst der ausgang –́× resp. dessen auflösung ◡́×× nur in den typen A –́× | –́× und C ×–́ | –́× vorkommt, so bleibt auch für unsere verse nur die möglichkeit, sie einem dieser typen unterzuordnen. C aber fällt widerum sofort aus, wenn wir die natürlichen betonungsverhältnisse der wörter in's auge fassen, welche vor der alliterationssilbe stehen. Will man vor dieser einen ictus anbringen, so ergibt sich fast stets die anfangssilbe des verses als die naturgemässeste trägerin desselben. Es liegt übrigens auch in der natur der sache, dass der typus C hierher schlecht passte. Von zwei unmittelbar zusammentretenden icten ist bekanntlich der erste der am stärksten hervortretende; stärkster ictus ohne alliteration aber ist eine unmöglichkeit. Es kann danach meines bedünkens keinem zweifel unterliegen, dass die verse auf –́× mit alliteration auf vorletzter silbe zum typus A gehören.

25. Eine charakteristische abweichung von der normalen bildung von A (d. h. mit alliteration im ersten fuss) zeigt die behandlung der inneren senkung. Bei A 1. 2 (d. h. den oben unter 1 und 2 behandelten beiden ersten untertypen von A, dem regulären und dem durch nebenicten gesteigerten) ist einsilbige senkung regel, zweisilbige sehr gewöhnlich, drei- und mehrsilbige selten; in A 3 (d. h. A mit alliteration im zweiten fuss) fehlt einsilbige senkung nahezu, zwei- und dreisilbige senkung ist regel, mehrsilbige nicht selten. Es dürfte diese erscheinung damit im zusammenhange stehen, dass die erste hebung fast stets durch schwachtonige wörter wie partikeln, hilfsverba u. dgl. gebildet wird (vollverba sind schon selten),

insofern man annehmen kann, dass zwei schwachtonige silben im allgemeinen einer starktonigen gleichgerechnet werden.

An einzelheiten ist hiernach folgendes zu bemerken:

26. Einsilbige mittelsenkung ist selten:

eów hêt secȝan 391
þê wê ealle 942
mê man sæȝde 1176
þæt se mǽra 2588
lêt se hearda 2978,

dazu mit auflösung der ersten hebung

(w)uton nû efstan 3102,

der zweiten hebung

ic þæt hoȝode 633
on him ȝladiað 2037,

zusammen 8 belege. Zweifelhaft sind mir

tô befleónne 1004
þær wæs Hondsció 2077

wo wahrscheinlich nach typus C *tô befleóanne, þær wæs Hondscióe* zu lesen ist (vgl. oben s. 268 f.) und

þæt hie syððan 1876

wo der text verdorben zu sein scheint (doch vgl. gegen Beitr. IX, 140, Kluge ebenda 190).

27. Zweisilbige mittelsenkung, wie

þâ wæs on burȝum 53
hæfde se ȝôda 205
ic þæt ȝehŷre 290
þâ côm of môre 711
æfter þǽm wordum 1493
eall swylce hyrsta 3166

u. s. w., 71. 106. 26. 355. 72. 93. 508. 35. 44. 50. 59. 608. 707. 52. 99. 810. 38. 48. 1083. 93. 1187. 1224. 84. 89. 1348. 81. 1478. 1509. 1648. 62. 1701. 78. 83. 1835. 47. 79. 85. 93. 97. 1906. 34. 73. 2076. 2105. 16. 36. 96. 2305. 6. 2491. 95. 2574. 2612. 70. 2715. 17. 80. 95. 98. 2822. 65. 2967. 3000. 59. 82. 3105. 21. 27.

Dazu mit vollverbum an erster stelle, wie

fand þâ þǽr inne 118
nam þâ mid handa 747

u. s. w., 1189. 1574. 1624. 1889. 2159. 2551. 3111, zusammen 83 belege.

Compositum am versschluss findet sich 5 mal:

oð þæt him ǽȝhwilc 9
oð þæt ymb andtîd 219
eart þû se Beówulf 506
forþan bið andȝit 1060
mê þone wælrǽs 2102,

auflösung der zweiten hebung 11 mal,

beó þû (nû) on ofeste 386. 2748[1])
côm þâ tô recede 721
wearð him on Heorote 1331
hwîlum for duʒuðe 2021
þâ wǣron moniʒe 2983

etc., 1280. 2064. 2422. 2818. 3138, mit compositum einmal

lêt þone breʒostôl 2390,

auflösung der ersten hebung 9 mal:

þanon hê ʒesôhte 463. 520
hafast þû ʒefêred 1222. 1856
hraðe wæs tô bûre 1311
hraðe wearð on ŷðum 1438
seleð him on êðle 1731
hafað þæs ʒeworden 2027
dyde him of healse 2810,

auflösung beider hebungen einmal

fela ic on ʒioʒoðe 2427

Im ganzen findet sich also zweisilbige mittelsenkung 107 mal.

28. Dreisilbige mittelsenkung gewöhnlich mit zweisilbigem wort zu eingang des verses, wie

wille ic âsecʒan 344 (elision?)
eóde þâ tô setle 1233
setton him tô heáfdum 1243
fundon þâ on sande 3034
cwǣdon þæt hê wǣre 3182
hæfde þâ ʒefǣlsod 826

u. s. w.: erstes wort des verses *hæfde* 1551. 2362. 2404, *nǣniʒ* 692, *þâra* 786. 938, *bûton* 1561, *þinceð* 1749 (lies *lŷtel* am versschluss statt *lytel*), *efne* 944. 1250, *hûru* 1466. 2837, *hwæðre* 891. 1271. 2099, *næfne* 1354, *n(e)alles* 2146. 2223. 2504. 97. 2833, *sôna* 751. 1498. 1592. 2012. 2929, *swylce* 1483, *syððan* 132. 470 (mit ergänzung von *ic*). 1207. 2093. 2631. 3003, *symle* 2451, *þenden* 2039, *þonne* 1536. 1746. 2035. 42. 2635. 3052,

seltener mit zweisilbigem wort am schluss der senkung wie

þâ wæs æfter wiste 128
nû ʒê môton ʒanʒan 395
nât hê þâra ʒôda 682
ʒanʒ þâ æfter flôre 1317

u. s. w., 431. 562. 88. 962. 1079. 1319. 1456, und wider öfter mit lauter einsilbigen wörtern, wie

mǣl is mê tô fêran 316
þâ mê þæt ʒelǣrdon 415
þeáh þe hê ne meahte 1131
ic hit þê ʒehâte 1393
hwæt mê þæs on êðle 1775
bæd þæt ʒê ʒeworhton 3097

u. s. w., 1143. 1337. 1630. 95. 1722. 1827. 2029. 40. 90. 2338. 2401. 7. 33. 2666. 2789. 2805. 61. 2935 (lies *oðeódon* statt *oðeodon*). 2974. 3039,

---

[1]) Ueber *ôfost* s. den sprachlichen teil.

zusammen 47 + 11 + 26 = 84 belege. Dagegen fehlen verse in denen ein zweisilbiges wort zu eingang der senkung stünde, wenn man von versen wie

þæt hire wið healse 1567

absieht, welche wahrscheinlicher mit auftakt zu lesen sind, s. oben 10, a.

Zu diesen 84 versen kommen sodann noch 11 mit compositis am versschluss

nô hê þone ʒifstôl 168
ǽr (þæt) hê þone ʒrundwonʒ 1497. 2771
þæt heó þone fyrdham 1505
hwæt wê þê þâs sǽlâc 1653
ʒif him þonne Hrêðrîc 1837
þæt hê þone breóstwylm 1878
þæt þû þone wælʒǽst 1996
syððan hyne Hǽðcyn 2438
þæt hê þone nîðʒæst 2700
oð þæt hê þâ bânhûs 3148,

ferner mit auflösung der ersten hebung

hwæðere mê ʒesǽlde 574
þone þê þû mid rihte 2057,

mit auflösung der zweiten hebung

ne þǽr nǽniʒ witena 157[1])
efne swâ of hefene 1572
bûton (þæt ic) þone hafelan 1615. 1781.
nû hêr þâra banena 2054
syððan ic for duʒeðum 2502

und mit compositum am ende

þonne wæs þeós medoheal 484
oððe þone cynedôm 2377.

29. Viersilbige mittelsenkung, mit zweisilbigem oder einsilbigem eingangswort, wie

a) habbað wê tô þǽm mǽran 270
wênic þæt ʒê for wlenco 338

---

[1]) Die betonung dieses verses ist mir zweifelhaft. Man könnte den ictus auch auf *þǽr* legen, den vers also zu 31, b stellen; doch dürfte dies dem *þǽr* zu starken nachdruck verleihen. Das gleiche argument spricht gegen betonung von *nǽniʒ*, das dann kaum der alliteration entbehren könnte. Alles in allem erwogen, finde ich es doch am sichersten den vers hierher zu stellen.

mynte þæt hê ȝedǣlde 732
syððan hê æfter deáðe 1590
eódon him þâ tôȝeánes 1627

b) þâ ȝŷt hie him âsetton 47
þæt wê hine swâ ȝôdne 347
ac hie hæfdon ȝefrûnen 695
hêt hine mid þǣm lâcum 1869

u. s. w., a) 43. 433 (elision?). 503. 660. 1197. 1579. 2164 (elision?). 2378. 2198 (elision?). 2995. 3058, — b) 429. 35. 596. 1823 (elision?). 1999. 2033 (elision?). 2469. 2652. 2708 (lies *bēȝen* statt *beȝen*). 2977,

zusammen 30 belege, dazu mit auflösung der schlusshebung

þonne þê him on sweofote 2296

und mit compositum am schlusse

nô þŷ ǣr þone heaðorinc 2467.

30. Fünfsilbige mittelsenkung ist selten:

wêne ic þæt hê mid ȝôde 1185 (elision?)
nǣniȝne ic under sweȝle 1198 (elision?)
syððan hê hine tô ȝûðe 1473
þæs þê hî hyne ȝesundne 1629
ic hit þê þonne ȝehâte 1672
nôðer hŷ hine ne môston 2125.

Sechssilbige mittelsenkung ist einmal überliefert, aber wol durch elision auf das mass von fünf silben zu reducieren:

hŷrde ic þæt hê þone healsbeáh 2173.

31. Bis hierher sind demnach belege für den reinen typus A 3 gegeben; neben diesen findet sich, dem gebrauche von A 1 entsprechend, nun noch eine nicht unbeträchtliche anzahl von zeilen, welche auftakt haben:

a) bei einsilbiger senkung nur wenn die erste hebung aufgelöst ist:

þæt hine on ylde 22
ic hine ne mihte 968
þâ hyne ȝesôhtan 2205
and þone ȝebrinȝan 3010,

und mit compositum am schlusse

þæt hine seó brimwylf 1600

b) bei zweisilbiger senkung

ʒespræc þâ se ʒôda 676
fuloft ic for lǽssan 952
ʒeþenc nû se mǽra 1475
ʒesæt þâ on næsse 2418
ʒeseah þâ be wealle 2543
ne meahte se snella 2972
ond þonne ʒeferian 3108,

dazu mit auflösung der ersten hebung

ʒewiton him þâ fêran 301
ʒesaʒa him eác wordum 388,

auch wol

hî hyne þâ ætbǽron 28,

mit zweisilbigem auftakt

ne ʒefræʒn ic þâ mǽʒðe 1012,

mit auflösung der zweiten hebung

ʒeseah hê in recede 729
þæs wǽron mid Eotenum 1146
âhleóp þâ se ʒomela 1398,

auch wol

hêr syndon ʒeferede 361

und mit schlusscompositum

ʒe swylce seó herepâd 2259,

c) bei dreisilbiger senkung

ne frîn þû æfter sǽlum 1323
ne nôm hê in þǽm wîcum 1613
ne meahte ic æt hilde 1660 (elision?)
ne mihte þâ forhabban 2610
ne þynceð mê ʒerysne 2654
ne meahte hê on eorðan 2856
ne meahton wê ʒelǽran 3080
ʒewât him þâ se hearda (ʒôda) 1964. 2950
ʒemunde þâ þâ âre 2607
âleʒdon þâ tômiddes 3142
onʒunnon þâ on berʒe 3144,

d) bei viersilbiger senkung

ʒewîteð þonne on sealman 2461 (elision?)

und mit auflösung der schlusshebung

ʒesâwon þâ æfter wætere 1426

32. Verkürzung des letzten fusses zu ⏑́× findet sich sechsmal:

wæs mîn fæder 262	þæt hit â mid ȝemete 780
ȝeslôh þîn fæder 459	þǽr him nǽniȝ wæter 1515
þone þîn fæder 2049	hwîlum hê on lufan 1729.

Ich begnüge mich damit dies factum zu constatieren und nur daneben die frage aufzuwerfen, ob nicht die verse 459. 780. 1515 am natürlichsten als ×–́ ∣ ×⏑́× resp. ××–́ ∣ ××⏑́× und ××–́ ∣ ×⏑́× zu lesen und also zum typus B zu stellen sind.[1])

Für metrisch unwahrscheinlich halte ich den vers

þenden hê wið wulf 3028

Es wird *wulfe* für *wulf* zu lesen sein; der vers gehört dann zu 28.

33. Die verzweigung des untertypus A 3 lässt sich hiernach tabellarisch darstellen wie folgt:

<table>
<tr><th colspan="2">Ohne auftakt.</th><th colspan="2">Mit auftakt.</th></tr>
<tr><td>26. –́× ∣ –́×</td><td>5+3*</td><td>31.a) × ∣ ⏑́×× ∣ –́×</td><td>4</td></tr>
<tr><td>∣ ⏑́××</td><td>2</td><td>∣ –́ –̀</td><td>1</td></tr>
<tr><td>⏑́×× ∣ –́×</td><td>1</td><td></td><td></td></tr>
<tr><td></td><td>8+3*</td><td></td><td>5</td></tr>
<tr><td>27. –́×× ∣ –́×</td><td>83</td><td>31.b) × ∣ –́×× ∣ –́×</td><td>7</td></tr>
<tr><td>∣ –́ –̀</td><td>5</td><td></td><td></td></tr>
<tr><td>∣ ⏑́××</td><td>11</td><td>∣ ⏑́××</td><td>4</td></tr>
<tr><td>∣ ⏑́×–̀</td><td>1</td><td>∣ ⏑́×–̀</td><td>1</td></tr>
<tr><td>⏑́××× ∣ –́×</td><td>9</td><td>(×)× ∣ ⏑́××× ∣ –́×</td><td>4</td></tr>
<tr><td>∣ ⏑́××</td><td>1</td><td></td><td></td></tr>
<tr><td></td><td>110</td><td></td><td>16</td></tr>
<tr><td>28. –́××× ∣ –́×</td><td>84</td><td>31.c) × ∣ –́××× ∣ –́×</td><td>12</td></tr>
<tr><td>∣ –́ –̀</td><td>11</td><td></td><td></td></tr>
<tr><td>∣ ⏑́××</td><td>6</td><td></td><td></td></tr>
<tr><td>∣ ⏑́×–̀</td><td>2</td><td></td><td></td></tr>
<tr><td>⏑́×××× ∣ –́×</td><td>2</td><td></td><td></td></tr>
<tr><td></td><td>105</td><td></td><td>12</td></tr>
</table>

[1]) Vgl. dazu parallelen wie *þeáh þe þǽ'r on býriȝ* Dan. 192ᵃ, *wæs ū're līf* Az. 23ᵃ, *hî wǽ'ron ȝefýrn* Metr. 10,52, *þeáh hê nû' þæt eáll* Metr. 16,19 etc.

Ohne auftakt.		Mit auftakt.	
29. –́×××× | –́×	25+ 5*	31.d) × | –́×××× | –́×	1*
| ⏑́××	1	| ⏑́××	1
| ⏑́×–̀	1		
	27+ 5*		1+1*
30. –́××××× | –́×	4+ 2*		
	4+ 2*		
	Sa. 254+10*		Sa. 34+1*

32. . . . ⏑́× 6

34. Die gesammtverzweigung des typus A in beiden vershälften stellt sich nun, wenn wir die verse mit auflösungen der hebungen einfach unter die normalverse einrechnen und einige ganz zweifelhafte verse ausschliessen, folgendermassen dar:

Zweite halbzeile.		Erste halbzeile. A 1	A 2	A 3
720+ 9*	–́× | –́×	630+ 5*	217+15*	8+ 3*
297+20*	–́×× | –́×	332+35*	35	110
9+ 4*	–́××× | –́×	22+16*	4	105
1	–́×××× | –́×	2+ 2*	1	27+ 5*
—	–́××××× | –́×	—	—	4+ 2*
1027+33*		986+58*	257+15*	254+10*
		1497 + 83* = 1580		

Mit auftakt.

		A 1	A 2	A 3
12	× | –́× | –́×	8+8*	5	5
1	× | –́×× | –́×	26	—	16
—	× | –́××× | –́×	8	—	12
—	× | –́×××× | –́×	1	—	1+1*
—	× | –́××××× | –́×	—	—	—
13		43+8*	5	34+1*
		82 + 9*		

Gekürzter typus:

43	| –́–̀ | ⏑́×	23+1*	—	[6?]

Der typus A überwiegt demnach mit 1701 belegen in erster vershälfte nicht unerheblich den typus A in zweiter vershälfte, welcher nur 1118 belege aufweist.

B. Grundtypus ×⏑́ | ×⏑́

1. Einfachste form wie

âlêdon þâ 34

begegnet 29 mal, mit auflösung der ersten hebung, wie

þǽm eafera wæs 12

4 mal (337. 1089. 1694), mit auflösung der zweiten hebung wie

þurh rûmne sefan 278

9 mal (155. 185. 384. 478. 669. 1106. 1727. 1980).

2. Zweisilbige eingangssenkung ist auch hier am gewöhnlichsten. Die form ××⏑́ | ×⏑́ wie

him þâ Scyld ȝewât 26

kommt 119 mal vor; darunter befinden sich 3 verse, in welchen durch elision die silbenzahl der senkung auf 1 vermindert werden kann (70. 792. 908). Hervorzuheben sind ferner darunter die verse *þæt hê lŷtel fæc* 2241 wegen der quantität von *lŷtel*; *ac ȝesêcan sceal* 1005, wo die handschriftliche lesart *ȝesacan* metrisch falsch und unverständlich ist (die besserung *ȝesêcan* ist schon von Thorpe gegeben), endlich

ond þâ freólic wîf 616,

weil hier ausnahmsweise eine schwerere (compositions-) silbe die mittelsenkung füllt.

Auflösung der ersten hebung, wie

under Heorotes hrôf 403

treffen wir bei diesem typus 10 mal (466. 576. 687. 1142. 1395. 1845. 1951. 2016. 2346), auflösung der zweiten, wie

wê þurh holdne hiȝe 267

21 mal: 194 (*ȝefræȝn*). 518. 772. 854. 992. 1040 (*setl*). 1050. 1102. 16. 1302. 94 (*fæðm*). 1681. 1912. 2009. 14. 60 (*þeȝn*). 61. 2357. 2473. 2751,

auflösung beider dreimal

under heofones haðor* 414
æfter hæleða hryre 2053. 3006.

3. Dreisilbige eingangssenkung wie

þæt þone hilderǽs 300
sê þe on handa bær 495
þonne hê swylces hwæt 881

erscheint 28 mal; darunter *nefne him wîtiȝ ȝod* 1057, vgl. oben s. 222 f. Elision ist möglich, aber nicht wahrscheinlich in *on mînre êðeltyrf* 410.

Auflösung der ersten hebung verbindet sich hiermit dreimal:

forþan hie mæȝenes cræft 418
þâra þe ȝumena bearn 879
þæt hæfde ȝumena sum 2302,

auflösung der zweiten zweimal,

syððan hê aldorþeȝn 1309
þæt hê wið âttorscaðan 2840.

Dazu der zweifelhafte vers

tô þǽre byrhtan byriȝ 1200,

wo wol ursprünglich älteres *byrȝ* stand.

4. Viersilbige eingangssenkung. Die beispiele sind:

swylce hie æt Finnes hâm 1157
þeáh þe hine mihtiȝ ȝod 1717
þeáh þe hê his brôðor bearn 2620

und mit auflösungen

a) ne hie hûru heofena helm 182
b) nǽfre (swylce) hê on aldordaȝum 719. 758
ȝehwearf þâ in Francna fæðm 1211,

so auch wol mit doppelter elision (oder sonst mit fünfsilbiger und zweisilbiger senkung)

mæȝ þonne‿on þǽm ȝolde‿onȝitan 1485.

In dem verse

hwæðere ic fâra fenȝ 578

wird man gleichfalls elision annehmen dürfen und ihn danach zu 3 resp. zu 2 stellen, da für *hwæðere* als ältere form *hwæðre* gilt).

5. Zweisilbige innere senkung: a) schema 1 + 2 (×⏊ | ××⏊) ist nicht häufig:

hê beót ne âlêh 80
þâm wîfe þâ word 640

u. s. w., 809. 83. 904. 1674. 2034. 46. 2621, dazu mit auflösungen

> wiđ feónda ʒehwone 294
> ʒeseted ond ʒesǽd 1697,

zusammen 11 belege.

b) schema 2 + 2 (××⏊́ | ××⏊́) wie

> þâ of wealle ʒeseah 229

begegnet 21 mal: 464. 504. 663. 761. 57. 861. 1041. 1237. 1366. 80. 1470. 1774. 1865. 73. 2260. 2354. 2419. 42. 2506. 2871.

Elision ist möglich v. 2419, zweite compositionsglieder erscheinen in der mittelsenkung dreimal:

> þâ (ond) him Hrôđʒâr ʒewât 663. 1237
> þæt wæs feohleás ʒefeoht 2442.

Hinzuzufügen ist diesen beispielen noch der vers

> þonne wêne‿ic tô þê 525

da *wênic* für *wêne ic* unzweifelhaft zu sein scheint.

An auflösungen gesellen sich hierzu

a) ofer ʒeofenes beʒanʒ 362
ond þâ Iofore forʒeaf 2998
b) þâ ic wîde ʒefræʒn 74
ond on healfa ʒehwone 801
under næssa ʒenipu 1361
swâ hê nîđa ʒehwane 2398
sê þe mêca ʒehwane 2686
þâ ic snûde ʒefræʒn 2753
ofer flôda ʒenipu 2809.

c) schema 3 + 2 (×××⏊́ | ××⏊́) ist wider seltener. Die belege sind:

> sê þe his wordes ʒeweald 79
> þæt ic on wâʒe ʒeseah 1663
> forþâm mê wîtan ne þearf 2742
> þeáh þe hê dǽda ʒehwæs 2839
> forlêton eorla ʒestreón 3168.

Dazu mit auflösungen

a) swylce hê siomian ʒeseah 2768
þurh hwæt his worulde ʒedâl 3069
b) þæt nǽfre Grendel swâ fela 592
þâ ic on morʒne (hlǽwe) ʒefræʒn 2485. 2774
þâ ic æt þearfe ʒefræʒn 2695.

Zweifelhaft überliefert ist der vers:

> nǽfre ic ǽneʒum men 654.

Für *ǽneʒum* ist sicher die ältere form *ǽnʒum* einzusetzen, und das *e* von *nǽfre* wird zu elidieren sein. Wir bekämen dann ein neues beispiel für das senkungsschema 2 + 1 oben nr. 2.

6. Dreisilbige innere senkung ist schwerlich anzunehmen. In betracht kommen für diese frage die beiden verse

> þæt hê dôȝora ȝehwâm 88
> þæt þec âdl oððe ecȝ 1764.

Im ersten verse liegt es äusserst nahe, wider auf das ältere *dôȝra* zurückzugreifen (vgl. oben s. 233), im zweiten braucht das *l* von *âdl* (*âðl* mit stimmlosem *l*?) vor dem folgenden vocal nicht silbisch gelesen zu werden, ausserdem ist noch elision des *e* von *oððe* möglich.

7. Das gesammtbild des typus B ist demnach folgendes:

Zweite senkung einsilbig.		Zweite senkung zweisilbig.	
1. x–́ | x–́	29	5. a) x–́ | xx–́	9
| x⏑́x	9	| xx⏑́x	1
x⏑́x | x–́	4	x⏑́x | xx–́	1
	32		11
	[40+ 3*]		[2+ 2*]
2. xx–́ | x–́	116+ 4*	5. b) xx–́ | xx–́	20+ 2*
| x⏑́x	21	| xx⏑́x	7
xx⏑́x | x–́	10	xx⏑́x | xx–́	2
| x⏑́x	3		
	150+ 4*		29+ 2*
	[370+ 2*]		[50+ 7*]
3. xxx–́ | x–́	28+ 1*	5. c) xxx–́ | xx–́	5+ 1*
| x⏑́x	2+ 1*	| xx⏑́x	2
xxx⏑́x | x–́	3	xxx⏑́x | xx–́	4
	33+ 2*		11+ 1*
	[150+12*]		[32+ 6*]
4. xxxx–́ | x–́	3		
| x⏑́x	3+ 1*	—	—
xxxx⏑́x | x–́	1		
	7+ 1*		
	[15+ 7*]		[8+ 4*]
	Sa. 222+ 7*		Sa. 51+ 3*
	[575+24*]		[92+19*]

Die in [—] eingeschlossenen zahlen geben die häufigkeit der betreffenden versformen in der zweiten vershälfte an (vgl. oben die tabelle s. 242 f.). In die gesammtsumme sind dabei die 8 fälle des senkungsschemas 5 + 1 resp. 2 und die 2 (zweifelhaften) beispiele für dreisilbige mittelsenkung in zweiter vershälfte nicht mit eingerechnet.

Die gesammtsumme der verse des typus B ist in der ersten vershälfte 293, in der zweiten 721. Das verhältnis der häufigkeit ist also etwa 2 : 5 (beim typus A etwa 5 : 3).

C. Grundtypus ×⏑́ | ⏓́×.

I. Voller typus (×–́ | –́×).

1. Einfachste form ×–́ | –́× wie

oft Scyld Scêfinȝ 4

begegnet 15 mal mit einem wortaccent in zweiter hebung: 173. 178. 243. 436. 93. 566. 922. 65. 82. 1709. 1953. 2203. 65. 3048; dreimal mit einer bildung auf *-lic*: *ȝerûmlîcor* 139, *swâ deórlîce* 585, *swâ manlîce* 1047, endlich fünfmal mit einem nebenaccent in der zweiten hebung:

þâ (þǽm) sêlestan 416. 1686	tô healdanne 1732
mid Wylfinȝum 461	wið hettendum 3005.

Dazu 16 mit auflösung der ersten hebung, wie

in worold wôcun 60
ond Hiȝelâces 261

u. s. w., 462. 519. 37 (*ȝeoȝoðfeóre*). 84. 605. 60. 766. 856. 1030. 74. 1562. 1738. 1843. 1903, mit nebenton *his ȝædelinȝes* 2618, endlich zwei mit doppelauflösung

swâ fela fyrena 164
ȝeboren betera 1704.

An letzterer stelle ist möglicherweise *betra* als ältere form vorauszusetzen.

2. Zweisilbige eingangssenkung wie

ofer hronrâde 10

steht 95 mal (darunter 3 verse wo elision möglich ist); dazu 5 verse auf *-lîce*, 273. 356. 964. 2900. 3090, 1 auf *-lîcor* 244, 1 auf *-licu* 2638 (wahrscheinlich doch mit kurzer penultima zu lesen), 35 mit nebenictus: 9 *-ende*: 221. 650. 709. 917. 1829 (lies *hettende* statt *hetende*). 1830 (*þûsenda*). 2273. 2842. 3110, sieben infinitive *-anne*, *-enne*: 257. 1852. 1923. 2417. 46. 53. 2645, dazu *merzenne* 565, *îrenna* 2684. 2829; fünf adverbien auf *-unza*, *-inza*: 635. 1077. 1641. 1989. 2872, dazu *Scyldinzum* 274, *Hrêðlinzas* 2961, acht superlative auf *-esta*: 258. 363. 1310. 1407. 1957. 2383. 2436. 2824, endlich *zîzantas* 113, für welches das metrum länge des wurzelvocals nachweist.

Ferner 40 mit auflsöung der ersten hebung wie

> ond tô fæder fæðmum 188
> ofer lazustrǣte 239

und 7 desgleichen mit nebenaccent: *tô zeþolianne* 1420, *ac hŷ scamiende* 2851 und 5 verse mit formen von *æðelinz*: 3. 983. 1245. 1805. 2375; endlich ein vers mit doppelauflösung

> sê þe wæterezesan 1261.

Auflösung der zweiten hebung ist überliefert in

> þæt hie leódbealewa 1947,

wofür aber zweifellos *-bealwa* zu lesen ist.

3. Dreisilbige eingangssenkung, wie

> mid þǣre wælfylle 125
> þæs þe him ŷðlâde 228

begegnet 24 mal, darunter ein *-lîce*, 1757; ferner 6 mit nebenaccent in zweiter hebung: *Wylfìnzum* 471, *ǣnìzne* 628, *fǣrìnza* 1415, *byrnènde* 2570, *merzènne* 2940, *sîðèstan* 3014. Nicht hierher, sondern zu A 27, gehören *beó þû* (*nû*) *on ofoste* 386. 2748, weil nicht *ôfoste*, sondern *ofoste* zu lesen ist.

An auflösungen wie

> swylce ic mazuþeznas 293 (elision?)
> in hyra zryrezeatwum 324

finden sich 11: 639. 876. 1053. 1553. 2161. 2523. 2665 (*-feóre* statt *-feore* zu lesen). 2944. 3177 und 92, wo *ælmihtiza* in das ältere *ælmihtza* zu verkürzen ist; mit nebenaccent zwei, *æðelìnza* 1295, *-es* 1597.

4. Viersilbige eingangssenkung treffen wir nur 6 mal ohne, und 5 mal mit auflösung:

a) þâra þê mid Beówulfe (Hrôðȝâre) 1052. 1408
þâra þê in Swiórîce 2384
þê hê ûsic ȝârwîȝend 2642

und zweifelhaft, wegen möglicher elision

ne hŷrde ic cymlîcor 38
þê hine æt frumsceafte 45

b) nô ic mê an herewæsmum 678
ne hie hûru winedrihten 863
þâra þê on Scedenîȝȝe 1687
ne hyne‿on medobence 2186
þonne hê on ealubence 2868.

II. Gekürzter typus (×–́ | ⏑́×).

5. Einfachste form wie

of feorweȝum 37

begegnet im ganzen 40 mal, dazu mit nebenaccent

swâ rîxode 144
swâ bealdode 2178;

an auflösungen ist nur *on stefn stiȝon* 212 zu verzeichnen.

6. Zweisilbige eingangssenkung wie

hwæt wê Gârdena 1
þâ hie ǽr druȝon 15

u. s. w., erscheint 124 mal (elision möglich 3047), dazu mit nebenaccent

a) ond ȝefrætwade 96
ond þâ ȝyddode 631
ond þâ folȝode 2934
þenden reáfode 2986

b) ond ȝebeótedon 536
ond betimbredon 3161
swâ beȝnornodon 3180
oferhîȝian 2767 (?)

c) sê þæs orleȝes 2408
þâ þe synȝales 1136

d) sê wæs wreccena 899.

Die verse unter b) und auch wol d) sind aber nach dem was oben 254 bemerkt ist, zweifelhafter natur, und gehören vielleicht zu typus B, ××–́ | ×–́.

An auflösungen erscheinen

þînra ȝeȝncwida 367
him on efn liȝeð 2904.

7. Dreisilbige eingangssenkung wie

ond þê þâ ondsware 354
þæt hie in beórsele 482

findet sich 26 mal, dazu mit nebenaccenten

fuloft ȝebeótedon 480 — ofer þǽm honȝiað 1364

8. Vier- und fünfsilbige eingangssenkung treffen wir nur 6 mal:

a) þeáh hie hira beáȝȝyfan 1103
sê þe æfter sincȝifan 1343
cwæð hê þone ȝûðwine 1811
þæt hê þone wîdfloȝan 2347
tô þæs þe hê eorðsele 2411
b) þæt ic wið þone ȝûðfloȝan 2529

und einmal mit nebenaccent

hûru þæt onhohsnode 1945.

9. Nicht eingerechnet sind hierbei die verse

ȝewât þâ neósian 115
ac hine se môdeȝa 814
ȝedêð him swâ ȝewealdene 1733
þâ hie ȝetrûwedon 1096.

Diese bieten zwar keinen metrischen anstoss, wol aber sprachlichen; für den urtext des Beowulf passen nur die formen *neósan* (oben s. 233), *môdȝa, ȝewealdne, ȝetreówdon* (oben s. 233). Alle diese verse fielen danach zum typus A 3.

10. Die verzweigung des typus C stellt sich (mit ausschluss der eben besprochenen verse) demnach folgendermassen dar:

<table>
<tr><th colspan="2">Voller typus.</th><th colspan="2">Gekürzter typus.</th></tr>
<tr><td>1. ×–́ | –́×</td><td>23</td><td>5. ×–́ | ⏑́×</td><td>42</td></tr>
<tr><td>×⏑́‿× | –́×</td><td>17</td><td>×⏑́‿× | ⏑́×</td><td>1</td></tr>
<tr><td>| ⏑́‿××</td><td>2</td><td>—</td><td>—</td></tr>
<tr><td></td><td>42</td><td></td><td>43</td></tr>
<tr><td></td><td>[120+ 1*]</td><td></td><td>[39+3*]</td></tr>
<tr><td>2. ××–́ | –́×</td><td>134+ 4*</td><td>6. ××–́ | ⏑́×</td><td>128+6*</td></tr>
<tr><td>××⏑́‿× | –́×</td><td>52</td><td>××⏑́‿× | ⏑́×</td><td>2</td></tr>
<tr><td>| ⏑́××</td><td>1</td><td>—</td><td>—</td></tr>
<tr><td></td><td>187+ 4*</td><td></td><td>130+6*</td></tr>
<tr><td></td><td>[108+ 3*]</td><td></td><td>[160+2*]</td></tr>
<tr><td>3. ×××–́ | –́×</td><td>30</td><td>7. ×××–́ | ⏑́×</td><td>28</td></tr>
<tr><td>×××⏑́‿× | –́×</td><td>13</td><td>—</td><td>—</td></tr>
<tr><td></td><td>43</td><td></td><td>28</td></tr>
<tr><td></td><td>[41+ 5*]</td><td></td><td>[52+6*]</td></tr>
</table>

Voller typus.		Gekürzter typus.	
4. ××××–́ | –́×	4+ 2*	8. (×)××××–́ | ⏑́×	7
××××⏑́× | –́×	4+ 1*	—	—
	8+ 3*		7
	[8+ 5*]		[10]
	Sa. 280+ 7*		Sa. 208+ 6*
	[278+14*]		[261+11*]

Die in [—] geschlossenen zahlen sind die entsprechenden zahlen der tabelle s. 248 f. über die verzweigung des typus C im zweiten halbvers. Die gesammtsummen differieren nicht wesentlich; beachtenswert ist fast nur die verschiebung der häufigkeit der typen ××–́ | –́× und ×××–́ | –́×: im zweiten halbvers wie 121 : 111, im ersten wie 42 : 191.

D. Grundtypus –́ | –́××.

I. Normaltypus –́ | –́××.

a) Nebenton auf der zweiten silbe des zweiten fusses (–́ | –́–̀×).

1. Die nebentonsilbe ist lang, wie

a) torn unlŷtel* 834
wîs welþunȝen 1928
wearp wælfŷre 2583

d. h. mit dem hauptaccent des zweiten teiles eines compositums im nebenictus; der belege sind es 10: 614. 796. 873. 1972. 2228. 2966. 3013; oder wie

b) lindhæbbende 245 — wîȝweorðunȝa 176
freán Scyldinȝa 291. 351 — wîȝ Henȝeste 1084

d. h. mit nebenton im nebenictus 36, nämlich 20 *-ende* etc., 245. 46. 99. 394. 745. 800. 62. 920. 1007. 17. 1356. 90. 1403. 1789. 2236. 2549. 2869. 96. 3113. 60; sechs *-inȝa(s)*, 291. 351. 1020. 1654. 2160. 2815; vier *-unȝe*, 176. 953. 2505. 2999, ferner *Henȝeste* 1084, *-wêriȝne* 1587. 2126, *-crœftiȝne* 1812, *-tyrwydne* 295, *-îrenne* 2339,

zusammen 46 belege.

c) Auflösung der ersten hebung ist fast genau ebenso häufig; beispiele:

a) fromum feohȝiftum 21 — b) merelîðende 255
duȝuð unlŷtel* 498 — wine Scyldinȝa 148. 1184

u. s. w., wie a) 23, nämlich noch 165. 235. 398. 444. 45. 49. 524. 93. 99. 733. 817. 961. 88. 1809. 1963. 2113. 2264. 67. 2558. 2903. 16, wie b) 29, nämlich noch 13 *-ende*: 546. 81. 1347. 1691. 1799. 1946. 2063. 2107. 2351. 2566. 2838. 2956. 3143, acht *-inȝes*, *-inȝa(s)*, 63. 428. 664. 1204. 1419. 1602. 2005. 2922, endlich *-hôcyhtum* 1439, *sêlesta* 412, *ȝyldenne* 1022, *-môdiȝra* 1638, *-byrðenne* 1626;

zusammen 52 belege.

d) Seltener wird die zweite hebung aufgelöst:

heall heorudreóre 487
mǽȝ Hiȝelâces 738. 915

u. s. w. 1110. 1848. 2240. 2409. 2951, und mit nebenaccent im nebenictus

feorh æðelinȝes 2425
sib æðelinȝas 2709,

zusammen 10 belege.

e) Doppelauflösung findet sich dreimal:

hladen herewǽdum 1898
hwatum Heorowearde 2162
wræce wineleásum 2614.

f) Verkürzung der zweiten hebung in viersilbigen wörtern (oben s. 260) ist nur durch das einzige beispiel

þeódcyninȝa 2

vertreten.

g) Erweiterung des schemas zu ⏑́ | ⏑́×⏑̀× (vgl. s. 255. 260) begegnet zweimal,

hroden hildecumbor 1023
bonan Onȝenþeówes (-þeós?) 1969

2. Die nebenictussilbe ist kurz; beispiele ohne und mit auflösung der ersten hebung sind

a) leóf landfruma 31
sceárp scyldwiȝa* 288
heáh Healfdene 57

b) swutol sanȝ scopes 90
breȝo Beorhtdena 610

u. s. w., wie a) noch 54. 160 (*deáðscua**, s. den sprachlichen teil unter 'quantität'). 322. 76. 427. 69. 551. 54. 693. 743. 937. 1320. 1410. 1955. 2026. 43 (*æscwiȝa**). 91. 2272. 2316. 69. 2564. 2605. 2828, wie b) noch 268. 646. 879. 1045. 70. 1642. 1700. 1868. 1920. 49. 2113 (*ȝûðwiȝa**). 19. 48. 2274. 2415. 77. 2518. 2613. 43,

zusammen 26 + 21 = 47 belege.

Für nebenton im nebenictus findet sich nur ein sicheres beispiel

weard maðelode 286,

da formen wie *wîsian* etc. wahrscheinlicher als ´–×`– aufzufassen sind, s. oben s. 254 und unten no. 3.

b) Nebenictus auf der schlusssilbe des zweiten fusses (´– | ´–×`–).

3. Ohne auflösung begegnet dieser typus im ganzen 31 mal. Darunter sind 25 fälle mit natürlichem hauptaccent im nebenictus, wie

fyrst forð ȝewât 210
weóld wîdeferhð 703

710. 999. 1156. 1287. 1308. 1401. 23. 1595. 1703. 14. 1910. 2139. 84. 99. 2211. 2494. 2514. 59. 2864. 86. 2952. 3064. 3137

und 6 mit nebenton im nebenictus

wonȝ wîsian 2410
feorh ealȝian 2669
hord sceáwian 2745
ȝold ȝlitnian 2759
heáh hlîfian* 2806
flôd fæðmian 3134.

4. An auflösungen finden sich 29 auf der ersten hebung, wie

micel morȝenswêȝ 129
flota fâmiȝheals 218

u. s. w., 298. 448. 979. 1039. 1113. 38 (*fǽȝer* zu D, II, b?). 1260. 91. 1333. 65. 70. 1647. 1807. 17. 1907 (*seȝl*). 33. 67. 2075. 83. 2179. 2278. 2671. 2747. 3023. 3112,

auf der zweiten zwei

wlanc Wedera leód 341
wræc Wedera nîð 423,

im nebenictus eine

beorht beácen ȝodes 570

(wenn nicht *beácn ȝòdes* mit einsilbigem *beácn* zu lesen ist; der vers wäre dann ´– | ´–`◡×).

5. Zweisilbige senkung im zweiten fuss (oben s. 260) begegnet sechs mal:

seón sibbe ȝedriht 387
eald enta ȝeweorc 2775
swefan sibbe ȝedriht 730
atol ŷða ȝespring 849
metod manna ȝehwæs 2528
wom wundorbebodum 1748

Auftakt.

6. Auftakt begegnet bei langer nebenictussilbe im typus ⏗ | ⏗ ⏗̀ × 6 mal,

a) ʒesæʒd sôðlîce 141
âbreót brimwîsan 2931
b) ʒewrecen wrâðlîce 3063
c) ʒeseón sunu Hrêðles 1486
onband beadorûne 501
d) ʒelocen leoðocræftum 2770,

bei kurzer dreimal

ʒeweold wîʒsiʒor 1555
oflêt lîfdaʒas 1623
ʒesyhð sorʒceariʒ 2456,

im typus ⏗ | ⏗ × ⏗̀ siebenmal:

a) ârîs rîces weard 1391
forbarn brôdenmǣl 1617. 68
âwræc wintrum frôd 1725
forwrât Wedra helm 2706
b) ætwiton weána dǣl 1151
onboren beáʒa hord 2285.

II. Gesteigerter typus ⏗ × | ⏗ × ×.

a) Nebenictus auf der zweiten silbe des zweiten fusses (⏗ × | ⏗ ⏗̀ ×).

7. Die nebenictussilbe ist gewöhnlich lang, vgl. beispiele mit vollton an dieser stelle wie

sîde sǣnæssas 223
setton sǣmêðe 325
aldres orwêna 1003. 1566

u. s. w., 411. 771. 1098. 1513. 1750. 1864. 75. 2052. 66. 2397. 2647. 49. 2726. 2811. 92. 3032 (lies *eódon* statt *eodon*). 3100;

auch *yrre ôretta* 1533 kann wol als altes compositum hierhergestellt werden.

Eine schwerere silbe in der ersten senkung begegnet nur zweimal

ǣʒhwæs untǣle (orleahtre) 1866. 1887,

dazu einmal bei kurzer nebenictussilbe

leóflic lindwiʒa* 2604.

Seltener sind wider die verse mit nebenton im nebenictus:

ceasterbûendum 769
êðel Scyldinʒa 914
sceótend Scyldinʒa 1155
þeóden Scyldinʒa 1676. 1872
miste mercelses 2440
brôðor ôðerne 2441
ymbesittendra 2735.

Das verhältnis von vollton zu nebenton ist also wie 25 : 8.

An auflösungen finden sich 26 auf der zweiten hebung, wie

hwetton hiȝerôfne 204
mǣton merestrǣta 514

u. s. w., 326 (*reȝn-*). 582. 704. 70. 865. 991. 1097 (*-wǣre*). 1158. 1455. 1669. 2019. 80. 2137. 2443. 2711. 50. 55. 56. 2803. 20. 30. 2910. 53. 3068,

und mit nebenton im nebenictus

eallum æðelinȝum 907.

Die erste hebung ist nur zweimal aufgelöst:

æðelinȝ anhŷdiȝ 2668
ȝomela iûmeówlan 2932.

Doppelauflösung in

locene leoðosyrcan 1506. 1891.

8. Die nebenictussilbe ist kurz, wie

mǣre mearcstapa 103
ealdor Eástdena 392

u. s. w., 275 (*dǣdhāta*?). 450. 96. 615. 17. 65. 90. 765. 819. 40. 967. 87 (lies *hǣðnes* statt *hǣðenes*). 1213. 32. 99 (*randwîȝa*). 1340. 49. 1411. 69. 1528. 69. 1633. 79. 1728. 94 (*randwîȝan*). 1896 (?). 1905. 70. 2048. 2124. 2497. 2546. 2604 (*lindwîȝa*). 50. 75. (*ȝârwîȝan*). 90. 2720. 52. 61. 2801. 12 (*ȝârwîȝan*). 48,

und mit auflösung der ersten hebung wie

æðele ordfruma 263
wariȝeað wulfhleoðu 1359

u. s. w., 597. 1711. 2444. 2826 (*eȝeslic*). 3056, mit auflösung der zweiten

môdȝes merefaran 502
sunne sweȝlwered 607

und mit nebenton im nebenictus die zahlreichen verse auf *maðelode*:

Beówulf maðelode 405. 529. 632. 958. 1384. 1474. 1652. 1818. 2000. 2426. 2511. 2725, *Hrôðȝâr* - 371. 456. 926. 1322. 1688. 1841, *Unferð* - 499, *Wealhþeó* - 1216, *Wîȝlâf* - 2632. 2863. 3077, *Wulfȝâr* - 348. 360,

sonst nur noch der vers

leáse sceáweras 253,

wenn nicht *sceáwêras* anzunehmen ist.

9. Selten wird die senkung des ersten fusses zweisilbig gebildet:

mynte se mânscaða 713
deorc ofer dryhtȝuman 1791
wonȝas ond wîcstede 2463,

sogar

sellîce sædracan 1427
wundorlîc wǣȝbora 1441
word wǣron wynsume 613
fyrdsearu fûslicu 232.

Doch erheben sich bei einigen dieser verse zweifel, ob sie die ursprüngliche gestalt des textes bewahrt haben (s. oben s. 280). Ueberdies können diese verse auch vielleicht zum gesteigerten typus A gezogen werden, vgl. oben s. 279 f.

Auftakt.

10. Auftakt bei langer nebenictussilbe findet sich 11 mal:

a) befonȝen freáwrâsnum 1452
besette swînlîcum 1454
besæt þâ sinherȝe 2937
onwindeð wælrâpas 1611
wiðhæfde heaðodeórum 773
âhyrded heaðoswâte 1461
ne sôhte searonîðas 2739
ȝeseah þâ siȝehrêðiȝ 2757

b) ȝesette siȝehrêðiȝ 94
onbrǣd þâ bealohŷdiȝ 724

c) ne ȝefræȝn ic freóndlîcor 1028,

bei kurzer nebenictussilbe zweimal bei sonst regelmässigem vers:

âlǣtan lǣndaȝas 2592
ne sorȝa snotor ȝuma 1385,

und einmal verbunden mit doppelsenkung im ersten fuss:

ne ȝemealt him se môdsefa 2629.

Alliteration.

11. Doppelalliteration ist ausnahmslos regel, sobald der zweite fuss zwei hauptaccente enthält, d. h. durch ein compositum oder eine dem ähnliche formel gebildet wird. Dagegen fehlt dieselbe sehr gewöhnlich, wenn der zweite fuss aus einem einheitlichen wort besteht. Einfache alliteration (im ersten fuss) haben nicht nur sämmtliche 25 verse auf *maðelode*, nr. 8, sondern auch die meisten der oben nr. 7 aufgezählten verse wie *ceasterbûendum*, nämlich 6 unter 9.

b) **Nebenictus auf der schlusssilbe des zweiten fusses.**

12. **Ohne auflösung** erscheint dieser typus

eóde* ellenrôf 358
ȝrêtte Geáta leód 626
leóda landȝeweorc 939
mǽre mâððumsweord 1024
hêt þâ Hildeburh 1115
bræȝd þâ beadwe heard 1540

u. s. w., 727 (*eóde*). 1313 (desgl.). 60. 1448. 51. 53. 1532. 1618. 80. 1730. 58. 1855. 2096. 2108. 2287 (*fîra*). 2423. 2661 (*byrne ond byrduscrûd*, mit elision zu lesen). 2688. 2732. 3085. 3116. 24 (*eóde*),

dazu mit schwerer silbe in der senkung

a) þrýðlic þeȝna heáp 400. 1628
b) ûre ǽȝhwylc sceal 1387

(dagegen ist *eorres inwitfenȝ* 1448 als normal zu betrachten, s. oben s. 242).

13. **Auflösung der ersten hebung** zeigt sich 4 mal:

eaforan ellorsîð 2452
atolne inwitscear 2479
Eofores ânne dôm 2965
idese onlîcnes 1352[1]),

auflösung der zweiten einmal

ýðde eotena cyn 421,

auflösung der nebenictussilbe zweimal

wîn of wunderfatum 1163
hearde hildefrecan 2206,

doch ist zu erwägen ob nicht an der letzteren stelle wie 2367 *hildfrecan* zu lesen ist.

14. **Auftakt** findet sich viermal bei sonst regelmässigem verse:

ȝehnǽȝde helle ȝǽst 1275
ȝeþinȝeð þeódnes bearn 1838
onȝinneð ȝeómormôd 2045
oferwearp þâ wêriȝmôd 1544

und verbunden mit doppelsenkung im zweiten fuss

oferswam þâ sioleða biȝonȝ 2368.

15. **Doppelsenkung** im zweiten fuss erscheint einmal, verbunden mit schwerer silbe in der ersten senkung

oncýð eorla ȝehwǽm 1421,

steigerung des zweiten fusses zu $\acute{-}\times\grave{-}\times$ ebenfalls einmal

ealne ûtanweardne 2298.

[1]) Oder ist *ónlicnes* zu lesen?

Aber dieser vers ist nicht unverdächtig; *hlǣw* könnte im Beowulf leicht noch als neutrum gebraucht worden sein (vgl. Kluge, Anglia, anz. V, 85 und dazu den nachweis Beitr. IX, 237). Dies ist mir besonders wahrscheinlich im hinblick auf die stelle 2803 ff.:

hâtað heaðomǣre hl ǣw ȝewyrcean,
beorhtne æfter bǣle æt brimes nôsan.
Sê sceal tô ȝemyndum mînum leódum
heáh hlîfian on Hrones næsse,
þæt hit sǣlîðend syððan hâtan
Bíówulfes biorh.

Hier wird doch das *hit* von 2807 am natürlichsten auf *hlǣw* zurückbezogen; die consequenz dieser anschauung wäre die annahme, dass im originale einst 2804 *beorht* und 2805 *þæt* gestanden habe. Für unsere stelle ergäbe sich darnach die lesung

eal ûtanweard,

was ein ganz normaler vers des typus D wäre.

16. Die verzweigung des typus D lässt sich hiernach folgendermassen tabellarisch darstellen:

Normaler typus.		Erweiterter typus.	
1. –́ | –́ –̀ ×	46	7. –́ × | –́ –̀ ×	33
| ⏑́× –̀ ×	10	| ⏑́× –̀ ×	27
⏑́× | –́ –̀ ×	52	⏑́×× | –́ –̀ ×	2
| ⏑́× –̀ ×	3	| ⏑́× –̀ ×	2
	111		64
	[126+13*]		[4]
1.g) ⏑́× | –́ × –̀ ×	2	15. –́ × | –́ × –̀ ×	1
		9. –́ ×× | –́ –̀ ×	7
	2		8
	[–]		[–]
6. × | –́ | –́ –̀ ×	2	10. × | –́ × | –́ –̀ ×	4
| ⏑́× –̀ ×	2	| ⏑́× –̀ ×	6
× | ⏑́× | –́ –̀ ×	1	× | ⏑́×× | –́ –̀ ×	1
| ⏑́× –̀ ×	1		
	6		11
	[1]		[–]

Normaler typus.		Erweiterter typus.	
2. –́ | –́ ⏑̀ ×	26	8. –́ × | –́ ⏑̀ ×	44+1*
⏑́‿× | –́ ⏑̀ ×	21	| ⏑́‿× ⏑̀ ×	27
		⏑́‿× × | –́ ⏑̀ ×	7
6. × | –́ | –́ ⏑̀ ×	3	10. × | –́ × | –́ ⏑̀ ×	2
	50		80+1*
	[115+ 8*]		[5]
3. –́ | –́ × –̀	31	12. –́ × | –́ × –̀	31
4. | ⏑́‿× × –̀	2	13. | ⏑́‿× × –̀	1
⏑́‿× | –́ × –̀	29	⏑́‿× × | | –́ × –̀	4
–́ | –́ × ⏑̀‿×	1	–́ × | –́ × ⏑̀ ×	1+1*
	63		37+1*
	[50+61*]		
5. –́ | –́ × × –̀	2	15. –́ × | –́ × × –̀	1
| –́ × × ⏑̀‿×	1		
⏑́‿× | –́ × × –̀	3		
	6		1
	[13+ 4*]		
6. × | –́ | –́ × –̀	5	14. (×)× | –́ × | –́ × –̀	4
× | ⏑́‿× | –́ × –̀	2	× × | –́ × | ⏑́‿× × × –̀	1
	7		5
1. f) –́ | ⏑́ × –̀	1		
	1		
	Sa. 246		Sa. 206+2*

Die in eckige klammern geschlossenen zahlen sind die der tabelle s. 261 f. über die entsprechenden typen im zweiten halbvers. Die gesammtsumme der verse des typus D beträgt hiernach ca. 454 gegen 403 resp. 342 in zweiter halbzeile. Der wesentlichste unterschied aber zeigt sich wie bemerkt in dem zurücktreten der normalform gegenüber der gesteigerten. Von dem typus –́ | –́ ⏑̀‿× hat die zweite halbzeile ca. 274, die erste 169; von dem typus –́ | –́ × –̀ die zweite 62 + 67*, die erste 77. Gesteigerter typus –́ × | –́ –̀ × findet sich dagegen in zweiter halbzeile nur 10 mal, gegen 164 belege in erster;

–́×|–́×–̀ fehlt ganz in zweiter halbzeile, und erscheint in erster 44 mal.

E. Grundtypus –́××|–́

I. Normaler typus –́⏑̀×|–́

1. Am gewöhnlichsten sind wider verse mit langer nebenictussilbe ohne auflösung, wie

a) healærna mæ̂st 78	b) sæ̂bât ʒesæt 634
wonsæ̂liʒ wer 105	ʒumdreám ofʒeaf 2470.

Wie a) sind noch gebaut 147. 67. 512. 28. 42. 45. 73. 637. 723. 35. 44. 804. 30. 51. 92. 909. 1043. 1161. 1277. 79. 1300. 1430. 1501. 37. 39. 68. 1646. 1992. 94. 2069. 2286. 2394. 2544. 2616. 72. 96. 2741. 2808. 44. 2891. 2905. 3053, auch wol *drihtlîce wîf* 1159, wie b) noch 1724 (*ʒumcyste onʒit*, mit elision zu lesen). 2488. 2509. 67. 2793, zusammen 52 belege,

dazu

tîreádʒum men 2190
nîðhŷdʒe men 3167,

wo die handschrift die sprachlich anstössigen längeren formen *-eádiʒum*, *-hŷdiʒe* hat; und mit nebenton im nebenictus

murnende môd 50
Henʒestes heáp 1092
hæ̂ðenra hyht 179
sâriʒne sanʒ 2448

und 6 weitere participialformen 547. 742. 816. 1269. 2465. 3076; ferner

îrenna cyst 674. 1698,

wo die hs. die junge form *îrena* bietet (vgl. Beitr. IX, 228). Im ganzen 66 verse.

2. Auflösung der ersten hebung erscheint 28 mal. Darunter sind 22 verse wie

wlîtebeorhtne wanʒ 93
laʒucræftiʒ mon 209,

nämlich noch 335. 453. 645. 731. 88. 921. 1002. 1246. 1312. 1442. 1975. 2154. 2318. 53. 80. 2548. 52. 2723. 3120. 3164; ferner

heaðuʒrim ondhwearf 548
medustîʒ ʒemæt 925
meotodsceaft bemearn 1078

und mit nebenton im nebenictus

æðelinʒes (-a) bearn 889. 2598
æðelinʒa scear 3172.

3. **Auflösung der zweiten hebung** wird selten angewant:

helþeʒnes hete 142
sǽmanna searo 329

u. s. w., 1272. 1417. 2183. 2762, ferner

wîʒheáp ʒewanod 477
ʒoldǽht onʒito 2749

und mit nebenton im nebenictus

hlâfordes hryre 3181.

4. **Auflösung beider hebungen** zeigt nur der vers

seleweard âseted 668,

auflösung der **nebenictussilbe** der vers

ʒlêdeʒesa ʒrim 2651.

5. **Kurze nebenictussilbe** begegnet kaum. Die einzigen beispiele sind

lâðlicu lâc 1585
eʒsode eorl 6
sinʒale sæce 154
sinʒala seáð 190.

Es ist bekannt dass über die quantität der mittelsilben der betreffenden wörter gestritten wird.

6. **Doppelsenkung im ersten fuss** begegnet in

ânfealdne ʒeþôht 256
Wêlandes ʒeweorc 455
wînærnes ʒeweald 655
Wælsinʒes ʒewin 878
folcrihta ʒehwylc 2609

und mit verschiedenen auflösungen

a) fǽrnîða ʒefremed 476
wîʒspêda ʒewiofu 698
b) heoroʒîfre beheold 1499
fæðeræðelum onfôn 912
c) sceaduhelma ʒesceapu 651
searoþoncum besmiðod 776.

7. Endlich findet sich auch hier wie im zweiten halbvers gelegentlich erweiterung des ersten fusses zu $\acute{\_}\times\grave{\_}\times$:

mâðmǽhta mâ 1614
oncerbendum fæst 1919
morʒenlonʒne dæʒ 2895

und mit auflösungen:

a) wuldortorhtan weder 1137
b) wundorsmiða ʒeweorc 1682
umborwesendum ǽr 1188.

Doch ist wider zu beachten dass durch einsetzung einsilbig gerechneter *mâðm, wuldr* etc. diese verse auf eine regelmässigere form gebracht werden.

II. Gesteigerter typus $\acute{-}\times\times \mid \acute{-} \mid \times$.

8. Bei diesem kann der erste fuss (wie sonst beim typus D) in der doppelgestalt $\acute{-}\grave{-}\times$ und $\acute{-}\times\grave{-}$ erscheinen. Für die erstere liegen vor die belege

ʒûðmôde ʒrummon 306
wælfâʒne winter 1129
sincmâððum sêlra 2194

und mit auflösung

a) ʒeolorand tô ʒûðe 438
eʒeslic for eorlum 1650
beadurôfes bêcn 3162.
b) hordmâðum hæleða 1199.

Wahrscheinlich gehört hierher auch mit auflösung der nebenictussilbe der vers

eóletes æt ende 224.

Zweifelhaft sind mir dagegen die verse

Beówulf wæs brême 18
Wîʒlâf wæs hâten 2603

und mit nebenton in der schlusssenkung

a) betlic ond bânfâh 781
Hrôðʒâr ond Hrôðulf 1018
Hrêðric ond Hrôðmund 1190
b) Heoroʒâr ond Hrôðʒâr 61
ʒeatolic ond ʒoldfâh 308
ʒamolfeax ond ʒûðrôf 609
wreoðenhilt ond wyrmfâh 1699
Herebeald ond Hæðcyn 2435.

Dieselben können hierher gehören, lesen sich meinem gefühl nach aber besser nach typus A mit zweisilbiger senkung.

9. Der typus $\acute{-}\times\grave{-} \mid \acute{-}\times$ ist vertreten durch die verse

mâððumfæt mǽre 2406

und mit auflösung der nebenictussilbe

> morðorbealo mâȝa 1080. 2743
> aldorbealu eorlum 1677.

Alle vier verse sind zweifelhaft, da an einsilbig gerechnete *mâðm-*, *morðr-*, *aldr-* gedacht werden kann. Dann fielen die verse zu A 3.

10. Die tabellarische übersicht über diesen typus ist hiernach folgende:

Normaler typus.

1.	–́ –̀ × | –́	64+ 2*
3.	| ⏑́‿×	9
2.	⏑́‿× –̀ × | –́	28
4.	| ⏑́‿×	1
4.	–́ ⏑̀‿× × | –́	1
		103+ 2*
		[233+61*]

5.	–́ ⏑̀ × | –́	4
		4
		[6]

6.	–́ –̀ × × | –́	5
	| ⏑́‿×	2
	⏑́‿× –̀ × × | –́	2
	| ⏑́‿×	2
		11
		[16+ 2*]

7.	–́ × –̀ × | –́	3
	| ⏑́‿×	1
	–́ × ⏑̀‿× × | –́	2
		6
		[11]

Sa. 124+ 2*
[266+63*]

8.	–́ –̀ × | –́ ×	3
	| ⏑́‿× ×	1
	⏑́‿× –̀ × | –́ ×	3
	–́ ⏑̀‿× × | –́ ×	1
		8
		[—]

9.	–́ × –̀ | –́ ×	1
	–́ × ⏑̀‿× | –́ ×	3
		4
		[—]

Sa. 12
[—]

11. Ein vergleich mit den zahlen für die verbreitung des typus E im zweiten halbvers, welche in eckigen klammern bei-

gesetzt sind, zeigt ein starkes zurückweichen auf seiten der ersten halbzeile an.

F. Reste.

1. An unregelmässigen versen, denen durch grammatische correctur abzuhelfen ist, stelle ich voraus

sorh is mê tô secȝanne 473
idese tô efnanne 1942
tô lanȝ is to recenne 2094
sæcce tô sêceanne 2563.

Die heilung ist dieselbe wie in der zweiten halbzeile: einsetzung des unflectierten infinitivs, s. oben 255 f.

2. Typus –́ × | × –́ ohne mittleren nebenaccent scheint sich dreimal zu finden, wenn die überlieferung correct ist:

lissa ȝelonȝ 2151

und mit auflösung

dǣdum ȝefremed 955
nīða‿ofercumen 846.

3. Hiernach bleiben noch folgende verse übrig:

hafa nû ond ȝeheald 659.

Dieser vers kann zu E gerechnet werden: ⏑́× –̀ ×× | –́

secȝ betsta 948. 1760.

Der vers ist zu kurz; an der ersten stelle zieht Heyne das für den vorausgehenden halbvers unentbehrliche *þec* zu 948, im zweiten ergänzt er *se* vor *betsta.* Einfacher wird es sein an beiden stellen *secȝa betsta* zu schreiben, vgl. oben 232.

for scotenum 1027.

Von den herausgebern und kritikern grossenteils als unverständlich beanstandet, doch neuerdings von Kluge, Beitr. VIII, 533 wider verteidigt. Die dort vorgeführten sprachlichen parallelen haben mich indessen nicht zu überzeugen vermocht. Der vers ist sicher verderbt.

þŷs dôȝor þû ȝeþyld hafa || 1396.

Es ist schwer hier die cäsur richtig zu bestimmen, da *ȝeþyld hafa* ein sehr knapper vers ist; doch wird nichts anderes übrig bleiben als die cäsur nach *þû* zu verlegen. Dann ist *þŷs dôȝor þû*, wie auch Heyne schreibt, ganz in ordnung.

þâ côm in ȝân 1645

Lies *ȝâan* oder *ȝonȝan*, s. oben s. 269.

þæt hit sceaðenmǣl 1940

Dieser vers ist nur anstössig wenn man das überlieferte und von Grein richtig erklärte '*sceádenmǣl*' 'mit geschiedenen, d. h. in feine verzweigungen auseinander gehenden figuren eingelegt' mit Thorpe und Heyne in das grammatisch wie seiner angenommenen bedeutung nach unmögliche *sceaðenmǣl* 'verderbenbringende waffe' verändert. Ueberliefert ist der vers als regelrechtes beispiel des typus B.

Meoduscencum
hwearf ȝeond þæt reced Hæreðes dohtor 1981.

Hier gehört *hwearf* notwendig zum vorausgehenden halbvers; für *ȝeond þæt reced* ist dann ergänzung einer alliterierenden silbe nötig; dafür ist von den herausgebern längst *heá* oder *heal-* vorgeschlagen, welche beide genügen.

ȝetan wolde 2941,

ȝetan bedeutet hier 'verletzten, töten'. Die übrigen belege für dieses wort sind

sumne sceal ȝâr âȝetan — Wyrde 16ª
ȝârum âȝetan — Andr. 1145ª
fruman âȝette — Räts. 80, 8
ȝârum âȝeted — Aethelst. 18ª.

Das verbum gehört wie man sieht der ersten schwachen conjugation an, und muss also, da das *t* im infinitiv nicht verdoppelt wird, langes *ê* haben. Durch einsetzung dieses *e* wird überall auch dem metrum aufgeholfen; auch dem verse Wyrde 16, welcher ein schwellvers ist.

wrætlîcne wundormâððum 2174.

Der vers ist überladen, aber dem sinne nach vollkommen correct. Am wahrscheinlichsten dünkt mich, dass wir es hier wie in der vorhergehenden ersten halbzeile *hýrde ic þæt hê þone healsbeáh*[1]) mit schwellversen zu tun haben, die nur dadurch ungewöhnlich sind, dass sie mit normalen zweiten halbzeilen statt mit geschwellten verbunden sind.

hilderinc sum on handa bær 3125.

Wie Beitr. IX, 144 gezeigt wurde, ist zu lesen

hilderinca: sum on handa bær.

4. Nicht mitgezählt sind endlich (vgl. oben s. 222, anm.) die schwellverse und eine anzahl verderbter zeilen, nämlich 20. 62. 390. 457. 587. 653. 986. 1130. 1164—69. 1330. 1706—8. 1804. 19. 2002 f. 8. 20. 2129. 88. 2216—22. 24. 27. 29—32. 54. 76 f. 99 f. 2489. 2526. 90. 2858. 2996 f. 3042. 57. 87. 3151—57. 3173, zusammen 61 verse.[2])

---

[1]) Dieser vers ist oben s. 287 aus versehen zu A 3 statt zu A 1 resp. A 2 gestellt worden. Ich benutze diese gelegenheit um noch nachzutragen, dass auch die verse s. 304, no. 9 mit denen auf s. 279, no. 16, d und einigen auf s. 280 hätten zusammen behandelt werden sollen, und dass in den zahlenangaben s. 219 f. und 222, anm. nach den betreffenden tabellen noch einige berichtigungen vorzunehmen sind, da sich bei der correctur noch hie und da kleine veränderungen notwendig machten, namentlich einige falsche citate getilgt werden musten, deren berichtigung nicht mehr gelang.

[2]) Die fortsetzung, den sprachlichen teil enthaltend, wird im nächsten hefte der Beiträge folgen.

TÜBINGEN, 5. october 1884. E. SIEVERS.

DIE DEUTSCHE BEARBEITUNG DER ALEXANDREIS DES QUILICHINUS DE SPOLETO.

In der Zeitschrift für deutsche philologie (X, 95) hat Zacher bemerkt, dass das in einer handschrift der gräflich Stolberg'schen bibliothek in Wernigerode[1]) enthaltene deutsche Alexanderlied eine übersetzung der in lateinischen distichen verfassten Alexandreis des Qualichinus von Spoleto sei. Der zeit nach setzt er es unter die bearbeitungen desselben sagenstoffes nach Rudolf von Ems. Dagegen vermutete W. Toischer (Wiener sitzungsberichte phil. hist. classe, 1880, XCVII, p. 369 anm.) dass es vielleicht einem der von Rudolf als seine vorgänger genannten dichter, deren werke noch nicht aufgefunden sind, angehören könne. Seitdem ist weiteres weder über das lateinische noch über das deutsche gedicht bekannt gemacht. Das letztere soll in der folgenden abhandlung einer genaueren untersuchung unterzogen werden. Da diese aufgabe nicht wol gelöst werden kann, ohne vorhergehende orientierung über die lateinische quelle, so ist zunächst über diese zu handeln.

I.

Die Historia Alexandri des Quilichinus.

Das werk des Quilichinus[2]) ist uns in folgenden handschriften überliefert:

1. (P) Nationalbibliothek in Paris no. 8501. Miscellancodex. Pergament. XIV. jahrhundert. 89 blätter. Klein folio

[1]) Z b. 2. 4°. cf. Förstemann, Die gräfl. Stolberg'sche bibliothek in Wernigerode, 1866, p. 102.

[2]) Dies scheint mir die richtige namensform zu sein, cf. s. 321.

zu 4 spalten. Das Alexanderlied steht bl. 61—89. Die spalte hat durchschnittlich 34 zeilen. Einige bilder. cf. Guill. Favre, Mélanges d'histoire littéraire. tome II. Recherches sur les histoires fabuleuses d'Alexandre le Grand. 1829/30. p. 77. Berger de Xivrey in Notices et Extraits des Manuscrits etc. Paris 1834, XIII, 2, p. 207—209. — Die überschrift lautet: Incipit ystoria alexandri Regis a magistro Quilichino (abgekürzt: qlichino) metrice edita. — Von einer hand des XVI. oder XVII. jahrhunderts ist über Quilichino das wort Aretino hinzugefügt. Dies ist die veranlassung geworden für die so oft begegnende angabe Quilichinus von Arezzo. Ph. Labbé citiert (nova bibliotheca mss. librorum, Paris 1653, p. 66) P mit diesen worten: historia Alexandri Regis a magistro Qualichino (alias Aretino). — Quadrio (Della Storia e della Ragione d'ogni Poesia, Milano 1749, II, 478) macht daraus einfach Qualichino di Arezzo. — Bandini (Catalogus codicum latinorum bibliothecae Mediceae laurentianae. Flor. 1776, III, 411) schreibt: ... Qualichini Arretini ... — Fabricius (bibliotheca graeca ed. IV. cur. G. C. Harles. Hamburg 1793, III. cap. 2 (olim 8) p. 50) klammert Aretini ein. G. Favre nennt l. c. den dichter Qualichino ou Wilkino d'Arezzo, obwol er bei angabe des handschriftlichen titels Aretino fortlässt. Ihnen ist A. Ebert (Allgemeines bibliographisches lexicon, 1821, p. 412) gefolgt. Steph. Endlicher (Jahrbücher der literatur, bd. 57, 1832, Wien. Anzeigeblatt no. LVII p. 13) nennt den verfasser 'meister Wilkin von Arezzo oder nach andern Qualichin oder Wilchin, bürger oder richter von Spoleto'. G. Grion (I nobili fatti di Alessandro Magno, Bologna 1872, p. CXXXVII) bemerkt: Vilchino fu detto anche d'Arezzo, per errore non so donde derivato. Auch Ferd. Wolf citiert Qualichino di Arezzo in Jahrbücher der literatur, bd. 57, 1832, Wien, p. 172 (anm). 179 und Studien zur geschichte der spanischen und portugiesischen nationalliteratur p. 72. 74.

Diese angaben gehen, wie gesagt, zurück auf jene später hinzugefügte bemerkung in der überschrift des Parisinus. Wodurch sie veranlasst wurde, kann ich mit sicherheit nicht entscheiden. Ich vermute folgendes: dem leser schien der titel a magistro Quilichino ohne angabe seiner heimat nicht ausreichend. In der subscription (cf. s. 320) heisst es von ihm:

Civis Spolenti dum esset apud Recanatum.
Illic versificans condidit ista metra.

Ein lesefehler machte aus recanatum aretinum und das wurde in die überschrift eingefügt. Aber wie es sich auch erklären mag, jedenfalls ist nicht im geringsten irgend ein wert auf den einfall irgend eines lesers aus dem XVI. oder XVII. jahrhundert zu legen.

Das gedicht beginnt im Parisinus:

Stellarum curis Egyptus dedita quondam.

Nach der subscription des autors, die später zu betrachten ist, folgt Bl. 89 c/d ein bild, weinende männer darstellend, und darauf 31 zeilen, betitelt: Hec epitafia sunt scripta super tumulum Alexandri regis.

Die handschrift war früher im besitz des Gabriel Nandé. cf. Labbé l. c. Später kam sie an den cardinal Mazarin. cf. Berger de Xivrey l. c.[1])

2. (L) Auf der Laurentiana in Florenz. Plut. LXXXIX. Inf. cod. 46. Papier. XIV. jahrhundert. 81 blätter klein quart. cf. Bandini, l. c. G. Grion l. c. und p. 187—205. Nach Grion lautet die überschrift: Incipit prohemium in istoria Alexandri regis Macedoniae a Vilichino iudice cive spolentino metrice composita. Et primo de quatuor principalibus regnis mundi (Bandini: principibus Regni Mundi). Das gedicht beginnt:

Post Abraë legem quo (sic!) circumcisus habetur ... I, retro: Explicit prohemium. Incipit ystoria de scientia Egiptiorum et de Nectanabo rege eorum qui fuit pater Alexandri: Stellarum curis etc. Die epitaphia fehlen. Den schluss bildet hier eine moralpredigt in versen unter der überschrift: Completa Ystoria quaerit dictator huius operis, cur Deus fecit omnia mutabilia et inconstantia, cum ipse sit constans et invariabilis; et inter cetera exempla quae ponit inducit exemplum de Alexandro, qui cum fuit potentissimus non potuit stare in firmo statu nec potuit se defendere a mortali guta veneni.[2])

---

[1]) Von P kenne ich ausser den an den angegebenen stellen bereits gedruckten citaten sämmtliche rubriken und 63 verse aus dem anfang.

[2]) Auf die angaben bei Bandini und Grion, der p. 187—205 sämmtliche rubriken von L mitteilt, beschränkt sich meine kenntnis dieses codex.

3. (V) Kais. kgl. hofbibliothek in Wien no. 3154. Miscellancodex. Papier. Die (hier anonyme) Alexandreis ist 1432 in Rom geschrieben. cf. Endlicher l. c. Ueberschrift: Incipit hystoria Alexandri Magni Regis Macedonie et primo prohemium: Post Abrahae legem qua circumcisus habetur ... Am schlusse fehlt ausser den epitaphiis die subscription des dichters. Die handschrift stammt, wie Endlicher richtig bemerkt, aus der ehemaligen capitularbibliothek in Trient, und nicht, wie der titel Salisburgensis in den Tabulae angibt, aus Salzburg.[1])

4. (F) Bibliothek des kgl. Friedrich-Wilhelms-gymnasium in Frankfurt an der Oder, no. 19 der handschriften. cf. Schwarze, Programm des gymnasiums 1877 p. 27 f. Papierhandschrift in gross octav, 1464 von dem podesta Franciscus Feroldus geschrieben. Schöne, gleichmässige schrift. Das erste blatt ist abgerissen. Es fehlen mithin die überschrift, das proömium (44 verse) und noch 11 verse. Diese mit Schwarze aus V zu ergänzen wage ich nicht. Dagegen spricht folgendes: F fol. 2 beginnt mit vers 56 V. Die seite hat in F 28 zeilen. Jeder vers nimmt éine zeile ein. Der abschreiber hätte also mindestens gleich auf der zweiten zeile des ersten blattes beginnen müssen und zwar sofort mit dem ersten hexameter. Das ist bei der ihm sonst eignen papierverschwendung nicht wol anzunehmen. Zudem müssen wir auf die beiden innerhalb der verse 1—55 stehenden überschriften für F von vornherein verzichten. Sodann aber ist F, wie wir später sehen werden, nahe mit P verwant, in P aber fehlt das proömium, vers 1—44 LVB. — Am schlusse fehlen die epitaphia. Gegen das ende legt der abschreiber mehr wert auf schönheit der schrift als auf verständlichkeit des inhalts. — Diese handschrift fehlt bei Zacher. l. c. Ich wurde auf sie aufmerksam durch eine notiz, die ich bei Schöttgen, Supplement zu Fabricius bibliotheca latina (ed. Mansi, Patavii 1754) VI p. 325 fand: Wilckinus (alias Gualichinus, Qualichinus) de Spoleto, seculi XIII. scriptor, Carmen heroicum de gestis Alexandri Magni procudit, cuius

---

[1]) V kenne ich nach Endlichers auszug und einigen mitteilungen, die ich herrn dr. A. Göldlin von Tiefenau, skriptor der k. k. hofbibliothek, verdanke.

Codicem vidi Francofurti ad Viadrum apud Nicolaum Westermannum. Aus der bibliothek des 1758 verstorbenen professor Westermann ist sie in die gymnasialbibliothek übergegangen.[1])

5. (B) Kgl. bibliothek in Berlin[1]) (bibl. reg. theol. fol. 194). Miscellancodex. Papier. 247 blätter gross folio. Die drei ersten blätter sind losgerissen. Die Alexandreis, 1471 von Hermannus Steman lector ordinis fratrum heremitarum S. Augustini geschrieben, steht fol. 105c—126d. In dieser partie hat jedes blatt 4 spalten zu je 50 zeilen. Die rubriken sind in die 1—2 zeilen betragenden zwischenräume der einzelnen abschnitte hineingeklemmt. Zuweilen finden sich randbemerkungen wie proverbium, notandum, et forte verum, de 9 musis poeticis etc. Auf dem ersten blatte steht Societatis Jesu Lip. fol. 628. Ich möchte darauf hin als früheren aufbewahrungsort Lippstadt vermuten, zumal für die inneren seiten der einbanddeckel zwei enggeschriebene und schwer lesbare notariatsinstrumente aus der umgegend von Paderborn verwant sind. Die überschrift lautet:

> Incipit prohemium in historiam Alexandri magni regis Macedoniae: Post Abrahae etc.

Incipit historia de scientia Aegyptiorum et de Nectanabo rege eorum qui fuit pater Alexandri: Stellarum curis etc. Die subscription des dichters fehlt. Es folgen nach schluss des eigentlichen Alexanderliedes die moralpredigt (cf. L) und die epitaphia (cf. P), letztere in 30 zeilen unter der überschrift:

> Ptholomeus philosophus dictauit infra Carmina et fecit conscribi in tumulo Alexandri.

Der betrachtung des gedichts mögen zunächst einige notizen über seinen verfasser vorausgehen. Zu einem völlig gesicherten resultate bin ich freilich bei den sehr verwickelten verhältnissen noch nicht gelangt. Ich will daher vorab nur das von mir zusammengetragene material einer sichtung unterziehen, ohne für die ausfüllung der zu tage tretenden lücken mehr als den wert von vermutungen zu beanspruchen.

Im gedichte selbst spricht der verfasser nicht von sich.

---

[1]) F habe ich abgeschrieben und mit B genau verglichen.

Authentische angaben bietet allein die subscription. Diese lautet in *PLF*:

> Historiam (istoriam *P*) dictam dictavit carmine quidam,
> Qui Quilichinus (*P*; Qualichinus *L*; Viliclinus *F*) nomine dictus erat:
> Civis Spolenti (*PL*; Spoleti *F*) dum staret (*F*; esset *PL*) apud
> Recanatum (*PL*; Rachanatum *F*):
> Illic versificans condidit ista metra.
> Post natum Christum sunt anni mille ducenti
> Terque duodeni, cum fit istud opus.

In *PF* folgen noch 2 Disticha:

> Et correxit opus anno durante secundo,
> Ut sibi dictanti (*F*; Et sic dictanti *P*) Musa magistra dedit.
> Gregorius nonus tunc Petri sede sedebat (*F* —; sedem regebat *P*),
> Romanus princeps tunc Fredericus (Federicus *F*) erat.

Um von sicherem auszugehen, so steht fest, dass der verfasser bürger in Spoleto war, sein werk 1236 zum ersten abschluss brachte und 2 weitere jahre auf die ausfeilung verwante (durante secundo). Doch fehlt diese letzte notiz in L. Es liegt nicht fern zu vermuten, dass PF auf ein derartiges durchcorrigiertes exemplar zurückgehen, L aber auf ein (vielleicht älteres) noch nicht redigiertes.

Nicht so ganz unbeanstandet ist .. (dictavit) .. dum staret apud Recanatum. Die beiden ältesten handschriften lesen .. dum esset .., was wegen des hiatus bedenklich ist. Bedenklich ist auch der sinn. Schwarze hat Rachanatum (F) mit Rainald zusammen bringen wollen, 'welcher 1225 von Friedrich II. zum herzog von Spoleto und 1228 während dessen abwesenheit zum reichsverweser von Italien ernannt, aber 1231 wegen eigenmächtigen handelns wider abgesetzt und des landes verwiesen wurde.' Doch hat er diese vermutung selbst wider aufgegeben[1]) zu gunsten der anderen, welche in Recanatum (PL) den ort Recanati zwischen Loreto und Macerate, südlich von Ancona, erkennt. cf. Berger de Xivrey: le lieu où il composa son poëme: Récanati. Rachanatum (F) wäre dann also nur ein schreibfehler.

---

[1]) Damit fällt auch seine nicht etwa auf urkundlichem grunde ruhende vermutung über die herkunft des dichters s. 28.

Ich komme zum namen: P *Quilichinus*, L *Qualichinus*, F *Viliclinus*. Hier habe ich zunächst einen irrtum zu berichtigen, den mir zuerst Labbé begangen zu haben scheint, von dem er dann auf Quadrio, Fabricius, Endlicher etc. übergieng. Sie citieren den dichter nach P als Qualichinus. In P steht aber sowol in der überschrift wie auch in der subscription qlichinus, das ist: Qu*i*lichinus. Interessant wäre es zu erfahren, ob nicht vielleicht auch die form Qu*a*lichinus in L auf ein ähnliches versehen Grions zurückgeht. Auffallen muss es, dass in der subscription von L Qu*a*lichinus, dagegen im titel V*i*lichinus stehen sollte. Aber auch wenn Grion recht gelesen hat, entscheide ich mich doch für i in der ersten silbe: der name wird uns von drei handschriften zusammen fünfmal überliefert. 4 mal steht i, 1 mal a. Dieses éine a wird dadurch noch mehr verdächtigt, dass dieselbe handschrift, welche Qu*a*lichinus liest, an der anderen stelle V*i*lichinus bietet (Qu und V wechseln bei personennamen im anlaute nicht selten. Vergl. Walther, Ualther, *V*alter, Gualter, Galter, *Qu*alter. Förstemann, Altdeutsches namenbuch I, 1244). Was die endung anlangt, so glaube ich bei der bisherigen annahme -chinus stehen bleiben und Vilic*l*inus F als schreibfehler erklären zu dürfen. Mir scheint demnach die form Quilichinus die richtige zu sein.

Förstemann, Altd. namenb. I, 1303 kennt Willikin (Willechin, Wilechin) als deutschen namen aus dem XI. jahrhundert. Aus dem anfang des XIII. kann ich den namen zweimal urkundlich belegen. Im october 1224 bestätigt der römische könig Heinrich donationem ab Henrico, duce Saxoniae, monasterio Walkenriedensi factam pro sua haereditatis portione quam a marchione Badensi eiusque coniuge emit. Unter den zeugen, und zwar unter den ministeriales des herzogs von Sachsen, folgt auf Jordanis dapifer: Willikinus marscalcus. Der ausstellungsort ist nicht genannt. (Huillard-Bréholles, Historia diplomatica Friderici II., Paris 1852, II, 808.) — Die zweite stelle fand ich bei J. Ficker, Forschungen zur reichs- und rechtsgeschichte Italiens. Innsbruck 1869. IV. urkunde 347. Hier werden durch den bischof Paganus v. Volterra die bewohner der orte Montevultraio, Monteciniosole und Petra denen von S. Gimignano unterstellt und zu gegenseitiger hülfsleistung gegen die von Volterra empfohlen. Von den zeugen, in deren gegenwart die urkunde ausgestellt ist, heisst es: actum apud Vechennam, in curia domini episcopi, coram presbitero Michaele dicti domini episcopi capellano, Alberto clerico et rectore ecclesiae de Petra, Viniano filio domini Ugolini de Casallia, Johanecto camarlingo et Guilichino, cursore domini episcopi, qui omnibus suprascriptis interfuerunt rogati et vocati testes. Datum: 15. febr. 1234.

Vechenna, in oder bei welchem orte die urkunde ausgestellt ist, vermag ich weder auf karten noch in geographischen compendien (Repetti, Geogr. lexikon von Toskana habe ich nicht benutzen können) nachzuweisen. Vielleicht begegnet der name noch einmal in etwas veränderter form in einer urkunde des jahres 1221. In dieser werden die ortschaften des diözesanbezirks Volterra aufgezählt, soweit sie unter kaiserlicher oberhoheit standen. Da heisst es ... totum Gellum, medietatem Stridi cum pertinentiis suis, Castelvecchium, Picchenam, Foschium, Casalliam de valle Elsa etc. Picchena und Vechena dürften identisch sein. Nach G. J. Jagemann, Geogr. beschreibung des grossherzogtums Toskana, Gotha 1775 sind Gello und Casaglia (pag. 319) verwüstete örter im heutigen Vicariato di Volterra; ein Strido wird unter den dörfern des V. di Lari im Val di Fine (pag. 293) aufgeführt; Castelvecchio kommt als ortsname im V. di Livorno auf dem westlichen gebirgsabhange (pag. 308) und einmal im V. di Vico Pisano in einem winkel des tales Calci vor. Eine geographische reihenfolge scheint in jenem documente also nicht beobachtet zu sein. Ebenso wenig lässt sich nach den in der urkunde von 1234 genannten orten die lage von Vechenna bestimmt fixieren. Montevultraio liegt dicht bei Volterra. Ein Petra finde ich nur in den marken: aber sollte sich die diözese Volterra so weit ausgedehnt haben? und konnten bei so entfernter lage dieses platzes die von S. Gimignano ihm schutz gewähren?

Nach dem ausdrucke selbst: apud Vechennam, in curia domini episcopi, dürfen wir vielleicht annehmen, dass es nur eine pfalz oder ein schloss der bischöfe von Volterra gewesen ist. Nun datiert die urkunde aus einer zeit — und sie spricht selbst davon — in der wider einmal zwischen bischof und bürgern von Volterra streit ausgebrochen war. Sollte dies uns gestatten, unter Vechenna jenes schloss in der nähe von

Berignone zu verstehen, von dem Jagemann p. 321 sagt, es sei 'schon 896, da es Adelbert, markgraf von Toskana, Alboin, bischoffen von Volterra, schenkte, bekannt gewesen? Dieses war ehedem der aufenthaltsort der bischöffe von Volterra, wann sie mit den Volterranern in krieg verwickelt waren. Es wurde 1276 von den Volterranern zerstöret; aber auch wider hergestellet, endlich aber 140i vollkommen geschleifet.' Ob diese combination das richtige trifft, steht dahin. Sicher ist, dass Vechenna und (oder?) Picchena in der diözese Volterra lagen.

Wie weit sich nun diese nach Spoleto zu ausdehnte, weiss ich nicht. Die bischofsstadt selbst liegt von letzterem 24 deutsche meilen in der luftlinie entfernt. Aber die auffällige übereinstimmung, die wir zwischen namen und zeit des Volterranischen cursor Guilichinus und des dichters der Alexandreis finden, reizt zu combinationen. Dazu kommt noch dies. Die überschrift in P nennt den Quilichinus magister, in L judex. Magister konnte er als gelehrter mann, der ein epos in lateinischen distichen zu machen verstand, leicht genannt werden. Wichtiger ist die titulatur als judex. Es fragt sich, ob die überschrift in L authentisch ist. Ich bin davon überzeugt, weil sich weder im gedichte noch in der subscription eine spur findet, woraus ein leser oder schreiber den autor hätte zu einem richter machen können. Gilt also diese bezeichnung als gesichert, so fragt es sich nun, ob zwischen judex und cursor ein zusammenhang denkbar ist. In einer gesellschaft mit einem presbyter, einem rector der kirche etc. kann kaum ein zeuge genannt sein, der ein gewöhnlicher 'läufer' gewesen wäre. Ich habe den titel cursor in urkunden jener zeit und gegend vergeblich gesucht. Du Cange gibt mehrere erklärungen: apud academicos Cruscanos: cursores sonne detti in Roma i Mandatarii publici del Papa. In den Statuta Massil. I, 33 werden nuntii seu cursores curiae erwähnt. Die Charta Caroli Comitis Provinciae de pignoribus aus dem jahre 1290 setzt cursor dem executor gleich. Eine zweite bedeutung scheint cursor bei Damascius, vita Isidori zu haben: notarii qui notis verba cursim expediunt. Endlich in einer spanischen urkunde Jacobs I. 1247 ist cursor publicus gleich preco qui subhastationi praeest.

Eine beziehung zum gerichtswesen ist demnach unverkennbar. Da nun Guilichinus ein cursor domini episcopi genannt wird, so würde er einem bischöflichen gerichte angehört haben. Dazu stimmt vortrefflich der umstand, dass gerade der bischof von Volterra durch kaiserliche privilegien die volle gerichtsbarkeit für den umfang des comitats und des bistums erhalten hat. König Heinrich verleiht ihm 1186 .. de toto etiam episcopatu et comitatu Vulterrano omnem jurisdictionem et quaecunque regalia ad jus nostrum pertinent (Lami, Mon. I, 470). 1221 überträgt Friedrich II. dem bischof Paganus, in dessen dienste der cursor Guilichinus stand, potestatem etiam, judices et notarios ordinare .. (Huillard II, 43). Aehnlich heisst es in einer zu Casule gegebenen urkunde (9. sept. 1236) vom bischof Paganus: propter concessionem sibi et episcopatui Vulterrano factam de rectoribus et potestariis ponendis in terris episcopatus Vulterrani etc. (Ficker, IV no. 356).

Die ausnahmestellung des Volterranischen bischofs lässt also die erklärung von cursor als gerichtsbeamten desselben mindestens möglich erscheinen. Aber judex ist jedenfalls mehr als cursor. Dem würde allerdings nichts im wege stehen: 1234 cursor, 1236 judex. Aber immer noch bleibt eine kluft zwischen dem Volterraner und Spoletiner. Denn nur auf einen Spoletinischen richter kann die überschrift des Alexanderliedes in L hindeuten wollen: Vilichino iudice cive Spoletino. Und daran schliesst sich die weitere frage, wie derselbe mann in Recanati habe dichten können. Einer identificierung steht also immer noch eine reihe von schwierigkeiten entgegen.

Zur weiteren kenntnis des dichters könnte nun nichts erwünschter sein, als wenn wir ihm noch andere werke zuzuweisen im stande wären. Hat er noch mehr gedichtet als das Alexanderlied?

J. Simler (Bibliotheca instituta et collecta primum a Conrado Gesnero, deinde in epitomen redacta etc. Tiguri 1574) citiert Vuilkinus de Spoleto, Italus, officio judex sub Friderico Caesare, metrice composuit historiam Alexandri Macedoniae regis lib. 3. De providentia divina lib. 1. Gesta Friderici quoque lib. 1. Et alia. Claruit anno Do. 1236. Ex hibernia. Ihm folgte G. J. Vossius, de historicis latinis libri III. ed. II. Lugd. Bat. 1651 p. 784: Wilkinus de Spoleto, Italus, officio judex, fuit temporibus Frederici Bavari, ac carmine scripsit libros tres de gestis Alexandri Magni, item librum unum de gestis Frederici Caesaris, atque alia. Den Vossius wider schreibt Lud. Jacobilli, Bibliotheca Umbriae, Fulginiae 1658 p. 287 ab: Vuilkinus a Spoleto, Officio judex, fuit Contemporaneus Friderici Bauari; carmine scripsit libros tres de Gestis Alexandri Magni; item de Gestis Frederici Caesaris et alia. Floruit anno 1480. De hoc meminerunt Simblerus in Bibliotheca Vniversali et Vossius.

Nun ist die bibliotheca etc. des J. Simler ein mit eignen zusätzen vermehrter auszug aus Gesner. Dieser nennt den Vuilkinus nicht. Ob aber Lycosthenes (Conr. Wolffhardt), der ebenfalls den Gesner epitomiert hat und ihm noch näher steht, quelle für Simler gewesen ist, weiss ich nicht, da ich dessen werk nicht erreichen konnte. Wir müssen uns daher für jetzt an Simler halten.

Vertrauen erweckend ist nun der charakter der ganzen notiz nicht: ich wenigstens weiss mit dem zusatze 'ex hibernia' nichts anzufangen. Bestärkt aber werden wir in unserem zweifel durch den folgenden umstand. In der Dissertatio IV. de Poetis quam auspice Olao Borrichio Praeside etc. tuebuntur Lectissimi juvenes, Hafniae 1677 p. 122 wird Qualichinus citiert, aber nur kurz, weil de hoc Naudaeus et Reinesius uberius.[1]) Gabriel Naudé besass selbst eine handschrift seiner Alexandreis. Wo er immer auch über den dichter sich ausgelassen haben mag, dass er nicht noch andre werke von ihm kannte, geht zur evidenz daraus hervor, dass die sorgsamen und fleissigen sammler, die jene dissertatio quarta zusammenstellten und für Quilichinus den Naudé excerpierten, nur das Alexanderlied nennen.

Aller wahrscheinlichkeit nach werden daher die beiden werke de providentia und gesta Friderici nur in der phantasie Simlers (oder eines etwaigen gewährsmannes) existiert haben. Ein buch de providentia divina dem Quilichinus zu vindicieren, konnte die in der tat von der göttlichen vorsehung handelnde moralpredigt unter der p. 317 mitgeteilten überschrift: completa historia etc. leicht veranlassen. Welchen grund aber Simler

[1]) Wo, kann ich trotz vielen suchens nicht sagen.

hatte, ihm auch noch ein gedicht auf Fridericus Caesar zuzuschreiben, vermag ich nicht zu erraten. Wahrscheinlich liegt hier eine verwechslung vor, deren aufdeckung ich aber weiterer forschung überlassen muss. Vielleicht wird sie der in dem jetzigen zusammenhange völlig unverständliche zusatz 'ex hibernia' auf die richtige spur leiten. Ich begnüge mich damit, nur noch kurz auf die verwirrung hinzuweisen, die erst durch die nachtreter Simlers in die sache hineingekommen ist.

Ob Friedrich I. oder II. der held des vorgeblichen gedichts gewesen sei, geht aus keiner der angaben hervor. Dass wenigstens Vossius Barbarossa gemeint hat, zeigt der index p. 777. Wilkindus (sic!) de Spoleto: gesta Alexandri Magni et Frederici Barbarossae.[1])

Wer aber ist sein Fredericus Bavarus?

Es wäre töricht, aber man könnte doch auf die idee kommen, in ihm einen bairischen herrn zu sehen. Allein in Baiern regierte bis 1231 ein Ludwig (I.), bis 1253 ein Otto (der erlauchte), aber kein Friedrich. Ueberhaupt muss doch, da Fredericus Bavarus genau entspricht dem Fridericus Caesar bei Simler, an einen kaiser gedacht werden. Dass nun Friedrich II. zu verstehen ist, zeigen die an den artikel über Wilkinus sich anschliessenden worte:

Extremis eiusdem Friderici temporibus claruit Justinus Dominicanus. Qui inter historicos sui ordinis reponitur ab Leonardo Albero lib. IV. de illustribus viris ord. Praed. Ibidem ait: Justino in synodo XXII. generali Bononiae sub Joanne Teutonico acta anno Do. 1242 demandata fuit provincia divi Dominii vitam describendi.

Aus dem Vossius schrieb nun wider Jacobilli ab. Da er bei Vossius keine jahresangabe fand und offenbar den artikel über Justinns nicht beachtete, hielt er sich an Fredericus Bavarus, sah in diesem, ohne sich irgend welche skrupel zu machen, Friedrich III. und setzte nun irgend ein jahr aus dessen regierungszeit an. Anders lässt sich die datierung des

---

[1]) Ich muss freilich bemerken, dass ich nur die 2. ausgabe des Vossius benutzen konnte, die erst 2 jahre nach seinem tode publiciert wurde. Ich weiss daher nicht, ob jene indexangabe auch in der ausgabe von 1627 steht.

augenfällig fahrlässigen scribenten nicht wol erklären. Dagegen wird bei Jöcher IV, 752 die jahreszahl 1263 nur statt 1236 verdruckt sein.

Dies ist, was ich an notizen über den dichter zusammenzubringen vermochte. Bei der besprechung seines werkes habe ich zunächst einiges über das verhältnis der handschriftlichen überlieferung zu sagen.

Dass in P das proömium (Post abrahae legem etc.) fehlt, dass nur P und B am schlusse die epitaphia enthalten, dass nur L V F B nicht P die moralpredigt mit der rubrik 'completa historia' etc. bieten, dass endlich nur in PLF die subscription des autors enthalten ist, ward bereits in anderem zusammenhange erwähnt. Was die rubriken anlangt, so geht B fast wörtlich nach L, und beide stimmen fast durchgängig mit V überein, so dass diese drei sich vollauf darin von P und F unterscheiden. P und F zeigen wider ihrerseits die grösste ähnlichkeit in den capitelüberschriften, weniger im wortlaut als in der stellung. Beide haben weniger abschnitte als die drei anderen: P 158, L 190, obwol die verszahl ziemlich übereinstimmt. Innerhalb dieser beiden gruppen (PF und LVB) hat jede handschrift ihre selbständige stellung: keine der erhaltenen ist aus einer anderen erhaltenen abgeschrieben. Denn den fast durchgängigen übereinstimmungen zwischen P und F einerseits, V und B andrerseits stehen doch abweichungen nicht nur in den rubriken, auch nicht allein in den lesarten, sondern in der masse des gegebenen entgegen, die der annahme einer directen abhängigkeit im wege sind.

Es kommt mir in den folgenden beispielen nur darauf an, jene scheidung durch einige significante belege zu motivieren, ein detailliertes eingehen einer ausgabe des Quilichinus vorbehaltend. Einer der ersten abschnitte beginnt:

LVB: De Artaxerxe rege Persarum qui ivit contra Nectanabum et de fuga Nectanabi in Macedoniam. *PF:* ... *deest titulus.*

(Vers 57) Tum Artaxerxes Persarum rex veniebat
Contra Nectanabum, ut superaret eum.
Nectanabus fugiens Macedum tunc regna petivit:
Ignotus mansit et vagus hospes ibi.
More peregrini incognitus ipse manebat,

Doctrinis magicis quaeque futura docens.
Et quia Nectanabus liquit sua regna latenter:
Aegypti populus undique quaerit eum.
Dum nequeunt scire, in qua mundi parte lateret:
Responsum Serapis regia turba petit.
Respondet Serapis: 'Aegypti regna reliquit.
Post modicum tempus is sua regna petet.
Namque senectutem debet deponere totam,
Et iuvenis veniet ad sua regna cito.'
Hinc ingens statua fabricatur in eius honorem:
Responsum Serapis scribitur in statua.[1])

Ueber das verhältnis der handschriften innerhalb der beiden gruppen vergleiche man stellen wie

II, 108 Ex regis parte multa caterva cadit,
Inter quos Judas, qui conducebat eosdem,
Pugnando cecidit: rex dolet inde nimis.
Audit Alexander, quod victus sit Meleager:
Illi succurrit et capit inde Gadir.[2])

I, 102 Dum simul in mensa rex et regina sederent,
Cum sonitu ludens adfuit ille draco.[3])

aus dem III. buche:

Et tempus statuit quantum vellet esse sub undis *F*.[4])

Ferventi pice sunt cuncta foramina clausa
Ut rimas unda non penetrare queat *F*.[5])

---

[1]) 57 Artasasses *P*, artraxerses *B*. — 58 Natanebum *P*, Neptanabum *F*, Netanabum *VB* — centum Nat. quid superere *P*, contra Nept. quod superaret *F*, contra Nect. ut superaret *VB*. — 61 non cognitus ibi *P*, incognitus ipse *VB*, 61 *deest F*. — 62 doctrinas magicas *P*, doctrinis magicis *VB*, 62 *deest F*. — 63 linquit *F*, liquit *alii*. — 65 dum scire nequeunt qua *P*, dum nequeunt scire qua *F*, nequit scire *V*, 65 *deest B*. — 66/67 *VF* — Responsum Serapis Aegypti regna reliquid *P* (reliquit) *B*. — 68 *VB* — huius sua regna petenti *P*, saue sua regna petet *F*. — 69 componere *B*. — 70 *VB* — terra *P*, tecta *F*. — 71 hinc quedam statue fabricantur *P*, h. quaedam statua fabricatur *F*, h. ingens st. *V*, h. maxima st. *B*. — 72 *PV* — Sarapis *F*, Seraphis *B*.

no. Machabaeus
[2]) 109 Judas *V*, Judas *B*, Samson *F*. — 111 fuit *B*, sit *VF*. — 112 et capit inde Gadir *F*, concutiens undique Gadir *V*, Illic succurrunt cives undique G. *B*.

[3]) 103 ludens affuit *B*, laudans aufugit *F*, ridens adfuit *P*.

[4]) sic ipsis statuit quantum velit *B*, ex ipsis stat. *P*.

[5]) ut maris ... *P*, ut maris unda non transmeare qu. *B*.

Die vorstehenden belege müssen für unsern zweck, nur vorläufig über dies lateinische Alexanderlied zu orientieren, genügen. Obwol ich mir eine grosse masse von lesarten angemerkt habe, wage ich doch noch nicht die anschauung, die ich von dem verhältnis der handschriften zu einander gewonnen habe, zu einem stemma zu formulieren, besonders weil mir eine genaue collation von L fehlt.

Ein punkt ist jetzt noch in der untersuchung der lateinischen vorlage für das deutsche Alexanderlied zu erledigen übrig: er betrifft die quelle des lateinischen gedichts.

Fabricius (cf. p. 316) hat sie bereits in der historia de preliis geahnt. (Endlicher und Schwarze schreiben dieses verdienst dem Quadrio zu. Dies ist nur dann richtig, wenn, was ich nicht verfolgen konnte, die in der Harlesschen ausgabe des Fabricius von 1793 stehende notiz nicht enthalten war in der ersten ausgabe von 1705—1728. Quadrio schrieb erst 1749.) Da aber diese frage an dieser stelle nur ein secundäres interesse beanspruchen darf, da uns ferner — und dies ist der hauptgrund — endlich begründete hoffnung geworden ist, in bälde einen nach philologischen principien kritisch redigierten text der historia de preliis zu erhalten, so glaube ich es mit gutem grunde unterlassen zu dürfen, nur nach der einen oder der andern einzelhandschrift die sache erledigen zu wollen. Ich werde hier daher gar nicht den versuch wagen, über das nähere abhängigkeitsverhältnis des Quilichinus von seiner quelle ein urteil zu fällen, sondern nur die vermutung des Fabricius in einigen punkten zu begründen suchen.

Quilichinus citiert seine quelle niemals mit namen. Er spricht überhaupt nicht von benutzung irgend welcher werke ausser an zwei sehr allgemein gehaltenen stellen, in der praefatio: ut tradunt quidam, qui sacra scripta legunt, und zu anfang der eigentlichen erzählung:

Praesens historia non narrat singula metro,
Quae de Nectanabo scripta referre solent.

Die an zweiter stelle genannten 'scripta' bedeuten für uns so gut wie nichts: denn ausführlich wird die vorgeschichte von dem ägyptischen zauberer und könige in allen uns erhaltenen handschriften des Pseudokallisthenes, in der den fehlenden anfang des Julius Valerius ergänzenden historia und in vielen Alexanderliedern erzählt.

Dass die quelle des Quilichinus zunächst zur alexandrinischen recension gehört, ersieht man schon daraus, dass die genauere erzählung von der unterwerfung Griechenlands, die nur in AV 1,45—2,6 M.[1]) steht, und die eben erwähnte fabel von der ägyptischen abstammung Alexanders ausführlich behandelt wird.

Wichtige übereinstimmungen aber geradezu mit der historia de preliis (hdp.) sind, dass sie gemeinsam die erwähnung des zuges nach den quellen der unsterblichkeit (Zacher, Ps. Kall. p. 133), ferner die in AV überlieferte expedition und den tod des Philo (PK. III, 17), ebenso die säulen des Sesonchosis nebst ihrer inschrift (PK. II, 31) auslassen; dass der in der hdp. 'erhaltene echtere zug' von Alexanders eigner unterredung mit Serapis auch von Quilichinus beibehalten ist; dass die luft- und taucherfahrt Alexanders am ausgang aller wunderfahrten und zwar in dieser reihenfolge: erst luft- dann taucherfahrt gelesen wird. Endlich sei noch ein beispiel erwähnt, das vielleicht, wenn uns das gesammte kritische material der abweichungen unter den einzelnen handschriften der hdp. selbst vorliegen wird, einen wink über die speciell von Quilichinus benutzte redaction geben dürfte.

Die Pariser handschrift 1711 (A) des Ps. Kallisthenes und Julius Valerius schliessen bekanntlich das zweite buch mit den ereignissen, die dem tode des Darius unmittelbar folgen, speciell in A mit einem briefe des Alexander an seine verlobte. In diesem briefe kommt folgende stelle vor: *γράφων Ὀλυμπιάδι τῇ ἐμῇ μητρὶ περὶ ἄλλων τινῶν ἀνηκόντων ἡμῖν πραγμάτων προςενετειλάμην ἐν τῇ γραφῇ τὸν γυναικεῖον κόσμον καὶ τὸν ὁματισμὸν Ῥοδογούνης τῆς μητρὸς Δαρείου καὶ τῆς τούτου γυναικὸς Στατείρας πεμφθῆμαι ἡμῖν.*

Das schreiben aber, das diese aufträge an die mutter enthalten haben soll, geht dieser stelle weder voran noch folgt es. Anstatt dessen beginnt A sogleich den indischen feldzug:

---

[1]) Die Siglen sind nach Zacher, Pseudo-Kallisthenes.

τὴν ὁδοιπορίαν ἐποιεῖτο πρὸς Ἰνδούς, ebenso V: in Porum ducit exercitum.

Es lag nun nahe, zunächst diesen mangel auszufüllen. Aber das war den verfassern der jüngeren und der sogenannten interpolierten recension nicht genug. Die andeutung, dass Alexander an seine mutter geschrieben habe, war zu verlockend: so liessen sie denn noch einen brief folgen, der ebenso lang wurde, wie das ganze in AV überlieferte zweite buch, aber wider mit den grössten abweichungen unter einander. cf. Zacher, Ps. Kall. p. 132 ff.

Nun hat allerdings auch die hdp. wenigstens den kern der in LBC folgenden erzählungen, aber an ganz anderer stelle, nämlich innerhalb der epistel an Aristoteles über die wunder Indiens und auch in anderer reihenfolge.

Und diese partie, die nach Zacher den capiteln (in der Müller'schen ausgabe) des Ps. Kallisthenes II, 33. 36. 37. 38, III, 28. 17. 18 entspricht, verläuft auch im gedicht des Quilichinus in gleicher folge (L fol. 55—60). Nur der inhalt von II, 38 kommt erst später, während die von Zacher an die spitze gestellte erzählung von II, 32 in unserem liede dem entscheidungskampfe mit Porus vorangeht.

Endlich sei noch auf eine interessante erscheinung hingewiesen.

Der gang der erzählung, wie er in dem lateinischen gedicht des Quilichinus vorliegt, stimmt mit einigen minimalen abweichungen genau zu dem italienischen prosaroman des XIII. jahrhunderts, der von G. Grion, I Nobili Fatti di Alessandro Magno, Bologna 1872, herausgegeben ist: so genau, dass bei einer eingehenderen untersuchung wol auch bedacht zu nehmen wäre auf den merkwürdigen schreibfehler, den sich einmal F (des Quil.) in einer überschrift 'de equo Bucifalisco' zu schulden kommen lässt. Dieses versehen deckt sich genau mit dem in der handschrift C des italienischen prosaromans (IPR): auch dort heisst es einmal 'Bucifalasso' (cf. Grion p. 16, lesarten). Bei einer quellenuntersuchung des Quilichinus muss also stete rücksicht auf diesen roman genommen werden. Ob Grion mit seiner annahme einer französischen quelle für das italienische werk recht hat, steht sehr dahin. Sein einziger grund lautet p. CLXIX: Il testo di lingua, che diamo in luce, è versione dal francese; il che persuade, oltrechè lo stile, qua e là qualche voce poco italiana: ottoleato, feij, dopoieri, tartuche, grecesca lingua, dibuccare, dibuccatore. L'originale francese, che dovea essere del secolo XIII., non mi è noto.,

Ich habe das vorkommen der sieben worte, die nach Grion 'poco italiano' sind, nicht gezählt; oft werden sie jedenfalls nicht gebraucht. tartuche z. b. ist mir nur éinmal begegnet. Ob trotzdem seine vermutung mehr als eine bis jetzt noch wenig begründete subjective ansicht ist, werden wir also, bis uns reale anknüpfungspunkte geboten werden, noch unentschieden und unentscheidbar lassen müssen.

Der stil des lateinischen gedichts ist durchaus im character des XIII. jahrhunderts, erträglich und verhältnismässig rein. Eigennamen und fremdwörter machen dem dichter bei der versbildung einigermassen zu schaffen; aber sonst hält er die gute mitte, und ebenso steht es um die gesetze des hiatus. Fehlende distichenhälften möchte ich nicht mit Endlicher auf das conto des dichters setzen: in der regel ergänzen sich die verschiedenen handschriften, deren copisten nicht immer so pflichtgetreu arbeiteten, wie an einigen stellen der podesta Feroldus, der, offenbar weil er seine vorlage nicht lesen konnte, zweimal den raum für die dorthin gehörigen verse offen liess.

Jedenfalls ist die Alexandreis des Spoletiners — zumal schon durch Favre, Endlicher, Berger de Xivrey ausreichende anregung gegeben war — ein werk, das wol schon früher verdient hätte, dem vermodernden staube der bibliotheken entrissen und dem gesammtmaterial für eine kritische durchforschung der sagen über den makedonischen heldenkönig einverleibt zu werden. Denn nicht nur als mitangehörig der alexandrinischen recension, nicht nur als versification des werkes des archipresbyter Leo und bei dessen untersuchung von wichtigkeit, sondern auch als eigne geistes- und dichterschöpfung darf sie mit gutem recht ein eignes interesse beanspruchen. Und dieses interesse wird noch dadurch erhöht, dass sie wider als einer der durchgangspunkte der Alexandersage nach dem norden erscheint und quelle geworden ist für ein ebenfalls noch bis jetzt so gut wie unbekannt gebliebenes Alexanderlied bei den Deutschen.

II.
Daz puch: der grosz Allexander.
A. Die handschrift.

Die Wernigeröder handschrift des deutschen Alexanderliedes stammt nach der subscription[1]) aus dem ende des XIV. jahrhunderts. Auf eben diese zeit weisen einband und papier. Ersterer besteht aus festen holzdeckeln in rotem lederüberzug mit je zwei starken eisenknöpfen auf vorder- und schlussdeckel. Auf der innenseite des vorderdeckels steht oben in éiner zeile geschrieben das ganze alphabet in den formen, wie es im text verwendung gefunden hat; auf dem schlussdeckel liest man: Vbi sampson vir fortissim⁹ | vbi salomon prudentissim⁹ | vbi allexander magnanimus | aut vbi dariβ. Diese deckel halten in sich 135 blätter ziemlich dicken papieres zusammen. Die seiten sind durch eine anzahl linien in neun rechtecke geteilt, deren mittelstes und grösstes beschrieben ist. Die verszahl der einzelnen seiten schwankt zwischen 20 und 27; in der mitte des gedichts ist 25 die norm.

Das erste blatt ist leer geblieben. Der text beginnt auf dem zweiten mit folgender überschrift: 'Hie hebet sich an daz puch der grosz allexander[2]) vnd sagt ganz vnd gar wie er

[1]) 'Do man zalt vō Cristus gepurt dreyczehen hundert iar vnd in dem Syben vnd Newnczigstem Jare an sant Oswalcz tag do wart daz puch vollen auzz geschriben amen' (sonntag, 5. august 1397).

[2]) Einen ähnlichen titel führt eine handschrift aus dem jahre 1466, die 1873 aus dem Kesser'schen nachlass für die strassburger universitätsbibliothek erworben ist (nr. 350). Sie beginnt:

Das ist der gross Allexander.
Got vat' hr' jesu christ
wenn dein gnad vnczergenkchleith ist
vnd dein mynn
nu vleich mir her die synn

Schluss:
das vns das alles wider var
so sprecht all amen gar
Amen deo gracias Im LXVI Jar

Es ist ein gedicht des Seifried.

all werlt vnder sich zoch wie er sie betwang daz sie im zins musten geben vnd wie er auch starb vnd wo er auch sein Ende nam ....'

Um die beschreibung des äusseren der handschrift zu vervollständigen, sei erwähnt, dass die anfangsbuchstaben der abschnitte abwechselnd rot und blau gemalt sind, sich aber sonst nicht von den die verszeile beginnenden buchstaben unterscheiden. Besonders grosse initialen stehen nur 1065. 2599. 3337. 4107. 4136. 4426. 6377. Im anfange mehr als gegen den schluss findet sich auch der erste buchstabe eines jeden verses, ja oft sogar jeden wortes rot gezeichnet. Mit gleicher farbe werden schreibfehler getilgt, radierte stellen übermalt, an kurze verse kritzeleien angehängt u. dgl. m. Da oft mitten im verse ein wort, das falsch begonnen war, rot durchstrichen ist und mit dem richtigen in der zeile selbst fortgefahren wird, so mag wol schreiber und rubricator in éiner person vereinigt gewesen sein.

Die schrift bleibt sich fast durchgängig gleich; auf schönheit macht sie gerade keinen anspruch, aber sie ist doch ziemlich leserlich.

Abbreviaturen sind selten: *-er-* in uns*er*, p*er*ser, p*er*sian; *-us*, *-um*, werden mit den bekannten siglen, aber durchaus nicht regelmässig, widergegeben. Nicht aufgeklärt sind wir in bezug auf die doppelpunkte, mit denen der schreiber die worte überreich und augenscheinlich ohne leitendes princip beschenkt hat. Sie stehen bald über dem vocal, bald über einem consonanten, oder verteilen sich auf zwei buchstaben zugleich. *h*, *k*, *v*, *z* unterscheiden sich als grosse und kleine buchstaben nicht in der form, nur in der grösse. Als majuskel von *f* dient *ff*. In der lautbezeichnung der vocale herrscht wenig auswahl: für *u, ü, uo, ue, üe* gilt dasselbe zeichen *u, ü* (und zwar auch *ü* für *u* ohne unterschied); für *ê, e, ë, æ*, steht allein *e*. Beachtenswert ist die beliebtheit des diphthongen *au*, der ohne erkennbare regel hier und da für *â* eintritt wie in *mausz* — *mâze*.

Mannichfach sind dagegen schnörkeleien bei den consonanten, besonders den spiranten. Wir finden 2209 *groz*; 13. 52. 77 *grosz*; 37. 70. 139 *grozz*; 4. 2248 *grosten*. — 229 reimt *kreisen* : *fleizzen* (= *krîzen* : *vlîzen*). — 14. 147. 411. 511

geheiszen (auch mit *ai*). 2913 *haiz.* — 2548 *speisz* (= *spiez*). 112 *susz.* 170 *alsus.* 427 *suzz* etc.

Nach diesen einzelheiten wird man sich leicht ein bild von der handschrift machen können. Noch ist auf éinen punkt hinzuweisen, der uns eine spur für die frage nach ihrer herkunft gibt: allerdings führt sie nicht über den namen eines ihrer vormaligen besitzer hinaus. Rechts in der unteren ecke des 2. blattes steht der name Justi Jacobi Leibnitz.

Nun gab es einen deutschen theologen dieses namens, der 1612 in Risselbach geboren und in Nürnberg als pastor primarius an der Sebalduskirche 1. mai 1683 gestorben ist (Moniteur des Dates, Ed. Marie Oettinger). Das 'Nürnbergische Gelehrten Lexikon oder Beschreibung aller Nürnbergischen Gelehrten beyderlei Geschlechts von Georg Andreas Will, Nürnberg und Altdorf 1755, II, 418' lässt ihn 1610 geboren sein und fügt hinzu, er habe sich als 'der Republik Bibliothekarius' gewisse verdienste erworben.

Wie aber — wenn der im codex sich nennende J. J. Leibnitz identisch ist mit dem Nürnberger theologen und bibliothekar — wie unsere handschrift aus dessen besitz in die gräflich Stolberg'sche bibliothek gekommen ist, habe ich nicht in erfahrung bringen können, da an ihrem jetzigen aufbewahrungsorte kein anknüpfungspunkt gegeben wird.

B. Das verhältnis zur quelle.

In dem schlusscapitel des gedichts, das in der eben beschriebenen handschrift enthalten ist, redet der anonyme dichter von sich selber, wie er mit lust und liebe auf die *swinde mer* gelauscht habe, und wie er so *nach seines herczen gir* veranlasst sei, das lateinische buch,

> daz ain maister gut vñ fein
> Hat mit tycht geczieret
> mit versen gefloriert,

in sein geliebtes deutsch zu übertragen. Den titel dieses buches (*dycz puch vand ich in latein*) und den namen seines verfassers nennt er nicht.

Wir erfahren also nur, dass das deutsche gedicht eine übersetzung und zwar eines lateinischen gedichts ist. Auch eine zusammenstellung der ausdrücke, mit denen er auf seine quelle anspielt, führt zu keinem specielleren resultat.

Abgesehen von drei stellen, an denen er sich auf die bibel beruft, ohne doch aus ihr einen individuellen zug zu nehmen (7. 43. 75), gehen alle anderen citate auf die ihm zur übersetzung vorliegende dichtung. Dabei wechselt er ab: am häufigsten spricht er bloss von dem *puch*, entweder in der verbindung mit *als ez sagt* (112. 2664. 3326. 3774), oder *nach dez puches sag* (2518. 3718. 3926. 3988), oder *als ich an dem puch laz* (3922. 4885. 5477. 5519), *als mich daz puch beweisen tut* (3952. 5539. 3690. 5677); ebenso oft auch ohne den zusatz von *puch: als ich han gelesen, vernomen* etc. (32. 3316. 3806. 5535. 5631. 6281), oder endlich für *puch* steht *abenteur: als mir die abenteur veriach* 4753, *nach dez abenteur sag* 5383.

Dass nun das 'buch' und die 'abenteuersage' in der tat die Alexandreis des Quilichinus ist, zeigt der umstand, dass ihr der Deutsche in der anordnung und grüppierung des ganzen, in der darstellung fast bis ins einzelne nachfolgt: alle die dem Italiener eigenen individuellen züge macht er mit; wenn auch nicht immer zeile für zeile, ein distichon durch ein reimpaar, ins deutsche übersetzt ist, so wird doch eine grössere reihenfolge von versen stets ihrem sinne nach treu widergegeben.

Es lässt sich sogar ziemlich annähernd bestimmen, auf was für eine handschriftengruppe die deutsche übersetzung zurückgeht. Sie muss eine mittelstellung zwischen F und B resp. ihren vorlagen, eingenommen haben, und zwar näher zu F stehend.

Zu 1488 *licrus* bietet F lucrus (Lokri?). B hat die auffallende abweichung pergamus.

Zu 5562

Ez komēt vil wilder tyer
In dem waszer vil schier

stimmt concurrunt undique cancri F. B hat procellae undique surgunt.

Zu 2032 f. *ich Wil hie opffer bringen* gibt F illico sacra parat, B illicita facta facit.

In LB fehlt die ganze partie, die uns das deutsche gedicht 4029—4051 erzählt und die in F 16 verse in anspruch nimmt.

LBF Hinc decies senis terram peragrando diebus
F Desertos campos regia turba petit.

es folgen 14 verse, dann der 15.:

F Post hoc pergendo viginti quoque diebus
LBF In magnam vallem regia turba venit.

Dass aber trotz der übereinstimmungen nicht die vorlage für F von dem Deutschen direct benutzt sein kann, beweist ausser leichteren abweichungen evident 1733, wo vanus populus B die übersetzung *die torn* veranlasste. F hat iratus. Dies ist nicht etwa conjectur oder willkürliche änderung; auch IPR bietet hier 'corrucciati'.

Ein urteil über seine quelle erlaubt sich der übersetzer nicht; der ausruf 5693 *Wann ez nit gelaubig ist* steht parallel dem zweifel des Quilichinus

quae non credenda noluit ipse loqui.

Nur 5629 vnd mer als ich gelaubñ wil

und 5780 daz ich da võ nit sagen wil
Wann ez vngelaubig
ze sagen, daz waiz wol ich

scheint nicht auf vorgang des Italieners zu basieren.

Es sei nun im folgenden zunächst ein bild von der tätigkeit des Deutschen als übersetzers entworfen.

I. Kürzungen.

Man kann die beobachtung machen, dass überall da der lateinische text nicht in seinem vollen umfange widergegeben ist, wo der Deutsche ausdrücke gebraucht wie: waz sol ich sagen mer, daz ich daz nit mit worten kan schreiben noch beschroten etc., vgl. 1539. 5272. 5357. 5780. 5857. 6235. 6265. 6366. — 3311—3322. 3998—6060. — In den meisten fällen aber geschieht die kürzung stillschweigend.

Oefter widerkehrende kurze bemerkungen wie z. b. Quil. fast nach jedem grösseren gefechte die gefallenen auf Alexanders geheiss begraben werden lässt, übergeht der Deutsche ganz. Stellen, die durch aufzählung von details langatmig werden, unterlässt er fast immer zu übertragen. Die geschenke, welche die eingeborenen von Phasiaka dem eroberer überbringen, sind mit dem namen des landes ganz ausgelassen;

die, welche Candace ihm schickt, auf einige wenige reduciert (4930 ff.).

5757 Daz volk enpfieng in schon
vnd lobten seiner kron
Huld vnd vndertenickeit:
dez ward der her vil gemait

enthält in allgemeinen worten alles, was ihm auf seinem rückwege nach Babylon begegnet. —

Ein gleiches schicksal trifft die im lateinischen mit post hoc, inde venit oder ähnlich eingeleiteten aneinanderreihungen von eroberungen und expeditionen. Der zug gegen Ascalon (L Scalona B Sicilena) lautet

er schikt sein volk auf vnd ab
zu betwingen leut vnd land. 812.

Von der schlacht am Granikus hört man weiter nichts, als was die persischen satrapen auf einen brief des Darius antworten:

du wisz pey vnserm leben:
Du nennest Allexandrum ain kint!
Wisz, daz wir võ im sind
kurczlich in grozzẽ schaden komẽ.
host du dez, her, nit vernomen?
Daz dunkt vnpillich gar.

Im lateinischen folgt auf die, (drei distichen umfassende) epistel:

Interea quidam veniens narrans mala multa
Et quod Alexander tendere castra parat
Ad fluvium quendam, qui nomine stragna vocatur.

Die gleiche wendung gibt der sache IPR, nur mit dem richtigen namen come Alessandro con sua gente era venuto insino al fiume che si chiama Granico. — Die schlacht im tale Josaphat und die einnahme von Gaza, ferner das bad im Kydnos fehlt ganz: auffallender weise in übereinstimmung mit IPR. — Dem deutschen gedichte allein fehlt die episode von der huldigung der Trojaner am Skamander (so IPR; Quil.: stragmagor):

. . Respondet quidam: non tot descripsit Homerus
Ex his qui Trojam supposuere sibi,
Quam de te possum iam nunc describere laudes;
Cui plus quam Danais prospere cuncta favent.;

ebenso fehlt die episode nach der einnahme Thebens: die klage des Ysmon (P. Kall: Ismenias) über die zerstörung seiner vaterstadt; das orakel über ihre widerherstellung, und der dreifache sieg des Thebaners Clitomatus (B. — mascus F. — P. Kall. Klitomachus) in den isthmischen spielen, durch den das orakel erfüllt wird. —

Ein anderes beispiel liefert der anfang des III. buchs: die schilderung des von Cyrus erbauten thrones.

(nach F) Tunc sedit sede quam Cyrus struxerat olim,
Structuris variis quae variata manet.
Miris sculpturis, gemmis splendescit et auro
Quae septem cubitis eminet alta satis.
Et septem gradibus altis ibatur ad ipsam,
Quorum materies sic variata fuit
Hic ametistus adest speciesque secunda smaragdi
Atque topacius est tercius ex gradibus.[1])

In dieser ausführlichkeit geht es weiter: erst werden die edelsteine der reihe nach aufgezählt, dann

Quod (F, ex VB) variis gradibus sedes regalis aditur
Virtutes varias (F variis) regibus esse notat ...

es folgt die mystische deutung der eigenschaften, einige 30 verse füllend. Wie gibt dies der Deutsche wider?

2887 Auf ainē stul da sazz
Allexander — der waz
Von cyro gemacht
vnd dar zu gedaht
Von gold vnd von gestain —
dor auf saz der rain.

Bedeutende kürzungen haben sich die briefe, besonders des brachmanenkönigs Didimus, gefallen lassen müssen. Die zweite epistel des Alexander an die Athener (im IPR nur durch die handschrift C erhalten) fehlt ganz.

Ein gewisses princip lässt sich hierbei nicht ableugnen. Einige wenige auslassungen abgerechnet, ist das bestreben wol

---

[1]) 1 Tyrus persarum rex magnus str. olim Regalem sedem quae fabricata fuit Miris sculpturis gemmis splendebat ... *VB.* — 5 ipsum *VB.* — 6 vocitata *VB.* — 7 Primus amethisti species secundus smaragdis ((*B*) — i *V*) *VB.* — 8 etc. theoposius *B*, thop. *V.*

ersichtlich, lange aufzählungen von einzelheiten möglichst zu vermeiden und überhaupt alles, so weit es geht, ins allgemeine zu ziehen. Das letztere geschieht allerdings meist auf kosten des eigentlich geschichtlichen kerns. Ueber die berechtigung dieses verfahrens liesse sich mit ihm rechten. Aber eine gewisse anerkennung darf man ihm auch nicht verweigern, wenn man weiter erwägt, dass jenes bestreben zu kürzen und zu generalisieren nur den zweck verfolgt: überall Alexander und nur ihn allein als den helden der erzählung hervortreten zu lassen. Hierfür nur éin beispiel. Während die aufzählung von geschenken etc. stets abgebrochen wird, hat der Deutsche seine abneigung gegen detaillierte ausführlichkeit wol überwinden können, als es sich darum handelte, durch aufzählung der unterworfenen länder den erobererruhm seines helden zu mehren. So einmal in der rede der königin Candace (in unserem gedichte Candiacis genannt) 5267 ff. und noch ausführlicher in der säuleninschrift 5886 ff.

Und wie auf diesen Alexander kein schatten fallen sollte, der den charakter grösster heldenhaftigkeit trüben könnte, das ersieht man bis zur evidenz aus der darstellung seiner botenfahrt in das lager des Darius, die uns zugleich zu der zweiten art der abweichungen vom lateinischen text überleitet.

II. Eigene darstellung.

Alexander ist verkleidet als spion in das lager des Darius gegangen. Bei dem mahle, das ihm Darius vorsetzt, steckt er alles geschirr ein. Dem fragenden könige erklärt er sein eigentümliches gebahren damit, dass es am makedonischen hofe so sitte sei. Hierauf fährt der dichter fort:

(2473) Doch liez er all da
daz geschyrr yesa.
Die ritter retten vnder in:
'Hat Allexander den sin,
Wir sullen zu im kerren:
So mag sich selden meren
Vnd hailes vil.'
In dem selbñ zil
Schied allexander dann:
Dez pesten so er kan.

Wie anders bei Quilichinus!

Ein conviva Angepolus erkennt den makedonischen könig und teilt seinen genossen die entdeckung mit.

Sed macedum princeps, dum murmura sentit eorum,
  A mensa saliens cepit inire fugam.
Candelas quasdam quas quidam Persa tenebat
  Accensas manibus eripit ille suis.
Post ascendit equum, quem tunc dimiserat extra:
  Lumine portando fortiter ipse fugit.
Concurrunt Persae; nituntur prendere regem ...

Und nun folgt die anschauliche schilderung der nächtlichen verfolgung. Im deutschen könnte nur der ausdruck *dez pesten so er kan* an einen gezwungenen aufbruch Alexanders erinnern.

Eigenmächtig ist ferner die gruppierung der ereignisse vor und nach dem tode des Darius (48ᵇ ff.), cf. s. 357. Den besuch Alexanders bei der gefangenen persischen königsfamilie, den hier der Deutsche eingefügt hat, findet man sonst nicht: aber die idee lag nicht fern. Aus dem zusammenhange erklären sich änderungen wie die, dass er Nicolaus, der bei Quil. deutlich rex Aridorum genannt wird, zum beherrscher des Peloponnes macht. Es scheint auf einem missverständnis zu beruhen: cum cunctis sociis vadit in pelopenses: Rex Nicolaus obvius exit ei (vers 417). cf. s. 347.

Aber es finden sich nun auch änderungen, die das eigne werk des deutschen verfassers sind und die zum teil aus abweichenden ansichten und gefühlen resultieren.

Beachtenswert ist in dieser beziehung 4752 ff.:

Auf dem (paumen) er siczē sach,
  als mir die abenteur v'iach,
Ain vogel, der gab solhen schein
  Reht als die clar sunne fein.
So glast sein gefider
  auf vnd auch nider,
Daz ez kainn menschen aug
  gesehen moht one laug
ffenix waz er genant.
  Ir wirt nym̃er erkant
In der werlt, dan ainer allain.
  Wann er vō alter wirt so sain,
Daz im sol engan die kraft:
  so hat er solich maisterschaft,

Daz er auf ainē hohen perg
fleugt, da er sich erserg
Vnd macht da vō holcz ain fewr
als in lert sein natur:
Dar in er sich verprennē tut.
So dan erlescht der flammē glut,
Da wechset dan ain würmlein,
daz wirt zu ainē fogellein,
Dar auz ein ander fenix wirt,
der nym̄er ander vogel pirt.

Dagegen erzählt Quilichinus:

Cristatas fauces et caput ipse gerit
Vertice gestabat cristam pavonis ad instar.
Cristati speciem continet ipsa gula.
Auri fulgores in se cristatus habebat.
Gutturis ipse color mixtus adornat avem.
Purpureusque color caudam depinxerat eius
Non sine ceruleo pulchrior inde manens.
Et roseis pennis fulget pars ultima caudae:
Ex omni parte sic avis ipsa nitet.

Ebenfalls das aussehen des Phönix erzählt IPR s. 142 Grion. Leichte anklänge an Lactanz, de ave Phoenice erkennt man sowol für die lateinische (vers 125 ff. im Lact.) wie für die deutsche fassung (31. 68. 72 ff.), ohne doch sagen zu dürfen, dass die eine oder die andere aus ihm als directer quelle geschöpft habe. Die phönixsage mit ihrer religions-symbolischen deutung wird damals allgemein bekannt gewesen sein. Das auffallende ist nur, dass den deutschen dichter gerade der tod und das im tode widererstehende leben als das interessantere anzog und dass er darüber die farbenpracht zu schildern ganz vergass. Ist es erlaubt, so möchte ich hier anlehnung an eine deutsche schilderung vermuten, die wir in dem altdeutschen physiologus finden (Massmann, Gedichte des XII. jahrhunderts II, 324). Auch hier wird nur die vorbereitung zum selbstmorde in ganz ähnlicher form erzählt, von dem äussern des vogels nichts.

Noch zweimal zeigt sich eine gleiche, bewusste abweichung von der vorlage in grossem masse. Die etwas unruhig bewegte und rohe schilderung vom tode Alexanders, wie sie Quil. gibt, ist im deutschen gemässigt: die scharfen ecken sind abgeschliffen, über das ganze ein milderes licht ausgegossen.

Der übersetzer konnte den totwunden, allein durch gift bezwungenen helden nicht vom tische aufstehen und sagen lassen:

Vos precor, ut possum, comedatis prandia laeti,
Nec meus iste dolor singula corda gravet. (!)

Er mag nicht die königsgemahlin bitten lassen:

Si, rex, formidas, quod mortis fata propinquent,
Nunc testamentum condere, queso, stude. (!)

Er vermeidet die verirrung seiner quelle, die sogar die mörder von Alexander belehnt werden lässt, ja sogar, obwol Alexander seine mörder kennt und nennt!

Cassanderque Jobas talia dona ferant
Terram convictam fluvio qui Sol vocitatur.
Ipsorum genitor Ciliciamque regat
Quamvis indigni sint nati cum genitore.
Non mala pro pravis, sed bona reddo malis.

Eingehendere betrachtung verdient zum schluss die bereits öfter herangezogene Candaceepisode, 4884 ff. Auch hier könnte man die unterschiede wider kurz so prädicieren: wo Quil. breit wird, ist gekürzt, und das derb-grobe in das feinfühlig zarte gezogen. Diese episode heimelt den leser als etwas echt deutsches an, er spürt einen nachklang der deutschen minnelyrik: in das herz Alexanders wie der Candiacis stiehlt sich die minne, die heimliche, wechselseitige sehnsucht nach dem unbekannten und fernen geliebten. Beide erfassen sogleich die gelegenheit sich zu sehen: die schwiegertochter der Candiacis ist geraubt, ihr gatte kommt weinend zur mutter und klagt sein leid. Sie tröstet ihn und schickt ihn zum Alexander mit der bitte, ihm um ihretwillen zu helfen. Alexander ist sofort bereit, geht unter dem namen des Antiochus (dem echten Antiochus übergibt er während seiner abwesenheit die herrschaft) mit Ptolemäus und dem Candeolus, jenem sohne der Candiacis, zu dem räuber und erzwingt durch die drohung, Alexander werde einen rachezug gegen sein land unternehmen, wenn er die geraubte dame nicht freilasse, deren auslieferung. Auf des Candeolus einladung folgt er ihm zur mutter, die die nähe des geliebten sofort ahnt. Ein portrait, das sie sich früher von Alexander zu verschaffen gewusst, gibt ihr gewissheit. Um ihn auf die probe zu stellen, führt sie ihn zum wunderbette, das einige ähnlichkeit mit dem des Klingsor im Parzival hat. In seiner bedrängnis tritt sie dann zu ihm und nennt ihn bei seinem richtigen namen Alexander. Er muss sich endlich zu erkennen geben und beide gestehen sich ihre gegenseitige liebe (4980 ff.).

Ein ganz anderes bild entrollt uns der Italiener. Candeolus flieht nach dem raube seiner frau sogleich in das lager Alexanders, der nach einer langweiligen belehrung an Ptolemäus, wie dieser sich als pseudokönig zu verhalten habe, unter fremden namen (Antiochus) ihn begleitet. Aber nicht er, sondern die bürger der stadt, in der der frauenräuber residiert, erzwingen die freilassung der frau, indem sie das schloss stürmen. Dann geht auch Alexander nicht etwa gleich mit an den hof der Candace: er bleibt vielmehr seiner rolle übermässig treu. Indem er vorgibt, nicht ohne genehmigung des makedonischen königs auf urlaub gehen zu dürfen, holt er sich diese ein und zieht erst dann mit. (Auf der genau beschriebenen reise begleitet ihn jetzt auf einmal Ptolemäus). Die erkennung geschieht gleichfalls durch das bild. Aber das motiv, ihn den gefahren des wunderbettes auszusetzen, ist ein anderes.

Als Candace ihn zittern sieht (mutat faciem, palor replet quoque vultum), hält sie ihm eine moralpredigt, dass er soviel unrecht zu tun gewagt habe.

Audit Alexander reginam talia fantem:
  Dentibus hic stridet et movet inde caput.
Inquit regina: cur te turbatio miscet?
  Dic, ubi nunc virtus imperialis adest!
Dicit rex: ira nimium mea viscera torquet
  Ex hoc, quod gladio nunc manus ista caret.
Candacis dixit: si quod cupis, ipse teneres,
  Nil tibi prodesset: nam tibi virtus abest.
Dicit Alexander: ego te prius ense necarem
  Nec propriae vitae parceret ista manus.
Inquit Candacis: sermo tuus est sapientis (!).
  Sed non expaveas: namque perire nequis,
Uxorem nati quia nobis restituisti:
  Ex illa causa nunc quoque tutus eris.
Si tamen adventus tuus esset notus in urbe:
  In mortis laqueum tunc cecidisse scias!

In diesem tone geht es weiter. Ein sohn der Candace ist mit der tochter des Inderkönigs Porus vermählt. Diese will den tod ihres vaters an dem fremden gerächt sehen und ihr gatte ist dazu bereit. Pseudoantiochus rettet sich nur dadurch, dass er verspricht, ihnen den Alexander in die hände zu liefern.

Dass es trotzdem noch möglich gewesen sein soll, dass quaedam secreta tunc missus (Alexander) fecit eidem (der Candace)

Oscula dans illi: sic quoque laetus abit

möchte schwer zu glauben sein. Es ist unnötig, diesen ausführungen noch etwas hinzuzufügen.

Fassen wir die bisher aufgespürten züge zusammen und suchen wir uns aus ihnen ein gesammtbild von der tätigkeit des Deutschen als übersetzers zu machen, so haben wir bereits auf ein gewiss anzuerkennendes princip hinzuweisen gehabt, nämlich dass er die details, die wie alle so auch der spoletinische dichter aus geschichte und sage verquickend und verwirrend unter einander mischt, nur da in einem breiteren spielraume zulässt, wo die gestalt des Alexander dadurch gewinnt, sonst aber sie ins kurze zu ziehen bestrebt ist. Eine folge dieses letzteren ist es dann freilich geworden, dass man bei manchen partien nicht versteht, worauf sie sich beziehen, wenn man nicht den lateinischen text hinzunimmt. Um den anderen zweck zu erreichen, überall Alexander hervortreten zu lassen, scheut er sich nicht, grössere oder kleinere änderungen und zusätze zu machen. Und in diesen eigenen darstellungen muss man zugeben, hat ihn oft ein richtiges gefühl geleitet.

C. Inhalt des gedichts.

Von 'eigner darstellung' durfte bisher nur im verhältnis zur lateinischen quelle die rede sein. Es erwächst uns nunmehr die zweite aufgabe, es in weiterer bedeutung zu fassen und das deutsche gedicht für sich allein zu betrachten.

Hier dürfte nun wol der geeignete ort sein, zunächst eine übersicht des inhalts zu geben, ebensowol um die bisher aus dem rahmen des grossen ganzen herausgerissenen einzelbemerkungen im zusammenhange erscheinen zu lassen und ihnen vielleicht hier und da noch eine stütze geben zu können, als auch besonders um der vergleichenden sagenforschung die mittel leichterer orientierung über den gesammtinhalt zu verschaffen.

Bucheinteilung kennt trotz des vorganges des Quilichinus unser deutsches Alexanderlied nicht, wenigstens nicht die uns bis jetzt allein bekannte handschrift. Das zeichen q′, das sinnesabschnitte anzugeben pflegt, finden wir 12 mal.[1]) Aber schon aus der häufung auf den letzten seiten geht hervor, dass ein besonderer wert diesem zeichen nicht beizulegen ist, sobald es sich um abteilung des stoffes handelt. Ebensowenig bieten uns die p. 334 aufgezählten grösseren initialen einen anhaltepunkt. Den anfang des ganzen und den beginn des epilogs abgerechnet, beschränkt sich die augenfällige hervorhebung der anfangsbuchstaben auf *i* des wörtchens *ich*; nur 4426 ist es das *a* des *alexander*: in allen fällen aber sind es briefanfänge.

Der schreiber unseres manuscripts hat also jedenfalls das ganze als ein continuum aufgefasst und demgemäss behandelt.

I. Nach der einleitung, einer sehr allgemein gehaltenen characterisierung der vier weltmonarchien, als welche hier nach vorgang des Quilichinus Aegypten, Assyrien, Griechenland und Rom figurieren, wird ziemlich ungeschickt zum thema übergeleitet, indem der dichter merkt (48)

> ez ist zeit, daz ich zu stat
> Lend vnd kom an daz
> durch daz daz puch funden waz.

Aber er kommt noch nicht dahin: er muss erst noch 2 episoden aus den beiden ersten epochen nachholen, den auszug der Juden aus Aegypten und ihre unterjochung durch Assyrien (90). So sind wir wider bei dem ausgangspunkte angelangt (91):

> Als ich nu mut han ze sagen
> von Allexandro, nit verdagen
> Mag ich vnd muzz sein gesleht
> sagen, von dem er kom reht.

Alexander ist der sohn des vor Artaxerxes flüchtigen, ägyptischen königs und zauberers Neptanabus und der Olimpadis. Doch erfährt man dieses factum erst 266 und unum-

---

[1]) 2063. 2079. 2435. 4446. 4447. 4448. 6188. 6264. 6304. 6322. 6331. 6338.

wunden ausgesprochen erst 329 ff. beim tode des Neptanabus. Der eröffnung über dessen vaterschaft geht die bekannte erzählung voraus, wie er in wurmgestalt dem Philippus bei einer fehde geholfen, die allein zurückgebliebene königin betört hat und wie er endlich beide durch seine erscheinung beim mahle von der identität jenes helfers und des vorgeblichen gottes Amon überzeugt. Auch das ei mit der schlange und dessen deutung fehlt in dieser vorgeschichte nicht, 239 ff. Aber alles ist kurz abgemacht: mit dem verse 346 ist die ganze fabel zu ende; die orakel über Alexanders grösse sind gegeben, er selbst ist zu einem kräftigen knaben herangewachsen. — Unmittelbar an diese geschichte schliesst sich die erzählung von dem geschenk des kappadokischen königs[1]), von dem Bucifalus (392). Alexander glaubt in ritterschaft und leibeskünsten nun weit genug vorgeschritten zu sein: er bittet seinen vater Philipp um die erlaubnis — und erhält sie —, den ruhm ihres namens ausbreiten und zunächst den könig Nycolaus von Palipon (Peloponnes cf. pag. 341) mit krieg überziehen zu dürfen.[2]) Nach dem siegreichen kampfe erhält Alexander *laidige mer*[3]) (472) aus der heimat: Philippus hat die Olimpadis verstossen und die Cleopatra zu sich genommen. Er stellt seinen vater darüber zur rede und tötet den Lisias, der ihm höhnisch erklärt hat, dass nach Philipps willen auch ihm, dem sohne der Cleopatra, ein teil des makedonischen reiches zufallen solle (487)

> philip der künig werd
> wolt ez gezürnet han (den tod des Lisias).

---

[1]) Ebenso IPR p. 16: *principo di Capidocia* vgl. den gedruckten Franz. prosaroman Weismann, Lamprecht II, 383. — Lamprecht 270 ff. 308 ff.

[2]) Lamp. 446 Nicolaus von Cäsarea. — Kyng Alisaundre: könig von Karthago, Weism. II, 414. — IPR: nelle terre dello re Nicolas, p. 18. — Domenico Scolari (cf. Grion, I nobili fatti etc. p. 207 ff.) Segue poi e saper dèi, Che Nicolò re degli Aridei ... Quilichinus: rex Arideorum ... Ps. Kallisth.: I, 18 *Νικόλαος, ὁ υἱὸς Ἀρείου βασιλέως Ἀκαρνάνων*. cf. Lesarten bei Müller. Jul. Valerius: Nicolao cuidam adulescentulo regulo ex Acarnania. — Von dem olympischen wettfahren in Ps. Kallisth. und Jul. Valerius sowie von der tributforderung bei Lambert li Tors und Alex. de Bernay (Weism. II, 301) ist keine rede.

[3]) Lamp. 453 ein vil leit mêre er vernam ...

her, ir sult still stan,
sprach er zu dem vater sein. (496)

und der vater gibt ohne weiteres nach (508).[1])

Erste botschaft des Darius an den makedonischen hof, den tribut einzufordern. Alexander schlägt ihn rundweg ab (535). Er macht sich zunächst auf, die rebellen in armenia[2]) zu bezwingen (572), und wider kommen ihm, nachdem der zweck erreicht ist, *laydige mer* (575): Pausanya hat den Philipp erschlagen und bedrängt Olimpadis. Aber *nit gar lang dar nach Ward er im gefangñ geben* (589).

Reichsversammlung. Kriegsbeschluss gegen Darius (648).

II. Erster feldzug. 1. Calcedonia (663). — 2. Alba (732). Die gefahr, die den Makedonern von den albanesischen hunden droht, wird gehoben, indem man schweine gegen sie hetzt. — 3. Römer *santē im presencz vil* (737). — 4. Der könig von Eropa gibt sogleich zins (744). — 5. Afrika: a) Auf der insel Phanatidas[3]) (760). Orakel des Amon

wisz, daz ain mehtig hirs
von dir ertot wirt:
daz dich auch nit verbirt:
du stirbst in kurczen tagen. (769)

b) Im traume erscheint dem Alexander Serapis:

du solt wiszen vil gewisz:
du wirst in deiner jugent
von vergift unmugend. (802)

c) Alexandria erbaut 814.[4]) —

6. Aegypten[5]) ergibt sich (818 ff.). Säule des Neptanabus (829). — 7. Asyria (839)[6]) (= Syrien. cf. 1041): a) Botschaft

---

[1]) Lamp. verwendet auf diese episode volle 67 verse; unser dichter 34.

[2]) Lamp. 524 sîne burh z'Antonia. — Ps. Kall.: Methone. — Kyng Alis. Mentana und Mantona. — IPR la provincia d'Erminia. Dom. Scol.: in Armenia.

[3]) IPR Afaravide (handschr. C Affarantida. Grion vermutet Elefantide). — IPR hat genauere ortsangaben: p. 27 ff. cf. Miller, zu Lamp. Alexander. Zeitschr. für deutsch. philologie X, 12.

[4]) Weiter ausgeführt IPR p. 31.

[5]) Erst mit diesem factum beginnt das II. buch des Dormenico Scolari.

[6]) IPR Soria bis Domasco (C: Danascho). E quando ebbono vinto a Domasco, si partiro e vennono alla gran città di Tir, e quivi missero

nach Jerusalem (853), wird abgelehnt (860). b) Tyrus (866—903). c) Jerusalem 910. Traum des hohenpriesters Jadus. — Alex. schont die stadt, die jetzt freiwillig die tore öffnet. — Prophezeiung des Daniel. — Andramato in Jerusalem zurückgelassen (1039).[1]) —

Boten aus Syrien melden dem Darius die grossen erfolge des verachteten gegners, von dem der Perserkönig ein bild verlangt.[2])

Darauf: Erster brief des Darius an Alexander (1126) und Alexanders antwort (1224), nachdem dieser an den persischen boten seine grossmut gezeigt hat. Da die drohung[3]) so ohne jeden eindruck geblieben ist, fordert Darius seine fürsten auf, ihm den eindringling gebunden vorzuführen. Diese wundern sich über den sonderbaren auftrag und antworten (cf. pag. 338), dass sie ohne schleunige unterstützung den schlimmsten gefahren entgegen sähen (1270).

Ein zweiter brief fordert daher den Alexander nochmals auf, heimzukehren, indem er ihn an die macht der Perser erinnert: Wie die mitgeschickten körner[4]) unzählbar seien, so

campo. Poi mandò Allessandro sue lettere all' apostolico de' Giudei, il quale avea nome Jadello (C: Jad). Abschlägige antwort. Alexander will Tyrus nicht verlassen. In der nacht hat er einen traum cf. Ps. Kall. I, 35. Tyrus erobert. Dann nach Jerusalem, p. 32 f.

[1]) IPR Elli lassò uno principe in Jerusalem per mantenerli in dirittura . . ., p. 36.

[2]) Anders IPR. C gibt hier die überschrift: Come le Tirieni andorono in Persia e mostrarono a Dario la figura d'Alesandro dibuccata (p. 37). Aehnlich Lampr. 1267. Deutlicher (in dem oben gegebenen zusammenhange) unser gedicht 1052

'der mir künig philippus
Kind, den mann allexander nennt,
gestalt vnd form erkennt, —
Geb gemallet, daz ich gesehen
moht vnd dar nach spehen,
Wie er wer getan.'
ainer sprach: daz sult ir han.
Vnd da er ez gesach etc.

[3]) 1119—1126.

[4]) Quil. papaver. IPR: E perch'io voglio, che tu sappi la gran quantità della mia oste, ti mando questo papavero; e pon mente che altresì come tu non potresti annoverare lo seme di questo papavero, così altresì non potresti annoverare la moltitudine del mio popolo (p. 44).

liesse sich auch nicht die truppenzahl seiner heere berechnen (1312).

Alexander gibt dem gleichnis eine andere deutung: Darius habe zwar *leut on zal*, aber auch *on wal, zu fechten on taug.* Er antwortet, ohne eingeschüchtert zu sein, dass er für den augenblick allerdings nach hause gehe, da seine mutter erkrankt sei; aber nach deren genesung werde er das begonnene werk zu ende bringen (1368).[1])

Auf dem rückzuge nach Macedonien tritt ihm ein persischer satrap Amonta feindlich entgegen. Nach dreitägiger schlacht entkommt nur Amonta mit wenigen getreuen zum Darius, ihm von der neuen niederlage und dem ferneren siegeszuge des fremdlings in Silicia zu melden (1430).[2])

Durch das land asyria kommt Alexander zu seiner mutter 1442, die er zu seiner freude gesund antrifft. Nach kurzer begrüssung trennen sie sich wider. Die persischen fürsten rüsten eifrig.

III. Zweiter feldzug. In dem lande[3]) das sie zuerst durchziehen, gehen ihnen die lebensmittel aus, so dass schon

---

[1]) Quil.: Epistola Alexandri missa Dario; et qualiter Alexander misit Dario piper loco papaveris. — IPR: E perciò che tu mi mandasti il seme del papavero, che non si possono annoverare, io ti mando questo granello di pepe, che è più forte che la moltitudine del seme del papavero (p. 45).

[2]) cf. IPR pag. 46 f. — Im folgenden gibt IPR genauere marschroute: per Asia la minore, Frigia, Gordian (C: Gordana = Gordion), Sardis (hier besucht Alexander il tempio che si chiamava lo sole cf. p. 48). — Ehe Alex. nach Macedonien gelangt, wird ihm nach Quil. von den Trojanern gehuldigt. Diesen zug bewahrt nur noch C des IPR: Di là si parti Alesandro con tutta la sua gente, e vennono a uno fiume, che si chiamava Scamandro, là dove trovarono uno filosafo che disse [ad] Alesandro: O, Alesandro, maggiore lodo de' tu avere de' tuoi fatti che non n'ebbe Omer. — E questo filosafo che ciò dicea, avia nome Clitimedo. [Der name fehlt in Quil.] E Alesandro gli disse, che vorrebbe innanzi essere stato discepolo di Omer ovver d'Ercules. — cf. pag. 48.

[3]) Klarheit hier in den zusammenhang zu bringen ist mit den grössten schwierigkeiten verknüpft. Ich will wenigstens nicht die mühe scheuen, das zusammengehörige zusammenzustellen.

Der 46. abschnitt in der Berliner handschrift des Quil. lautet:

Post hoc tunc brochia mollicia coldopolisque
Cum flumen iene colla subacta ferunt.

jetzt die soldaten zu murren beginnen (1472). Am folgenden tage werden sie aber durch reichliche nahrung im lande Lurus

---

Der 47. absatz:

Ad loca venerunt ubi non erat pastus equorum:
  Tunc equites murmura multa trahunt.
Inquit rex ipsis: cur tantum corde doletis?
  Dum vos vivetis, invenietis equos.
Ad locum pergamus, ubi fructus magnus habundat:
  Sic victum nostris inveniemus equis.
Inde locum petunt qui pergamus (!) nomen habebat.
  Illic sterilitas omnibus ampla fuit.

Darauf kommt Alex. ad stragatenses et ibi recepit responsum in templo Apollinis.

Die entsprechende stelle in der übersetzung lautet: 1467 ff.

In ain land er zoch
  daz volk vor im floch,
Daz man da nicht vand
  kost da daz volk erkant
daz sie lieden solhe not:

murren sie, werden aber von Alexander besänftigt:

1483 dez morgens so ez tagt
  da hiez der unuerzagt,
daz man die pampilion
  brech ab vil schon.
Da zoch er in ain land
  daz man lurus genant:
da vand man allen rat.
  In disem land lag ain stat,
die hiez stragaton,
  die im ze hand vndertann
ward nach dem gebot sein.

Das orakel fehlt. Bis auf zwei namen hat also der Deutsche das loca l nicht bezeichnet. Von den namen findet stragaton sein analogon in stragatenses (stragetorum) B stragacantem F stragensem L stremaganton P des Quil. Ich glaube recht zu haben, wenn ich diese form zusammenhalte mit derjenigen des Jul. Valerius, die Müller in zwei handschriften gefunden hat: Tragacintes, Traganes; wofür die übrigen Agragantum mit dem Ps. Kallisth. *Ἀκραγαντινοῦ* lesen. Von dieser stadt heisst es im Ps. Kallisth.: ... *ὅθεν πραΰνας τὸ στράτευμα τὴν ὁδοιπορίαν ἐποιεῖτο. Παραπεμψάμενος δὲ ἑτέρας πόλεις ἦλθεν εἰς Λοκρούς. Ἐπιμεινάντων δὲ ἐκεῖ τῶν στρατευμάτων ἡμέραν μίαν παραπεμψάμενος ἦλθεν ἐπὶ τοῦ Ἀκραγαντινοῦ . καὶ εἰσελθὼν εἰς τὸ τοῦ Ἀπόλλωνος ἱερόν* ... Hieraus gewinnen wir auch die richtige form für das verderbte Lurus: es ist das land der Lokrer. Und in der tat bietet für pergamus B die handschrift

und in der stadt Stragaton entschädigt (1502). Sie kommen vor die stadt Thebea, die sich zu verteidigen sucht. Die verse

die pürger er pat
Vnd fleht im ze sende
vier hundert ellende
Ritter im ze helf
alt vnd jung welf
Die mit im zugent
vnd in streit tugent

scheinen eine dunkle reminiscenz des dichters an den eigentlichen zweck dieses zuges durch Griechenland zu verraten, den die geschichte ganz in den anfang von Alexanders regierung verlegt, und durch den dieser sich den Hellenen als erbe seines vaters nicht nur in der makedonischen herrschaft sondern auch in der stellung als στρατηγὸς αὐτοκράτωρ gegen die Perser zeigt resp. aufzwingt und truppen wirbt.

Der widerstand der Thebaner wird nach heissen kämpfen endlich gebrochen, die mauern der stadt geschleift (1590)

F lucrus (IPR Loctus [C: Lotus]). Das pergamus B kann nur ein versehen des schreibers sein, entstanden vielleicht aus dem kurz vorhergehenden: ad locum pergamus!

Es fragt sich nun, wo wir die nur von Quil. genannten städte zu localisieren haben. Mit brochia, mollicia, coldopolis und dem fluss Jene lässt sich schlechterdings nichts anfangen. Die lesart in F nützt auch wenig, da biothia (an stelle von brochia B) uns nur falsch nach Böotien leiten könnte. F liest:

Post hoc biothia malito calda polisque
Cum fluvio Xene colla subacta feruet.

P gibt: De Bachia Malachia et Caldapolis civitate. L: Alex. Bisthochiam devicit. IPR: Poi si parti Ales. con tutta la sua oste e vennono in Ralico (C: Bericho) e in Caldea e poi vennono a un fiume, che si chiama Senis.

Grion mag darin recht haben, den flussnamen [Jene B, xene F des Quil.] Senis [IPR] zusammenzubringen mit dem bach bei der stadt Gyenos nahe bei Colchis. Verkehrt aber scheint mir seine deutung Bericho gleich Iberia. Vielmehr ist Bericho mit Quil. B brochia, F biothia etc., Ralico aber mit Malito F zu vereinigen und brochia etc. wider mit εἰς τὴν βωτίαν L, Βοτυίαν B, Βοτείαν C des Ps. Kallisth. cf. Plin. n. h. 4, 11. — Caldea, Caldapolis Coldopolis wird zu τῶν χαλδαίων LBC des Ps. Kall. zu stellen sein, so dass wir städte in Chalcidice und Thracien vor uns haben. Was aber steckt in Ralico, Malito etc.? Vermutungen liessen sich unschwer aufstellen. Sicheres aber wird nur eine vergleichung der lesarten in der hdp. ergeben können.

(vgl. auch pag. 339). Von hier führt den sieger der weg nach Planthea, deren 'herr' Strandagoras ihn ohne weiteres aufnimmt. Ein orakel verkündigt dem Alex. alles gute; dem Strandagoras kann es nur unheil voraussagen, das dann auch bald eintritt.[1])

alexander der gewann neyd
Wider strandagaro:
auzz der stat für er (sc. Strand.) do
vnd kom nach achon der stat. 1621.

Durch ihn werden die Athener anfangs zum widerstande gereizt. Da aber Alex. ihnen frieden anbietet und nur 'zwelf maister in philosophie' und anerkennung seiner oberhoheit verlangt, berufen sie eine volksversammlung, in der Echilus zum krieg auf jeden fall rät, Demostinis nur dann, wenn sie sich mächtig genug fühlen, sonst lieber frieden zu machen. Sie stimmen dem letzteren zu und schicken geschenke (1712).[2])

Von dannē zoch er sa
für die stat Lacedomia.

Die Spartaner vertrauen auf ihre macht zu lande und zu wasser: als sie aber auf beiden seiten angegriffen werden und sich überall hart bedrängt sehen, unterwerfen sie sich (1756).[3]) Ohne weiteren kampf nehmen hierauf die leute in

---

[1]) Quil.: post dies paucos planthea pellitur urbe
privaturque bonis rege iubente suis.

IPR p. 56: E cosi avvenne, che pochi di stette, che Saragoras falli contro ad Alessandro, e perdè suo principato. Di là si parti Seragoras, e andonne ad una città cha avea nome Atenea.

[2]) Ebenso einfach, nur dass auch noch die namen der beiden filosofi fehlen, erzählen zwei handschriften des IPR. Die dritte handschr. C stimmt genauer zu Quilich., der den Alex. zwei briefe nach Athen senden und im zweiten rücksicht auf das resultat der volksversammlung (in C des romans sind die rollen des Dimostenes und Echilo vertauscht) nehmen lässt, indem Alexander die Athener tadelt, dass sie den Strasagoras aufgenommen und die 10 (sic!) philosophen nicht geschickt hätten. Aber

pro tantis culpis pena remissa manet

(vgl. auch Grion p. 60 note).

[3]) In der reihenfolge der eroberungen herrscht keine genaue übereinstimmung. Im Quil. folgt auf die trennung von der mutter

post modicum tempus accinctus vadit in hostes

Cecilia Alexander zum herrn an (1761).[1]) Diese erfolge verursachen dem Darius grosse sorge. Er beruft einen fürstenconvent, in dem verschiedene ansichten laut werden, ohne dass ein bestimmter entschluss gefasst würde (1850).[2])

So hat Alexander zeit, bis zum Eufrates vorzudringen: die schiffbrücke, die auch über diesen strom den marsch ermöglicht, wird nach ihrer benutzung wider zerstört (1920).[3])

Et contra Persas denuo bella parat.
Tunc cives darii (adrie F = Abdera? Ps. Kall. 1, 43) firmarunt
undique portas.
Et rex iratus inde minatur eis.
Respondent cives quod eis obsistere nolunt,
Sed propter Darium non patuere foras.
Si Darius sciret, hanc urbem colla dedisse,
Sterneret haec nostra moenia tota cito.
Inquit Alexander: vobis vos tollite portas,
Ne vos pugnantes undique precipitem.
Cum Darius pacem faciet mecum (mihi F), tunc ego vobis
Colloquium fungar post patuere foras.

Dieselbe erzählung hat IPR nach der einnahme Spartas: Come Aless. prese per forza la città di Dira (.. luogo lo quale si chiamava Addira). Darauf folgt: Come Alis. se n'andò in Caldea e in Galilea (überschrift aus C. p. 64 Grion. Es ist die partie, die ich bereits s. 350 anm. 3 besprochen), so dass also hier folgende reihenfolge besteht: Theben, Platää, Athen, Sparta, Abdera, dann jene arg verwirrte partie. In Dom. Scol. folgt auf Adria Teberia, Acorinti, Pallentea, Atenesi, Lacidemonia, Cecilia, cf. p. 212 ff. Grion.

[1]) Quil.: Cilie (B) oder Çilicie (F) partes intrat manetque ibi.

[2]) Im Lateinischen sind die verhandlungen zerrissener: es spricht erst Darius, dann sein bruder Oxiator B, Exiather F (IPR: Oliarceri p. 66), ihm antwortet wider Darius. Darauf ein quidam, der von Darius mit frater, cur talia nosti? angeredet wird. Er entgegnet, er sei bei Philipp als bote gewesen, um den tribut zu fordern, und habe damals den Alexander kennen gelernt. Er auch schlägt vor, die Parther etc. zum kriege aufzubieten. Endlich

.. alius dicit: pecudum grex saepe fugatur,
quamvis sit magnus, si lupus unus adest.
Sic gens Graecorum fortis virtute virili
Persarum gentes agmine multo fugat.

[3]) IPR: Die soldaten fürchten sich über die brücke zu gehen: Ales. passò oltre lo primo, e poi tutti i suoi principi appresso. Ebenso Quil. Dieser hat vorher noch das bad in quodam flumine und die rettung (steht in IPR nach dem ersten hülfegesuch des Darius an Porus), dann

Endlich hat sich nun auch Darius zur eignen teilnahme am kriege entschlossen und sein heer an den teygirs geführt (1943). Eine schlacht entbrennt; Darius muss flüchten (1966). Der Perser, der sich in griechischer rüstung an Alexander gedrängt hat, um ihn zu töten, wird der mordlust der makedonischen fürsten zum trotz frei gelassen (2012).

Die fliehenden hat Darius am berge thauron[1]) gesammelt: aber kaum rücken die Griechen näher, so löst sich alles wider in wilde flucht auf (2026). Auch Batrat ergibt sich bald mitsammt den darin befindlichen persischen fürstinnen, die Alex. gleich nach der einnahme der stadt besucht. 2062: seine werbung um die Rosanne wird abgeschlagen (2093).[2]) Darius vernimmt die laidige mer (2099).

Ein Perser bietet dem Alexander an, den grosskönig zu ermorden, wenn ihm 2000 ritter anvertraut würden, wird aber von Alexander abgewiesen (2126).

Dritter brief des Darius an Alexander (2156). Antwort (2207). Sie enthalten keinen fortschritt der handlung, sondern bewegen sich in den gewöhnlichen phrasen. Alexander schreibt nun auch an die satrapen: er fordert sie zum abfall von Persien auf und befiehlt ihnen eine sendung von tierfellen an den Euphrat (2232). Diesen brief schickt der satrap Nastans dem Darius, der nichts darauf zu erwidern weiss, als

daz er sich dürsten
Liezz zu streyten. (2258)

Doch seine schwäche einsehend bittet er jetzt auch den Porus von Indien um hülfe, der aber wegen krankheit nicht gleich kommen kann (2282). Ein brief von Darius mutter Rodago dagegen rät dem Perserkönige, auf weiteren krieg ganz zu verzichten (2308).

Unterdes ist Alexander auf Susynn gezogen, wo sich gerade Darius aufhält. Man beschliesst im makedonischen lager, an diesen eine herausforderung ergehen zu lassen, die, durch die erscheinung des Amon im traume angeregt, Alexander selbst überbringt (2490). — cf. pag. 340.

---

den marsch durch Medea, Armenia major. (Erminia la Grande.) Im übrigen stimmen Quil. und sein übersetzer zusammen.

[1]) Dom. Scolari p. 212 Grion.

[2]) Der besuch etc. ist zusatz des Deutschen.

Das trotzige benehmen des Griechen, mehr noch der plötzliche zusammenbruch einer säule des Xerses nötigt dem Darius die worte ab:

ich sich wol
Daz eż also sein sol,
Daz daz reych persarum
müsz den (dem?) macedorū
Vndertennig werden.
vnd fallen zu der erden. (2512)

Dennoch bringt er noch einmal 20 legionen an dem flusse Canczer[1]) zusammen, 2519 ff.

Alexander lässt sich durch die übermacht nicht erschrecken: in der schlacht vermag ihm keiner zu widerstehen. Darius muss nach Susis flüchten (2598).

Vierter brief an Alexander in demütigem tone (2632). Gegen den willen seiner heerführer ist aber Alexander nicht zufrieden: er will völlige unterwerfung oder nochmalige entscheidung (2654), und rückt vor Susin.[2])

[1]) Der zusammenhang als auch die im Deutschen allerdings übergangene beschreibung dieses flusses in der Historia des Quil.:

Cum nox exstat hiemis vel tempore veris,
Ventus nocturnus frigore stringit aquam:
Sed veniente die modicum tunc sole calente
Materiam primam (andere hss.: liquidi: vielleicht liquidam) suscipit unda suam,

und noch deutlicher der vers

Hic fluvius cancrus idem qui strama (Stragma F) vocatur

weisen auf die identität dieses flusses mit dem bei Ps. Kallisthenes genannten Στράγγα hin. Der ital. roman hat dafür Tigris, p. 73, vgl. dazu Zacher, Ps. Kallisthenes p. 129. Ueber die gruppierung im roman cf. s. 357 anm. 5.

[2]) Dom. Scol. 217 Grion: e a la città de Susin s'è fuggito. Wenn man im deutschen die verse liest 2657 ff.

. vnd maht sich zu Susin der stat,
Da vor alter vor hat
Mangen palast zierlich
Erbawet vnd vō kost reich
Xerses der edel künig:
wann alles sein kün
Da begraben waz.,

so ahnt man schwerlich, dass in diesen wenigen zeilen auch die von Quilichinus in 9 Distichen erzählte befreiung der verstümmelten, vor-

In seiner bedrängnis schreibt Darius widerum und dringender an Porus (2691). Da dieser ihm sofortige hülfsleistung zusagt[1]), bricht er nochmals auf: da fällt er unter den dolchen seiner eignen satrapen[2]) (2746). Es folgt die herrliche scene: Alexander am sterbebette seines feindes (2854). Nach dem begräbnis lässt sich Alexander von den Persern den eid der treue schwören[3]), verteilt die lehen und sorgt für die öffentliche sicherheit: die mörder des Darius werden mit dem tode bestraft. Duricius, neffe des Darius, bleibt herzog (2980).[4]) Hochzeit mit Rosane zur freude der Perser, die ihren neuen herrn als gott verehren wollen; doch Alexander verbietet es (3003).

Briefe an Olympiadis und Aristotiles, in denen die bisherigen erfolge in den allgemeinsten zügen erwähnt werden, beschliessen diesen teil der erzählung (3053).[5])

---

nehmen gefangenen aus der turris dampnatorum mit enthalten ist. Ebenso IPR p. 93: In quello luogo avea una torre molto grandissima, nella quale eran rinchiusi uomini dimoncati e guasti e chi il piede e chi il braccio etc.

[1]) Im lateinischen fehlt die antwort des Porus. Dem Alexander melden überläufer, dass Darius den Inderkönig um unterstützung angegangen hat und an erneuerung des krieges denkt.

[2]) Quil.: Oriobansantes und Bison F. Oryon barbantis u. Byson B (= Ariobarzanes u. Bessus).

[3]) Hier beginnt das dritte buch des Quil.; zunächst mit der ausführlichen schilderung des von Cyrus errichteten thrones.

[4]) IPR: In Persia avea uno uomo molto vecchio, il quale ave nome Durita, ch'era zio di Dario ed era molto amato da tutti li Persiani. Questo ordinò Alessandro suo vicario di tutta Persia, p. 99.

[5]) In IPR sind die einzelnen momente der handlung von dem zweiten asiatischen feldzuge bis zur ermordung des Darius wesentlich anders gruppiert.

Die brücke über den Euphrat wird abgebrochen, nachdem sie per mezzo Mesopotamia e Bambilonia marschiert sind. Von diesem fortschritt meldet uno principo di Dario, che avea nome Nostradi, seinem herrn, der darüber sehr betrübt wird. Ein anderer principo des Darius bietet jetzt dem Alexander an, wenn er ihn unterstütze, den Perserkönig töten zu wollen. Widerum schreiben zwei fürsten an den Darius, der nun einen drohbrief an Alexander von stapel lässt, auf den Alexander antwortet. In der nacht fordert diesen il dio Aimon in figura d'uomo auf, verkleidet ins lager der feinde zu gehen. Den Alexander begleitet dabei uno principo di Dario, ch'era ritornato a lui, il quale principo era molto

IV. Zug gegen Porus von Indien. 1. In modorum (doch wol medorum) lant. Alexander tröstet seine soldaten und ermahnt sie zum ausharren (3112).[1])

2. Hochmütiger brief des Porus (3156).[2])

3. Antwort des Alexander, der auf gottes hülfe vertraut (3194).

4. Schlacht: ziemlich ungeschickt geschildert. 3281—3291 scheint wiederholung von 3256—3269 zu sein.[3]) Nach langem kampfe siegt Alexander (3304).

5. Erste episode: bis zur nachricht von der neuen rüstung des Porus (3508).

---

valente e molto fedele [ad] Alessandro (C fügt den namen Emillo hinzu). Der fluss, den sie überschreiten müssen, ist der Tigris, — die einzelheiten stimmen zu der erzählung des Quil. cf. pag. 340 f. Jetzt erst folgt die schlacht mit Darius ohne angabe des ortes. Nach dem siege richtet Alexander einen brief an die satrapen mit dem auftrag, sie sollen kleidung für die soldaten nach Antiochia schicken. Unterdes bittet Darius von Persipuli aus, den Porrus re d'India um hülfe. — Bad im Catno, cf. s. 354 anm. 3. — Darius wird wider besiegt. — Ein Perser versucht in der schlacht den Alexander zu töten. —. Die frauen des Darius werden gefangen. Dieser selbst flieht nach Persepuli und schreibt an Alexander: Dario re a suo signore Alessandro, p. 86. Alexander verlangt unbedingte unterwerfung. Darius bittet nochmals den Porrus um hülfe. Jetzt erst folgt der brief der Rodogune, der bei Quil. nach dem ersten schreiben an Porus steht. Dann kommen die ereignisse, die Quil. nach dem zweiten briefe erzählt, nur dass in IPR noch eine grosse schlacht am Tigris geliefert wird. Dann wird Darius von Breisa (C: Roso) und Ciobras (C: Anabaras) ermordet.

[1]) In IPR gehen zwei abschnitte vorher: Come Alessandro sconfisse que' di Cilisia e come rinchiuse li Tartari tra due montagne und die besiegung von Albania, die wir bereits kennen, cf. p. 348.

[2]) Porro re d'India, al ladrone Alessandro.

[3]) Doch hat wol der zustand der lateinischen vorlage mit schuld:

Tunc rex Indorum pavidus tristisque manebat:
  Persae cum Medis (Indis B!) gaudia magna gerunt:
Nam feriunt Indos cum contis atque sagittis;
  Et tamen hic inde maxime turba perit (cadit B das folgende
    Distichon [geht aus auf cadit] fehlt in B).
Perque dies denos ac denos (?senos?) proelia durant.
  Ex Persis tandem multa caterva cadit.
Fortis Alexander cernens Persas quasi victos
  Cum Graecis properans agmina cuncta fugat.

(Durch combination reconstruiert.)

Wunderschloss (3324). Schlangen in caspia (3330). Botschaft an die amazonenkönigin Salistria[1]) (3350). Antwort (3446). Zweiter brief (3476). Geschenke der Amazonen (3492). Porus rüstet sich. Alexander zieht ihm entgegen (3508).[2])

6. Zweite episode: bis zur schlacht mit Porus.

a) Wasserarmes land. Cephilus[3]) verschafft dem könige in seinem helme einige tropfen, die jener aber angesichts des heeres verschüttet (3547).

b) Grosser morast, in dem menschen wohnen, die trotz allen rufens nicht antworten. Wilde tiere belästigen sie (3596).

c) Land voll rohr. Skorpionen. Drachen. Alexander tröstet wider. Krebse. Leo Weisz (Quil.: dum nox exstaret albi venere leones). Schweine. Zwanzigfingermenschen. tyram.[4]) vespertylian. Vögel.

d) land patronum.[5]) Dreissigtägige rast (3768).

e) Schlacht: Porus bietet einen zweikampf an, in dem Alex. siegt. Die Inder wollen von neuem losbrechen, werden aber von Alexander beruhigt.

Ich wil euch raten ain sin
Daz ir fürpaz habt gemach
vnd richtent so ewr sach
Daz ir in freyhait bestet
als ir pey poro het. (3834)

V. Wundergeschichten. Als überschrift über diesen abschnitt könnten die verse dienen:

---

[1]) Quil. PB (und Dom. Scol.): Calistrida, F: tali strida. IPR: Calistra (C: Calistrida). — In Ps. Kallisth. 3, 25 fehlt der name. Der brief wird in jenem wunderschlosse des Porus geschrieben.

[2]) Zu 3497:

Magnus Alexander fortes numero quoque centum
Et decies quinos iussit adesse duces.
Illis commisit ducendas quasque catervas,
Ut contra Porum proelia dira parent.

[3]) Quil. B cephilis, F Zephius. — IPR p. 117 uno cavallieri di Macedonia, il quale avea nome Zefir (C Zoffiro).

[4]) Quil.: adontotyrannus B, adempto tyrampnus F, es ist gemeint ὀδοντοτύραννος Palladius III, 10. cf. Zacher Ps. Kall. p. 153 ff.

[5]) Quil.: battrimaria B, baternaria F. — in loco Bactrianorum? Zacher, Ps. Kall. p. 160.

Wye vil er ie gewann
 Leut, land, güt: doran
Wolt Allexander ny
 sich benügen lann. hört, wie
Er maint, ez müst sein ains hant
 zins raychen alle land.

1. Expedition nach exidiaces[1]), dem lande der genosophist. a) Schilderung ihres landes und ihrer sitten in einem briefe an Alexander (3876).

b) Dieser will ihnen eine bitte erfüllen: sie wünschen sich ewiges leben. Da er ihnen das nicht geben kann, so machen sie ihm vorwürfe und mahnen ihn von seiner eroberungssucht abzulassen. Das widerum sagt er, liesse seine natur nicht zu (3904).

2. Säulen des Hercules (3919).

3. Aufzählung der wunderländer bis zum gangen. Manche widerholungen aus IV, 5 (s. 358) (4085).

4. Brachmanen.[2])

a) Am Ganges[3]) angelangt, schickt Alexander einen boten an Didimus, den könig der brangamani, mit der bitte, ihm von seiner weisheit etwas mitzuteilen (4134).

b) Antwort des Didimus (4349).

c) Darauf erwidert Alexander aufgebracht über diese moralpredigt, in einem zweiten briefe, indem er die einfache lebensweise der brachmanen auf die unfreundliche natur ihres landes zurückführt (4402).

---

[1]) Quil.: oxidrates B, oxidraces F — gumozophiste B, ginosophiste F. Im IPR p. 132 gelangt Alexander nach besiegung des Porus gleich zu den due statue d'oro d'Ercoles, besiegt mehrere völker, trifft in einem flusse meerfrauen, die seine soldaten an sich locken und töten, und besteht eine reihe von kämpfen mit ungetümen: come l'oste d'Al. combattè co' liofanti; come A. trovò la gran femina nella foresta; come Al puose campo nel gran deserto. In der mitte dieses capitels heisst es dann: Poi si parti A. con tutta sua oste, e vennono a una gente, che si chiamavano Osidraci (C: allo isidecati).

[2]) Diese ganze episode ist in dem lateinischen text noch weit ausführlicher gehalten als in der deutschen übersetzung, die doch auch lang genug ist. In anordnung der gedanken ist der Deutsche hier etwas freier gewesen.

[3]) IPR: e vennono a un fiume molto grande, che 'la scrittura' (!) chiama Fison.

d) Nochmalige ermahnung des Didimus, an das ewige leben im jenseits zu denken (4425).

e) Wider entgegnet Alexander, dass sein ideal das weltliche rittertum sei und bleibe, und bittet ihn eine säule[1]), die er ihm übersende, in seinem lande aufzustellen (4461).

5. Darauf kommt Alexander in das land anthea.[2]) Neue wunder: riesen; ein wilder mann durch ein nacktes mädchen gefangen; bäume, die mit sonnenaufgang früchte tragen. Feuervögel. Finsternis. Basalistus von Alex. getötet. Antiochus[3]) und Ptolomeus begleiten ihn bei der besteigung des kettenberges, auf dem ein greis sie empfängt und ihnen die wunder (Phōnix, baum der sonne und des mondes) zeigt (4881).[4])

6. Episode von der Candacis (5464). cf. pag. 343 ff.[5])

7. Neue wunder: natternland; wasserfrauen, die die ritter zur minne zwingen. cf. s. 360 anm. 1 (5511).

8. der helle kint. Einschliessung der völker Gog und Magog (5545).

9. Einige ritter werden nach einer insel, auf der griechisch gesprochen wird, ausgeschickt; wilde tiere ziehen sie ins wasser (5565).

10. daz Rot mer. — Luftfahrt auf dem greifenwagen. Meerfahrt in der taucherglocke. (Ritter ziehen sie an einer kette heraus.[6])) Dreissig tage marschieren sie am roten meere entlang: einhörner; nattern; Bucephalus stirbt; erbauung einer stadt zu seinem gedächtnis. Endlich zum fluss titan[7]) und dann nach Babilon (5762).

---

[1]) Die inschrift der säule lautet in IPR p. 138: Infino qui fue Al. il figliulo dello iddio Aimon e della reina Olimpias.

[2]) IPR: Artenea.

[3]) IPR: Antigonus e Tolamè e Perdiccas. folgt auf die gefangennahme des wilden mannes.

[4]) Die übersetzung ist hier etwas ausführlicher, indem sie das orakel nach der späteren wirklichkeit präciser gefasst hat.

[5]) Im deutschen fehlt der marsch auf phasiaca tellus. IPR: Passiace. Dom. Scol. Fasiata. — IPR folgt hier genauer der erzählung des Quil., als die deutsche übersetzung desselben. Der name lautet Caldacia und Candacia. Dom. Scol. Candace.

[6]) cf. Zacher, Zeitschrift für deutsche philologie X, 105 ff.

[7]) Dom. Scol. Come quei de Titan tutti quanti ... p. 228 Grion. IPR p. 164: Et poi si parti, e vennono a un fiume, il qual si chiamava

VI. Schluss. Alexander schreibt an Olimpiadis (5767) und Aristotiles. Dieser antwortet mit ermahnungen (5818).[1]) Errichtung des thrones (5935). Anzeichen von Alexanders nahendem tode: missgeburt in Babilon (5984). Christlich angehauchtes gebet Alexanders (5996). Intrigue des Antipater, Cassander und Jobas: Alex. bei einer reichsversammlung vergiftet (6164)[2]), beruft seine fürsten zusammen, und gibt seinen letzten willen zu protokoll (6254). Dann

---

il sole ... (fehlt in C). — Der Deutsche lässt die schilderung des palastes aus, in dem

albis avibus atria plena patent.
Predictae volucres simulantur nempe columbis:
Mortis venturae praescia quaeque manet.
Nam si conspiciunt aegrum, tunc fit bene sanus;
Si non conspiciunt, moritur ille cito. cf. Zacher, Ps. Kall. 171.

Ebenso fehlt die bestrafung des Nabusanda qui pro rectore tunc residebat ibi (in Babilonia), womit F des Quil. das IV. buch beginnt. Ferner fehlt: et sibi subjecit turrim terramque gigantum, quam Nebroth magnus struxerat ille gigas. Im IPR trifft Alexander gleich beim einzuge in Bambilonia eine gesantschaft aus aller herren länder. Im übrigen geht er mit der deutschen übersetzung des Quil. zusammen.

[1]) Mit recht hat der Deutsche die wunderliche stelle nicht übersetzt:

Qualiter esse queat sanus (sc. Alexander) scripsitque (sc. Aristoteles) dietam,
Ut referunt medici, qui sua (Aristotelis) scripta legunt. (!)
Illud non scripsi medicinae nescius artis.
Id tractent medici, qui sua scripta docent,

Dom. Scol.:

e come Aristotel gli dè dottrina
e scrissegli un libro di medicina.

[2]) Auf einige abweichungen, die sich hier der übersetzer mit bestem rechte erlaubt hat, ist bereits hingewiesen pag. 342f. Die ganze art und weise, wie Quil. den tod des Alexander behandelt, grenzt an geschmacklosigkeit. Der anfang ist, nach dem lateinischen wortlaute allein betrachtet, ziemlich dunkel:

Antipater Macedo post haec mala corde putando
pro regis morte dira venena parat:
Hic mortem regis tractarat tempore longo.
Mater Alexandri fit nimis inde dolens.
Antipatro scripsit, fugiat quod regis ab ira,
Haec mala secreta notificando duci.
A quodam medico tunc emit pocula mortis,
Quae nequeunt ulla vasa tenere diu ..

kert (er) sich gen der wend:
sein leben nam ain end.

Es folgt eine kurze widerholung seiner taten (6294), die klagen der drei meister am grabe, endlich die klage des Ptholomeus (6376).

Ein epilog des übersetzers beschliesst das ganze (6456).

D. Sprache, heimat und entstehungszeit.

Der aufgabe, das deutsche Alexanderlied als solches eingehender zu untersuchen, ist die vorstehende vergleichende angabe seines inhalts nach dieser seite hin nachgekommen. Wichtiger sind die im folgenden gegebenen beobachtungen über seine sprache, in die sich der stoff kleidet. Eine höhere bedeutung erlangen diese dadurch, dass nur von ihnen aus eine feste grundlage zur bestimmung von ort und zeit der abfassung des gedichts gelegt werden kann. Allerdings deuten darauf auch einige stellen im liede selber hin. Diese sind aber zu allgemein und zu wenig deutlich, als dass von ihnen aus eine lösung der frage gewagt werden könnte. Ich werde sie daher erst nach schluss der sprachlichen untersuchung besprechen.

Verständlich wird diese stelle erst, wenn man IPR (p. 168) zu hülfe nimmt: In quello tempo medesimo avea uno uomo in Macedonia, il quale avea nome Antipater. Quelli avea fatta giura con molti uomini per uccidere Alessandro; ma questo non potè fare si celato, che alcuna parola non si sapesse per alcuna gente. Unde la madre d'Aless. Olimpias si se ne dolea molte volte di queste cose ch'ella vedea, e molte volte avea mandato a dire al suo figliulo Alessandro, che si dovessi guardare dalli tradimenti d'Antipater.

Nach Alexanders tode berichtet IPR in aller kürze von dem 14jährigen kriege seiner heerführer, vom tode der Olympias und schliesst mit der crudelissima pregione der Rosana et Hercules, figliulo d'Alessandro. — Domenico Scolari stimmt genauer zum Quilichinus; beide erzählen von der figur, den sitten, der nativitas des Alexander und schliesslich:

> quod in vita construxit XII civitates, quarum quaelibet suo nomine appellantur ..

Poi si conta el libro e pone
e li fa conclusione,
ch'el fe' fare dodeci cittade,
e'l nome conta e le contrade. p. 231 Grion.

I. Die sprache der handschrift ist bairisch.

Ein blick auf die handschrift genügt, um dieser behauptung beipflichten zu können.

An stelle von altem î, û, ei ist *ei, au, ai* getreten. *an maht weit und brait* 5. *reich, reych* 29 etc. *gewalticleich* 30. *ain maister in der zauberey* 105. *haus* 164 etc. *freyhait* 86. *küṅigein* 273. *nataur* 4012.

Denn wenn auch am ende des XIV. jahrhunderts die vocalverbreiterung sich schon über weitere gebiete Oberdeutschlands ausgedehnt hatte, so zeigt sich dort doch immer noch eine tastende unsicherheit in ihrem gebrauch. In unserem gedicht aber herrscht volle consequenz, und die herrschte damals eben nur in Baiern mit dem zunächst angrenzenden teile von Franken und Oberpfalz.

Für *iu* findet man stets *eu, ew. leut* 41 etc. *heut* 42. *euch* 96 etc. *ew* 547. 1321. *dew* 1188. *clainew* 1210 etc.

Für altes *ou* wird *au, aw* geschrieben. *fraw* 181. *gelaubt* 182.

Die verhältnismässig sehr seltenen ausnahmen von diesen regeln werden an anderer stelle ihre ausreichende erklärung finden. Auf oberdeutsche heimat weist ferner die so oft begegnende schreibung von *o* für *â*. *gebroht* 582 (-*â*-). *bedoht* (-*â*-) 1082. *hot* für *hât*. Beweise anderer art sind schreibungen wie *antburt* 451. 611. 785. 856. 1246. 1251. 2163. 4002. 4790. *verbürcket* 5196 (*verwürcket* 5192). *sinbel* 254. Umgekehrt *war* für *bar* (frei, ledig) 464; für *bar* (tulit) 3150. *wirt* für *birt* 373. Apokopen kommen auf jeder seite so zahlreich vor, dass besondere beispiele unnötig sind.

Nun liebt allerdings auch das schwäbische die verdumpfung des *a* und die wortkürzung. Die entscheidung zwischen diesem dialecte und dem bairischen kann aber nicht zweifelhaft sein, da ja gerade der erstere sich am conservativsten gegenüber der vocalverbreiterung bis in späte zeit erweist.

Es genüge noch auf das spezielle eigentum des copisten, auf seine subscription, hinzudeuten, wo die formen *gepurt, dreyczehen·, newnczigsten, puch, auzz* deutlich genug für sich reden.

II. Der abschreiber hat in der orthographie das gedicht der aussprache seiner zeit und heimat angepasst.

Bei der beurteilung deutscher handschriften gilt allgemein der aus der erfahrung hergeleitete satz, dass wir nur, wenn die triftigsten gründe vorliegen, in diesem oder jenem codex das original des autors zu besitzen glauben dürfen. Bei werken aber, die nur in einer einzigen überlieferung existieren, würde eine apriorische anwendung dieses grundsatzes leicht gefährlich werden können, zumal wenn daraus folgerungen von bedeutung gezogen werden sollen. Es ist daher nötig, aus unserer handschrift selbst die beweise aufzusuchen, dass sie nicht vom dichter selber herrühren kann. Darauf weist nun schon der ausdruck in der subscription *vollen auzz geschriben*. Dass sie eine abschrift von einem anderen ist, wird bestätigt durch die beobachtung, dass uns bei der lectüre eine reihe von reimlosen versen aufstösst, die nur durch den copisten reimlos geworden sein können.[1])

So ist der sinn von 1183 ff. unverständlich, weil nach 1184 der reim zu *also* — falls nicht etwa zu lesen ist *enpewt dario : dem künege also* — und 1188 der zu *beschaint* ausgefallen ist. Da nun die construction weiter geht, als sei alles in ordnung, so kann hier nicht etwa reimnot den dichter zur auslassung zweier verszeilen bewogen haben, sondern die schuld trifft allein den abschreiber. Ebenso steht es um 5901. 4129. Dieser fall ist freilich nur singulär. Meist ist bloss ein wort falsch gestellt.

2203 und daz wil ich
deine Reich gar vil *für* daz ich wil (: vil).

2720 die andern fyses vñ fartes
wurden dez vber ain *für* vber ain dez (: fartes).

4557 tag : pflag ru *für* ru pflag.

5961 daz du dein leben enden must
daz tut mir ze erkenden; must *gehört in die folgende zeile.*

---

[1]) Nur 6235 kann zweifelhaft sein, ob die reimlosigkeit vom schreiber oder dichter herrührt.

369 vnd als daz wil haben daz Rosz
menschlich speis zu seinem leben *für* vnd als daz Rosz wil haben (: leben *mit leichter assonanz*). *Ebenso wird* 2067 *zu heilen sein:*

ir lat geczemen
Euch, daz ir euch guten mut
nemet vmb die geschicht. *Man lese*: geczemen: Euch daz ir euch nemen | guten mut etc. (*über* nemen 2. *pers. plur. auf* -en cf. pag. 378).

Ein weiteres mittel lässt sich an folgenden stellen anwenden: 4826 ist überliefert:

aht monat dar zu
vnd nit mer wisz.

Das wörtchen *du* angehängt verhilft dem zweiten verse zum reime.

2977 daz er in den herczog lie
als er vor auch
waz gewesen ..

Man schiebe nach *auch* ein *hie* ein.

2369 da er zu der porten kom
Do sachen in die leut:

Man füge *an* (*on*) hinzu. In den versen

1223 vnd du mich vnder deinen dancken
zu hern han must one wank

wird man die buchstaben *-en* bei *dancken* abzuschneiden haben. Ebenso wird 5448 *sag ich dir : reylich, dir* zu streichen sein. Auch eine leichte änderung in der schreibung streicht manchen vers aus der kategorie der auf den ersten blick als reimlos oder assonierend erscheinenden. Wenn wir nämlich 1600 *ye : gie,* 2731 *hie : lie* geschrieben finden, und daneben 263 *hie : giē,* 382, 3611 *giē : lie,* 5155 *giē,* so werden wir das recht haben, an andern stellen darnach zu ändern. Wenn also 1438 und 5740 auf *ny, nye,* 1023 und 2368 auf *hie,* 5213 auf *alhie* die form *ging* folgt; oder 1709 und 5124 *enpfieng : hie,* so dürfen wir ohne weiteres dafür *gie* und *enpfie* herstellen, um den reim zu erhalten. — Nichts andres will es heissen, wenn wir 2341 für *kunt* wegen des reimwortes *hant* die form *bekant*; 1150 für *gemailigt* im reime auf *wirdickeit* das aus *gemaileget* contrahierte *gemaileit*; 745 für *vnverczagt* (: *brait*) : *vnverczeit* u. a. m. in den text setzen. Auf ähnliche weise lässt sich vielleicht 2705 heilen:

> die grösten fürsten dar
> Giengen zu rat. do sprachen sie:

Man schreibe *Darii*.

> vnd hiez die maister, daz sie daz (sc. glaz, den glaskasten)
> mit pech wol bereiten.
> die seinen er do mante ..

Man lese *beranten,* sie übergossen.

Für *die erd* : *wît* 5614 ist vielleicht zu setzen *daz erdrîch*. Durch diese einfachen manipulationen haben wir manche fehler beseitigt und sind zugleich in der erkenntnis bestärkt, dass sie allein dem abschreiber zur last fallen.

Einen bedeutenden schritt weiter tun wir nun aber, wenn wir einen prüfenden blick auf solche reime werfen, von denen bereits ein kleiner teil für den beweis herangezogen wurde, dass die abschrift in Baiern entstanden sei, auf die reimwörter mit *ei, ai, au*. Nach einer genauen durchsicht der selben stehen wir vor der tatsache, dass alle diese formen nur dem copisten angehören, keineswegs auf den dichter zurückgehen.

Die adjectivendung *-lîch* wird geschrieben bald *-leich,* bald *-lich*. Dass aber der dichter nur î gesprochen haben kann, geht daraus hervor, dass solche adjectiva ohne weiteres auf die kurzsilbigen pronomina *ich, mich, dich, sich* reimen.

Man vergleiche: auf *ich* 1791 *sicherlich;* 1976 *ritterlich;* 6184 *herticlich;* — auf *mich* 2883 *kürczlich;* 1079 *sicherlich;* 74 *ewiclich;* — *willicleich* 1496; — auf *dich* 1359 *sicherlich;* 1627 *tugentlich;* 563 *genedeclich;* — auf *sich* 1719 *trewlich;* 894 und 1538 *ritterlich;* 1433 *gemainclich;* 247 *sicherlich;* 5975 *jemerlich;* 1726 *tugentlich;* 823 *williclich;* 1907 *manlich.*

Ebenso steht es mit einer reihe anderer wörter: *reych* : *ich* 1275. 1450. : *mich* 1292. — *sein* (pron. gen. sg. = *sîn*) : *in* 1580. *sein* (infin.) : *in* 3417. — *wölfflein* : *hin* 1831. — *fleisz* : *Candiacis* 5022 (*Candiacis* : *gewisz* 5046). — *mein* : *in* 3632. — *greif* : *stiff* 3713.

Nichts kennzeichnet den schreiber mehr als reime wie 837 (*ich*) *pin* : *sein* (sinn). 1553 *weind* (wind) : *seind* (sind) etc. Sie zeigen deutlich, dass seine vorlage nur *i* und *î*, nicht *ei* kannte, dass aber er, weil zu seiner zeit *î* bereits diphthongisiert war, oft gedankenlos und mechanisch auch ein dort vorkommendes *ĭ* in *ei* verwandelte. Bezeichnend aber ist, dass er dabei doch bisweilen sogar ein *î* stehen liess: 2133 (*der*) *synn* : (*wir*) *synn*. 3081 (*vnder*) *in* : (*er hiez*) *sin*. 3042 (*ich*) *pin* : *sind* (= *sîn* infin). 4593 *stîg* : *dik*. — 1625 *schribend*. — *git* (= *gît*, *gibet*) : *nit* 3446.

Das gewonnene resultat lässt sich also dahin präcisieren: In der heimat und zu der zeit des dichters wurde *î* wie *î* gesprochen und geschrieben. Wäre bereits die diphthongisierung eingetreten, so wären reime *ei* : *ĭ* ausgeschlossen und unmöglich gewesen. Es findet sich kein reim zwischen *î* : *ei*, gleich neuem *ei* : *ai*.

Nur éine stelle könnte dagegen sprechen. 1701 heisst es

> Wir sullen den Loblichen
> künig presencz raichen.

Da aber der dichter sich keineswegs scheut, den reim auf unbetonte endsilben zu legen (wofür belege s. 375), so glaube ich hierin keine ausnahme finden zu müssen: er konnte betonen: *lòblichén* : *reìchén* und demgemäss reimen.

Nach der schrift zu urteilen, müsste der autor des gedichts nun auch bereits altes *û* zu *au* diphthongisiert haben. Ein eingehen auf die reime stellt aber das gegenteil fest.

darius : *auz* 1226. *philippus* : *haus* 163. *neptanabus* : *haus* 195. Dass aber nicht etwa *dariaus*, *philippaus* gesprochen sein kann, zeigt *darius* : *suzz* 2398; : *alsus* 3164; *philippus* : *suzz* 508.

Völlig entscheidend aber sind folgende stellen: *schuof* 3218 kann wol auf *hûf* und 5671 auf *ûf*, nicht aber auf *hauf*, *auf* reimen. Ebenso *tuot* nur mit *lût* 2693 ; *buoh* nur mit *rûch* 5519. Wenn hier *pauch* geschrieben steht, so zeigt das nur wider den mechanischen abschreiber. Wahrscheinlich las seine vorlage *pȯch*; *ȯ* aber war er gewohnt mit *au* widerzugeben. Und endlich ist auch ein *û* mit durchgeschlüpft: *ruch* (rauh) 3668, *trube* 4681.

III. Der dialect des dichters ist der allemannische.

Zur untersuchung geeignetes material liefern naturgemäss nur die in reimen erscheinenden wortformen. Es empfiehlt sich daher, zunächst über diese eine übersicht zu geben.

A. Vokale.

a) Quantitative verschiedenheit.

1. *a* : *â*.

schaf (para!) : *schâf* (ovis) 2301. — *slahet* : *nâhet* 329. *maht* : *brâht* 1229 : *gedâht* 1045 : *bedâht* 4908. *gemaht* : *gedâht* 2889. — *an* : *gân* 1559 : *widerstân* 1679 : *stân* 4590. *dann* : *stân* 3875 : *sân* 3241. *began* : *plân* 2567. *man* : *gân* 6105 : *gehân* 2920 : *hân* 5630 : *getân* 6292 : *lân* 3595. 3777. *dienstman* : *undertân* 5232. — *qual* (fons) : *mâl* 3675. *tal* : *mâl* 1889. *sal* (ich soll) : *mâl* 4781. — *missevar* : *hâr* 6315. *gewar* : *gebâr* 199. *gar* : *jâr* 295 : *zewâr* 1257. 5116 : *wâr* 5085. *barn* (kind) : *jârn* 1637. — *sat* : *spât* 1261. *stat* : *rât* (copia) 1489 : *hât* 2805. — *tag* : *wâg* 3727. — *freissam* : *bestân* 353. *lobesam* : *undertân* 3013. — *saz* : *âs* 5598. 5602.

2. *e* : *ê*.

weren (verteidigen) : *kêren* 3411. = *dër* : *mêr* 4644. *ër* : *mêr* 2989. 3197. 6143. 6372 : *sêr* 1585. 4536. — *ërde* : *kêrte* (praet.) 4019 : *kêrt* (2. plur. imper.) 5206 (: *kêrde* 2. sg. imp. mit epenthetischem *d* fällt wol dem schreiber zu, 6300). — *gër* (gier) : *mêr* 4222. — *gërn* (adv.) : *mêren* 4142. — *hër* (huc) : *sêr* 3255. 3897. 5951. 246 : *mêr* 21. 2223. — *swërt* : *kêrt* 3807. 3957 *gelêrt* 3210. — *wër* : *êr* 1781. — *wërdn* : *kêrn* 4117. — *vër* : *sêr* 4040.

3. *i* : *î*. cf. pag. 367 f.

4. *o* : *ô*.

enbor : *gerôr* 3971 : *rôr* 3601. — *gebot* : *nôt* 5236. — *got* : *tôt* 4334. — *spor* (spur) : *rôr* 3943. — *wort* : *gehôrt* 3161. — *bot(e* : *nôt* 1761.

5. *u* : *û*. cf. pag. 368.

b) Qualitative verschiedenheit.

α) Einfache vocale.

6. *a* : *e*.

archaxerses : *was* 107. — *ergeczen* : *man* 3751. — *antiochen* : *an* 5137.

7. *a* : *o*.

vol : *tal* 147. — *an* : *pharon* 55. — *Joban* : *Babilon* 6025. — *warten* : *porten* 2925. — *daz* : *macedos* 1833. — Vielleicht ist kurzes *o* auch anzusetzen: *man* : *macedon* 4694. — *amazon* : *vernam* 3477. — Gehören hierher auch die reime *kom* : *abraham* 2 : *begann* 3448. 4529 : *dann* 4052 : *genam* 3340 : *nam* 283 : *vernam* 192. 307. 2158. 2378. 3978? die möglichkeit ist da. Doch kann die consequente schreibung *kom* (4351, 5121 : *chom*) noch nichts für den dichter beweisen. So habe ich auch z. b. 46 mal *werlt* gelesen, dennoch reimt es 5644 auf *gelt*.

8. *â : ô.*

asyria : sô 13. — *gân : scorpiôn* 3615. — *stân : pampiliôn* 4466. — *mâz(e : grôz* 3791. — *stân : schôn* 4636. — *undertân : stragatôn* 1491. — *persiân : frôn* 3054.

Vielleicht auch *drô : persiâ* 1340 *: lâ* (imperativ) 1345, an beiden stellen ist *dra* geschrieben, dagegen *drô : sô* 1835. — Nach diesen erscheinungen kann auch nicht mehr auffallen *nâmen : vernomen* 701. Auch gehört hierher *schâf : lof* (cucurrit) 1829 (das präteritum *loff* erscheint noch 5123. 5204. 5219, aber sonst im reime *lief:* 3244 *: tief,* 717 *: slieffen*).

9. *e : ë.*

zepter : wër 421 *: ër* 599.

10. *e : o.*

eufrates : macedos 1855.

11. *ê : o.*

ort : gelêrt 691. — *orten : kêrten* 3573.

12. *i : ü.*

mir : spür (ich spür) 1351. — *frid(e : gebürt* 2649.

13. *i : u.*

vinden : stunden (dat. plur.) 6326.

14. *o : u.*

mûr (geschrieben *mawr*) *: vor* 1549. — *nun : von* 5857, wenn hier nicht *nu* zu versetzen und ein reim *kan : von* zu constatieren ist.

β) Diphthonge.

15. *æ : œ.*

spœhe : hœhe 4750. —

16. *ie : üe.*

hiez : süez 3600. —

γ) Einfacher vocal : diphthong.

17. *â : ou.*

gouch : nâch (geschrieben *noch*) 2135. 2687. — *nâch : ouch* 3167. — *lâge* (geschrieben *laug*) *: ouge* 4758. — *strâfen : roufen* 1233. — *boum : mân* (*luna*, geschr. *monn*) 4786 *: getân* 4844. — *rouch : gâch* 5624. — *ouch : gâch* 5865. — Dreimal kommt auch kurzes *a* vor: *sprach : ouch* 4444. — *sprach : gouch* 6418 und vielleicht wol auch *slag : sich bouc* 3803 (es ist *pag* geschrieben; der zusammenhang verlangt *bouc*).

18. *â : uo.*

hân : tuon 3891. — *guot : unflât* 6133.

19. *e : ae.*

mer : fruhtbaer(e (geschr. *-ber*) 3181. — *rede : staete* 1669. — *êr : waer(e* esset) 1209.

Anhang:

auf *Alexander* reimt: *êr* 1159. 2542. 3441; — *hêr* 2338. 5231; — *kêr* 1852. 5848; *mêr* 3537. 3999. 4484. 5633; — *sêr* 1632. 3171; — *hêr* (huc) 2383. 2558. 2929. 6018; — *dër* 52. 1798. 2356. 2999; — *ër* 1746.

1972; — *maere* (kunde, nachricht) 1133; — *waer(e* esset) 1412. 1998. 2374. 2401. = *speher* (5020) und *schreiber* (6169) reimen auf *êr*. = *rihter* (2915), *kanzler* (1061), *schacher* (1077) auf *hêr* (huc). = *burger* reimt auf *mêr* 904. 1539; — auf *swêr* 1566. = *swimmer* (3583), *Rômer* (733) auf *maer(e* fama). = *perser* (2379) auf *waer(e* esset).

20. *e : ie.*

tet : verriet 6089. — (*tier : tiger* [geschr. *tygier*] 3591?)

21. *i : ie.*

liez : olimpiadis 473. — *hiez : olimpiadis* 1517. — *kriechen : rîchen* (reich sein, herrschen) 15. — (*ich*) *geniez(e) : gewis* 2279. — *slîchen : ziehen* 1547. — *prophecîe : bî* 1011. — *philosophîe : wîl* 1653.

22. *î : iu.*

milticlîch : iuch 1647.

23. *ô : oe.*

snoed(e) : nôt 183.

24. *o, ô? : ou.*

magog : oug 6290.

25. *ô : uo.*

krôn : tuon 669. — *frôn : tuon* 879. — *rôt : tuot* 6057. — *von : tuon* 1775.

26. *u : iu.*

natur : fiur 4768. — *figur : ungehiur* 5963.

27. *u : uo.*

frum : rîchtuom 1141. — *um : rîchtuom* 3151. — (*muot(e)s : truz* 5618.) — *bestund : tuond* 1731. — *stund : tuond* 5729.

28. *û : uo.* cf. pag. 368.

B. Consonanten.

29. *ch : h.*

slîchen : ziehen 1547. — *kriechen : fliehen* 1963. — *sehen : sprechen* 4696 (cf. 4711). — *vih(e) : sich* 3579. —

30. Mutä, spiranten und nasale der verschiedenen sprechorgane.

geb : pfleg 513. — *gib : sig* 2643. — *leben : degen* 953. — *ungeziber : nider* 4558. — *toug : gelaub* 1327. — *geben : degen* 1991. — *haben : sagen* 4273. — *ungehab : tag* 4596. — = *maht : ritterschaft* 657; 871. (den) *braht : ritterschaft* 3437. — = *heim : mein* (*und sagten des kindes* —) 533. *: bein* 2553. *: klein* 1235. — *nam : dan* 2581. *: began* 5184. — *man : alsam* 3667. — *tyram : dan* 3691. — *arm : sparn* 3023. — *daz : was* 857. 49. 364 etc. *: las* 43. — *was : genaz* 265. — Vergl. 623. 857. 867. 1197. 1596. 1607. 1667. 2615.

31. Metathesis des *r*.

erschrak : verparg 5100. — *durh : bruch* 3063. — *frid(e : gepurt* 2649. — *scharpf : traf* 3953. — *worten : beschrôten* 3311.

32. Assonanzen anderer art.

mê : stêt 2073. — *harnasch : gebrach* 3931. — *beginnen : bringen* 3429. — *bringen : grimmen* 5592. — *doran : betwang* 6270. — *nam*

: verswand 161. *amon : form* 207. *starb : ab* 1391. *: herab* 4534. *gesigt : bit* 213. *snit : ligt* 2571. *gebt : bet* 2675. *sagen : mag* 4675. *was : als* 3907. *gar : grecia* 3917. *hern : mêr* 3833. *sîn : bî* 5955. *schrê : stên* 4539. *ersach : genaz* 2573. *= helfant : freissam* 3683. *nimt : sind* 4270. *brand : allsamt* 2319. *land : alle samt* 2579. 3291. 5723. *gerant : alle samt* 3655. — *künic : kün* 2661. *ging : viel* 2565. *stât : einfalt* 4158. *letzt : nechst* 1557. *vordern : gehörnde* 2175. *philosophîe : wîl* 1653. *si : manlîch* 1551. *opobalsamus : ist* 4738.

Die belege in nr. 1—5 zeigen, dass dem dichter ein feines gefühl für unterscheidung von länge und kürze nicht besonders eigen war. Doch das hat er mit manchen gemein. Beachtenswert wäre wol nur, dass ausser *weren : kêren* kein weiterer reim *e : ê* vorkommt, dass aber sowol bei diesem als auch bei allen *ë : e* auf den vocal ein *r* oder *r + d* (oder *t*) folgt.

Der verbindung *ë : ê* steht am nächsten die von *e : ë, e : æ, ê : æ* (nr. 9. 19). Eine genaue scheidung in der aussprache scheint dem autor nicht geläufig gewesen zu sein. Er vermeidet freilich *e : ë,* für das wir nur zwei belege haben. Aber die im anhange zu nr. 19 mitgeteilten wörter lassen in der aussprache ihrer endsilben eine bereits eingetretene verwirrung erkennen. Auf *Alexander* reimen z. b. 13 *ê*, 11 *ë*, 5 *æ*.

Andere reime, die nur éin- oder zweimal belegt sind, wie *i : ü, ie : üe* etc. übergehe ich, da sie sich leicht erklären lassen und zu selten erscheinen, als dass irgend eine folgerung daraus gezogen werden könnte. Wir treten vielmehr nun an die fälle heran, aus denen ein kriterium zur bestimmung der mundart erwächst. Hier stellt sich deutlich der lautbestand des oberdeutschen dar.

Bereits bei fixierung der heimat unserer handschrift wurde auf das massenhafte auftreten von *o* für *a* hingewiesen. Davon muss freilich bei weitem die mehrzahl auf rechnung des schreibers gesetzt werden. Denn reime wie *genod : hat* 2295, *noch* (= *nâch*) *: nach* 587. *so* (= *sâ*) *: asyria* 1431. *braht : bedoht* 1081 etc. müssen natürlich unberücksichtigt bleiben. Entscheidend können nur die in nr. 7. 8 aufgestellten sein. — Von grösster wichtigkeit sind die belege in nr. 17 *â : ou*. Sie weisen uns mit aller entschiedenheit nach Oberdeutschland und treten in genügender anzahl auf, um darnach innerhalb des grösseren ganzen die engere heimat des dichters auffinden zu können.

Ein characteristicum des oberdeutschen geben ferner — cf. Paul, Mittelhochd. gramm.[2] § 114 — die reime *ch : h* (nr. 29). Was das ausdehnungsgebiet des umlauts anlangt, so werden folgende gegenüberstellungen genügen, um hierüber eiu klares bild zu schaffen.

brœhte (portaret) *: flehte* (imploraret) 931. *bœrn* (ferrent) *: allexandern* 1621. Nach *benem* 2334 als conj. praet. ist trotz der schreibung *kom* (conj. praet.) doch wol anzusetzen *kœme : benœme.* — *maht* (vis) *: gedâht* (cogitaret) 1046. *al : qual* (vexaret) 1474. *versmâch* (conj.) *: nâch* 5350. *vernam* (ind.) *: kum* 5121 = *stund(e : erfund* 2934. 3551. 5074. *gesunt : erfund* 3577. Nach 5045. 895. 1459. 1811. 3019 ist auch 6063 *grunden* (geschr. *gründen : stünden*) zu setzen, analog *grunden : unden* 3939. Auffällig ist *vinden : stünden* 6326. Die punkte bei *stünden* gestatten keinen schluss; ich habe daher den freilich sehr rohen reim *o : u* angesetzt nr. 13. *a* und *æ* halten sich, wie die reime oben zeigen, ziemlich das gleichgewicht; *u* erscheint nicht umgelautet. Beides stimmt zu den beobachtungen, die man über das Oberdeutsche gemacht hat oder richtiger: dieses verhältnis ist wenigstens der annahme oberdeutscher heimat nicht entgegen.

Andrerseits könnten aber auf mitteldeutsche herkunft des dichters die reime *i : ie, u : uo, û : uo* führen. Aber für *i : ie* habe ich nur die wenigen unter no. 21 aufgezählten fälle gefunden, und wenn auch für *olympadis* reime mit *gewis* 506. 1592. 3008 etc. einfaches *i* feststellen, so wird doch hier als bei einem fremden personennamen der zweimalige reim auf *ie* nicht viel bedeuten können. *u : uo* ist aber vor folgender liquida auch oberdeutsch nicht selten. Allein der beachtung wert bleiben also *û : uo.* Bei ihnen glaube ich mich der annahme mitteldeutschen einflusses nicht entziehen zu können und werde daher bei engerer begrenzung der heimat des dichters auf sie rücksicht zu nehmen haben.

Nach den bisher besprochenen fällen lässt sich nun mit hinreichender deutlichkeit erkennen einmal die neigung des dichters zur verdumpfung des *a*, meist unter einfluss von liquiden — aus derselben verdumpfung erklärt sich auch der reim in nr. 15 — und ferner die durch den dialect seiner heimat ermöglichte verbindung von *â : ou*.

Die möglichkeit nun, *a : o* zu reimen, ist in nennenswerter weise im alemannischen vorhanden gewesen, im ausgedehntesten masse im elsässischen und bairischen. Weinhold, Al. gr. §§ 25. 44. 116. 124, Bair. gr. §§ 22. 56. Eine verwantschaft — wenn man so sagen darf — zwischen *â : ou* erscheint im elsässischen gar nicht. Beliebt ist sie im nördlichen Alemannien und in Baiern, besonders aber im speciell schwäbischen. Weinhold, Al. gr. §§ 128. 52. 96, Bair. gr. §§ 40. 71.

Das elsässische muss, da ihm éine eigentümlichkeit unseres gedichts zwar in hohem grade, die andere aber gar nicht zukommt, ganz zurücktreten.

Es entspringt nun die principielle frage, ob wir das gedicht dem bairischen zuzuschreiben haben allein deshalb, weil dieses zwei eigenheiten unseres anonymus eine grössere empfänglichkeit entgegen bringt als das alemannisch-schwäbische, in welcher mundart aber gleichfalls jene erscheinungen sich einer grossen beliebtheit erfreuen. Diese frage ist entschieden zu verneinen. Wir finden im vocalismus nichts, was einem der beiden sprachgebiete ausschliesslich zukäme. Also nach der seite des vocalismus k a n n das gedicht sowol dem bairischen als auch dem alemannischen dialecte angehören.

Nun ist aber klar: wenn das gedicht bairischen dichter verrät, so muss es einer viel früheren zeit angehören, als die handschrift. Es steht fest, dass bereits zu anfang des XIII. jahrhunderts die verbreiterung der vocale von Kärnthen und Krain aus in Baiern eindrang und bald hier wurzel geschlagen hat, wodurch sich der bairische dialect völlig aus dem connex mit seinem zwillingsbruder loslöste. Um 1300 haben bereits N ü r n b e r g e r polizeiordnungen (herausgegeben von J. Baader) kein *î* mehr. Vgl. die zusammenstellung bairischer urkunden bei Weinhold, Bair. gr. §§ 70. 78. 100. Unser gedicht enthält nicht nur keine auf bereits eingetretene diphthongisierung hinweisende spur: es war vielmehr mit aller entschiedenheit *î* und *û* festzuhalten. Rührt es also von einem Baiern her, so muss es jener früheren periode angehören. Es erwächst daraus die weitere aufgabe, auf diese frühe datierung hin das werk einer untersuchung zu unterziehen.

In ansehung der reinheit der reime haben wir bereits dem dichter ein feines gefühl für die unterschiede der quantität abgesprochen. Aber mehr als nur ein ungebildetes gefühl setzen reime voraus, deren vocale verschiedene tonfärbung zeigen und verschiedenen stimmlagen angehören. Reime wie *e : o, ê : o* waren schlechterdings vor 1250 unmöglich. *o* und *u* berühren sich schon näher, auch *â : uo* liesse sich erklären, da schon *a : o, â : ô* verdumpfung des *a* voraussetzt. Aber eine durch nachdenken erst herausgeklügelte phonetische erklärung in diesem oder jenem falle kann doch nicht stich halten vor dieser mannichfaltigkeit der erscheinungen. Was war diesem dichter nicht möglich zu reimen?! Nur éin beispiel: *tuon* reimt auf *uo, û, u, ô, â.*

Was sodann die assonanzen anlangt, so ist hier das mass des bei den dichtern der sogenannten guten mittelhochdeutschen zeit erlaubten doch beträchtlich überschritten. Die metathesis des *r* ist spät und roh. Dazu kommt aber in steigender regellosigkeit die masse harter und ungewöhnlicher reimverbindungen. Fremdwörter müssen, um reimgerecht zu werden, die wunderlichsten verrenkungen sich gefallen lassen. 1153 *olympadis : philippis.* 2757 *alexandrus : darius.* — 6290 *magog : oug(e.* — (4110 *brangamani;* im reime aber:) *brangnîn : brievelîn* 4105 etc. Manches mag der abschreiber verschuldet haben. Aber auch nach der s. 365 ff. vorgenommenen purificierung der handschrift bleibt vieles übrig, wo weder metrische gesetze noch auch der sinn änderungen wahrscheinlich oder nötig machen. Ein unmittelbarer nachfolger des classischen dreigestirns kann der autor unseres gedichts nicht gewesen sein.

Zu demselben resultate kommen wir, wenn wir einen blick auf den sprachlichen ausdruck als solchen werfen. Seine dürftigkeit in dieser beziehung lassen nicht bloss die häufigen widerholungen derselben reime, sondern derselben phrasen erkennen: *Alexander besant; bekant leidige maer* etc. Mangel sprachlich gewanten ausdrucks verrät ferner der umstand, dass oft nur drei hebungen im verse oder mehr als die normalzahl vier vorkommen. Auch unbetonte endsilben erscheinen als träger des reimes. 1863 *Schieff ôder prü'ckén* reimt auf *denn.* 2084 *undersaget : pet.* 421. 599. 809 etc.

Ebenso ist wol 1701 *loblîchen : reichen* zu erklären cf. s. 368. Zu solchen beobachtungen gelangt man leicht. Aber an eine erforschung des inneren versbaus wollen wir uns gar nicht erst wagen, da hierin gesicherte resultate aufzustellen nur möglich wird, wenn sich noch andere handschriften auffinden und vergleichen lassen. Was den stil anlangt, so wird ein an guten mittelhochdeutschen dichtern geschultes gefühl einen bedeutenden abstand constatieren. Um nur eine stelle heraus zu heben, lese man den briefwechsel Alexanders mit dem brachmanenkönige, besonders das antwortschreiben des Didimus auf die erste epistel des Alexander (4107—4461). An anderem orte habe ich betont, dass den übersetzer in der gruppierung und zusammenordnung der gedanken hier ein besseres erkennen geleitet hat als den dichter der lateinischen vorlage. Aber der sprachliche ausdruck dieser gedanken leidet an bedenklichen mängeln; trotz grosser mühwaltung bleiben mir einige stellen unklar. So (nach der orthographie der handschrift):

4211 ez stirbt nym̄ant on ach
in vnserm land noch snell.
4229 wir schickent auch vnsern mut
nit ze waschen vnsern leib:
ez kompt vō himel vil kleib
Daz taw, etc. ..
4283 Gedenk, daz du pist
erd vnd asch vnd mist,
Als der minst, der da lebt,
Den Got als wol geczept
Hat als dich.

u. a. m. Allerdings ist diese eine der schwächsten partien. Aber auch sonst begegnen vielerlei mängel. Wie zerhackt werden z. b. so viele sätze dadurch, dass die verszeile nicht als gedankenganzes gefühlt und nun das schlusswort des satzes erstes wort des neuen verses wird (3883. 4584. 5236. 5252. 5273. 5388).

5019 Der sprach zu im, daz
Er waer — in diuht — ein speher
Vnd sie verraten wolt. Er
sprach: nein, ich bin Candiacis
sun. Die hât ...

dô saz in einem grôzen schîn
ein got, den bat er sagen sîn
im, wie . .

und so noch oft.

Zu diesen erscheinungen nehmen wir formen wie *lof* als präteritum, gesichert für den dichter durch den reim auf *schâf*. Und ist es denn so sicher, dass das ebenfalls erst spät vorkommende präteritum *du secht* 209, *du sprecht* 335. 2435 nur dem abschreiber angehöre, da doch *lof* dem dichter zuzuschreiben ist? Wie dem auch sei, ich bekenne mich zu der ansicht, dass das gedicht dem XIV. jahrhundert angehört.

Dieses urteil involviert nun aber ein andres, dass nämlich darnach die annahme bairischen ursprungs ausgeschlossen ist. cf. s. 374.

Die möglichkeit hatten wir offen gelassen: nach dem im reime gesicherten vocalismus kann das gedicht bairisch oder alemannisch sein; wenn der verfasser ein Baier ist, muss es in der zeit vor eintritt der vocalverbreiterung entstanden sein. Nach ablehnung dieser eventualität neige ich mich zu der ansicht, dass das Alexanderlied von einem Alemannen gedichtet ist. Eine schlussfigur wie die eben angewante hat aber ihre bedenklichen seiten, wenn dafür, dass die möglichkeit einer von zwei annahmen ausgeschlossen sei, nicht auch noch positive gründe für die andere hinzukommen. Und ich habe solche gründe.

Die vorliegende handschrift rührt von einem Baiern her. Dieser hat seine vorlage in den dialect seiner heimat und zeit übertragen. Dabei hat er einige wortformen des originals mit durchschlüpfen lassen. Wenn es nun gelingt, in der bairischen handschrift reste alemannischen ursprungs zu entdecken, so ist damit der positive beweis geführt. Dass das material sehr beschränkt ist und sein muss, ist begreiflich. Ebenso aber auch, dass gerade deshalb ihm eine erhöhte bedeutung zuzuschreiben ist. Zahllos sind die pluralformen der 1. pers. praes. ind. auf *-ent*, 677. 678. 882. 982. 3428. 4159 etc. etc.

Ebenso häufig wird die 2. pers. plur. praes. und imperat. durch die form der 3. ersetzt *ir heiszent, ratend* . . 411. 628. 639. 1174. 1688. 1776. 2233. 4385. 4721 etc. *sie enhând* : (*ir*) *lând* (imperat.) 1358.

Solche formen kennt das bairische auch, aber sie sind dort ebenso selten, als sie alemannisch stark verbreitet erscheinen. In unserem gedichte wuchern sie so üppig, überwiegen die nicht nasalierten so beträchtlich, dass notwendig eine äussere beeinflussung stattgefunden haben muss — und diese liegt in der alemannischen vorlage.

Abgesehen von dieser allgemeinen erscheinung begegnen nun auch einzelne fälle, die bairisch überhaupt nicht vorkommen. So das durch reim belegte *ir sind* 1138. 6173. *: kind* 4394.

Bairisch unerhört ist ferner die bildung der 2. pers. plur. praes. auf *-en.* Auch dieses steht im reime 1499 *ir hulden : ir dulden* und wichtiger 1727 *ir hulden : ir solt dulden.* Dazu stellt sich *ir mohten* 1687. Auf diese analogie stützt sich die vermutung über vers 2067. cf. p. 366.

Von grosser bedeutung ist das einmal begegnende *du werd* 5435 (dû warst), welche form sich nur in alemannischen schriften findet Weinhold, Al. gr. p. 352.

Völlig entscheidend ist folgendes:

Im bairischen wird nie das *l* in den formen von *wellen* ausgestossen; im alemannischen bildet dies das gegenteilige characteristicum. Es ist also klar, woher die vielen formen kommen wie 454. 639. 1384. 1650. 1907. 2169. 2536. 3111 3471 und

1705 *daz wir von hiut dem tag*
Im den zins geben wend.
daz beschàch dô behend.

Mit solchen belegen glaube ich die behauptung hinreichend stützen zu können. Denn woher anders können so notorisch alemannische formen einem schreiber von so notorisch bairischer herkunft in die feder gekommen sein, wenn nicht durch herübernahme aus alemannischer vorlage?

War nun aber der dichter Schweizer oder Badenser? Sowol die Schweiz als auch der südliche teil des heutigen grossherzogtums Baden gehörten bekanntlich dem alemannischen sprachgebiet an. Wenn ich den verfasser nun etwa im Breisgau localisieren möchte, so werde ich dazu durch die beobachtung einer unzweifelhaft zu tage tretenden beeinflussung seines dialectes durch mitteldeutsche spracheigentümlichkeiten veranlasst.

Mitteldeutsch sind, um von den wenigen *i : ie, u : uo* zu schweigen, so entschieden die reime *û : uo*, dass Weinhold aus oberdeutschen schriften sie überhaupt nur 4 mal belegen kann; mitteldeutsch nicht selten sind fälle analog den in der reimübersicht unter 'metathesis des *r*' aufgezählten; bei annahme mitteldeutschen einflusses erscheinen auch die beiden reime in nr. 11 *ê : o* weniger hart: für *lêrte, kêrte* sagte der Mitteldeutsche *larte, karte*. Diese formen übernahm unser dichter und reimte nun, wie seine oberdeutsche heimat dies gestattete, *a : o*.

Dass aber nun unter so unleugbarem einflusse eher ein dem mitteldeutschen sprachgebiete nahe wohnender stehen muste als einer, der in der ferneren und abgeschlossenen Schweiz zu hause war, ist klar und auf diese erwägung gründet sich meine ansicht über die engere und engste heimat des dichters.

Diese, auf grund eingehender sprachlicher beobachtungen gewonnene genaue bestimmung seiner heimat findet nun freilich durch keine der stellen im gedichte selbst, auf die s. 363 hingewiesen wurde, eine besondere stütze. Nur die oberdeutsche herkunft im allgemeinen wird durch aufmerksames vergleichen der lateinischen vorlage und ihrer deutschen übersetzung zur evidenz erhoben. Unter anderen von Alexander unterworfenen völkern nennt nämlich Quilichinus die folgenden:

Teutonicus Francus ....[1]) Gallia tota
Hispanus sponte mihi iam flexit sua colla.
Romanus populusque ferox et doctus in armis
Se mili supponunt .....[2])
Appulus et Calaber Siculus mihi munera donant.
(Sytherus) Sithicus (Scythicus?), Hyrcanus, Armenia, Barbarus ordo,
Bulgarus, Albanus, Venetus, Dalmaticus, Ister,
Ungarus, ...[3]):
Cuncta mihi subsunt: mihi Jupiter Imperat unus;

[1]) Gualdalia *F* sic gelria *B*.

[2]) atque tributa dederunt *B*. fortes sine c ...? tusci *F*, vielleicht fortissimi calabri Tusci und im folgenden Appulus Lucanus ..

[3]) bohemus polonus friso saxoque slavus *B*. et Frigius batius quoque servia bassus *F*.

Dazu vergleiche man das deutsche, besonders von 5904 an:

> Frankrîch dar zuo uberal.
> dar zuo alliu tiutsche land
> müezen dienen mîner hant.
> Hyspania, Roemer dar zuo,
> wie freidec sie waern nu,
> sie müezen mir zins doch
> Geben: tuschan, pull, Colabia ioch
> hân ich gebogen under mich:
> Armeni, bulgri, Barbarich,
> Unger, Beheim, Bayrland,
> Swaben, francken hât mîn hant
> bezwungen gar ritterlîch.
> Ez lebt ûf ërden nit mîn glîch
> âne den got Jupiter.

Der übersetzer folgt seiner quelle ziemlich genau; manche völker mochten ihm unbekannt sein oder er konnte ihre namen nicht verdeutschen: er liess sie daher aus. Ausgelassen hat er aber auch echt deutsche stämme: Friesen, Sachsen: an deren stelle setzt er zwei andere: Baiern und Schwaben (Franken kommt weniger in betracht, da auch Quil. sie nennt: Teutonicus Francus neben Gallia tota.), und diese beiden sind die einzigen von ihm hinzugefügten! Was ist evidenter, als dass er sie nennt, weil er selbst hier zu hause ist?

Weit wichtiger, weil nach ihnen sich die zeit des dichters genauer bestimmen lässt, sind zwei stellen der einleitung.

Von der vierten weltmonarchie Rom sagt der Deutsche unabhängig von Quilichinus:

> ..... daz sîget nider,
> und fürht, daz ez nimmer wider
> kom in solhe grôze maht:
> wan darnâch nit traht
> mêr kein Roemischer vogt.
> sie haben vor oft gezogt
> zu bezwingen land unde liut,
> daz sie nit tuon hiut.

Wen meint er? Wir haben gesehen, dass sein gedicht in das XIV. jahrhundert gehört. Kann der verfasser nun wol an Heinrich VII. denken, Dante's herrscherideal, an den kraftvoll mutigen kaiser, der erfüllt von den aufgaben seines hohen berufs, getragen von der idee seiner macht und herrlichkeit, seine rechte 'mit den waffen Justinians und dem schwerte Karls des Grossen' zu verteidigen verstand!?

Kann der dichter seinen nachfolger meinen, den waffenkundigen, kriegserfahrenen Ludwig, den gegen pästliche anmassung seine fürsten zu schützen wussten, als sie es aussprachen, dass jede von den kurfürsten vollzogene kaiserwahl auch ohne päpstliche bestätigung gültigkeit habe? Schwand unter ihm des reiches ansehn?

Wie anders Karl IV. und Wenzel! Jener floh wie ein dieb heimlich aus Rom, wo ihm wie zum hohne die kaiserkrone aufgesetzt war und dehnte die 'jagd' (!) so weit aus, dass er es am ende näher hatte nach Deutschland als zur burg des papstes.

Und Wenzel! der drei jahre nach der abfassung unserer handschrift durch reichsbeschluss vom throne gestossen wurde, ein schattenbild deutscher kaisermacht; unter dessen regierung die städte zusammentraten, um sich selbst ihrer haut zu wehren; der einem listigen, ränkevollen Italiener den herzogstitel von Mailand verkaufte; der endlich vom böhmischen herrenbunde selbst gefangen gehalten wurde!

Nur an ihn konnte der dichter bei jenen versen denken, der dichter, in dessen heimat die ersten städtebünde entstanden, der so den zerfall aller ordnung und sicherheit vor augen hatte.

Und in Wenzels regierungszeit fällt nun auch das ereignis, auf das 16 verse vor den eben besprochenen angespielt wird: das dritte weltreich Griechenland

ist nu als clein
als ich geloub unde mein
daz sie haben keinen keiser mêr,
als sie gehabt hân biz hër:
in haben die Turcken erslagen,
iezuo in kurzen tagen:
die Turcken, die nit geloubic sind
heiden; wîp unde kind
müezen in sîn undertân.

Ein factum das den worten des dichters genau entspräche, findet sich zwar nicht.

Vor 1397, dem abfassungsjahre der handschrift, ist kein griechischer kaiser, den die welt als solchen anerkannte, erschlagen, vollends nicht von den Türken. Nun ist aber an sich evident und geht auch aus dem zusatze, dass alles den Türken untertänig geworden sei, hervor, dass nur ein ereignis gemeint sein kann, über das schrecken erregende berichte oder besser gesagt gerüchte nach Deutschland gelangten. Diese müssen sich angelehnt haben speciell an das schicksal Griechenlands. Seit der einnahme Adrianopels war nun bereits der grösste teil dieses reiches den Türken unterworfen: tributair wurde das ganze im jahre 1390. Das war eine folge der mörderischen schlacht auf dem Amselfelde bei Cóssova.

Und diese schlacht kann nur gemeint sein. In ihr fiel das haupt des Serbenkönigs Lazarus vor dem sterbenden sieger Murad. Mit Lazars tode war der letzte widerstand gegen die Osmanen gebrochen, das schicksal des byzantinischen reiches besiegelt.

Dass Lazarus, der historisch nur ein teilfürst, nur herr des landes, das dem heutigen königreiche Serbien entspricht, war, hier als kaiser erscheint, ist leicht erklärlich. Einmal nannten sich alle jene fürsten: zaren — so heisst speziell Lazarus in den serbischen volksliedern, die an die schlacht bei Cóssova anknüpfen — und für zar war ja der adäquateste ausdruck im deutschen der titel kaiser. Sodann aber weise ich darauf hin, dass Stephan Duschan sich 1340 als kaiser von Bulgarien, Serbien und Griechenland proklamieren liess. Wenn nun auch Lazarus in urkunden stets nur als 'herr' erscheint, so konnte doch das volk bei der noch lebendigen erinnerung an Duschan, auch ihn, den hervorragendsten unter dessen nachfolgern im Serbenreiche, so genannt haben.

Gegenüber diesen ergebnissen ist die vermutung Toischers, dass unser Alexanderlied einem der von Rudolf von Ems genannten vorläufer gehöre, abzulehnen.

Ueberhaupt hätte nur allein Biterolf in betracht kommen können. Denn Berthold von Herbolzheim dichtete nach Rudolfs eigenen worten im dienste eines Zähringers. Da nun der

Zähringer mannesstamm[1]) bereits 1218 ausstarb, so kann er nicht der übersetzer der erst 1236 verfassten historia des Quilichinus gewesen sein.

Bis jetzt müssen wir uns demnach zu dem bekenntnisse verstehen: wer der verfasser des 'grossen Alexander' ist, wissen wir nicht.

1) Vgl. Bartsch, Germanistische studien I, 1 ff., wo auch die stelle aus Rudolfs Alexander abgedruckt ist.

BREMEN, april 1884. ERNST NEULING.

DIE JAGD IM NIBELUNGENLIEDE.

In dem aufsatze über 'Otenheim im Nibelungenliede', bd. IX, s. 553 fg. dieser Beiträge hat W. Braune einige fragen behandelt, die auch mich lebhaft beschäftigt haben. Da ich in der beantwortung mehrerer zu entgegengesetzten resultaten gelangt bin, so will ich meine abweichenden ansichten hier darlegen.

Zwar als advocat der strophe Z 152, 1 (hinter Lm. 942, resp. 939, Bartsch 1001, resp. 998) will ich nicht auftreten. Sie steht oder fällt mit der ansicht, die man sich aus zusammenhängender erwägung der handschriftenverhältnisse gebildet hat; aber auch wer fortfährt, C* für einen dem original besonders nahestehenden text zu halten, wie ich es tue, wird nicht in abrede stellen können, dass gerade diese strophe trotz ihrer untadelhaften beiden cretici und trotzdem sie auch in Id überliefert ist, sich als recht verdächtig documentiert.

Auch will ich auf die identität des *Otenheim* (*Ottenheim*) im NL mit dem *Ottincheim* im Lobdengau nicht allzuviel gewicht legen. Ich werde nachher auf diese frage zurückkommen und die sachlage klar zu stellen suchen. Die unmöglichkeit jener identificierung ist, wie sich, denke ich, ergeben wird, nicht nachzuweisen.

Was mir die feder in die hand gibt, ist vielmehr die absicht, gegen die annahme aufzutreten, dass die jagd des Nibelungenliedes im Odenwald stattfinde. Diese annahme ist die hergebrachte. Schon der verfasser des Siegfriedsliedes hegte sie, und von neueren hat sich nur, so viel ich weiss, Göttling in seiner schrift 'über das geschichtliche im NL' (1814, s. 45) dagegen ausgesprochen; übrigens wird sie, wie es scheint, von allen, wie weit sie auch in beurteilung der handschriftenverhältnisse auseinandergehen mögen, schon 1815 von

Jacob Grimm, dann von v. d. Hagen, von Holtzmann u. a., und jetzt auch von Braune geteilt. Mir aber hat die genauere erwägung der in betracht kommenden momente schon vor langen jahren die überzeugung aufgedrängt, dass die hergebrachte ansicht unrichtig sei, dass vielmehr die jagd in den wäldern der Rheinebene stattfinde und die todesstätte Siegfrieds zwischen jenen wäldern der ebene und dem Rheine gedacht sei. Ich habe diese ansicht wol beiläufig hier und da angedeutet: sie im zusammenhange zu begründen, will ich im nachstehenden versuchen.

I.

Ehe ich dies an der darstellung des gedichtes tue, wird es nicht überflüssig sein, uns in jener ebene, so weit ihre forstlichen und jagdverhältnisse in betracht kommen, zu orientieren, um ein bild zu gewinnen, wie es im 12. jahrhundert dort aussah.

Die umgegend von Worms war im mittelalter wegen ihrer jagden berühmt. Man jagte von dort aus auf beiden seiten des Rheines. Am linken ufer ziehen sich die berge, die man als die ausläufer der hier nahezu in einem rechten winkel zusammenstossenden Vogesen und Ardennen betrachtete, bis ziemlich nahe an die stadt hinan. Am rechten ufer dagegen streckt sich auf etwa drei meilen breite die waldreiche Rheinebene hin, an die sich dann erst, steil emporschiessend, der Odenwald anschliesst. In dieser ebene lagen zwei mächtige forste, die beide ursprünglich königlich waren, der nördliche, etwa drei meilen unterhalb Worms beginnend, der s. g. Dreieicher wald, um die königlichen pfalzen von Tribur und Geran bis hinan an den Main bei Frankfurt, der südliche, der uns hier zunächst berührt, der alte berühmte forst *Forehahi*. Dieser ward im jahre 1002 von Heinrich II. dem stifte Worms überwiesen: *concessimus regium bannum in forestu Forehahi nuncupato.* Vgl. Schannat, hist. episc. Worm., Cod. prob. nr. 40. Origines Guelf. IV, 298, wo der name *Forehai* gedruckt ist. Seine grenzen werden uns genau angegeben; nur muss man bei ihrem nördlichen beginn sich erinnern, dass der gegenwärtige Rheinlauf nicht mehr mit dem damaligen übereinstimmt. Ich verweise auf die erklärungen bei Landau, Beiträge zur gesch. d. jagd u. falknerei, s. 48 anm. Die grenze erstreckt sich von Elmersbach (die stelle dieses eingegangenen ortes ist jetzt am linken Rheinufer, westlich von Stockach) nach Erfelden (*Heriveldon*), dann an den Odenwald, *inde per rectam plateam montanam*, also auf der bergstrasse entlang, von Bessungen (*Beczingun*) über Eberstadt (*Herbestat*), Bensheim (*Basinesheim*), Weinheim (*Winenheim*) nach Schriesheim (*Scrizesheim*), von da hinein in den Neckar, mit diesem in den Rhein, und den lauf dieses entlang bis zurück nach Elmersbach. Ganz dieselbe grenze besass der forst noch im jahre 1423, als er unterdes über Mainz an Lorsch gekommen war; das darüber abgegebene weistum (bei Grimm 1, 463 fg.) beruft sich auf einen alten 'zettel'. In betreff der einzelheiten der grenze vgl. widerum Landau a. a. o. s. 51 anm. Interessant ist es, aus dieser grenzangabe zu ersehen, dass mittlerweile der Rhein seinen lauf geändert hatte. Die dadurch an das linke Rheinufer geratenen teile gehörten auch jetzt noch zu dem alten forst, und so ist die westliche grenze, die im jahre 1002 so einfach nach dem laufe des Rheines angegeben werden konnte, nun eine recht verwickelte geworden. Auch in betreff der kirchlichen einteilung verblieben die ans linke ufer versetzten ortschaften, wie im süden Ottincheim und Oppawe mit den rechtsrheinischen zusammen; die genannten gehörten noch 1496 zum Decanatus ruralis Weinheim. Vgl. das alphabetische verzeichnis der parochien der Wormser diöcese bei Schannat, h. e. W., I, 7—60. Ja, selbst die Oppauer flur lag, doch wol in folge des veränderten Rheinlaufs, zu beiden seiten des Rheins. Vgl. das Sandhofner weistum bei Grimm I, 457 fg. und Lamey, pagi Wormatiensis descriptio, in: Acta Academiae Theodoro-Palatinae I, 224.[1])

Oestlich schloss sich an diesen forst das *bannum foreste* im *Odonowalt* an, als dessen westliche grenze bei seiner verleihung an Lorsch im jahr 1012 die *platea montium* genannt wird.

[1]) Wenn daher im jahre 1232 ein Johannes de Siberch dem kloster Schönau *allodium suum Opphawe* verkauft *cum omnibus attinentiis infra* (*intra*) *Renum et ultra Renum* (vgl. Gudeni sylloge diplom. s. 181), so dürfte man hieraus zu schliessen versucht sein, dass bereits damals der lauf des Rheines der gegenwärtige war. Ganz sicher ist freilich ein solcher schluss keineswegs. Vgl. auch Lamey, descr. a. a. o.

Vgl. Dahl, Beschr. v. Lorsch, urkundenbuch s. 35. Wollte man hier jagen, so brach man naturgemäss von Lorsch auf. Jagte man von Worms aus am rechten Rheinufer, so konnte für den, der auch nur eine allgemeine kenntnis der gegend besass, nur der forst Forehahi in betracht kommen.

Und dass in diesem gerne gejagt ward, dass auch gerade die deutschen könige und kaiser hier zur jagd erwartet wurden, geht aus manchen zeugnissen hervor. In dem erwähnten weistum von 1423 wird in der bekannten poetischen weise die ankunft des königs so beschrieben: *In demselben wildban dort soll niemand jagen oder bürschen ohn des bischoffs von Mainz* (s. o.) *willen. wers aber, dasz ein ritter queme mit bunden kleidern, mit einem zobelhute, mit einem ibenbogen, mit einer syden sennen* u. s. w. (das. s. 465), *den sall man fördern zu synem deigelt, und soll ihn nit hindern.* Vgl. auch das Büdinger weistum bei Grimm III, 426; das Dreieicher, ebenda 502; Landau, Beiträge u. s. w. s. 53 anm. (falsch erklärt bei Dahl, Urkundenbuch s. 62 anm.). Besonders im 12. jahrh. scheint hier von den deutschen herrschern viel gejagt zu sein. Bekanntlich war Friedrich I. ein grosser jäger. Ragewin in seiner fortsetzung von Otto's von Freising Gesta Friderici IV, 76 (einzelausgabe von Pertz-Wilmans, Hannover 1867, s. 338) erzählt als augenzeuge: *Si venationibus exercetur, in equis, in canibus, accipitribus caeterisque eius generis avibus instituendis, spectandis, circumferendis nulli secundus. In birsando ipsemet arcum tendit, spicula capit, implet, expellit. Eligis quod feriat, quod elegeris ferit.* Und gerade um deswillen hielt sich Friedrich I. so gerne in Worms auf, da er dort seiner freude an der jagd so recht nachgehen konnte. So sagt Otto von Freising II, 28 (einzelausgabe s. 152): *Inde ad partes Rheni se conferens, proximum natale Domini Wormaciae celebravit. Ea namque regio ... in frumento et vino opima, venationibus et piscationibus copiosa. Habet enim ex parte Galliae vicinum Vosagum et Ardennam, ex parte Germaniae sylvas non mediocres, barbara adhuc nomina retinentes.* Man sieht, der verf. nennt nicht den Odenwald, er meint die wälder in der ebene, und unter die *barbara nomina,* die ihm auffielen, wird auch wol die alte bezeichnung *Forehahi* zu zählen sein. Friedrich I. war nach Arnold (Verfassungsgesch. d. d. freistädte I, 232 fg.) achtmal in

Worms (1153/54. 1156/57. 1163. 1165. 1168. 1172/73. 1179/80. 1187). Auch sein sohn Heinrich VI. viermal (1192. 1193. 1195. 1196). Da dieser sich bekanntlich auf einer jagd in Sicilien die tötliche krankheit zuzog, die ihn so früh hinraffte, so wird er auch wol bei seinem aufenthalte in Worms in forestu Forehahi gejagt haben. Und ich denke, von diesen jagden seiner kaiser in der umgegend der berühmten reichsstadt wird man am ende des 12. jahrh. etwas gewusst haben, und wer dort bescheid wusste, wird auch von ihnen ein leidlich zutreffendes bild vor augen gehabt haben.

In der umgegend von Worms aber weiss der dichter wol bescheid. Wie lebendig steht ihm die überfahrt über den Rhein vor augen: die kleineren schaaren kommen schnell hinüber, das heer der Burgunden aber bei seinem zuge zu den Hunnen gebraucht einen ganzen tag, und man lagert deshalb zunächst am jenseitigen ufer, um erst am folgenden tage die fahrt landeinwärts zu beginnen. Gewiss entsprach dies dem vorkommen in der wirklichkeit, wie es der wirklichkeit wird entsprochen haben, wenn er bei Passau erwähnt, dass ein teil der mannen am jenseitigen ufer einquartiert werden muste. Wie genau weiss er dann, dass zwischen dem Rheine und dem damaligen Worms, dem südlichen teile der jetzigen stadt, ein ebener platz war, auf dem öffentliche versammlungen und turniere abgehalten wurden. Wie sicher ist er über die wege orientiert, die nach dem osten führen: die boten lässt er südlich durch die berge auf Schwaben zu reiten, denn einzelne leichte reiter werden durch berge und pässe nicht geirrt; aber das heer der Burgunden, das unwegsame gegenden natürlich zu fürchten hatte, dirigiert er nordwärts durch die ebene, an dem Odenwalde vorbei auf den Main zu, dann durch Osterfranken und den gau Swalfelde, und bei Veringen über die Donau; das war offenbar derselbe weg, den einst das nordheer Karls des Grossen von Worms aus eingeschlagen hatte, als es dann bei Pharinga die Donau übersetzte, um in das land des Tassilo einzubrechen. Unser dichter weiss, dass man rheinaufwärts nicht zu schiffe bis Worms gelangen konnte, dass man also hier zu pferde ankommen muste, und dass dies — für uns überraschend — auf dem rechten Rheinufer geschieht, wird gewiss auch in den wirklichen verhältnissen, den strassenlinien, den gepflogenheiten jener zeit seine begründung gehabt haben. Wir können daher, wenn er uns eine jagd in der umgegend von Worms schildert, ein gewisses günstiges vorurteil mitbringen, dass er uns auch dabei nicht unmögliches zumuten werde: das aber wäre der fall, wenn wir ihm glauben sollten, dass eine auf nur einen tag berechnete jagd von Worms aus im Odenwalde hätte stattfinden können.

Um einem einwande zu begegnen, will ich gleich hier anfügen, wie ich mir die localkenntnis unseres dichters beschaffen denke. Er war ja Worms und der Wormser gegend durch geburt fremd, er gehörte Oberdeutschland, vielleicht den Tiroler gebirgen an. Aber ich meine er war ein fahrender, der weit herum gekommen war im deutschen vaterlande, wie der s. g. anonymus des Spervogel, oder, wie ich lieber fortfahre ihn zu nennen, Heriger. Und wohin wirds die fahrenden mehr gezogen haben als nach der Rheinstrasse und zu den glänzenden städten, die dort emporgeblüht waren? Also, ich denke, seine localkenntnis wird die eines touristen gewesen sein. Und daran hatte er genug, denn localpoesie sollte, und ich denke w o l l t e er auch nicht treiben.

Ueber die grossen jagden jener zeit will ich kurz sein. Zu unmassen haben sich mir auch in betreff ihrer die excerpte gehäuft, die ich zum zwecke des früher von mir geplanten commentars zum Nibelungenliede angelegt habe; aber eben diese übermasse hat mir schliesslich die freude an der ausführung und den mut zu derselben geraubt. Ich will den leser nicht ermüden und bitte um sein zutrauen auch ohne citate. Es sind zwei hauptarten, die, wenn sie technisch streng auseinander gehalten werden, sich als *birsen* und *jagen* unterscheiden. Bei jenem geht man auf die baldmöglichste erlegung des wildes aus, dies bezeichnet die aus Frankreich herübergenommene parforcejagd. Im Nibelungenliede ist es ein *birsen*, zu dem die jäger ausziehen. Die allgemeinen vorbereitungen sind bei beiden arten dieselben. Zunächst wird die herberge, die feuerstätte, der sammelplatz, bestimmt, von wo aus die jagd beginnen, wohin die beute abgeführt werden, wohin die jagenden zum imbiss zurückkehren sollen. Dann werden die warten bestellt, damit das wild nicht zur seite ausbrechen könne, und darauf setzen sich die jäger in bewegung, sich in aufsuchung und verfolgung des wildes immer weiter von der feuerstätte entfernend, bis sie durch ein signal zurückgerufen werden, die jagd abbrechen und sich nun an den ausgangspunkt der jagd zurückbegeben, wo inzwischen aus der teilweise vorher angelangten jagdbeute ein mahl bereitet worden ist.

Auch mit den vorgängen bei der jagd hat der dichter wol bescheid gewusst, für die poesie derselben hat er ein herz gehabt. Er ist gewiss selbst mit im walde gewesen und oft mag er im kreise der heimkehrenden ritter ihren jagderzählungen gelauscht haben: so wol ist er orientiert. Nicht nur bedient er sich überall ebenso wie der Laberer, wie Gottfried, wie Wolfram, der jägerischen kunstausdrücke — den ausdruck *dô erlûtte daz gehünde* kennen wir nur aus dem Nibelungenliede, und wie wundervoll schildern die worte *dô wart nâch den jägeren gevrâget blâsende vil* —, er kennt auch die bravaden der jäger. 'Das schwein zu fangen' war eine besondere kunst (vgl. Landau a. a. o. 18), und in den fürstlichen jagdnotizen pflegen die namen derer aufgeführt zu werden, denen dies gelungen war (ebenda s. 90 fg.); gar aber vom pferde herab einen eber zu fällen, galt für ein rechtes jägerisches renommierstück (ebenda s. 86). Unser dichter nun erzählt uns (Z. 142,4 u. 5; Lm. 881 fg.; B. 938 fg.), wie Siegfried dies ausgeführt hat. Zu ross sprengt er dem eber entgegen: *er bestuont in ûf der slâ; daz swîn vil zornecliche lief an den küenen recken sâ. Dô sluog in mit dem swerte der Kriemhilde man: ez hête ein ander jegere sô sanfte niht getân. Dô er in het ervellet* u. s. w. Eine besondere freude für jägerherzen scheint es ferner gewesen zu sein, wenn die meute der hunde so gross und dem wilde so auf dem nacken war, dass man davon abstehen muste, auf dieses zu schiessen: man wird an jagdbilder aus der niederländischen schule erinnert. So bringt Landau a. a. o. s. 27 einen jagdbericht, in welchem dies vorkommnis ausdrücklich als etwas besonderes erwähnt wird: *'Es konnte aber wegen der Hunde Niemand schiessen aus Furcht einer getroffen zu werden.'* Und nun vergleiche man Z. 145,6 (Lm. 902; B. 961): nachdem erzählt ist, wie die ganze meute auf den bären losgelassen wird, und wie die jäger selbst mit bogen und spiessen herangelaufen kommen, eine geradezu malerische scene, da heisst es, das bild abschliessend: *sô vil was der hunde, daz dâ nieman schôz.* So möchte ich auch glauben, dass es noch etwas besonderes bedeutet, wenn es Z. 143,3 von dem signal, das die jäger zur feuerstätte zurückruft, heisst: *dô wart vil lût ein horn zeiner stunt geblâsen, dâ mit in wart erkant, daz man den fürsten edele dâ zen herbergen vant.* Denn dies signal war wirklich ein einziger lang gezogener ton. Vgl. Neuw Jag und Weydwerck Buch (Frankf. bei Feierabend, 1582 fol.): '*Der uff der Jagt sein Gesellen zu sich beruffen wil, sol einen langen Hifft blasen, also*: (folgt die note C mit discantschlüssel). *Die andern sollen jhm gleichmessig mit langem Hifft antworten, also:* (folgt dieselbe note) *Wann sie jhm dann geantwortet, soll er mit zweyen Hifften ferners blasen, also:* (folgt zweimal dieselbe note, halb und ganz).' Und so erhält auch die flotte strophe, mit der die jagdaventiure beginnt, gewiss noch ein frischeres colorit, eine erhöhte anschaulichkeit, wenn wir in dem dichter einen kenner und freund der edeln passion des jagens erkennen: die gefahr war ja eine erhöhung des ritterlichen vergnügens, und dass die jagden auf eber, bären und büffel wirklich sehr gefahrvoll waren, beweisen die vielen unglücksfälle, die — bleiben wir zur seite unserer litteraturgeschichte — von Aribo's tode bis zum tode von Geilers vater uns berichtet werden.

Und nun zur darstellung unseres gedichtes.

Die jagd soll jenseits des Rheines (*über Rîn*) statt finden, als ziel wird angegeben *ein tiefer walt* (Z. 140,6; Lm. 869,1; B. 926). Es liegt nach dem oben gesagten doch wol von vornherein am nächsten an die waldungen der Rheinebene zu denken. Man begiebt sich über den Rhein, die herberge wird angelegt *für den grüenen walt* (Z. 141,1; Lm. 871; B. 928), d. h. auf den grünen wald zu, in der richtung auf denselben, also vor demselben. Ausdrücklich wird noch gesagt, dass dies der wald war, in welchem die jagd stattfinden sollte: *dâ si dâ jagen solden* (ebenda). Die stätte der herberge wird noch genauer characterisiert durch die worte *ûf einen wert vil breit* (ebenda). Diese benennung kommt gerade um Worms herum ungewöhnlich häufig vor. So nennt allein das blatt der hessischen generalstabskarte, welches Worms enthält, die folgenden (von norden nach süden gezählt): *Schmalwörth, Biebesheimer*

*Wörth, Steins Wörth, Wörthchen, *Sandwörth, *Ibersheimer Wörth, *Steiner Wörth, *Kiesel Wörth, Rinnenwörth, Becker Wörth, Ludwigs Wörth.* Nur die mit * versehenen sind rings oder in form von halbinseln mit wasser umgeben, die andern liegen landeinwärts, der *Schmalwörth* und *Steins Wörth* eine volle viertelmeile vom Rhein entfernt. Es werden also auen darunter verstanden, erhöhtes wasserfreies land zwischen wiesen, welche letztere bei hochwasser mögen überschwemmt gewesen sein. Solcher auen gibt es in jener ebene bis weit hinein ins land, noch weiter hinein als die beiden genannten liegen. Ich will nun kein besonderes gewicht darauf legen, dass der dichter hier gerade ein in jener gegend so wol bekanntes wort verwendet, aber, wenn die schilderung sonst in übereinstimmung steht mit dem dortigen terrain, so meine ich, darf man sich auch hierüber nicht ganz hinwegsetzen. In bezug auf die jagd wird der platz noch näher bestimmt als gelegen *gêns wildes abeloufe* (ebenda), d. h. der stelle gegenüber, wo man die jagd beginnen, das wild aufscheuchen und zum lauf bringen wollte. Vgl. Goethe's Röm. karneval in der Hempel'schen ausgabe 16, 304: *Vor dem Gerüste werden die Schranken errichtet, zwischen welche man künftig die Pferde zum Ablaufen bringen soll.*[1]) In C* fehlt dieser vers wol nur durch ein versehen.

Dann werden die warten bestellt (Z. 141, 2; Lm. 872; B. 929), und nun rüsten sich die jäger zum aufbruch. Da ruft Siegfried: *wer sol uns durch den walt wîsen vor den bergen* (ebenda), also wider ist ganz deutlich die waldung vor dem Odenwalde, in der Rheinebene, bezeichnet. Allerdings weichen hier die handschriften ab. Die vulgata liest statt *vor den bergen* vielmehr *nâch dem wilde,* wodurch also jene genauere bezeichnung in wegfall kommt. Aber v. d. Hagen in seiner ausgabe von 1820 gibt ausdrücklich an, dass die lesart von d mit der von C übereinstimme, sie wäre also auch für die vulgata als alte lesart anzusehen. Jedenfalls glaube ich, dass eine höchst besondere lesart wol den vorzug verdient vor einer matten, allgemeinen. Und will man darüber streiten, so stehen doch jedesfalls auch die worte der vulgata dem bisher gewonnenen bilde nicht entgegen.

---

[1]) Benecke's erklärung im Mhd. wörterbuch I, 1046 ist falsch.

Und nun gehts in den wald — sagen wir gleich in den wald Forehahi — hinein, auf der einen seite Siegfried mit kleinem gefolge, auf der andern die grosse schaar der Burgunden. Der dichter bleibt bei jenem. Erst Z. 142, 7 und 143, 1 (Lm. 883 fg.; B. 941 fg.) wendet er sich mit ein paar bemerkungen auch einmal den Burgunden zu, die er doch nicht ganz vergessen durfte.

Das erlegte wild wird zur feuerstätte getragen, und der könig lässt nun das zeichen zur umkehr, zum abbrechen der jagd geben. Auch Siegfried wendet sich zurück, also wider zum walde hinaus zu der vor demselben angelegten sammelstätte. Diese wird jetzt (Z. 146, 1; Lm. 904; B. 963) *ein schœner anger* genannt, was zu der obigen bezeichnung als *wert* gar wol passt.

Der dichter denkt sich also jetzt die jagdgenossen wider zwischen dem walde und dem Rhein, wo nun der imbiss eingenommen wird. Damit ist noch nicht gesagt, dass sie unmittelbar an dem flusse gelagert seien. Es ist viel raum zwischen fluss und wald, an einigen stellen wol eine halbe stunde, und natürlich legte man die herberge dem terrain der jagd, dem walde, möglichst nahe. Der dichter kommt also nicht in widerspruch mit dem bisher entwickelten bilde, wenn er den Siegfried, als der wein ausbleibt, in die worte ausbrechen lässt (Z. 146, 7; Lm. 909; B. 968): *dô solde man uns nâher hân gesidelt an den Rîn.* Völlig unverständlich aber wären diese worte, wenn wir uns die herberge am fusse des Odenwaldes sollten zu denken haben.

Nun lässt der dichter auf dem mit klee bewachsenen anger vor dem walde einen quell sprudeln, von einer linde beschattet, also mit allen den attributen ausgestattet, die den dichtern in jener zeit bei schilderung einer quelle vorzuschweben pflegten, ganz wie beispielsweise in dem hübschen liede Walthers bei Lachm. 94, 11—25. Von der feuerstätte aus denkt der dichter diese quelle landeinwärts, auf die berge zu (Z. 147, 3; Lm. 911; B. 970): *er wolde für die berge zuo dem brunnen gân.* Man denke sich die umgegend von Worms, in der der Odenwald am horizonte sich so leicht als wegweiser der richtung bietet. Dort also, noch auf dem anger, aber etwas abgelegen von der feuerstätte, vollzieht sich der mord, nicht im walde, wie so gewöhnlich die maler und zeichner es uns darzustellen pflegen. Zum überflusse wird der ort der tat (Z. 149, 4; Lm. 927; B. 986) nochmals *wert* genannt.

Nachdem Siegfried gestorben ist, wartet man bis es dunkel geworden ist, und nun begibt man sich über den Rhein zurück. *Do erbiten si der nahte und fuoren über Rîn* (Z. 152, 2; Lm. 943; B. 1002). Die kürze, mit der dies angedeutet wird, zeigt von neuem, dass der dichter sich den ort der tat nicht etwa am fusse des drei meilen entfernten Odenwaldes, sondern nicht weit vom Rhein denkt.

Man sieht, diese schilderung, die in allen handschriftengruppen des NL. übereinstimmt, ist so einfach und klar, so übereinstimmend mit den wirklichen terrainverhältnisse jener gegend, dass man fragen muss, worauf denn überhaupt die annahme beruhe, dass die jagd in dem fernen Odenwald stattfinde. Es sind, wie ich sehe, zwei stellen, aus denen hervorgehen soll, dass man die jagd in gebirgigem terrain zu denken habe. Z. 142, 7 (Lm. 883; B. 941) heisst es: *von liute und ouch von hunden der schal was sô grôz, daz in dâ von antwurte berge und ouch der tan,* und ebenso Z. 145, 6 (Lm. 902; B. 961) *von dem grôzen schalle beidiu berc und walt erdôz.* Allerdings liest an dieser letzteren stelle die vulgata *von des liutes scalle daz gebirge allez erdôz*; aber man erlaube mir, diese lesart den übrigen wunderlichkeiten zuzuzählen, durch die sich die vulgata so oft versündigt. Die lesart ist schon an sich recht übel; soll *liutes* der genetiv von *liut* sein, so kommt die albernheit heraus, dass die menschen das geheul der meute übertönt hätten, der zweite halbvers ist metrisch in unordnung und Lachmann sah sich daher veranlasst, *gebirge* durch eine conjectur zu ersetzen, die hier nichts zur sache tut. Ich gestatte mir, die lesart aus C, die so ganz in übereinstimmung steht mit der ersten stelle, festzuhalten. Und diese hat nichts anstoss erregendes. Ich will mich nicht darauf berufen, dass man in ebenen gegenden bei verwendung des wortes 'berg' keine grossen ansprüche zu machen pflegt. Es hat vielleicht noch der eine oder andere von uns germanisten den 'Schneckenberg' in Leipzig gekannt, der vielleicht 3 meter hoch war; und ähnlich stand es in Worms: die kleine erhöhung innerhalb der stadt, an der Andreasecke, hiess im mittelalter *in monte,* vgl. Schannat, hist. ep. W. II, 272, und erhöhungen von diesem kaliber gibt es auch auf der ebene zum Odenwalde hin zur genüge. Doch, wie gesagt, ich bin weit entfernt, mich hierauf berufen zu wollen, wir haben es vielmehr mit einer formelhaften redewendung zu tun. So wird — das beispiel läuft mir gerade in den weg — im Tristan die aue, auf der das fest gefeiert wird, geschildert, und dabei heisst es (v. 573): *daz senfte vogelgedœne, daz fulte dâ berc unde tal.* Die beispiele können gehäuft werden, nur zwei mögen noch angeführt werden, weil sie gerade in unsere gegend führen. Die eine steht im Rosengarten D. Da sind die fremden an dem Rheine, Worms gegenüber, angekommen und man erblickt sie von der stadt aus. Die stimmung wird etwas gedrückt, als man bemerkt, wie zahlreich sie sind (v. 692): *Mân siht an dem Rîne vol berc unde tal.* Das ist genau auf dem terrain zu denken, auf dem wir uns bisher mit unsern erwägungen befunden haben. Ein zweites beispiel bietet Hirzeleins beschreibung der Göllheimer schlacht 1298 (vgl. Böhmers Fontes 2, 480). Hier setzen die Oestreicher bei Strassburg über den Rhein und ziehen am linken ufer desselben gen norden. Dort ist die ebene reichlich so breit und ebenso flach wie zwischen Worms und dem Odenwalde, und trotzdem sagt der dichter, sie seien gezogen, *daz walt und perch zu einander schal, mit gewalt den Rein herab ze tal* u. s. w. Also um jenes ausdrucks willen brauchen wir der im übrigen so gut zusammenhängenden schilderung im Nibelungenlungenliede keine gewalt anzutun: die jagd ist zu denken als vorgegangen in dem forste Forehahi der Rheinebene, und der dichter zeigt sich hier recht wol orientiert.

II.

Nun steht in C* eine strophe, in welche der ort der tat noch genauer angegeben wird: sie sei geschehen bei *Otenheim* (*Ottenheim*) *vor dem Otenwalde*, und die quelle fliesse noch daselbst. Dass diese strophe ihres inhalts wegen echt sein **kann**, ist nicht in abrede zu stellen; dass sie andererseits recht sehr verdächtig klingt, wird man ebensowenig ableugnen können. Wir wollen diese frage auch jetzt noch bei seite lassen.

Schon Jacob Grimm in den Altd. wäldern II, 180 (1815) brachte diesen namen in verbindung mit wirklichen um Worms herum liegenden orten gleichen oder ähnlichen klanges, freilich in so verwirrender weise, dass man sieht, es fehlte ihm damals noch durchaus an kenntnis der deutschen gaue in jener gegend. Er verlegt die jagd in den Odenwald, den todesort nach 'Odenheim im Odenwalde', und dennoch vermutet er in diesem den im Wormser gau belegenen ort dieses namens, der in wirklichkeit westlich in der nähe von Oppenheim liegt, jetzt *Udenheim*. Darauf erwähnt er ein *Otenheim* südlich von Heidelberg im Kraichgau, und endlich ein *Ottincheim* im Lobdengau. Das letztere ist das oben bereits erwähnte, südlich von Worms, früher auf dem rechten Rheinufer gelegne, dann durch die änderung des flusslaufs sammt dem benachbarten Oppau aufs linke ufer versetzt (s. o. 386). Es wird in Lorscher urkunden des 8. und 9. jahrh. öfter erwähnt. Vgl. Cod. diplom. Lauresh. nr. 48. 590. 596 (auch wol in nr. 591—595 gemeint, wo aber der gau nicht genannt wird) 3773; jetzt bei Braune s. 554. V. d. Hagen entschied sich 1824 bestimmt für das letztere, freilich in seiner confusen weise es wider mit dem im Wormser gau zusammenwerfend. Auch Wilh. Grimm in der D. HS. (1829) hielt das letztere für gemeint. Nahezu unglaublich freilich klingt es, wenn er zur begründung hinzufügt: 'Dass der überarbeiter diesen ort meine, ist darum wahrscheinlich, weil nach einer urkunde (Cod. dipl. Lauresh. nr. 33, p. 86) ein wald in dieser mark lag, den man als zum Odenwald gehörig betrachten mochte': einen wald in einer feldmark des Wormsgaues am linken Rheinufer nordwestlich von Worms sollte man für zum Odenwalde gehörig haben annehmen können! In wirklichkeit ist die confusion noch grösser. Denn der in jener urkunde gemeinte ort ist Udem oder Uedem am südlichen abhange des Clever reichswaldes westlich von Xanten, wie schon Dahl in der histor.-topogr. beschreibung des fürstentums Lorsch s. 112, anm. 2 richtig angab. Auch in dem herbeiziehen der urkunde nr. 2557 des Cod. dipl. Lauresh. hatte W. Grimm unglück, denn in ihr ist Odenheim im Elsenzgaue gemeint, das jenseits des Neckars gelegen ist. Mone in seinen Untersuch. z. gesch. d. t. HS. s. 40 griff dann absichtlich zurück auf das Udem bei Xanten, weil er ja im plan hatte, die ganze sage in jene niederfränkischen gegenden zu verlegen.

Lassen wir alle jene verwirrungen bei seite. Ernsthaft

kann, so lange man kenntnis der gegend beim dichter glaubt voraussetzen zu dürfen, nur von dem Ottincheim im Lobdengaue die rede sein, und dieser ort ist es denn auch, für den ich eingetreten bin. Man traut mir hoffentlich zu, dass ich nicht hinter H. v. d. Hagen hergetreten bin und dass ich die verschiedenen orte ähnlichen namens auseinanderzuhalten verstanden habe, auch dass ich mir die meiner annahme entgegenstehenden bedenken nicht verhehlt habe. An eine am Rhein vorhandene localsage habe ich freilich nicht gedacht. Mit der annahme solcher localsagen wird m. e. auf dem gebiete unserer heldensage ein wahrer missbrauch getrieben, an dem ich mich nicht beteiligen möchte.

Folgende zwei bedenken scheinen nun entgegenzustehen. Zunächst sind die namen *Ottenheim* und *Ottingheim* nicht nur nicht gleiche bildungen, sondern sie haben auch lautlich eine ganz verschiedene entwicklungsgeschichte. Die erstere form bleibt in Mittel- und Oberdeutschland leidlich unverändert, während die zweite wesentlich verändert zu werden pflegt, entweder zu *-ingen* oder zu *-igheim*, wie aus dem uns hier angehenden jetzt *Edigheim* geworden ist.[1]) Aber zu der zeit, als diese lautlichen veränderungen noch nicht eingetreten waren, als es noch *Ottenheim*, resp. *Ottinheim*, und *Ottingheim* hiess, standen die formen einander noch so nahe, dass füglich ein

---

[1]) Die ortsnamen auf *-incheim* zeigen eine doppelte entwicklung:

1. wenn der nasal bleibt, so wird das *heim* verkürzt. So wird aus *Sickingheim : Sickingen*, aus *Illincheim : Illingen*, aus *Alaholfincheim : Elvingen*, aus *Gemmincheim : Gemmingen*.

2. wenn dagegen die silbe *heim* unverkürzt bleibt, so fällt der nasal aus. So wird aus *Budincheim : Biedigheim*, aus *Bisincheim : Besigheim*, aus *Radincheim : Rödigheim, Rettigheim*, aus *Otincheim* im Ufgaue (nördlich von Rastatt): *Oetigheim*, aus unserem *Otincheim* im Lobdengau: *Edigheim*. Bei diesem namen scheint eine zeitlang als nebenform auch eine verkürzung geherrscht zu haben. Im jahre 1496 kommt die form *Oedikum* vor. Vgl. das alphabetische verzeichnis der parochien der Wormser diöcese bei Schannat, hist. e. W. I, 7 fg.

Die ursprünglichen bildungen ohne *c* pflegen dagegen so gut wie gar nicht verändert zu werden. Aus dem *Otenheim* im Wormsgau wird *Udenheim*, aus *Cupenheim : Kuppenheim*, aus *Linchenheim : Linkenheim*, aus *Hochkinheim : Hockenheim*, aus *Ichinheim : Ichenheim*. Nur wird zuweilen das *heim* verkürzt. So wird aus *Ekkenheim : Eggenem*, aus *Bockenheim : Bockenem* u. s. w.

verhören und verwechseln möglich war. Das würde man zugeben müssen, auch wenn keine beweise geliefert werden könnten. Sie können aber geliefert werden. Ich will mich hier auf die beispiele aus Dumbecks Geographia pagorum cisrhenanorum, Berlin 1818, beschränken, weil auch sie meistens unserm gebiete angehören. Für *Sickincheim* (Sickingen) findet sich auch *Sickenheim* (das. 236); für *Huchlincheim* (Uchlingen, Uckeling, jetzt Ittlingen) auch *Huckhlinheim, Huchlinheim* (das. 253); für *Illincheim* (Illingen) auch *Hillinheim* (das. 265); für *Buchincheim* (Buggingen) auch *Buckenheim, Bochinheim* (das. 338); für *Linzincheim* (Lenzingen) wahrscheinlich auch *Lentzenheim* (das. 266). Neben *Bihingen* (Bingen) findet sich *Bihinheim* (das. 332), während jene form auf ein früheres *Bihincheim* zurückweist. Dasselbe ist der fall bei *Hecklingen*, das als *Uchlinheim* vorkommt (das. 368), während es *Ucklincheim* voraussetzt. Aus *Thurincheim* im Wormsgau ist nach Lamey (Acta Palatina I, 263) sowol *Dornheim* wie *Durkheim* geworden. Umgekehrt kommt für *Ingilinheim* (Ingelnheim) auch *Ingilinga* vor (vgl. Acta Palatina II, 303), verlangt also eine nebenform *Ingilincheim*, und für das *Otenheim* im Kraichgau auch *Otencheim* (bei Dumbeck s. 231), was allerdings nur eine orthographische abweichung sein mag. So viel aber können wir doch aus den angeführten beispielen wol ersehen, dass zu einer zeit, als die volle form *Ottincheim* noch nicht aufgegeben war, ein missverstehen des namens als *Ottinheim, Ottenheim* gar wol möglich war, und warum dies nicht noch im 12. jahrh. sollte der fall gewesen sein, ist, zur zeit wenigstens, nicht abzusehen. Somit ist also die in C* vorkommende form als möglich legitimiert.

Sodann ist es eine auf den ersten blick auffällige bezeichnung, das in der nähe des Rheins befindliche dorf liege *vor dem Otenwalde.* Aber, wo gebirge den horizont abschliessen, wird leicht, ganz im anschlusse an den natürlichen anblick, die gegend ziemlich weithin als vor denselben liegend angesehen und demgemäss bezeichnet, zumal da, wo es sich um die ufer eines grösseren flusses handelt, da die bezeichnungen als 'linkes' und 'rechtes' ufer wenig volkstümlich zu sein pflegen. Wir haben ein ganz ähnliches beispiel am linken Donauufer in der gegend von Straubing bis Vilshofen, die '*vor dem walde*' genannt wird: *jenhalb der Donau gen dem*

Wald; die Landgerichte vor dem Wald; die Märkte vor dem Wald; Neuenburg vor dem Wald. Hiermit ist nicht etwa der nahe ans ufer hinantretende Bayrische wald gemeint, dessen benennung erst spät ist, sondern der die höhe des terrassenförmig ansteigenden landes bezeichnende und den horizont abschliessende Böhmische wald, der mehrere meilen entfernt ist und entfernter als der Odenwald vom Rheine. Vgl. Schmeller 4, 62 der ersten auflage; in der neuen bearbeitung 2, 895 ist die darstellung durch neueingeschobene beispiele und zusätze weniger klar. Um Worms muste sich die unterscheidung der ebenen zu beiden seiten des Rheins nach den beiden, den horizont als stattliche wände schliessenden gebirgen, dem Odenwalde und dem Wasgenwalde, besonders nahe legen. Auf dem rechten Rheinufer selbst für orte, die nicht eben weit von demselben entfernt liegen. Denn die landstrasse zog sich am linken Rheinufer hin, und schon in nicht weiter entfernung erscheinen die ortschaften des rechten ufers in der verkürzung als an den Odenwald hinangerückt, wie vor ihm liegend. So erklärt sich auch bereits der ausdruck in C* (Z. 138, 3): *und wil kurzewîle zem Otenwalde hân,* d. h. nicht im Odenwalde, sondern auf der Odenwaldseite des Rheins.

Also, die unmöglichkeit einer identificierung beider namen ist gewiss nicht aufrecht zu halten, und wer jene strophe dem originaldichter zuweisen möchte, kann durch einen hinweis auf sie nicht widerlegt werden; denn der dichter würde auch in ihr in übereinstimmung geblieben sein mit der guten kenntnis der localitäten, die er bei schilderung der jagd darlegt. Denn das jetzige Edigheim war damals durchaus so gelegen, dass man auf seiner flur sich die tat, wie der dichter sie schildert, wol vollbracht vorstellen konnte. Die dortige gegend mochte als ausgangspunkt für jagden gerne gewählt werden, da die waldungen dort eine ausgedehntere breite besitzen als weiter nach norden zu.

Aber ich will die strophe nicht zu retten suchen, ich möchte sie selber für zugesetzt halten; und damit ist denn auch an und für sich die möglichkeit gegeben, dass sie von einem dichter herrühre, der, ganz im gegensatz zu dem dichter der jagd, von der umgegend von Worms nichts wusste, dem es daher auch möglich war, wie Braune annimmt (und, wie wir gesehen haben, auch bereits andere vor ihm), das Odenheim südlich von Heidelberg in der nähe von Bruchsal in die Rheinebene bei Worms zu verlegen. Ja, an und für sich! Aber auch angesichts der sonst hier waltenden umstände? Das bezweifle ich. Denn, verstehe ich Braune's ansichten über die handschriftenverhältnisse richtig, so muss er in der vorlage seines 'zudichters' in der strophe Z. 138, 3; Lm. 854; B. 911 die lesart der vulgata: *ze dem Waskenwalde* statt *zem Otenwalde,* wie C* hat, annehmen, denn alle handschriften ausser C* lesen so. Also muss der zudichter sich an jener geographischen verkehrtheit gestossen haben, denn bei der schilderung der jagd und des todes Siegfrieds kommt der name des Odenwaldes nicht vor, so dass er etwa bloss eine übereinstimmung hätte herstellen wollen. Er muss vielmehr mit einer feinen überlegung sich an dem widerspruche gestossen haben, der in dem hinübersetzen über den Rhein zur jagd und der nennung des Waskenwaldes lag.[1]) Er muss also doch mit der umgegend um Worms bescheid gewusst haben. Und dieser selbe 'zudichter', der sich dort so feinfühlig zeigt, sollte so grobkörnig gewesen sein, das Bruchsaler Otenheim nach Worms zu verlegen? Ich halte dies um so weniger für glaublich, als dieser zudichtende corrector auch noch an einer andern stelle einen geographischen schnitzer entfernt haben würde, indem er Z. 203, 4; Lm. 1272 das alberne *Zeizenmûre* seiner vorlage in das richtige *Treisenmûre* umwandelte. Dass ich an beiden stellen die richtige lesart auch für die originale halte, brauche ich nicht zu widerholen.

Also, mag die berührte strophe, in der Otenheim genannt wird, vom ersten dichter, oder mag sie von einem zudichter ausgegangen sein, in keinem falle ist die unmöglichkeit zu erweisen, dass das *Otenheim* des liedes für identisch mit dem *Ottincheim* im Lobdengau zu halten sei.

Mehr aber als diese unmöglichkeit einer stricten zurückweisung will ich nicht behauptet und nicht bewiesen haben. Sollte z. b. einmal nachgewiesen werden können, dass Ottincheim

---

[1]) Denn vor der ansicht Knapps, dass der *Wasichenwald* der wald an der Weschenz (Weschnitz) sei, wohin ja allerdings Braune die herberge verlegen möchte, werden wir doch wol bei diesem sicher sein.

bereits frühzeitig, etwa schon seit dem 11. jahrh., nicht mehr so, sondern bereits verkürzt, und nur verkürzt genannt worden wäre (das letztere wird sich freilich kaum nachweisen lassen; denn es heisst, wie oben schon angegeben, 1496 bereits *Oedikum*, und dennoch heute wider *Edigheim*), so würde mich das nicht sehr beirren. Undenkbar erscheint es mir gar nicht, dass der dichter oder zudichter jene strophe schrieb, ohne von dem Ottincheim zu wissen, denn keiner von beiden — welchen wir nun annehmen wollen — wird um Worms zu hause gewesen sein, und topographische studien wird weder jener zwecks beschreibung der jagd und ihres verlaufes, noch dieser zwecks anfügung seiner einen strophe angestellt haben. Ich traue es dem dichter wie dem zudichter wol zu, dass sie sich zu dem *Otenwalt* einen entsprechenden allitterierenden ortsnamen *Otenheim* selber gemacht haben, um einem gewissen stilbedürfniss, dem nach erhöhter anschaulichkeit der darstellung, zu entsprechen.[1]) Vom dichter des liedes wissen wir wenigstens, dass er gross genug dachte, um sich seiner rechte bewusst zu sein. Wie souverain verfährt er, als er den Hagen zu der notlüge greifen lässt, er habe den wein versehentlich nach dem Spessart gesandt! Denn es ist für den ortskundigen, ja selbst für den touristen, wie es der dichter war, eine bare albernheit anzunehmen, man habe von Worms aus im Spessart jagen wollen. Der dichter brauchte, um verständlich zu sein, einen durch ganz Deutschland bekannten namen und er war gross genug, sich über die etwaigen nergeleien eines provinzialen hinweg zu setzen. Man hat ihn viel zu klein angeschlagen, wenn man in jenen angaben eine bedeutsame schwierigkeit erblicken wollte und nun jubelnd die entdeckung begrüsste, es gebe auch im Odenwalde, also in nächster nähe der jagd, eine kleine forstgemarkung, die 'Spessart' hiess[2]),

---

[1]) So möchte ich es auffassen, nicht so absichtsvoll, wie Braune es annimmt, a. a. o. s. 557 u.

[2]) Ja sogar mehrere. Vgl. Quartalblätter d. ver. f. litt. u. k. zu Mainz, 2. Jahrg. 1831, heft 3, s. 43 fg. G. Simon, Gesch. der dynasten und grafen zu Erbach, urkundenbuch s. 251 und s. 112. Archiv für hessische gesch. u. alterthumsk., band IV (1845), 2. u. 3. heft, VIII, s. 10 fg.

die freilich der dichter, auch wenn er sie kannte, nicht verwenden durfte, denn nur die nächstwohnenden konnten ihren namen kennen; der dichter des Nibelungenliedes aber war kein localpoet und als seine hörer dachte er sich nicht die dörfler im Odenwalde, sondern die besten des gesammten deutschen volkes.

LEIPZIG, im august 1884. FR. ZARNCKE.

DIE REMSCHEIDER MUNDART.

I.

Den im folgenden dargestellten sprachstoff verdanke ich sämmtlich den mitteilungen des secundaners Albert Krumm aus Remscheid, der hier in Soest das gymnasium besucht.

Remscheid, eine bedeutende fabrikstadt im kr. Lennep des reg.-bez. Düsseldorf, liegt noch diesseits der sächsisch-fränkischen sprachgrenze und seine mundart ist dem stande der consonantenverschiebung gemäss noch zu den niederdeutschen, speziell den westfälischen, zu zählen. Doch wie die stadt politisch zur Rheinprovinz gehört, so hat auch der vocalismus ihres dialektes ein entschieden fränkisches gepräge und manche eigentümlichkeiten in der formentwicklung erinnern an das nicht allzufern liegende niederländische. Die nähe der sprachgrenze sowie das gesteigerte verkehrsleben des industriebezirkes, in welchem Remscheid liegt, erklärt genügend das auftreten mancher hochdeutschen formen nicht bloss im wortschatz, sondern auch in solchen integrierenden teilen der grammatik wie dem pronomen und zahlwort.[1]) Auch bildungen wie die präteritalendung *-dn* bei einer gruppe schwacher verba und deminutive auf *-šn* nach gewissen stammschliessenden consonanten geben sich deutlich als mittelfränkische elemente kund. Durch ihren 'singenden' character endlich schliesst sich die Remscheider mundart mehr den stark musikalischen, grosse tonintervalle liebenden rheinländischen, als den ernst monotonen westfälischen dialecten an.

---

[1]) Solche sind in dieser darstellung in eckige klammern eingeschlossen.

I. Phonetischer teil.

1. Die einfachen vocale.

a) überkurze: ə und ʌ. ə = e in bote, ʌ = er in engl. father und in norddeutschem (Berliner) vater (einem vocale, der etwa zwischen *a* und *ö* liegt). Die andern überkurzen vocale, die nur als zweiter bestandteil von diphthongen vorkommen, s. unter 2.

b) kurze: 1. offene: *u* = u in hund; *ò* etwas offener noch als das o in volk, beinahe so offen wie das engl. o in lock; *a* = nordd. reinem a in fass; *y* = ü in bündel; *ö* etwas offener als ö in hölzern; *è* liegt zwischen dem ä, e in männer, herz und dem engl. a in back; *i* = i in binde. — 2. geschlossene: *o* wird genau mit derselben lippen- und zungenarticulation erzeugt wie das geschlossene lange o in holen, es klingt wie ein sehr offenes u; *ø* = ö in söhne, aber kurz, klingt wie ein sehr offenes ü; *e* = é in frz. *aimé*, deutsch sehne, legen, aber kurz, es klingt fast wie ein offenes i. (Ganz dieselben vocale finden sich im deutschen bei fremdwörtern in vortoniger, offener silbe, z. b. in morál, Phönícien, legát).

c) lange. Ein einfacher langer vocal ist streng genommen nur das *ā* = a in tage, saal. Sämmtliche andern gewöhnlich für einfache längen gehaltenen vocale stellen sich bei genauerer untersuchung als diphthonge heraus, deren erster, betonter bestandteil ein geschlossenes *ū* (= u in in rute), *ō* (= o in mond, sohle), *ȳ* (= ü in kühl), *ø̄* (= ö in lösen), *ē* (= e in *parlé*, wesen, legen), *ī* (= ie in wiese), und deren zweiter ein ganz kurzes offenes *u, ò, y, ö, è, i* ist. Auch musikalisch werden diese beiden teile geschieden, indem der erstere höher gesprochen wird. Leider ist meine musikalische bildung nicht fein genug, um die in der mundart auch sonst häufig vorkommenden tonintervalle in notenschrift zu registrieren.

Der einfachheit wegen und um nicht den leser durch die menge von vocalen und diphthongen zu belästigen, schreibe ich jedoch bloss *ū, ō, ȳ* u. s. w. und begnüge mich mit dieser auseinandersetzung des wesens jener längen.

2. Die diphthonge.

Die Remscheider mundart hat 19 diphthonge: *òɵ̆, åŏ, äĕ; ɵ̂y̆, ôŭ, êĭ; ūŏ, ūa, ūə, ōa, ȳɵ̆, ȳö̆, ȳa, ȳə, ɵ̄a, ēa, īĕ, īa, īə.*

a) *òɵ̆* ist gleich dem hochd. diphthongen eu — äu — oi nach der nordd. aussprache[1]), *åŏ* und *äĕ* fast = hd. au und ei — **ai**, nur ist das erste element hier kein reines a sondern liegt zwischen *a* und *ò* resp. zwischen *a* und *è* in der mitte, eine nüance die ich am besten mit *å* und *ä* widerzugeben glaubte.

b) *ôŭ* und *êĭ* stehen dem engl. o in **no** und a in **take** sehr nahe[2]), der erste vocal liegt zwischen geschlossenem *o* und offenem *ò*, resp. geschlossenem *e* und offenem *è* und ist halblang. Desgleichen wird *ɵ̂y̆* mit einem zwischen *ɵ* und *ö* liegenden halblangen ō eingesetzt. Alle diese besonderheiten mögen durch den circumflex (^) bezeichnet sein.

c) Bei den letzten 11 diphthongen ist der erste vocal eine länge und der zweite sehr flüchtig und kurz, da der erste bestandteil weit überwiegt. Jedoch sind die angegebenen unterschiede noch deutlich zu merken und mein gewährsmann war sich auch der verschiedenheiten wol bewusst.

Es sei hier gleich im voraus bemerkt, dass sich in geschlossener betonter silbe nach jedem langen vocal vor r ein *a* entwickelt, und so mehrere der eben erwähnten diphthonge zu stande kommen, z. b. *būar* bauer (aus būr), *klōar* klar, *fȳar* feuer, *vɵ̄ar* wäre, *bēar* bär, *fīar* feier. In diesem *a* geht das *ə* von *ūə, ȳə* und *īə* auf, z. b. *šīar* geschwind (= schier), *rȳar* 1. sgl. präs. rühre, gegen inf. *rȳərn̥*.

Zur allgemeinen charakteristik der vocale möge noch dienen, dass die Remscheider mundart mit recht energischer lippenarticulation gesprochen wird.

---

1) Vgl. Vietor, Elem. d. phonetik, § 37, § 41 u. anm. 1, § 45 u. anm. 1.

2) Vgl. ebenda § 42 u. § 50.

3. Die consonanten.

	stl.	sth.	stl.	sth.	sth.	sth.	sth.
a) Labiale:	*p*	*b*	*f*	*v*	*m*		
b) Dentale:	*t*	*d*	*s, š*	*z*	*n*	*l*	*r*
c) Palatale:	—	—	—	*j*	—		
d) Gutturale:	*k*	—	*x*	*ȝ*	*η*		

Die stimmhaften consonanten werden sehr tönend, d. h. mit energischer stimmbandarticulation gesprochen. *f* und *v* sind labiodental, *l* hat einen dunklen klang, welcher wol durch eine hebung der hinterzunge hervorgebracht wird, *š* ist = sch, *r* ist ein kräftig vibriertes zungenspitzen-*r*. *x* ist = ch in acht, vor und nach palatalen vocalen wird seine bildungsstelle — wie auch die des *k* — ein klein wenig nach vorn verschoben, ohne dass jedoch die palatale articulation des ch in ich erreicht würde. *ȝ* ist die bekannte stimmhafte spirans in nordd. tage, *η* = ng. *v, j* und *ȝ* werden mit deutlicher engenbildung und dadurch erfolgendem reibungsgeräusch erzeugt. *r, l, m, n, η* können auch silbenbildend stehen; unter die letzteren habe ich ein ₀ gesetzt, wo sie sonst vielleicht nicht als solche gelesen werden könnten.

II. Historisch-etymologischer teil.

A. Vocalismus.

I. Die vocale der stammsilben.

1. Die regelmässigen entsprechungen der mnd. vocale.[1])

a) Die kurzen vocale.

Weil ursprünglicher und palatalisierter ('umgelauteter') vocal bei der formenbildung stets nebeneinander stehn, so sind sie hier immer zusammen behandelt.

u.

Mnd. u > *o: hoηk* hund, *zon* sonne (mnd. sunne), *op* auf (mnd. up), *boš* busch, *lost* lust.

---

[1]) Die längen sind durch ¯, die 'tonlängen' — dehnungen in offener silbe — durch ˆ bezeichnet. Die palatalisierungen sind schematisch auch bei den vocalen der älteren perioden durch ¨ angedeutet.

ŭ.

Mnd. ŭ > *ø*: *zøstr* schwester (mnd. sŭster), *zøs* sonst (Soest *sys*, mnd. sus), *tøšn* zwischen (mnd. tŭschen), *bøst* bist (mnd. bŭst), *møšə* f. sperling (ndl. musch), *røk* m. rücken, *røzgnštrȳō̃* roggenstroh (mhd. adj. rüggīn, Soest: *ryzn*), *jøkn* jucken (mhd. jŭcken), *vøln̥* adj. wollen (mnd. wŭllen).

o.

Mnd. o > *ò*: *kòp* kopf, *štòk* stock, *vòl* wolle, *dòl* toll, *fòl* voll, *štòf* staub (ndl. stof).

o ist zu *u* geworden in *udr* oder.

ŏ.

Mnd. ŏ > *ö*: *štökə* stöcke, *köpn* köpfen schw. v., *rökə* röcke.

a.

Mnd. a > *a*: *fan* von (mnd. van), *kal̥n* sprechen (ndl. kallen), *šnakə* f. peitsche, *dax* tag, *laxn* lachen, *haŋk* hand, *laŋk* lang, *val* wol (alts. wala).

e, ë.

Mnd. e (= wgerm. ä) und ë werden gleichmässig > *è*:
1. *bèt* bett, *brèŋn* bringen (mnd. brengen), *zəvènt* gewöhnt (ndl. gewend), *šèpn* schöpfen, *vèšn* waschen, *tèšə* tasche, *hèrkə* harke f., *rèn* dachrinne (zu mhd. rente), *tèln* zählen, *vèkn* wecken, *hèŋ* hände, *bèstə* beste.

2. *hèlpn* helfen, *fèl* fell, *bèrəx* berg.

i.

Mnd. i > *e*: *es* ist, *zeft* gift, *rebə* rippe, *hepn* hüpfen (ndl. hippelen), *beŋn* binden, *zetn* sitzen, *medə* mitte, *šmetə* f. schmiede (mhd. smitte), *brel* brille, *meləl* milch, *mentš* mensch (mnd. minsche), *fentstr* fenster (mnd. vinster).

b) Die tonlangen und langen vocale sammt den diphthongen.

ū.

Mnd. ū > *ū*: *hūs* haus, *fūl* faul, *drūzn* trocknen (ags. drūzian), *brūkn* brauchen, *nū* nun (mnd. nū), *dū* du.

ǖ.

Mnd. ǖ (= alts. ǖ und iu) > *ȳ*: *mȳs* mäuse, *drȳx* trocken (ags. drȳze), *dȳfkn* täubchen, *dȳstr* düster, *tȳx* zeug.

ô¹.

Mnd. ô¹ (= alts. o) > *ō: ōvn* ofen, *ōpn* offen, *ȝəlōȝn* gelogen, *kōkn* kochen, *hōzn* strümpfe (= hosen), *šōkn* m. bein, fuss (Aachen: schochen; auch die westfäl. dialecte beweisen das alte o), *vōnn* wohnen.

ô^.

Mnd. ô^ (palatalisierung des vorigen) > *ø̄*: *lø̄kr* löcher, *trø̄x* pl. tröge, *šlø̄tr* schlösser, *hø̄f* höfe.

ô², ō¹, ō³.

Mnd. ô² (= alts. u in off. bet. silbe), ō¹ (= alts. got. ō, ahd. uo) und ō³ (= ags. ō < an) wird:

a) > *ūə:* 1. *kūəmn* kommen (mnd. komen, alts. cuman), *fūəȝl* vogel, (alts. fugal), *štūəf* stube, *krūəpn* sie krochen (alts. *krupun), *sūəmr* sommer (alts. sumar).

2. *blūəm* blume, *štūəl* stuhl, *kūə* kuh, *dūək* tuch, *ȝrūəf* er grub, *ȝūət* gut.

3. *ȝūəs* gans (mnd. gōs).

b) > *ū* im wortende: *dū* tue, *zū* so.

ô^², ō^¹, ō^³.

Mnd. ô^², ō^¹ und ō^³ — die palatalisierungen der vorigen — > *ȳə:* 1. *brȳək* bruch (ags. bryce), *šprȳəkvōət* sprüchwort (mndl. spröke, ndl. spreuk, alts. *spruki 'spruch', Soest: *sprŷək*), *mȳəȝn* mögen, *šlȳətl* schlüssel, *mȳəl* mühle, *kȳənŋk* könig, *ȳəvr* über.

2. *bȳəkr* bücher, *fȳəl̥n* fühlen, *ȝrȳəvn* grüben, *rȳərn* rühren, *ȝəzȳək* n. — pl. *ȝəzȳəkr* gesuch.

3. *ȝȳəs* gänse.

ō².

Westgerm. au hat sich wie im ahd. in der Remsch. mundart je nach der natur des folgenden consonanten verschieden entwickelt, d. h. in allen fällen, wo ahd. mhd. ou steht, erscheint hier *ūŏ*, wo wir dort ō haben, — vor dentalen, h und im wortende — ist hier *ūa* anzutreffen. *ūa* haben auch die lat. und hd. lehnwörter mit langem o.

a) au > *ūŏ: būŏm* baum, *ūŏx* auge, *lūŏpn* laufen, *drūŏm* traum.

b) au > *ūa:* 1. *lūan* lohn, *dūat* tot, *brūat* brot, *štūatn* stossen, *ūr* ohr, *hūa* hoch, *rūa* roh, *frūa* froh, *flūa* m. floh; 2. *šūal* schule, *krūan* krone.

Anm. Hierher gehört auch wol *šrūann* pl. eisenabfälle.

ō̆².

Die palatalisierung der vorigen diphthonge ist entweder *y̆ø̆* oder *y̆ŏ̆*.

a) äü > *y̆ø̆*: *by̆ø̆m* bäume, *dy̆ø̆pn* taufen (mhd. töufen), *ʒly̆ø̆vn* glauben (anhd. gläuben), *dry̆ø̆mn* träumen.

b) ahd. mhd. œ > *y̆ŏ̆* : *y̆ŏ̆m* oheim, *bry̆ŏ̆tšn* brötchen, *hy̆ŏ̆štə* höchste, *štry̆ŏ̆* stroh, *fly̆ŏ̆* m. pl. flöhe, *hy̆ŏ̆rn̥* hören.

â.

Mnd. â (= alts. a) > *ā*: *mākn* machen, *zākə* sache, *dāx* tage, *hepkrāt* f. — plur. *hepkrādn* frosch (eigentl. 'hüpfkröte', zu ahd. chrota, chrëta, niederrhein. krëde, die 'hochstufe' zeigend, mnd. krade), *vātr* wasser, *fārm̥* faden, *hās* hase, *kāmr* kammer, *hāmr* hammer.

ā.

Mnd. ā (= alts. ā, g. ē, urgerm. ǣ) > *ō*: *rōdn* raten, *mōln* malen, *jō* ja, *šprōkə* sprache, *blōzn* blasen, *jōmr* jammer (mhd. jāmer), *plōx* plage, *pōl* pfahl, *lǫzn* lasen, *ʒədōn* getan, *švōʒr* schwager, *blōdr* blase an den händen (= blatter), *švōar* schwer.

Für altes āw erscheint *ôŭ*: *blôŭ* blau, *rôŭ* ruhe (mhd. rāwe), *ūōʒnbrôŭən* augenbrauen (mhd. brāwen).

ê¹, ë^, ē³.

Mnd. ê¹ (= ā), ë^ (= ë) und ē³ (= ǟ) > *ē*:

1. *zēx* säge f., *kētl* kessel, *lēpl* löffel, *hēskn* häschen, *bēkn* f. bäche, *blēdr* blätter, *-mēkr* -macher, *ʒəvēnn* gewöhnen.

2. *lēvn* leben, *štēln̥* stehlen, *vēkə* woche (ndl. week), *brēkn* brechen, *ētn* essen, *ʒēl* gelb (ahd. gelo), *brēdr* bretter, *vēdr* wetter.

3. *bəkvēm* bequem, *kēs* käse, *šēar* scheere f., *tē* zäh, *krēən* krähen, *nēən* nähen, *mēən* mähen, *zēən* säen.

Wenn jedoch das ursprüngliche ē³ noch mit *ō* (< ā) innerhalb zusammengehöriger formen und wörter wechselt, so tritt dafür durch systemzwang ein neugebildetes *ø̄* ein: *ø̄tn* ässen (zu *ōtn*), *lǿzn* läsen (zu *lōzn* lasen), *nǿstə* der nächste (zu *nō*), *vǿrn* wären.

ê², ė¹, ē⁴, ē⁵.

Mnd. ê² (= alts. i), ē¹ (alts. ĕ, ahd. ē, ia), ē⁴ (= alts. eo, io), ē⁵ (< ëa, ëha contrahiert) > *īə:*

1. *zīəvn* 7, *šlīədn* schlitten, *zīəgl* sigel, *štīəgn* sie stiegen, *fašlīətn* verschlissen, *krīəgl* 'kregel', munter, frisch (Soest: *krīəgl*, setzt ein alts. *krigil (i < idg. e) neben dem ahd. chragil 'garrulus' voraus, wol zu nhd. kragen), *knīəvl* knebel (alts. *knibil).

2. *mīedn* mieten, *tīəkə* f. zieche, theke (ladentisch).

3. *dīənn* dienen, *līəf* lieb, *vīəkə* f. docht, (mhd. wieche, ndl. wiek), *knīə* knie, *flīəx* f. fliege, *bīədn* bieten, *rīəp* rief.

4. *tīən* 10, *gəšīən* geschehn.

Anm. hier hat nicht *īə* sondern *ī*: *hī* (vgl. *dū* tue), wie auch die übrigen westfäl. dialekte.

ē².

Mnd. ē² (= alts. ē, wgerm. ai, ags. ā) wird

a) > *īə* wo im ahd. der diphthong bleibt, z. b. *bīən* bein, *dīəl* teil, *flīəš* fleisch, *vīət* weiss (*oīδα*), *īək* eiche, *zīəpe* seife.

b) > *īĕ* wo im ahd. ē eintritt, d. h. vor urspr. w, h und r. *zīĕ* see, *zīĕl* seele, *šnīĕ* schnee, *šlīĕ* stumpf (alts. *slēo*), *tīĕn* m. zehe, *rīĕ* reh, *līĕnn* entlehnen, leihen, *līĕrn̥* lehren, *kīĕrn̥* kehren, *mīĕr* mehr.

ī.

Mnd. ī (= alts. ī, g. ei) > *ī*: *vīf* weib, *tīt* zeit, *mīn* mein, *īs* eis, *dīk* teich, *hīlŋk* verlobungsfeier (aus hīlunge, zu heirat, vgl. nl. hijlek), *rīdn* reiten, *bī* bei.

c) Die mnd. diphthonge ei, au, eu.

Mnd. ei > *äĕ*: *äĕ* ei, *tväĕ* 2, *läĕ* m. schiefer, *mäĕ* mai.

Mnd au > *åŏ*: *håŏən* hauen, *fråŏ* frau, *måŏ* f. ermel (mnd. mauwe), *klåŏ* klaue, *gənåŏ* genau, karg, geizig, *låŏ* lau, *påŏ* pfau, *zəx tåŏən* sich beeilen, (mhd. zouwen).

Mnd. eu > *ɔǿ*: *zex frɔǿən* sich freuen, *hɔǿ* heu, *frɔǿkn* frauchen.

2. Labialisierungen.

In der nachbarschaft labialer und nasaler consonanten, sowie eines *l*, ist durch hinzutreten der lippenrundung *e* vielfach > *ö*, *i* > *ø* (= mnd. ü), *u*, *ò* geworden. Die beispiele sind:

1. Nach labialen:

a) e > *ö*: *tvöləf* 12.

b) i > *ø*: *bøst* bist, [*bøs*] bis, *føl* viel.

c) i > *o*: *vost* willst.

2. Vor labialen:

i > *ø*: *ʒøf* gib, *zex røpn* sich bewegen (ndl. reppen).

3. Vor nasalen:

a) i > *ø*: *rønn* rinnen, *øŋk*, *øŋkə* euch, euer (alts. ink, inka) *nøməs* niemand, *nømst*, *nømt*, nimmst, nimmt.

b) i > *u*: *huml* himbeere.

4. Vor l:

a) e > *ö*: *tvöləf* 12, *höl* hölle.

b) i > *ø*: *høləpst*, *høləpt* hilfst, hilft, *føl* viel.

c) i > *o*: *vost* du willst.

3. Diphthongierungen alter monophthonge.

A. Diphthongierung von ū, ü̅ und ī in offener silbe.

1. ū.

Mnd. ū in offener silbe > *ôŭ*: *rôŭ* rauh, *brôŭən* brauen, *bôŭən* bauen, *trôŭən* trauen.

Anm. Dafür steht in Soest *uʒ*: *ruʒə* rauh, *bruʒn* brauen u. s. w.

2. ü̅.

Mnd. ü̅ in offener silbe > *ø̂y̆*: *nø̂y̆* neu, *trø̂y̆* treu, *bərø̂y̆ən* bereuen, *dø̂y̆ən* drücken (mhd. diuhen), *šø̂y̆ən* scheuen, *blø̂y̆ən* bleuen, prügeln.

Anm. In Soest: *yʒ*, z. b. *ryʒn* reuen etc.

3. ī.

Mnd. ī in offener silbe > *ê̆ĭ*: *drê̆ĭ* drei (= mhd. drī), *frê̆ĭ* frei, *brê̆ĭ* brei, *blê̆ĭ* blei, *šrê̆ĭən* schreien, *rê̆ĭən* reihen (mhd. rīhen), *vê̆ĭən* weihen, *fatê̆ĭən* nester ausnehmen, (= verzeihen, Woeste: vertiggen).

Anm. In Soest tritt bei den letztgenannten formen *iʒn* ein: *viʒn* weihen, *sxriʒn* schreien u. s. w.

B. Diphthongierung kurzer vocale vor ld, lt, mb, mp, mf.

u, o.

a) u und o wird vor ld und lt > *ūə*: *zədūəlt* geduld, *šūelt* schuld, *šūəlr̥* schulter, *zūəlt* gold, *hūəlt* holz, *būəltn* bolzen, *zəfūəlt* gefühlt (mnd. gevolt, Soest: *fōlt*), *vūəl* wollte (mnd. wolde).

Anm. Eine ausnahme bildet *pôŭlt* pult (< pulpet).

b) u wird vor mb, mp und mf > *ôŭ*: *krôŭmp* krumm, nom. pl. st. *krôŭm* krumme, *dôŭmp* dumpf, *kôŭmp* kump, *pôŭmpə* pumpe, *fôŭf* 5 (aus fumf).

ü.

Mnd. ü wird vor ld, lt, mb und mp > *ø̂y̆*: *zø̂y̆ln̥* golden (mnd. gülden), *šø̂y̆ləx* schuldig (ags. scyldiȝ), *zədø̂y̆ləx* geduldig (ags. ȝedyldiȝ), *zø̂y̆ln̥* pl. opt. prät. sie kauften (= gölten, alts. guldīn), *šmø̂y̆ltn* schmölzen, *pø̂y̆ltšn* pültchen. *zex krø̂y̆mn* sich krümmen, *kø̂y̆mpə* kümpe.

Durch systemzwang ist jedoch analog dem *ūə*, *y̆ə* statt *ø̂y̆* eingetreten in *hy̆əltn* hölzern (mnd. hülten), *fy̆əlt* ich fühlte opt. und ähnlichen verbalformen.

a.

Mnd. a > *åŏ*: *åŏlt* alt, *kåŏlt* kalt, *fīfåŏltə* f. schmetterling (ags. fīfealde), *zåŏlt* salz, *håŏln̥* halten, *fåŏln̥* falten, *špåŏln̥* spalten, *nåŏl* nadel (mndl. naelde), *kåŏmp* kamm, dat.: *kåŏm* kamme, *dåŏmp* dampf, *kråŏmp* krampf.

e.

Mnd. e > *äĕ*: *fäĕlt* feld, *zäĕln̥* kaufen (= gelten), *zäĕlt* geld, *käĕmn* kämmen, *äĕmr* eimer (aus ember), *kräĕmpn* zuhaken, mit krampen schliessen, *īəfäĕləx* einfältig.

Durch systemzwang wird dagegen bei zusammengehörigen formen statt *äĕ* *ɔø̆* als palatalisierung nach *åŏ* neugebildet: *ɔø̆lr* älter, *kɔø̆lr* kälter, *kɔø̆m* plur kämme.

i.

Mnd. i > *ēĭ*: *mêĭlt* mild, *vêĭlt* wild, *zêĭltst* kaufst (= giltst), *šmêĭlt* schmilzt [*pêĭlts* pilz, *fêĭlts* filz], *ēĭm* biene, imme.

Anm. Eine merkwürdige ausnahme bildet *šelt* schild. Vielleicht ist es ein hd. lehnwort?

C. Diphthongierungen kurzer vocale vor cht.

In der mnd. verbindung cht — einerlei ob dieselbe alt oder erst aus ft entstanden ist — schwindet das ch, wobei der vorhergehende vocal sich zum diphthongen entwickelt.

u, o³.

Mnd. u (= alts. u oder ū) und o³ (= alts. ō, ahd. uo) > *ôŭ*: *lôŭt* luft (mnd. lucht), *šlôŭt* m. zweig, ast (< slucht, vgl. Soester *slyxtan* = mnd. *slüchteren, bäume aushauen, d. h. die trockenen äste und zweige entfernen), *lôŭts* links (Soest *luxt*, mndl. luchter), *plôŭt* pflückte (westfäl. bei Woeste pluchte), *fôŭtə* feucht (Soest *fuxt*), *zôŭt* suchte (mnd. sochte, Soest: *sɔ̀xtə*, ahd. suohta).

ü, ō³.

Als palatalisierung der vorigen vocale erscheint *ø̂y̆*: *plø̂y̆t* opt. pflückte (westf. plüchte), *lø̂y̆tn* leuchten (mnd. lüchten, Soest: *löxtn* mit verwandlung des ü > *ö* vor ch), *zø̂y̆t* opt. suchte (Soest: *söxtə*), *nø̂y̆tan* nüchtern.

o, o⁴.

Mnd. o (= alts. o) und o⁴ = westg. au) > *åŏ*: *måŏt* mochte, *dåŏtr* tochter, *dåŏt* taugte (ags. dohte), *zlåŏt* glaubte (mndl. ghelochte), *frkåŏt* verkauft part. prät. (ndl. verkocht).

ō, ō⁴.

Die palatalisierung der vorigen vocale ist *ɔ̀ø̆*: *mɔ̀ø̆t* möchte, *dɔ̀ø̆trkn* töchterchen, *dɔ̀ø̆t* opt. taugte (Soest: *döxtə*), *zlɔ̀ø̆t* opt. glaubte (Soest: *xlöftə*), *frkɔ̀ø̆t* opt. verkaufte (Soest: *fakøftə*).

a, ë.

Mnd. a, ë > *äĕ*: 1. *näĕt* nacht, *äĕtə* 8, *päĕtə* pacht, *šläĕtn* schlachten, *däĕt* dachte, *zäĕt* sagte (Soest: *saxtə*), *zəläĕt* gelegt (Soest: *laxt*), *zäĕtə* sachte, sanft.

2. *knäĕt* knecht, *šläĕt* schlecht, *təräĕtə* zurecht, *fläĕtn* flechten (schw. v.).

i.

Mnd. i > *ēĭ*: *vēĭt* n. mädchen (= wicht), *nēĭtə* nichte, *zəzēĭtə* gesicht, *trēĭtr* trichter, *lēĭtə* leicht (Soest: *liçtə* [ç = palatal. ch], ndl. ligt), *lēĭt* licht, *dēĭtə* dicht.

4. Dehnungen.

A. In einsilbigen wörtern mit vocalischem ausgang.

Dehnung findet sich in *hē* er, *dū* du, *nū* nun, *jō* ja.

B. Vor hs.

In der alts. verbindung hs schwand das h, wobei der vorhergehende kurze vocal gedehnt ward. Die westfäl. dialekte haben hier sonst kurzen vocal mit *s* fortis.

ü.

ü > *y̆ə*: *by̆əsə* büchse.

o.

Alts. o > *ō*: *ōsə* ochse.

a.

Alts. a > *ā*: *vās* wachs, *flās* flachs, *āsə* achse, *vasn* wachsen, *dās* dachs.

e.

Alts. e > *ē*: *vēsl* wechsel, *drēsln* drechseln. (Ueber andere vielleicht hierher gehörende fälle vgl. die bemerkungen zur conjugation!)

5. Kürzungen.

A. Vor einfacher consonanz.

a) Ohne apokope eines vocals.

Ursprüngliche länge erscheint gekürzt in *buk* bauch, *zupn* saufen, *fus* fuchs (vgl. *vās* wachs, *ōsə* ochse etc.), *švet* schweiss (anlehnung an *švetn* schwitzen?) ohne dass ich hierfür einen erklärungsversuch geben könnte.

b) Mit apokope eines *e*.

In folgenden wörtern ist das *e* der endung nach *l, d, n* apokopiert und zugleich vocalverkürzung eingetreten, wobei n > *ŋ* wurde:

yl eule, *byl* beule, *lyt* leute, *zit* seide, seite, *het* haide, haidekraut, *vet* weide, *tuŋ* zaune, *tyŋ* zäune, *viŋ* (vino, vina) weine, *riŋ* Rheine, *zonnšiŋ* sonnenscheine, *piŋ* pein (mhd. pīne), *liŋ* leine, *kátriŋ* Katharina, *fiŋ* feine, *miŋ* meine, *diŋ* deine, *ziŋ* seine, *reŋ* rein, *kleŋ* klein, *ʒəmeŋ* gemein, *eŋ* eine, *šteŋ* steine. Die substantiva mit *l* und *t* (aus d) behalten die kürze und fortis in allen casus, ausser *lyt* und *zit* seide, welche im dat.

lȳdn, zīdn haben, die mit *η* dagegen zeigen in der flexion, wo andere endungen antreten, *n* und langen vocal, resp. *īə*.

B. Vor doppelconsonanz.

Diese kürzungen mögen schon in mnd. zeit eingetreten sein, lassen sich aber wegen der damals gebräuchlichen mangelhaften schreibung nicht überall deutlich erkennen.

ū.

ū > *u: krulākn* krautlaken, ein tuch worin man gras, laub, kraut u. dgl. trägt.

ṻ.

ṻ (= alts. ṻ und iu) > 1. *y: dytš* deutsch, *nyηtīən* 19, *zytst* du giessest, *krypt* er kriecht, *bədyt* bedeutet.

2. zu *ø* in *frøηk* freund.

ō¹, ō².

ō¹ (= alts. ō, ahd. uo) und ō² (= wgerm. au) > *o: dont* sie tuen, *flokt* er flucht.

ō̈¹, ō̈².

ō̈¹ (= mhd. üe) und ō̈² (= wgerm. āū) > *ø: høt* er hütet, *døpst* taufst, *drømst* träumst.

ā.

ā > *o: zont* sie gehen, *štont* sie stehen.

ā̈.

ā̈ > *ö: rötst* du rätst, *löt* er lässt. Diese nur in verbalformen auftretende verkürzung ist natürlich mit ihrem *ö* statt *e* nichts anders, als eine angleichung an das *ō* der ungekürzten formen und beweist älteres *ṑ* für neueres *o*.

ē¹, ē², ē³.

ē (= wgerm. ē, ai, eo) > e: *metst* du mietest, *zəblekt* gebleicht, *mendn* ich meinte, *letst* leitest, *bentšn* beinchen, *bets*, dat. *betsn* beide, *zədent* gedient.

ī.

ī > *i: ritst* du reitest, *vikt* er weicht, *vitstə* superl. der weisseste (hiernach ist der positiv *vit* eine ausgleichung; vgl. nl. *wit*).

C. Vor fortis die durch folgendes *r, l,* und *x* entstanden ist.

In zwei- und dreisilbigen wörtern, die im mnd. tonlänge mit folgender lenis und am schlusse der zweiten silbe ein r, l oder ch hatten, ist öfter bei der synkope des mittelvocals wie im nhd. verschärfung der alten lenis und in folge dessen verkürzung des vorhergehenden vocals eingetreten. Beispiele sind:

a) *botr* butter, *dònr* donner, *udr* oder, *èvr* aber, *ledr* leiter, *rytr* reuter, reiter, *emr* immer, *vitr* comp. weisser.

b) *heml* himmel, *krøpl* krüppel, *šøtl* schüssel.

c) *hònəx* honig, *manəx* mancher, *venəx* wenig.

6. Veränderungen der vocale vor r.

Nur wenn das r die silbe schliesst, hat es auf den vorhergehenden vocal eingewirkt, wofern dieser keine alte länge war. Bei diphthongen mit *ə* ist nur zu bemerken, dass in geschlossener silbe ihr zweiter bestandteil in dem sich vor dem *r* entwickelnden *a* untergeht, welches sich auch stets zwischen langem vokal und r bildet. Beispiele: *ȥərūat* gerührt, *šīar* geschwind, schnell (ahd. scēro, sciaro), *būar* bauer, *ūar* uhr, *fȳar* feuer, *švōar* schwer, *vø̄ar* wäre, *šēar* scheere, *fīar* feier.

Auch der erst durch apokope der endung in geschlossene silbe gekommene 'tonlange' vocal zeigt seine regelmässige entwicklung: *dȳar* tür, *bīar* birne, *bēar* bär, *šmēar* schmeer u. s. w. (aber: *dȳərn̥, bīərn̥, bērn̥* im plural).

Dagegen haben kurze vocale in ursprünglich geschlossener silbe vor r, wenn auf dasselbe entweder kein consonant oder ein dental folgt mit wenigen ausnahmen veränderungen erlitten, die wir hier einzeln aufzählen wollen.

u.

u wird:

a) zu *ò* in *kòt* kurz, *vòtl* wurzel, *kòštə* kruste, *bòšt* brust.

b) zu *ū* vor r + st, wenn das *u* nicht erst durch metathesis in diese stellung gekommen ist: *vūašt* wurst, *dūašt* durst, vor rn: *tūan* turm, und vor einfachem ungedecktem r: *dūar* durch, *fūar* furche.

ü.

ü wird:

a) zu *ö* in *kötr* kürzer, *ȥötə* grütze, *köškn* krüstchen.

b) zu *ȳ* in *bȳašta* bürste, *vȳvšta* würste, *tȳan* türme, *mȳar* mürbe, *fȳar* (unbetont: *før*) vor, für.

o.

o wird:

a) zu *u* in *fut* fort.

b) zu *ō* in *ōat* ort, *bōat* bord, *vōat* wort, *pōata* pforte, *hōan* horn, *dōan* dorn, *kōan* korn.

ö.

ö wird zu *ø̄*: *bø̄atšn* börtchen, *vø̄at* worte, *kø̄anr* körner.

a.

a bleibt:

a) kurz in *hat* hart, *švat* schwarz, *mat* markt, *vata* warze.

b) wird gedehnt in: *kāl* Karl, *kār* karre, *āt* art, *kāta* karte, *bāt* bart, *švāt* schwarte, *āš* arsch, *ȝān* garn.

e.

e wird:

a) zu *a* in *hata* herz, *anst* ernst, *tar* teer.

b) zu *ò* in: *bòštn* bersten, *dòštn* dreschen.[1])

c) zu *ē* in *hēar* herr, *fēašt* vers, *fēašta* ferse, *ȝēašta* gerste, *štēat* sterz, schwanz, *ēat* erde, *pēat* pferd, *štēan* stern, *kēal* kerl, *hēdr* härter.

i.

i wird zu *ī*: *vīat* wirt, *hīat* hirt, *kīaša* kirsche.

II. Die vocale der nebensilben.

1. Kürzungen der vocale in nebensilben.

1. *ū* > *ə* in *bakəs* backhaus (< bakhūs).

2. *ai* > *ə* in *hèlfšət* hälfte (= halbscheide), *arbət* arbeit, *arbədn* arbeiten.

3. *o* > *a* in *tsaldōt* soldat.

4. *a* > *e* in *frøŋšəp* freundschaft, *vīatšəp* wirtschaft u. s. w.

5. *i* wird > *ə* in den endungen *-əx* (-ig) und [*-ləx*] (-lich): *šø̂ȳləx* schuldig, *tvèŋtəx* 20, [*rīkləx*] reichlich, [*ȝəfø̄aləx*] gefährlich.

---

[1]) Das *t* ist wol analogiebildung nach dem vorigen.

6. Mnd. *e* wird, sofern es nicht synkopiert oder apokopiert ist, zu *ə*: *štrōtə* strasse, *hatə* herz (mnd. herte), *rīpə* reif (mnd. rīpe); *ʒəlūŏpn* gelaufen, *bədrīəʒn* betrügen.

2. Synkope und apokope.

1. Synkopiert werden fast alle kurzen vocale der mittel- und endsilben, vgl. *belt* bild, *hèmt* hemd, *hèrəfst* herbst, *mèts* messer (alts. mezas), *krypst* kriechst, *blīt* er bleibt, *nōbr* nachbar (mnd. nāber), *mūədr* mutter, *nēvl* nebel, *fārm̥* faden, *lōzn* sie lasen, *ētn* inf. essen, *kyˇənŋk* könig, *hōpnŋk* hoffnung, *ūədl* urteil.

2. In vorsilben ist der vocal synkopiert in *fr-* ver- (ausser vor dentalen, wo es *fa* heisst) und in *šlōt* salat, *prāt* fertig (paratus), *krentn* korinthen.

3. Apokope eines kurzen *e* findet statt in flexionsformen und partikeln, wenn dem *e* ein spirant ausser *š*, ein nasal, *l*, *r* oder *d* (jetzt *t* oder *ŋ*) vorhergeht: *ʒrāf* dat. grabe, *hōf* hofe, *høˇf* höfe, *štūəf* stube, *šūf* schiebe, *dāx* tage, *šlēx* schläge, *vēx* wege, *zēx* säge, *flīəx* fliege, *ūŏx* auge, *zax* dic!, *blōs* blase, *nās* nase, *hās* hase, *ʒrās* grase dat., *døs* diese, *lēs* lese, *krūən* krone, *byˇən* bühne, *ton* tonne, *zon* sonne, *špøˇn* spāne, *ōn* ohne, *ān* an (mnd. ane), *vōn* wohne, *loŋ* lunge, *èŋ* enge, *zeŋ* singe, *krôŭm* krumme, *kòøˇm* pl. kämme, *êĭm* imme, *nēm* nehme, *brel* brille, *šūəl* schule, *kōl* kohle, *myˇəl* mühle, *byl* beule, *yl* eule, *båŏl* bald (alts. baldo), *håŏl* halte, *šēər* schere, *šīər* geschwind (ahd, scēro, sciaro), *līēˇr* f. die lehre, *ryˇər* rühre, *šāt* schade, *myˇət* müde, *rāt* dat. rade, *brōt* brate, *leŋ* linde, *hèŋ* hände, *beŋ* binde. Ueber apokope mit übergang von *n* > *ŋ* und über die gleichzeitige verkürzung des stammvocals vor *d*, *l* und *n* s. verkürzungen (oben s. 414).

Anm. 1. Nach *š* bleibt *ə*: *tèšə* tasche, *fešə* fische, weil es aus *sk* entstanden ist und nach *k* das *ə* erhalten wird. Diese tatsache lässt erschliessen, dass das synkopierungsgesetz jünger ist als der übergang von *sk* in *š*.

Anm. 2. Durch ausgleichung nach verbalformen, wie die angeführten, ist die apokope bei allen verben in der 1. sgl. präs., sowie im sgl. imp. der schw. verba und st. *jo*-stämme durchgeführt. Im letzteren falle mag noch der einfluss der endungslosen imperative der st. verba mitgewirkt haben. Es heisst also: *bīt* beisse, beiss, *zèt* setze, setz, *vèš* wasche.

III. Svarabhakti.

Zwischen *r* und *l*, denen ein kurzer vocal vorhergeht, und einem folgenden labial oder guttural entwickelt sich in einsilbigen wörtern der svarabhakti-vocal *-ə-*, resp. wird ein folgendes *m* silbenbildend. Beispiele:

a) nach *r*: *dòrəp* dorf, *darəf* darf, *arm̥* arm, *varm̥* warm, *arəx* arg, *bèrex* berg, *štarək* stark.

b) nach *l*: *kaləf* kalb, *švaləf* schwalbe, *halm̥* halm, *kalək* kalk, *baləx* balg.

B. Consonantismus.

Der folgenden darstellung des consonantismus der Remscheider mundart ist der mnd. stand zu grunde gelegt, und zwar so, dass die einzelnen consonanten nicht nach ihrem etymologischen zusammenhange und ihrer herkunft, sondern einfach nach ihrem jeweiligen gesetzlichen auftreten behandelt werden.

Als allgemeine gesetze sind die folgenden aufzustellen:

1. Alte gemination erscheint stets als fortis, z. b. mnd *trekken* (ziehen) > *trèkn*, mnd. *fallen* > *faln̥*.

2. Unmittelbar nach kurzem betonten vocal erscheint jeder consonant als fortis, z. b. *ʒras* gras, *hòf* hof, *rat* rad, *krypt* er kriecht, *keŋk* kind u. s. w.

3. Stimmhafte spiranten und verschlussconsonanten werden im wortende und vor stimmlosen consonanten stimmlos. Diese regel gilt schon durchaus in mnd. zeit.

1. Die regelmässigen entsprechungen.

a) Die labialen.

p.

p ist meist erhalten: *pēət* pferd, *šèpn* schöpfen, *op* auf, *dòrəp* dorf, *šōp* schaaf, *krôŭmp* krumm (mhd. krump), *dåŏmp* dampf.

Geschwunden ist *p* vor *t* in *pôŭlt* pult (aus pulpt, pulpet).

b.

b ist erhalten: *belt* bild, *rebə* rippe. Im wortinnern ist es dagegen vor vocal einem vorhergehenden nasal assimiliert: *äĕmr* eimer, *käĕmn* kämmen, *huml* himbeere, *krôŭm* plur. krumme.

f.

f ist erhalten: *fan* von, *fādr* vater, *feŋn* finden, *flŷ̈əzl* flügel, *hòf* hof, *vīf* weib, *haləf* halb.

Anm. Von einer erweichung des *f* im anfang des wortes wie sie im ndl. und nach Nörrenberg auch im mfrk. (spez. niederrhein.) sich findet, habe ich nichts merken können.

v.

Mnd. *v* (= ahd. *b* und *v*) ist meist erhalten: *drīvn* treiben, *lēvn* leben, *hø̄vn* dat. pl. höfen, *halvn* pl. halben, *èrvn* erben.

Geschwunden ist es dagegen bei einer anzahl starker verba in der 2. und 3. pers. sgl. präs., vgl. die bemerkungen zur conjugation!

v ist zu *m* geworden in *mäèkēm̥l* maikäfer (Soest: *kāvl, kābl*).

w.

w ist meist zu *v* geworden: *vèr* f. pöckchen am auge (ndl. weer : schwiele), *vat* was, *vōnn* wohnen, *veŋk* wind; als *f* erscheint es im wortende bei apokope eines vocals in *farəf* farbe (mnd. varwe), *švaləf* schwalbe, *lŷø̆f* löwe, und vor *r* und *l*: *frāzn* rasen, *freŋn* wringen, *flūəm* trübe, vom wasser (mnd. *wlōm*, Soest: *flaŏm*, *ō* = wgerm. *ō*, ahd. *uo*).

Das *f* in *fīər* wir, welches viele westfäl. dialekte zeigen, ist jedenfalls durch assimilation bei anlehnung der enklitischen form an worte entstanden, welche mit einem stimmlosen consonanten schlossen. Vgl. hierzu z. b. *es tat* ist das, *bøste* bist du.

m.

m ist erhalten, auch am wortende, wo das nhd. *n* hat: *bōrm̥* boden, *švārm̥* schwaden, *fārm̥* faden, *bèsm̥* besen.

b) Die dentalen.

t.

Mnd. *t* ist meist erhalten: *tāl* zahl, *twèŋtəx* 20, *lōtn* lassen, *vātr* wasser, *zetn* sitzen, *ūt* aus, *fūət* fuss, *īət* eid, *pēat* pferd, *åŏlt* alt, *šāt* schade. (Ueber die verwandlung von *nt* > *ŋk* s. *n*).

Geschwunden ist *t* in *krulākn* krautlaken, *rèsn* rasten (vgl. engl. listen), *köškn* krüstchen, *nak* nackt.

d.

Mnd. *d* = alts. *d* und *th* (þ, ð) erscheint gleichmässig als *d*: *dax* tag, *dū* du, *drē̆ĭ* 3, *bīədn* bieten, *brōdn* braten, *bèdr* betten pl. *dw* > *tv: tveŋn* zwingen, *tvèrəx* zwerg.

Nach *l* schwindet *d* im wortinnern: *åŏlr̥* n. alter, *špåŏln* spalten, *fäēl* dat. sgl. felde, *zūəl* sollte (mnd. solde), zwischen vocalen in *vīər* wider, *blÿ̆ō̃* blöde, *ēəpl* erdäpfel, kartoffeln. (Ueber die verwandlung von *nd* > *ŋ* s. *n*).

In zweisilbigen wörtern wird *d* zwischen vocalen > *r: ōrm̥* atem, *bōrm̥* boden, *švārm̥* schwaden, *fārm̥* faden, *dèrn̥* taten pl. prät., *nÿ̆ĕrəx* nötig, *fūərn̥* füttern (mhd. vuoten, ndl. voeden)[1], *šørn̥* schütten, *harn̥* habebant, *vèrn̥* wetten. Die consequente durchführung dieses gesetzes ist, besonders im verbum, durch systemzwang und ausgleichung sehr gehemmt worden; daher heisst es z. b. *bādn* baden, *bīədn* bieten u. s. w.

Ob in fällen wie *vārn̥* warten, *zārn̥* garten, *vērn̥* werden, das *d* (wie nach *l*) geschwunden und das alte *r* erhalten ist, oder *r* vor dem dental unterdrückt wurde und *d* sich in *r* wandelte, wage ich nicht zu entscheiden. *vārn̥* kann ebenso gut auf **war(d)en* wie auf **wa(r)den* zurückgehn.

s.

s bleibt als stimmloser spirant nur im silbenausgang, und im wortinnern in stimmloser nachbarschaft erhalten, wofern kein *r* vorausgeht. Beispiele: *lūs* laus, *bèsm̥* besen (ags. besma), *vīəst* weisst, *bèstə* beste.

Ebenso ist die ehemalige geminata und das aus *chs* und *sn* entstandene *s* stimmlos geblieben: *køsn* kissen, *ōsə* ochse, *vāsn* wachsen, *zēsə* sense (alts. segisna, ndl. zeissen). Im wortanfang vor vocalen dagegen und im innern zwischen stimmhaften sprachstaben ('lauten') ist es stimmhaft geworden: *zaŋk* sand, *zīn* suus, *zelvr* silber, *zəvēzn* gewesen, *frīəzn* frieren, *lēzn* lesen, *penzl* pinsel.

Im wortanfang vor den consonanten *t, p, m, n, w, l* und nach *r* wurde es > *š: štīən* stein, *štrōtə* strasse, *špē̆ĭən* speien, *špreŋn* springen, *šmītn* schmeissen, *šnīdn* schneiden, *švetn* schwitzen, *šlÿ̆ətl* schlüssel, *šlōt* salat[2]), *fēəšt* vers, *dūəšt* durst, *bòštn* bersten, *vīəšt* wirst, *vōəšt* warst.

---

[1]) Darnach ist ein subst. *fūər* futter neugebildet.

[2]) Vgl. das nhd. vulgäre *apšlūt* = absolut (durchaus).

Alts. *sk* > *š*: *šīnn* scheinen, *šrīvn* schreiben, *vèšn* waschen, *feš* fisch, *dytš* deutsch.

n.

Mnd. *n* ist meist erhalten; zum gutturalen nasal ist ursprünglich einfaches *n* dagegen vor *t* und *d* geworden, wenn diese consonanten entweder stets unmittelbar darauf folgten oder wenn *t* in der flexion durch alte synkope eines mittelvocals in die nachbarschaft von *n* kam. *t* blieb dabei unverändert, *d* dagegen hat sich dem vorhergehenden gutturalen nasal — wie *b* dem *m* — assimiliert, am wortende dagegen ist es zu *k* geworden. Beispiele: a) *veŋtr* winter, *boŋt* bunt, *šiŋt* scheint, *meŋt* meint, *braŋt* brannte (alts. branta), *ʒəšaŋt* geschimpft (= mhd. geschant), *tvèŋtəx* 20.

b) *beŋn* binden, *šèŋn* schimpfen (= schänden), *oŋn* unten, *keŋr* kinder, *hèŋ* hände, *høŋ* hunde, *tèŋ* zähne.

c) *haŋk* hand (mnd. hant), *hoŋk* hund (mnd. hunt), *taŋk* zahn (mndl. tant), *keŋk* kind.

Wenn das *d* schon in mnd. zeit geschwunden war, bleibt *n* unverändert: *on* und.

Vor *s* ist *n* geschwunden in: *kast* kannst, *es* einmal (= nhd. eins(t), engl. once), *nøməs* niemand; vor *f* in *fôŭf* 5, *īəfäĕləx* einfältig, vor *m* in *īəmōl* einmal, vor *t* nach *s* in *køstīəkə* f. kissenzieche (überzug).

n ist zu *r* geworden in *mèr, mr* man.

l.

l ist meist erhalten, geschwunden ist es in *ès* als, *vost* du willst, *zast* sollst, *vekr* welcher.

r.

r ist im silbenanfang und wortende überall als zungenspitzen-*r* erhalten, in der silbe dagegen oder am ende derselben ist es in der gruppe vocal + *r* + dental entweder zu dem vocal *a* geworden oder ganz geschwunden. Ersteres ist der fall nach langen vocalen ausser *ā* und nach denjenigen diphthongen, welche *ə* als zweiten bestandteil haben (das dann in dem *a* aufgeht), letzteres nach allen andern diphthongen, nach *ā* und nach den kurzen vocalen. Beispiele: a) *pēat* pferd, *vø̄ašt* wärst, *vȳašt* würste, *fūadn* prät. fütterte (inf. *fūərn̥*), *rȳašt* rührst (inf. *rȳərn̥*).

b) *ī̆ĕšta* erste, *hȳ̆ō̆št* hörst, *ʒəhūat* gehört, *āš* arsch.

c) *hat* hart, *švat* schwarz, *hata* herz, *anst* ernst, *vèlt* welt (mnd. werlt), *kòt* kurz.

Weitere beispiele s. unter vocalismus: veränderungen der vocale vor r (s. 416 f.).

r ist in *n* verwandelt in *knita* kreide (aus crīta), in *l* in *māĕkēml* maikäfer.

c) Die palatalen.

j.

Mnd. *j* ist als *j* erhalten: *joŋk* jung, *jō* ja, *jøkn* jucken; vor *e* ist es > *ʒ* geworden in: *ʒèt* etwas (< jet für iet (so ndl.), vgl. nhd. jetzt, jeder u. s. w.; mhd. ieht).

d) Die gutturalen.

k.

k ist erhalten: *kan* kann, *kōkn* kochen, *mākn* machen, *lōk* loch, *dāk* dach, *trèkn* ziehen, *laŋk* lang (mnd. lank), *kȳ̆ənŋk* könig (mnd. kōnink).

k ist geschwunden vor *t* in *mat* markt.

g.

Wenn es im mnd. überhaupt noch ein *g* (d. h. den stimmhaften gutturalen verschluss-consonanten) gab, so stand es nach *ŋ* im wortinnern[1]) und in der gemination. Die Remscheider mundart hat es im erstern falle dem nasal assimiliert: *zeŋn* singen, *feŋr* finger, *brèŋst* bringst. *ŋ* bleibt auch bei späterer vocalapokope im wortende: *ex zeŋ* ich singe, *baŋ* bange. *gg* dagegen hat sich in *k* fortis gewandelt: *brøk* brücke, *røk* rücken, *vèk* weissbrod, weck, *møka* mücke; ausgenommen ist *røʒnštrȳ̆ō̆* roggenstroh. Lateinisches *g* im wortanfang ist zu *k* geworden in *krȳ̆ənzlnštrūk* stachelbeerenstrauch (aus grossularia).

ʒ.

Mnd. *g* war ausser nach *n* und in der gemination wol stets ein spirant, in der Remscheider mundart erscheint es sowol im wortanfang wie im innern als *ʒ*, (in Soest: *x*-, -*ʒ*-), z. b. *ʒrūat* gross, *ʒlas* glas, *ʒūəlt* gold, *ʒārn̥* garten, *ʒèstan* gestern, *ʒīətn* giessen, *māʒn* magen, *lēʒn* legen, *ūōʒn* augen.

[1]) Vielleicht war *ng* nämlich einfach = *ŋ*.

ʒ ist dagegen geschwunden im wortinnern zwischen palatalen vocalen: *ʒēən* gegen, *rēən* m. regen, *mēt* mägde, *nēl* nägel, *ēlstr* elster (mhd. egelster), *zēse* sense (alts. segisna), *ondȳ̆ənəx* nichtsnutzig, taugenichts (Soest: *undȳ̆əʒnt*, ags. duʒende).

Wenn -*ʒ*- nach gutturalen vocalen geschwunden ist wie in *māt* magd, *nāl* nagel so ist dies jedenfalls ausgleichung nach den oben angeführten pluralformen.

Ueber die unterdrückung des *g* in verbalformen s. die bemerkungen zur conjugation.

ch.

Mnd. *ch* ist meist erhalten: *laxn* lachen, *dax* tag.

Geschwunden ist es:

1. Im wortende wenn es = altem *h* ist: *hūa* hoch, *no* nach, *dūar* durch, *fūar* furche.

2. Vor *t*: *näēt* nacht, *fôütə* feucht (s. unter vocalismus), *nit* nicht, *ʒèt* etwas (mhd. ieht).

3. Vor s: *zès* sechs, *ōsə* ochse (s. unter vocalismus).

ŋ.

Der mnd. guttur. nasal *ŋ* (geschr. *n*) kommt nur vor *g* und *k* vor und ist unverändert erhalten: *brèŋn* bringen, *zeŋkn* sinken.

h.

Mnd. *h*, der gehauchte vocaleinsatz, blieb im wortanfang: *hoŋət* hundert, *hīət* heiss. Im wortinnern dagegen, bes. bei der composition, ist es geschwunden:

ȳ̆ō̆m oheim, *bakəs* backhaus, *lĭē̆nn* entlehnen, leihen (ahd. lēhanōn).

Die alts. consonanten (oder consonantenverbindungen?) *hr, hl, hn, hw* sind ganz mit einfachem *r, l, n* und *w* zusammengefallen.

2. Einfügung und anhängung von consonanten.

1. Ein *t* wird stets zwischen *n, l* und *s, š* eingeschoben, z. b.: *fentstr* fenster, *brèntst* brennst, *špentst* spinnst, *fȳ̆əltst* du fühlst, *hòltst* holst, *mentš* mensch, *bentšn* beinchen (vgl. ndl. mannetje), *kāltšn* Karlchen.

2. Ein *t* wird angehängt im wortende nach -*š* und -*l* in: *feašt* vers, *feašto* ferse, *dòšt* dresche; *alt* schon (Soest: *al*).

3. Ein *s* wird nach dem muster der genetivs-adverbia angehängt in: *adjys* adieu, *bets* beide, dat. *betsn*.

3. Metathesis von r und l.

a) *r* zeigt auch in der Remsch. mundart die gewöhnliche ndd. metathesis; beispiele: *bòštn* bersten, *dòštn* dreschen, *bòšt* brust.

zötə grütze, *kòštə* kruste.

b) Wie im ndl. ist *l* und *d* umgestellt in *nåöl* nadel (mndl. naelde, ndl. naald).

Nachtrag. Zu den s. 414 aufgezählten kürzungen alter längen vor einfacher consonanz gehört auch die in *knitə* kreide (mit *t* fortis).

SOEST. F. HOLTHAUSEN.

ÜBER ALTNORDISCHE *LL* UND *NN*.

J. Hoffory hat in seinen konsonantstudier die belege dafür geliefert, dass doppelconsonanten vor consonanten (derselben silbe) im altnordischen vereinfacht werden. Die sonoren hat er nicht näher berücksichtigt. Ich will hier *ll* und *nn* vor consonanten (und sonoren) zum gegenstand einer besonderen untersuchung machen. Ueber *rr* werde ich nur gelegentlich eine bemerkung einflechten, *rr* ist nicht sehr häufig am wortende und teilt wol meist das schicksal gedehnter consonanten, also *kyrr* gen. *kyrs*, comp. *kyrleikr, fiarre : fiarska, þverra : þversk* u. s. w., natürlich ist *kyrrs, kyrrleikr, þverrsk* viel häufiger zu finden, belege sind unnötig. Nur ob z. b. *þorni* oder *þorrni* (ptc. dat. masc.) der regel der alten sprache angemessen ist, bliebe zu untersuchen, mir fehlen belege. Mit *mm* steht es ähnlich; bekannt sind *fimt, fimte* zu *fimm*; *svimr* zu *svimma* ist wol als ältere form anzusehen.

Die behandlung von *l* und *n* ist vielfach die gleiche gewesen. Hervorzuheben ist vor allem ihre verdopplung (ich bezeichne den vorgang vor der hand noch so im anschluss an die schriftliche darstellung) vor homorganen verschlusslauten: *ld, lt, nd, nt* > *lld, llt, nnd, nnt*. Der hauptunterschied ist der, dass die änderungen bei *n* weniger ins ohr fielen oder schwerer präcis widergegeben werden konnten als die bei *l*, so dass sie weniger zahlreich sich belegen lassen.

I. ll.

Altes *ll*, mag es schon germanisch oder erst im nordischen (aus *lþ*) entstanden sein, bleibt im inlaut zwischen vocalen erhalten: *full-, fulla, fullum; goll-, golle*. Auch im auslaut sind etwa auftretende vereinfachungen nur graphisch, denn gerade handschriften die sich von der wortschrift emancipieren und reine lautschrift anstreben, also neben *alla, alle ǫllum* auch formen mit éinem *l* kennen: *als, alt, alra* wie cod. AM. 645 in 4°[1]), haben immer *ll* im auslaut: *øll* (= *ǫll*), *fioll, fell, fall* u. s. w., obwol sonst graphische vereinfachung sich nicht selten in ihnen findet (*eki* statt *ekki* u. a. a.).

Was *ll* vor consonanten anlangt, so möchte ich zuerst die composita ausschliessen. Es sind nicht viele, in denen *ll* am ende des ersten compositionsgliedes steht, ohne dass *s* oder ein vocal noch folgt. Gerade in compositis ist die form des simplex (wenigstens in der schrift) meist massgebend gewesen. Auch mag die pause zwischen den gliedern des compositums eine verschiedene gewesen sein, so dass *ll* bald wie am wortende beibehalten, bald wie im wortinnern von folgenden consonanten beeinflusst ist. Das letztere ist z. b. der fall in worten wie *fultiða, fultrue* (645) (bei compositis mit *skamm-* wird bei Vigfússon JD. der wechsel von *skamm-* vor vocalen und *skam-* vor consonanten durchgeführt; *iafn* dagegen behält entweder seine volle gestalt (*iafn-* oder *iamn-*) oder es wird zu *iam-* verkürzt). Eigentümlich ist der wechsel zwischen *all-* und *al-*, der auf bedeutungsunterschied beruht; ersteres heisst s e h r, letzteres g a n z; natürlich gehören beide zusammen; *al-* ist aber nicht erst im nordischen aus *all-* entstanden, das zeigt ahd. *alo-*, ags. *al-*, *eal-* u. s. w. Ist *alo-* < **ál(v)u-*, *all-* < **alvá* hervorgegangen, oder ist mit Kluge u. a. a. *alná-* neben *ála-* anzusetzen? Dem widerspricht das got. *ala-* neben *all-* (seltener *alla-*); aber bei der geringen zahl von beispielen im gotischen (3 *ala-*, 1 *alla*, wenn nicht auch *allandjô* = *alla-andjô*, 3 (2) *all-*) lässt sich aus dieser sprache kein schluss ziehen. Im althochdeutschen ist éin *l* bei alten compositis die regel (*al-*, *alo-*, *ala-*, *ale-*). Im ags. haben wir *al-*, *eal-*, *eall-*, *æl-*, also

[1]) Nach Gíslason anfangs des 13. jhd. geschrieben, Frump. s. LXII, nach Vigfússon c. 1200 (Sturl. Proleg. CCXII). Eigentümlich ist in ihr das schwanken der vocalbezeichnung. Ich benütze Ungers abdrücke in den Postolasögur und Heilagra manna sögur, die freilich nicht diplomatisch sind, aber vollauf genügend, um die hier behandelten erscheinungen, die immer und immer widerkehren und nicht falsch aufgefasst werden können, auch wenn ein grosser procentsatz der in betracht kommenden wörter ungenau abgedruckt wäre (was sicher nicht der fall ist), beurteilen zu lassen.

wol umbildungen älterer *ala-, alu- all-, ale-* (*ali?*). Im as. *ala-* und *alo-*, kein *all(a)-*. Im afris. *al-* (in *also*), *elle-, el-*. Nehmen wir hierzu noch an. *ǫl-* in *ǫlhugi, ǫlteiti, ǫlvaldi* u. s. w., so dürfen wir schliessen, dass urgerm. wenigstens *ala-* und *alu-* neben einander vorkamen. Da ein herübernehmen des *ll* aus dem selbständigen wort zumal bei neuen zusammensetzungen sehr leicht auf den verschiedenen sprachgebieten möglich war, so denke ich mir den hergang für das nordische so: in den alten compositis hatte *al-, ǫl-* nur die bedeutung ganz-, später aber verwendete man denselben stamm auch um einfache steigerung auszudrücken, und entnahm ihn dann nicht den alten compositis, wo er nach wie vor vollkommenheit, totalität anzeigte, sondern dem adjektiv, man wählte um so eher die gewichtige form, als sie den hauptton trug wie bei uns *ganz, recht,* in *ganz schön, ganz brav, recht gut.*[1]) Später konnten dann auch immer noch composita mit (unbetontem) *al-, ǫl-* nach analogie der bestehenden gebildet werden.

Es hat also die scheidung von *all-* und *al-* mit der hier behandelten frage nichts zu tun.

Betrachten wir den häufigsten fall, dass an *ll* am wortende noch ein consonant antritt; es wird dies nur *s, t, r, d* oder *n* sein können. Sicher ist, dass durchaus *ll* vereinfacht werden kann; zu *all* findet sich *alr, als, alt,* im verbum zu *fella* prt. *felda.* In den ältesten handschriften finde ich: R. M. ä. h.[2]) *alrar, alr, fials,* in 645 *alz, alt, alre, ilzco, ilt, alr* neben *allr, allz* u. s. w., im Luc.[3]) *alz, alt, ilt, ildz, ildzco, aldz, alre,*

---

[1]) Betont man das adj. so wird es eher etwas eingeschränkt, z. b. *‚das ist ja ganz recht — aber', ‘ganz schö'n'.* Der ton ruht nur bei adjectivischen compositis auf dem zweiten glied, so auch bei Otfrid; vgl. nhd. allmacht, allmächtig. Von substantivischen compositis mit *all-* im an. sind mir nur *allfǫðr* und *allvaldr* bekannt, neben denen auch *alfǫðr, alvaldr* vorkommen (vgl. *ǫlvaldi*). Diese formen beweisen nur, dass in betonter stellung die anlehnung an das adj. *allr* nahe lag, und dass die bedeutung von *all-* in adj. compositis die verwendung von *all-* = ganz beim substantivum nicht hindern konnte. Dass *allvaldr* aber nicht falsche schreibung ist, zeigt der reim *allvaldr : gialla* Mork. 149[33].

[2]) Reykjaholts Máldagi älteste hand 1179—93.

[3]) Lucidarius photolithogr. abdruck; nach Vigf. um 1130 geschrieben, doch wol mindestens um ein halbes jahrh. zu alt angegeben.

ilra, altz neben *allra, allr, illtt, illt*, in AM. 315 fol. D.[1]) *alt* aber *allr*, in der Islb.[2]) *alt* (v. l. *allt*), *als* (v. ll. *allz*), im Ágrip[3]) *alt, alz, alra, falz, alr, gulz, elri.* In AM. 677 *alt, fyld*, aber häufiger *alls, allz, illt, allt, illsko, fellr.* In 237 fol.[4]) ist *ll* die regel: *allt, allz, allrar, illz.* Im St. H.[5]) *alt, golz, alre, alz*, aber öfter *allrar, allt, allre, illz*, in Reg. 1812 ä.[6]) *fylde, seldr, alz, elzt, alt, felder, alra, fult*, nur neben *elra* (S. 18. 19) auch öfter *ellra*, einmal *allra.* In den jüngeren handschriften ist *ll* die regel. Wie soll man den dualismus der älteren zeit auffassen? Sind die formen mit *ll* neben denen mit *l* hergegangen, oder ist bloss die éine form berechtigt und welche? Daran ist nicht zu denken, dass *als, alt, alr* bloss vereinfachte schreibung für *alls* u. s. w. sei. Viel eher liesse sich annehmen, dass formen wie *allr, allt, alls* ihr *ll* (in der schrift) nur der analogie von formen wie *all, ǫll, ǫllum, alla* verdankten, dass aber *alr, alt, als* gesprochen wurde. Dem widerspricht aber zweierlei: 1. dass *ll* vor dentalen explosivlauten nicht bloss bewahrt erscheint, sondern sogar fast in allen handschriften aller zeiten geradezu an stelle uralter *l* getreten ist (*mæla* prt. *mællta, selja* prt. *sellda* u. s. w.); wäre bei der schreibung *llt, lld* analogie im spiele, so liesse sich schlechterdings nicht verstehen wie man dazu kam, neben *mæla mællta* zu schreiben. 2. Statt *lls* wird fast immer (*l*)*lz* geschrieben, nicht aber statt (ursprünglichem) *ls;* wäre wirklich nur *ls* gesprochen worden, also *als* immer wie *dals, hols*, warum neben *al*(*l*)*z* kein *dal*(*l*)*z*? Endlich mag auch bemerkt werden, dass *ll* vor *r* in einem falle wenigstens auch bewahrt ist, wo eine analogie ferne lag, in *ellri* (< **alþizē*) comp. zu **aldr* (superl. *ellztr, eldztr*). Das subst. *elli* könnte hereingespielt haben, dies ist aber wenig wahrscheinlich. Dagegen ist *ll* in *fullna* wol aus *full* eingedrungen.

Eigentümlich ist die behandlung der *ll* in den reimen, ich

---

1) ed. Finsen Grágás 1852, geschr. 1150—1200.
2) Papierabschriften einer alten membrane Isl. Sög.[2] I.
3) ed Dahlerup, geschrieben um 1200, nach Vigfússon 1170—90.
4) In Bjarnarsons Leifar, geschr. noch im 12. jhd.
5) Stockholmer homilienbuch um 1200 ed. Wisén.
6) Codex regius 1812 älteste teile ed. Larsson 1883, noch aus de 12. jahrhd.

habe kein beispiel dafür gefunden, dass *lr, lt, ls* auf *l* reime, wo *llr, llt, lls* das ursprüngliche ist, wol aber eine grosse zahl von reimen wie *falls : allan, Heimdallr : fallinn, þollr : pollum*. Aus reimen wie *allz : sniallre* ist nichts zu folgern. Ebenso wenig ist aus reimen wie *allt : salt* (z. b. bei Sighvat), *skyldir : fylldi* (Arnorr jarlask.), *eldi : felldi* u. s. w. zu ersehen, ob hier *ll* in *l* vereinfacht, oder *l* in der unten besprochenen weise verändert worden ist, wahrscheinlich ist beides anzunehmen, s. u., und wäre für die älteren gedichte *lt, ld*, für die jüngeren *llt, lld* bei beiden reimworten zu schreiben.

Der satz: doppelconsonant ist nicht möglich vor consonant (im weiteren sinn) ist, so allgemein ausgesprochen, für das nordische gewiss unrichtig.

Sehen wir uns um, wie die alten *ll* heute im isländischen und norwegischen lauten. Die handschriften des 16—18. jhd. geben keine sicheren anhaltspunkte, die orthographie leidet an denselben mängeln wie die gleichzeitige dänische[1]) und deutsche, es werden eine menge unnötige, sinnlose buchstaben geschrieben und es kann aus der schrift der lautwert der zeichen nur ausnahmsweise ermittelt werden. Wir müssen gleich auf die moderne zeit überspringen. Da gibt nun Björn Magnússon Ólsen, der für die historische darstellung seiner muttersprache berufenste Isländer, in Carpenters neuisl. grammatik und in der Germ. XV, 257 ff. die regel: '*ll* ausser am ende einer silbe vor *s, t, d* wo es wie *l* lautet (*alls, villst* [*milld*], *allt* [*alltið*] s. ab. unten) ist ein tonloser interdentaler verschlusslaut, wozu sich eine parallele im deutschen nicht findet; es lautet ungefähr wie *ddl*; wie *ll* wird auch *rl* ausgesprochen.' Germ. a. a. o. s. 273 'doch wird das *lt* nicht wie *ll* + *t* ausgesprochen, wie es Wimmer angibt, sondern wie das eben besprochene reducierte *hl*.' Ueber dieses *hl* heisst es s. 272: 'Bei der aussprache des *hl* wird die zunge in der gewöhnlichen *l*-stelle gehalten und das *h* nur dadurch hervorgebracht, dass ein starker exspirationsstrom an den beiden seitenwänden der zunge hindurch getrieben wird, dann folgt unmittelbar das *l*, welches nach meiner ansicht tönend ist. In wirklichkeit wird auch

[1]) Vgl. hierüber V. A. Secher in seiner ausgabe der Samling af Kongens Rettertinges Domme p. XXX ff.

dieser laut von allen eingeborenen als doppellaut gehört und betrachtet.' Der letzte satz ist, wenn ich nicht irre, gegen Hoffory gerichtet, der *hl* als einfachen laut betrachtet. Vigfússon I. D. s. 369: 'but *ll* after a vowel and not combined with another consonant had a peculiar sound, almost dlh. This pronunciation is still observed in Iceland as well as in some provincial dialects of western Norway, Vorsevangen, Sogn, Hardanger; in some other parts of Norway il is sounded as dd. There are no means of ascertaining with certainty whether the ancients sounded ll exactly as the Icel. at present do, or whether it was not more aspirate than dental (as llh). 2. the peculiar aspirate sound of l before a radical dental is mentioned Gramm. p. XXXVI: such holt, allt .... were sounded (and are still sounded) as holht, alht ....; as also in old writers before d hold, kald = holhd, kalhd, although in mod. pronunciation the aspirate sound is less percieved before a media than before a tenuis.'

Dazu kommt noch aus Iv. Aasens grammatik, s. 26: 'Vor t (z. b. in *fælt*) wird er (der dicke l-laut) oft undeutlich, wie das oben besprochene R, und in einzelnen fällen können R und L schwer unterschieden werden.' S. 108: 'Das doppelte l geht über in dl (in den südwestlichen gegenden) und in dd (in Sætersdalen und im oberen Telemarken).'

Bedenken wir nun, dass in den alten hschrr. sowol wie in der heutigen aussprache auf Island und in Norwegen die l-laute ähnliches schwanken zeigen, so wird das zusammentreffen nicht zufällig sein, sondern eben auf eigentümlichkeiten der aussprache des l führen, die schon vor der trennung des isländischen von dem norwegischen bestanden.[1])

Es wäre recht auffallend, wenn jenes *ll* in *mællta* wirklich l + l gewesen wäre, etwa wie im deutschen 'schnell-

---

[1]) Dagegen spricht freilich die parallele entwicklung des *á* zu *au* auf Island und in Westnorwegen. (Ich erinnere mich noch lebhaft an die worte eines alten bauern im Närödal: med dit mål (gespr. maul) komer du genem hele werden; mit mål war nicht mein schlechtes norwegisch, sondern das deutsche gemeint. Ich überlasse es anderen, dem ursprung dieser sprichwörtlichen redensart, die man öfter in Norwegen treffen soll, nachzuspüren.) Daran darf doch wol nicht gedacht werden, dass schon im 9. jhd. *au* statt *á* gesprochen wurde.

läufer'; es widerspricht allen neigungen der sprache, einem folgenden consonanten zu liebe einen anderen zu verdoppeln.[1]) Es liegt vielmehr eine art diphthongierung vor, die den übergang von *l* zu *t*, *d* erleichtert; physiologisch betrachtet findet eine anticipation der articulation des *d* und *t* statt. Dass derselbe vorgang auch sonst im an. nicht unerhört ist zeigen ein paar bekannte eigentümlichkeiten; einmal die ausdehnung des umlautes und der epenthese (brechung), dann aber vor allem die aussprache des *gn;* schreibungen wie *singna* = *signa* (segnen) deuten darauf hin, dass (wie oft bei uns[2]) in regnen, magnus) statt *g* der gutturale nasal gesprochen wurde. Ebenso ist statt *nafn, jafn* oft *namfn, jamfn* geschrieben, z. b. in AM. 655 IX B, cod. Reg. 1812 ä. Die häufung der buchstaben ist hier nicht willkürlich; der anticipierte nasal muste natürlich durch die zugleich sich vorbereitende articulation des *f* labial d. i. *m* werden (wie *n* in *signa* > *g̃*) das gaumenregel war bei der aussprache von *jamfn* nur einen moment hinaufgezogen, bald gar nicht mehr, so wurde *f* ganz unterdrückt und das gewöhnliche *jamn,* erzeugt. Ein weiterer fall liegt in den superlativen vor: *ast* wird zu *atst* (*azt*); zuerst war das *t* nur angedeutet (reduciertes *t*?), allmählich wurde es fest und dafür das zweite *t* nicht mehr mit voller stärke gesprochen und fiel oft ganz weg (wie *n* in *jam* oder *jamf* (cod. Reg. 1812 ä.) auch); daher die ungemein zahlreichen superlative in *azt* und *az*. Vielleicht dürfen auch andere metathesen, in denen explosiv- und dauerlaut ihre stellung vertauschen, so erklärt werden.[3]) Ueber die anticipation des *d, t* in *nd*, *nt* s. u.

Da neben *mællta* auch *mælta,* neben *hallda* auch *halda* vorkommt, so erhebt sich die frage: ist die anticipation dialektisch, also bloss einem teil der Norweger und Isländer eigen und welchem, oder war nur der doppellaut so wenig ausgeprägt, dass man ihn nicht immer bestimmt als solchen erkannte und deshalb in der bezeichnung schwankte? Ich möchte mich

---

1) Anders aufzufassen sind natürlich die dehnungen vor *j, r, l, w* im westgerm.

2) Vgl. Kolross, Enchiridion v. 1530 wo es schon heisst: es würt ouch für ng allein g geschrieben ... Als Agnes, regnieren für Angnes, rengnieren.

3) Auch hochd. *letzt*?

für keine der beiden erklärungen ausschliesslich entscheiden, da die codd. die kein *lld, llt* oder nur wenige kennen, sich vor allem durch ihr alter auszeichnen, es sind R. Mald. ä., Luc., Ágr., AM. 315 fol. D, norw. Hom., Cod. Reg. 1812 ä. Andere wie St. Hom., AM. 645, 677, 673 4°, Islb., AM. 237 fol. haben *ll* und *l* bunt durcheinander, doch scheint es, als ob in der unregelmässigkeit sich doch das gesetz erkennen lasse, dass nach langem vocal die dopplung seltner ist als nach kurzem (in 237 fol. AM *mælte* gewöhnlich, aber *alltera, sellt: scáld, hvild* aber *hallda, hǫlldom, hęlldr* u. s. w.) und vor *d* seltener oder später als vor *t*, so im physiologus *ǫlda, eld, veldr, hęldr, einfaldre,* aber *hellt, avallt* (neb. *avalt*), *fullt* (aber 2 mal *goltr*)[1]; physiologisch weiss ich die erstere beobachtung nicht zu begründen, obwol versuche mir die subjective überzeugung verschafft haben, dass nach langem vocal (dessen absatz geringere intensität der exspiration zeigt) die eigentümliche modificierung des *lt, ld* sich schwächer und weniger leicht einstellt als nach dem in starker exspiration unterbrochenen kurzen vocal. Klar ist dagegen der grund für die zweite erscheinung; es ist einleuchtend, dass der einsatz zur fortis energischer ist, mehr in das ohr fällt als der zur lenis. In späteren hschrr. des 13., 14., 15. jhd. ist *ll* weitaus überwiegend, so im cod. holm. der ÓS. h., in AM. 291 4°, Flatb., AM. 236 fol., im Spec. reg. (norw.). Auffällig ist der mangel von *ll* in teilen der Hauksbók (um 1300).

Wie müssen wir uns nun den laut des *lld, llt* vorstellen? Das neuisld. darf uns nicht unbedingt massgebend sein, denn schon der umstand, dass hier *lld* gewöhnliches, *llt* reduciertes *l* hat, spricht für änderungen im laufe der zeit. Ich denke mir, dass die zungenstellung zur erzeugung des *d, t* noch während des vocalabsatzes eingerichtet wurde, dass aber im selben moment, wo der verschluss mit dem vorderen zungenrand vollständig wurde, die seitenränder für die aussprache des *l* raum gaben, um gleich darauf den verschluss auch ihrerseits zu vollenden. Es ist erklärlich, dass wenn mit seitlicher öffnung des verschlusses nicht sofort der stimmton des *l* ein-

[1]) AM. 132 fol. aus etwas späterer zeit hat *ll* nur nach kurzen vocalen, s. Finnboga saga ed. Gering s. XXII.

setzt, oder wenn nicht sofort die seitliche öffnung entsteht, die bildung des vorderen verschlusses als ein *d*-laut empfunden wird, so dass man glauben konnte die verbindung *llt* genauer mit *dlt* widerzugeben. In alter zeit findet sich m. w. hiefür kein beispiel, hier ist der einsatz zu *l* selbst als *l* betrachtet worden, wo er überhaupt bemerkt wurde. Die heutige aussprache als 'reduciertes' *l* (auch im norw. 'ein *l* das von *r* kaum zu unterscheiden ist') ist dadurch erreicht worden, dass schliesslich das *l* sozusagen nur markiert wurde, es wird vollkommen tonlos.

Wir können nun zu unserm ausgangspunkt, den alten *ll* vor consonanten, zurückkehren. Da ist nun vor allem zu bemerken, dass die handschriften die altes *lt, ld* bewahren auch in der regel *alt, fult, ilt* schreiben, so teile von AM. 645 (Clem. S., *valdi, veldes, veraldar, skalt, scylde, helt, hvild:* (*alz*) *alt, ilt, fultiþ, heildu* (salve = *heill ðu*), 315 fol. D, Reg. 1812 ä. Andere, die *lt* mit *llt* wechseln lassen, wo *lt* das ursprüngliche ist, haben auch *alt* neben *allt,* so Luc., 677, Sthom., Âgr., Phys. Die jüngeren, die durchaus *llt, lld* statt *lt, ld* haben, zeigen auch kein *alt, feldi.* Diess weist wol darauf hin, dass altes *llt* und altes *lt* zusammenfielen, mit anderen worten, dass *allt* ebenso aus *alt* entstanden ist, wie *mællta* aus *mælta,* dass also in alter zeit *ll* vor dental vereinfacht wurde.

Ich komme auf *lls.* Es findet sich neben *als* und *alls* auch *alz* und *allz*; das letzte überwiegt schliesslich. Ist hier das verhältnis dasselbe wie bei *alt* = *allt*? Schwerlich. Es ist undenkbar, dass aus *als* sich ein *alz, allz* entwickelte, denn wo einfaches *l* dem *s* vorausgeht tritt nirgends *z* ein (s. ob.)! Wenn also *als* keine vorstufe für *allz* ist, so läuft es neben ihm her. Wie ist dann aber *allz, alz* entstanden?

Hier ist *ll* nach meiner ansicht aus den formen *aller, alla* u. s. w. eingedrungen. Es muss *l* in *alz* einen anderen laut gehabt haben als in *hals, fǫls* u. s. f., und dieser laut muss den vor *s* eingeschobenen dental (*d*, wahrscheinlicher *t*) bedingen. In *alla, ǫllum* aber liegt wirklich so ein laut vor. Die moderne beschreibung, *ll* sei hier = *dl* trifft für Island nicht so ganz zu, wol aber für Norwegen, wo sogar *dd* dafür eintritt; da *rl* vielfach mit *ll* wechselt (*jall* = *jarl*), auch für *ðl ll* geschrieben ist: *millim, frilla* (wenn hier nicht assimilation vorliegt), so scheint ein doppellaut, eine art diphthongierung des *l* schon ziemlich alt zu sein; sie hat ihre analogie in der diphthongierung des *nn* (*rn*), des *ss* (*rs*), der *r* in *þeirri* (s. u.), diphthongierung aber in der weise, dass der erste laut reduciert wird, also wie in *je* < *ē*. Da ich die neuisländischen laute nicht mehr lebendig im gedächtnis habe, so ist hier nur eine annähernde darstellung möglich. Sprechen wir direct *dls*, so stellt sich ganz von selbst zwischen *l* und *s* ein *d*-laut ein, was daher kommen mag, dass bei der bildung des *s* der bei *l* nur einen augenblick gelockerte *d*-verschluss wider momentan, als übergang, eintritt, seine öffnung verursacht ein kurzes *t* (*d*), an welches sich erst das reibungsgeräusch des *s* anschliesst. Dass aber wirklich *ts* (*ds*) gehört wurde, zeigen die schreibungen z. b. des Lucid.: *aldz* s. 30, *altz* s. 47, *ildz* s. 28, *ildzco* u. s. w. Aber eben darum, weil das schwache *d, t* hier bezeichnet wird, möchte ich bezweifeln, dass *ll* wirklich *dl* lautete, sonst dürfte man erwarten auch **adlir*, **adldz* geschrieben zu finden. Es wird vielmehr *ll* ein reduciertes 'dickes' *l* sein (Sievers, Phon. s. 92 anm. 4), an das sich vor vocalen ein festes *l* schliesst, das aber vor *s* wegbleiben kann, daher die schreibungen *alz, ilz* neben *allz, illz*.

Resultat: vor *s* wird *ll* ursprünglich vereinfacht.

Ich komme zur letzten gruppe *ll* + *r*. Die schreibungen *llr* und *lr* gehen so ziemlich parallel den schreibungen *llt* und *lt*; aber in AM. 315 fol. habe ich *allr*, dagegen immer *alt* etc. gefunden; im Luc. überwiegt *llr* (einmal *al* | *re* am zeilenschluss s. 36$^{3-4}$, *ilra* s. 38), *alt, ilt* sind regel; im Ágr. ist *llr* etwas häufiger als *lr*; *lt, lz* sind regel; in c. Reg. 1812 ä. *lr* so oft wie *llr* (*elra* auf s. 18 u. 19 4 mal, *alra* s. 37; *allra* s. 9, *ellra* s. 11 3 mal, s. 16) aber *ld, lt*, nicht *lld, llt*. Eine gemeinsame entwicklung der verschiedenen *l*-gruppen anzunehmen ist daher nicht wol nötig. Ich glaube am wortende ist *lr* die normal entwickelte form der alten gruppe *llr: alr, fulr, ilr*[1]); wäre *ellri* nicht, würde ich die regel auch auf den fall ausdehnen, wo *ll* und *r* verschiedenen silben angehören; so aber

[1]) Dass *r* hier von anfang an sonant und silbenbildend sei anzunehmen verbieten die verse, in denen *allr* einsilbig ist.

muss ich für diesen fall schwanken zwischen *lr* und *llr* annehmen. Jedenfalls ist bald wider überall *ll* an die stelle von *l* getreten: R. máld. ä. hat nur *l*, sonst ist überall auch *ll* zu finden. In den ältesten versen ist der reim *llr* — *ll* selten (i. d. Húsdrápa um d. j. 1000 *Heimdallr : fallin;* in den Víkingavísur des Sighvatr † 1047 *þollr : pollum,* aus dem 12. jhd. ist Geisli reich an solchen reimen: *snjallr : galla, illr : villu, vallrjóð : allra, snjallr : -spialli, vellum : ellri;* bei Snorri im háttatal *fellr : þelli, snjallr : fall, falla : þollr*), *lr : l* aber nirgends zu finden.[1]) Im neuisl. ist kein unterschied zwischen *aller* und *allr;* letzteres lautet jetzt ja *allur.*

Eine eigentümlichkeit bleibt noch zu betrachten, die ab und zu auftritt, nämlich verdopplung des *l* nach *r*, also *iarll* (AM. 655 IX B norw., ÓS. h. cod. holm.) die parallel geht der verdopplung von *n* nach *r, f* und *g*. Auch hier ist, glaube ich, der gleitlaut durch *l* ausgedrückt. Meist geht *r* selbst in den gleitlaut über, daher *jarl* > *jall* (= *jal̂l*). Am begreiflichsten ist der vorgang zwischen zwei silben z. b. in *þorlleifs* (Ágrip s. 12).

II. nn.

Altes *nn* bleibt im auslaut, vor vocalen erhalten, vor consonanten wird es vereinfacht, z. b. AM. 315 fol. D: *renr;* Reg. 1812 *fjǫlment,* Agr. *sanr,* 645 *miskunsamr.* Aber die ausnahmen sind zahlreich. Im auslaut trifft man wol *n* statt *nn,* z. b. *han* = *hann,* aber hier ist die vereinfachung doch wol nur graphisch. Dagegen wird *an* im auslaut unbetonter silben gewöhnlich > *an* z. b. *annan.* Ueber verdopplung im unbetonten auslaut s. u.

Betrachten wir das schicksal des *n* vor dentalen explosivlauten, so ist dies lange nicht so offenkundig wie das des *l*. In vielen alten handschriften, die *llt, lld* regelmässig an stelle von *lt, ld* treten lassen, ist *nnd, nnt* selten, so in AM. 237 fol.; in 677 ist *Nd* seltener als *nd,* ebenso in St. hom.; 375 fol. D kennt kein *nnd*; im Physiol. herrscht *nd* (aber *lld* neben *ld*), Luc. nur 2 *Nd*, die unsicher sind (*aNde* 40, *eNdr* 52), Ágr. hat *nd.*

---

[1]) Ebensowenig *ls : l* wo *ls* statt *lls* stünde; s. o.

Auch in späten hschrr. ist *lǫ̂nd, ǫ̂nd* das gewöhnliche (z. b. Flatb.). Im neuisl. ist von einem besonderen laut des *n* vor dentalen nichts bekannt. Ich schreibe den wechsel von *n* und *nn* widerum nicht allein dialectischer verschiedenheit zu, sondern glaube, dass es dem einen schreiber deutlicher, dem anderen weniger deutlich ins ohr fiel, dass *n* vor *d* und *t* eine modification erlitt. Es ist hier wol eine ähnliche anticipation des *t*-lautes anzunehmen, wie bei *ld, lt,* also etwa ein reduciertes ծ.

Es bleibt noch *nn* im auslaut und zwischen vocalen zu betrachten. Nach 'unaccentuierten' vocalen ist *nn* jetzt einfache gemination oder dehnung; nach 'accentuierten und nach diphthongen' ist die aussprache eine andere. Wir brauchen nicht zwei kategorien von vocalen zu unterscheiden, die accentuierten vocale[1]) des neuisl. haben mit den alten diphthongen das gemein, dass bei beiden einem normal starken vocal ein tonloser, ein halbvocal folgt. Ólsen-Carpenter beschreiben den eigentümlichen laut dieses *nn* so: 'es ist diese verbindung ein tonloser verschlusslaut (das gaumensegel schliesst die nasenhöhle ab, indem die zunge in der *n*-stellung gehalten wird).' Ebenso lautet *rn*. Auch bei diesem *nn* und *rn* glaubt man ein *d* zu hören, die articulation ist also, was den einsatz anlangt, verwant der des *ll* und *rl,* was erklärlich ist, da *n* wie *l* lingual sind. Dass *nn* nur nach der schwächsten vocalstufe den reducierten laut annimmt, weiss ich nicht stricte zu erklären; der absatz des diphthongen scheint die reduction des ersten folgenden *n* (in *nn*) zum blossen gleitlaut zu verlangen, wie auch im späteren isl. der unbetonte vocal von endsilben vor *n* einen solchen fordert, so dass wir *síðann, annann* u. s. w. finden, wo *nn* doch wol, wenigstens ursprünglich, ähnlich gesprochen wurde wie in *steinn*. Von hier aus erklärt sich wol auch das rätselhafte *rr* in *þeirre, fleirri meirri*; vielleicht auch *fárr, trúrr*. Das schwanken in der schreibung (*þeiri* und *þeirri*) ist natürlich, da das erste *r* ursprünglich nur schwach gehörter gleitlaut ist.

So möchte ich auch (s. o.) die in der Flatb. häufigen

---

[1]) á = au, ó = o^{u}, ú = u^{u}, í = i^{i} u. s. w.

dopplungen nach *r, g, f,* (*t*) nicht als willkürliche häufungen ansehn, sondern finde darin den gleitlaut ausgedrückt, der sich leicht hier einstellt; speciell bei *rn* geht entweder *r* selbst in denselben über, oder er entsteht zwischen *r* und *n*: *barnn.*[1]) Natürlich darf aus den später häufigen formen wie *steirn* nicht geschlossen werden, dass *n* in *r* übergieng.

[1]) Vgl. '*zorn*' in der aussprache des affectes, mhd. *zoren, geren* Weinhold § 31.

MÜNCHEN, d. 10. febr. 1884. O. BRENNER.

SPRACHHISTORISCHE MISCELLEN.

11. Urgermanische lehnworte.

Die sprache ist uns das wesentliche, vielfach das einzige hülfsmittel gewisse culturverhältnisse zu erkennen. Nicht bloss lehnwörter spielen bei einer betrachtung unserer älteren cultur eine rolle. Wir finden auch sonst in unserm echten sprachmaterial wertvolle momente zur reconstruction der germ. urgeschichte. An die nomadenzeit unserer vorfahren hat man die bedeutung des mhd. *rast,* got. *rasta* 'meile, wegestrecke' geknüpft, und mhd. *tageweide* 'tagereise' findet in derselben periode seine erklärung (vgl. Martin zu Gudr. 599). Noch nicht hat man in diesen zusammenhang die beliebten formeln mit *hirte* aus der sächs. poesie gezogen; as. *burgo, landes, werodes hirdi* = ae. *folces, rîces hyrde* (Sievers, Hel. p. 400) können natürlich nicht dem Taciteischen zeitalter entstammen, wo das hirtenvolk schon einem volk in waffen platz gemacht hatte, wo der hirte gewiss keine sociale rolle mehr spielte, auch wenn Tacitus die freude der Germanen an grossen herden (c. 5) constatiert. Eine fülle von formeln mit *hyrde* überliefert uns die ae. dichtung (vgl. *sinces, hringa, hordes, frætwa hyrde*), und bis in die mhd. zeit beobachten wir reste der formel (cf. Lexer s. *hirte*). Der unendlich ausgebreitete gebrauch des wortes *haldan* scheint — wenn wir mit recht vom got. ausgehen — eine entwicklung von 'weiden, die herde hüten' zu sein; cf. got. *haldan* 'hüten, weiden' und die ae. formel *hyrde and healdend* (Genes. 172. 2315): mit dem zurücktreten des hirten wurden die formeln seiner arbeitssphäre übertragen auf denjenigen, dessen functionen fortan von gleicher bedeutung für die familie, für den stamm waren.

Im gegensatz zu diesen sprachlichen momenten, welche auf eine periode vor unserer zeitrechnung weisen, wurzeln die beliebten formeln mit *schmid* ganz in verhältnissen wie Tacitus sie bei unsern vorfahren schildert: bei dem Taciteischen volke muste der schmid in seinem stamme eine bedeutende stellung einnehmen, und wir begreifen die figur des mythischen *Wêland* wie den ursprung von ae. compositen wie *hleahtorsmið*, *wrôhtsmið*, *wîgsmið* (= mhd. *kampfes smit* Parziv.) 'kämpfer'; und wie man im ae. von einem *lârsmið* reden konnte, so war mhd. *ein lop smiden*, got. *dauþu smiþôn* erklärlich.

Diese gesichtspunkte liessen sich an dem überlieferten formelmaterial weiter verfolgen und ausführen, und man würde wol noch manche andere verwitterte formen einer urperiode beobachten können, welche auch durch andere combinatorische gründe nötig wird.

Allerdings würden lehnworte in unserm älteren sprachmaterial weit instructiver für die urgeschichte sein können wofern wir das woher? zu bestimmen im stande sind. Bei zwei worten unseres alten sprachguts, bei den worten *hanapi-* 'hanf' und *siluðra-* 'silber', habe ich in der einleitung zu meinem Et. wb. p. XVI die nicht indogerm. bildungsweise betont um die vorgeschichtliche berührung der Germanen mit einem nicht urverwanten volke wahrscheinlich zu machen.

An urgerm. lehnworten — d. h. solchen die in folge der mit durchgemachten periode der urgerm. lautverschiebung scheinbar germ. lautcharakter haben — wird wol niemand zweifeln. Denn wer wollte es für möglich halten, dass in vorgeschichtlicher zeit die Germanen keine bedeutsame cultureinwirkung von aussen her erfahren hätten, die ihnen auch neues sprachgut zugeführt hätte? Aber es fehlt noch an kriterien innerhalb des germ. sicheres lehngut von dem altheimischen loszulösen.

Auf der einen seite ist das princip der entlehnungen überhaupt für die erkenntnis urgermanischer lehnworte beweisend. Wir dürfen gegen worte, die auf künste, fertigkeiten, kunstproducte und werkzeuge gehen, den verdacht der entlehnung hegen und z. b. die innerhalb des germ. und des indogerm. isoliert dastehenden *skôhaz* 'schuh', *skipo* 'schiff' zu den lehnworten zu zählen geneigt sein. Aber über die verdächtigung hinaus gelangen wir nicht.

Daneben aber gibt es sprachliche momente welche die annahme von urgerm. lehnworten dem anhänger der lautgesetze über allen zweifel erheben. Wir treffen innerhalb des germ. gelegentlich zwillingsformen, von denen die eine mit der grundform der andern nahezu identisch ist; d. h. wir haben worte mit und ohne durchgeführte lautverschiebung. Got. *faihô* 'betrug' weist mit seiner sippe (ae. *fâcen* 'betrug', *ficol* 'betrügerisch') Beitr. IX, 181 auf eine vorhistorische wz. *paik,* die ae. *bepǽcan* 'betrügen' deutlich erkennen lässt (vgl. skr. *piçuna* 'verleumderisch, verräterisch'). Es handelt sich also um störungen der lautverschiebung und zwar im wortanlaut; denn die complicierten erscheinungen des inlauts können nach meiner erörterung Beitr. IX, 149 ff. in keiner weise als sicheres beweiskriterium in betracht kommen.

Dieses verhältnis nun von got. *faihô* zu einem **bipaikjan* (= ae. *bepǽcan*) kehrt mehrfach wider. Anord. *baggi* m. 'bündel' repräsentiert die vorstufe zu dem gleichbed. an. *pakki* (me. mndl. *pakke*), ahd. *glocka* (aus **glugga*) die vorstufe zu dem gleichbed. an. *klokka, klukka* (me. mndl. *klokke*). Baier. *dâhen* und *zâchen* 'docht' (cf. Schades Wb. s. *dâht*) weisen auf germ. *þêhan — têkan,* zu dem verbreiteten *þêhta-* 'docht' gehörig; für den ursprung des *â* von ahd. mhd. *dâht* beweist schweiz. *dägel.*

Die existenz solcher doppelformen im germ. wortschatz ist schon gelegentlich beobachtet worden; vor allem hat Hildebrand in Gr. wb. mehrfach solche anomalien in der durchführung der lautverschiebung aufgedeckt, ohne jedoch eine lösung des problems zu sehen. Die annahme irgend welcher entlehnung scheint mir die einzig mögliche lösung. Die doppelformen wie *fáihô : bepǽcan* erregen die vermutung, ein nahe verwantes volk habe den Germanen nach der lautverschiebungszeit das bereits, aber verändert heimische wort von neuem zugeführt; ob dieses postulierte volk selbst germ. ursprungs war oder doch indogerm., mag sich im einzelnen falle vielleicht noch bestimmen lassen; doch reicht die beweiskraft des sprachmaterials nicht zu weit.

Der dargelegte gesichtspunkt ist wol im stande neue ausblicke zu gewähren. So scheint mir die grundform *kaupatá* 'haupt', auf welche ae. *heáfod* — an. *haufuð* weisen, in dem noch unerklärten got. *kaupatjan* 'ans haupt schlagen, ohrfeigen' durchzuschimmern. — Ae. me. *þost*, ahd. *dost* 'mist' weisen auf germ. *þusta-*, dem vorgerm. *tuzda-* zu grunde liegen kann; dies wäre ae. *tord* (das junge nord. *tord* wäre lehnwort?). — Hd. *kapfen* 'schauen' weist auf vorgerm. *gappai-*, wozu vgl. me. mndl. *gapen*, an. *gapa* 'den mund aufsperren'; cf. Dwb. — Auch das verhältnis von sächs. *kot* zu oberd. *hutta*, von ae. *cumb* zu hd. *humpen*, von ahd. *challôn*, ae. *ceallian* zu ahd. *halôn* — *holôn* (gr. *καλεῖν*), von ahd. *knoll* 'scheitel' zu ae. *cnoll* 'gipfel', von me. ndd. *kolk* 'loch' zu ae. *holh* 'loch', von anord. *púta* 'meretrix' zu an. *fuðr* 'vulva' (grdf. *puta*), vielleicht auch das verhältnis von ae. *sôt* 'russ' zu ahd. mhd. *ruoz* (grdf. **zôt*?) liesse sich hier beurteilen. Vgl. noch ae. *crabba* — *hræfn* 'krabbe', an. *kráka* — ae. *hrôk* 'krähe'.

Zu den agerm. lehnworten gehört gewiss auch die reiche sippe des wortes *krug*, für welche wir ausserhalb des germ. keine anknüpfung finden: diese sippe enthält so viele sich berührende grdf., dass wir entlehnungen aus mehreren sich sehr nahe stehenden dialekten annehmen müssen: *ŏ̆* und *ŭ̆* wechselten in der tonsilbe und *kk* — *k* — *ç* (= *s*) — *χχ* (= *hh, g*) wechselten im wurzelauslaut. Vgl.:

grdf. *krokka-* : *krukka-* in an. *krukka, ae. crocca*
grdf. (*krôka-*) : *krûka-* in ae. me. *crûce*, ndl. *kruik*, ndd. *krûke*
grdf. *krôça-* : *krûça-* in mndl. *croes*, me. *crôs* — mhd. *krûse*
grdf. *krŏ̆χχá-* in ae. *crohha*, afries. *krocha* — ae. *crôg*, ahd. *cruog*; ahd. *crŭgula*.

Eine grdf. *k²rŏ̆kká-* (*k²rŏ̆χχa-*) mit geschlossenem *ŏ̆* lässt sich aus allen diesen worten erkennen. Aehnliche lautverhältnisse walten teilweise in der zweifellos entlehnten sippe von got. *pungs*, an. *pûss* (für *punsi-* = *punçi-*?), ae. *poca* — *pohha*. Welche völker für solche entlehnungen in betracht kämen, können wir vielleicht noch aus einzelnen sprachlichen momenten erschliessen. Auf der einen seite redet die merkwürdige übereinstimmung von germ. *paþ* mit zd. *paþ* 'weg'; urverwant sind ae. *fêða*, ahd. *fendeo* 'fussgänger' mit skr. *panth* — *path*, zd. *paþ* 'weg'. Auf der andern seite ist nicht bedeutungslos die übereinstimmung von germ. **olband-* 'kameel' (gebildet wie ahd. *wisunt*, an. *þróndr*, ae. *þrowend*) mit gr. *ἐλεφαντ-*, dessen ε prothetisch; wir haben eine gr.-germ. grdf. *lbhant- : lebhant-*, an der nur das zusammentreffen dieser beiden sprachen zusammen mit der verschiedenen bedeutung auffällt. Dann lassen sich uralte berührungen mit dem lat. nicht läugnen, die in keinem zusammenhange mit den grossen lat. lehnwörterschichten seit dem beginn unserer zeitrechnung stehen. Westgerm. *pôl* 'sumpf' neben lat. *pălûd-* (Beitr. VIII, 572) ziehe ich hierher.

Aus dem nebeneinander von mhd. *korp* und *krëbe* folgert Hildebrand mit recht, dass lat. *corbis* nicht die quelle von hd. *korb* sein kann; und doch zeigt das fehlen der lautverschiebung, dass die deutschen worte entlehnt sind. — Entlehnung des westgerm. *kalwa-* 'kahl' aus lat. *calvus* ist gewiss unannehmbar, und doch besteht unläugbarer zusammenhang. — Hd. *kurz* lässt sich gleichfalls nicht aus dem lat. *curtus* ableiten, ebenso wenig germ. *katilaz* aus lat. *catinus* 'kessel'. Den mutmasslichen näheren zusammenhang, der diese widerstreitenden elemente mit einander verbindet, vermittle ich durch die annahme, dass die germ. elemente vor unserer zeitrechnung aus einem verwanten und local nahen sprachgebiete eingeführt sind. Teilweise also finden berührungen mit dem lat. statt, die nicht in historischer zeit begreiflich sind. Anderseits mag ein germ. dialekt, der mit der durchführung der lautverschiebung im rückstande war, die den grundformen zunächst stehenden worte neu eingeführt haben.

Die annahme, dass vielleicht ein germ. stamm länger als die meisten die ältere lautstufe bewahrt haben kann, findet vielleicht eine stütze an den germ. lehnworten im finn. Doch scheint es Thomsen p. 65 gewagt, formen wie *kansa* 'volk' (got. *hansa*), *kana* 'huhn' (got. *hana*), *kalta* 'schräg' (got. *halþs*), *karvas* 'bitter' (germ. *harwa-*) 'für älter als die lautverschiebung zu halten'.

12. Etymologien.

1. Germ. *hraðjan* (ae. *hreddan*, ahd. mhd. *retten*) 'entreissen, erretten, befreien' deckt sich genau mit der skr. wz. *çrath* 'lockern, lösen, freimachen', das einen präsensstamm *çratháy-â-mi* bildet; beider grundform ist demnach *krathéy*.

2. Ein weiteres beispiel für die vertretung der tenues aspiratae im germ. sehe ich in der gleichung ae. *and* 'und' = altind. *átha* 'und, auch, ferner, sodann', grdf. *nthá*; doch besteht im skr. die gleichbedeutende nebenform *ádha* (aus *ndha*?). Ich glaube dass durch diese beiden skr. worte die westgerm. worte für *und* in den richtigen vorhistorischen zusammenhang kommen (skr. *áti* hat im veda keine gleiche bedeutung). Während ae. *and* auf *ande* oder *ando* (eigtl. *anþé* — *anþó*?) mit *an* als vertreter von langer nasalis sonans beruht, zeigt ahd. *unti* die vertretung der kurzen (*inti* bes. bei Otfr. und Tat. könnte ablautsform dazu sein); das auslautende *i* wird durch das ae. als secundärer zusatz erwiesen, vielleicht als neues copulativelement wahrscheinlich, vgl. *jah* aus *ja* und *h* = lat. *que*.

3. Ae. *hreác* m. (*corn-hrycce* f.) 'kornhaufen' — an. *hraukr* beruhen auf einem vorgerm. *krougo-*, neben welchem eine wurzelform *kruk* nach den Beitr. IX beigebrachten theorien denkbar ist. Diese wurzelform liegt innerhalb des germ. vor in an. *hrúga* f. 'haufe' (*hrúga* 'häufen'), ausserhalb des german. in altir. *crúach* 'a rick', dem nach Thurneysen eine grundform *krouka* gebührt.

4. Zusammenhang von got. *sunjis* 'wahr' mit der idg. wz. *es* 'sein', skr. *satya* 'wahr' ist schon vermutet, aber nicht begründet. *sunja-* vertritt im got. das ae. as. *sôð* = ahd. *sand*, an. *sannr* 'wahr', wodurch zusammenhang derselben vom germ. standpunkt aus sicher ist. Das nebeneinander von skr. *sát* und *satyá* führt auf die vermutung, got. *sunja-* stehe für ursprgl. **sundjá-* = *sntyó* (*satyá* skr. = zend. *haiþya*, apers. *hašiya* 'warhaftig'). Gleichen schwund eines inneren *d* in der verbindung *-ndj-* zeigt nach Angl. IV, 105 ae. *synn* gegen ahd. *sunta*, d. h. *sundî* gen. *sunjôs* war die germ. flexion (an. *synð* aus *suniþjô-*?); vgl. auch ae. *bend-benn* aus germ. *bandî* g. *bandjôs*. — Auch got. *bisunjanê* 'ringsumher' gehört hierher; gebildet wie *nêhvundja* 'nachbar', setzt es eine weiterbildung *snt-jón-* des partic. voraus; *bhi-sntjón-* 'umwohner' (cf. got. *bisitands*) führte zu *bi-sundja* < *bisunja*; also *þôs bisunjanê haimôs* eigentlich 'die dörfer der umwohner'. Offenbar ist *bisunjanê* eine isolierte form, während got. *nêhvundja* seinen participialen charakter strenger wahrte.

5. Aisl. *makki* = dän. *manke* 'hals des pferdes' weist

nach Thurneysen mit air. *mong* 'haar, mähne' auf ein idg. *manga-*.

6. Ahd. *gidëht* 'fromm, devotus' zu lit. *tikiu tiketi* 'glauben' Fick II, 571.

7. An. *loptr* 'obere stockwerk, balkon' zu lit. *luba* 'zimmerdecke', russ. *paluba* 'schiffsdeck' bei Fick II, 657; vgl. an. *lypting* 'ein turm auf dem hinterdeck eines schiffes'.

8. Ae. *weorð, worð* m. 'platea, atrium' (wozu *weorþig* 'fundus, praedium') zu lit. *vartai* 'hoftor' Fick II, 661.

JENA, d. 10. nov. 1884. F. KLUGE.

NOCH EINMAL Þ UND Ð IM ALTISLÄNDISCHEN.

In seinen 'Oldnordiske consonantstudier' (Ark. f. nord. fil. II, s. 37) war Hoffory für den alleinigen gebrauch des þ in normalisierten altisländischen texten eingetreten. Diese ansicht scheint durchaus keinen anklang zu finden, denn sowol Brenner (Literaturbl. 1883 sp. 376) spricht sich dagegen aus, in dem er die existierenden buchstaben þ und ð für ein gutes mittel hält die tonlose und tönende spirans zu scheiden, als auch Gering (Zachers Ztschr. XVI. s. 379), indem er es für durchaus unbedenklich hält bei dem bisherigen verfahren (d. h. þ im anlaut, ð im in- und auslaut) zu bleiben. Aehnlich wie Brenner spricht sich auch die jüngste altisländische grammatik, die von Noreen, aus. So stand ich denn mit meiner verteidigung von Hofforys ansicht (Anz. f. deutsch. alt. X, s. 63), der ich schon früher widerholt das wort gesprochen, ganz isoliert da; ich würde auch im hinblick auf die lage der dinge kein wort weiter darüber verlieren, wenn nicht eine in nächster zeit erscheinende serie altisländischer textausgaben mich nötigte, in dieser frage energischer stellung zu nehmen als bisher.

Es galt in den normalisierten texten von Rasks bis Wimmers zeit herab die regel: þ steht im anlaut, ð im in- und auslaut, und die grammatiken lehrten: þ ist tonlose, ð tönende spirans.

Da wies zuerst Hoffory darauf hin (Nord. tidskr. for phil., ny række III, 293; vgl. auch Ztschr. für deutsch. alt. XX, 374 ff.) dass der grammatische satz falsch sei, dass ð im inlaut sowol tönende als auch tonlose spirans sein kann, dass þ auf der anderen seite bei mehreren pronominibus tönende spirans ist. Diese entdeckung hat denn auch allgemeinen anklang gefunden und so unterscheiden die neusten altisländischen grammatiken (Brenner, Altnord. handbuch p. 35, Noreen, altisländ. und altnorw.

grammat. § 35 u. 44) mit vollem rechte tonloses þ im an- und inlaut vom tönenden ð in in- und anlaut. Nun findet sich aber diese phonetische regel auch nicht in einer altnord. handschrift; es fragt sich, wie soll sich in folge dessen ein normalisierter text dieser auf wissenschaftlichem wege gefundenen regel gegenüber verhalten? Brenner meint, man solle dieselbe auch hier hineintragen, Noreen, wie aus seiner grammatik geschlossen werden muss, stimmt ihm bei. Bei dieser sachlage wirft sich uns unwillkürlich die frage auf: wovon sollen die texte ein bild geben, von der sprache, wie sie geschrieben wurde oder von der, wie sie gesprochen wurde? Ich meine, dass die widergabe einer toten sprache nach phonetischen principien auf durchaus unsicherem boden beruht, weil die schlüsse, welche wir teils aus der lebenden sprache, teils aus der vergleichung mit anderen verwanten sprachen ziehen, das richtige wol treffen können, aber nicht müssen. Und weiter würde ein solch wissenschaftlich reconstruierter text den zeitgenossen, wenn sie ihn sehen würden, ein curiosum sein.

Blicken wir nur auf unsere muttersprache: wieviel laute werden in derselben anders ausgesprochen als sie geschrieben werden. Was würden wir nun sagen, wollte man unsere schriftsprache plötzlich phonetisch ummodeln, nachdem man auf wissenschaftlichem wege den lautlichen wert des einzelnen buchstaben erkannt hat? Auf den verschiedenen wert der buchstaben aufmerksam zu machen, das ist die sache der grammatik, allein die regeln in einem texte stricte durchzuführen sind wir nicht berechtigt, wenn die hss. selbst dagegen streiten. Nach letzteren dürfen wir uns bei normalisierten ausgaben allein richten. Nun haben aber bekanntlich die ältesten altisländischen hss. (um 1200) ausschliesslich þ, sowol im anwie im inlaut, während die jüngeren (nach 1300) nur einen graphischen unterschied, aber durchaus keinen phonetischen zwischen þ und ð aufweisen, indem sie anlautend stets þ, inlautend nur ð gebrauchen. Die codd., welche im 13. jahrh. geschrieben sind, gebrauchen þ und ð ganz promiscue, auch nicht in einem findet sich eine spur, welche auf eine phonetische differenzierung von þ und ð hinwiese. Und dass Snorri, der urheber jener graphischen bestimmung (Anz. f. deutsches altert. X, s. 67) auch nur eine graphische variante hat schaffen wollen, zeigt seine orthographische abhandlung (SnE. II, 366—67). Wollen wir demnach mit den altisländischen hss. nicht in widerspruch geraten, so müssen wir in normalisierten texten entweder das graphische gesetz der jüngeren codd. anwenden, oder mit den ältesten hss. ausschliesslich þ gebrauchen, ein drittes giebt es nicht. Von jenen beiden möglichkeiten ist aber m. e. nur die letztere ratsam, weil: 1. ð überhaupt kein nordisches zeichen ist, sondern erst aus dem agls. importiert wurde; 2. die regel, dass þ tonlose ð tönende spirans sei, aus denkfaulen köpfen nie schwinden wird, so lange man den graphischen bestimmungen der jüngeren hss. folgt. 3. weil in den hss., welche aus der blüteperiode der isländischen literatur stammen, immer noch þ, wenn auch nicht ausschliesslich so doch bei weitem überwiegend herrscht, und ð auch nicht in éiner hs. der repraesentant der tönenden spirans ist. Und haben wir für beide laute sowol in der labial- als auch in der gutturalreihe nur ein zeichen, so können wir uns doch auch in der dentalreihe damit begnügen.[1])

---

[1]) Auch Sievers (Beitr. V, 520[1]) ist gegen das zwiefache zeichen. Noreen ist ebenfalls, wie er mir brieflich mitteilt, für durchführung des þ, wenn zu gleicher zeit andere graphische eigentümlichkeiten der codd. gewahrt werden.

LEIPZIG, sept. 1884. E. MOGK.

GERMANISCH *ALUÞ*.

Ein weiteres beispiel für die geschicklichkeit mit welcher herr J. Platt es verstanden hat, sich fremdes gut anzueignen, liefert sein artikel über germ. *alut* in diesen Beiträgen IX, 368 f. Unter dem 13. nov. 1882 schrieb mir herr Platt unter andern nachträgen zu meiner ags. grammatik: '*ealu* is only used in nom. and acc. I have never seen gen. or dat. *Aloþ* supplies these two cases.' Darauf teilte ich ihm die erklärung dieser tatsache mit, welche er a. a. o. als die seinige hat abdrucken lassen, indem ich zugleich noch auf altn. *ǫlðr* und finnisch *olut* bei Thomsen s. 102 verwies. Hierauf erfolgte unter dem 20. nov. die antwort: '*Ealu.* I am sure the *t*-stem is the explanation of this. In fact I ought to have been fuller in my first letter, but had written about the word with full references in my paper, which will appear in the next Englische Studien' etc. Ich habe schon früher, als ich meine erklärung gegen Platt, Anglia VII, 222, schrieb, über den vorliegenden casus meine bedenken gehabt, da die erste mitteilung nicht auf kenntnis der betreffenden erklärung schliessen liess, auch der betreffende aufsatz keineswegs im nächsten heft der Englischen studien, sondern in den Beiträgen erschien, mithin damals jedenfalls noch nicht an den herausgeber der einen oder der andern zeitschrift abgesant war. Für die richtigkeit meines verdachtes habe ich jetzt volle bestätigung durch Sweet erhalten, welcher mir erzählt, dass ihm herr Platt seinerzeit aus meinem briefe jene erklärung als eine ihm neue, aber ihn überzeugende mitgeteilt hat.

TÜBINGEN, juli 1884. E. SIEVERS.

ZU THOMAS BIRCK.

1. Nachtrag.

Bei der zusammenstellung der notizen über Thomas Birck oben s. 199 ff. habe ich übersehen, dass der Hexenspiegel als anonymes stück bereits von Goedeke I, 323 angeführt und in den nachträgen s. 1164 vermutungsweise dem Thomas Birck zugeschrieben wird. An der letzteren stelle ist auch zu ersehen, dass die öffentliche bibliothek zu Stuttgart doch ein exemplar der erwähnten neun druckbogen besitzt (= 72 seiten in quart). Der verfasser, der es sonst so liebt, mit seiner person hervorzutreten, hat diesmal seinen namen auf dem titel nicht genannt, und auf diese möglichkeit war ich leider nicht gleich verfallen, als ich seinerzeit nach Birckianis suchte.

TÜBINGEN, 11. okt. 1884. E. SIEVERS.

2. Notiz.

Die von E. Sievers (oben s. 203) nur nach dem citat in G. Draudius, Bibliotheca libr. germ. class., gegebene predigt Thomas Bircks hat folgenden titel: 'Predig von der Schreibfeder. | Bey eines Namhafften | Scribenten, Hochzeitlichem Ehren- | tag, auß dem fünfften Capitel des Buchs der | Richter, ... gehalten ... Gedruckt zu Straßburg, bey Jost Martin am | Kornmarck. Anno M.D.XCIIII. (Am schluss der vorrede:) M. Thomas Birck, Pfarrer zu Vndertürckheim in Würtenberg.' 4°. Titelbl. u. 38 s. Darin ein lied: NVn merckt auff jhr Herren all. 16 str. Exemplar in v. Maltzahn, Deutscher bücherschatz s. 169 nr. 1037 (wahrscheinlich jetzt in besitz des Britischen museums in London).

GEESTEMÜNDE, 31. dez. 1884. H. HOLSTEIN.

Bahder, K. von, Die Verbalabstracta in den germanischen Sprachen ihrer Bildung nach dargestellt. Gekrönte Preisschrift. 1880. 8. ℳ 5.

— Ueber ein Vokalisches Problem des Mitteldeutschen. 1880. 8. ℳ 1,00.

Bradke, P. v., Dyâus Asura, Ahura Mazdâ und die Asuras. Studien u. Versuche auf d. Gebiete alt-indogerman. Religionsgeschichte. 1885. 8. ℳ 3,60.

Becker, Reinh., Der altheimische Minnesang. 1882. 8. ℳ 6.

Beiträge zur Geschichte der deutschen Sprache und Literatur herausgegeben von H. Paul und W. Braune. Bd. 1—10. 1874—84. 8. pro Bd. ℳ 15,00.

Brandes, H., Visio S. Pauli. Ein Beitrag zur Visionslitteratur mit einem deutschen und zwei lateinischen Texten. 1885. 8. ℳ 2,40.

Braune, W., Althochdeutsches lesebuch, zusammengestellt und mit glossar versehen. 2. Aufl. 1881. gr. 8. geh. ℳ 3. geb. ℳ 3,60.

Braunholtz, E., Die erste nichtchristliche Parabel des Barlaam und Josaphat, ihre Herkunft und Verbreitung. 1884. 8. ℳ 3,00.

Busch, H., Die ursprünglichen Lieder vom Ende der Nibelungen. Ein Beitrag zur Nibelungenfrage. 1882. gr. 8. ℳ 1,80.

Creizenach, Wilh., Zur Entstehungsgeschichte des neueren deutschen Lustspiels. 1879. 8 ℳ 1.

— Versuch einer Geschichte des Volksschauspiels vom Doctor Faust. 1878. 8. ℳ 4,50.

Die deutschen Dichtungen von Salomon und Markolf. Herausgegeben von Friedr. Vogt. Bd. I. **Salman und Morolf.** 1880. gr. 8. ℳ .10.

Hartmann von Aue, Gregorius, herausgeg. von H. Paul. 1873. 8. (Mit einem nachtrag, enthaltend die ergänzungen und verbesserungen aus der Berner handschrift. 1876.) ℳ 4.

Hausen, Friedr., Die Kampfschilderungen bei Hartmann von Aue und Wirnt von Gravenberg. 1885. 8. ℳ 2,40.

Heinemann, K., Das Hrabanische Glossar. 1881. 8. ℳ 2,40.

Kögel, Rud., Ueber das Keronische Glossar. Studien zur althochdeutschen Grammatik. 1879. 8. ℳ 4.

Loebe, M., Altdeutsche Sinnsprüche in Reimen. 1883. 16. brosch. ℳ 1,50
geb. ℳ 2,25

Langguth, A., Untersuchungen über die Gedichte der Ava. 1880. 8. ℳ 4

Meyer, Richard M., Die Reihenfolge der Lieder Neidharts von Reuenthal. 1883. 8. ℳ 2,50.

Müller, W., Ueber die mitteldeutsche poetische Paraphrase des Buches Hiob. Ein Beitrag zur Geschichte der Sprache und Literatur des Deutschordenlandes. 1882. 8. ℳ 1,50.

Müller-Fraureuth, Carl, Die deutschen Lügendichtungen bis auf Münchhausen dargestellt. 1881. 8. ℳ 3,00.

Neudrucke deutscher Litteraturwerke des XVI. und XVII. Jahrhunderts (herausgegeben von Prof. Dr. W. Braune in Giessen). No. 1—54. à 60 Pf.

1. Martin Opitz, Buch von der deutschen Poeterei. (1624.)
2. Johann Fischart, Aller Praktik Grossmutter. (1572.)
3. Andreas Gryphius, Horribilicribrifax. Scherzspiel. (1663.)
4. M. Luther, An den christlichen Adel deutscher Nation. (1520.)
5. Johann Fischart, Der Flöhhaz. (1573.)
6. Andreas Gryphius, Peter Squenz. Schimpfspiel. (1663.)

7. u. 8. Das Volksbuch vom Doctor Faust. (1587.)

9. J. B. Schupp, Der Freund in der Not. (1657.)

10. u. 11. Lazarus Sandrub, Delitiæ historicæ et poeticæ. (1618.)

12—14. Christian Weise, Die drei ärgsten Erznarren. (1673.)

15. J. W. Zinkgref, Auserlesene Gedichte deutscher Poeten. (1624.)

16. u. 17. Joh. Lauremberg, Niederdeutsche Scherzgedichte. 1652. Mit Einleitung, Anmerkungen und Glossar von W. Braune.

18. M. Luther, Sendbrief an Leo X. Von der Freiheit eines Christenmenschen. Warum des Papsts Bücher verbrannt seien. Drei Reformationsschriften aus dem Jahre 1520.

19—25. H. J. Chr. v. Grimmelshausen, Der abenteuerliche Simplicissimus. Abdr. d. ältesten Originalausgabe (1669.)

26. u. 27. Hans Sachs, Sämmtliche Fastnachtspiele in chronolog. Ordnung n. d. Originalen hersg. von Edmund Goetze. 1. Bändchen.
28. M. Luther, Wider Hans Worst. (1541.)
29. Hans Sachs, Der hürnen Seufrid, Tragoedie in 7 Acten.
30. Burk. Waldis, Der verlorne Sohn, ein Fastnachtspiel. (1527.)
31 u. 32. Hans Sachs, Fastnachtspiele herausg. von E. Goetze. 2.
33. Barth. Krüger, Hans Clawerts Werckliche Historien. (1587.)
34. u. 35. Caspar Scheidt, Friedrich Dedekinds Grobianus. (1551.)
36. Hayneccius, Hans Pfriem Meister Kecks. Komödie. (1582.)
37 u. 38. Andreas Gryphius, Sonn- und Feiertags-Sonette. Abdruck (1639 und 1663) herausg. von Dr. Heinrich Welti.
39 u. 40. Hans Sachs, Fastnachtspiele herausg. von E. Goetze. 3.
41. Das Endinger Judenspiel. Herausg. von K. von Amira.
42 u. 43. Hans Sachs, Fastnachtspiele herausg. von E. Goetze. 4.
44—47. Die Gedichte des Königsberger Dichterkreises aus Alberts Arien und musikalischer Kürbshütte (1638—1650) herausgeg. von L. H. Fischer.
48. Heinrich Albert. Musikbeilagen zu den Gedichten des Königsberger Dichterkreises, hg. von Rob. Eitner.
49. Burk. Waldis' Streitgedichte gegen Herzog Heinrich den Jüngern von Braunschweig. Herausgegeben von Friedrich Koldewey.
50. Martin Luther, Von der Winkelmesse u. Pfaffenweihe. (1533.)
51. u. 52. Hans Sachs, Fastnachtspiele herausg. von Ed. Goetze. 5.
53. u. 54. M. Rinckhart, Der Eislebische christliche Ritter. (1613.)

Paul, H., Gab es eine mittelhochdeutsche Schriftsprache? Zweiter unveränderter Abdruck. 1873. 8. ℳ 1.

— Zur Nibelungenfrage. 1877. 8. ℳ 3.
(Sonder-Abdruck aus Paul und Braune, Beiträge Bd. 3.)

— Untersuchungen über den germanischen Vokalismus. 1879. 8. ℳ 10.
(Sonder-Abdruck aus Paul und Braune, Beiträge Bd. 4 u. 6.)

Philipp, B., Zum Rosengarten. Vier kleine Aufsätze mit einem Textabdruck nach dem Berliner Ms. Germ. Quart 744 und dem Münchener Cod. Germ. 429. 8. 1879. ℳ 3,60.

Reinsch, R., Die Pseudo-Evangelien von Jesu und Maria's Kindheit in der romanischen und germanischen Literatur. Mit Mittheilungen aus Pariser und Londoner Handschriften versehen. 1879. 8. ℳ 3,60.

Sammlung kurzer Grammatiken germanischer Dialecte. Herausgegeben von Wilhelm Braune.

Bd. I. **Gotische Grammatik** mit einigen Lesestücken und Wortverzeichnis von W. Braune. 2. Aufl. 1882. 8. ℳ 2,40.
Bd. II. **Mittelhochdeutsche Grammatik** v. H. Paul. 2. Aufl. 1884. 8. ℳ 2,60.
Bd. III. **Angelsächsische Grammatik** von E. Sievers. 1882. 8. ℳ 2,80.
Bd. IV. Altnordische Grammatik 1. **Altisländische und altnorwegische Grammatik** unter Berücksichtigung des Urnordischen von Adolf Noreen. 1884. 8. ℳ 3,80.

Sievers, E., Der Heliand und die angelsächsische Genesis. 1875. 8. ℳ 1,50.

— Zur Accent- und Lautlehre der german. Sprachen. 1878. 8. ℳ 3.
(Sonder-Abdruck aus Paul u. Braune, Beiträge Bd. 4. 5.)

Sommer, W., Die Metrik des Hans Sachs. Gekrönte Preisschrift. 1882. gr. 8. ℳ 3.

Textbibliothek, altdeutsche, herausgegeben von H. Paul. kl. 8.

No. 1. Die Gedichte Walthers von der Vogelweide herausgegeben von H. Paul. 1882. ℳ 1,80.
„ 2. Gregorius von Hartmann von Aue herausgegeben von H. Paul. 1882. ℳ 1.
„ 3. Der arme Heinrich von Hartmann von Aue herausgegeben von H. Paul. 1882. ℳ 0,40.
„ 4. Heliand. Herausgegeben von O. Behaghel. 1882. ℳ 2,40.
„ 5. Kudrun. Herausgegeben von B. Symons. 1883. ℳ 2,80.
„ 6. König Rother. Herausgeg. von K. v. Bahder. 1884. ℳ 1,50.

Veghe, Johannes. Ein deutscher Prediger des XV. Jahrhunderts zum ersten Male herausgegeben von Fr. Jostes. 1883. gr. 8. ℳ 12.

Vogt, Fr., Leben und Dichten der deutschen Spielleute im Mittelalter. Vortrag. 1875. 8. ℳ 0,80.

Wendeler, Dr. C., Fischartstudien des Freiherrn Karl Hartwig Gregor von Meusebach mit einer Skizze seiner literar. Bestrebungen. 1879. 8. ℳ 8.

BEITRÄGE ZUR GESCHICHTE

DER

DEUTSCHEN SPRACHE UND LITERATUR

HERAUSGEGEBEN

VON

HERMANN PAUL UND WILHELM BRAUNE.

X. BAND. 3. HEFT.

HALLE A/S.

MAX NIEMEYER.

1885.

INHALT.

Zur beachtung: Alle auf die redaction der 'Beiträge' bezüglichen zusendungen bittet man zu richten an Professor Dr. W. **Braune** in **Giessen.**

ZUR RHYTHMIK DES GERMANISCHEN ALLITERATIONSVERSES.

II.

ZWEITER ABSCHNITT.

SPRACHLICHE ERGEBNISSE.

I. Einleitende vorbemerkungen.

Es bedarf nur einer flüchtigen durchsicht, um zu erkennen, dass auch die übrigen angelsächsischen dichtungen, mit ausnahme etwa des gedichtes auf den tod Aelfreds und der poetischen homilien Aelfrics, das fünftypensystem des Beowulf einhalten. Selbst so späte producte wie die Psalmenübersetzung, das Menologium, die pseudoälfredischen Metra, denen sonst der sinn für die poetische form, namentlich für richtige setzung der alliteration, bereits in hohem masse abgeht, sind in dieser beziehung noch durchaus correct. Im einzelnen werden sich freilich viele verschiedenheiten in der technik nachweisen lassen, indem der eine verfasser diesen oder jenen typus mehr bevorzugt als der andere, oder gewisse licenzen sich häufiger oder seltener erlaubt (auf die auftaktsetzung und die anwendung von nebenaccenten in den senkungen ist dabei besonders das augenmerk zu richten). Hier bleibt noch viel raum für specialuntersuchungen übrig, die ich im augenblick nicht vornehmen kann. Es wird dabei auch eine hauptaufgabe sein, festzustellen, wie weit sich aus dem metrum feste regeln für die bestimmung der ursprünglichen sprachgestalt der einzelnen dichtungen ableiten lassen. Die überlieferung ist hierbei in sehr vielen punkten durchaus nicht massgebend, auch abgesehen von der reinen dialektfrage. Insbesondere kommen hier die synkopierungen von mittelvocalen in betracht. Die überlieferung zeigt überall — dem späten ursprung unserer handschriften gemäss — grosses schwanken, während das metrum lehrt, dass die dichter selbst, wenigstens die der älteren zeit, sich überall da wo das metrum ein sicheres urteil erlaubt, der consequenz beflissen die ein einheitlicher dialekt verlangt. Es ist nur natürlich, anzunehmen, dass dieselbe consequenz auch da geherscht habe, wo das metrum selbst keine entscheidung gibt, speciell also bei synkopierungen nach kurzen vocalen. Ich bin auf diesen punkt bei der besprechung des Beowulf einstweilen nicht eingegangen, um mich nicht beim ersten ansatz zu weit von der überlieferung zu entfernen, sondern habe formen wie *wætere* und *wætre*, *ofestum* und *ofstum* als ⏑́×× und ⏑́× registriert, obwol als sicher angenommen werden darf, dass der dichter sich nur je einer form bedient habe. Durch dieses verfahren werden natürlich die zahlen für auflösung und nichtauflösung hie und da ein wenig verschoben, und es wäre zu wünschen, dass bei weiteren untersuchungen neben der verzeichnung des überlieferten auch die zahlen für die consequente durchführung der einen oder andern form ermittelt würden, weil sich dann vielleicht auch ein metrischer anhalt finden würde, um zu bestimmen, welche von den möglichen doppelformen ein dichter angewant hat. Bis dahin wird man sich an die schreibweise der ältesten prosahandschriften halten müssen.

Was sich mir an sprachlichen resultaten aus dem metrum selbst bisher mit einiger sicherheit ergeben hat, soll im folgenden übersichtlich zusammengestellt werden. Dabei wird es nützlich sein, nochmals in kürze hervorzuheben, welche stellen in den einzelnen typen einen sicheren schluss auf quantität oder silbenzahl gestatten.

I. Typus A, normalform –́× | –́×.

1. Die erste hebung muss bei einsilbiger mittelsenkung stets lang sein. Ausnahmen von dieser regel sind nirgends zuzulassen. Nur falsch abgeteilt sind

Denum wǽron — Eadm. 8 fæder enȝla — Metr. 20, 263,

wo das versende vielmehr erst nach *ǽror* resp. *tôdrîf* anzusetzen ist, welche worte den folgenden halbvers überladen.

sceaðan hwearfdon — Sat. 72

gibt sich durch die incorrecte form *hwearfdon* von selbst als fehlerhaft überliefert zu erkennen; es ist *hwearfedon* zu lesen, wodurch der vers zu D tritt.

wiðorsæce — Guthl. 271

steht nicht in der hs.; die überlieferte lesart *wîdor sæce* ist mit recht von Grein, Germ. X, 423 wider aufgenommen worden.

sprecan sîne — Gen. 2667

ist verdächtig; *spreca* ist ἅπ. λεγ. und es ist nicht glaublich, dass dies die erforderliche bedeutung 'ratgeber' haben könne; wahrscheinlich ist mit Fäd. 25 *ȝesprecan* zu lesen (typus C).

oferþearfum — Crist 153

ist ebenfalls ἅπ. λεγ. in der von Grein angenommenen bedeutung '*oferþearfa* nimia calamitate oppressus'; es ist wol zu lesen *is seó bôt ȝelonȝ* ‖ *eal æt þê ânum* | *for oferþearfum,* wie *for oferþearfe* El. 521.

wiðerbreca — Gen. 2288

ist doppelt anstössig, weil beide hebungen als kürzen erscheinen. Ich ergänze *ond* und ziehe also den vers zu C. Einiges andere ist unten unter 'quantität' corrigiert.

2. Bei zwei- oder mehrsilbiger mittelsenkung ist die hebungssilbe des ersten fusses kurz, wenn sie einem mindestens dreisilbigen worte angehört, dessen zweite silbe (positione) lang ist; also *ofestum miclum,* nicht *ôfestum.* Bei langer erster silbe würde nämlich die lange zweite silbe einen natürlichen nebenton haben, demnach das wort –́–̀× nur den ersten fuss im typus E –́–̀× | –́, aber nicht den ersten fuss von A mit zweisilbigem schlussfuss bilden können. Sehr vereinzelte ausnahmen begegnen im ersten halbverse bei gebrauch des erweiterten typus E –́–̀× | –́×.

Sonst gewährt der erste fuss bei mehrsilbiger senkung keine entscheidung über die quantität der hebung, da sowol ⏑́××... | als –́××... | möglich ist.

3. Zweisilbiger zweiter fuss beweist im allgemeinen für länge der hebung, wenn nicht die vorhergehende senkung durch ein stark nebentoniges wort gebildet wird. Diese regel ist indes, wie beim Beowulf, so auch in

den übrigen dichtungen nicht ausnahmslos. An sicheren fällen habe ich notiert[1]):

folc ȝeludon — Gen. 1553ᵃ
cildisc wesan — Gen. 2318
tempel ȝode — Ex. 391
deáðes scuwan — Sat. 455
sumum on wlite — Cräft. 107ᵃ
ȝrundas pæðeð — Schöpf. 71
feallan sceolon — Byrhtn. 54
scyppend wera — Andr. 788ᵃ
sceppend hire — Metr. 20, 216ᵃ
scriðe ond færeld — Metr. 28, 11
ððer lifað — Sal. 367
men ȝemunan — Räts. 18, 11ᵃ
bindeð cwice — Räts. 39, 7
eám ond nefa — Räts. 47, 6ᵃ
strong on stæpe — Räts. 88, 6ᵃ

und bei alliteration im zweiten fuss:

hæfde him âlesen — Ex. 183ᵃ
siððan hie onbuȝon — Ex. 498ᵃ
þone þâ hæleð — Dan. 684ᵃ
forþǽm on þǽre dene — Metr. 7, 37ᵃ
oððe þis waroð — Räts. 41, 49ᵃ
mec on þissum daȝum — Räts. 10, 1.

Die übrigen stellen, in denen bei Grein solche verse erscheinen, sind sehr zweifelhaft. *Bearn ætniman* Ex. 414 ist richtiger als *beárn ǽt niman* nach D zu lesen; statt *eorðan dæles* Sat. 16 lies mit Thorpe *dǽlas*, statt *scîr of sceape* Metr. 8, 21ᵃ ist das handschriftliche *steápe* beizubehalten; *rîces boran* Sat. 500ᵃ ist verdächtig, weil sonst nirgends ein simplex *bora* vorkommt; bei der lückenhaften überlieferung der hs. wird es nicht zu kühn sein, *rǽdboran* dafür zu setzen (erweiterter typus D); *aldorleȝe* Dan. 139ᵃ endlich ist falsch abgeteilt, *mîne* ist aus v. 138 herüberzunehmen; dadurch wird allerdings v. 138ᵇ zu kurz, aber in der gestalt wie er bei Grein steht, *þæt ȝê cûðon mîne* ist er zu lang (typus A mit zweisilbigem auftakt); es ist also hinter *cûðon* offenbar eine silbe ausgefallen. Alle sonstigen fälle verlangen aus dem einen oder anderen grunde quantitätsberichtigungen, und werden demnach unten unter III ihre besprechung finden.

4. Dreisilbiger zweiter fuss in zweiter halbzeile oder in erster halbzeile bei einfacher alliteration bedingt kürze der hebung, wie *ellen* | *fremedon,* oder ist, bei sicherer länge, im zweiten halbverse durch ausstossung einer silbe auf zwei silben zu reducieren. Störungen der regel beschränken sich in der überlieferung fast ausschliesslich auf die

[1]) Die Hymnen und Psalmen sind hier wie bei den folgenden untersuchungen im allgemeinen nicht mit berücksichtigt worden.

einsetzung dreisilbiger flexionsformen an stelle von solchen die nach den älteren synkopierungsgesetzen zweisilbig waren (wie etwa *hâlige* für *hâlge*).

In der ersten halbzeile können bei doppelter alliteration verse der gestalt ⏒× | ⏒×× unbedenklich zugelassen werden (wo nicht grammatische gründe die verkürzung fordern), weil hier der erweiterte typus D gilt, unter den jene verse zu stellen sind.

II. Typus B, normalform ×⏒ | ×⏒

5. Bei einsilbiger mittlerer senkung ist die erste hebung notwendig lang; also z. b. *hine twêgen ymb*, nicht *hine twegen ymb.*

Dies kriterium lässt im stich, wo der vers auf ⏑́× ausgeht, z. b. in *his twegen suna, on woruld cumað;* ein solcher vers kann nämlich entweder zum typus B gehören (wie der erste der beiden vorliegenden, da die quantität des *e* von *twêgen* feststeht), oder zum verkürzten typus C ×⏒ | ⏑́× mit auflösung der ersten hebung, wie der zweite der citierten verse (doch s. unten 8).

6. Auf den eingang (×)×⏒×(×) kann als hebung nur ⏒ oder dessen auflösung ⏑́× folgen; also *þonne smolte blǽwð*, aber nicht *blâweð*; oder *nû gê findan magon*, aber nicht *mâgon*, wie Grein schreibt. Ausnahmen hiervon zu gunsten eines ausgangs ⏒× sind sehr selten. Sie beschränken sich auf die wenigen fälle wo A mit auftakt anzunehmen ist, der übrigens seinerseits kaum je das mass einer silbe übersteigt.

III. Typus C, normalformen ×⏒ | ⏒× und ×⏒ | ⏑́×.

7. Steht die erste hebung an drittletzter stelle des zweiten halbverses, so ist sie lang, also z. b. *ǽr ic þrô'wode,* nicht *þrowode.* Für den ersten halbvers gilt diese regel nicht, weil sich dort die lagerung des ersten ictus nicht immer ohne weiteres bestimmen lässt. Ein vers wie *ǽr ic þrôwode* mit sicherer länge des *ô* muss natürlich auch dort nach C gemessen werden, aber auch verse wie *ǽr ic þŏlode* sind dort correct; wir haben dann den typus A 3, d. h. A mit alliteration im zweiten fusse und auflösung der zweiten hebung: *ǽ'r ic* | *þólode* | .

8. Da der ausgang ⏑́×⏑́× nicht beliebt ist, so ist in versen von der form ××́××́× im allgemeinen nur die folge ×–́×⏑́× oder die folge ×⏑́×–́× als wahrscheinlich anzunehmen, also z. b. *his twêȝen suna* oder *on fæder bearme.* Die erste form gehört zu typus B (oben no. 5), die zweite zum vollen typus C. Untrüglich ist jedoch dies kriterium nicht, da doch auch im gekürzten typus C ×–́⏑́× bisweilen auflösung der ersten hebung vorkommt. Ausser den oben s. 245. 296 angeführten stellen aus dem Beowulf finden sich noch folgende beispiele, die als ziemlich sicher gelten dürfen:

þæt hê mid feðerhoman — Gen. B. 417a
mid feðerhaman — Gen. B. 670a
tô (on) þâm meðelstede — Ex. 397a. Dan. 145
nis þê wiðerbreca — Dan. 566
ond þû fæder cweden — Crist 211
þæt þîn hidercyme — Crist 367
meaht þû meðelcwidum — Guthl. 988
nû of hreðerlocan — Guthl. 1237
on meðelstede — El. 554a
on woruld cumað — Metr. 17, 6
is þes ȝores sunu — Räts. 41, 72a.

Nicht hierher gehören *þæt se wites bona* Crist 264, wo *wites* mit Thorpe als *wîtes* zu nehmen ist (wie auch Crist 922; zu *wit* müste ja der genetiv *wittes* lauten), und *hê him fremum stepeð* Räts. 51, 8, wo Greim im glossar das *stepeð* seines textes richtig in *stêpeð* corrigiert. Ferner *þâ ȝŷt feola cwide* Sat. 160a; der text ist verderbt, aber von Grein, Germ. X, 419 f. mit evidenter besserung in *þâ ȝŷt feola cwîðde firena hirde* verändert worden. Dann bleiben noch *on cearum cwidum* Sat. 67a, wo *cearum* doch wol nur für *cearȝum* von *ceariȝ* steht, wie *hunȝrum* Seel. 116 Ex. für *hunȝreȝum* Verc., und *for scedes sciman* Sat. 106, worüber unten bei den quantitäten mehr.

Ueberdies ist zu beachten, dass in fast allen sicheren versen (auch im Beowulf) die mittlere senkung secundärvocal aus silbenbildender liquida hat: *feðr-*, *meðl-*, *wiðr-*, *hreðr-* u. s. w., und solche silben scheinen überhaupt schwankend behandelt worden zu sein, vgl. unten, silbenzahl, no. 6.

IV. Typus D, normalformen –́ | –́ –̀ × und –́ | –́ × –̀.

9. Dreisilbiger zweiter fuss nach einsilbigem oder zu ⏑́× aufgelöstem erstem fusse hat lange hebung, also *swylt þrôwode,* oder *cwale þrôwode,* nicht *þrowode.* Ausgenommen sind composita, wie *þeódcyninȝas,* s. oben 260. 300.

10. Zweisilbiger erster fuss vor sicher dreisilbigem zweiten fuss von der form –́ –̀ × oder –́ × –̀ ist im zweiten halbvers als ⏑́× zu fassen, also *hreðer unwearnum* oder *hreðer weardade,* nicht *hrêðer.* Vereinzelte ausnahmen sind an sich möglich, aber es ist nicht wahrscheinlich, dass bei der seltenheit des erweiterten typus –́ × | –́ × × im zweiten halbvers gerade wörter von zweifelhafter quantität öfter in solchen ausnahmsversen erscheinen sollten.

Für den ersten halbvers gilt dies kriterium nicht, wenn derselbe doppelalliteration hat, weil in diesem falle der erweiterte typus sehr gewöhnlich ist.

V. Typus E, normalform –́ –̀ × | –́.

11. In einem verse von der form ×́ × × –́ muss die erste silbe lang sein, also *ȝîȝanta cyn,* nicht *ȝiȝanta.*

12. Verse der form ×́ × × ⏑́ × gehören oft zum typus A, namentlich stets, wenn die silbe vor der zweiten hebung einen starken natürlichen nebenton hat (wie im compositum *siȝerôf cyninȝ* etc., also ⏑́ × –̀ | ⏑́ ×). Beginnt dagegen der vers mit einem einfachen dreisilbigen wort oder einem compositum von der accentstellung ×́ ×̀ ×, so ist nach no. 2 im allgemeinen anzunehmen, dass er zum typus E gehört, und dann muss seine erste silbe widerum lang sein, also *Brôsinȝa mene,* nicht *Brosinȝa.*

13. Auf einen eingangsfuss von der form –́ –̀ × kann im allgemeinen nur noch –́ oder ⏑́ × folgen, z. b. *weallende byrnð, ârleásra spâld* oder *uncûðes fela,* aber nicht *byrneð, spâtl* oder etwa *brôhte.*

14. Verse von der form –́ × × –́ ohne natürlichen innern nebenaccent sind verdächtig. Vollkommen sichere beispiele sind sehr selten:

hǽlend ȝenôm — Sat. 544
eádes tô lŷt — Crist 1401

und mit mehrsilbiger senkung

hunȝer oððe wulf — Gen. 2276.

In dem ersten vers könnte man daran denken, dass für *ȝenôm* der conjunctiv *ȝenôme* einzusetzen sei (nach *ǽr*), im zweiten läge *lŷtel* nahe. Noch viel zweifelhafter sind die übrigen fälle. *Hyrste ȝerîm* Gen. 2189 beruht auf falscher abteilung; der erste halbvers *sceáwa heofon* mit alliteration auf *heofon* ist metrisch unerträglich, *hyrste* schlechthin als variation des folgenden *tunȝel* wunderlich und ohne diese ergänzung unverständlich; man muss lesen *sceáwa heofonhyrste* und vor *ȝerîm* eine lücke annehmen. — Gen. 2694 *lâre ȝebearh*; hier soll *lâr* die bedeutung 'list' haben, die sonst nie vorkommt und auf keine weise wahrscheinlich gemacht werden kann: grund genug ein stärkeres verderbnis der stelle anzunehmen. — Crist 724[a] *bearnes ȝebyrd* ist von Grein so im text gegen die hs. constituiert, welche untadlig *ȝebyrda* (= *ȝebyrdu*, Grein, Germ. X, 420) liest. An allen andern stellen ist das einsilbige schlusswort aus einer älteren zweisilbigen form contrahiert, wie *wæstmum ȝewlô* Gen. 1789[a] acc. sg. f. für **ȝewlô(h)e*. Selbstverständlich sind alle diese contractionen aufzulösen.

15. Etwas häufiger sind, um diese bemerkung hier anzuschliessen, ähnlich gebaute verse mit auflösung der schlusshebung:

ferhðe forstolen — Gen. 1579[a]
drihtne ȝecoren — Gen. 1818[a]. Dan. 736.
eorlum bedroren — Gen. 2099[a]
hâliȝ on hiȝe — Gen. 2780[a]
brǽcon bebodo — Dan. 299[a]
mannum tô friðe — Dan. 716
leódum to freme — Az. 81.
scandum þurhwaden — Crist 1283[a]
wistum ȝehladen — Räts. 81, 16
hordum ȝehroden — Räts. 81, 17[a]

und mit auflösung der ersten hebung

homere ȝeþuren — Räts. 87, 1,

was aber aus andern gründen in *ȝeþrûen* zu ändern ist, Beitr. IX, 282. 294. Es ist übrigens nicht zu übersehen, dass von den 11 beigebrachten beispielen 7 in der in metrischer beziehung besonders schlechten hs. Junius XI stehen, so dass der gedanke an grössere verderbnisse nicht ausgeschlossen ist.

Ob übrigens diese verse wirklich hierher gehören, und nicht vielmehr zu A mit verkürzung des zweiten fusses zu stellen sind, bleibt unklar. Auf alle fälle aber gehört ein ausgang ◡́× bei auftaktlosen versen ohne innern nebenaccent zu den seltenheiten, so dass man in zweifelsfällen berechtigt ist, eine correctur der quantität vorzunehmen.

Nach diesen vorbemerkungen können wir uns nun der einzelerörterung der sprachlichen resultate zuwenden, welche sich aus der untersuchung der ags. metrik gewinnen lassen. Ich stelle dabei die bestimmungen über silbenzahl voraus, und lasse dann einige erörterungen über quantitäten folgen.

II. Bestimmungen über silbenzahl angelsächsischer wörter.

1. Synkope von mittelvocalen mehrsilbiger wörter. a) Es ist bereits im ersten abschnitt an vielen stellen darauf hingewiesen, dass das metrum im Beowulf an allen entscheidenden stellen synkope eines nicht durch position geschützten mittelvocals nach langer wurzelsilbe fordert, und dass demnach der originaltext des Beowulf noch ganz auf dem boden des alten synkopierungsgesetzes gestanden haben muss. Genau das gleiche gilt von allen übrigen gedichten, mit ausnahme einiger wenigen, welche öfter den mittelvocal in jene stellung wider eingeführt haben und eben deshalb zu den jüngsten erzeugnissen der ags. poesie gerechnet werden müssen.

Die beispiele, wo ein junger mittelvocal der überlieferung dem metrum zu liebe getilgt werden muss, sind in den übrigen dichtungen ebenso häufig wie im Beowulf. In betracht kommen namentlich die schlussfüsse, deren senkungen ja genaueren bestimmungen über die silbenzahl unterliegen.

So sind z. b. im typus A falsch die verse *âna from êðele* Guthl. 248[a], *fŷnd syndon eówere* Jud. 195, *ʒolde ond sylfore* Räts. 15, 2, *yrmðu ʒeœfnede* Crist 1430[a], *dêmdon drihtenes* Gen. 17[a], *ǽlcum œfter âʒenum* 1305[a], *emne to morʒene* An. 221[a], *fêt synt ʒebundene* Gen. 379, *heápum tôhworfene* Dan. 302[a], *wyrd ʒewordene* 471[a], *tîda âʒonʒene* Sat. 709, *blêdum ʒehonʒene* Phön. 71, *foldan ʒeblôwene* 155, *unbefohtene* Byrhtn. 57[a], *wîtum (bealuwe) ʒebundene* Andr. 580. 948[a], *wyrta ʒeblôwene* Guthl. 1249, *leóhte bewundene* El. 734[a], *cealde ʒeclunʒene* Sal. 304[a], *deáde bibyrʒede* Crist 1159[a], und zahlreiche formen von adjectivis auf *-iʒ*, wie *swîðe ʒesǽliʒe* Gen. 18[a], *dǽdum scyldiʒe* 1267 etc. (Ex. 130[a]. 162[a]. 327. 394[a]. Sat. 192[a]. 343[a]. 449[a]. 460. 587[a]. 669[a]. Phön. 350[a]. 592. Aethelst. 59. Andr. 866. 1218. 1408[a]. 1601. 1635[a]. El. 314. 315. 1193[a]. Metr. 15, 12. 22, 27. 44[a]. 26, 115. 28, 64[a]. 31, 22. Gn. Cott. 6[a]. Sal. 67. 208[a]), ebenso bei alliteration im zweiten fuss *þâra þê forheal-*

dene Gen. 102ᵃ, *wǣron þâ befeallene* 330ᵃ, *ȝeseh hê ȝeblôwene* Andr. 1450ᵃ, *ȝê sind forscâdene* Guthl. 449ᵃ, *þâ wǣron âdǣlede* Gen. 218ᵃ, *siððan wæs se eádeȝa* Gen. 2833, *him þâ seó eádiȝe* El. 619ᵃ, *næf(s)t þû tô ǣneȝum* Metr. 20, 36; ferner im typus C: *on ȝedwolan wordene* Metr. 19, 29, *swâ þâ foremeahtiȝe* Gen. 1669ᵃ, *þæt se ælmihtiȝa* Crist 443. Phön. 393. Andr. 1192, *hû mê elþeódiȝe* Andr. 63ᵃ und andere adjectivformen auf *-iȝ* (Crist 1373ᵃ. Men. 44. Andr. 63ᵃ. 163ᵃ. 280ᵃ. 482ᵃ. 827ᵃ. 864ᵃ. 1075ᵃ. 1080ᵃ. Guthl. 732ᵃ. 923. El. 57. 82ᵃ. 266ᵃ. Metr. 4, 29. 11, 55ᵃ. 74. 13, 2ᵃ. 20, 132. 245ᵃ. 30, 13); ferner im einfachen typus D: *fæder ælmihtiȝes* Gen. 1779. Metr. 20, 67ᵃ, *freán-* Gen. 2710. Crist. 395, *wonn wælceáseȝa* Ex. 164ᵃ etc. (Crist 121. Ap. 86ᵃ. Andr. 38ᵃ. 135ᵃ. 561. 665ᵃ. 965ᵃ. El. 478ᵃ. 978ᵃ. Metr. 9, 49ᵃ. 21, 43ᵃ. Sal. 34); ferner im erweiterten typus D im ersten halbvers: *eorlum elþeódiȝum* Dan. 39ᵃ, *enȝel ælmihtiȝes* 274ᵃ, *torhte ond tîreádiȝe* Ap. 4ᵃ etc. (Andr. 199ᵃ. 1696ᵃ. El. 560ᵃ. 763ᵃ. 848ᵃ. 1215ᵃ. Gn. Cott. 8ᵃ). Ebenso wird auch *ȝeclunȝne tô cleówenne* Phön. 226ᵃ in *cleówne, cleóne* zu bessern sein.

Auf die schreibung der handschriften ist in allen diesen fällen gar nichts zu geben; sie wechseln beliebig mit synkopierten und erweiterten formen ab. Am besten zeigt das die vergleichung der orthographie da wo zwei handschriften denselben text haben, so namentlich in den Reden der seelen. Der von Grein zu grunde gelegte Vercelli-text hat regelmässig die verswidrigen vollen formen, während das Exeterbuch die alten dem metrum gerechten synkopierungen bewahrt hat[1]):

sê âncenneda 51 — âncenda *Ex.*
hwæt druhþû dreóreȝa 17ᵃ — dreórȝa *Ex.*
hwæt wite þû mê wêriȝa 22ᵃ — wêrȝa *Ex.*
ȝîfre ond ȝrǣdiȝe 74ᵃ — ȝrǣdȝe *Ex.*

Nun zu den ausnahmen. Diese sind verschiedener art. In

[1]) Das variantenverzeichnis bei Grein durchzuprüfen wird für denjenigen nützlich sein, welcher geneigt sein möchte zu glauben, dass hier und sonst in diesem aufsatze ein zu ungünstiges urteil über die überlieferung der texte in unseren handschriften gegeben sei. Ausser den oben angeführten stellen hat Verc. noch dreimal einen metrischen fehler, den Ex. nicht teilt: *besliten synum : seonwum* 62ᵃ, *ne synt þîne dreámas âwiht : wiht* 65, *ne synt þîne ǣhta âwihte : ne sindon þîne ȝeáhþe wiht* 74. Auch *môdsnotra ȝehwâm* 128 Verc.: *môdsnottera* Ex. (für *môdsnotterra*) zeigt eine für dies gedicht unerlaubte verkürzung des gen. pluralis. Wir haben also in dem kurzen stück von 128 zeilen in der einen hs. 8 metrische fehler, die durch die andere corrigiert werden, der zahlreichen abweichungen nicht zu gedenken, über welche das metrum nicht oder weniger sicher entscheidet.

burh timbrede Gen. 2840ᵃ, *ʒetimbrede* Ex. 391ᵃ, *âtŷdrede* El. 1279ᵃ, *þonne hŷ him hunʒriʒe* Guthl. 709ᵃ und *sweopum seolfrynum* Sal. 143ᵃ konnte synkope wegen des auslauts der wurzelsilbe auf muta + liquida überhaupt nicht eintreten (jedenfalls wären auch die synkopierten formen *timberde, âtŷderde, hunʒerʒe, seolfernum* wider dreisilbig gewesen). Sodann *leomu lǽmènu* Crist 15ᵃ, *ful cyrtènu* Räts. 26, 6ᵃ, *ʒemiclèdu* 21, 20 (?), *ǽnèʒu ʒesceaft* Metr. 13, 68. 73, *þeáh þe nǽnèʒu* 20, 25ᵃ (?), *men ond nêtènu* 28, 51ᵃ. Diese formen machen keine ausnahme, sondern stimmen ganz zu der zuerst von Zeuner, Die sprache des kent. psalters s. 65 ff. beobachteten regel, dass die ältesten texte jene *u*-formen der langsilbigen nomina ohne synkope bilden.[1]) Dann bleiben noch:

ealdwêriʒe — Ex. 50ᵃ
medowêriʒe (-um) — Jud. 229ᵃ. 245ᵃ
môdcwâniʒe — El. 377
tîreádiʒe — Men. 13
hâliʒe daʒas — Men. 68ᵃ
þrîsthŷdiʒum — Men. 223ᵃ
unscyldeʒum — Metr. 4, 36
þæt hió ǽniʒes — Metr. 13, 22
þæt hit ǽniʒe — Metr. 20, 130ᵃ
þæt hió on ǽniʒe — Metr. 20, 163 (?)
unmehtiʒe — Metr. 24, 62ᵃ
his âʒenum — Metr. 7, 47
hire âʒenes — Metr. 13, 30
in hiora âʒene — Metr. 13, 48
ond his âʒene — Metr. 17, 25ᵃ
þînum âʒenum — Metr. 20, 23
for his âʒenum — Metr. 25, 57
ʒeʒrundene — Byrhtn. 109
wuldores stæf — Sal. 112.

Wie man sieht, weisen eigentlich nur das Menologium und die Metra, allenfalls noch die Judith und der Byrhtnoth, hinlängliche spuren der erweiterung auf. Für die zwei einzigen stellen in der Exodus und der Elene, die ich sonst noch gefunden habe, lasse ich es dahingestellt, ob man sie ändern oder beibehalten wolle, und merke nur noch an, dass Grein für die erste stelle vorgeschlagen hat, *þæt* zu ergänzen (man könnte sonst auch denken es habe gestanden *ealdwêriʒra, Eʒypta folc*).

b) Durch positionslänge geschützte mittelvocale nach langer wurzelsilbe werden in den alten texten natürlich niemals synkopiert, weil sie, wie das metrum zeigt, stets einen

---

[1]) Deswegen wird man den überlangen versen *bilswaðu blôdiʒe* Ex. 329ᵃ, *hûslfatu hâleʒu* Dan. 705ᵃ. 749ᵃ nicht durch die schreibung *blôdʒu, hâlʒu*, sondern nur durch *blôdiʒ, hâliʒ* aufhelfen dürfen.

nebenton haben. Scheinbare ausnahmen in formen wie *ôfstum, ǽfstum* beruhen auf falschem quantitätsansatz, wie unten weiter ausgeführt werden wird. Erst in den jungen Metris finden wir solche mittelsilben ein paar mal ohne nebenton in der senkung gebraucht: *þæt sweorcende môd* 3, 2, *âzenne brôðor* 9, 28, und demgemäss ist auch, wie es scheint, die späte synkope solcher mittelvocale, über die ich Beitr. IX, 228 gehandelt habe, bereits eingetreten: *ôðra þeóda* gen. pl. 25, 14, *nolde þâra ôðra* 26, 90. Ausserdem habe ich nur noch einen beleg im Azarias notiert: *ǽzetta herzen* 106, vgl. dazu *ond þone sizefæstan zǽst* ib. 157.

Geminata nach nebentoniger mittelsilbe (Beitr. IX, 228) ist, wie bereits Rieger gezeigt hat, noch überall als erhalten vorauszusetzen, also *ond þâra ôðer(r)a* Gen. 1338^{a}, *wæs ôðer(r)e* 1694^{a}, *fæsten(n)a worn* Ex. 56, *môdsnotter(r)a* Cræft. 41, *on byrzen(n)um* Phön. 512^{a}, *for eówer(r)e* Guthl. 679, *in ûsser(r)a* Guthl. 725, *on þone æfter(r)an* Guthl. 1214^{a} u. dgl.

c) Auch nach kurzer wurzelsilbe wird man, in übereinstimmung mit dem gebrauche der ältesten texte, öfters synkope eines mittelvocals annehmen müssen, wo die handschriften diesen vocal überliefern. Allerdings ist es schwer, hier die richtige grenze zu finden, da für das metrum solche doppelformen wie *ofestum* und *ofstum, firenum* und *firnum* als –́ × und ⏑́ × × im allgemeinen gleichwertig sind. Hie und da bieten sich aber doch anhaltspunkte. So ist im Beowulf auflösung im zweiten fuss des typus C durchaus ungebräuchlich. Neben vier ziemlich sicheren beispielen im zweiten halbvers, oben s. 245, stehen noch die verse *in eówrum zûðzeatawum* 395 (s. 246) und, im ersten halbvers, *swâ fela fyrena* 164^{a}, *zeboren betera* 1704^{a} (s. 295), *sê þe wæterezesan* 1261^{a}, *þæt hie leódbealewa* 1947^{a} (s. 296), also fünf verse mit zweifelhaften formen. Für *-zeatawum, betera, -bealewum* sind schon an den citierten stellen die correcturen *-zeatwum, betra, -bealwum* vorgeschlagen worden; ich füge hinzu, das *betra* resp. *bettra* in der Cura pastoralis nicht ungewöhnlich, im Psalter die einzig belegte form ist (62, 4. 83, 11 resp. 36, 16), ebenso, so viel ich sehe, im northumbrischen (*betro* Mt. 10, 31, *betra* Mt. 12, 12, Lc. 5, 39 L, *bettra* R, *betre* Joh. 4, 53 L. R.). Aber auch für *fyrena* ist gewiss *firna* zu setzen, und ich halte diese form abermals für altertümlicher. Im flectierten nomen *fíren* bietet die überlieferung allerdings meist nicht synkopierte formen, Grein I, 298, aber in dem adverb *fírnum* und dem verbum *fírnian* halten sich gekürzte und ungekürzte formen das gleichgewicht, und gerade das häufigere auftreten der synkopierten formen bei diesen, von dem subst. *fíren* mehr isolierten wörtern spricht dafür, dass sie alt und lautgesetzlich entstanden sind. Was endlich *ezesa* anlangt, so schwanken die handschriften sehr stark zwischen dieser form und dem gekürzten *ezsa*, Grein I, 321, auch im Beowulf selbst stehen beide formen neben einander. Auch hier wird man die kürzere form als die metrisch besser passende in den text aufnehmen müssen. Zu demselben resultat führt die erwägung, dass auflösung der nebentonsilbe im dreisilbigen fuss $\acute{-}\grave{-}\times$ gemieden wird. Hier haben wir im Beowulf wider nur ein wie es scheint unanfechtbares beispiel, nämlich *nîzheafolan bær* 2662, und zwei verse mit *ezesa*, nämlich *lîzezesan wæz* 2781 und *zlêdezesa zrim* 2651ᵃ (s. oben s. 264. 309). Kann man da zweifeln, dass abermals die synkopierte form eingesetzt werden muss?

Uebrigens wird vermutlich auch der name des *Hyzelâc* eine correctur verlangen. Es fällt nämlich auf, dass dieser eine name einen so beträchtlichen anteil an den wenigen belegen hat, welche sich für die, besonders im zweiten halbvers, seltene auflösung der zweiten hebung des typus D beibringen lassen, vgl. oben s. 251. 300.[1]) Ich bin überzeugt, dass dem original nur die namensform *Hyzlâc* zukam, welche speciell dem northumbrischen dialekt eigen ist, aber auch im süden nicht gerade unmöglich wäre. Im northumbrischen wird nämlich das *e* von *size* und *hyze* (oder vielmehr das ursprüngliche *o*, da beide wörter alte *os*-stämme sind) in den zusammengesetzten eigennamen regelmässig synkopiert, es heisst also z. b. im Liber Vitae nicht nur stets *Sizrêd, Sizsceat, Sizberct, Siz-*

---

[1]) Für *wlanc Wedera leód* 341, *wræc Wedera nîð* 423 bietet sich von selbst die besserung *Wedra*, wie im Beowulf 8 mal neben siebenmaligem *Wedera* geschrieben wird, Grein II, 796. Ich zweifle übrigens nicht, dass auch stets *hwæðre, ætzædre* u. dgl. statt *hwæðere, ætzædere* geschrieben werden muss, wodurch noch eine menge ungewöhnlicher auflösungen in wegfall kommen.

uulf, Siȝuaru, Siȝmund, Siȝfrith, Siȝhaeth etc. und umgekehrt *Uulfsiȝ, Hûnsiȝ, Tîdsiȝ, Berctsiȝ, Eánsiȝ, Aelfsiȝ, Uilsiȝ* u. dgl., sondern auch ebenso regelmässig *Hyȝberc(h)t* 63. 120. 124 etc. (ich citiere noch Sweet's Oldest English Texts), *Hyȝbald* 80. 98. 101 etc., *Hyȝuini* 116. 192. 193 etc., *Hyȝfrith* 156. 234. 255 etc., *Hyȝuald* 211. 240, *Hyȝmund* 397, *Hyȝrêd* 325. 437, *Hyȝuulf* 437. 480 etc., und natürlich so auch *Hyȝlâc* 122. 167. 229. 267 u. s. w. Im süden und im binnenlande überwiegen dagegen formen ohne synkope. Aus den ältesten urkunden bei Sweet habe ich z. b. notiert *Siȝibed* no. 9, *Siȝebearht* 24, *Siȝemund* 28. 31. 38. 42, *Siȝenôð* 30, *Siȝefreð* 30. 31. 38 und *Hyȝeberhti* 15, *Hyȝeberht* 18; daneben aber allerdings auch *Siȝfred* und *Siȝuulf* no. 45 (Surrey), *Siȝrêd* 47. 51 (Mercia), *Hyȝberht* no. 33 (Kent). Wären diese ausnahmen nicht, so könnte man in dem metrisch geforderten *Hyȝlâc* mit mehr zuversicht einen anhalt für die dialektbestimmung des Beowulf finden. Und sollte es dann auf einem blossen zufall beruhen, dass von dem personal des Beowulf neben den zahlreichen *Hyȝlâc* auch ein *Biuuulf* 342, ein *Gârmund* 214, ein *Hererîc* 169, eine *Hildiburȝ* 28, ein *Hrôðuulf* 459, ein *Siȝmund* 250, ein *Uiȝlâf* 395, zwei *Herebald* 203. 382, zwei *Hûnfrið* 154. 368 (*Hûnferd* 469) und viele *Eánmund* 81. 153. 223 etc., *Heardrêd* 60. 84. 260 etc., *Inȝild* 144. 176. 181 etc. (*Inȝeld* 143), *Of(f)a* 15. 89. 217 etc. erscheinen?

2. Die bildung der 2. und 3. person. sing. ind. der langsilbigen verba starker und erster schwacher conjugation, und die bildung der participia praeteriti der schwachen verba erster klasse auf dentale. Ich habe bereits zu verschiedenen malen die wichtigkeit dieses punktes für die dialektscheidung betont und darauf hingewiesen, dass die anglischen prosatexte ausschliesslich zweisilbige formen wie *bindeð, sêceð* resp. *sended* (*sendedne*) aufweisen, während das sächsische und kentische daneben, und zwar im allgemeinen vorwiegend, die altertümlicheren formen *bint, sêcð* resp. *send* (*sendne*) u. s. w. gebrauchen. Dieselbe unterscheidung tritt uns nun auch in der poesie entgegen, wie ich bereits Beitr. IX, 273. X, 196 bemerkt habe. Unberechtigt war nur der Beitr. IX, 273 in der anmerkung ausgesprochene zweifel bezüglich der herkunft derjenigen dichtungen, welche nur ungekürzte formen aufweisen. Ich glaube jetzt ohne bedenken den

satz aufstellen zu können, dass alle gedichte, welche sich ausschliesslich der längeren formen bedienen, anglischen ursprungs sind, und umgekehrt das vorkommen einsilbiger formen mit sicherheit auf entstehung im süden (sächsisch oder kentisch) hinweist.

Der hauptgrund, warum ich an jener stelle eine bestimmtere beantwortung der frage ablehnte, war der mangel einer controle für die richtigkeit der überlieferung in dialektischer hinsicht. Jetzt gestattet die genauere bestimmung der rhythmischen formen in den meisten fällen zu sehen, ob und wo ein- oder zweisilbige form dem original einer dichtung zukam. Die einfache beobachtung lehrt jetzt, dass die überlieferung in bezug auf diese frage in der tat durchaus correct ist, mit verschwindenden ausnahmen. Mit andern worten: die sächsischen und kentischen dichter wechselten je nach dem bedürfnis des verses mit ein- und zweisilbigen formen ab, die anglischen konnten natürlich nur die längeren formen anwenden, weil ihr dialekt ausschliesslich diese kannte, und die überlieferung hat dies treu bewahrt. Im ganzen Beowulf, allen gedichten Cynewulfs, sowie überhaupt dem bei weitem grössten teil der ags. gedichte findet sich (abgesehen natürlich von den in allen dialekten einsilbigen formen der unthematischen verba und der verba contracta) keine einzige metrisch zu rechtfertigende einsilbige form. Dagegen lesen wir z. b. in dem sicher sächsischen

SCHLUSSGEDICHT DER CURA PASTORALIS

bei Sweet s. 469 die verse:

A þæt hit on unnyt ût ne tôflôweð . . . *A*
B ʒif swâ hlûtor wæter hlûd ond undióp *A*
A toflôweð æfter feldum ôð hit tô fenne werð. *B*

Die beigesetzten buchstaben bezeichnen den rhythmischen typus; in dem schlussgedicht des vorworts, Sweet s. 9, kommen einschlägige formen nicht vor.

Reicheres material liefern die pseudoälfredischen

METRA.

Man vergleiche z. b. von vornherein verse wie:

deáð þæs ne scrîfeð *A*
B þonne him rûm forlǣt — 10, 29 f.
A þider ne sêceð forþǣm hit þǣr ne wexð 19, 8 *B*

B ond se hlâford ne scrîfð se þǣm here wealdeð *C*
B on eorðan fêt eall þætte ȝrôweð 29, 70 *A*

Jede änderung eines einsilbigen verbums in ein zweisilbiges oder umgekehrt würde hier den vers zerstören, und diese ohne zweifel bewusste auswahl unter den an sich gleichberechtigten formen spricht natürlich wider für bewusste einhaltung der aufgestellten metrischen typen. Man kann hier geradezu folgende specialregeln aufstellen:

a) Auf einen verseingang –́ × resp. ⏑́⏑ × × kann nur eine zweisilbige verbalform folgen (typus A –́ × | –́ ×):

seáðe swinceð 3, 2a
ânforlǣteð 3, 5. 28, 56a
hefon ymbhwearfest 4, 4a
sîȝan lǣtest 4, 50
beorhtost scîneð 5, 3
ût âwealleð 5, 12
rihte flôweð 5, 14
sweotolost scîneð 6, 3

u. s. w. 7, 20a. 27. 52. 8, 47a. 50. 10, 14. 11, 59a. 63a. 85. 12, 21. 18, 7. 19, 8a. 20, 7. 51. 87. 178a. 234. 21, 32. 33. 22, 15. 24. 24, 34a. 55. 25, 40. 28, 15. 16. 17a. 27. 57. 60. 75. 82. 29, 11. 58a. 60. 63a. 30, 15, zusammen 45 belege.

b) Auf den verseingang –́ × × ohne natürlichen nebenton muss wider zweisilbiges verbum folgen:

tunȝlu ȝenêdest 4, 5a
þióstro âdwǣsceð 4, 7a
ȝrimme ȝedrêfeð 5, 8.
nêde ȝebǣdeð 6, 14
beorȝ oferbrǣdeð 7, 13a
simle ȝehealdeð 7, 46
deáð þæs ne scrîfeð 10, 29
ûtan ymbclyppeð 11, 35
môna onlîhteð 11, 62a
sibbe ȝemenȝeð 11, 91
bitres onbyrȝeð 12, 11a
blôdes onbyrȝeð 13, 23a
nihtes ȝenêðeð 13, 59a
eldum otêweð 13, 60a
blôweð ond ȝrôweð 20, 99
ûtan ymbhwyrfeð 20, 137
healfe ne heldeð 20, 164a
âuht ne healdeð 20, 166
recene ymscrîðeð 20, 208
swîðost ondrǣdeð 24, 64
rihtes ne scrîfeð 25, 53
sôna ȝecerreð 28, 61
â ne ȝehrîneð 29, 10.
eall þætte ȝrôweð 29, 70
hionane onsendeð 29, 85a.

Znsammen 25 belege. Aehnlich mit mehrsilbiger senkung:

þæt is þætte þynceð 12, 8a
sôna hit forlǣteð 20, 157a
þæt is sê þe waldeð 24, 35a
hwŷlum hî ȝemenȝeð 29, 49a.

Einsilbiges verbum wäre hier unzulässig, weil ein typus –́ × × –́ ohne natürlichen nebenaccent gemieden wird. Die consequenz ist, dass

c) auf einen eingang –́ –̀ × mit natürlichem nebenaccent, der nur in den typus E (resp. –́ –́ × –̀ D) passt, nur ein einsilbiges verbum folgen kann. Die beispiele sind nicht gerade häufig, aber zahlreich genug um zu zeigen, dass die regel wirklich beobachtet wurde:

weallénde byrnð 8, 45
ȝârsécȝ emb[e]ȝyrt 9, 41[a]
nímð eáll þæt hió fint 13, 34
merecóndel scŷft 13, 57
eft sŷmle‿onlŷt 13, 66
ofhénde wyrð 25, 34.

Aus demselben grunde ist nur der vers

ônet tôweard 27, 8

möglich, nicht aber *ônetеð tôweard, weil ônèteð nebenaccent zeigt, also auf typus E wiese.

d) Ein eingang (×)×–́ findet sich im allgemeinen nur in den typen B ×–́ | ×–́ und C ×–́ | –́×. Hieraus ergibt sich, dass wenn auf den eingang ×–́ noch eine senkung folgt, das schlussverbum notwendig einsilbig ist; folgt dagegen das verbum sofort auf die erste hebung, so ist es ebenso notwendig zweisilbig. Hier sind die beispiele wider zahlreich:

α) typus B (ohne rücksicht auf die silbenzahl der senkungen):

oð him on innan felð 5, 15
tôsceáden wyrð 5, 18[a]
þonne smolte blǣwð 6, 8[a]
þæt hê mâran ne rêcð 8, 44
þonne him rûm forlǣt 10, 30[a]
þe him Crîst onlǣnð 10, 37
wið ôðer winð 11, 33
of his æcere lŷcð 12, 28[a]
ond þû ǣfre ne rǣcst 12, 31[a]
ȝif hit ǣfre ȝesǣlð 13, 22[a]
ond ǣrest âbît 13, 30[a]
þæt hî þæs metes ne rêcð 13, 45
hî ofer mancyn stîhð 13, 61
þæt hê mid ealle ȝedrǣfð 18, 3[a]
forþǣm hit þǣr ne wexð 19, 8
mê ȝelîcost þincð 19, 12
þonne eów sêcan lyst 19, 16
forþǣm hî ǣfre ne lyst 19, 33[a]
ac hit sió eorðe hilt 20, 95
ȝif hit on cŷððe ȝewît 20, 158
ond se hlâford ne scrîfð 25, 15[a]
sió swîðe ȝedrǣfð 25, 42[a]
him siððan onȝinð 25, 49
him þæt eall ȝehǣt 25, 52
þæs þe monnum þincð 28, 33
ond þeáh monnum þyncð 28, 38[a]
þæt hê fela onȝinð 28, 76
of môde abrit 28, 78[a]
hê âna stent 29, 16
on eorðan fêt 29, 70[a]
ȝif his þê ȝêman lyst 31, 1.

Durch einsetzung zweisilb. formen erhielten wir (××)× | –́× | –́×, d. h. A mit zum teil vielsilbigen auftakt, was bekanntlich gemieden wird.

β) Typus C, mit und ohne auflösung der ersten hebung und ohne rücksicht auf die silbenzahl der eingangssenkung:

hwæt þû fæder wercest 4, 18
on stadu beáteð 6, 15
þonne hió on siȝe weorðeð 13, 56
þonne eów fôn lysteð 19, 11
swâ hit mê dôn lysteð 19, 39
þæt hiora hyȝe sêceð 19, 45

se þǣm here wealdeð 25, 15
(þonne hî) on setl ʒlîdeð 28, 39. 29, 27.
swâ him ʒemet þinceð 29, 42

hê þonan wealdeð 29, 77
þæt hiora fæder wealdeð 29, 95
on weoruld wlîteð 31, 14[a].

e) Auch an den andern stellen der zeile werden die längeren und kürzeren formen je nach bedürfnis angewendet. So stehen z. b. im ersten fuss des typus A regelmässig zweisilbige formen, wenn dieser fuss dadurch nur ein- oder zweisilbige senkung erhält; dreisilbige senkung wird dagegen regelmässig durch einsetzung einer gekürzten verbalform vermieden. Man vergleiche die folgenden beispiele:

α) wyrceð oftost 4, 28
hâteð wîde 8, 51
wealdest ealles 20, 50
ʒlîdeð hwæðre 20, 170
brenʒeð æfter 29, 23

β) ʒedrinceð tô drŷʒum 7, 16[a][1])
blôweð ond ʒrôweð 20, 99
weorðeð ʒeþwêned 20, 102
strîceð ymbûtan 20, 140
scrîðeð ymbûtan 20, 174
weorðeð tô wætere 28, 63[a]

γ) ʒŷmð for his ʒylpe *praef.* 8[a]

þrinʒð on þâ þióstro 3, 7[a]
wênst þû þæt se anwald 9, 48[a]
lǣt þâ tôslûpan 11, 80
bryrð mid his brîdlum 13, 3[a]
winð wið ʒecynde 13, 17
þincð him tô þon wynsum 13, 46[a]
went on ʒecynde 13, 55
ne þincð mê þæt wundur 20, 117[a][1])
hwærfð ymb hî selfe 20, 217
rǣst on ʒehwilcne 25, 17
drîft þone wǣtan 29, 48.

f) Ebenso werden in der eingangssenkung nur gekürzte formen angewant:

B swâ þincð ânra ʒehwǣm 12, 18[a]
C onʒinð eorneste 13, 28
C brencð eorðwarum 13, 60
B brenʒð wæstma fela 20, 101[a]
C swâ stent eall weoruld 20, 171
him wyrð on breóstum inne 25, 45[2])
B ne þincð þæt wundor micel 28, 63.

g) Ganz correct steht sodann wider zweisilbige verbalform im innern des typus B:

þû ʒenêdest þone 4, 15
swâ nû weorðeð oft 20, 105
se steóreð â 24, 40[a],

dagegen gekürzte form in der ersten hebung des typus C:

hê forlǣt ǣrest 17, 24[a]

und in der ersten hebung des typus E:

[1]) Mit auftakt.
[2]) Schwellvers, alliteration auf *breóstum*.

lǣt þènden hê wile 11, 72	þenceð ȳmb sê þe wile 20, 27
bêʒð þider hê wile 13, 3	lǣt þider hit wile 26, 119.

h) Diesen 169 versen mit metrisch correcter anwendung der verschiedenen verbalformen stehen nun allerdings eine anzahl ausnahmen entgegen, die aber nicht alle von gleicher sicherheit sind. So ist für

mid ealle ʒedwæleð 19, 3

sicher *ʒedweleð* zu lesen, wie denn die prosa (s. 118 Fox) *ʒedwelaþ* hat. Ein verbum *ʒedwǣlan* existiert sonst nicht. Der vers gehört also regelmässig zum typus B mit auflösung der letzten hebung. Metrisch incorrect ist sodann der vers

ʒif þû wyrfst 24, 44ᵃ;

wahrscheinlich ist *wyrfst* für *hwyrfst* erst eingetreten nachdem der eigentliche träger der alliteration ausgefallen war. Ferner kann nicht in betracht kommen die verderbte stelle 29, 31 f., welche bei Grein lautet:

siððan hî on setl ʒewîtað
of irneð (þæt is æðele tunʒol)
ðð þæt hê be eástan [eft] weorðeð
eldum oðêwed.

Vers 32 und 33 sind offenbar in einen schwellvers zusammenzuziehen und *his* ist zu tilgen:

ofirneð þæt æðele tunʒol ðð þæt hê be eástan weorðeð,

wobei alles in ordnung ist.

V. 29, 71, der ebenfalls eine ausnahme zu bilden scheint, ist bei Grein nur falsch abgeteilt; man lese

wel forð brenʒeð
hit þone hê wile hefona waldend.

Hiernach bleiben noch folgende verse

α) behindan lǣtest 24, 29
ic wât þæt him þinceð 25, 35ᵃ.

Hier hat die prosa beidemal gekürzte form, *lǣtst* 174, *þincð* 186; es scheint also absichtliche änderung vorzuliegen, und dann müssen die verse nicht zu B, sondern zu A mit auftakt gezogen werden.

β) blâte forbærnð 8, 54ᵃ

für *forbærneð* nach s. 466, b, ist aus der prosa uncorrigiert herübergenommen[1]), ebenso

[1]) Diese erklärung ist deshalb nicht unwahrscheinlich, weil der

γ) irneð wið his eardes 5, 15ᵃ

gegen s. 468, e, γ[1]),

hrêst ond fealuwað 11, 58

gegen s. 468, e, β[1]),

swâ þû ân forlǣtest 13, 54

für *forlǣtst* gegen s. 467, d, α.

Der einzige metrische 'fehler' der sich nicht durch herübernahme der prosaform erklärt, ist

hwærfeð ymbe hŷ selfe 20, 211,

wo die prosa *onhwerfþ* hat. Hier liegt aber sicher ein blosser fehler der späteren überlieferung vor; v. 217 erscheint derselbe satz nochmals, und lautet da ganz correct

hwærfð ymb hî selfe.

Auf alle fälle haben wir also nur 5 tatsächliche ausnahmen gegenüber ca. 170 belegen für die regel.

i) Ganz ebenso verhält es sich mit den verkürzten und vollen formen der participia praeteriti schwacher verba auf dentale, über welche Beitr. IX, 274 zu vergleichen ist. Es wird genügen die betreffenden belege mit bezeichnung des verstypus herzusetzen:

α) volle formen: nach typus A

moniȝ âtyhted 1, 8 — recene âlǣded 19, 4
ȝûðe ȝelysted 1, 9 — stille ȝehêded 20, 151
brôc bið onwended 5, 19 — nearwe ȝehefted 21, 5
swîðe onhelded 13, 11 — hearde ȝehæfted 25, 49ᵃ
eall underþiéded 14, 8. 16, 4[2])

und nach typus B

ymbebǣted hæfð 24, 37.

β) gekürzte formen:

B of þâm ryne onwend 11, 20ᵃ
A ȝebǣt mid his brîdle 11, 23ᵃ[3])

metrische text ganz mechanisch aus dem prosaischen hergestellt ist. Der mangel einer metrisch notwendigen correctur ist um nichts auffälliger als der einer sprachlich notwendigen an stellen wie 28, 4 u. a., wo der bearbeiter den singular *ymbhwerfeð* aus der prosa beibehält, obgleich er das vorausgehende subjekt in den plural gesetzt hat!

[1]) Bei diesen beiden versen handelt es sich natürlich nicht um wirkliche metrische fehler, sondern nur um abweichungen von der sonstigen praxis des dichters. An sich sind die verse ganz correct, ebenso auch 20, 211.

[2]) So auch gewiss mit ergänzung von *eall* zu lesen 17, 23ᵇ.

[3]) Mit auftakt, die verkürzung nach s. 468, e, γ.

B þæt ȝewrixle ȝeset 11, 56ᵃ
B ond ȝeendebyrd 11, 100ᵃ
C onwend wurdon 26, 104ᵃ

k) Hier möge auch noch anhangsweise der 2. 3. sing. ind. von *habban* gedacht werden. In allen nach sonstigen kriterien anglischen gedichten sind für diese nur die formen *hafast, hafað* überliefert, in den Metris und einigen andern sicher dem süden angehörigen dichtungen bieten die handschriften daneben auch *hæfst* und *hæfð*. Das metrum kann hier nicht entscheiden, da *hafast* und *hæfst* sowie *hafað* und *hæfð* ja metrisch gleichwertig sind. Doch dient die beschränkung, in der *hæfst, hæfð* immer nur zusammen mit sicher südlichen formen auftreten, genugsam zur gewähr dafür, dass diese formen, wo sie auftreten, bereits den originalen angehörten, nicht erst später eingeschleppt sind: denn warum fände sich in der grossen masse der anglischen werke kein einziges beispiel, ausser dem einen *næfð* Ps. 71, 12 (vorausgesetzt dass Grein's angaben im glossar vollständig sind)? Die belege für die Metra sind *hæfð* 10, 67. 11, 22. 31. 55. 64. 20, 143. 190. 191. 24, 37. 28, 25, *næf(s)t* 20, 36; die übrigen (nach der reihenfolge der weiter unten zu besprechenden gedichte geordnet) Menologium: *hæfð* 146; Genesis B: *hæfst* 504. 507. 569. 570. 617. 791. 818, *hæfð* 360. 361. 392. 395; Hymnen: *hæfst* 3, 5; Runenlied: *hæfð* 8, 2. 15, 1; Byrhtnoth: *hæfð* 237.

Die gleichen regeln befolgt das

MENOLOGIUM.

Wir finden im typus A die vollen formen

þearfe brinȝeð 78	sîȝeð tô tûne 16
welhwæt brinȝeð 138	rêran onȝinneð 73
wîde ȝanȝeð 202	fêreð to folce 165ᵃ,

ebenso im innern von typus B

swâ bebûȝeð ȝebod 230ᵃ

und am schlusse von typus C

to sete sîȝeð 112ᵃ	on folc fêreð 182ᵃ,

dagegen gekürzte formen regelmässig am schlusse von B:

þætte nerȝend sent 55	þænne mônað brinȝð 106
þænne dréam ȝerîst 58	on þâm ȝim âstîhð 109
þætte yldum brinȝð 88	ond of tille âȝrynt 111
swylce blis âstîhð 91	swâ þæt wel ȝerîst 120
nû on Brytene rest 104	ond þæs symle scrîð 136

swâ hine wîde cîʒð 184[1]) þonne folcum brinʒð 218.
ond þæs ofstum brinʒð 193

Ebenso wird hier auch, um das beiläufig zu erwähnen, mit den formen *mônað* und *mônð* abgewechselt:

A) forma mônað 9ª
Aprelis mônað 56ª
Jûlius mônað 132ª
mônað tô tûne 219
B) þænne mônað brinʒð 106
C) þæt se solmônað 16ª

und

þætte hâliʒ mônð 164ª
þæt se teóða mônð 181.

Die überlieferung hat in allen diesen fällen das metrisch correcte bewahrt. Anstössig ist nur éin vers,

þæs þe eástermônað 72ª,

wofür sicher *-mônð* zu setzen ist. Ueber *hæfð* 146 s. unter Metra, k.

Ferner gehört in den kreis der südenglischen denkmäler, wie bereits Beitr. X, 196 ausgeführt wurde, die

GENESIS B.

Von den a. a. o. verzeichneten einsilbigen verbalformen stehen metrisch insbesondere sicher:

ac hê his ʒinʒran sent 515
âbolʒen wyrð 552ª
þŷ ic wât þæt hê inc âbolʒen wyrð 558
ond hê þînum wordum ʒetrŷwð 569
ond þînne willan ʒelǽst 727.

Die übrigen stehen an nicht entscheidenden stellen. Doch kann darauf aufmerksam gemacht werden, dass die senkungen vor denen sie stehen, durch den gebrauch der kürzeren formen entschieden erleichtert werden:

þonne weorð hê him wrâð on môde 405
ond wyrð him wîte ʒeʒearwod 431
þê weorð on þînum breóstum rûm 519
forlǽdd be þâm lyʒenum 598ª
nû slît mê hunʒer ond þurst 802
blîcð þeós beorhte sunne 811ª.

Ueber *hæfst, hæfð* s. unter Metra, k. In der

GENESIS A

begegnen einige gekürzte formen kurzsilbiger verba:

---

[1]) Es liegt kein grund vor, mit Grein das überlieferte *cîʒð* (sing. des verbums vor pluralischem subject) in das metrisch falsche *cîʒað* zu ändern.

ne nû ende cymð 6 | þæs þe on woruld cymð 2319
Assiriæ belīð 232 | nû þû ymb þâ burh spry(c)st
ahred wurde 2032 | 2526.

Die ersten vier dieser verse beweisen nichts, da die zweisilbigen formen *cymeð, lizeð, âhreded, cymeð* metrisch ebenso gut sind wie die gekürzten. In dem fünften verse ist die einsilbige form (hs. *spryst*) falsch, es muss, nach typus C, *sprycest* gelesen werden. Jene vier formen gehören daher vielleicht nur der überlieferung, nicht dem original an. Ein langsilbiges verbum ist nur an einer stelle gekürzt

forð tô morzen metod up forlǽt 2438.

Es ist mir zweifelhaft, ob wir bei einem so umfänglichen werk auf diesen einen fall hin den schluss ziehen dürfen, dass dasselbe dem süden zugehöre. Dieser eine vers kann möglicherweise erst in der kentischen redaction auf welche unsere hs. zurückgeht (Beitr. X, 195 ff.), seine überlieferte gestalt empfangen haben. In der hs. folgt auf das wort eine rasur vom umfange fast einer ganzen zeile (Zs. f. d. alt. XV, 458).

Dass und warum in der

EXODUS

keine entscheidenden verbalbelege für den durch die alliteration gesicherten südlichen ursprung zu finden sind, ist Beitr. X, 196 bemerkt worden. Unursprünglich ist die gekürzte form *cymð* in den verse *eftwyrd cymð* 539; es ist *cymeð* zu lesen.[1])

DANIEL.

Nur zwei kürzungen von kurzsilbigen verbis sind überliefert, und beide unursprünglich:

swâ þîn blǽd līð 563a | ðð þæt þû eft cymst 585.

---

[1]) Als nachtrag zur ortsbestimmung der Exodus noch eine anmerkung. Bei der schilderung des durchzuges der Juden durch das rote meer heisst es v. 332

randas bǽron
sǽwîcinge ofer sealtne mersc.

Ich denke, die wahl des wortes *mersc* (in der poesie ein ἅπαξ λεγόμενον) für den trockengelegten meeresboden weist auf einen verfasser hin, der in einem der englischen marschdistricte lebte. Dass dies auch für Kent passt, liegt auf der hand. Erwähnungen der kentischen marschgebiete finden sich in den urkunden sehr häufig; auch die Chronik gedenkt z. b. bereits zum jahre 796 des ausgedehnten Romney-Marsh.

SATAN.

Ueberliefert ist eine kürzungsform,

þǽr hê sylfa sit 218ª.

Metrisch wäre *siteð* ebenso berechtigt.

REDEN DER SEELEN.

Dies gedicht wird dem süden zugewiesen durch v. 121

þæt hê þâ tunȝan tôtŷhð ond þâ tëð (tôðas *Verc.*) þurhsmŷhð.

Beide halbzeilen gehören dem typus B an, ausserdem ist offenbar der reim *tŷhð : smŷhð* beabsichtigt. Auf anglischem boden würden aber die entsprechenden formen *tîð : smûȝeð* lauten; durch ihre einsetzung würde vers und reim gestört.

HYMNEN.

Beweisende formen finden sich in Hymn. II. VII. X:

ond (ond â) his willan wyrcð 2, 6ª. 11ª
wel bið þâm þe wyrcð 7, 17ª
ond þû moneȝum helpst 7, 44
sénst ûrne hlâf 7, 68
ond him mâre ȝehǽtst 7, 71
wê âȝylt habbað 7, 114
hider onsendne 10, 10.

Dazu ein *hæfð* 3, 5, s. oben unter Metra, k.

Die Psalmenübersetzung gehört dagegen, wie ich ausdrücklich bemerken will, wider dem anglischen gebiet an. Neben den zahlreichen zweisilbigen formen begegnet keine verkürzte. Von speciell anglischen formen finden sich dagegen *fǽȝer*, die plurale *feóndas, freóndas, tôðas*, das verbum *treówan* etc., worüber weiter unten gehandelt wird.

RUNENLIED.

Auch hier findet sich ein beweisender vers

stede rihte hylt 26, 2

mit ws. *hylt* gegen angl. *haldeð*, welches den vers stören würde. Nicht beweisend ist die gekürzte form *hwyrft* v. 9, 1: *hwyrft hit of heofones lyfte.* Für südlichen ursprung zeugt ferner das zweimalige vorkommen der form *hæfð*, s. unter Metra, k, und auch wol *fæȝer* mit kurzem vocal: *fæȝer ansŷne* 11, 3, *byð on wicȝe fæȝer* 27, 2, und *hafað fæȝerne eard* 28, 2, s. oben.

BYRHTNOTH.

Streng beweisende verse fehlen; überliefert sind gekürzte formen zweimal in der senkung, wo sie besser erscheinen als die längeren:

ȝehŷrst þû sælida 45ª þæt hêr stynt únforcûð 51ª.

Daneben ein *hæfð* 237, worüber unter Metra, k zu vergleichen ist. Herzustellen ist vielleicht ein *þincð* in dem verse *tô heánlîc mê þinceð* 55; doch kann allenfalls A mit auftakt angenommen werden.

In den übrigen gedichten treten synkopierte formen ganz zurück. Metrisch falsch ist *heo ʒâst scŷt* Sal. 437; die hs. hat vielmehr *scŷð*, eine contraction für *scŷeð*, welches einzusetzen ist. Ohne beweiskraft sind *ʒlôm ôðer cîʒð* Schöpf. 71 und *ond him dryhten ʒecŷʒð* Phön. 454, denn hier lautet die anglische form auch einsilbig, Vesp. Ps. *cêð*, north. *ceis* (neben *ceiʒes*), und *hǽtsð hǽðenfeoh* Jul. 53ᵃ, *ʒeriht tô þǽre rôde* Kreuz 131ᵃ, denn *hâtest* und *ʒerihted* passen ebenso gut in den vers. Aus demselben grunde ist auch aus dem rätselhaften *hætst on enʒe* Räts. 4, 5ᵃ keinerlei aufschluss zu gewinnen. Von kurzsilbigen liegen sodann noch vor ein metrisch falsches *byrð* (*se þæt wicʒ byrð* El. 1196), ein metrisch gleichgültiges, aber sicher nicht dem anglischen original angehörendes *seʒð* für *saʒað* (*ʒif hê hit ânum ʒeseʒð* Crist 1310), und mehrere *cwist*, *cwið* (oder *cwîst*, *cwîð*?) für *cwiðest*, *cwiðeð*:

hwæðre in bôcum ne cwið — Crist 453
swâ hit on bôcum cwið — Crist 701
þonne cwið se enʒel — Crist 1669ᵃ
ond þâs word âcwið — Wand. 91
swâ þû worde becwist — Andr. 193. 304. 418
ʒif hit worde becwið — Andr. 210ᵃ
þê se wealdend cwyð — Kreuz 111.

Diese formen mögen immerhin schon im original gestanden haben; metrisch sind sie gleichgültig, und auf alle fälle gehören diese isolierten kürzungen *cwist*, *cwið* nicht zu den regelmässigen beweisenden kürzungen von langsilbigen verbis.

Wegen zweisilbiger formen der verba contracta und der verba ohne thematischen vocal s. gleich unter 3, a und b.

3. Auflösung contrahierter verbalformen. a) Zweisilbige zweite und dritte personen ind. sing. starker verba contracta. Ich schliesse diese gleich an die eben besprochenen anderen 2. und 3. personen mit an, obschon die belege dafür nicht so zahlreich sind, wie die für die übrigen aufzulösenden contractionsformen. In der sächsischen und kentischen prosa werden die 2. 3. ind. praes. der starken verba contracta bekanntlich ausnahmslos einsilbig gebildet, mit erhaltung des

h: sleán — sliehð, teón — tiéhð, wreón — wrîhð etc.; das anglische dagegen kennt nur formen ohne *h: slêð, tîð, wrîð* etc., welche natürlich aus zweisilbigen formen nach ausfall eines intervocalischen *h* contrahiert sein müssen. Wo wir also einsilbige formen dieser verba contracta an stellen finden, wo das metrum zweisilbigkeit verlangt, werden wir solche uncontrahierte formen einsetzen und in ihrem vorkommen zugleich ein festes zeugnis für anglischen ursprung erblicken dürfen. Die belege sind:

meaht forð tîhð — Schöpf. 53
ond tô hâm týhð — Räts. 35, 4
hwîlum ût týhð — Räts. 63, 6
ʒǽst âflîhð — Guthl. 475
ʒif hê mân flýhð — Fäd. 82
wîf hine wrîð — Räts. 51, 5

und wegen s. 457 nr. 14

ǽhta onlîhð — Cräft. 30
furðor onfêhð — Cräft. 34ᵃ.

Zu lesen ist dafür *tîeð, flîeð, lîeð, wrîeð* und *fôeð* resp. älteres *tîið, flîið, lîið, wrîið* und *fôið*. Ueber mögliches *lêið* für *lyhð* Beow. 1049 s. oben 269.

b) Die übrigen contrahierten verbalformen. Nach den bemerkungen oben s. 268 f. (vgl. auch 271. 275. 284) wird es genügen einfach ein verzeichnis der einschlägigen stellen anzufügen.

1. Starke verba.

fôn: niéde onfôn Gen. B 697, *ealle onfôð* Gen. 1759, *Loth onfôn* Gen. 1938, *wǽpna onfôn* Gen. 2040ᵃ, *hê onfôn sceal* Gen. 2330, *selfa onfôn* Gen. 2918, *leoðum onfôn* Crist 1032, *þû meaht ymbfôn* Höll. 115ᵃ, *dǽl onfôn* Cræft. 7, *ʒâste onfôn* Andr. 783ᵃ, *folm mec mæʒ bifôn* Räts. 41, 52ᵃ.

fleón: onweʒ fleón Dan. 512, *feorhseóc fleón* Beow. 821ᵃ, *tô befleónne* Beow. 1004ᵃ, *mandreám fleón* Beow. 1265, *â fleóndu* Metr. 21, 30.

teón ziehen: *mennen ateón* Gen. 2258ᵃ, *on flet teón* Beow. 1037, *woldun hý ʒeteón* Guthl. 546ᵃ.

teón zeihen: *ârna ofteón* Gen. 953.

þeón: hilde onþeón Ex. 241, *man ʒeþeón* Beow. 25, *fǽʒre onþeón* Räts. 64, 2ᵃ.

sleán: ond þâs folc sleán Gen. 2506, *ond on deáð sleán* Gen. 1267ᵃ, *þæt hê mê onʒeán sleá* Beow. 682.

seón: metodsceaft séon Gen. 1743, *wiðertrod seón* Gen. 2084, *tô ʒeseónne* Crist 920ᵃ, *ond on seóð* Crist 1245ᵃ, *andweard seóð* Crist 1271ᵃ, *on þæt þâ folc seóð* Crist 1301, *mancwealm seón* Crist 1417, *metodsceaft seón* Beow. 1181ᵃ, *oft ic wîʒ seó* Räts. 6, 3.

bûan: þæt hêr men bûn Gen. B 735, *þâra þe men bûn* Dan. 693.

rôwan: þâ ʒit (wit) on sund reón Beow. 512, 539.

2. Schwache verba.

þeón: eʒesan þeón Beow. 2737, *weʒeð ond þŷð* Räts. 13, 8, *weʒeð mec ond þŷð* Räts. 22, 5, *se mec on þŷð* Räts. 63, 5ª (zur flexion vgl. Beitr. IX, 293).

feóʒan: þê þæt wîf feóð Gen. 911; vgl. *ealdfeónda* Guthl. 446.

freóʒan: swâ þîn môd freóð Gen. 2258.

teóʒan: wundrum ʒeteód Dan. 111.

tweóʒan: mec þæs lŷt tweóð Guthl. 223.

smeáʒan: mid ʒesceád smeáð Metr. 20, 218 (vgl. 215ª).

þreáʒan: þurh þrym þreáð Crist 1024ª, *eʒesan ʒeþreád* Gen. 2668. Crist 1564ª (vgl. unten *þreá*).

c) Zweisilbige formen von unthematischen verbis. In betracht kommen die verba *dôn, ʒân, beón* und der opt. *sî*. Zweisilbige formen sind abgesehen von north. *dôan* neben *dôn* nur bei *sîe* = *sî* überliefert. Das metrum verlangt deren einsetzung in weiterem umfange. Die belege sind:

α) *dôn: swâ hêr men dôð* Gen. 1206, *on ʒeweald dôn* Gen. 1789, *þû wille hwyrft dôn* Gen. 1918, *hwæt þâ men dôn* Gen. 2411, *unriht dôn* Dan. 23, *tô dônne* Crist 1289ª, *ac hŷ tô sîð dôð* Crist 1568, *lofsanʒ dôð* Seel. 69, *ond on bǽl dôn* Beow. 1117, *swâ sceal man (mǽʒ) dôn* Beow. 1173. 1535. 2167, *dôð efenswâ* Guthl. 564ª, *þæt hî wel dôð* Metr. 19, 26, *þeáh hî wom dôn* Fäd. 70, *þæs þâ bearn dôð* Räts. 42, 7; seltener ist so auch die 3. sing. ind. *dêð* in *dôeð* umzusetzen: *swâ (swâ hê) nû ʒŷt (ʒên) dêð* Beow. 1059. 1135. 2860, *swâ swâ hweól dêð* Metr. 13, 74, *swâ swâ eal dêð* Metr. 20, 207.

β) *beón: dreámleás beón* Dan. 558ª, *þenden wê hêr beóð* Az. 89, *rûmheort beón* Gn. Ex. 87, *þǽr wit tû beóð* Räts. 64, 5.

γ) *ʒân: sôð forð ʒân* Gen. 2354, *rǽd forð ʒǽð* Ex. 525, *andweard ʒǽð* Crist 1071, *ond forð ʒân* Andr. 776ª, *hât in ʒân* Beow. 386, *on flet ʒǽð* Beow. 2035. 2055. Rieger denkt hier bekanntlich an *ʒanʒan* als stellvertreter (verskunst 47), was auch möglich, aber, besonders nach der analogie von *beón*, nicht unbedingt notwendig ist.

δ) *sî — sîe*. Die dichter wechseln mit diesen beiden formen je nach dem bedürfnis des verses beliebig ab; die überlieferung ist vielfach incorrect. Beispiele für zweisilbige form sind: *him þæs þanc sîe* Gen. 1116, *þæt þû mîn sîe* Gen. 1827, *þæs þê þanc sîe* Dan. 308, *â þîn dôm sŷ* Az. 108, *þæt þû brŷd sîe* Crist 280, *hwæðer his ʒǽst sîe* Crist 1553, *somodfæst seón* Crist 1581ª, *ond þê þonc sŷ* Phön. 623ª, *þeáh þe hê ʒeonʒ sŷ* Beow. 1832, *þenden hit sŷ* Beow. 2650, *ʒif þû þeʒn sîe* Andr. 417ª, *hwǽr sió stôw sîe* El. 675, *hwǽr sê man sîe* Kreuz 112, *þonne eów þearf sîe* Metr. 10, 23, *þeáh hî wel sîen* Metr. 13, 35, *þeáh him eall sîe* Metr. 16, 8, *þeáh wîs sîe* Metr. 18, 5, *se þe þonne nû sîe* Metr. 21, 5, *hwæt seó wiht seó (sîe, sŷ)* Räts. 29, 13. 32, 24. 33, 14. 40, 1. 42, 8; für einsilbige: *þâ þe leófe sîen* Gen. 2501, *þǽr þê leófost sîe* Gen. 2723, *þæt þû heáfod sîe* Crist 4ª, *swâ þû sylfa sîe* Crist 180ª, *þê in heáh-*

ðum sîe Crist 414, *þê hêr lîfes sŷ* Crist 1323, *þŷ lǣs hê ormôd sŷ* Cræft. 14a, *ʒif þîn willa sîe* Andr. 70a, *hwæt mîn* (*his*) *æðelo sîen* (*sŷn*) Andr. 735. Jul. 286, *hû ʒefæstnad sŷ* Jul. 400, *þŷ lǣs tôworpen sîen* El. 430, *ʒif þû fruʒnen sîe* El. 542, *ʒif þîn willa sîe* El. 773a, *þæt þû mâ ne sîe* El. 817a, *þæt þeós eorðe sîe* Metr. 10, 8, *þŷ lǣs hê ǣfre sîe* Metr. 16, 3, *þê him unnet sîe* Metr. 16, 6. 22, 10, *wið ôðer sîe* Metr. 20, 65, *þeáh hit wið bâtwa sîe* Metr. 20, 115, *þeáh hit wið ealla sîe* Metr. 20, 128a, *þæt þǣre sunnan sîe* Metr. 21, 40, *þonne sê leóma sîe* Metr. 22, 22, *swâ bereáfod sîe* Metr. 22, 50, *þæt hê þonne sîe* Metr. 25, 35, *þæt hê forð ne sŷ* Sal. 423a, *hwæt þis ʒewǣde sŷ* Räts. 36, 14, *oððe rôse sŷ* Räts. 41, 24, *þeáh þe lilie sŷ* Räts. 41, 27a, *þeáh hió æðelu sî* Räts. 78, 5.

4. Auflösung sonstiger contrahierter formen.

a) Nach ausfall von *h*:

beót (aus **bihât*)*: hæfde wordbeót* Gen. 2761.

fâh: synfâ men Crist 1083a.

ʒefeá: þâ þû of þân ʒefeán Crist 1404.

heáh: on þâ heán lyft Gen. 1401, *heá beorʒas* Gen. 1387, *ond heá byriʒ*[1]) Gen. 1821, *heá dûne* Gen. 2877. Az. 117, *heán landes* Gen. 2898a, *tô þǣre* (*in þisse*) *heán byriʒ* Dan. 38. 54. 206, *ond þâ heán burh* Dan. 666, *heá rîce* Dan. 671, *in þæt heá seld* Dan. 722, *heá holmas* Az. 123a, *ond seó heá rôd* Crist 1065, *deóp wið heán* Schöpf. 83, *heán hûses* Beow. 116a, *heá healle* Beow. 1927a, *beorh þone heán* Beow. 3098, *on þâ heán lyft* Guthl. 383, *heá hlincas* Räts. 4, 24a, *ond þeós heá lyft* Räts. 8, 4, *ôfras heá* Räts. 23, 7; ebenso offenbar *tô þǣre heán byriʒ* Dan. 699 statt des überlieferten *heáhbyriʒ*. Die stellen wo bereits die hss. zweisilbige formen haben, sind hier unberücksichtigt geblieben.

hreóh: hreó wǣʒas Az. 141.

neáh: feorran oððe (*ond*) *neán* Gen. 1047a. Beow. 840 (s. 269), *neán bîdan* Beow. 528.

neár: ôðle niór Gen. 2091, *lǣste neár* Ex. 308, *londe neár* Räts. 4, 64.

sceón: þonne ic forð sció Gen. 1103, wenn der vers richtig überliefert ist.

þeóh: bi weres þeó Räts. 45, 1.

ʒewlôh: wæstmum ʒewlô acc. sg. f. Gen. 1789a.

Besonders wichtig sind hierbei die superlative von *heáh* und *neáh*, weil diese wider als kriterium bei der dialektbestimmung dienen können. Im süden lauten diese superlative bekanntlich stets mit synkope des mittelvocals und erhaltung des *h: hiéhsta, niéhsta* u. s. w., anglisch *hêsta, nêsta* (north.

---

[1]) *byriʒ* und *buruʒ* kommen nirgends entschieden zweisilbig vor (z. b. nie im schlussfuss von C ×́– | ⏑́×); ich habe sie deshalb überall als tatsächlich einsilbig behandelt; wie denn auch die alte orthographie *byrʒ* ist.

auch *heista, neista*), welche formen auf dreisilbiges *hêista, nêista* zurückzuführen sind. Solche uncontrahierten formen aber sind metrisch erforderlich an folgenden stellen:

hyhta hŷhst — Guthl. 34ᵃ
þǽr sê hŷhsta — Crist 1681[1])
þeáh þê ic hŷ â nîhst — Wids. 126ᵃ
ond hyht nîhst — El. 197ᵃ (*lies* hyhta?)
þonan hŷ ʒod nŷhst — Crist 535
wið þâm nêhstum — Dan. 411

auch wol noch

tô þâm nŷhstan — Guthl. 416ᵃ,

obwol hier in erster vershälfte, auch typus A mit einfacher alliteration im zweiten fuss angenommen werden kann.

b) Nach ausfall von *j*. Hier kommt nur das wort *freá* in betracht.[2]) Eine zweisilbige form ws. *frîʒa* (= kent. angl. **frêʒa*) ist in einigen prosatexten mehrfach erhalten: *se frîʒea* L. Ine 74, E, *mid þŷ frîʒean* L. Ine 74, E, *sê âʒena frîʒea* L. Aeth. 3, 4, *âʒenfrîʒea* L. Ine 42. 49 Park., und wird durch das metrum an folgenden stellen gefordert:

heora (his) lîffreán — Gen. 16. 1808ᵃ
onʒan þâ his brŷd freá — Gen. 1822
heora folcfreán — Gen. 1852ᵃ
âʒendfreá(n) — Gen. 2141. 2237. Beow. 1884ᵃ
mîn swǽs freá — Gen. 2783ᵃ
ond him hold freá — Ex. 19
ond eów lîffreá — Ex. 271ᵃ
sînum freán — Dan. 159
freán mihtum — Dan. 351
nû sceal lîffreá — Crist 15
fromsîð freán — Kl. 33ᵃ
mînes freán — Botsch. 9. Räts. 4, 66.
him þæs lîffreá — Beow. 16
nefne sinfreá — Beow. 1935
Deniʒa freán — Beow. 271ᵃ. 359ᵃ. 1681ᵇ
hwîlum (þonne) mec mîn freá — Räts. 4, 1ᵃ. 7, 5.

c) Nach ausfall von *w*.

þreá: þæt brôhþreá Gen. 1813, *mid cwealmþreá* Gen. 2507, *ʒrâp heáhþreá* Gen. 2545, *þeódum tô þreá* Crist 1092ᵃ, *micel môdþreá* Räts.

---

[1]) Grein teilt hier fälschlich erst nach *ealra* ab, das mit dem folgenden *cyninʒa cyninʒ* nach Cynewulfischem sprachgebrauch notwendig zusammengehört.

[2]) Das mir unverständliche *feó ond freós* Dan. 66ᵃ lasse ich bei seite.

4, 50. Das wort *þreá* steht für **ðrâ(w)u*, wie *cleá* für *clâwu*, und die ursprüngliche flexion wird *ðreá* — **ðrâwe* gewesen sein; doch hat man früh auch einen nom. *ðrâwu* wie *clâwu* neugebildet: *thrauu* Ep.

ðeów: ond weorcþeós Gen. 2720, lies *-þeówas* (oder *þeowas*, s. unten III, 2); ähnlich *æt Wealhþeón* Beow. 603 für *-þeówan* oder *-þeowan*.

treów: under âctreó Klage 28ᵃ. 36ᵃ, lies *-treówe* (oder *treowe* s. unten III, 2).

feá: monʒe nales feá Crist 1171ᵃ, wahrscheinlich in *feáwe* aufzulösen.

d) Zweifelhaft ist mir der vers *farende flân* Räts. 4, 57ᵃ. Ich möchte eher glauben, dass *flânas* zu lesen, als dass **flâan*, d. h. eine auflösung des acc. der späten analogieform *flâ* für *flân* anzunehmen sei.

e) In fremdnamen: *sunu* (*fær, earc*) *Nôês* Gen. 1240. 1323. 1423ᵃ. Ueber *Sarrâi* (oder z. t. *Sarrâan*?) für überliefertes *Sarra(n)* in der Genesis 2241ᵃ. 2265ᵃ. 2340. 2354ᵃ. 2388ᵃ. 2623ᵃ. 2714. 2727ᵃ) s. Rieger, Verskunst 56, wo jedoch zu dem einen beleg für *Sarrâi* noch v. 2760 nachzutragen ist.

5. Contractionen statt aufgelöster formen. Dieser fall tritt nur selten ein, abgesehen von der einsetzung von *sî* statt eines überlieferten *sie* (s. 477 f.) und den ebenfalls bereits erwähnten *feám, hreóm* s. 234. Ein weiteres sicheres beispiel scheint mir

neáhbûendum nyt — Räts. 26, 2ᵃ,

wofür wol *neáhbûndum* zu lesen ist. Auch Guthl. 276 liegt *ʒebûn weorðan* statt *ʒebûen weorðan* nahe, obwol man mit A + auftakt auskäme. Ferner ist wol sicher

sæʒde hŷ drŷas wǣron — Jul. 301,

wo *drŷs* zu lesen ist. Ueber formen von *cneów* und *treów* s. unten unter quantität III, 2.

6. Behandlung silbenbildender l, m, n, r. Es ist oben s. 225, anm. angegeben worden, dass, ungleich dem nordischen gebrauch, silbenbildende liquida oder nasalis in der ags. metrik im allgemeinen als volle silbe zählt. Die beispiele hierfür sind so zahlreich, dass es nicht nötig ist besondere belege zu geben. Es ist aber auch schon mehrfach darauf hingewiesen worden, dass diese praxis nicht ausnahmslos gewesen zu sein scheine. So machte es fast den eindruck, als ob formen wie *setl, fræʒn, ðeʒn*, ja selbst solche wie *meðel, hreðer* eher als

einsilbig, denn als zweisilbig gerechnet worden seien. Positive belege für zweisilbigen gebrauch (namentlich anwendung im schlussfuss von C ×–́ | ◡́×) liegen trotz der häufigkeit solcher wörter nicht vor, wenn ich nichts übersehen habe. Dagegen erscheinen sie öfter an stellen, wo die auflösung ◡́× statt –́ sonst gemieden wird, vgl. z. b. oben s. 456. Aber auch nach langer silbe stehen silbische *l, m, n, r* nicht selten im überschuss. Beispiele aus dem Beowulf sind oben bereits an verschiedenen stellen gegeben (z. b. s. 223. 266. 274). Sonst habe ich noch angemerkt.

a) für *l*:

lêton þâ ofer fîfelweȝ — El. 237^a
ferede on fîfelstreám — Metr. 26, 26^a
sûsl þrôwedon — Gen. 75
sûsel þrôwian — Sat. 41
hafastû nû mâre sûsel — Sat. 64
swearte sûslbonan — Sat. 640
sûsl þrôwode — Dan. 621
in þæt swearte sûsl — Guthl. 639^a
wælȝâra wrixl — Gen. 1990
eála hwæt þæt is wræclîc wrixl — Crist 416^a
ymb þâs (þæt þâ) wliteȝan tunȝl — Metr. 28, 6. 29, 39
þonne ôðru tunȝl — Metr. 28, 12
hwæt þâ mâran tunȝl — Metr. 29, 9
habbað æðele tunȝol — Metr. 29, 35
þæt sió hâliȝe sâwl — Seel. 129

b) für *m*:

þînre môdor bôsm — Höll. 110
ofer byrnan bôsm — Räts. 4, 62^a
mâððum rênian — Cræft. 60
þætte ȝylden mâðm — Metr. 21, 20

c) für *n*:

syððan beácen îwde — El. 842
sete siȝores tâcn — Gen. 2311^a
nǽfre wommes tâcn — Crist 54
orȝeáte tâcen — Schöpf. 8
ond rôde tâcn — Räts. 56, 5^a
ryneȝiestes wǽpen — Räts. 4, 58
ne windiȝ wolcen — Phön. 61^a

d) für *r*:

ond witena frôfur — Run. 4, 2
wlitiȝ ond wuldorfæst — Dan. 286^a. Az. 7^a
hwîlum îdel wuldor — Guthl. 57
wuldor alwalda — Gn. Ex. 133
wuldornyttinȝum — Räts. 81, 19

Es fällt auf, dass abgesehen von den jungen belegen für *tunʒl* in den Metra und dem einen *sâwl* (*saul*?) alle einschlägigen wörter stimmlosen consonanten vor dem *l, m, n, r* haben.[1]) Das trifft auch für die meisten stellen im Beowulf zu. Man könnte also etwa daran denken, die regel dahin zu beschränken, dass überschüssige *l, m, n, r* nach stimmlosen consonanten nicht als silben zu zählen brauchen, weil sie dort eventuell (wie im nordischen) stimmlos gesprochen werden konnten. Die ganze frage erfordert aber noch eine eingehendere untersuchung.

7. Unflectierter infinitiv nach *tô*. Sieben beispiele aus dem Beowulf sind oben s. 255. 312 gegeben. Dieselbe correctur wird durch das metrum verlangt an folgenden stellen:

nið(ð)as tô nerʒenne — Dan. 285ª. Az. 6ª
hât tô hebbanne — Dan. 321ª
beornas tô brûcanne — Andr. 1162ª
mycel is tô secʒanne — Andr. 1483
weorc tô ʒeþoliʒenne — Andr. 1661
sâr tô ʒeþolienne — Andr. 1691
weorc tô þolianne — Jul. 569
micel is tô hycʒanne — Räts. 29, 12. 32, 23
lonʒ is tô secʒanne — Räts. 40, 22
þæt is tô ʒeþencanne — Räts. 42, 8ª
sæcce tô fremmanne — Räts. 85, 21.

8. Participia praesentis auf *-ende* von schwachen verbis zweiter klasse sind hier und da überliefert und durch das metrum gesichert, z. b. im Crist *sittaþ sorʒende* 26ª, *cearum sorʒende* 1017, *þǽr him sorʒendum* 1267ª, im Guthlac *ofʒiefan ʒnornende* 203ª, *þǽr ʒê ʒnornende* 651, *hyʒe ʒnornende* (*drûsendne*) 1182. 1353, *drûsendne hyʒe* 1034ª; in der Elene *cên drûsende* 1258, in den Psalmen *ʒnornenda care* 78, 11, 3. Hiernach werden auch an andern stellen den vers überladende participia auf *-iende* durch formen auf *-ende* zu ersetzen sein; z. b. *ʒnorniende cynn* Sat. 134, *tôʒenʒdon ʒnornʒende* Gen. 841ª, *hefiʒ ʒnorniende* Ps. 101, 4, 6ª, *sorʒiende spræc* Gen. B 347, *fluʒon forhtiʒende* Ex. 452ª u. s. w.

---

[1]) Nur müssen wir statt *wuldor* ein altertümlicheres *wulðr* mit erhaltung des ð nach *l* voraussetzen; die verse *wehton cumbolwiʒan* Jud. 243 und *hû þone cumbolwiʒan* Jud. 259 gehören nicht hierher, da *wiʒa* kurzes *i* hat, s. unten unter 'quantität'.

9. Unregelmässige formen consonantischer stämme.

a) Von *fæder* scheint Cynewulf den dat. sg. nur dreisilbig *fædere* zu bilden (wie Lind. *federe*). Belegt ist diese form bei ihm nicht (in der poesie erscheint überhaupt nur einmal der dat. *heáhfædere* Kreuz 134 handschriftlich bezeugt), wol aber verlangt sie der vers:

fæder mînum — El. 438. 454
âȝnum fæder — Crist 465. 532
utan ûs to fæder — Crist 773ᵃ.

Wegen der verfasserfrage ist zu beachten, dass im Andreas zweisilbiger dativ *fæder* durch den vers *tô fæder cleopodest* 1412 gesichert ist.

b) *feónd* und *freónd* mit dem nom. acc. pl. *feóndas* und *freóndas*. Beitr. IX, 252 wurde bemerkt, dass diese formen ausser im northumbrischen wol nur in der poesie vorliegen. Gesichert sind sie an folgenden stellen:

fŷr on feóndas — Dan. 345ᵃ
fŷr ond feóndas — Az. 160ᵃ
tô þon ealdfeóndas — Guthl. 189ᵃ
nô þær þâ feóndas — Guthl. 392ᵃ
ond þâ feóndas mid — Sal. 174
feóndas mîne — Ps. 55, 2, 1. 58, 3, 2ᵃ. 68, 5, 3ᵃ
feóndas fæcne — Ps. 55, 8, 2ᵃ
þîne feóndas — Ps. 65, 2, 4ᵃ
habbađ feóndas — Ps. 67, 23, 1
forđon mê feóndas tô — Ps. 68, 17, 2ᵃ
þê feóndas mê — Ps. 68, 20, 2ᵃ

und öfter in den Psalmen, und

freóndas cûđe — Ps. 87, 8, 1.

Nach dem oben 474 über die dialektische stellung der Psalmenübersetzung gesagten ist die a. a. o. gemachte bemerkung natürlich zurückzunehmen, dass *feóndas* und *freóndas* in den Psalmen möglicherweise sächsische neubildungen seien. Im verein mit den übrigen anglischen formen der Psalmen zeugen sie kräftig für nördlichen ursprung dieser arbeit. Zur Cynewulffrage bemerke ich, dass für diesen dichter nur der plural *frŷnd* (rectius *friónd*) belegbar ist (*feóȝađ frŷnd hiera* El. 360ᵃ), während der Guthl. A oben durch dreimaliges *feóndas* vertreten ist.

c) *fôt* und *tôđ* mit den pluralen *fôtas* und *tôđas*, metrisch gesichert in den versen:

α) fealwe fôtas — Phön. 311[a]
fôtas mîne — Ps. 121, 2, 1
þǣr his fôtas ǣr — Ps. 131, 7, 3[a]
woldan mîne fôtas — Ps. 139, 5, 5[a]
β) tôðas îdze — Phön. 407
ȝod heora tôðas — Ps. 57, 5, 1[a].

Gegen *tôðas* spricht mit einiger wahrscheinlichkeit *ond strezdað tôðas* Sal. 114, wo sonst A mit auftakt anzunehmen wäre. Seel. 121, wo Verc. *tôðas*, Ex. aber *têð* liest, gewährt das metrum keine entscheidung. In der alten prosa sind diese formen wenig nachweisbar, *tôðas* steht einmal im Vesp. Ps., *fôtas* in dem alten Martyrologium, welches deutlich anglischen ursprung verrät. Wegen des vorausgesetzten verhältnisses des Cynewulf zum Phōnix (welcher sowol *fôtas* wie *tôðas* hat), bemerke ich, dass für Cynewulf nur *fêt* feststeht: *ond þâ hâlzan fêt* Crist 1111, *ond ic sumra fêt* Jul. 472; — *fêt þurhwôdon* El. 1066[a] beweist nichts, auch *his freán fêt* Crist 1169[a] ist zweifelhaft, da ebensowol *his frêzan fêt* (oben s. 479) wie *his freán fôtas* im original gestanden haben könnte.

10. Reste, in alphabetischer anordnung:

bytlan ist als ältere form einzusetzen für das verswidrige *bytlian* in *eaforan bytlian* Gen. 2176. Ebenso

ciépan für *ceápian* in dem verse *lîfes ceápode* Crist 1096 (l. *cŷpte*, vgl. *hold zecŷpte* ib. 1472).

dœȝ mit dem gen. pl. *daȝena*. Der gebrauch dieser form steht metrisch sicher für Cynewulf, Guthlac und die Psalmen auf anglischer, und für das späte Menologium auf sächsischer seite:

daȝena rîmes — Crist 467. Men. 64[a]
ond his daȝena rîm — Crist 1587
þænne daȝena worn — Men. 169
on his (bî heora, þû his) daȝena tîd — Guthl. 922[a]. El. 193[a]. Ps. 77, 32, 1[a]. 88, 38, 1[a].
mînra (ealra) daȝena — Ps. 101, 21, 5. 118, 84, 1.

Daneben wird aber auch die form *daȝa* gebraucht, vgl. z. b. *daȝa eȝeslîcast* Crist 1022, *daȝa neósade* Guthl. 974[a].

dryht. Ich erwähne dies wort hier wegen des metrisch gesicherten consonantischen dativs *fram þǣre scîran driht* Sat. 177.

fôn. Metrisch gesichert ist das north. participium *bifên hæfde* Crist 1158.

frêfran. Zu beachten der imp. *frêfra þîne* Andr. 421.

ȝêna für *ȝên* ist einzusetzen: *þâm þe ȝên nis* Gen. 2362 (vgl. unten unter 'Quantität' 4.

horh, Beitr. IX, 232. Der instr. *horu* ist metrisch gesichert: *ʒê mid horu speówdon* El. 297.

ʒehwâ. Metrisch auffällig sind die verse

of ǣdra ʒehwǣre — Gen. 1374ᵃ
on stôwe ʒehwâre — Crist 490
on healfe ʒehwâre — Phön. 206ᵃ
in mǣʒða ʒehwǣre — Beow. 25ᵃ
ond þê wyrda ʒehwǣre — Andr. 630
in ceastre ʒehwǣre — El. 973ᵃ
þâ þe hêr on mǣʒðe ʒehwǣre — Fäd. 74ᵃ;

d. h. alle verse in denen der dat. *ʒehwǣre* vorkommt (nachdem *ʒehwore* Crist 928. Phön. 336 von Grein richtig in *ʒehwone* gebessert ist) zeigen auftakte; darunter ist ein zweisilbiger und ein viersilbiger. An allen stellen ist sicher die allein alte form *ʒehwǣm* resp. *ʒehwâm* einzusetzen.

iéwan. Zu beachten der imp. *ârfæst ŷwe* Crist 245ᵃ. Da Cynewulf schwerlich bereits imperative langsilbiger verba der ersten schwachen klasse auf *-e* gebildet hat, so ist gewiss *eówa, eáwa* statt *ŷwe* zu setzen.

-lêst für altwests. *-liéstu* steht metrisch fest in dem verse *his rêcelêst* Metr. 25, 53ᵃ.

lim mit dem gen. pl. *his leomena bið* Sal. 102ᵃ, vgl. oben *dæʒ*.

nâuht und *nâht*. Für die erstere form ist in den Metris verschiedentlich entweder einsilbige aussprache *nauht* oder die nebenform *nâht, nôht* anzunehmen:

siððan tô nauhte 11, 87
þe auht oððe nauht 20, 42ᵃ
ealle tô nauhte 29, 90.

Vgl. unten *ôwiht*.

neósan — *neósian* s. oben s. 233.

niht. Der dat. *nihte* ist metrisch unberechtigt in den versen *æt* (*tô*) *midre nihte* Phön. 262ᵃ. Kreuz 2 (dagegen correct Jud. 64ᵃ [schwellvers]. Schöpf. 83ᵃ. Ps. 138, 9, 3ᵃ).

ôwiht. Dafür *ôht* zu lesen in *nis þæt ôwihtes ʒôd* Dan. 429ᵃ.

ʒesceaft. Beachte die consonantischen dative *on rihtre ʒesceaft* Dan. 366, *in þǣre êcan ʒesceft* Sat. 664.

sceód — *sceóde*. Gegen Dietrich's änderung von *þâ him cwealm ʒesceód* Gen. 1623 (von *sceððan*) zu *ʒesceóde* von *sceón* spricht das metrum.

siʒe — *siʒor*. Zu kurz ist der vers *eáðʒað ûs siʒes* Crist 20ᵃ (vgl. s. 457, no. 14); vermutlich ist *siʒores* zu lesen.

spâld — *spâtl*. Ersteres ist als anglische, letzteres als sächsische form erwiesen Beitr. IX, 220 ff. Ueberliefert und metrisch notwendig ist *spâld* in der Elene: *þurh þæt æðele spâld* 300, wo die unmetrische correctur *spâdl* zu verwerfen ist. Umgekehrt verlangt das zweimalige *spâtl* im Crist (*hyra spâtl speówdon* 1122ᵃ, *ârleásra spâtl* 1436) des überschüssigen *l* wegen wahrscheinlich correctur in *spâld*, obschon es nach s. 480 f. auch allenfalls einsilbig gerechnet sein könnte.

spiów(i)an. Nur das praeteritum *spiówde,* Beitr. IX, 202 ist metrisch correct. Ueberliefert ist es in *hiora spâll* (lies *spâld*) *speówdun* Crist 1122[a], *âttre spiówdon* Guthl. 884, *ʒê mid horu speówdun* El. 297 und darnach einzusetzen in *blôde spiówedan* Jul. 476; zur quantität s. unten III, 2.

treówan — trûwian. Ueber das verhältnis dieser formen s. oben s. 233. Ausser in den dort citierten Beowulfstellen sind formen von *trûwian* metrisch anstössig noch in den versen:

wâce trûwiaŏ — Crist 838
wrâste ʒetrûwode — Ps. 51, 6, 3
wel ʒetrûwade — Ps. 118, 147, 4

und in den schwellversen *þæt heó onʒan his wordum trûwian* Gen. 649, *siŏŏan þû mînum wordum ʒetrûwodest* Gen. 613, *hû hê his wîsna trûwade* Guthl. 1134.

bitweón. Die für die dialektbestimmung wichtige einsilbige form (Beitr. IX, 270) wird durch das metrum gesichert: *friŏ freóndum bitweón* Crist 1659[a].

wæcnan — wæcnian. Nur die erstere form ist alt, und statt der letzteren herzustellen in den versen *folc âwæcniaŏ* Gen. 2291, *men onwecniaŏ* Sat. 604.

ware, -as — waran. Schwacher gen. pl. ist bezeugt durch den vers *ceastre warena* Andr. 1127[a].

wildor — wildeór, Beitr. IX, 253. Die längere form ist anstössig in den versen *bûtan wildeóra þeáw* Dan. 572, *þæt hê mid wilddeórum âteáh* Dan. 650. Man schreibe *wildra, wildrum,* vgl. *wildra wærʒenʒa* Dan. 663[a].

wyrresta — wyrsta. Die form dieses superlativs ist im allgemeinen dreisilbig: *þæt wyrreste* Seel. 84, *þâ(m) wyrrestan* Jul. 152[a]. 250[a]. Andr. 1594, *tô þæs* (*in þæs, on þone, ond þâ, þurh þâ*) *wyrrestan* Dan. 305. Az. 25. Andr. 86. Jul. 340[a]. 572[a]. El. 932. Dagegen *wilnian tô þâm wyrrestan* Dan. 215[a], wo *wyrrestan* unerträglich ist. Darf man eine verkürzte form *wyrstan* für die sprache des Daniel annehmen? Schwerlich. Oder ist *wyrsan* zu setzen? Der comparativ passt recht wol: 'Die Hebräer sollen dem götzen opfern oder den feuertod dulden, wenn sie nicht frieden erbitten von dem schlimmern (dem was schlimmer ist als der tod), dem goldnen götzenbild'.

III. Quantität.

Im folgenden stelle ich zusammen was sich für die festsetzung angelsächsischer quantitäten aus dem metrum ergibt.[1])

---

[1]) Meine ansetzungen berühren sich natürlich vielfach mit den berichtigungen welche Schubert und Rieger von einem andern metrischen standpunkt aus vorgenommen haben. Da aber meine untersuchungen von denen dieser gelehrten ganz unabhängig sind und vielfach ganz

Dabei habe ich auch wörter von vollkommen sicherer quantität mit aufgenommen, sofern das metrum für neuerdings vorgenommene veränderungen der bisher üblichen quantitätsansätze ein bestätigendes oder verwerfendes zeugnis abgab. Vollständigkeit des belegmaterials ist nicht erstrebt, es sind meist nur die sichersten und am meisten charakteristischen belege ausgewählt. Wegen der verschiedenen stufen der beweiskräftigkeit der einzelnen verstypen sind die winke stets im auge zu behalten, die hie und da im verlaufe der untersuchung und speciell oben s. 452 ff. gegeben sind.

1. Dehnungen nach ausfall von *h* hinter consonanten. Die regel ist bereits oben s. 223 und an andern stellen gegeben. Hier möge etwas reichlicheres material für die betreffenden erscheinungen gegeben werden.

a) belege für länge:

fîras: Nach typus A: *fîra bearnum* Crist 242, *fîra cynne(s)* Crist 610. Schöpf. 14. Phön. 492a. 535. Andr. 590. Jul. 509. Guthl. 836a. 961a. 1224. El. 898. Gn. Ex. 32, *fîra feórum* Crist 1593a, *fîra ǽniȝ* Jul. 218. Sal. 216. 273. 476, *fîrum uncûð* Metr. 4, 39, *fîras moniȝe* Run. 26, 3; *waldend fîra* Beow. 2742 (s. 223). Andr. 922, *nerȝend fîra* Andr. 291a. 1288a. Jul. 240. El. 1078a. 1173a, *nǽniȝ fîra* Gn. Ex. 144a, *moneȝum fŷra* Beow. 2002 (s. 225); nach A 3: *forþon nǽniȝ fîra* Schöpf. 76a; nach typus B: *þæt mihten fîra bearn* Jud. 24a, *þon(n)e fîra bearn* Phön. 396. Andr. 409, *ne mæȝ eác (ne furðum) fîra nân* Metr. 7, 11. 8, 32a, *þæs þe ǽniȝ fîra mæȝe* Wyrde 63a.

swióra, swîra: Nach typus A: *belcedsweóra* Räts. 79, 1, *ânne sweóran* Räts. 83, 6, *swâre on þâ swŷran* Metr. 9, 56a; nach A 3: *is ymb þone sweóran* Phön. 305a, *mid eówrum swîran* Metr. 10, 19a; nach typus B: *þone sweóran him* Jud. 106a, *is se sweóra wôh* Räts. 69, 2.

þŷrel: nach typus A: *hindan þŷrel* Räts. 87, 5, *foran is þŷrel* Räts. 45, 2, auch *þŷrelwombne* Räts. 79, 11a, wenn der vers so vollständig ist.

ônettan, aus **ónhaitjan* (niemals *an-* wegen der dehnung, während

andere gesichtspunkte in betracht kommen, so habe ich es im allgemeinen nicht für notwendig erachtet, unsere übereinstimmungen durch besondere verweise hervorzuheben. — Ausgeschlossen habe ich blosse druckfehler bei Grein, wie *nales hôlunȝe* Gen. 997a, *sêcan dîȝol land* Andr. 698, die sich von selbst corrigieren; auch bloss orthographische nebenformen, welche nur scheinbar eine andere quantität erschliessen lassen als die normalorthographie, wie *scypend seolfa* Sat. 57a, *ac hê (þǽr) hlihende* Gen. 1582. 2066a, *lâc ȝeneahe* Gen. 2843a, *wið hetendum* El. 18a für *scyppend, hlihhende, ȝeneahhe, hettendum* u. dgl.

sonst betontes *on-* sehr oft mit *an-* wechselt): Nach typus A: *ônet tôweard* Metr. 27, 8; nach typus C: *þâ* (*ond*) *ônette* Gen. 2533ᵃ. 2872; nach typus D: *hæleð* (*forð, ȝuman, scaðan*) *ônetton* Gen. 1985. Jud. 139. Beow. 306. 1804 (s. 253), *folc* (*forð*) *ônette* Jud. 162. Höll. 41. Räts. 30, 11; *lêȝ* (*hreóh, forð, woruld, H.*) *ônetteð* Dom. 55. Phön. 217. 455. Seef. 49. Sal. 138ᵃ, *dæȝes ônettan* Gnom. Ex. 141, *þeȝn onnette* Räts. 55, 7ᵃ.

ôret, óretta, ôrettan, aus **úrhait* u. s. w.: Nach typus A: *óretmecȝas* Jud. 232. Beow. 363. 481 (s. 223). 332ᵃ (s. 271). Andr. 664; nach typus C: *swâ sceal ôretta* Guthl. 315ᵃ; nach typus D: *rôf ôretta* Beow. 2539 (s. 252), *ȝodes ôrettan* Guthl. 541, *etest óretes* Ps. 127, 2, 2ᵃ, *ón ôrette* Wids. 41ᵃ.

feorh — feóres: Nach typus A: *feóra wôcre* Gen. 1342, *feóres frôfre* (*frætwe*) Ex. 404ᵃ. Crist 1074ᵃ, *feóre beorȝan* Beow. 1294ᵃ (s. 271), *feóre sîne* Räts. 24, 14; *leófost feóra* Ex. 384, *fîra feórum* Crist 1593ᵃ, *feónda* (*freónda*) *feórum* Beow. 1153ᵃ. 1307ᵃ (s. 271), *sylfes feóre* Beow. 3014 (s. 223), *wîdan feóre* Jul. 508. Fäd. 23, *monnes feóre* Guthl. 101, *ǽfre tô feóre* Räts. 41, 65; nach A 3: *ond þǽr â tô feóre* Crist 1678ᵃ, *ealle hŷ þâm feóre* Guthl. 520ᵃ; nach typus B: *ond feóra fæsl* Gen. 1330ᵃ, *sê þe nû his feóre nyle* Crist 1574, *ȝên ic feóres þê* Jul. 191; nach typus C: *on ȝeoȝuðfeóre* Wyrde 10. Beow. 537ᵃ (s. 295), *on bonan feóre* Räts. 21, 18, *on wiȝan feóre* Räts. 88, 16ᵃ (über *wiȝan* s. unter 3); nach typus D mit auftakt: *onfenȝ feóres ȝǽst* Höll. 20ᵃ.

mearh — meáres: Nach typus A: *meára bôȝum* (*þreátum*) Ex. 171. Guthl. 257ᵃ, *meárum rîdan* (*mǽton*) Beow. 856 (s. 223). 918ᵃ (s. 271); *fealwe* (*eahta, feówer*) *meáras* Beow. 866. 1036. 2164 (s. 223), nach typus B: *sum bið meáres ȝleáw* Cræft. 69; nach typus C: *ond tomes meáres* Gn. Ex. 142.ᵃ

snearh — sneáre, anglisch *snerh — snêre* mit palatalumlaut: Nach typus A: *snêre wrǽstan* Wyrde 82.

Wealh — Weáles: Nach typus A: *swearte Weálas* Räts. 13, 4ᵃ.

feólan — fealh: Nach typus C: *ofer mere feólan* Räts. 23, 5 (vgl. auch den schwellvers *morðor under eorðan befeólan* Gn. Ex. 115, der aus typus A erweitert ist), *foldan befôlen* Dan. 560ᵃ (?, s. 489).

b) belege für die kürze:

þyrel: Nach typus B: *þurh dûne þyrel* Räts. 16, 21 (?), nach typus C: *þurh þyrel þearle* Räts. 71, 7ᵃ.

feorh — feores: Nach typus B: *tô* (*on*) *wîdan feore* Ex. 547. Crist. 230. 277. 1544ᵃ. Walf. 89ᵃ. Beow. 934 (s. 234). Andr. 106ᵃ. 1454ᵃ. El. 211. 1288. 1321. Guthl. 812ᵃ, *ond þæs* (*þǽr*) *tô wîdan feore* Crist 1344ᵃ. Andr. 811ᵃ, *on swâ* (*swâ þû on*) *ȝeonȝum feore* Beow. 1844ᵃ. 2665ᵃ (s. 273); nach typus C: *on fyore lifde* Gen. 1184, *be feore dǽde* Dan. 101, *þæt feora drihten* Sat. 435, *ond feorum ȝumena* Beow. 73 (s. 234), *þîne feore spilde* Andr. 284, *þê him feores wolde* Andr. 1132, *woldon feore beorȝan* Andr. 1540, *ond feore burȝon* El. 134, *his feores sceldiȝ* Ps. Cott. 20; nach typus D: *feores unwyrðe* Crist 1563, *feores orwêna*(*n*) Wyrde 40. Andr. 1109. Guthl. 599, *feores inȝeþanc* El. 680.

feólan — *fealh:* Nach typus A: *deáðe bifolene* Guthl. 598 (im halbreim auf *bidrorene*); nach typus C: *ȝeondfolen fýre* Gen. 43[a], *befolen fæste* El. 937[a].

Von diesen belegen für kürze sind die beispiele für das participium *folen* zu *feólan* wol zu streichen. Eigentlich hätte das part. *folȝen* zu lauten; das verbum ist aber nach dem verlust des *h*, wie der plur. praet. *fǽlon* zeigt, wenigstens teilweise in die ablautsreihe von *stelan* übergetreten, *folen* ist also normal, und eher *fôlen* im Dan. 560[a] auffällig (lies *befolene*?).

Nach diesem abzug ergibt sich, dass bei den wörtern welche das *h* in allen formen verloren haben, die länge absolut fest ist in *fîras, swióra, ônettan, ôretta(n)*, d. h. in allen den wörtern, in welchen auf das *h* stets ein vocal folgte. Dann bleibt von wörtern mit durchgehendem verluste *þýrel* neben *þyrel*. Dieses schwanken dürfte auf ursprünglich verschiedne behandlung der synkopierten und nicht synkopierten flexionsformen zurückzuführen sein. Ein ursprüngliches **þyrhil* — **þyrhles* ergab wol lautgesetzlich *þýrel* — *þyrles* und zu letzterem ward dann auch nom. *þyrel* neu gebildet. Von den übrigen wörtern schwanken nur die mehrsilbigen casus von *feorh : feóres* und *feores* u. s. w. Auch hier dürften die kurzvocaligen formen nur auf einer anlehnung an das einsilbige *feorh* beruhen.

Die regel wäre also dahin zu fassen, dass ausfall von *h* zwischen consonant + vocal lautgesetzlich dehnung des vorausgehenden vocales bewirkt, dass aber diese regel in einigen fällen durch analogische ausgleichung gestört wird.

2. Ursprünglich kurze vocale vor *w*. In meiner ags. grammatik § 73 und Beitr. IX, 202 ff. habe ich angenommen, dass sich zwischen ursprünglich kurzem vocal und *w* im ags. ein *u* entwickele, welches mit dem vorausgehenden vocal zu einem langen diphthongen verschmelze: also z. b. *treówes, feáwe*, mit *i*-umlaut *niéwe* neben unumgelauteten *nióWe*. Die metrik bestätigt diese annahme, soweit umlaute in betracht kommen, durchaus. Unten unter 5 sind 6 belege für *ȝlîw*, 6 für *hîw*, 33 für *nîwe* und deren verwante gegeben, während kein vers kürze verlangt. Für länge von *spîw(i)an, spiów(i)an* spricht das synkopierte praeteritum *spîwde, spiówde*, über welches ausser Beitr. IX, 202 noch oben s. 486 zu vergleichen

ist. Der vers *sioloce siowian* Metr. 8, 24ª kommt hiergegen nicht in betracht, denn es kann hier, in einem ersten halbverse, erweiterter typus D ´–×|´–×× vorliegen; ausserdem wäre ja auch die annahme naheliegend, dass *siowian* nicht dem original angehört habe, in dem vielmehr *siówan* nach der älteren flexion dieses verbums gestanden hätte (vgl. Beitr. IX, 202 f.). Ebenso stimmt die regel für *feáwe*, soweit diese form neben dem häufigeren *feá* etc. (Beitr. IX, 245. 258) vorkommt:

(ond) dimme ond feáwe — Ps. 108, 8, 1
ic þê feáwe dazas — Ps. 101, 21, 3.

Dagegen finden sich zahlreiche ausnahmen bei den wörtern mit *eow* aus *ew*. Für die regel sprechen folgende verse:

þeówas sindon — Metr. 11, 11
þeówen þrymful — Jud. 74ª
dô (ond) þînre þeówan sunu — Ps. 85, 15, 4ª. 115, 6, 3ª
þênaŏ ond þiówaŏ — Metr. 29, 77ª
ne þiówodon — Metr. 29, 99ª
þæt hie þiówien — Metr. 29, 94ª
þû þâm treówum selest — Metr. 4, 21
ær þon eówre treówu — Ps. 57, 8, 1ª,

dazu der schwellvers *þâ þâm cyninze þeówaŏ* Guthl. 62 und das synkopierte praeteritum *þeówde* in *dryhtne þeówde* Guthl. 712. Gegen die regel sprechen dagegen für kürze:

a) ond on â'num cneowe — Ps. 108, 13, 2ª
ne synt cneowu swylce — Ps. 108, 24, 1ª
on cneowum sæton — Dan. 180
fore meotudes cneowum — Guthl. 1014ª
b) on treowes telzum — Gen. 892ª. 1470ª
ic þæs wuldres treowes — El. 1252
on rôde treowe — Phön. 643ª
on þâm treowum symle — Phön. 76ª
zif hî on treowum weorŏaŏ — Metr. 13, 36ª
hî on treowum wilde — Metr. 13, 39
swâ biŏ eallum treowum — Metr. 13, 51ª
on zrênum treowum — Metr. 19, 6
c) wêr[i]zum wîteþeowum — Crist 151ª
d) wæs se dryhtnes þiowa — Ps. Cott. 9ª
æt þâm hâlzan þeowan — Guthl. 894ª
e) earmre þeowenan — Ps. 122, 3, 1
f) ne meahton freó ne þeowe — Gen. 2746
g) oŏŏe deófles þeowet — Hymn. 7, 98
h) dryhtne þeowiaŏ — Guthl. 40ª

bealde þeowie — Ps. 99, 1, 3
dryhtum þeowize — Räts. 13, 15.[1])

Dazu noch die oben s. 266. 300 besprochenen verse mit *Onzenþiówes*.

Hier sind zwei erklärungen möglich. Entweder es ist wirklich keine diphthongierung eingetreten, oder die überlieferung ist verderbt. Erstere annahme könnte insbesondere durch die tatsache gestützt werden, dass im Ps. und north. wirklich nichtdiphthongische formen vorliegen: Ps. *trew* 79, 11. 95, 12. 103, 11. 104, 33 neben *treo* dat. sg. 95, 10, nom. pl. 148, 9, gen. *trea* 73, 5 und *cneow* 108, 24; Lind. *cnew* Mt. 27, 29, *cnewa* Mt. 15, 19, dat. *cneum* Mt. 17, 14 (= Rit. 44, 4), *cneuū* Luc. 5, 8, neben *cneo*ᵘ Mc. 10, 17, *cneoū* Luc. 22, 41; ferner nom. acc. *trê, tré, tree* Mt. 7, 18. 19. 12, 33 (2). 13, 33. Luc. 6, 43 (2). 44. 13, 6. 19, 4 neben *treu* Mt. 3, 10, *treo* Mt. 7, 17 (2), *treuo* Mt. 7, 18. 12, 32, dat. *tree* Mt. 24, 32. Luc. 17, 6. 23, 31 und *treo* Luc. 13, 19, nom. acc. pl. *treo*ᵘ Mc. 8, 24, *treo* Luc. 21, 29, gen. *treuna* Mt. 3, 10, *treuana* Luc. 3, 9, dat. *treum* Mt. 21, 8, *trewū* Mc. 14, 43; endlich *ðea* Mt. 10, 24. 25. 13, 26. 20, 27, pl. *ðeas* Mt. 13, 27. 28, gen. *ðeana* Mt. 25, 19 und ähnlich in Rushw.[2] (in Rushw.[1] überwiegen dagegen wider die diphthongierten formen); Ritual: *treow* 94, 5 neben *tree* 123, 5. 124, 6, dat. *tree* 98, 1ᵇ, gen. pl. *treona* 95, 2; ferner *ðea* acc. pl. 100, 1ᵇ. 170, 44, gen. *ðeana* 108, 1ᶜ, dat. *ðiō* 119, 1ᵇ. Aber die quantitäten der nichtdiphthongischen formen sind keineswegs sicher; ich halte es für wahrscheinlich dass sie durchgehends mit *ê* anzusetzen sind (wie auch north. *nîwe* neben *niówe, trîwia* u. dgl.). Und dann finden sich ja auch in den sicher anglischen Psalmen und im Guthlac sichere belege für länge, welche doch entweder dehnung oder diphthongierung voraussetzt. So halte ich die zweite erklärung für wahrscheinlicher. Ich glaube also, dass unter a) die formen *cneó, cneó(w), cneóm*, unter b) *treós, treó, treóm* einzusetzen sind; der dativ *treó* (oder north. *trê?*) speciell ist ja oft genug belegt, auch in der poesie selbst: *on þâm hâlzan treó* Sat. 417, *sê þe*

---

[1]) Ich übergehe hierbei die analogen verse der Gen. B.: *nolde zode þeówian* 264, *þeódne þeówian* 268ᵃ, *hwŷ sceal ic æfter is hyldo þeówian* 282, *sceolde feóndum þeówian* 488 (schwellvers), weil der verdacht zu nahe liegt, dass hier *þeówian* bloss mechanisch an die stelle von altsächs. *thionôn* gesetzt ist.

on rôde treó Jul. 447, *be þâm lîfes treó* El. 706, *æfter þâm wuldres treó* El. 828, *on rôde treó* El. 856ᵃ, *be þâm wuldres treó* El. 867 (vgl. auch den ganz analogen dativ *hleó: of hleó sende* Gen. 102, *under wealla hleó* Dan. 691ᵃ, *under swezles hleó* Phōn. 374ᵃ. Andr. 834. El. 507ᵃ, auch *tô hleó ond tô hrôðer* Andr. 111ᵃ. Crist 1197ᵃ; *hleówe* kommt gar nicht vor); desgleichen sind die plurale *cneów, treów* öfter belegt; der dat. *cneóm* steht Rushw. Mc. 15, 19 (vgl. das oben citierte *treum,* und das analoge *bleóm scînende* Crist 1392, *ond mid bleóm zyrwað* Wyrde 3, ferner den gen. pl. *trió* Ep. Alex. 644 ed. Baskerville u. dgl. mehr). Unbelegt ist also nur die form des gen. *treós,* für welchen casus aber weder im Ps. noch den northumbrischen quellen überhaupt ein beleg vorkommt, so dass wir gar nicht wissen, wie im norden die form lautete; nur in dem mit westsächsischen formen gemischten Rushw.[1] findet sich ein *treowes* Mt. 3, 10 (*treuna* Lind.).

Was sodann die formen von *þeówian* unter h) anlangt, so verhält es sich mit diesen offenbar wie mit *neósian* — *neósan* und *trûwian* — *treówan* oben s. 233. 486. Ein verbum *þeówan* nach der *ja*-klasse ist im Guthlac zweimal sicher belegt, 62. 712, das praet. *ðeáwde* begegnet im Ps. 17, 45, *ðeówdun* 80, 7 (neben häufigerem *ðeówian*; praet. *ðiówedun* 105, 36); vgl. ferner *ðeówde* Beda 132. 290. 324 Wheloc. Saints 6, 6, *þeówdon* Beda 241. 292. Saints 2, 85.

Es bleiben dann die fälle unter d—g. Für d) stehen die formen *þeów* resp. dat. *þeó* zur verfügung; für e) *þeówan* oder *þeówe*; für f) der plural *þeós* (vgl. den überlieferten, aber metrisch incorrecten plural *weorcþeós* Gen. 2720), für g) endlich die freilich erst in späten texten häufige form: *þeówt.*

Soviel wird man auf jeden fall festhalten dürfen, dass das metrum keinen genügenden anhalt bietet, um die annahme einer durchgängigen diphthongierung kurzer vocale vor *w* zu stürzen.

3. Die quantitäten der fremdnamen. Als allgemeines gesetz gilt, dass die betonten silben der fremdnamen als lang gelten. Eine kleine auswahl von belegen wird genügen:

Für typus A: *Sâtan siððan* Gen. B 345ᵃ, *Jûdisc fêða* Ex. 312, *Hôlofernus* Jud. 46ᵃ. 180ᵃ. 250ᵃ. 337, *Âdam ǽrest* Sat. 473ᵃ, *Sîmon Pêtre* Sat. 523, *Melchisêdech* Crist 138, *Gâlilêsce* Crist 511ᵃ, *Îsac ond Jâcob*

Höll. 44, *Môyses ond Dâuid* Höll. 45, *Âȝustînus* Men. 97, *Sîmon ond Jûdas* Men. 191^{a}, *Jâcob sceolde* Ap. 35, *Sâtan nemdon* Andr. 1195, *Plâtan nemned* Andr. 1653, *Hêlisêus* Jul. 25^{a}, *Jûliâna(n)* Jul. 28. 96^{a}. 106^{a}. 131 etc., *ȝôdne pâpan* Metr. 1, 42, *Brûtus nemned* Metr. 10, 47, *ûre Plâton* Metr. 22, 54, *pâter noster* Sal. 12. 39; für Typus B: *þæt wæs Jûdith cumen* Jud. 168, *þǣr nû Sâtanus* Sat. 447^{a}, *þæt is Êuan scyld* Crist 97^{a}, *þâ wæs Jûdas of* Sat. 574, *sume on Rôme byriȝ* Ap. 11, *þone Êue fyrn* Guthl. 841^{a}, *þe man Sêraphîn* El. 755; für typus C: *ond tô Îsace* Az. 30, *þǣr hî Jûdithe* Jud. 40, *þurh* — ib. 334^{a}, *in Dâuides* Crist 96^{a}, *þonne sceal* — Crist 191^{a}, *þone Jûdeas* Crist 637^{a}, *þætte Jôsephes* Panth. 21, *on þâm Jâcobus* Men. 132, *þurȝ Nêrones* Ap. 13^{a}, *be Jôhanne* Ap. 23, *mid Jûdeum* Ap. 35^{a}, *fore Hêrode* Ap. 36^{a}, *þurh Mâtheus* Ap. 67^{a}, *þâ wæs* — Andr. 40^{a}, *þone Sâturnus* Metr. 24, 21^{a}; für typus D: *mǣȝ Dâuides* Crist 165^{a}, *mæȝð Mâria* Crist 176^{a}, *sunu Dâuides* Crist 712, *hæleð Jûdea* Höll. 13, *cyninȝ* — Andr. 1327; für typus E: *Rûbenes sunu* Ex. 332^{a}, *Âdames cynn* Sat. 408^{a}, *Sâtanus seolf* Sat. 692^{a}, *Jâcobes bearn* Crist 164, *Phîlippus wæs* Ap. 37, *Jûdea cynn* Andr. 560^{a}. El. 209^{a}, *Pîlatus ǣr* Jul. 304, *Stêphanus wæs* El. 492^{a} u. s. w.

Zweifelhaft kann nur die betonung fremder wörter von der form × –́ ⏑ × sein, wie *Bethuliam* Jud. 138^{a}. 327, *Assyrium* Jud. 218^{a}, *Assyria* Jud. 232^{a}. 310^{a}, *Emmanuhel* Crist 132^{a}, *Esaias* Crist 303. El. 350, *Greȝorius* Men. 39^{a}, *Laurentius* Men. 146^{a}, *Achaia* Andr. 1702^{a}, *Commedia* Jul. 21, *Eusebium* El. 1051, *Italia* Metr. 1, 12^{a}, *Boitius* Metr. 1, 52. 75^{a} u. dgl. Diese können entweder zu A gezogen werden und setzen dann eine quantitierung wie *Bêthulîam, Grêȝorîus* voraus; oder aber, und das ist wahrscheinlicher, sie gehören zu D und sind als *Bêthûliam, Grêȝôrius* u. s. w. zu lesen.

4. Quantität der mittelvocale. Von Schubert und Rieger ist bekanntlich die ansicht vertreten worden, dass mittelvocale welche im verse einen ictus tragen, im ags. noch als lang anzusetzen seien (vgl. des letzteren Verskunst s. 53 ff.). Ich kann dieser auffassung nicht beitreten. Wenigstens lässt sich durchaus kein positiver grund für die länge beibringen. Die betreffenden mittelvocale stehen entweder unmittelbar nach einer langen wurzelsilbe, oder durch eine mittelsilbe von kurzer wurzelsilbe getrennt, also z. b. *weardode* und *maðelode.* Wörter von dieser form können aber, sobald sie zwei icten tragen sollen, natürlich nur in einem der drei typen C × –́ | ⏓́ ×, D –́ | –́ ⏓̀ × und E –́ ⏓̀ × | –́ gebraucht werden, und in allen diesen typen ist die silbe, in welche jene mittelvocale treten

müssen, durchaus anceps. So gut wie ein vers *in zeárdă zum* ist auch ein vers wie *âbrédwắde* möglich (oben s. 297 ff.); ein *sécz wĭ́sắde* findet sein genaues gegenbild in *béarn Héalfdĕ́nes* (oben s. 253 ff.), ein *singắles wǽz* in *Sŭ́ðdĕ́na folc* (oben s. 264 ff.) u. dgl. mehr.

Das metrum kann also hier gar nichts für länge beweisen. Dass aber die kürze tatsächlich gestattet war, geht daraus hervor, dass sich an den betreffenden versstellen auch mittelvocale finden, die niemals lang waren, z. b. altes kurzes *i* im praeteritum und participium praeteriti schwacher *ja*-verba, wie *timbrède, âtŷdrède* für *timbrìde, âtŷdrìde* (oben s. 461; an die spätws. *timbrian, frêfrian* u. dergl. ist für alte texte nicht zu denken); vgl. ferner verse wie *þǽr bisceòpas* Andr. 607, *æt þâm bisceòpe* El. 1217[a], *in mýnstèrum* Guthl. 387[a], endlich die nicht seltenen dreisilbigen formen wie *hắlize* oben s. 461, die erst in den jüngsten texten an stelle synkopierter formen auftreten. Endlich spricht auch gegen die regel, dass diese vocale auch an erster stelle mehrsilbiger senkung auftreten, was dem oben s. 457 erörterten widerspräche, wenn sie lang wären. Wenn *weardode hwîle, Geátena leòde, hearpera mǽrost* (Ps. Cott. 4) u. dgl. erlaubt ist (oben s. 227), so müssen die betreffenden mittelvocale kurz sein, und es ist nicht ersichtlich, warum wir dann für *séle wéardòde, þurh wĭ́tzèna* (El. 289[a]), *wĭ́tzèna word* (El. 394[a]), *ond bṓcèras* eine andere quantität ansetzen sollen.

Der grund warum fast immer nur ursprünglich lange oder durch position gedeckte mittelvocale in betracht kommen, ist ein sehr einfacher, er liegt allein in den ags. synkopierungsgesetzen, welche nur ursprünglich lange oder in position befindliche mittelvocale unangetastet liessen, wo nicht besondere kreuzende regeln eingriffen.

5. Einzelnes, in alphabetischer folge.

âcol, nicht *acol*. Die quantität habe ich bereits Beitr. V, 75 festgestellt; die länge des *a* folgt namentlich aus den flectierten formen *acle, aclum* Grein I, 1, welche bei kurzem vocal **acole* oder **æcle* zu lauten hätten. Metrische belege für die länge sind: *forht ond âcol* Gen. 1955, *âcol worden* Dan. 124, *eorl âcolmôd* Az. 167[a], *âcolmôde* Andr. 377[a], *þâ wearð âcolmôd* Andr. 1597.

æfest und *æfst*, nicht *ǽfest, ǽfst*. Die dreisilbigen flexionsformen werden öfter zweiteilig gemessen, so am versschluss, wo nur einsilbige senkung gestattet ist: *forð bûtan æfestum* Crist 1659, *eádiz for æfestum* Ap. 73ᵃ, *ne meahton hŷ æfeste* Guthl. 158ᵃ, aber auch im innern, wie *æfestum onǣled* Mod. 43ᵃ wo *-estum* nach langer silbe seines nebentones halber nicht in die senkung treten könnte. Metrisch ist hier entweder nur *ǣfestum* etc. mit verschleifung auf der hebung, oder gekürztes *ǣfstum* zulässig, was ja bekanntlich auch öfters überliefert ist. Grammatisch spricht für die kürze des vocals, abgesehen von der etymologie (*æf-* = got. *af-*), die tatsache der synkope zu *æfst* etc., da vor *st* nach langer silbe sonst nicht synkopiert wird (vgl. z. b. die superlative, oder wörter wie *henȝest*). Die schreibung der ältesten texte entscheidet weder für *æfst* noch für *æfest*. Die Cura past. kennt nur erstere form (79, 13. 233, 25, *æfstes* 237, 1, *æfste* 233, 17. 22. 235, 3 (2). 25, *æfstiȝ* 79, 12, *æfsteȝan* 15, 17. 175, 20. 231, 15), dagegen hat der Ps. *efestȝan* p. 202, 19, *efes[tȝes]* p. 201, 11. Alles dies gilt auch für *ofost, ofst* unten (nur dass hier belege aus den alten texten fehlen).

ǣȝ, nicht *æȝ*; die länge ist aus grammatischen gründen unzweifelhaft; metrisch beweist der vers *þe on ǣȝe bið* Metr. 20, 169.

ǣled, ǣlan etc., nicht *æled, ælan* u. s. w. Die länge des *æ* ist zuerst von Schubert festgestellt worden; von den zahlreichen auf Schubert folgenden besprechungen des wortes ist besonders der aufsatz von Leffler, Ordet *eld* belyst af de svenska landsmålen, in den Nyare Bidrag I, 271 ff. hervorzuheben. Die metrischen belege sind zahlreich: *ǣled þeccean* Beow. 3016ᵃ, *ǣledleóman* Beow. 3126ᵃ (s. 271), *ǣled weccað* Walf. 21, *ǣled lǣtað* Sal. 129, *ofnes ǣled* Az. 177ᵃ, *holen sceal in ǣled* (im reim auf *ȝedǣled*) Gn. Ex. 80, *eȝeslic ǣled* Phön. 522ᵃ; *ǣlet ȝehwearf* Dan. 254; — *âd stôd* (*âttre, fŷre, swîðe, hâte, þearle, hât bið, æfestum, bǣl bið, âde, âdle*) *onǣled* Gen. 2922ᵃ. Sat. 40ᵃ. 97ᵃ. 322ᵃ. 341. 421. Dom. 9. Mod. 43ᵃ. Phön. 216ᵃ. 503ᵃ. Guthl. 928ᵃ. El. 951ᵃ, *synnum onǣle* Jul. 372, *âd onǣlan* Jul. 580ᵃ, *âd inǣled* Guthl. 640ᵃ, *innan ǣle* Guthl. 1038ᵃ, *dryhtnes onǣleð* Sal. 42, *þurh ǣled fŷr* Phön. 366.

bēȝen, bēȝa, nicht *beȝen, beȝa* und ebenso *twēȝen, twēȝa*, nicht *tweȝen, tweȝa*, welches gleich hier mit behandelt werden möge. Die angabe meiner ags. grammatik § 324, anm. 1, dass die quantität des *e* in *beȝen, tweȝen* nicht feststehe, ist irrig. Die länge des vocals ergibt sich 1. aus der vergleichung des altertümlichen und north. *bæȝa* mit ws. *beȝa*; denn wie sollte wol *bæȝa* mit kurzem vocal erklärt werden können? 2. Aus der schreibung *beȝea, tweȝea* neben *beȝa, tweȝa*. Ist das *ȝ* dieser formen etymologisch = *j*, so hätte nach kurzem vocal contraction eintreten müssen, da inneres *j* sich nur nach länge erhält. Ist das *ȝ* etymologisch = *g*, so wäre bei kürze des vocals **becȝea*, **twecȝea* zu erwarten.[1]) 3. Aus metrischen gründen. An beweisenden versen habe ich mir notiert:

---

[1]) Was beiläufig die erklärung von *bēȝen, twēȝen* anlangt, so scheint mir die frage noch nicht erwogen, ob darin nicht etwa das pronomen *jener* steckt, das wie altn. *enn* artikelartig gebraucht worden sein könnte. Ahd. *bêde, beide* legt eine solche erklärung sehr nahe. Der allgemein angenommene zusammenhang mit got. *bajôþs* ist mir sehr bedenklich; dagegen entspräche dem got. neutrum *ba þô* (*skipa*) Luc. 5, 7

a) für *bêʒen, bêʒa: bêʒen brohton* Gen. 976ª, *bêʒen ær[n]don* Byrhtn. 191, *bêʒen hweorfað* Räts. 44, 13, *ʒôde wǽron bêʒen* Gen. 1587, *westan bêʒen* Jud. 207, *môdiʒe bêʒen* Byrhtn. 80, *þæt hie sceoldon bêʒen* Byrhtn. 291, *Crîste* (*hǽðne*) *wǽron bêʒen* Andr. 1018. Jul. 64, *ond hî hyne þâ bêʒen* Beow. 2708ª (s. 287), *bêʒa folces* Beow. 1125ª (s. 271), *bêʒa siðe* Räts. 53, 7, *heora bêʒa fæder* Gen. 2600, *heora bêʒea nest* Jud. 128, *weorðeð bêʒa cyme* Crist 897, *hafað bêʒa cræft* Guthl. 58, *him wæs bêʒa wên* Beow. 1874 (s. 237).

b) für *twêʒen, twêʒa: twêʒen eardas* Hymn. 7, 97, *stranʒe* (*beámas, enʒlas, nǽron þâ, ôðere, cyninʒas, ʒâstas, âcas, hearde, swylce*) *twêʒen* Gen. 2423. Ex. 94. Crist 506. Ap. 75ª. Andr. 689. Metr. 1, 6. Sal. 487. Räts. 43, 10. 53, 2. Beow. 1348 (s. 223), *hine twêʒen ymb* Guthl. 85, *ond twêʒen fêt* Räts. 83, 4ª, *forþâm þâ twêʒen treʒan* Metr. 5, 42, *ond his twêʒen suna* Räts. 47, 2ª, *ond hyra suno twêʒen* Räts. 47, 3, *twêʒa ôðer* Räts. 43, 9ª, *uncer* (*incer, ôðer, ǽʒðer*) *twêʒa* Gen. 1835. 2882. Botsch. 47. Byrhtn. 207. Beow. 2533ª (s. 271). Räts. 40, 11.

bisses oder *bîses*, nicht *bîses: bûtan þænne bises* Men. 32.

bitter, nicht *biter*, in den versen *biterne strǽl* Crist 765, *biterne bryne* Andr. 616ª, *þær him bitter wearð* Phön. 404ª; dagegen ist wahrscheinlich kürze erforderlich in der halbzeile *biterne brôʒan* Sal. 125ª. 131ª.

blâc, nicht *blæc* ist anzunehmen für *blâce hwurfon* Sat. 71, umgekehrt *blæc* für *nû ic blace swelʒe* Räts. 88, 18.

brêdan resp. *breʒdan*, nicht *bredan*. Wahrscheinlich war in den originaltexten noch überall das *ʒd* erhalten; will man die formen mit blossem *d* behalten, so muss der wurzelvocal selbstverständlich als lang angesetzt werden. Metrische belege sind: *slǽpe tobrêdan* Jud. 247, *hondum ʒebrôden* Beow. 1444 (s. 277), *beorht oðbrôden* Guthl. 826ª, *oreðe ʒebrêdan* Guthl. 1138, *þone tôbrêdan* Metr. 10, 15, *beornas forbrêdan* Metr. 26, 75ª, *ût âbrêdan* Sal. 164.

brême, brêman, nicht *breme, breman*. Auch über die quantität dieser vielbesprochenen wörter kann kein zweifel sein. Ich setze deshalb einfach die metrischen belege für die länge des *ê* her: *þâ wæs brême* Dan. 104, *þæs brêmestan* Andr. 718ª, *bêc syndon brême* Sal. 237ª, *brêmen dryhten* Az. 116. 142, *ond ʒebedum brêmað* Dan. 406ª, *â brêmende* Crist 387, *bodiað ond brêmað* Crist 483ª, *mǽrne brêmað* Men. 94.

Brôsinʒa (resp. *Brîsinʒa*) *mene*, nicht *Brosinʒa*, oben s. 264.

---

ahd. ganz regelrecht **pê dê* resp. *pê-de*, neutrum **pei dei* (vgl. *zuei, dei, dei-su*) resp. mit einsetzung des gewöhnlichen *diu* die form *pei-diu* (vgl. dazu die im Deutschen wb. I, 1361 angeführten dialektischen flexionen wie bair. *bed* m., *bod* f., *beid* n., schwäb. *beand, buod, boid*, wetterauisch *bed, bud, bad*; ob Grimm mit der bemerkung 'nur unsere volksdialekte lassen uns einen blick tun in die höhere vorzeit' die eben gegebene erklärung andeuten will, ist mir nicht klar). Auch die altsächs. und altnord. formen fügen sich dieser erklärung; man versteht danach z. b. leicht den mangel des umlauts in altn. *báðir* neben alts. *bêthia* u. dgl. — Engl. *twêʒen* müste dann natürlich ganz nach *bêʒen* gebildet sein.

brŷce brauchbar, nicht *bryce*, wie man vermuten könnte: *eallum brŷce* Run. 24, 3, *brŷce hæbbe* Ps. 118, 35, 2, *brŷce lufade* Ps. 118, 48, 2.

brytta, nicht auch *bryta*, was aus leicht ersichtlichen gründen (*brytta* = **brutja*) grammatisch ebenso falsch ist wie metrisch in dem verse *swezles brytan* Sat. 23.

bûtu, nicht *butu* etc. Die länge des *û* ist selbstverständlich, weil es auslautender vocal eines betonten einsilbigen wortes ist. Metrisch ist die länge gesichert durch *sǣton bûtu* Gen. 2779, *wazedan bûta* Räts. 55, 6.

bŷsen wird von Kluge, Beitr. VIII, 535 mit langem wurzelvocal angesetzt. Dagegen spricht der vers *þiós ôðru bysen* Metr. 12, 7ª, wenn man nicht die aussprache *bŷsn* (mit tonlosem nasal, oben s. 480 f.) oder ausnahmsweise auftaktbildung annehmen will.

byszian. Der vers *oft bysizen* Metr. 22, 30 beweist natürlich nichts für ein **bŷsiz* etc., da *bysizen* nur späte orthographie für *byszizen* ist.

câlend, nicht *calend*, wie bisher angesetzt wurde: *þæt sŷ his câlend* Sal. 479; vgl. auch *forþŷ se kâlendus* Men. 7ª.

ciele, *cyle* etc., nicht *ciéle*, *cŷle* etc., wie jetzt feststeht. Metrische sicherheit gewähren die verse *ceolas weorðien* Az. 103, *caldum cylezicelum* Phön. 59ª. Andr. 1262ª (erweiterter typus D mit auflösung des zweiten fusses zu ◡́×◡́××); auch *for cele ânum* Metr. 20, 110 kann herbeigezogen werden, obschon da bei annahme von elision auch *cêle* metrisch zulässig wäre.

clîfan. Neben dem schwachen *clifian*, *cliofian* wird starkes *clîfan* verbürgt durch *sâr oðclîfeð* Crist 1267; vgl. Beitr. IX, 277.

cnôdan. Beitr. IX, 279 f. habe ich ein unregelmässiges stv. *cnôdan* — *cneád* — *cnoden* vermutet; diese annahme verbietet der vers *Crîste zecnôden* Metr. 1, 32ª, welcher länge des *o* fordert. Wir müssen also zu Cosijn's *cnôdan* zurückkehren, und demnach *cneódeð* im Beda für einen fehler der überlieferung erklären.

cofa, nicht *côfa*, wie die vergleichung der verwanten formen ergibt (s. Hildebrand im DW. unter *koben*). Metrische belege: *of cofan sended* Gen. 1464, *in þâm morðorcofan* Andr. 1006, *in þeóstorcofan* El. 833ª, *on cyninza cofum* Ps. 104, 26, 3ª, *hæleða heolstorcofan* Phön. 49ª; vgl. auch die rhythmische parallele *bâncofan onband*, *breóstlocan onwand* El. 1250. Zu *ûsse hreðercofan* Crist 1323 s. oben 456. Für länge könnte nur vielleicht *hwîlum mec on cofan* Räts. 64, 4ª sprechen, doch vgl. oben s. 454, wo gerade für die Rätsel beispiele analoger verse auf ◡́× gegeben sind.

cŷme adj., nicht *cyme*, wie überall angesetzt wird, verlangt das synkopierungsgesetz nach *cŷmlic*, vgl. z. b. *cynelic*, *zryrelic*, *hetelic*, *mynelic* u. dgl. Ebenso das metrum: *cŷmu worhte* Ps. 105, 18, 4, *cŷme cyrde* 68, 11, 2ª, und nach typus B *hû cŷme weorc* 65, 4, 1.[1])

---

[1]) Hiernach werden auch noch einige andere der von mir, ags. gr. § 302, als kurzsilbige *i*-stämme bezeichneten adjectiva unsicher; *fremu*

Deórabŷ, nicht mit Grein im text *Deorabŷ: ond Deórabŷ* Eadm. 8a.

drŷʒe, nicht *dryʒe*, Kluge, Beitr. VIII, 536. Metrische belege: *drîʒe stôwe* Gen. 164a, *wǣt wiđ drŷʒum* Metr. 20, 74, *fôtum drŷʒe* Räts. 41, 77, *weʒas syndon drŷʒe* Ex. 283; vgl. auch *ʒieređ ond drîʒeđ* Metr. 29, 60.

dydon und *dǣdon*. In der prosa scheint ein pl. *dêdun* = alts. *dâdun*, ahd. *tâtun* nur northumbrisch vorzuliegen (z. b. Lind. Matth. 12, 16. 25, 45. 26, 4. 19. 28, 15). In der poesie begegnet selten *dǣdun*, opt. *dǣde*. Von diesen ist *tô mete dǣdon* Gen. B 722 (metrisch sicher) wol als stehengebliebene altsächsische form aufzufassen; echt ags. dagegen sind *þæt hê ʒedǣde* Gen. 2893a, *dǣdun sôna* Ps. 61, 3, 2, *dǣdun îdle* Ps. 77, 32, 1, wo *ʒedyde* und *dydun* metrisch anstössig wäre. Gefordert wird die form *dǣdon* ausserdem noch Gen. 142a, *druʒon ond dydon*, Dan. 196 wo *cûđ ʒedydon* und Beow. 1829, wo *hwîlum dydon* (s. 231) überliefert ist. Wir haben in diesen formen wol zeugnisse für northumbrischen ursprung der betreffenden werke anzuerkennen.

drûsian ist von Grein im wörterbuch richtig statt des im texte gebrauchten *drusian* angesetzt (nach engl. *drowse*). Metrische fehler werden in seinem text durch *drŭsian* hervorgebracht in den versen *laʒu drusade* Beow. 1631, *cên drusende* El. 1258 (Phön. 368. Guthl. 1034a. 1353 hat Grein schon im text richtig langes *û*).

drŷman, nicht **drymman*, ist anzusetzen in der stelle *seldan snottor ʒuma sorʒleás blissađ* ||, *swylce dol seldon drymeđ sorʒful* || *ymb his forđʒesceaft* Fäd. 54 f. Grein war in der anmerkung zur stelle auf dem richtigen wege, als er *drŷmeđ* zu *dreám* vermutete, welches dem *blissađ* des vorausgehenden verses parallel steht. Die durch den gegensatz von *sorʒleás* und *sorʒful* bedingte verschiedenheit des ausdrucks braucht natürlich keinen anstoss zu geben.

eóde, nicht *eode*, s. besonders ten Brink, Zs. f. d. alt. XXIII, 65. Metrische belege sind: *eódon sôna* Gen. 2443, *ʒrêtan (furđum, fyrmest) eóde* Gen. 2430. 2539. Ex. 310. Räts. 5, 6a, *sittan (cŷđan) eódon* Jud. 15. 243a. Beow. 493 (s. 222), *tô hofe eódon* El. 557; *flâne fulleóde* Beow. 3120 (s. 227), *eft þæt (elne) ʒeeóde* Beow. 2201a. 2677a, *elne ʒeeódon* Beow. 1968a. 2918a (s. 272), *ôđþæt hî ođeódon* Beow. 2935a (s. 285), *lonʒe (siođđan) bieóde* Jul. 208. Ps. Cott. 66, *ac hie mê fulleódon* Gen. 2153a, *eallum fulleódest* Seel. 24a, *þâ þæt (hû þæt, Myrce, elne) ʒeeóde* Gen. 1562a. Crist 443a. Eadm. 2. Guthl. 129a, *þrymme (eall þâs) ʒeeódon* Jud. 332. Guthl. 725a, *þæs (slǣp) ofereóde* Deor 7a. 13a. 17a. 20a. 27a. Andr. 464. 821. 827. 864.

fǣʒer und *fæʒer*. Bisher wurde allgemein nur *fæʒer* angesetzt. Bedenken dagegen erregt die häufigkeit flectierter formen ohne mittel-

---

folces cwên Beow. 1933a, *freóndspêd fremum* Gen. 2330a, *sûđfolcum swice* Gen. 1996a, *bryce on feorweʒ* Ps. 119, 5, 2 können ebenso gut mit *frêmu(m)*, *swîce*, *brŷce* gelesen werden. Aber *ʒemŷne* statt *ʒemyne*, Beitr. IX, 259, wird man doch kaum ansetzen dürfen.

vocal, wie *fæȝres, fæȝre* u. s. w., welche auf länge des *æ* schliessen lässt. Länge wird auch an vielen stellen durch das metrum gefordert: *fǽȝer folde* Az. 119ª, *fǽȝer foldbold* (*feorȝbold*) Beow. 773ª (s. 278). Kreuz 73ª, *fǽȝer hleóðor* Räts. 32, 17, *fǽȝerwyrde* Fäd. 12ª; *weder bið fǽȝer* Phön. 182, *wundrum fǽȝer* Phön. 85. 232. 307, *þonne bið swâ fǽȝer* Phön. 125ª; *ne bið swelc fǽȝer dreám* Sat. 79, *nis þæt fǽȝer sîð* El. 911, *þeáh hê fǽȝer word* Leas 17; *ond fǽȝerra* Panth. 29ª, *þǽr hê fǽȝ(er)ran* Guthl. 353, *hwylc wæs fǽȝerra* Guthl. 720, *ic eom fǽȝerre* Räts. 41, 46ª, *mæȝen fǽȝerre* El. 242, *frætwe fǽȝ(er)ran* Phön. 330ª, *fǽȝerre leóht* Sat. 389. An anderen stellen ist dagegen kürze des *æ* ebenso notwendig: *fâhwyrm þurh fæȝir word* Gen. 899ª, *ond fæȝerra lŷt* Gen. 1852, *on fæȝerne swêȝ* Ex. 566ª, *fæȝer ansŷne* Run. 11, 3, *bið on wicȝe fæȝer* Run. 27, 2, *hafað fæȝerne eard* Run. 28, 2. Wie man sieht, sind es ganz andere dichtungen, welche sich der form *fæȝer* bedienen, als die welche *fǽȝer* gebrauchen; für das Runenlied und die Exodus ist oben speciell südenglische herkunft wahrscheinlich gemacht. Ein schwankender gebrauch herscht nur im sog. Satan; dem oben citierten beleg für *fǽȝer* v. 389 steht *mycele fæȝ(er)re land* 213 gegenüber, aber dieser vers gehört dem ersten, jener dem zweiten der drei stücke an, aus denen der 'Satan' zusammengestellt ist.[1]) Wir werden also wol einen dialektischen unterschied von *fǽȝer* und *fæȝer* statuieren dürfen.

fǽle, nicht *fæle*, wie öfter nach altn. *falr* angesetzt wird; vgl. die verse *fǽle freoðoscealc* Gen. 2301ª, *wes ûs* (*wesan*) *fǽle freónd* Gen. 2725ª. 2819ª.

fær, nicht *fǽr*, ist mit Grimm für *on þâm frêcnan fære* El. 93ª anzunehmen; es ist einfach *fær* 'kriegszug' gemeint.

fǽted und verwantes, nicht *fæted*, wie seit Schubert s. 29 f. feststeht; vgl. *fǽtedhleóre* Beow. 1037ª (s. 271), *fǽted wǽȝe* Beow. 2254. 2283ª (s. 223. 271), *fâh ond fǽted* Beow. 2702ª (s. 271), *fǽtedsinces* Andr. 478ª, *ofer fǽted ȝold* Räts. 52, 7ª, auch wol *on þâm fǽtelse* Jud. 127ª.

fenix, nicht *fênix*, ist die form, deren sich der dichter des Phönix bedient: *sê is fenix hâten* 86, *ond fenix byrneð* 218, *swâ fenix beácnað* 646.

fêran und *ferian* werden von den herausgebern nicht selten verwechselt. Das metrum bietet öfter wider einen anhalt zur entscheidung, z. b. *fêreð wîde* Räts. 89, 3, *ôðer fêreð* 4, 22, wo Grein *fereð* setzt, und umgekehrt *ȝefered wurdan* Andr. 1621, wo Grein *ȝefêred* schreibt.

ȝeflit, nicht *ȝeflît*, wie Grein ansetzt; die kürze folgt ohne weiteres aus dem plural *ȝeflitu*. Metrische zeugnisse für dieselbe sind: *hyra fyrnȝeflitu* Jud. 264ª, *tô ȝeflite fremede* Jul. 484ª, *ond ȝeflitu rǽran* El. 443, *ȝeflitu rǽrdon* El. 954, *þonne wê on ȝeflitum sǽton* Sal. 430, *þæt heó þurh firena ȝeflitu* Sal. 448ª.

---

[1]) Der vers *þǽr hê oft fæȝerne* Sat. 329ª ist zweifelhaft, da er sowol nach C als nach A gelesen werden kann.

frǣt, nicht *fræt*, vgl. *on þæt* (*þis*) *frǣte folc* Crist 1374ᵃ. Andr. 1508ᵃ, *hafað frǣte lîf* Mod 48 und die synkopierte form *þone frǣtzan* Jul. 284.

frîðende oder *frîðende* in dem halbvers *ferðfrîðende* Räts. 39, 3ᵃ? Das erste ist metrisch möglich (s. 260), das zweite wahrscheinlicher.

frîzu, nicht *frizu*, wird bezeugt durch *bûtan weres frîzum* Crist 37, *Geátes frîze* Deor 15, *þæt þû þæs* (*þurh*) *weres frîze* Jul. 103. El. 341.

frînan statt *friznan*. Das verhältnis der formen ist dasselbe wie bei *brêdan* und *brezdan* oben. Belege für die länge der wurzelsilbe auch wo das *z* nicht geschrieben ist, sind *frînan wille* Beow. 351 (s. 222), *mǣst* (*þrym, fyrn*) *zefrûnon* Ex. 360. Beow. 2 (s. 222). Men. 190ᵃ, *ǣfre zefrûnon* Beow. 70, *zôdne zefrûnon* Beow. 1970, *hilde zefrûnen* Beow. 2953 (s. 227), *ǣfre zefrûnen* Guthl. 1334, *freóndas zefrûnon* Kreuz 76ᵃ, *fyrwit frîneð* Sal. 58.

frîs, nicht *fris*, ist anzusetzen für den vers *frŷsan wîfe* Gn. Ex. 96, die einzige belegstelle für das wort.

Frîsan, *Frŷsan* etc., nicht *Frisan*, oben s. 272; auch das nordische beweist für die länge, vgl. namentlich die verse *vísi margra Frísa* Hallfreðr Hkr. 147 = FMS. I, 133. X, 375. Flat. I, 115, Corp. poet. bor. II, 94, 16, *Frísa kyns í brynju* Halli FMS. VI, 363, *fjǫrlausa hyr Frísi* Ottarr Svarti FMS. XI, 194 = Corp. poet. bor. II, 156, 31; ferner *þás með fylki Frísą* Vellekla Hkr. 144 = FMS. I, 123. Corp. poet. bor. II, 45, 35 (so zu lesen statt *Frísa fylki*, s. K. Gíslason, Njála II, 216, J. Þorkelsson, D. Vidensk. Selsk. Forhandl. 1884, 49 f.), aber auch *fylgðak Frísa dólgi* Skúli Þorsteinsson Hkr. 211 = FMS. II, 311. X, 351. Flat. I, 482. OT. 54 (vgl. unten im anhang II die weiteren ausführungen über den bau der dróttkvættzeile).

zêna, nicht *zena*: *zêna swêtra* Räts. 41, 58, *þafodest þû zêna* Gen. 2246ᵃ, *cwico wæs þâ zêna* Beow. 3094, *mycel is nû zêna* Andr. 422, *ânre nû zêna* Andr. 475, *þâra þê nû zêna* Guthl. 126ᵃ, *hwæðre him þâ zêna* Guthl. 204ᵃ. 417ᵃ, *hyrde þâ zêna* Guthl. 1244, *þæt hire þâ zêna* El. 1070ᵃ, *dôð iû zêna swâ* Sal. 249, *zefremed zêna* Gen. 2651. Ueber *zên* neben *zêna* s. oben 484.

tôzênes, nicht *tôzenes*: *eódon him þâ tozênes* Andr. 45ᵃ, *þǣr him tôzênes* Andr. 657ᵃ, *him þâ tôzênes* El. 536ᵃ. Für *ârâs þâ tôzênes* Andr. 1013ᵃ ist A mit auftakt anzunehmen.

zeoðum zeómor Andr. 1010ᵃ ist gegen das metrum; Grein hatte also vollkommen recht, dafür *zeohðum* zu vermuten.

zeozuð, nicht *zeózuð*, wie Grein ansetzt. Metrische belege für kürze in der zweiten halbzeile (um nur solche anzuführen) sind: *ac ic on mazuzeozuðe* Crist 1429, *duzuðe ond zeozuðe* Andr. 152, *ond zeozuðhâde* Andr. 783, *zeozuðhâdes blǣd* Jul. 168.

(*â*)*zêtan* swv. 'verletzen', nicht (*â*)*zetan*, s. oben s. 313.

ziéta, *zŷta*, *zîta*, *zêta*, nicht *zieta* u. s. w., vgl. *dôð ziéta swâ* Gen. 993, *deóp þâ zŷta* Gen. 1453ᵃ, *reord wæs þâ ziéta* Gen. 1635, *ôwðer ʒiéta* Gen. 2466, *ǽfre ʒîta* Aeth. 66, *sumne þâ ʒêta* Metr. 7, 3, *næs þâ ʒiéta* Metr. 8, 12, *âwer þâ ʒêta* Metr. 8, 33, *wê sculon þeáh ʒîta* Metr. 23, 7ᵃ, *þeáh þû hî nû ʒêta* Metr. 24, 46ᵃ.

ʒîʒant, nicht *ʒiʒant: ʒîʒantmæcʒas* Gen. 1268ᵃ, *ʒîʒanta ʒeweorc* Beow. 1563 (s. 265), *ʒîʒanta cyn* Beow. 1691 (s. 264), *swylce ʒîʒantas* Beow. 113ᵃ (s. 296).

ʒlǽd herscht statt des sonst allein üblichen *ʒlæd* im Phönix: *ʒlǽdum ʒimme* 92ᵃ, *ʒimma ʒlâdost* 289ᵃ, *ʒlâdum ʒimme* 303ᵃ, *in þâm ʒlâdan hâm* 593ᵃ (ist das verhältnis der vocale wie in *slǽpan* und *slâpan*?); vgl. auch den reim *sumum ʒeoʒuðe ʒlǽd : sumum ʒûðe blǽd* Wyrde 68. Es liegt offenbar eine alte stammabstufung vor. Zur Cynewulffrage notiere ich speciell als beleg für kürze *ʒlade blissiað* Crist 1287.

ʒlîw und ableitungen, nicht *ʒliw*, vgl. Beitr. IX, 203. Metrische belege sind *ʒlîwes cræfte* Schöpf. 11, *ʒumum tô ʒlîwe* Phön. 139ᵃ, *ʒlæd wæs ic ʒlîwum* Reiml. 3ᵃ, *hafað him his ʒlîwes ʒiefe* Gn. Ex. 172ᵃ, *ʒleówe sunʒon* Ps. 67, 24, 2, *forþon mê ʒlîwedon* Räts. 27, 13.

ʒlôf 'rupes' ist von Grein mit unrecht für Gn. C. 17 angesetzt: *hafuc sceal on ʒlôfe | wilde ʒewunian.* Es ist *ʒlôf* 'handschuh' gemeint.

ʒôp, nicht *ʒop*, ist zu schreiben nach dem verse *þurh ʒopes hond* Räts. 50, 3ᵃ (ἅπ. λεγ.).

ʒyllan, nicht *ʒŷlan*, erfordert das praet. *ʒylede* aus grammatischen gründen; die kürze des vocals ergibt sich auch aus dem verse *styrmde ond ʒylede* Jud. 25.

hêʒan, nicht *heʒan*. Kögel hätte Beitr. IX, 534 f. die alten, glücklich beinahe beseitigten formen *heʒan, streʒan* u. s. w. nicht wider verteidigen sollen. Die ausrede, seine annahme der kürze gelte nur für belege aus quellen, wo *ê* nicht umlaut aus *eá* sein könne, ist nicht stichhaltig, denn auch unter den strengws. prosaquellen gibt es wol kaum eine, in der nicht gelegentlich auch *e* als umlaut von *ea* begegnete. Das metrum spricht an allen entscheidenden stellen für länge: *tô ʒehêʒanne* Dom. 9ᵃ, *seonoð ʒehêʒan* Phön. 493, *mæðelhêʒende* Andr. 609ᵃ. 1098. El. 279ᵃ, *-dra* Andr. 262, *þinʒ ʒehêʒan* Andr. 932ᵃ, *âna ʒehêʒan* Beow. 425 (s. 227), *þinʒ sceal ʒehêʒan* Gn. Ex. 18, ebenso im praeteritum: *þinʒ (mæðel) ʒehêdon (-de)* Andr. 157. 1051. 1498.

Hêminʒ (d. h. *Hǽminʒ*?) statt *Heminʒ* ist oben s. 264 angesetzt worden; richtiger wäre wol *Hemminʒ*. Im althochdeutschen stehen *Haming* und *Hamming, Hemming* neben einander, Förstemann I, 600, ebenso im nordischen *Hemmingr* (vgl. z. b. den Dänenkönig *Hemmingus* bei Saxo p. 439 Müller und dazu die notae uberiores p. 253 f.; ein anderer *Hemmingus* erscheint als armiger des erzbischofs Absalon bei Saxo p. 924) neben *Hemingr* (vgl. z. b. den helden des Hemingsþáttr Áslákssonar). Auch in England findet sich *Hemminʒ* in *Hemminʒford* Cod. dipl. III, 107. IV, 244. VI, 192, daneben *Heminʒeford* IV, 144. Sicher kurz ist die erste silbe des nord. *Hemingr* in dem verse des Halldórr úkristni *ættgóðr Hemings bróðir* Hkr. 217. Fagrsk. 68. Flat. I, 520 = Corp.

poet. bor. II, 102 (vgl. unten anhang II, B, a), dagegen wird länge erfordert für den namen des Hemingr Hundingsson in dem verse *segðu Hemingi* (typus C) Helgakv. Hund. II, 1 (wo R *hęimingi*, aber unmittelbar vorher in der prosa *hęmingr* bietet) und für den englischen ortsnamen *Hemingaborg* in der Knytlinga saga, vgl. den vers *borg Heminga sorgar* FMS. XI, 189; hier schwankt aber die überlieferung wider zwischen *Heminga-* und *Helmingaborg*, ähnlich wie sich in England selbst für das heutige Hemington in Northamptonshire sowol *Helmynȝton*, Cod. dipl. II, 284, wie *Heminȝeton* Cod. dipl. IV, 145, findet. Was hier im einzelnen falle das ursprüngliche ist, muss ich andern zu entscheiden überlassen.

herian und ableitungen, = got. *hazjan*, nicht **hêrian*: *þeóden heredon* Gen. 15. Dan. 358. Az. 68, *wordum h.* Gen. 1855. El. 893ª, *drihten h.* Ex. 575, *ofestum h.* Dan. 257, *þeȝnas h.* Crist 470, *æðelinȝ h.* Crist 503, *drihten herede* Dan. 282. Az. 3. Andr. 1269. 1457, *swîðe h.* Metr. 30, 6, *herede helm wera* Crist 634ª; ferner vgl. *êce herenis* Crist 415, *nales herenisse* Guthl. 588, *ȝlenȝ ond herenis* Run. 7, 1.

hîw und ableitungen, nicht *hiw* etc., s. Beitr. IX, 203 und die verse *holt on hîwe* Phön. 81ª, *stearc ond hîwe* Phön. 302ª, *hwǽlan hîwes* Sal. 263ª, *blôstma hîwum* Reiml. 4, *ȝeheówadest* Ps. 103, 25, 2ª (*and ȝehîwedan* 118, 73, 2ª). Für *se fuȝel is on hîwe* Phön. 311 ist A mit auftakt anzunehmen.

hleónað, nicht *hleonað*, erfordert der vers *hûs ond hleónað* Guthl. 222ª. Das wort gehört nicht zu *hlinian*, sondern zu *hleó(w)* und bedeutet soviel wie sonst *hleó(w)ð*. Von demselben stamme ist auch ein verbum *hleónian* 'gedeihen' abgeleitet: *ne þǽr hleónað ô* Phön. 25.

hlîfian, nicht *hlifian*, wird neuerdings von Sweet im Reader richtig angesetzt. Für die länge spricht die völlige abwesenheit von nebenformen mit *io, eo* wie etwa bei *lifian, clipian*, und ferner der gebrauch des wortes im verse: *heá oferhlîfað* Phön. 121ª, *heáh* (*beám, ȝearo, salo*) *hlîfian* Dan. 603ª. Beow. 2806ª (s. 301). Räts. 54, 1. Gen. 1321. 2403, *heá(h) hlîfiað* Phön. 23ª. 32ª, *ræced hlîfade* Beow. 1800 (s. 254), *hleoðum hlîfodon* Andr. 843ª, auch wol *hû þær hlîfedon* Ex. 89ª, *ȝeseah hlîfiȝan* Gen. 2877ª, *ac hê hlîfode* Dan. 501ª. Der vers *on hleórum hlîfiað* Räts. 16, 4 steht nicht so in der hs., sondern ist erst von Grein so constituiert.

hlŷt für *hliét*, nicht *hlyt*, verlangt die grammatik; desgleichen das metrum: *hlŷte wunian* El. 821.

hrǽȝeð, nicht *hræȝeð*, fordert der vers *wǽtum hê oferhrǽȝeð* Sal. 305.

hreðer, nicht *hrêðer*, wie ich mit rücksicht auf die synkopierungsformen des wortes früher irrig angesetzt habe. Das metrum erweist sicher die kürze: *hreðer innan* (*inne, ǽðme*) *weoll* (*wæs, born, swearc*) Crist 539. Beow. 2114. 2594. Andr. 1020. Guthl. 910. 952. 1025, *hreðer unwearnum* Seef. 63, *hreðer weardade* Guthl. 1102. El. 1145, *hreðerlocena hord* Crist 1056ª, *hreðerlocan onspeón* El. 86. Ueber *ûsse hreðercofan* Crist 1329 vgl. oben s. 456 und 497 unter *cofa; fæderne hreðer* Gen.

1628ᵃ, welches für länge sprechen würde, ist erst von Grein statt des überlieferten *brêðer* eingesetzt und kann also nicht in betracht kommen.

hrîsel, nicht *hrisel*, ist anzusetzen nach dem verse *hrîsil scrîðeð* Räts. 36, 7.

hrûse, nicht *hruse*. Das wort ist seit Schubert s. 30 oft besprochen. Metrische zeugnisse finden sich massenweise: *hrûse bindeð* Wand. 102, *hrûsan þeccen* (*leccað, syllan, ceósan, styrʒe, sloean*) Metr. 10, 43. 29, 64. Run. 12, 2. 29, 3. Räts. 3, 9. 28, 11, *hrûse dynede* Beow. 2559 (s. 226), *heold* (*hreás*) *on hrûsan* ib. 2280ᵃ. 2832ᵃ (s. 271), *hald þû nû hrûse* ib. 2248ᵃ, *hlǣw under hrûsan* ib. 2412ᵃ (s. 272), *hyllas ond hrûsan* Dan. 383ᵃ, *hâliʒ from hrûsan* Crist 658ᵃ, *herʒas tô hrûsan* Ruine 30ᵃ, *hâliʒ* (*hord*) *under hrûsan* El. 218ᵃ. 625ᵃ. 843ᵃ. 1092ᵃ, *hrîm hrûsan bond* Seef. 32ᵃ, *þonne ic hrûsan trede* Räts. 8, 1, *þonne hê tô hrûsan cymeð* Räts. 41, 55, *hefiʒ hrûsan dǣl* Metr. 29, 53ᵃ, *heard hrûsan fæst* Run. 13, 2ᵃ.

Hûʒas, nicht *Huʒas*, s. oben 223. 271.

hûru, erscheint mit langer silbe in den versen *þæt þû hûru mê* Ps. 118, 8, 2, *wolde hûru* 118, 176, 2; dagegen als *huru* in *ne þâ sceonde huru* Gen. 1581, *ne ofʒif þû mê huru* Ps. 70, 11, 1ᵃ, *his ânes huru* Metr. 9, 22ᵃ, *ne âmerran huru* Metr. 22, 4.

hwǣlan erfordert der vers *hwǣlan hîwes* Sal. 263ᵃ. Grein's ansatz von *hwæla* = *hwæl* 'walfisch' wird wol auch aus diesem grunde zu verwerfen sein (sonst spricht das *æ* der form *hwælan* dagegen, da man doch *hwalan* erwartete).

hŷd, hŷdiʒ etc. neben *hyʒd, hyʒdiʒ*, nicht *hyd, hydiʒ*, vgl. oben zu *breʒdan*. Metrische belege sind nicht in grosser anzahl zu erwarten, da *hyʒdiʒ* meist nur als zweites glied von compositis erscheint, diese composita aber wider vorwiegend im typus C gebraucht werden, welcher im allgemeinen keine entscheidung über die quantität der vorletzten silbe gestattet. Doch findet sich *lŷtelhŷdiʒ* Cræft. 10ᵃ, *þeáwum hŷdiʒ* Gen. 1705, und *þe þæs oferhŷdes* Sat. 114ᵃ, *þæt hê oferhŷda* Sat. 370ᵃ (vgl. oben s. 456) und *reðehŷdiʒ wer* Alm. 2ᵃ.

hyse — hysses. Dieses wort mit gr. κάσις unter annahme von nasalis sonans als grundvocal der wurzelsilbe zu vereinigen geht nicht an, denn das würde zur ansetzung von *hŷse* führen. Der nom. acc. sg. des wortes ist aber stets kurz: *hyse leófesta* Andr. 595. 812. El. 523ᵃ (*hyse unweaxen* Byrhtn. 152 ist unsicher wegen der möglichkeit zu elidieren), *on þâm hysebeorðre* Andr. 1144ᵃ. Für gen. dat. sg. und den plural gilt dagegen *hysses* u. s. w. mit *ss*: *hysse þînum* Ps. 85, 15, 3, *hyssas wǣron* (*hearde*) Daniel 252. 432ᵃ, *hyssas lâʒon* (*bylde*) Byrhtnoth 112. 169, *noldon þeáh þâ hyssas* Dan. 217ᵃ, *scûfan þâ hyssas* Dan. 231, *þæt þû þissum hysse* Andr. 550ᵃ, *hû þâ hyssas þrŷ* Dan. 462ᵃ, *þurh þæs hysses hals* Byrhtn. 141ᵃ, *hêt þâ hyssa hwæne* ib. 2ᵃ. In Ps. 104, 37, 3 *his âʒenum hysse* wird A mit auftakt anzunehmen sein. Ein plural mit einfachem *s* ist einmal im Byrhtn. an zweifelhafter stelle überliefert: *hysas æt hilde* 123ᵃ, was wahrscheinlich nur ein fehler des abdrucks ist. Das wort ist hiernach sicher ursprünglich ein kurzsilbiger *i*-stamm, der in den obliquen casus (ausser acc. sg.) in die *jo*-declination übergetreten ist.

Îra land, nicht *Ira land*, ist die einzig mögliche lesung in dem vers *eft Îra land* Aeth. 56ª.

Jûla, nicht *Jula*, ist zu lesen in dem verse *ǽrra Jûla* Men. 221ª.

lǽsest, nicht *læsest*. Die länge ist von Kluge, Angl. III, 159. Beitr. VIII, 520 sichergestellt. Bestätigt wird seine beweisführung durch *lǽsast brûcan* Guthl. 309, *lǽsest ȝrôweð* Gn. Ex. 159, *nis þæt hûru lǽsast* Guthl. 741ª, *nô þæt lǽsest wæs* Beow. 2355 (s. 237).

lêf, nicht *lef*, scheint schliesslich doch die correcte form zu sein, nach dem verse *lêfe cwômon* El. 1214. Das *ê* muss zu den germ. *ê* = ahd. *ea, ia* gehören.

leóðucræft soll El. 1251ª nach Grein 'ars poetica' bedeuten. Das ist gegen die auslautsgesetze, welche in diesem falle die form *leóðcræft* verlangen, und gegen das metrum, welches kürze erheischt: *leoðucræft onlâc* ist regelrechter typus E mit auflösung der ersten hebung. Das wort kann nur 'gliederkraft' bedeuten, vgl. auch das adj. *leoðucræftiȝ* Phön. 268. Von dichtkunst ist an jener stelle auch keine rede. Der sündige dichter hatte lange zeit gelegen *synnum âsǽled*, *bitrum* (l. *bitre*) *ȝebunden* u. s. w., bis gott ihm gnade verlieh und sie in seinen sinn eingoss, und so auch seinen leib aus den alten banden befreite: *bâncofan onband, breóstlocan onwand, leoðucræft onleác.* Ebenso ist *þurh leóðorûne* El. 522ª grammatisch unmöglich und metrisch anstössig. Man wird entweder *leoðurûne* oder *leóðrûne* schreiben müssen.

-lîc und *-lic*. Beide formen müssen nebeneinander existiert haben, und wahrscheinlich bestand ein fest geregelter wechsel, der später zerstört wurde. Das fem. und ntr. pl. *-licu* verlangt jedenfalls kurzen vocal. Belege für die länge sind *earfoðlîce* Beow. 86. 2935 (s. 222), *eádiȝlîce* ib. 100ª, *ŷðelîce* 1557ª, *earfoðlîce* 1637ª. 1658ª. 2304ª. 2823ª, *ellenlîce* 2123ª (s. 271), *wundorlîce* Phön. 359. Räts. 30, 1, *wundorlîcor* Phön. 127, *meahtelîcor* Räts. 41, 62; dagegen wird kürze und verschleifung vorausgesetzt in versen wie *ond on dryhtlicestum* Seef. 85ª, *drihtlice cempan* Finsb. 14, *heardlice feohtan* Byrhtn. 261, *weorðlicu* (l. *-lic*?) *wunade* Crist 83ª, *mid ȝǽstlicum wǽpnum* Guthl. 148, *is þes wâlica hâm* Sat. 100ª.

lîne schreibt Grein im glossar richtig statt *line* im text; vgl. *Crîstes* (*lanȝre, ân an*) *lînan* Sal. 17. 294ª. Räts. 43, 10ª.

lŷtel, nicht *lytel*. Die quantität ist aus grammatischen gründen so von Sarrazin, Beitr. IX, 365 ff. festgestellt; dazu halte man *lŷtelhŷdiȝ* Cræft. 10ª, *heáfod lŷtel* Räts. 59, 7, *sê is eác tô lŷtel* Metr. 10, 55ª, *þinceð him tô lŷtel* Beow. 1749ª (s. 285), *þæt hê lŷtel fæc* ib. 2241ª (s. 291), *ymb* (*þurh*) *lŷtel fæc* Dan. 682. Guthl. 185. El. 272ª. 383ª.

mǽȝ wird in einigen casus von den herausgebern öfter mit *maȝu* und *maȝa* verwechselt. Länge des wurzelvocals steht metrisch fest in versen wie *mâȝa rîce* Beow. 1854ª (s. 271), *mâȝas sîne* (*uncre*) Andr.

1517. Räts. 85, 10, *siððan winemâʒas* El. 1016ᵃ (*dŷrre mæʒan* Crist 96 für *mǣʒan* bei Grein im text ist natürlich nur druckfehler).

Mǣrinʒa burʒ, nicht *Mærinʒa*, erfordert der vers Deór 19ᵃ.

mâʒa scheint neben *maʒa* zu existieren, vgl. *se mâʒa wæs* Gen. 1172, *heáfodmâʒan* Andr. 944 mit *swâ þone maʒan cende* Beow. 944, *þonne heó maʒan cenneð* Sal. 370, *þû on maʒan wlîtest* Gen. 2395 u. ä.

mâʒister, nicht *maʒister*, ergibt sich aus *mâʒistra betst* Metr. 30, 4, *hire mâʒister* Metr. 13, 20ᵃ.

maʒun, opt. *mæʒe*, nicht *mâʒun*, *mǣʒe* wie Grein ansetzt, ist auch metrisch massenhaft beglaubigt. So stehen z. b. formen davon am schlusse von versen des typus B, wo sie natürlich nur auflösungen der schlusshebung sein können, z. b. Gen. 398. 427. 436. 731. 2523ᵃ. Ex. 439ᵃ. Sat. 99. 101. Crist 221ᵃ. 247. 845ᵃ. 862ᵃ. 1177. 1179. 1313ᵃ. 1330. Schöpf. 25. 34ᵃ. Wyrde 63ᵃ. Panth. 2. Men. 228. Andr. 956. Guthl. 840ᵃ. 1295. El. 1178. 1291. Metr. 2, 19ᵃ. 11, 18ᵃ. 19, 30. 35ᵃ. 37ᵃ. 42. 22, 9. 27, 7ᵃ. 17ᵃ. Fäd. 26. u. dgl. mehr [hiernach Trautmann, Angl., anz. VII, 215 zu berichtigen].

meorinʒa in dem verse *fela meorinʒa* Ex. 62ᵃ ist metrisch falsch. Die erste silbe muss lang sein.

niððas, nur so; die oft überlieferte form *niðas* ist grammatisch kaum zu erklären und bietet metrischen anstoss: *swâ mid niðas* Gen. 2208ᵃ, *niða nerʒend* Dan. 313ᵃ. Andr. 1379ᵃ. El. 503ᵃ. 1086ᵃ, *niða bearnum* Men. 196.

nîwe, nicht *niwe*, s. Beitr. IX, 203. Die metrischen zeugnisse für die länge sind *nîwe sibbe* Beow. 950ᵃ (s. 271), *nîwan stefne* Gen. 1555. 1886ᵃ. Beow. 1790ᵃ. 2595ᵃ (s. 271). Andr. 123ᵃ. 1305ᵃ. El. 1061ᵃ. 1128ᵃ, *nîwe nihtweard* Ex. 116ᵃ, *nîwe flôdas* Ex. 362ᵃ, *feorh bið nîwe* Phön. 266, *of þâm nîwan* Gen. 217ᵃ, *ond sele nîwe* Guthl. 714, *þâ wæs fruma nîwe* Guthl. 795, *ond hió þæs nîwan taman* Metr. 13, 26ᵃ; von ableitungen: *heáf wæs* (*hyht wæs*, *eal bið*, *wæstmum*, *sorʒ bið*, *sorh is*, *wrôht wæs*, *cearo bið*, *hræʒl bið*) *ʒenîwad* Ex. 35. Crist 529. Phön. 279. 580. Beow. 1323. 2288 (s. 227). Wand. 50. 55. Andr. 1012. Guthl. 926. Kreuz 148. Räts. 14, 9, *hyht ʒenîwad* Jul. 607, *feste ʒeniówa* Ps. Cott. 93, *torn nîwiað* Gen. 1258ᵃ, *salo* (*sâr*) *nîwian* Gen. 1881. El. 941ᵃ.

nôðe setzt Gein im glossar richtig an statt *noðe* des textes in *mid þa nôðe* Walf. 28ᵃ, *þæt ic þisse nôðe wæs* Jul. 343ᵃ.

nôsa oder *nôse*, nicht *nosa*, *nose*, oben s. 248.

ofost etc., nicht *ôfost*, ist nach ausweis des metrums anzusetzen nach den gründen die unter *æfest* gegeben sind. Vgl. die verse *ofestum leʒde* Gen. 2336, *ofestum miclum* Gen. 2502ᵃ. 2930ᵃ. Sat. 629ᵃ (diese nicht ganz sicher, weil erweiterter typus E im ersten halbvers angenommen werden kann), *ofestum heredon* Dan. 257, *-môte* Phön. 190, *-ʒefŷsde* Panth. 52, *-betŷned* Räts. 41, 11, *âr wæs on ofoste* Beow. 2784ᵃ (s. 272), *rinc bið on ofeste* Räts. 63, 4, *onʒan* (*ʒewît nû*, *onʒan þâ*, *ʒewât þâ*) *ofostlîce* Gen. 1316ᵃ. 2849. Guthl. 1174. 1301 etc. (Gr. II, 320), *ic on ofoste ʒefenʒ* Beow. 3091 (s. 240; über *nû is ofost betost* 3008, s. s. 248). Das wort wird doch wol aus dem im nordischen so gewöhnlichen steigernden *of* und st. *ansti-, unsti-* zusammengesetzt sein. Die älteste form in historischer zeit dürfte übrigens (wie *æfst* von *æfest*) das gekürzte *ofst* sein; wenigstens wird diese form doch wol durch das verbum *efstan* aus **ofstjan* vorausgesetzt.

onbid stn., ist aus grammatischen gründen wahrscheinlicher als *onbîd* und wird durch das metrum verlangt: *hrâ wæs on anbide* El. 885 (A mit nebenaccent und auflösung in letzter senkung).

oroð, nicht *ôroð*, aus *úz-anþ-*, auch durch das metrum gesichert: *oroð stundum teáh* Guthl. 1245, *þurh âttres oruð* Sal. 221.

reomizmôd ist falscher ansatz von Grimm und Grein für *reónizmôd*, welches Grimm zu Andr. 592 bereits richtig als alternative aufstellte. Das metrum verlangt länge an beiden stellen, wo Grein das wort annimmt: *reónizmôde* Andr. 592[a]. Walf. 23[a].

oðrinan statt *oðirnan* oder *oðrinnan* ist nur durch *æfre ne oðrineð* Metr. 20, 138 vertreten, wo das metrum länge fordert; es ist also in *oðirneð*, oder wegen der hierdurch entstehenden doppelalliteration wahrscheinlicher *oðrinneð* zu corrigieren.

rip stn., nicht *rîp*, wird erwiesen durch den plural *ripu*, Grein II, 382 und durch das metrum in dem vers *on rypes tîman* Phön. 246[a]; für *rip* spricht auch wol der vers *ond ic þê on ripe forecôm* Ps. 118, 147, 1[a]. Zu der quantität vgl. Beitr. IX, 277.

rôzian ist ein ἅπαξ λεγόμενον in dem verse *ryht rôzian* Gn. Ex. 119[a], welcher länge verlangt. Grein schreibt *rozian*.

ryniz in der bedeutung 'cursor' wird von Grein für Cræft. 51[a] angesetzt; der vers *sum bið ryniz* zeigt aber, dass das *y* lang war; man wird also das wort vielmehr zu *rûn* ziehen müssen. Von der schnelligkeit wird ja erst im folgenden gehandelt: *sum bið rŷniz, sum ryhtscytte, sum leóða zleáw, sum on lande snel, fêðespêdiz.*

sâcerd, nicht *sacerd*, ist zu schreiben nach *ealdorsâcerd* Andr. 670, *on sâcerdhâd* El. 1055, *fore sâcerdum* Ap. 71[a].

sceadu und ableitungen verlieren in der überlieferung bisweilen das ableitende *w*, während das metrum länge verlangt. Man lese also *under scead(w)e fôr* Gen. 2739, *forhwâm bescead(w)eð heó* Sal. 339.

sceam 'schimmel' ist ἅπαξ λεγόμενον in dem verse *feówer sceamas* Räts. 23, 4. Das wort hat hiernach langen vocal, wie Grein im glossar gegen seinen text richtig annimmt.

sceón, sceóde als verbum contractum, nicht *sceon, sceode;* vgl. *hete (hearde) zesceóde* Dan. 620. Andr. 18.

scima 'schimmer, dämmerlicht' wird meist von *scîma* 'schein, glanz' unterschieden. Die metrik scheint aber gegen diese trennung einsprache zu erheben: *for (æfter) sce(a)des scîman* Sat. 106[a]. Sal. 116[a], *æfenscîma* Gen. 2448.

scîn — scin? In der zweifelhaften stelle *scines sconcan* Sal. 101 schreibt Grein im text *scines*, im glossar wie das metrum zeigt, richtiger *scînes*.

scîran ist die einzig mögliche lesung in den versen *þæt ʒê ne scîraŏ* Guthl. 476ᵃ, und *scŷran môste* Beow. 1940, vgl. oben s. 223.

scop, nicht *scôp.* Auch hierfür bringt die metrik bestätigung: *þǽm mǽran sceope* Metr. 30, 4ᵃ.

scûdan 'to scud', nur belegt durch den vers *scomum scûdende* Guthl. 828ᵃ; im text hat Grein unrichtig *scudende,* welches schon durch das ungebrochene *u* anstoss erregt.

scua, scuwa, nicht *scûa,* ist lautgesetzlich nach dem altn. *skuggi* zu erwarten. Dazu stimmt wider die metrik: *under heolstorscuwan* Andr. 1255, *ond ic on fæʒerum scuan* Ps. 56, 1, 3ᵃ, *his se brâda scua* 79, 10, 1ᵃ, *ond deáŏes scua* 87, 6, 2, *swâ se deorca scua* 101, 9, 4, *on (of) deáŏes scuan* 106, 9, 2ᵃ. 13, 2ᵃ. Demnach muss der vers *deáŏes scuwan* Sat. 455 zu s. 453, 3 gestellt werden, da ein grund für annahme eines quantitätswechsels hier nicht vorhanden zu sein scheint.

seárian gehört zu ahd. *sôrên,* nicht als *scarian* zu ahd. *serawên,* wie Grein annimmt. Hierzu vgl. *ealdaŏ ond seáraŏ* Seef. 89.

sêle rǽdenne Beow. 51 metrisch falsch, oben s. 252.

seofian wird wol auf grund angenommener verwantschaft mit deutschem *seufzen* als *seófian* angesetzt; dagegen spricht schon die 3. sg. *sefaŏ* Sal. 267, die nicht verderbt zu sein braucht. Kürze verlangt auch das metrum: *þær þâ ceare seofedun* Seef. 10, *nû sceal siofiʒende* Metr. 2, 2 (vgl. auch *sîŏfæt seofian* Jul. 435ᵃ).

seomian wird neuerdings von Sarrazin, Beitr. IX, 367 als *seómian* gefasst. Wie oben bei *seofian* erhebt hiergegen die form *semian* einspruch, welche Gen. 109 tatsächlich belegt ist; ebenso aber auch das metrum: *hettend seomedon* Ex. 209, *semian sinnihte* Gen. 109ᵃ, *seʒlʒyrd seomian* Gn. Cott. 25ᵃ. Auch die übrigen verse in denen das wort vorkommt lesen sich besser mit kürze als mit länge.

siʒel, nicht *sîʒel,* ist die durch das metrum im allgemeinen beglaubigte form für das vielbesprochene wort für 'sonne': *siʒelbeorhte daʒas* Men. 89ᵃ, *siʒelbeorhtne ʒenimŏ* Men. 203, *sealdest Siʒelhearwum* Ps. 73, 14, 3ᵃ; vgl. auch *Siʒelwara land* Ex. 69, *folc Siʒelwara* Ps. 86, 3, 2ᵃ, wo die länge jedenfalls sehr ungewöhnliche versbildung ergäbe. Für länge spricht der vers *þonne mec heaŏosiʒel* Räts. 72, 16, wenn man *heaŏo-* als 'kampf' fasst, was doch das natürlichste ist; leider entscheidet der zusammenhang nichts, da das rätsel sehr lückenhaft überliefert ist. Ferner vgl. die verse *þæt mit Siʒelwarum* Ap. 64, *hine Siʒelwearas* Ps. 71, 9, 1ᵃ mit oben s. 456. Nach der nebenform *seʒl* Andr. 50, *sæʒl* Andr. 89. 1458 kann das wort wol nur ein alter *s*-stamm sein, **seʒloz* — **siʒliz,* und ist also jedenfalls von *saúil* und verwanten zu trennen.

slûma, nicht *sluma,* ist nach niederl. *sluimen* anzusetzen. Dazu der vers *slǽpa slûman* Guthl. 314ᵃ, die einzige belegstelle für das wort in der ags. poesie.

sneowan, snowan werden von Grein mit kurzem vocal angesetzt. Das metrum spricht für länge: *ofer breomo sneówan* Andr. 242, *eástan snôweŏ* Schöpf. 62.

snîcan Grein im glossar richtig statt *snican* im text: *creópað ond snîcað* Metr. 31, 6.

snottor und *snotor* wechseln im vers, nicht immer der überlieferung entsprechend. Für länge vgl. *rǽdum snottor* Andr. 469, *môdes snottor* Fäd. 87, *nymðe hwylc þæs snottor* Ex. 438ª, *nis nǽniȝ swâ snot(t)or* Sat. 349ª, *sæȝde snottor âr* Mod 2ª, *ne mihte snot(t)or hæleð* Beow. 190 (s. 248), *mæȝ nû snottor ȝuma* Guthl. 6ª, *onȝon þâ snottor hæle* Guthl. 1118, *snot(t)erra mon* Sal. 251; für kürze dagegen: *ne hŷrde ic snotorlîcor* Beow. 1843, *â sceal snotor hycȝean* Gnom. Cott. 54, *ne sorȝa snotor ȝuma* Beow. 1385ª, *mon môde snot[t]or* Räts. 81, 29ª, *siȝefæst ond snot[t]or* Höll. 23ª.

stǽl, nicht *stæl*, oben s. 244 (vgl. auch Kluge, Zs. f. vergl. sprachf. XXVI, 96).

stiép Grein im glossar richtiger als *stiep* im text; der einzige beleg ist *strenȝum stiépe* Gen. 60.

stiȝe stm., nicht *stîȝe*; das wort ist kurzsilbiger *i*-stamm; vgl. *ne drihtnes stiȝe* Men. 64.

strǽl Grein im glossar richtig für *stræl* des textes: *strǽle fleóȝan* Räts. 4, 56, *deófla strǽlas* Crist 779, *biteran strǽle* Beow. 1747ª (s. 271), *wǽpenstrǽlas* Ps. 56, 5, 2ª, *boȝan ond strǽle* Ps. 59, 4, 3, *boȝa sceal strǽle* Gn. Ex. 154ª, *of boȝan strǽle* Ps. 77, 11, 2ª, *þurh* (*synd*) *þîne strǽle* Ps. 76, 14, 2ª. 143, 7, 3ª.

strêȝan, nicht *streȝan*, s. oben zu *hêȝan*; ein metrischer beleg *ȝolde strêȝan* Seef. 97.

Sweón, nicht *Sweon*, oben s. 223. 271.

sweót, nicht *sweot*; zur quantität s. Kluge, Anglia IV, 106. Metrische belege: *sweótum sûðan* Gen. 1975, *seȝn ofer sweóton* Ex. 127ª, *sweótum cômon* Ex. 341, *seȝen for sweótum* El. 124.

swîȝian und verwante. Ueber die quantität vgl. Beitr. IX, 297 f. Metrische zeugnisse für die länge sind die verse: *fuȝol bið ȝeswîȝed* Phön. 145, *hræȝl mîn swîȝað* Räts. 8, 1; *þonne swî(ȝ)að hê* Phön. 142, *ne swîȝa þû* Ps. 82, 1, 2ª, *hê þâ swîȝode* Dan. 547ª, *ȝeswîȝian* Ps. 108, 1, 2ª, *ic swîȝade* Räts. 71, 14, *eft swŷȝiað* Ps. 106, 28, 3, *lŷt swîȝode* Beow. 2898, *swîȝende cwæð* Räts. 49, 4; ferner subst. *secȝe ne swîȝe* Crist 190, adj. *ond laȝu swîȝe* Räts. 4, 11, *nis mîn sele swîȝe* Räts. 82, 1ª.

swîma Grein im glossar richtig statt *swima* im text: *heáfodswîma* Gen. 1568, *þæt hê on swîman læȝ* Jud. 106, *swiciað on swîman* Crist 1300ª.

swîpian, nicht *swipian*, ist anzusetzen für den vers *rodor swîpode* Ex. 463. Die bedeutung ist zweifelhaft.

swol, nicht *swôl* (zu *swelan, sweoloð*); beide belege des wortes fordern kürze: *þonne on swole byrneð* Phön. 214, *somnað swoles lâfe* Phön. 269ª.

sype, nicht *sŷp*, ist als verbalsubstantiv zu *sûpan* anzusetzen: *for þǽm sype weorðan* Metr. 20, 97.

tapur, nicht *tâpur*, wie Grein zu Phön. 114 annimmt, ist natürlich die einzig mögliche form; dafür spricht auch jene stelle: *hwonne swegles tapur.*

teár aus **tahur* hat natürlich langen vocal, wie auch Grein im glossar annimmt. Metrische belege für länge sind zahlreich vorhanden, vgl. z. b. *teárum geótað* (*mǽnan*) Crist 1567ᵃ. Jul. 712ᵃ, *teáras geótan* (*feollon*) Guthl. 1029. El. 1134, *blôdigum* (*wêregum*) *teárum* Crist 1175. Andr. 59, *huniges teáre* Metr. 12, 10, *hruron him teáras* Beow. 1873, *ic teáras sceal* Crist 172, *nû sceal teárighleór* Gen. 2274. Dagegen ist *teagor* natürlich kurzsilbig (*teagor ŷðum weol* Guthl. 1314).

teóða aus **tehunða*, nicht *teoða*, wie Grein im text ansetzt; vgl. auch *teóðan síðe* Fäd. 76ᵃ, *ealles teóðan sceat* Gen. 2122ᵃ, *þæt sê teóða mônð* Men. 181.

tîber, nicht *tiber*, ist anzusetzen nach den versen *hâlig tîber* Ex. 415ᵃ, *hwǽr is þæt tîber* Gen. 2890ᵃ. Dazu stimmt, dass das wort in den mehrsilbigen formen synkopiert, *tîfre* etc.

tîðian aus *tigðian* und verwante, nicht *tiðian* etc., wie Grein im text schreibt. Vgl. *tîða weorðan* Gen. 2527ᵃ, *bêne getîðad* Beow. 2285, *þû þæs tîða beó* Gen. 2360, *tîðiað mê* Gen. 2516, *þonne þû him tîðast* Hymn. 7, 56ᵃ.

tûcian oder *tuocian*, nicht *tucian*, erfordert der vers *wyrst tûciað* Metra 24, 60.

tûdor — *tudor*. Die ursprüngliche gestalt des wortes ist vom metrischen standpunkt aus zweifelhaft. Länge der ersten silbe wird gefordert für verse wie *tuddorteóndra* Gen. 959ᵃ. Ex. 372ᵃ, *tregena* (*eorðan*) *tuddor* Gen. 988ᵃ. 1402. Crist 688ᵃ, *tânas bûtan tudder* Run. 18, 2ᵃ; hier genügt die positionslänge, die durch die schreibung mit *dd* angedeutet ist. Für kürze aber sprechen vielleicht *ond eorðan tudor* Sat. 659, *ǽghwylc tudor* Metr. 29, 58; doch kann an der ersten stelle auftakt, an der zweiten eingliedrig gerechnetes *ǽghwylc* angenommen werden.

twêgen s. oben unter *bêgen.*

twig bildet den plural *twigu*, hat also kurzen vocal. Dazu die metrischen zeugnisse: *of þam twige siððan* Gen. 988, *him þâ twigu þincað* Metr. 13, 44, *se* (*þæt*) *gepalmtwigeda* (*-de*) Sal. 12ᵃ. 39ᵃ.

betwînum, nicht *betwinum*, wie Grein im text setzt, ist erforderlich für den vers *teledon betwînum* Andr. 1105ᵃ.

geþâfian statt *geþafian* ist von Rieger, versk. s. 55 auf grund des hemistichs *geþafode* Gen. 2233ᵃ vermutet worden. Dagegen spricht der sonstige gebrauch des wortes: *þolian ond þafian* Jul. 466ᵃ, *eall geþafige* Ps. 130, 3, 1, *geþafa wurðan* Gen. 414. Auch *þafian wille* (*sceolde, onginnan, ne woldon*) Jul. 108. El. 608. Beow. 2964. Dan. 190. Andr. 402, *þafodest þû gêna* Gen. 2246 passen besser zu kürze, da langsilbige schwache verba zweiter klasse meist mit nebenictus gebraucht werden. Der vers *nîðgeþafa* Dan. 633 ist nicht so überliefert, die hs. hat *nîð geþafian*, was ebenfalls für kürze spricht. An jener stelle der Genesis wird also ein verderbnis anzunehmen sein.

þîsa ist wahrscheinlicher als *-þisa* nach dem halbvers *ond wið mæȝenþisan* Räts. 28, 10. Dass auch grammatische gründe für die länge sprechen, wurde Angl. I, 576 bemerkt.

þînen für *þiȝnen*, nicht *þinen*, wie Grein gegen das metrum in *hyre þînenne* Jud. 172ᵃ schreibt.

þrǣȝan, nicht *þræȝan*, verlangt trotz got. *þragjan* das praeteritum *þrǣȝde* El. 1263. Directes metrisches zeugnis für die länge finden wir in *swîðe þrǣȝan* Räts. 20, 3, *þearle þrǣȝað* Metr. 28, 24ᵃ. Das wort wird wol für **þraiȝjan* stehen und zu ags. *þrâȝ* aus **þraiȝâ* gehören.

þrâȝ. Die länge des *â* ergibt sich auch aus zahlreichen versstellen, z. b. *þrâȝe syððan* Gen. 1217. 1811, *þrâȝe hnâȝran* Andr. 1600, *þrâȝum wrǣce* (*winne, strenȝra*) Räts. 2, 4. 4, 67. 82, 4ᵃ, *þrâȝum þreodude* El. 1239ᵃ, *rêðre þrâȝe* Gen. 1420, *lanȝe* - Gen. 1426ᵃ. 2544ᵃ. 2835. Dan. 573. Beow. 54. 114. 1258. Eadm. 11ᵃ. Andr. 791. Metr. 26, 103, *ealle* - Jud. 237. Wids. 88. Ap. 30. Guthl. 1157, *þolian þâ þrâȝe* Metr. 1, 77; *hê þæs þrâȝe bâd* Gen. 2774, *þǣr hit þrâȝe sceal* Guthl. 1168, *forþǣm hió þrâȝe stôd* Metr. 20, 134, *þe þrâȝe nû* Metr. 20, 264, *þæt hŷ þrâȝe beóð* Sal. 303, *wæs þrâȝum nyt* Räts. 55, 7 u. s. w.

þrîtiȝ u. s. w., nicht *þritiȝ*, wie Grein im text hat: *þrîtiȝ þeȝna* Beow. 123ᵃ (s. 271), *þrîtiȝ wintra* Deor 18, *XXX. punda* Sal. 14, *þæt hit wǣre þrîtiȝ* Seel. 36ᵃ, *þǣr XXX. wæs* Jul. 678, *swylce XXX. eác* El. 3ᵃ; *in þrînesse* Andr. 1687ᵃ. El. 177ᵃ; *þriéfeald ȝesceaft* Metr. 20, 183ᵃ, *þriéfealde on ûs* ib. 20, 176.

þrôwian, nicht *þrowian*. Die belege sind ausserordentlich zahlreich: *heán* (*torn, sâr, forð, hât, ȝnorn, weorc, lenȝ, hearm, fâh, wôp, atol, scame, wrǣce, bryne*) *þrôwian* Gen. 921. 2422ᵃ. Crist 1250ᵃ. Andr. 1470. Crist 1633. Beow. 2606. 2659 (s. 254). Ap. 80. Andr. 80. 1369. El. 769. Sal. 466. Sat. 395. Seel. 49. Jul. 445. Andr. 615. Guthl. 545, *swylt* (*fâ, cwealm*) *þrôwiað* Crist 1540ᵃ. 1615. Andr. 281ᵃ, *dôm* (*fela, mîn, oft, drepe, weorc, nearo, swylt, sleȝe, sâr, on, ǣr*) *þrôwade* Sat. 490. Crist 1118. 1434. Seef. 3. Beow. 1590. 1722. 2595 (s. 254). Men. 25. Ap. 71. Andr. 1612. Jul. 229. Guthl. 379. Räts. 71, 12; *nearu* (*deáð, hearm, scome*) *þrôwedon* Andr. 414. 431. 1073. Guthl. 175; *oððe þrôwiȝean* Dan. 213ᵃ, *ǣr ic þrôwode* Sat. 503, *ȝeþrôwode* Sat. 548ᵃ. 666ᵃ. Jul. 448ᵃ. El. 563. 859ᵃ, *on þâm þrôwode* El. 421ᵃ, *þæt ȝeþrôwade* El. 519ᵃ, *ȝeþrôwedon* El. 855ᵃ; ferner *þurh his* (*æfter*) *þrôwinȝa* Crist 470ᵃ. Guthl. 442ᵃ, *sê þe* (*þæs hê*) *in þrôwinȝum* Guthl. 356ᵃ. 750, *þâm þe* (*ȝodes*) *þrôwera* Guthl. 132ᵃ. 153ᵃ u. s. w. Die drei verse *sûs(e)l þrôwedon* (*þrôwode, þrôwian*) Gen. 75. Dan. 621. Sat. 41, welche scheinbar für kürze sprechen, erledigen sich durch das oben s. 480 f. zu *sûsl* bemerkte.

ȝeþrûen. Die länge, welche Grein diesem worte im glossar vermutungsweise gab, ist durch das versmass gesichert: *þicre ȝeþrûen* Metr. 20, 134ᵃ; vgl. auch oben s. 265.

þrŷð, nicht *þryð*, folgt aus bekannten grammatischen gründen. Metrische belege: *þrŷðum bærneð* Crist 970ᵃ, *þrŷðum dealle* Beow.

494ᵃ (s. 271), *folca* (*þreáta, ecʒa*) *þrŷðum* Ex. 340. Phön. 326. Panth. 51. Andr. 376ᵃ. 1150, *wætra* (*æsca, hilde-*) *þrŷðe* Phön. 184. Wand. 99. Räts. 20, 4, *swylce þrŷða dǽl* Räts. 65, 4ᵃ, auch *wǽpnum ʒeþrŷðed* Phön. 486.

þweorian, þweran sind von Grein im glossar fälschlich angesetzt für *ac ʒeþweorod sint* Metr. 20, 72ᵃ, *sôfta ʒeþwerað* ib. 29, 47; es sind fehler der überlieferung für *ʒeþwǽred, -eð,* wie der prosatext an der zweiten stelle, Boeth. p. 234 Fox, liest.

þŷwan, nicht *þywan,* oben s. 225.

wǽdl, nicht *wædl,* Kluge, Beitr. VIII, 535; dazu *wrôht ne wêðel* Phön. 612ᵃ.

wǽr, nicht *wær* oder *waru,* wie bekannt. Metrische belege: *wǽre sealde* (*frǽton, heolde, beódan*) Gen. 2832ᵃ. Ex. 147. 421. El. 80, *wǽra þîne* Gen. 2818ᵃ, *môdes wǽre* Gen. 2366ᵃ, *þæt hê þâ wǽre* Botsch. 50ᵃ, *ic þê wǽre nû* Gen. 2202, *ic þâ wǽre forð* Gen. 2307, *in* (*on*) *ʒodes wǽre* Men. 39. 217. Guthl. 662. 718, *on* (*hiera*) *fæder wǽre* Andr. 825. Dan. 10, *heora friðowǽre* Ps. 118, 158, 2ᵃ.

wâfian schreibt Grein im glossar richtig (nach ahd. *weibôn*) statt *wafian* im text; vgl. dazu *eác wâfian* Metr. 28, 44, *þæt wâfiað* Räts. 81, 36ᵃ, *hǽleð wâfedon* Ex. 78, *duʒuð wâfade* Jul. 162, *þê ʒê wâfiað* Crist 89, *þæt ne wâfiʒe* Metr. 28, 18. 31.

wâʒ, nicht *waʒ,* aus bekannten gründen; vgl. dazu *wrât þâ in wâʒe* Dan. 723ᵃ, *wlitiʒ of* (*on*) *wâʒe* Andr. 732ᵃ. Räts. 15, 12ᵃ, *web æfter wâʒum* Beow. 996ᵃ, *on seles wâʒe* (*wǽʒe*) Andr. 714. Räts. 14, 4 (*wǽʒas burston* Ex. 483 wird aber wol zu *wǽʒ* woge, gehören).

wêriʒ, nicht *weriʒ,* Angl. I, 577: *wêriʒ bîdan* Crist 802 (so Grein im text abweichend vom glossar), *bið him wêriʒ noma* Wyrde 42. Sonst kommen nur flectierte formen vor.

wîbed, weóbed etc. (aus *wihb-*) nicht *wibed* u. s. w.: *wîbed worhte* (*setton*) Gen. 1791ᵃ. 1806ᵃ. 1882, *weóbedd worhte* Gen. 2841ᵃ.

wîʒ tempel, nicht *wiʒ*: *þæt hié þæs wîʒes* Dan. 201ᵃ.

wiʒa, nicht *wîʒa,* ist nach ausweis des metrums anzusetzen: *wiʒan ǽʒhwylcne* Ex. 188, *wiʒa neálǽceð* Guthl. 1006, *wiʒan unslâwne* (*unforhte*) Andr. 1713. Byrhtn. 79, *þǽr wiʒan sittað* Run. 14, 2, *wehton cumbolwiʒan* Jud. 243, *hû þone cumbolwiʒan* Jud. 259; vgl. auch *wælreów wiʒa* Beow. 629ᵃ (oben s. 275), *weallende* (*winnende*) *wiʒa* Crist 985ᵃ. Räts. 52, 6ᵃ. Dagegen ist *wîʒend* regelmässig als $\acute{-}\times$ gebraucht, ausser, soviel ich sehe, *wiʒend unforhte* Ex. 180. 328, wo man entweder *unfórhte* betonen, oder *wiʒan* einsetzen muss.

wîtiʒ, nicht *witiʒ,* oben s. 222. 237. 292. Weitere metrische belege: *wîtiʒ dryhten* Ex. 25. Dan. 404. Deor 32ᵃ, *wîtiʒ werede* Andr. 744ᵃ, *hæfde* (*þæt*) *wîtiʒ ʒod* Ex. 80. Crist 226, *þurh wîtiʒdôm* Dan. 146ᵃ.

wrîd(i)an und *wrîð(i)an.* Der unterschied den Grein zwischen *wrîdan, wrîðan* stv. und *wridian, wriðian* swv. in bezug auf die quantität macht, ist hinfällig. Das metrum fordert überall länge: *wynnum wrîdað* Andr. 635ᵃ, *weaxað ond wrîdað* Gen. 1532ᵃ, *weaxeð ond wrîdað*

Beow. 1742ᵃ (s. 272), *wrôht wrîðian* Gen. 1903ᵃ, *mân wrîdode* Andr. 768, *ond wrîðade* Gen. 1702, *wrîðende sceal* Gen. 1762.

wrîȝian, nicht *wriȝian*, vgl. die belege *wrîȝað tôheald* Metr. 13, 10 und, mit reim, *wrîȝað ond hîȝað* Metr. 13, 65.

Anhang I.

Bemerkungen zu einzelnen stellen.

Anhangsweise lasse ich noch einige bemerkungen zu einzelnen stellen folgen, die sich nicht wol oben einreihen liessen. Es ist dabei nicht sowol meine absicht, eine vollständige übersicht über alles nach meiner ansicht noch zweifelhafte oder anstössige zu geben, als an einer reihe von beispielen zu zeigen, wie in der regel der metrische fehler auch mit einem sinnesanstoss zusammengeht. Insbesondere habe ich dabei auch eine anzahl herausgegriffener conjecturen und ergänzungen der herausgeber (insbesondere Grein's) angeführt, welche zeigen können, wie leicht und wie sehr man ohne kenntnis der im obigen dargelegten gesetze zu fehlern gegen die regeln des ags. versbaues gelangen kann.

GENESIS. 72 f. *seomodon swearte sîðe.* ‖ *Ne þorfton hlûde hlihhan, ac heó helltreȝum* ‖ ist falsch abgeteilt. Vers 72ᵃ schliesst mit *swearte,* 72ᵇ mit *þorfton.* — 208 f. ist abzuteilen *neorxna wanȝ stôd* ‖ *ȝôd ond ȝâstlic.* — 667 *þæt is sûð-eást* ist zu kurz; aber die hs. hat *sûð ond eást,* Zs. f. d. altert. XV, 458. — 892 ist umzustellen *ond on teónan mê,* da der hauptstab nicht in vorletzter silbe stehen darf. — 906 das unmetrische *werȝ þînum* ist nur schreibfehler für *wêriȝ þînum.* — 976 f. ist abzuteilen *bêȝen brôhton* | *breȝo enȝla beseah* ‖ *on Âbeles ȝield.* — 1098 fehlt eine silbe; *wât* (*nû*) *ȝearwe* oder *wât* (*þeáh*) *ȝearwe?* — 1308 *þreóhund lanȝ* ist um eine silbe zu kurz; der gen. *þreóra hunda* ergäbe ein silbe zu viel; wahrscheinlicher ist *ond* vor dem halbvers einzusetzen, welches denn auch den übergang aus der genetivischen construction in die accusativische weniger auffällig macht. — 1338 *ǽlces twâ* ist zu kurz; sollte ursprünglich das masc. *twêȝen* gestanden haben? — 1405 *edniówne* ist zu kurz, aber auch nicht überliefert, sondern correctur Dietrichs für verderbtes *ed monne* der hs. — 1515ᵃ ist wol (*ond*) *holmes hlæst* zu ergänzen. — 1525ᵃ *tô slaȝan seðe* ist auch metrisch anstössig; Bouterweks *sette* gibt guten sinn und entspricht dem metrum; auch *sêce* ist metrisch correct; *seðe* aber ist keine grammatisch mögliche form, wenn man nicht ein starkes verbum *seðan* annimmt; sonst ist nur *seðie* oder *seððe* möglich. — 1638 *of þâm wîd folc* verstösst gegen die regel von der stellung des hauptstabs; adv. *wîde*? — 1701[a] *samod sâmworht* wäre ◡́×–́×; wol einfach umzustellen. — 1715 *unforcûðlíce*; die alliteration trifft die erste silbe; ein correcter vers kommt also nur durch die lesung *únfrácoðlíce* –́ | ◡́×–̀× heraus. — 1718 *drihta bearn* falsche correctur Dietrichs für das überlieferte *drihta bearnum*. — 2018 f. ist abzuteilen *ȝewât sîðian* ‖ *an ȝâra lâf*. — 2058 lies *eáð(e) mihte*; der comparativ gibt keinen sinn. — 2225[a] *drihten mîn* ist zu kurz, ebenso 2527 *tenȝ recene*; wahrscheinlich ist nur anders abzuteilen: *tenȝ recene tô* ‖ *þâm fæstenne*. — 2557[a] *swôȝende* ist zu kurz; eine silbe davor oder dahinter ausgefallen, etwa *swôȝende* (*lêȝ*) oder dgl. — 2613[a] *âȝen bearn* ist durch hinzuziehung von *hire* aus dem vorigen halbvers zu ergänzen; dadurch wird dieser zu kurz; *þæt seó ȝingre* ist gegen das gesetz von der stellung des hauptstabes; es ist also am schlusse ausfall einer silbe anzunehmen. — 2614 *folc unrîm* ist metrisch und grammatisch falsch; das adjectivum heisst *unrîme*, also ist nur *folca unrîm* oder *folc unrîmu* möglich; das letztere entspricht am besten dem zusammenhang. — 2732 *ne cearað incit dúȝuða* ist gegen das gesetz von der stellung des hauptstabes; es wird *duȝuða inc*[*it*] zu lesen sein. — Metrisch falsche oder doch bedenkliche ergänzungen von lücken bei Grein: *þê ȝod Êue nemde* als zweiter halbvers 186, *þǽra* (*ânne*) *hâtað ylde* 221[a], *þâ wið flôde nerede* als erster halbvers 1548, *tô* (*fæðme eódon*) 2601, (*and*) *brŷde* (*lâste*) 2602[a], *brŷd Abrahames* 2628 als zweiter halbvers, weil dadurch der erste halbvers falsch wird.

EXODUS. 118[a] *hâr hǽð* ist kein mögliches hemistich; ich vermute den gen. *hâres hǽðes* abhängig von *wêstenȝryre*. — 145 *ymb ân twiȝ* hs.; die verbesserungsvorschläge von Dietrich und Grein haben dem metrischen fehler nicht abgeholfen. — 243 *wîȝ curon*; es fehlt eine silbe, am wahrscheinlichsten vor *wîȝ*. — 248 *fana up râd* verlangt eine ergänzung; (*ȝe*)*râd* wäre für das metrum genügend. — 288[a] *in êce* hs. ohne sinn; die verbesserung *iû êce* ist auch noch unmetrisch. — 334[a] ergänze *man*(*na*) *menio*. — 364 *drencflôda* ist zu kurz: *þâra* aus dem folgenden vers davor zu stellen? oder *ealra* zu ergänzen? — 370 *ezelâfe* metrisch falsche correctur für *êce lâfe* der hs. — 486ᵃ *werbeámas*; es ist abermals ein einsilbiges wort ausgefallen, ebenso 524ᵃ *zinfæst zod* (lies *zinfæsta*?). — Metrisch falsche ergänzungen: *ǽr ze*(*tiðode*) 141, *hræfen zôl* als zweiter halbvers 162, *ýða weall* desgl. 305, *ofer zârseczes* (*bezonz*) 345ᵃ.

DANIEL. 38ᵃ *herepoð* ist metrisch unzulänglich, auch stilistisch zu kahl; es verlangt eine ergänzung durch beigesetztes adjectiv oder einen genetiv. — 41 *þô þæs wîtzan fôron* ist überlang, und die 'magier' Grein's passen gar übel für das erobernde Chaldäervolk; lies *wizan* (zur quantität s. oben 511). — 147ᵃ *ne âhiczan* ist zu kurz. — 159ᵃ *swefen reccan* desgleichen; lies *âreccan*? — 195 lies *ælmiht*(*iz*)*ne*. — 528ᵃ *folctozan* ist metrisch ungenügend; ergänze *fêran* dahinter. — 530 stelle um *þæt hie wiston hit*, wegen des gesetzes über die stellung des hauptstabes. — 577ᵃ *weceð ond wreceð* müssen lange vocale haben; *wêceð* ist also wol = *wǽceð* wie Grein zweifelnd vermutet (doch im sinne von ahd. *giweichen* plagen, quälen); *wrǽceð* könnte eine ableitung von *wrǽc* sein. — 740ᵃ *burze weard* metrisch falsche correctur von *burhzeweardas* hs. — Metrisch falsche ergänzung: *þê swâ* (*þrymlîce*) *hâtte* 172.

AZARIAS. 159 ergänze *sê þe ûs*(*ic*) *bearz*.

SATAN. 80 *word indrâf* ist zu kurz. — 232ᵃ lies *dômleás*; das überlieferte *dômleáse* ist wol nicht als schwacher acc. sg. n., sondern als nom. pl. masc. vom schreiber gemeint. — 239 *ond tô þâm ǽðelan* ist gegen das gesetz von der stellung des hauptstabes. — 319 lies *hreópan deóflu*, Grein II, 104. — 371ᵃ ergänze eine silbe nach *Sâtanus*. — 395ᵃ *unzeara nû*; Ettmüllers interpretation *unzeára* ist metrisch notwendig. — 444 *hæfde wîtes clomma* ist des zweisilbigen auftaktes wegen sehr auffällig; wahrscheinlich stand der sing. *clom* im original. — 490 *carcernes* | *clom þrôwade*; entweder ist im ersten halbvers eine silbe ausgefallen, oder *clom* zu diesem hinüberzuziehen und eine lücke von einer betonten silbe (hauptstab) vor *þrôwade* anzunehmen. — 497 *ond teónan micelne* metrisch falsche correctur für *ond fela teónan*. — 530ᵃ *on upp stôd* desgleichen für das metrisch ebenfalls unrichtige *þâ zinzran on upp stôd*. — 638 *ond deófles spellunze* ist für eine zweiten halbvers doch wol unerträglich; lies *spell*? — 670ᵃ *of heofonum* ist zu kurz;

ergänze *heáh* davor? — 684 *ofer londbûende* ist zu lang; lies *-bûend.* — 707 f. *hell inneweard seó* ‖ *ȝrim ȝræfhûs* ist in unordnung; *seó* hinüberzuziehen geht schwerlich an, der vers bleibt dabei immer noch sehr holprig; ich vermute *hell inne seó* ‖ *ȝrim(me) ȝræfhûs.* — Metrisch falsche ergänzungen: *þâ ic of (sweȝle)* | *âseald wæs* ‖ 90, *eádiȝra* als erster halbvers 146, *þonne ic (ǽr) tô hyhte* 176ª, *feónda (bearn)* 225, *bitre in þæs (brynes)* 274ª, *âȝan (sceolon)* 313, *ne swâ (sundor)cræftiȝ* 349, *hû (scîr) sunne þǽr* 352ª, *(þâ) beorhtan blǽda* 484ª, *þæt heó âȝan (môton)* 506, *þǽr wê âȝan (môton)* 554, *mid niðum wunode* als zweiter halbvers 570 (weil *niððum* zu lesen sein würde, s. oben 505), *ȝeond (feówer)* 603ª; *on foldan ǽfre* als zweiter halbvers 621 (es ist gar keine lücke anzunehmen, Kluge, Zs. f. vergl. sprachf. XXVI, 77), *(þonne Sâtanus) stǽleð* 640, *hæfdon (ȝryre) ȝewunnen* 719ª, *andweard stôd* als zweiter halbvers 720, *þæt he (ȝâste) ȝemunde* 726ª, *âdreóȝan ne mihton* als zweiter halbvers 729, *earmra ȝedræȝ* desgl. 730.

CRIST. 24 *þæt hê ne hete ceose sprecan* hs. verderbt; Grein's correctur gegen das metrum. — 421 ergänze *ac þæt wæs mâ(ra) cræft.* — 556 *frætwum ealles waldend* ist metrisch falsch, und *waldend* offenbar nur aus der vorhergehenden zeile hereingekommen; lies etwa *frætwan,* acc. eines swm. *frætwa* 'schmücker'? 893 *þæt bið foretâcna mǽst* mit zweisilbigem auftakt ist anstössig; etwa *foretâcn* als ◡́×– nach s. 480 f.? — 1321 *synrust þweán ond hine sylfne þreán*; meine bemerkungen über diesen vers Beitr. IX, 236 sind zum teil zurückzunehmen; einsilbiges *þreán* steht durch das metrum fest, dagegen wird gerade eine zweisilbige form für *þweán* verlangt. — Metrisch falsche ergänzungen: *(môdȝeómre hâlsi)ȝiað* 23ª, *þurh nâthwylces (searo)* 189 (?), *þurh (mân) ȝemæcscipe* 199ª, *on þâm eȝefullan dæȝe* als erster halbvers 804.

HÖLLENFAHRT CHRISTI. 8 *bñðne fridon* falsche correctur für *bñðne fndon*; *fundon* ist metrisch correct. — 28 *monað ealles* ist zu kurz; die ganze stelle ist in unordnung und lückenhaft. — Metrisch falsche ergänzungen: *bid(on lonȝe)* 61, *þonne moniȝne (hell) bindeð* 62ª, *hû wê hr(eówiȝmôde)* 90, *nales þû ȝeondflôwan (môstes)* 105ª, *and for þînre me(nniscnisse)* 123ª.

BE DOMES DÆGE. Metrisch bedenklich die ergänzung von *and frêcne ȝrimmeð* als erster halbvers 39ª.

REDEN DER SEELEN. Wie schon oben s. 460 bemerkt, ist der text des Exeterbooks metrisch vielfach besser als der im Codex Vercellensis. Ausser den a. a. o. bezüglich der synkope in adjectiven auf *-iʒ* etc. besprochenen stellen sind hier noch zu erwähnen: 45ᵃ *stranʒe ʒestyred* ist metrisch falsch, es ist entweder *ʒestŷred* oder mit Verc. *ʒestrŷned* zu lesen. 62ᵃ *besliten synum* Verc. schlechter als *seonwum* Ex., ebenso 65ᵇ. 74ᵇ *âwiht* schlechter als *wiht.* — 111 *seonwe* (*sina* Verc.) *beóð âsoʒene* (*âsocene* Verc.), *sweóra bicowen*; Grein ändert in *âsolcene,* was nach der kleinen änderung in *âsolcne* (s. 459 ff.) metrisch genügt, aber hier den beabsichtigten gleichklang des rhythmus stört; *sweóra bicowen* ist ebenfalls metrisch anstössig (s. 453 f.), der rhythmus verlangt eine dreisilbige schlussform. Man lese also *seonwe beóð âsoʒene, sweóra(n) bicowen(e)*; der plural ist nicht auffälliger als der plural *ʒôman* 110. — 128 *môdsnotter(r)a* Ex. ist metrisch vollkommen correct; *môdsnotra ʒehwâm* Verc. setzt eine kürzung voraus, die sich für dies gedicht schwerlich rechtfertigen lässt (vgl. s. 462). 134 *ʒôde word sprecað* ist nicht gerade metrisch unmöglich (⏊×⏊̀ | ⏑́×), aber doch unwahrscheinlich; lies *ʒôd,* das auch wol durch grammatische gründe für das original gefordert wird.

WYRDE. 81 ergänze (*ond*) *feoh þicʒan.*

BE MANNA MODE. 24ᵃ *þrymeð rinʒe* falsche correctur des unverständlichen *þryme þrinʒe.* Ettmüllers änderung *þrymme þrinʒeð* entspricht allen anforderungen.

SCHÖPFUNG. 77 *þurh his ǽʒne spêd witan* (*witeð* hs.) ist unmöglich; es ist eine grössere lücke anzunehmen.

PHŒNIX. 164 f. ist abzuteilen *ǽʒhwylc wille* ‖ *wesan þeʒn ond þeów.* — 668 ist *merueri* beizubehalten, und die cäsur des verses nach *hêr* anzusetzen.

WANDERER. 27 *mine wisse* ist metrisch falsch; mit Thorpe ist *minne* zu lesen.

KLAGE DER FRAU. 3. ergänze mit Conybeare und Ettmüller *siððan ic up* (*â*)*weóx.*

BOTSCHAFT. 7 *heáh hofu* ist zu kurz; lies *ofer heáh hafu.* — Metrisch falsch ergänzt sind (*ymb*) *treócynn* 2ᵃ, (*ofer*) *sealte streá*(*mas*) 4, *him fela þeʒniað* 37 als zweiter halbvers.

DEORS KLAGE. 33 *âre ʒesceapað* metrisch falsche correctur für *ʒesceáwað* hs.

BYRHTNOTH. Zu beachten sind *fæȝere ȝetrymmed* 22 und *ond ealde swurd* 47, wegen der späten, aber durch das metrum geforderten formen *ȝetrymmed* und *ealde* (*feólhearde speru* 108 ist nicht beweisend). 122 *stîðhuȝende*; lies *-hicȝende* (mit Sweet).

MENOLOGIUM. 124 *micle ȝêwisse* sicher falsch; lies *micle ȝewisse* mit Bouterwek. — 142 *wela bið ȝeyped* und 180[a] *eorlum ȝeyped*; beide metrisch falsch; die hs. hat beide male *ȝeŷwed* (Zs. f. d. altert. XV, 464), wie schon Bouterwek vermutete. — 206 *þæt ûs wunian ne môton* falsche correctur für *môt* (singular des verbs vor pluralischem subject, vgl. oben s. 471, anm.).

ANDREAS. 483[a] *êst wyrðest* um eine silbe zu kurz; es ist natürlich mit Grein, Germ. X, 423 *êste* adj. zu lesen. — 489 *iû ond nû* zu kurz. — 775[a] *stân strǽte*; ergänze *on* mit Kemble. — 1149 *sceaðan mihton*; lies *sceððan*. — 1347[a] ergänze (*him þâ*) *earmsceapen*. — 1397 *heard ond hête: ȝrim wæs se hâlȝa wer*; lies *heard ond heteȝrim* etc., mit Grein, Germ. X, 423. — 1427 *nû sint sionwe tôslopen, is mîn swât âðrowen*. Grein's herstellung *tôslowen : âþrowen* ist zu beanstanden, weil ein verbum *þreówan* nicht existiert, wie auch ich Beitr. IX, 279 noch irrtümlich angenommen habe; an den dort nach Lye aus Cot. angeführten stellen stehen schwache formen: *þreowedon* Wright-Wülcker I, 500, 15, *þrowedon* ib. 342, 15. Zu *þrôwian* kann das verbum nicht gehören, denn *âþrôwen*, wie man dann annehmen müste, wäre gegen das metrum. Es ist also mit Grimm *tôslopen : âdropen* zu lesen. — 1445[a] lies *lîc*(*es*) *lǽlan* nach Guthl. 671. — Falsch ergänzt ist *þeȝnas* (*ȝeseah*) oder (*ȝesceáwode*) 245 (lies *ȝemêtte*); anstössig ferner die halbzeile *þæt ic eom sunu ȝodes* 733, *ǽr ȝetâcnode* 830, 1038 *eác feorcundra* (da *eác* notwendig zum ersten halbvers gehören müste); ferner (*deáde*) *ȝeformedon* 1092[a].

JULIANA. 86 *þê tô ȝeweald*; lies *ȝewealde* mit Thorpe. — 114 f. ist abzuteilen *hê þâ brŷdlufan ‖ sceal tô ôðerre*. — 352[a] *ic þe eád mǽȝ*; lies mit Ettmüller *eáðe mæȝ* und *ȝecŷðan*.

GUTHLAC. 362 f. *wôð ôðer ‖ ne lythwôn leóðode*; beide halbverse sind anstössig, während Thorpes abteilung *ôðerne* correct ist; für *leóðode* ist *leoðode* aus metrischen gründen wahrscheinlicher. — 848 *sume in ûrra*; lies *ûserra* mit Rieger, versk. 52. — 1280[a] *on upweȝ*; lies *eardes on upweȝ*, ebenda s. 47.

ELENE. 18ᵃ lies *hettendum* mit Rieger. 285 lies *þreó þûsendu*, die hs. hat .*m*., 318 *for eów(ic) forð*, 378 *swâ him sió cwên (be)beád*, 636 *is nû feala siððan* (das letztere wort fehlt bei Grein nur durch druckfehler), 697ᵃ *sârum besylced* mit der hs., 1170ᵃ *cwên sêlest(e)*, 1238ᵃ *wordcræft(um) wæf*. Ganz unmöglich ist 1277 *swâ þeós world eall ʒewîteð* mit alliteration auf *þeós*. — Falsche ergänzungen und conjecturen: 22 *hereþreátas* Körner als zweiter halbvers, 26 *ond eal (sîðmæʒen) ʒeador* Grein, *ond (sweót) eal ʒeador* ten Brink, *ond (sîðwerod) eall ʒeador* Körner; 213 anm. *folces fruma* als zweiter halbvers Zupitza, 293 (*sôð*) *unwîslîce* und alles ähnliche, 370 *scippend (eówerne)* Zupitza[1], 423ᵃ *þone unscyldiʒne* Thorpe etc. für *-scyldum*, 439ᵃ *þê hit siððan cŷðde* Grein, als erster halbvers, 451 *bið ʒedŷrsod ǽfre* als zweiter halbvers Grein, 547ᵃ *wrixledan wordcwidum* Cosijn, Zupitza für *weóxan* (wenigstens sehr bedenklich), 580 *þæt eów þæt leás (sceal)* oder *leás (spell)*, 614ᵃ *on ʒesihðe (beorne)* Grimm, (*ʒebroht*) *on ʒesihðe* Grein (wenigstens auffällig wegen des auftakts), 614 *ʒesette ʒeweorðað* ten Brink (ebenso), 629 (*hyht*) *samod* Cosijn, 721ᵃ *þurh searu(cræft)* Grein, 789ᵃ *swâ ic þê weroda w(aldend)* als auflösung des handschriftlichen *w*. (lies natürlich *weroda wên*, s. zu 1090ᵃ), 842 *beáceninʒa hâliʒre* Grimm, *beáceniʒe hâliʒne* Kemble, *beácen îwde hâliʒ* Grein, 1000 *eft (ʒe)ʒearwian* ten Brink (*ʒearwian* ist schon dreisilbig), 1045 *leóht ʒearu* unergänzt als erster halbvers (zu kurz) Grein, 1075ᵃ *rôde rodera cyninʒ(es)* höchst bedenklich (lies *rodera cyninʒes* ohne *rôde*?), 1090ᵃ *on wuldres wealdend* Thorpe u. s. w. für *w*., d. h. *wên* (s. oben zu 789ᵃ).

BE MANNA LEASE. 12 (*sib*)*sprǽce habbað* ist falsche ergänzung, desgleichen 23ᵃ *sâre mid (swice)*. Anstössig sind noch *fâcenlîce þencað* 26, wofür *fâcne (fǽcne)* oder vielleicht *fâcen* als parallele zu *treówa* 25 zu setzen ist, und *huniʒsmæccas* 28; dafür etwa *huniʒes smæccas*?

KREUZ. 15ᵃ lies *wǽdum ʒeweorðod* statt *-de*, wie im folgenden *ʒeʒyred* steht. 17 *wealdes treów* ist durch eine silbe zu ergänzen; etwa *wealdendes*?

METRA. 1,32 f. teile ab *cyninʒ selfa onfenʒ* ‖. — 1,59 lies *onʒan þâ listum ymb* statt *ymbe* mit der jüngeren form des adverbiums. — 2,18 lies *ne synt þâ word sôðe* oder *sôðu* statt *sôð* mit der spätws. form des neutr. plur. — 8,31 lies *scealcas* *ne hêrdon*, Grein, Germ. X, 427. — 10, 7 f. teile ab *hizesnotrum mæz* ‖ *eáðe þincan*. — 10, 40 lies *sunnan onswîfan* gegen Grein's text. — 11, 3 lies *ond heáre sǽ* für *ond heáh sǽ*. — 11, 52 lies *wiðerweardes hwæt*[*hwuzu*]; *hwuzu* ist aus dem prosatext aus versehen stehen geblieben. — 13, 18 *león zemete* ist falsch; ich vermute *león zemête* und *þe* vor *hire* 20ª. — 13, 57 ist abzuteilen *merecondel scŷfl* ‖ *on ofdæle*. — 15, 7ª *fîrenfull* ist ungenügend; der vers verlangt eine ergänzung wie (*fâh ond*) *fîrenfull*. — 16, 7 *siófunza* ‖ *and ermða þînra*; der erste dieser halbverse ist zu kurz, der zweite hat auftakt; nach der prosa *forlǽte þâ siófunza his eormþa* Boeth. 106 (Fox) ist wol einfach zu lesen (*þâ*) *siófunza* ‖ *ermða þînra*. — 20, 18 *ne nân mǽrra*; die alliteration ist auf *m*; man stelle also um *ne mǽrra nân*. — 20, 263 f. ist abzuteilen *fæder engla tôdrîf* ‖ *þone þiccan mist*. — 22, 41 ergänze (*ond*) *eác siððan*. — 24, 17ª ergänze *meahtest þû fullrecen*(*e*). — 26, 99ª desgl. *lonz*(*e*) *lŷfdon*. — 28, 1 doch wol (mit cäsur nach *nû*) *unlǽredra* zu lesen. — 28, 3 ergänze (*ond*) *ryne tunzla*. — 29, 28 teile ab *werþióda his* ‖ *noman onwendað*. — 29, 32 und 33 sind in einen schwellvers zusammenzuziehen: *ofirneð þæt æðele tunzol* | *oð þæt hê be eástan weorðeð*. — 29, 52ª ergänze *leóht* (*tô*) *lyfte*. — 29, 63ª *rîpa receð* ist metrisch anstössig; lies *rip ârêceð* = *ârǽceð*. — Falsch ergänzt ist (*ân*) *ælmihtiz zod* 20, 44ª (*æl ælmihtiz* hs. mit dittographie), ferner (*uppe*) *betweox* 24, 16ª, wo wahrscheinlich nur ein paar prosaworte aus versehen unverändert geblieben sind, und (*bryzdum*) *unzelîce* 31, 4, s. Cosijn, Beitr. VII, 455.

GNOMICA EXONIENSIA. 91 ergänze *tô freán hond*(*a*).

RUNENLIED. 19, 2 ergänze *þǽr him hæleð ymb*(*e*). — 27, 1 *ŷr bið æðelinza wyn* ist überlang; man tilge *wyn*, das sich aus dem folgenden verse eingeschlichen hat.

SALOMO UND SATURN. 83ª *on wêstenne weard* A, *wêstennes weard* B; letzteres metrisch besser. 108ª *N. and O.* metrisch falsche correctur. — 340 stelle um *ond monize eác*.

RÆTSEL. 4, 3ª *bearm brâdan* ist um eine silbe zu kurz, 5, 7 *wearm lim* um mehrere; die ergänzungsvorschläge für den letzteren vers genügen den anforderungen des metrums nicht. — 21, 29 *sê mec zearo on* ‖ *bende lezde*; lies *zearwe*. — 22, 4 ergänze (*on*) *wôh færeð*? — 24, 9 *þæt ic ǽr zeáp*; es fehlt eine silbe; *ǽror*? — 32, 6ª *niðerweard* kann nur einen fuss füllen. —

41, 2 *wrēðstuðum* genügt nicht für den vers; auch der sinn erfordert die ergänzung einer dritten person sing. als parallele zu *healdeð*. — 41, 5 *swâ hê ymb þâs ûtan hweorfeð* mit alliteration auf *h* ist unmöglich; Grein's vorschlag *hweorfeð ûtan* ist auch ungenügend; etwa *swâ hê hweorfeð ymb þâs*? — 43, 2 *ûte plezan* ist zu kurz, etwa *plezian*? — 46, 1 *weax nâthwæt* ist zu kurz, man erwartet einen genetiv (z. b. kann man mit Dietrich *wâces* setzen). — 79, 7 *þǽr mec wezeð* | *sê þe wudu hrepeð*; beide halbzeilen sind anstössig; für *wezeð* ist wol *wǽzeð* zu lesen, für *hrepeð* schlägt Grein *hrêreð* vor. — 85, 13 *is mîn bæc* kann um so weniger geduldet werden, als der vers vocalische alliteration verlangt.

Anhang II.

Das verhältnis der angelsächsischen metrik zur altnordischen und deutschen.

I. Der nordische vier- und sechssilbler (fornyrðislag[1]) und dróttkvætt).

A) Es ist gleich zu eingang unserer untersuchung hervorgehoben worden, dass die fünf typen der ags. alliterationszeile den fünf typen des altnordischen viersilblers entsprechen. Allerdings treten dabei auch wesentliche unterschiede hervor. Einmal ermangelt der nordische viersilbler der erweiterten typen D und E, wenn man nicht einen teil der Beiträge VIII, 311 ff. zusammengestellten verse der Edda hierherziehen will, was möglich ist, aber, im zusammenhang mit dem unter II bezüglich des málaháttr entwickelten, vielleicht nicht sehr glaubhaft erscheint. Vor allem aber ist das nordische viel strenger in der behandlung der senkungen, welche schliesslich in der eigentlichen kunstskaldik gleich den hebungen nur aus einer silbe oder zwei verschleifbaren silben (d. h. ⏑×) bestehen dürfen. Die Eddalieder zeigen auch in diesem punkte noch eine

[1]) Man gestatte mir diesen bequemen namen, für den ich keinen ersatz wüsste, trotz der gewiss unanfechtbaren ausführungen von Möbius, Arkiv I, 288 ff., einstweilen weiter zu verwenden. Eine zweideutigkeit kann sich ja, bei dieser verwahrung, nicht ergeben. Dagegen hätte ich oben s. 212 etc. nicht wider nach alter gewohnheit die viersilblerstrophe ~~als~~ kviðuháttr bezeichnen sollen.

grössere freiheit, wie öfter bemerkt worden ist. Eine erneute historische betrachtung des altnordischen viersilblers von dem für die ags. metrik gewonnenen gesichtspunkten aus, wird entscheiden müssen, und wol auch entscheiden können, in wie weit ich etwa bei der metrischen constitution des Eddatextes mit zu grosser strenge vorgegangen bin.[1]) Ich kann hierauf an dieser stelle jetzt nicht näher eingehen, ich beschränke mich also darauf wenigstens noch auf einige merkwürdige übereinstimmungen in details aufmerksam zu machen, deren hohes alter gerade durch diese übereinstimmung sicher gestellt wird. Die belege entnehme ich zunächst wider der Vǫluspá.

1. Bei der aufstellung des viersilblerschemas ist schlechthin angegeben, dass die vorletzte silbe des verses kurz sein könne. In wirklichkeit ist dies nur unter denselben bedingungen erlaubt wie im angelsächsischen.

a) Im typus A gilt das schema –́×|⏑́× wenn die senkung des ersten fusses durch ein selbständiges wort ausgefüllt wird (oben s. 230 etc.).

fornspjǫll fira 4, 7
Alþjófr Dvalinn 14, 4
Vindálfr Þorinn 15, 2
Hlévangr Gloïnn 18, 4
einnættr vega 33, 8
vígbǫnd snua 35, 2
bjórsalr jǫtuns 38, 7
fagrrauðr hani 43, 7
sótrauðr hani 44, 7
hórdómr mikill 46, 6
hefisk lind fyrir 51, 2
grjótbjǫrg gnata 53, 5
ginn lopt yfir 57, 1 (?)
miðgarðs veurr 58, 6
flýgr ǫrn yfir 61, 6
naðr fránn neðan 68, 3
flýgr vǫll yfir 68, 6
Níðhǫggr naï 68, 7.

[1]) Es wird sich dabei namentlich auch um eine untersuchung der frage handeln, wie sich die überlieferten nicht verschleifbaren senkungen auf die einzelnen verstypen verteilen, namentlich ob sie im eingange der steigenden typen B und C verhältnismässig gehäuft erscheinen. Dies würde ein hauptgrund für weniger strenge fassung der regel über die senkung sein, weil ja auch im ags. gerade diese typen eine anschwellung der senkung lieben. In der tat scheint dies auch wirklich der fall zu sein. Von den Beitr. VI, 316 unter e) aufgeführten 13 beispielen von fünfsilblern gehören 10 dem typus C an (V. 22, 2. 28, 7. 47, 1. Br. 16, 4. Gu. I, 20, 4. Sig. 4, 2. 32, 8. Gu. II, 20, 4. 8. O. 21, 7), zwei dem typus B (Grip. 5, 6. O. 7, 1). Die danach einzig restierende zeile *lǫtum son fara* Sig. 12, 1 alliteriert auf *f*, und danach ist der vers vielleicht zum typus E zu ziehen, als –́×–̀|⏑́× mit auflösung der zweiten hebung. [Bezüglich einiger weiteren ausführungen verweise ich auf mein universitätsprogramm, Proben einer metrischen herstellung der Eddalieder, Tübingen 1885].

Sichere ausnahmen finden sich in den älteren teilen des gedichts kaum. Für *þá kná Vala* 35, 1 ist sicher *Vála* zu setzen. Str. 48, 5 ist *hræðask halir* nur falsche conjectur statt des handschriftlichen *allir*; für 56, 3 *Víðarr vega* könnte immerhin noch *Víðarr* als altes compositum in betracht kommen (wie auch für *Lofars hafat* 19, 8, wenn der vers nicht sonst anstoss böte); 67, 3 endlich kann *ǫflugr ofan* mit nebenton auf der ableitungssilbe gelesen werden, worüber unten mehr. Sonst ist noch der vers *Baldr man koma* 64, 4 verdächtig, wegen der enklitischen natur von *man*. Hier bietet aber schon die überlieferung die richtige lösung der schwierigkeit. Die stelle ist in ordnung, wenn man mit H *man Baldr koma* nach typus C liest.

Anders steht die sache in den namenlisten, die sich so wol auch aus metrischen gründen als spätere interpolation erweisen. Wir finden da z. b. gegen die regel:

Nyi ok Niði 14, 1
Nár ok Naïnn 14, 5
Þrár ok Þraïnn 15, 3,

und mehreres der art, soweit man überhaupt über die quantitäten dieser namen urteilen kann.[1])

b) Im typus C ist die form $\times \acute{\_} \mid \grave{\smile} \times$ wie im ags. ganz geläufig, z. b.:

fyr mold neðan 5, 8	meðan ǫld lifir 19, 6
né upphiminn 6, 6	ór því liði 20, 2
áðr Burs synir 7, 1	heitir Yggdrasill 22, 2
þá vas grund groin 7, 7	þær líf kuru 23, 10
í Dvalins liði 17, 2	und heiðvǫnum 25, 3
ok Dólgþrasir 18, 2	þó [hón] enn lifir 26, 10

u. s. w., 29, 7. 31, 8. 34, 6. 36, 5. 37, 2. 39, 5. 40, 1. 4. 41, 2. 8. 43, 6. 44, 6. 47, 1. 8. 48, 1. 6. 49, 6. 53, 6. 54, 4. 56, 8. 58, 4. 9. 59, 6. 7. 61, 1. 62, 3. 63, 5. 66, 7, zusammen 40 beispiele.

c) Im typus D $\acute{\_} \mid \acute{\_}\grave{\smile}\times$ (s. 253 ff.)

hátimbruðu 10, 4	menn meinsvara 40, 3
auð smíðuðu 10, 6	tungls tjúgari 41, 7
Hár Haugspori 18, 3	fara fiflmegir 52, 5
Dúfr Andvari 18, 6	mǫgr Sigfǫður 56, 2
Baldrs andskota 34, 4	undrsamligar 63, 2.

[1]) Auch hier ist wider ein vergleich mit den späten Forspjallsljóð (s. 213, anm.) von interesse. Hier wimmelt es von versen wie *aldir bera* 1, 6, *vissa vera* 5, 7, *aska hnigin* 6, 4 etc.

2. Volltonige wörter und zweite glieder von compositis werden im allgemeinen nur in den ungeradzahligen vísuorð (d. h. den ersten halbzeilen) in die senkung gesetzt, ausser wie im ags. in dem unter 1, a besprochenen falle, dass beim eintritt eines solchen compositums in den ersten fuss des typus A der zweite fuss auf ́◡× reduciert wird.

a) Nebenton in zweiter senkung des typus A:

vildu at ek Valfǫðr 4, 5	mjór ok mjǫk fagr 32, 7
Nýr ok Nýráðr 15, 5	svǫrt verða sólskin 42, 5
þrîar ór þeim sal 23, 3	geyr nú Garmr mjǫk 45, 1
brotinn vas borðveggr 28, 5	

und bei typus A 3:

valði [henni] Herfǫðr 3, 1	þat man [hón] fólkvíg 26, 1
þeir es miðgarð 7, 3	þat vas enn fólkvíg 28, 3
[þá] gengu regin ǫll 9, 1	hverr hefði lopt allt 29, 5.

b) Nebenton in erster senkung von A:

mjǫtvið mæran 5, 7	lægjarns líki 36, 3
hár baðmr ausinn 22, 3	veggbergs vísir 49, 7
Gunnr Hildr Gǫndul 31, 7	vindheim viðan 65, 5

und mit verbum finitum (doch ausschliesslich der hülfsverba, die als unbetont nicht in betracht kommen):

allt veit-k Óðinn 2, 7	Skuld helt skildi 31, 5
hljóðs bið-k allar 4, 1	á fellr austan 37, 1
ek man jǫtna 5, 1	fjǫlð veit-k frœða 45, 5
nîu man-k heima 5, 5	Hrymr ekr austan 51, 1
jǫrð fannsk æva 6, 5	ormr knýr unnir 51, 5
sól skein (varp) sunnan 7, 5. 8, 1	kjóll ferr austan 52, 1
ǫnd gaf Óðinn 21, 5	Surtr ferr sunnan 53, 1
lá gaf Lóðurr 21, 7	sól tér sortna 59, 1
ask veit-k standa 22, 1	

und mit nebentoniger ableitungssilbe:

Yggjungr ása 2, 3.

c) Nebenton in beiden senkungen von A:

mál ǫll meginlig 30, 7	vindǫld vargǫld 46, 9
veðr ǫll válynd 42, 7.	hátt blæss Heimdallr 47, 5
skeggǫld skálmǫld 46, 7	

und bei typus A 3:

þar saug Níðhǫggr 40, 7.

d) Belege für den typus C:

fá spjǫll spaklig 3, 3 (?)	af veði Valfǫðrs 24, 7. 25, 7

knáttu Vanir vígská 28, 7
gnýr allr jǫtunheimr 49, 3
slítr naŸ neffǫlr 51, 7
troða halir helveg 53, 7.

e) Diesen 51 belegen für die erste halbzeile stehen folgende 14 für die zweite gegenüber, alle dem typus A zugehörig:

α) Óðs mey gefna 29, 8
heimstǫð ryðja 58, 8
hlautvið kjósa 65, 2
β) óð gaf Hœnir 21, 6
Hǫðr nam skjóta 33, 4
fram sé-k lengra 45, 6
γ) ørlǫglausa 20, 8
ørlǫg segja 23, 12
ørlǫg fólgin 32, 4
afrað gjalda 27, 6
Naglfar losnar 51, 8
δ) þrunginn móði 30, 2
ε) einna nekkverr 41, 6
koma munu Múspells 52, 2.

Von diesen beispielen können aber wider die 7 unter γ) und ε) kaum gerechnet werden, da die hier zusammengestellten composita schwerlich noch als zweigliedrig empfunden wurden, also auch nach ags. gebrauch keine ausnahme machen würden. In 30, 2 lesen ferner die hss. Rr *þrunginmóði,* was vielleicht beizubehalten ist. Das verhältnis der zweiten halbzeile zur ersten wird hiernach durch die zahlen 6 : 51 ausgedrückt, während sich die 18 belege für den typus ´ ` | ◡́× mit verkürzung der zweiten hebung auf die zweite und erste halbzeile im verhältnis von 10 : 8 verteilen.

3. Wie im ags. ist beim eintritt eines nebenaccents in die senkung der ersten halbzeile im allgemeinen doppelalliteration erforderlich, abgesehen natürlich von den versen die dem typus A 3 angehören (es sind deren 7, s. oben 2, a und c). Die 7 verse des typus C oben 2, d entsprechen ausnahmslos dieser regel, von den 37 von A entziehen sich ihr nur 6, nämlich die verse *hljóðs bið-k allar* 4, 1, *nú man-k heima* 5, 5, *ask veit-k standa* 22, 1 *hár baðmr ausinn* 22, 3, *Hrymr ekr austan* 51, 1, *kjóll ferr austan* 52, 1.

4. Die verkürzung des typus D ´ | ´×× zu ´ | ◡́×× ist wie im ags. gestattet (s. 260 f.):

litt megandi 20, 6
margs vitandi 23, 2.

Die gültigkeit der regeln 1 und 2 (die dritte habe ich nicht weiter verfolgt, und die vierte kommt kaum in betracht) erstreckt sich auf die viersilbler der ganzen Edda, wenn man für 1, a die schon oben zu Vǫl. 67, 3 angedeutete modification zugibt, dass statt eines zweiten compositionsgliedes auch eine stark nebentonige und an sich schwere (positionslange) nebensilbe vicarierend eintreten könne, also z. b.:

> ǫflugr ofan — Vǫl. 67, 3
> rjúfendr koma — Baldrs dr. 14, 8
> ambótt vesa — Ham. 20, 4
> ambótt fyrir — Ham. 26, 2. 28, 2
> móðugr hvali — Hym. 21, 2
> mánuðr nýu — Rigsm. 6, 6. 20, 6. 33, 6
> døglingr vesa — H. Hu. I, 7, 2
> Hunding veginn — H. Hu. I, 10, 6
> Hundings synir — H. Hu. I, 11, 4
> Hundings sonu — H. Hu. I, 14, 6
> Hundingr konungr — H. Hu. II, 1, 8. 9, 3
> hildingr þegit — H. Hu. II, 3, 2.
> hildings synir — H. Hu. II, 10, 6
> sikling glaðan — H. Hu. II, 13, 2
> Starkaðr konungr — H. Hu. II, 19, 4

u. s. w. Ausnahmen, die über die so gefasste regel hinausgehen, sind von grosser seltenheit, also verse wie:

> hundruð nýu — Hym. 8, 4
> krǫpturligan — Hym. 28, 7
> kroppnir knuar — Rigsm. 8, 3
> sáttir saman — H. Hu. II, 24, 3.

Zweifelhaft sind mir verse mit einem an sich enklitischen wort in der senkung wie:

> heyr[ðú] nú Loki — Ham. 2, 3
> fló þá Loki — Ham. 8, 1
> fekk á þremi — Hym. 34, 2
> sat þar kona — Rigsm. 16, 1
> Jóð ok Aðal — Rigsm. 42, 3.

Von diesen kann man *nú, þá, þar* wol für volltonig genug halten, um diese verse zu den regelmässigen zu stellen; die andern verse aber sind wol den oben gegebenen ausnahmen beizuzählen.

Verse wie *riða vit skulum* Hyndl. 1, 6, *sitja vit skulum* 8, 2 sind demnach nicht durch streichung des *vit* auf –́×⏑́× zu reducieren, sondern als –́×–̀ | ⏑́× aufzufassen.

Von ausnahmen des zweiten gesetzes führe ich beispielsweise die der ersten Eddalieder an:

> foldvegr dunði — Baldrs dr. 3, 6
> fjaðrhamr dunði — Ham. 4, 6. 8, 2
> ørkost hverjan — Hym. 1, 8 (*lies* vera?)
> fúlligt andlit — Rigsm. 8, 6.

B) Diese regeln gelten aber auch für den viersilbler der skaldischen kunstdichtung und die zwei ersten füsse des dróttkvætt, welches sich sonach in allen beziehungen in der tat als ein regulärer viersilbler plus –́× darstellt. Für die ersteren möge ein einfacher hinweis auf die betreffenden texte genügen, deren man einen grossen teil jetzt im Corpus poeticum bequem übersehen kann (vgl. dazu das verzeichnis bei Möbius, Háttatal II, 133 f.). Für das dróttkvætt kommt zu den erörterten regeln noch die entschiedene (wenn auch nicht ausnahmslose) neigung, das schema –́ –̀ | ⏑́× ‖ –́× und den typus E –́ –̀× | –́ ‖ –́× nur im zweiten halbvers zu verwenden, und von den beiden unterarten des typus D vorwiegend nur –́ | –́× –̀ ‖ –́×, nicht aber –́ | –́ ⏑̀× ‖ –́× zu gebrauchen: das letztere offenbar, um das zusammentreffen dreier icten (zweier haupticten und eines nebenictus) zu vermeiden.

Zur illustration mögen die belege aus einem beliebig herausgegriffenen gedichte, Sigvats Austrfararvísur (Corp. poet. II, 129 ff.) dienen.

a) Typus A mit nebenton auf zweiter silbe, fast regelmässig mit verkürzung der zweiten hebung im zweiten halbvers, also –́ –̀ | ⏑́× ‖ –́×:

Áláfr konungr mála 2, 4
ǫndurt sumar landi 5, 4
allsvangr gǫtur langar 6, 2
hugsvinn konan innan 7, 8
íslenzk konan vísat 8, 2
hressfors jǫfurs þessar 9, 2
Nóregs þinig fórum 10, 8
aptrhvarf dreginn karfa 11, 2
þann dag konungs manni 12, 8
niðrlútr fyrir útan 13, 4
hafskíðs myni síðan 16, 6
alls mest reka gesti 16, 8
saðr v's øngr fyrir þaðra 17, 6
Áláfr hagat mǫ́lum 19, 2
Rǫgnvald konungr haldit 19, 4
heiðmanns tǫlur greiðri 19, 8
húskarl nefi jarla 20, 4
Eireks svika þeira 21, 4
Áláfr tekit mǫ́lum 22, 2
Rǫgnvaldr gefit aldar 22, 8
Rǫgnvaldr konungr halda 23, 2
alls mest konungr flesta 24, 4
geðharðr konungr jarðar 24, 6
þú'st til borinn vilja 24, 8.

Unverkürzt findet sich die dritte silbe einmal in

ǫrðigt veðr á fjǫrðum 4, 2,

wenn die überlieferung correkt ist; ausserdem vielleicht noch dreimal nach verbis finitis, die bekanntlich überhaupt zu unbetontheit hinneigen:

austr (svaf-k fǫ́tt) í hausti 9, 6
hætt, fór betr en vætta-k 11, 8
(flǫgð bað-k) enn þau sǫgðu 13, 6,

aber die beiden ersten sind, wie die angedeutete construction des satzes zeigt, wahrscheinlicher nach D, die letzte nach E zu lesen. Immerhin gehören verse, wie die beiden ersten zu den seltenheiten, wie bereits oben bemerkt wurde. Man kann als fast durchgehende regel aufstellen, dass wo auf den eingang –́–̀ oder –́–́ im zweiten fuss zwei selbständige wörter folgen, das erste allemal den geringeren satzton hat, d. h. diese verse gehören mit der accentstellung –́–̀× | –́ zu E, oder als –́ | –́×–̀ zu D.[1])

In der ersten halbzeile fehlt der verkürzte typus gänzlich[2]); dafür erscheinen zahlreiche beispiele für –́–̀ | –́× ‖ –́×:

jór renn aptanskæro 6, 1
brjót þanns bragnar hétu 15, 3
út hvers Ölvir heitir 16, 7
þik bað sólar søkkvir 20, 1

und öfter mit zwei wörtern im zweiten fuss (vgl. s. 301, anm.)

---

[1]) Aus der regel über die verkürzung der zweiten hebung von A bei nebentoniger erster senkung ergeben sich noch einige berichtigungen des früher geübten verfahrens in der textherstellung. So zweifle ich z. b. nicht, dass die von K. Gíslason (zuletzt Njála II, 318) als *þunn gálkn isarnmunnum* und *gunnþings isarnhringa* hergestellten verse von Halldórr úkristni und Óttarr svarti doch mit *ïarn-* zu lesen sind. So kommt auch die schreibung *earnhringa* SE. II, 26 nebst den daran geknüpften bemerkungen zu ihrem rechte. — Beiläufig möchte ich noch besonders darauf aufmerksam machen, welch reiches belegmaterial für unsere regel gerade die von Gíslason, Njála II, 1 behandelten 'fünfsilbler' darbieten. In den auflösungsformen wie *Níall, blaar* etc. ist natürlich überall kurzer vocal in der ersten silbe anzusetzen, nach der allgemeinen correptionsregel.

[2]) Im Háttatal ist diese regel verletzt in der strophe 4, in welcher der typus –́–̀ | ◡́× ‖ –́× siebenmal auftritt, in allen halbzeilen ausser der dritten. Aber diese strophe soll offenbar nur die bildung dieses typus überhaupt veranschaulichen, ohne rücksicht auf die verwendung desselben im einzelnen. Im übrigen beobachtet auch Snorri die regel mit voller strenge; denn *fellr of fura stilli* 2, 1 bildet nur scheinbar eine ausnahme; es ist mit Möbius, Háttatal II, 3 *fúra* zu schreiben, vgl. verse wie *fúrs í þróttar skúrum* Hkr. 122, *fúra fleygiára* Eyrb. 35, *gnýr óx Fjǫlnis fúra* Hkr. 157, *fyrir þykkir mér fúra* Egilssaga 161 u. s. w. — Dass übrigens Snorri in den einleitenden strophen des Háttatal nebenbei auch metrische gesichtspunkte im auge hatte, scheint mir namentlich aus str. 4 und 5 hervorzugehen. Es kann doch schwerlich auf einem zufall beruhen, dass Snorri in str. 5 die typen E –́–̀× | –́ ‖ –́× und D –́ | –́–̀◡× ‖ –́× regelmässig mit einander abwechseln lässt.

Bjǫrn fazt[ú] opt at ára 1, 5
nú sit[tú] heill enn hallar 2, 1
skald biðr hins at haldi 2, 5
hestr óð kafs at kostom 4, 5
vǫll kná hófr til hallar 6, 3
fákr laust drengs í díki 6, 7
fljóð sjá reyk hvar ríðum 7, 3
vǫrðr réð nýtr þvís norðan 10, 7
orð gat-k fæst at fyrðum 13, 5
rýgr kvazk inni eiga 14, 5
þó seumk hitt at hlœðir 16, 5
yðr kveð-k jǫrð es nǿðut 21, 7
spakr lét Úlfr meðal ykkar 22, 1
*fast skalt[ú] ríkr við ríkjan 23, 1
*orð þaus oss um varða 24, 3
*víst hef-k þann þvít þinnar 24, 7.

Die besternten verse gehören allerdings nicht mit sicherheit hierher, da die wörter in der ersten senkung als enklitisch gelten dürfen.

b) Typus E, $\acute{-}\grave{-}\times$ | $\acute{-}$ ‖ $\acute{-}\times$. Die beispiele wo die dritte und vierte silbe des verses durch zwei selbständige wörter gebildet werden (s. oben 527) sind im zweiten halbvers:

ógndjárfs fyr | kné ‖ hvarfa 1, 4
gunnrjóðr þvít vel kunnut 1, 8
hirðmenn þeirs svan grenna 3, 2
ugglaust es þat dyggra 3, 6
skjǫldungs við ey tjǫldut 5, 2
hagþorns á mó sporna 5, 6
Rǫgnvalds í bý gǫgnum 7, 4
verðung um fǫr gørðak 9, 4
svanvangs í fǫr langa 9, 8
heilagt við þau deila 13, 8
óþekk sús mér hnekði 14, 6
otvín í bœ sínum 14, 8
heinfletz við mér settu 16, 2
jamnvist es þat Lista 20, 6.

Hierzu kommen noch mit anderer verteilung der wörter

hjálmdrífu stafr lífi 2, 6
vindblásit skóf Strinda 4, 4
siklinga fǫr mikla 10, 4
ókristinn hal vistar 17, 4
þar á hald á Rǫgnvaldi 20, 8 [1]),

[1]) Mit verschleifung von *þar á* zu lesen. Die betonung von *þar* ist sicher, da es den hauptstab trägt; sonst würde man den vers zum typus B stellen. — Ich schalte bei dieser gelegenheit die bemerkung ein, dass nach meiner jetzigen auffassung der beiden ersten füsse des dróttkvætt die Beitr. VIII, 75 vorgetragene ansicht über betonung dreisilbiger wörter wie *Rǫgnvaldi* am versschluss als $\times\acute{-}\times$ natürlich zurückzunehmen ist. In allen solchen fällen gebührt auch der drittletzten silbe des verses ein hauptictus. Es handelt sich nämlich hier überall um verse mit dem eingang E $\acute{-}\grave{-}\times$ | $\acute{-}$ |, wie oben, oder etwa

dáðmilds ok | Gunn- ‖ hildar — Eg. 88
baugskjaldum | Sig- ‖ valda — Eg. 207
sjá bragr inn | hár- ‖ fagra — Hkr. 77
barklaust í | Dan- ‖ mǫrku — Hkr. 146.

Auch verse wie

allt's lægra | kyn- ‖ frægri — Eg. 117
eir veitta-k | Frið- ‖ geiri — Eg. 162
tveim einum | Sel- ‖ meina — Hkr. 88

zusammen 19 belege. In der ersten halbzeile ist dagegen dieser typus, wie bemerkt, gar nicht beliebt; ich finde nur die zwei verse

> hugstóra bið-k heyra 9, 1
> drjúggenginn vas drengjum 18, 1,

und hier steht an vierter stelle ein doch wahrscheinlich schwachbetontes verbum, so dass die verse vielleicht eher als –́ | –́×–̀ ‖ –́× zu D zu ziehen sind.

c) Typus D. Die beliebteste form –́ | –́×–̀ | –́× erscheint in beiden halbversen, doch im zweiten etwas häufiger als im ersten. Beispiele sind für den zweiten halbvers

> lýk-k vísu nú þvísa 2, 8
> kilir ristu haf Lista 4, 6
> hér finnumk meirr þinnar 2, 2
> hǫfum lítinn dag slíta 6, 4

u. s. w., 6, 8. 11, 6. 14, 4. 15, 2. 18, 2. 6. 20, 2. 21, 8. 22, 4. 23, 6. 24, 2 und mit drei wörtern im zweiten fuss

> fell sár á il hvára 12, 6
> þǫrf nótt ok dag sǿttum 23, 4;

für den ersten halbvers:

---

sind, nach dem natürlichen wortaccent gemessen, wol hierherzustellen, nicht als –́ | –́×–̀ | zu D, wobei die erste silbe des compositums nur einen nebenton erhielte. Ueberdies ist zu beachten, dass solche dreisilbige wörter am versende sich nur im zweiten halbvers finden. Ausser den Beitr. VIII, 75 citierten ca. 40 belegen, vgl. z. b. noch Bjarnars. Hítd. 26. 31. 63. 67. Eyrb. 26. Fóstbr. 70. 86. Gíslas. Súrss. 33 (?). 35. 49. Gunnl. (Isl. Sögur II) 254. 270. Grettla 8. 12. 17. 19 (3). 23 (2). 26. 33. 34. 54 (?). 96. 106. 107. 131. 166. 189. Hallfr. 91. 206 (2). Harðars. (Isl. Sögur II) 8. 37. 67 (3). 68. 86. Hávarðars. 32. 54. Konunga Sögur 51. 111 (2). 121. 277. 279. 286 (3). 312. 320 (2). 325. 427 (2). 482. Knýtlinga (FMS XI) 191. 212. 222. Landnámab. 163. 212. 308. Njála I, 29. 91. 98. 186. 191. 367. SE. I, 246. 260. 284. 306. 314. 318. 320. 322. 332. 348. 406. 416. 422. 444. 498. II, 134. 186. 196 (2). 202. 208. 210. 212. 216 (2). 230. 236. 246 (2). Sturl. I, 80. 89. 106. 290 (2). 293. Þórðars. Hreðu 7. 42 u. s. w. So erklärt sich auch die schon Beitr. VIII, 75 hervorgehobene tatsache, dass Snorri im Háttatal 29 immer nur die aðalhendingzeilen mit dreisilbigem schlusswort bildet. Ein anderer eingang als –́–̀× scheint sich vor –́–̀× überhaupt nicht zu finden, und das ist leicht erklärlich, da nur diese form von E und der typus B eine vollbetonte silbe an vierter stelle des verses ohne unmittelbar vorausgehenden nebenaccent haben, und B im zweiten halbvers durch das gesetz von der stellung des hauptstabes im strengen dróttkvætt ausgeschlossen ist.

snjalls létum skip skolla 5, 1
bua hilmis sal hjǫlmum 3, 1 (B?)
taki hlœgiskip hauga 11, 5 (B?)

u. s. w., 11, 3. 12, 7. 13, 3. 15, 7. 17, 5. 22, 3. 24, 5, und mit drei wörtern im zweiten fuss

grefs leit við mér gætir 15, 5
fólk réð um sik fylkir 21, 1,

zusammen 17 resp. 12 belege, zu denen gewiss noch zu gesellen sind die verse

a) grams stallara alla 1, 2
allsnúðula prúðar 7, 2
fulldrengila gengit 8, 8
b) húsbúnaði‿at hróss 3, 7,

sodass dieser typus im ganzen durch 39 verse vertreten ist. Für die zweite form des haupttypus D –́ | –́ ⏑̀ × | –́ × dagegen lassen sich nur noch anführen

a) hnekkt dýrloga bekkjar 18, 8
mín ókunnar þínum 8, 6
bliks vildastan miklu 15, 4
þrír samnafnar tíri 16, 4
b) tekk ýmissar ekkjum 5, 7,

bei denen übrigens die betonung nicht über allen zweifel erhaben ist; *ýmissar* halte ich sogar für wahrscheinlicher als *ýmìssar*, da das wort bekanntlich ziemlich früh den mittelvocal zu synkopieren anfängt (doch vgl. den vers *ór ýmissum ǫttum* Hkr. 70, der doch × –́ | –́ × ‖ –́ × zu lesen ist). Ich bemerke übrigens, dass bei dem typus D eine verteilung der formen –́ | –́ –̀ × und –́ | –́ ⏑̀ × auf der ersten und zweiten halbvers etwa nach analogie der formen von A –́ –̀ | –́ × und –́ –̀ | ⏑́ × nicht stattfindet.

d) Von den beiden übrigen typen kommt noch am häufigsten C × –́ | ⏑́ × ‖ –́ × vor, im strengen dróttkvætt natürlich auf den ersten halbvers beschränkt, da der zweite stets mit dem betonten hauptstab beginnt (anders z. b. in der 'Torf-Einarzeile' Vigfüssons, oben s. 213 und Corp. poet. I, 445):

α) fyr ágætu úti 5, 3
sjá'fr mjǫðnannan manni 8, 5
til Svíþjóðar síðan 9, 7
hann stendr þýðr af þinni 23, 3 [1])
β) á Austrvegum eiga 23, 7.

[1]) Unsicher, vielleicht nach A zu lesen.

Ich bemerke hierzu, dass unter diesen typus fast alle die Beitr. VIII, 54 f. besprochenen verse mit kurzer, proklitischer eingangssilbe gehören, auch *en eyrindi óru* Hkr. 416, da das wort *eyrindi* in der alten dichtung stets mit langer erster silbe gebraucht wird (wie beiläufig auch vielleicht *Sígurðr* neben *Sigurðr* und ev. *Sígrøðr, Sígfrøðr* anzusetzen ist). Ausnahmen bilden nur die verse

en í kveld þars knýjum — H. 70
en af breiðu bjóði — SE. I, 306
en ept víg frá Veigu — SE. I, 47
ok um þerris œða — SE. I, 436;

an den drei ersten stellen ist gewiss, wie bereits Edzardi, Beitr. VIII, 346[1] vorgeschlagen hat, *enn* zu setzen (vgl. z. b. noch *enn í mót fyr mǫnnum* Sturl. II, 321), und was die letzte zeile anlangt, so kann man dem alten Bragi auch wol ein *auk* für *ok* zutrauen. Nur starktonige monosyllaba auf einfachen consonanten nach kurzem vocal werden demnach auch vor vocalen für lang gelten dürfen.

e) Der typus B ×–́ | ×–́ ‖ –́× endlich scheint in unserem gedicht nur durch éin beispiel vertreten zu sein (doch vgl. s. 530 oben). Wenigstens scheint es mir am natürlichsten, den vers *vasa fýst enn ek rann rastir* 12, 1 als ×–́ | ×–́ ‖ –́×

vasa fýst | enn rann-k | rastir

aufzufassen. Der vers *erum heiðnir vér reiðir* 14, 4 gehört dagegen zu D, weil *erum* den hauptstab trägt.

Tabellarisch lassen sich die besprochenen erscheinungen folgendermassen darstellen:

		erste halbzeile	zweite halbzeile
A, 2	a) –́–̀ | ⏑́× ‖ –́×	—	24
	b) –́–̀ | –́× ‖ –́×	20	(4)
B	×–́ | ×–́ ‖ –́×	(1)	—
C	×–́ | –́× ‖ –́×	5	—
D, 1	–́ | –́⏓̀× ‖ –́×	(1)	4
D, 2	–́ | –́×–̀ ‖ –́×	13	20
E	–́–̀× | –́ ‖ –́×	19	(2)

Zweifelhaftes ist dabei eingeklammert.

In anderen gedichten werden sich natürlich vielfach abweichende verhältnisse finden, je nach den besonderen neigungen der einzelnen verfasser. In der Rekstefja z. b. findet sich der typus A 2, a in der zweiten halbzeile nur 20 mal in 140 langversen (14, 3 %), während in den Austrfararvísur das verhältnis sich auf 24 : 96 (d. h. 25 %) stellt. In den ersten halbzeilen der Rekstefja ist, wie bereits Vigfússon II, 295 bemerkt, das schema A 2, b als besondere kunstform ganz durchgeführt (daher denn auch der dichter selbst sein werk eine *tvískelfða drápa* nennt, 35, 4). Im Geisli bedient sich Einarr Skúlason gelegentlich das typus A 2, a auch im ersten halbvers (1, 5. 11, 1. 34, 3. 36, 1. 70, 1. 71, 3. 5) u. dgl. mehr. Dass auch der theoretiker Snorri diese regeln befolgt, und zwar sie oft mit bewusstsein zur erzielung grösserer künstlichkeit der form anwendet, braucht auch nur eben angemerkt zu werden.

Der typenwechsel ist für das dróttkvætt von anfang an charakteristisch gewesen und charakteristisch geblieben. Eine einschränkung hat die volle freiheit desselben nur erfahren beim übergang von der alten 'Torfeinarzeile' resp. der 'háttlausa' zum eigentlichen dróttkvætt, welches den hauptstab notwendig an erster stelle der zweiten halbzeile hat. Hierdurch werden die typen B und C für die zweite halbzeile unmöglich gemacht. Bei Snorri finden sich zwar im Háttatal eine anzahl von strophen, welche fast in allen zeilen gleichen bau haben, auch eine strophe aus lauter versen vom typus A, nämlich der sog. Fleinsháttr str. 57, aber in der literatur treten solche strophen meines wissens nicht auf, wie denn auch Möbius in seinem beispielverzeichnis, Háttatal II, 129 ff., keinen beleg für den Fleinsháttr angibt. Jene gleichförmigkeit der Snorri'schen musterstrophen danken wir also offenbar nur seiner bekannten lehrhaften tendenz, in éiner strophe dieselbe eigenheit der form möglichst oft vorzuführen und dadurch anschaulich zu machen. Anders bei dem achtsilbigen hrynhent. Von den drei strophen welche Snorri diesem metrum gewidmet hat, zeigt die mittelste, str. 63, wie schon Möbius, Háttatal I, 53 betont hat, durchgängig trochäischen resp. spondäischen rhythmus (also typus A), während str. 62 und 64 noch am typenwechsel festhalten. Als beispiel für die einförmige strophe kann Arnórs Magnúsdrápa, Corp. poet. bor. II, 186 ff. angeführt werden; auch die alte Hafgerðinga drápa von ca. 986—990 (Corp. poet. bor. II, 54) zeigt in den wenigen erhaltenen bruchstücken bereits diesen rhythmus. Dagegen hat die Eiriksdrápa des Markús Skeggjason

(Corp. poet. bor. II, 235 ff.) noch reste des typenwechsels, vgl. z. b. verse wie

> hauklundaðan Dana grundar 1, 2
> hringvarpaðar gjálfri kringðum 3, 4
> Vár ǫndurt bjó Vinda rýrir 5, 1
> ǫrr fylkir gaf sverð ok knǫrro 6, 2

u. s. w., aber auch hier überwiegt der typus A.

Als besonders bezeichnend für dies neu geregelte metrum muss hervorgehoben werden, dass im **vorletzten fusse** $\acute{\smile}\times$ **auch ohne unmittelbar vorhergehende tonsilbe eintreten kann.** So lesen wir bei Snorri

> heila grundar **megin**-undir 63, 8
> Gunnarr skaut und **gera** fótar 64, 7,

in der Hafgerðingadrápa

> Amra fjalla **Dvalins** hallar 1, 2
> meinalausan **farar** beina 2, 2,

bei Arnórr

> skjǫldungr stétt[u] á **skǫrum** hveldan 4, 3
> siklingr ýtti **flota** miklum 9, 2
> stirðum hélt[u] um **Stafangr** norðan 10, 5
> stǫlum bifðusk **fyrir** álar 10, 6
> eldi glík í **Dana**-veldi 10, 8

u. s. w., bei Markús Skeggjason

> jǫfra sess í **verǫld** þessi 2, 4
> heiðarmanns í **lofi** reiða 4, 8
> helmings oddr í **sumars** broddi 5, 4
> stóra sótti **Haralds** hlýri 10, 1
> leyfði allt sem **konungr** krafði 11, 7

u. s. w. — Der **zweite fuss** wird dagegen in der regel als $\acute{-}\times$ gebildet; bei Arnórr ohne ausnahme, denn in den versen *allan Noreg gotna spjalla* 8, 2 und *Áláfs gøri-k slíkt at mǫlum* 16, 1 ist augenscheinlich *Nóreg* und *gørvi-k* zu schreiben. Markús Skeggjason dagegen gestattet eine kürze an dritter stelle beim typus D, wie *hauklundaðan Dana grundar* 1, 2, *hringvarpaðar gjálfri kringðum* 3, 4 u. s. w. (7, 6. 8. 8, 8. 18, 8. 19, 4. 20, 4. 22, 8), einmal auch bei A mit nebenton: *liðhraustr konungr sǫ́r in iðri* 22, 2. So auch z. b. noch Sturla Þórðarson in der hrynhenda auf Hákon Hákonarson (Wisén, Carmina norrœna s. 82 ff.): *varrbáls hǫtuðr kardináli* 1, 2, *kynprýddr jǫfurr yðr of skrýdda* 1, 6, *unnvigs skipuðr Dǫnum sunnan* 3, 2, *snarfengr konungr yðrir* *drengir* 6, 6. Wie man sieht, fallen alle diese stellen, der alten regel gemäss, in den zweiten halbvers.

Ganz ähnlich liegen die verhältnisse wider bei dem sechs- und mehrsilbigen runhent. Für das sechssilbige gibt Snorri's str. 88 ein beispiel mit typenwechsel (ähnlich z. b. die strophe in der Hávarðarsaga s. 5); das Runenlied (Corp. poet. bor. II, 369 f.) dagegen hat unter 32 halbzeilen 30 mal reines A, einmal E (*is kǫllum brú breiða* 9[a]), eine zeile, 4[b], ist nur fünfsilbig, also wol verderbt. In dem sieben- und achtsilbigen metrum, Háttatal str. 90. 91, herscht wider A allein, im Málsháttakvæði überwiegt er wenigstens durchaus. Auch hier treffen wir wider ◡́× im vorletzten fuss ohne vorhergehende tonsilbe, z. b. im Málsháttakvæði:

jafuan þótta-k kveða slétt 2, 6
skamm-æ þykkja ofin ǫll 15, 5
gørir sá betr es ǫfund svefr 28, 2.

Bei Snorri ist diese licenz durch str. 94 veranschaulicht (Möbius, Háttatal I, 59; ist z. 2 *gulli sóri Kraki framr* statt *søri* zu lesen?).

Ueber die stellung der *rimur* verweise ich auf die einleitung von Wisén zu den Riddara Rímur (Köpenhamn 1881) s. V ff. und Cederschiöld im Arkiv f. nord. filol. I, 78 ff.

II. Der nordische fünfsilbler (málaháttr).

Ueber die nordischen fünfsilbler habe ich Beitr. VI, 274 ff. 344 ff. gehandelt. Hier soll nur noch auf den málaháttr mit einigen bemerkungen zurückgegriffen werden. Als sein schema wurde a. a. o.

$$\acute{-}\times \mid \acute{-} \mid \acute{-}\times$$

aufgestellt. Richtig ist dabei die annahme der fünfsilbigkeit, aber die accentstellung ist wider freier. Analysieren wir z. b. eine strophe wie Atlamál 3 mit rücksicht auf natürlichen accent und alliteration:

horsk vas húsfreyja	$\acute{-}\times \mid \acute{-}\grave{-}\times$	D
hugði◡at mannviti,	$\acute{-}\times \mid \acute{-}\grave{\smile}\times$	D
lag heyrði [hón] orða,	$\acute{-}\grave{-}\times \mid \acute{-}\times$	E
hvat [þeir] á laun mæltu;	$\grave{-}\times\acute{-} \mid \acute{-}\times$	C
þá vas vant vitri,	$\grave{-}\times\acute{-} \mid \acute{-}\times$	C
vildi [hón] þeim hjálpa,	$\acute{-}\times\grave{-} \mid \acute{-}\times$	E

skyldu‿um sæ sigla, −̀×−́ | −́× C
en sjǫlf né komskat. × | −́× | −́× A

Hier erkennen wir sofort die erweiterten typen D −́× | −́⏒̀× und E −́×−̀ | −́× resp. −́−̀× | −́× als eine hauptgrundlage des metrums. Zu ihnen gesellen sich, in z. 4. 5. 7, drei verse des typus C mit notwendig zweigliedriger (unverschleifbarer) eingangssenkung, deren erstes glied überdies einen natürlichen nebenton trägt, so dass diese verse von der gestalt −̀×−́ | −́× sich sehr dem typus E −́×−̀ | −́× nähern; der unterschied liegt bloss in der vertauschung von haupt- und nebenhebung im ersten fuss. Die alliteration entscheidet hier regelmässig, ob wir C mit vorton oder E anzunehmen haben. Endlich begegnet auch noch, z. 8, ein vers vom typus A mit eingliedrigem auftakt.

Da nun in der gewöhnlichen altepischen kurzzeile des nordischen A der regel nach ohne auftakt, C aber mit eingliedriger erster senkung gebildet wird, so liegt es offenbar äusserst nahe anzunehmen, dass der málaháttr aus den je um eine silbe vermehrten typen des viersilblers gebildet sei. In der angeführten strophe fehlt von den fünf typen nur einer, der typus B, und dieser ist in der tat ziemlich selten. Aber doch finden wir z. b. in málaháttrstrophen verse wie

þars þú blæju sátt — Atlam. 15, 8
es hón æva grét — Atlakv. 39, 6
þás [hón] við Atla gat — Atlakv. 39, 10
þau lét [hón] brœðra gjǫld — Atlakv. 42, 10
meðan frá Haraldi segi-k — Haraldsm. 1, 2[1])
þann-s á Kvinnum býr — Haraldsm. 5, 2

überliefert. Ich habe früher Beitr. VI, 296. 345. 350, im anschlusse an Bugge's regel, dass die zeile nie auf ein einsilbiges (oder aufgelöstes) betontes wort ausgehen dürfe, diese verse als verderbt angesehen und demgemäss sie zu corrigieren versucht; aber durch die vorgeschlagenen umstellungen *sátt blæju, grét æva, gat við Atla, gjǫld brœðra, býr á Kvinnum* und die abteilung nach *Haraldi* kommt die alliteration in den letzten fuss des verses, und das geht nicht an, da es sich um den

[1]) So ist mit den früheren herausgebern abzuteilen, nicht vor *segi-k*, wodurch der vers überfüllt wird.

hauptstab handelt, der stets den ersten ictus der zweiten halbzeile treffen muss. Ich gebe daher den gedanken an eine änderung solcher verse auf, und nehme vielmehr an, dass neben den häufigeren typen A, C, D, E auch bisweilen in den alten texten erweitertes B eingemischt worden sei.

Eine natürliche consequenz ist es dann auch, verse wie

lýða sinnis til — Atlakv. 19, 6
kvikvan kumblasmið — Atlakv. 24, 3
heldr en á hǫndum goll — Atlakv. 28, 7[1])
hratt fyr hallar dyrr — Atlakv. 42, 5

unangetastet zu lassen. Dieselben sind einfach beispiele für die zweite form des erweiterten typus D mit nebenton auf der dritten silbe des zweiten fusses, –́× | –́×–̀, wie sich ja oben auch bereits in der angeführten strophe der Atlamál die beiden unterarten von E, –́–̀× | –́× und –́×–̀ | –́× neben einander fanden.

Endlich kommt auch, wiewol sehr selten, erweiterung von D durch auftakt statt durch eine einschubssilbe vor. Als beispiele dieses typus ×–́ | –́⏑̀× merke ich an aus den Haraldsmál die verse

at degi ǫndverðum 3, 4 vel fagrrenduðum 19, 4.
ok mani austrœnu 16, 8

Bei der hier vorgetragenen auffassung der málaháttrzeile erklären sich die abweichungen vom normalschema der quantität, welche Beitr. VI, 345 ff. besprochen sind, zum grossen teil von selbst. So der ausgang auf ⏑× statt –×, welcher sowol bei typus D wie beim typus C eintreten kann. Beispiele für den ersten fall sind etwa

hugði⌣at mannviti — Atlam. 3, 2
kom þá Kostbera — Atlam. 6, 1
innti orðstafi — Atlam. 9, 3

u. s. w., überhaupt alle die verse mit einem compositum am schlusse, das nicht oder nicht allein die alliteration trägt (in diesem falle haben wir C), aber auch

fóru fimm saman 29, 5 þræla þrjá tigu 92, 3
hǫmlur slitnuðu 36, 5

[1]) Mit verschleifung von *en á* in der senkung zu lesen.

u. s. w. Für C

ef [hann] at yðr lygi 32, 4 — sem þú sjǫlf vilir 67, 8
vǫrum þrír tigir 51, 5 — þar vas fjǫlð fear 91, 7,

oder mit compositum

syni Hálfdanar — Haraldsm. 4, 6
hversu's fégjǫfull — Haraldsm. 15, 1.

Abgesehen von der regelung der alliteration und der entwicklung der innenreime, besteht die spätere kunstmässige weiterbildung des alten málaháttr vornehmlich in der beschränkung des freien gebrauchs der verschiedenen typen neben einander; auch auflösungen werden mehr oder weniger gemieden. So wird im sog. Haðarlag (Háttatal str. 79, Háttalykill str. 27) allmählich das schema D ´–× | ´– `⏓ × durchgeführt, z. b. ausnahmslos und ohne alle auflösungen in den ziemlich umfänglichen Hrafnsmál des Sturla Þórðarson († 1284)[1]; auch die nebenform ´–× | ´– `⏑ × mit kurzer penultima ist hier nur selten verwant. Auch Snorri's musterstrophe (Háttatal 79) zeigt dieselbe beschränkung:

læsir leyfðr vísi   landa útstrandir
blíðr und bláskíðum   barða ranngarði;
ern kná jarl þyrna   oddum valbrodda
jǫrð með élsnœrðum   jaðri hrænaðra.

Aber in der zweiten beispielstrophe des Háttalykill (str. 27ᵇ) lautet die erste zeile noch

fleygði ás Óli,

was der alliteration nach nur zu C gehören kann (die zweite zeile ist verderbt, *stigu forðum aurborða;* ohne *stigu* hätten wir abermals C), und ebenso zeigen die Hrafnsmál des Þormóðr Trefilsson aus dem XI. jahrhundert gelegentlich noch mischung; so lesen wir neben dem regelmässigen D auch dort noch E *slitu þar síðan* Eyrb. s. 43 z. 5, *bǫð varð í Bitru* 113, 1, auch wol *bráð hykk þar fengu* ib. 2; nach C *svá skal fjándr hegna* 83, 8, *lágu sjau síðan* 105, 5, sogar nach A *es* [*hann*] *Arnkel feldi* 68, 8 und *í Álptafirði* 83, 4. Im fünfsilbigen runhent Snorri's, Háttatal str. 83, treffen wir dagegen sowol typenwechsel wie auflösung:

C naðrs gnapa‿ógn alla   eyðir baugvalla! *D*
D hlunns of hástalla   hestar svanfjalla; *D*
C orms es glatt galla   með gumna spjalla, *A*
C jarl fremr sveit snjalla,   slíkt má skǫrung kalla *D*

In Snorri's stúfhent, Háttatal str. 75, haben die fünfzeiligen vísuorð regelmässigen wechsel zwischen E und A mit auftakt:

E hrinda lætr hniggrund hafbekks snekkjur,
A þás falla fleinþollr frár mál stálum;
E blummi lítr hergramr hirðmenn spenna,
A en rœði raungóð rógálfr, skjálfa,

während Rǫgnvald in dem sonst ganz entsprechenden halfhnept (Háttalykill 25) an der betreffenden stelle nur E gebraucht:

hausa beit hjálmtýs hjaldliðr allstríðr;
sundra nam snarbeind sverðs egg manns legg.
veita réð vellbrjótr valgjóð ræflóð;
haukum vas hjǫrleiks hjaldrmos gefin kros

u. s. w. Alles dies im einzelnen zu verfolgen muss ich einer eingehenderen specialuntersuchung überlassen.

Der viersilbler des fornyrðislag und der fünfsilbler des málaháttr sind beide repräsentanten des angelsächsischen halbverses, und, historisch betrachtet, gewiss aus dem germanischen vorläufer des letzteren hervorgegangen. Dass dieser germanische halbvers von dem angelsächsischen erheblich verschieden gewesen sei, ist dabei sehr unwahrscheinlich, da wir fast alle eigentümlichkeiten des letzteren auch im nordischen vier- und fünfsilbler wider treffen. Nur sind, gemäss der durchgängigen neigung des nordens zu strengerer und gleichmässigerer ausbildung der form, dort die gesetze für die bildung der senkungen viel strictere geworden, und auf der anderen seite hat man beim übergang zur strophenform, welche gleichheit der einzelnen zeilen erforderte, die mischung des germanischen langverses aus normalen, d. h. viergliedrigen, und erweiterten, d. h. fünfgliedrigen, halbzeilen aufgegeben, und aus jedem dieser typen ein besonderes versmaass, eben das fornyrðislag und den málaháttr, entwickelt. Wie sich der ljóðaháttr zu diesen beiden neben ihm ältesten versmassen des nordens verhält, bleibt auch jetzt noch zu untersuchen. Die übrigen längeren und kürzeren metra des nordens, namentlich das dróttkvætt, gehören einer zweiten entwickelungsschicht an, aber auch sie stehen noch in vielen wesentlichen punkten auf dem boden des alten volkstümlichen alliterationsverses.

III. Die deutsche alliterationszeile.

Die richtung in welcher sich die alliterationszeile in Deutschland entwickelt hat, ist der im norden eingeschlagenen ziemlich entgegengesetzt. Die mischung vier- und fünfgliedriger halbzeilen ist dieselbe geblieben wie im angelsächsischen. Der hauptunterschied liegt aber in der bildung der senkungen, deren durchschnittsmass das in der ags. dichtung übliche bekanntermassen stark überschreitet. Trotzdem wird, wer einmal sein ohr an die eigentümlichen rhythmen des ags. verses gewöhnt hat, auch in den Heliandversen diese schemen leicht durchklingen hören. Dass wir aber auch beim altsächsischen alliterationsvers, trotz aller handgreiflichen verschiedenheiten, uns auf demselben boden befinden wie beim angelsächsischen und altnordischen verse, geht aus der übereinstimmung in einzelheiten hervor, die nicht zufällig sein können, und die das altsächsische ebenso fest ausgebildet zeigt wie die beiden andern sprachen.[1])

Unter diesen übereinstimmungen ist wol am wichtigsten das gesetz, dass ⏑́× im allgemeinen nur für eine hebung, nicht für hebung + senkung zählt, ausser an den stellen wo auch das ags. und altn. diese silbengruppe zweiteilig gebrauchen, nämlich:

1. In versen des typus A mit nebenaccent in der senkung des ersten fusses, wie

unrîm cuman 410	mancraft mikil 791ᵃ
uuilspel mikil 519	firinuuerc managˌ876
slîðmôd cuning 630	druhtfolc mikil 978
Nîlstrôm mikil 799ᵃ	meginfolc mikil 1220ᵃ, u. s. w.

2. Im zweiten fuss des typus C, sehr gewöhnlich, wie

[1]) Es verdient hervorgehoben zu werden, dass bereits Amelung in seinem aufsatz über die metrik des Heliand, Zs. f. deutsche phil. III, 280, bis zu einem gewissen grade auf den richtigen weg zum verständnis des versbaues im Heliand gekommen war. Ich rechne dahin die ansätze zur unterscheidung steigender und fallender verse, und einige beobachtungen über hebung und nebenhebung. Hätte er nicht noch ganz unter dem banne des dogmas von den vier hebungen gestanden und statt des deutschen reimverses vielmehr die angelsächsische alliterationszeile zur vergleichung herbeigezogen, so würden ihm schwerlich die resultate entgangen sein, die im obigen ihre ausführung gefunden haben.

thia habdon maht godes 10
endi sô manag gibod godes 14
endi giunit mikil 23
sâton iro heritogon 58
that sie heuankuning 100.

3. Am schlusse des typus D –́(×) | –́ ⏑̀ ×, ziemlich selten, wie

hard harmskara 240^{a}
sâlig barn godes 400
aðalordfrumo 31^{a}
cuman thuru craft godes 49^{a}.

4. Zu anfang des zweiten fusses desselben typus bei compositis der form $\frac{\acute{-}}{\smile\times}$ | ⏑̀ – ×, wie

heƀancuninge(s) 82. 130^{a}. 278. 781. 1120 etc.
adalboranes (-an) 222. 464
adalcuninges 362
thiodcuninge 2767.

Ferner teilt das altsächsische die abneigung gegen zweite glieder von compositis in der senkung des zweiten halbverses, abgesehen von den erwähnten fällen von A. Sonst habe ich in den 1000 ersten versen des Heliand nur noch gefunden

B sô hê thô thana uuîrôc drôg 106
B that uuas sô diurlic uuîf 255
B endi hald incan friundskepi uuel 322
B than langa the hê thana druhtskepi thâr 363
B gihôrdun uuilspel mikil 527
B thâr that fridubarn godes 760
B ic bium an is bodskepi herod 895
A drohtîn frô mîn 490.

Es ergibt sich daraus beiläufig, dass meine ergänzung von v. 71 falsch ist, und dass v. 1117 nach *jungardôm* abgeteilt werden muss.

Unter den abweichungen des altsächsischen verdient in erster linie die behandlung langer nebentoniger mittelsilben hervorgehoben zu werden. Dieselben erscheinen nämlich auch öfters ohne metrischen ictus in mehrsilbigen senkungen, wie

B eftho (uuid) fîundo nîth 28. 52
B ne sî that hê mê an is ârundi huarod 121
B thea suâsostun mêst 202
B ne uuisse hê uualdandes thô noh 300
B habda im hêlagna gêst 467
B thô sagda hê uualdande thanc 475, u. s. w.

Ferner gestattet das altsächsische vor den drei fallenden typen A, D, E in viel grösserem umfange die setzung eines

auftakts. Sehr gewöhnlich sind einsilbige auftakte vor A, wie

gecorana uurðun 17
mid ênu uuordu 40
thea liudi stôdun 101,

aber auch längere sind nicht ganz selten, wie

endi mid iro handon skrîƀan 7
endi thiu fîui uuârun agangan 47
sô mî thes uundar thunkit 157
nû ic theses thinges gitrûon 285, etc.

Endlich ist hier noch der freien behandlung auch derjenigen senkungen zu gedenken, welche im ags. nur einsilbig sein dürfen. Dies gilt vor allem von der schlusssenkung in A und C, welche hier öfters zweisilbig erscheint:

C sô uuârun thia mán hê'tana 18
A ô'darlî'caron 155
A uuita kíasan him ô'drana 223
C thô uuard hugi Jôsepes 295
A idis gihîuuida 308
A fíor endi antáhtoda 513

u. dgl. mehr. Diese freiheit hängt übrigens wol mit der sprachlichen entwickelung des altsächsischen zusammen, welche so oft längere formen an stelle älterer synkopierter hat treten lassen; vgl. z. b. oben *hêtana, ôdarlîcaron, gihîuuida* mit ags. *hâtne, *ôðerlicran, *gehîwde.* Alte formelhafte verse der form –́×–́× wurden beim eintritt solcher neuen formen natürlich zu –́×–́×× und damit war denn das vorbild zur umformung des alten typus –́×–́× überhaupt gegeben.

Es liegt auf der hand, dass bei einem solchen grade der freiheit in der versbildung die unterscheidung der einzelnen typen im Heliand mit weit grösseren schwierigkeiten verbunden ist als im angelsächsischen und nordischen. Eine grosse menge von versen fügt sich allerdings ohne weiteres in den rahmen der ags. metrik ein. Wie sich die übrigen dazu stellen, und ob man im stande sein wird, innerhalb dieser klare scheidungen bestimmter gruppen zu gewinnen, kann natürlich nur eine eingehende untersuchung auf grund einer vollständigen materialsammlung lehren, welche ich zur zeit nicht besitze. Vielleicht ist es auch gut, vor der hand hier eine pause zu machen, bis die zweifelhafteren punkte des oben aufgestellten metrischen systems auch von anderer seite ihre beleuchtung erhalten haben. Doch darf ich immerhin bereits jetzt ankündigen, dass eine untersuchung des Heliandverses von anderer seite in angriff genommen ist.

Was endlich die trümmerhaften reste der althochdeutschen alliterationsdichtung anlangt, so kann man einstweilen nur sagen, dass die zerrüttung der form noch einen schritt weiter gegangen ist als im Heliand. Doch blicken selbst im althochdeutschen die alten typen noch unverkennbar durch. So finden wir im Hildebrandslied in dem verse *wêwurt skihit* 49 im gegensatz zu versen wie *ǽnon muotin* 2, *chônnêm mannum* 28, *luttila sitten* 20, *wuntane bougâ* 33 u. s. w. noch die alte regel von der verkürzung der zweiten hebung von A nach nebentoniger senkung gewahrt (dagegen *ummett irri* 25, wenn *ummett* noch mit zwei accenten zu lesen ist). Sonst trifft die hebung, ebenfalls der alten regel gemäss, noch im typus C einmal auf eine einfache kürze, *ibu dû dâr ênic réht hábês* 57, neben gewöhnlicherem ×–́ | –́×: *miti Deotrîchhe* 26, *nû dih es sô wel lustit* 59; *ðat sih urhêttun* 2ᵃ, *hina miti Theotrîhhe* 19ᵃ, *sîd Dêtrîhhe* 23ᵃ, *her was Ôtachre* 25ᵃ, *doh maht dû nû aodlîhho* 55ᵃ, *der sî doh nû argôsto* 58ᵃ, in fast allen andern fällen auf eine länge oder es tritt auflösung ein (so auch in C: *iro sáro rihtun* 4, *hwer sîn fáter wâri* 9, *wili mih dînu spéru werpan* 40, *eddo ih imo ti bánin werdan* 54); ausnahmen sind bloss der auch der alliteration nach sehr sonderbare vers *ih heittu Hadubrant* 17 und *sô imo sê der chuning gap* 34. Vor allen dingen aber sind auch noch die verseingänge in ihrer charakteristischen gestalt gut bewahrt. Bei der ictenstellung –́×...–́×, d. h. im typus A, fängt der zweite halbvers noch fast ausnahmslos mit der hebung an: *ǽnon muotin* 2, *ûsere liuti* 15, *luttila sitten* 20, *darbâ gistuontun* 23 u. s. w. (25. 28. 30. 33. 37. 47—50. 52 f. 56. 58. 60. 62 f. 65—67); einsilbiger auftakt einmal in *dea êrhina wârun* 16, zweifelhaft in *ih heittu Hádubrant,* wenn so zu betonen ist; ganz unsicher ist der vers *hwerdar sih hiutu | dero hregilo rûmen muotti* 61. Im ersten halbvers ist auftakt etwas häufiger, aber immerin im verhältnis zu der zahl der auftaktlosen verse selten: einsilbig zweimal: *dô stôpun tô samane* 65, *giwigan miti wambnum* 68; zweisilbig einmal: *her furlaet in lante* 20, dreisilbig zweimal: *her was eo folches at ente* 27, *der dir nû wîges warne* 59. Zu den auftaktlosen A kommen dann noch einige E und D, z. b. im zweiten halbvers *Hiltibrantes sunu* 14. 36, *Heribrantes suno* 44. 45, *barn unwahsan* 21, *sêolîdante* 42; aus dem ersten halbverse gehören hierher zeilen wie *chind in chunincrîche* 13, *westar ubar wentilsêo* 43, *tôt ist Hiltibrant* 44, *welaga nû waltant got* 49 etc. (erweitertes D). Auftakt fehlt hier ganz, wenn man nicht v. 51 *in fòlc scéotantero* betonen will (die alliteration spricht aber für *in folc scéotántero,* also eine art C). Ganz anders, wenn der vers auf –́×...–́ (oder auflösungen davon) ausgeht, oder wenn die beiden icten in der mitte zusammenstossen (...–́⏑̲́... oder ...⏑́×–́...), also in den typen B und C. Hier finden wir in B im zweiten halbvers einsilbigen 'auftakt' (d. h. richtiger 'eingangssenkung') nur einmal: *her frâgên gistuont* 8, zweisilbigen 3 mal: *untar heriun tuêm* 3, *her uuas hêrôro man* 7, *her raet ôstar hina* 22, dreisilbigen 5 mal: *ik mî dê ôdre uuêt* 12, *dat uuas sô friuntlaos man* 24, *dû bist dir altêr Hûn* 38, *dat inan wîc furnam* 43, *dat in dêm sciltim stônt* 64; viersilbigen 2 mal: *imo was eo fehta ti leop* 27, *ibu dir dîn ellen taoc* 55; fünfsilbigen 3 mal: *dô sie tô dero hiltiu ritun* 6, *eddo hwelîhhes cnuosles dû sîs* 11, *enti sînero degano filu* 19, sechssilbigen einmal: *dat ih dir it nû bi huldi gibu* 35. Verse auf –́ oder ⏑́× ohne auftakt kommen dagegen gar nicht vor, ausser wenn im innern ein nebenton steht, d. h. wenn der vers entweder zu A (*wêwùrt skihit,* oben s. 542) oder zu E fällt (*Hiltibràntes súnu, Héribràntes súno,* s. oben). Aehnlich im ersten halbvers. Auch für C wird es genügen, den zweiten halbvers zu analysieren. Die eingangssenkung ist hier mindestens zweisilbig: *iro saro rihtun* 4, *hwer sîn fater wâri* 9, *miti Deotrîchhe* 26; an längeren senkungen finden wir vier- bis sechssilbige: *wili mih dînu speru werpan* 40, *eddo ih imo ti banin werdan* 54, *ibu dû dâr ênîc reht habês* 57, *nû dih es sô wel lustit* 59. Verse ohne eingangssenkung fehlen natürlich auch hier überall.

[Nachschrift. Die in der anmerkung zu s. 210 gemachten ausstellungen muss ich zurücknehmen so weit sie gegen Hoffory gerichtet sind. Der vorwurf der inconsequenz hätte vielmehr gegen Müllenhoff selbst gerichtet sein sollen. Denn soweit ich den a. a. o. citierten satz Müllenhoff's jetzt verstehe, ist es nicht Hoffory, sondern ein gewisser fünfsilbler, der nach Müllenhoff's meinung 'mit andern versen von ähnlicher art ... und manchen andern gründen' mir den bewussten rat erteilt.

Endlich möchte ich noch zur vermeidung von misverständnissen bemerken, dass mein programm 'Proben einer metrischen herstellung der Eddalieder', Tübingen (Halle) 1885, obwol etwas früher erschienen als der vorstehende aufsatz, doch erst ausgearbeitet worden ist, nachdem das ganze manuscript des letzteren abgeschlossen und an die druckerei eingeliefert war. 24. april 1885.]

Inhalt.

TÜBINGEN, 5. oct. 1884. E. SIEVERS.

DIE REMSCHEIDER MUNDART.

II.

III. Formenlehre.

A. Declination.

1. Das substantiv.

Die unter 'apokope' gegebenen regeln sind für die gestaltung der declination massgebend. Hinzu kommt nur noch das moment der formenausgleichung, wodurch besonders die quantität des wurzelvokals im nom. acc. sgl. kurzsilbiger stämme bestimmt wird. Hierüber gelten folgende regeln:

1. Der stammvocal bleibt in ursprünglich einsilbigen formen kurz vor spiranten, *d* und *l*, z. b. *tròx* trog, *ʒlas* glas, *hòf* hof, *rat* rad, *štel* stil.

2. Vor allen andern consonanten tritt ausgleichung nach dem vocalismus der casus obliqui ein, z. b. *kōk* koch, *bēk* bach, *fāt* fass, *nūət* nuss.

a) Starke declination.

I. Masculinum.

1. a-declination.

Sgl.	N. Ac.	*dax* tag,	*štīən* stein,	*veŋk* wind,	*feš* fisch
	D.	*dāx*	*šteŋ*	*veŋ*	*fešə*
Pl.	N. Ac.	*dāx*	*šteŋ*	*veŋ*	*fešə*
	D.	*dāʒn*	*štīənn*	*veŋn*	*fešn.*

So gehen noch z. b. *vèx* — *vēx* weg, *šmet* — *šmīət* schmied, *šret* — *šrīət* schritt, *šnet* — *šnīət* schnitt, *tret* tritt, *štel* — *štīəl* stil, *špel* — *špīəl* spiel; *rīn* — *riŋ* Rhein, *šīn* — *šiŋ* schein, *vīn* wein; *zaŋk* sand; und mit ausgleichung: *ʒrīəp* — *ʒrīəpə* griff, *bry̅ək* — *bry̅əke* bruch, *štīək* — *štīəkə* stich, *rīət* riss, *bīət* — *bīətə* biss[1]), *štēat* — *štēatə* sterz.

kēal n. d. kerl hat im pl. *kēals*, dat. *kēalzn*.

2. i-declination.

Sgl.	N. Ac.	*hòf* hof	*kåŏmp* kamm	*hoŋk* hund
	D.	*hōf*	*kåŏm*	*hoŋ*
Pl.	N. Ac.	*hō̆f*	*kòŏ̆m*	*heŋ*
	D.	*hō̆vn*	*kòŏ̆mn*	*heŋn*
Sgl.	N. Ac.	*tūn* zaun	*kōk* koch	*štòk* stock
	D.	*tuŋ*	*kōkə*	*štòkə*
Pl.	N. Ac.	*tyŋ*	*kō̆kə*	*štökə*
	D.	*ty̆nn*	*kō̆kn*	*štökn*

So gehen u. a.: *šlax* — *šlēx* schlag, *tròx* — *trō̆x* trog, *apl* — *èpl* apfel, *baləx* — *bèləx* balg, *brūədr* — *bry̆ədr* bruder, *būŏm* — *by̆ŏ̆m* baum, *špōn* — *špō̆n* span, *dōan* — *dō̆an* dorn; *taŋk* — *tèŋ* zahn; *lyt* — *ly̆dn* leute; *kòp* — *köpə* kopf, *hūŏp* — *hy̆ŏ̆pə* haufen, *kôŭmp* — *kö̂y̆mpe* kump, *fūət* — *fy̆ətə* fuss, *sprūək* spruch, *ʒūət* guss.

Im plur. hat *r*: *man* — *mènr* mann, dat. *mènan*.

II. Neutrum.

1. a-declination ohne *-r* im plural.

Sgl.	N. Ac.	*fèl* fell	*poŋk* pfund	*šōp* schaf
	D.	*fèl*	*poŋ*	*šōpə*
Pl.	N. Ac.	*fèl*	(pl. fehlt)	*šōpə*
	D.	*fèl̥n*		*šōpn*

So gehen: *hōar* haar, *brūat* brot; *flīəš* fleisch (ohne pl.).
Palatalisierung zeigt im pl.: *vōat* wort — *vō̆at* — *vō̆adn*.

2. Mit *-r* im plural.

Sgl.	N. Ac.	*blat* blatt	*keŋk* kind	*fāt* fass
	D.	*blāt*	*keŋ*	*fātə*
Pl.	N. Ac.	*blēdr*	*keŋr*	*fētr*
	D.	*blēdan*	*keŋan*	*fētan*.

Ebenso gehen u. a. *bèt* — *bèdr* bett, *štək* — *štəkr* stück, *ʒlas* — *ʒlēzr* glas, *ʒras* gras, *rat* — *rēdr* rad, *hōan* — *hō̆anr* horn, *kōan* — *kō̆anr* korn, *hūs* — *hy̆zr* haus, *āē* — *āēər* ei, *kaləf* — *kèlvr* kalb; *reŋk* rind, *laŋk* — *lèŋr* land; *lōk* — *lō̆kr*

---

[1]) Einige dieser worte sind ja alte i-stämme, aber schon früh in die a-klasse übergetreten.

loch, *dāk* — *dēkr* dach, *šāp* — *šēpr* schrank, *lẽit* licht, *būək* — *by͞əkr* buch, *hèmdn* — *hèmdr* hemd.

hūən huhn hat im pl. *hūənr*.

III. Femininum.

1. ō-declination.

Hier geht nur noch der sgl. stark, indem der plural wie im hd. nach art der schw. declination durch *-n* gebildet wird.

Sgl. N. D. Ac.	*farəf* farbe	*piŋ* pein	*mōtə* maass
Pl. N. D. Ac.	*farvn*	(ohne pl.)	*mōtn*.

So gehn: *švaləf* schwalbe, *ẽim* biene, imme; *yl* eule, *byl* beule, *zit* — *zidn* seite.

2. i-declination.

Sgl. N. Ac.	*haŋk* hand	*nūət* nuss
D.	*haŋk*	*nūət*
Pl. N. Ac.	*hèŋ*	*ny͞ətə*
D.	*hèŋn*	*ny͞ətn*

So gehen: *mūs* — *my͞s* maus, *lūs* — *ly͞s* laus, *ʒūəs* — *ʒy͞əs* gans, *kūə* — *ky͞e* kuh, *dåŏtr* — *dŏŏ͞tr* tochter, *šnūar* — *šny͞ar* schnur; *vūašt* — *vy͞aštə* wurst.

3. Mischklasse.

Hier hat der sgl. die i-form, der pl. ist schwach gebildet.

Sgl. N. D. Ac.	*ɩək* eiche
Pl. N. D. Ac.	*ɩəkn*.

Ebenso geht: *bēk* bach.

b) Schwache (n-)declination.

I. Masculinum.

Sgl. N.	*hās* hase	*āpə* affe
D. Ac.	*hāzn*	*āpn*
Pl. N. D. Ac.	*hāzn*	*āpn*

So gehn: *hān* hahn, *hēar* herr — *hērn̥*, *bèsm* besen.

tsaldōt soldat (ohne endung nach analogie des hd.).

Nur im pl. gehen hiernach: *arəm* arm — *armn*, *šly͞ətl* schlüssel — *šly͞ətln*.

II. Femininum.

Sgl. N. Ac.	*leŋ* linde	*liŋ* leine	*pīpə* pfeife
D.	*leŋn*	*līnn*	*pīpn*
Pl. N. D. Ac.	*leŋn*	*līnn*	*pīpn*

So gehen: *ēat* — *ēadn* erde, *by͞ən* bühne, *ton* tonne, *zon* sonne, *dan* tanne, *kūl* loch, grube, *krūən* krone, *loŋ* lunge, *toŋ* zunge, *nās* — *nāzn* nase, *dy͞a* tür, *zēx* — *zēʒn* säge, *vīəx* wiege, *flīəx* fliege; *tèšə* tasche, *šnūtə* schnauze, mund, *štrōtə* strasse, *pōate* pforte, *krūkə* krug, *kestə* kiste, *by͞ašte* bürste.

III. Neutrum.

Sgl. N. Ac.	*ūδx* auge	*hate* herz
D.	*ūδx*	*hatn*
Pl. N. D. Ac.	*ūδʒn*	*hatn*

Wie ersteres geht noch *blāx* — *blāʒn* kind, *ūar* ohr, *èŋ* ende, *jōar* — *jōrn* jahr.

Anhang: Bildung des diminutivs.

1. Es gibt 2 verkleinerungsendungen: *-kn,* pl. *-kr* und *-šn,* (*-tšn*) pl. *-šr*. Letzteres, dem ndl. *-je* entsprechend, tritt an worte die auf *l, t* und *n* (wenn vor letzterem der stammvocal verkürzt ist) ausgehen, ersteres an alle andern die nicht mit einem ursprünglichen guttural schliessen. Beispiele: *šty͞əltšn* stühlchen, *kāltšn* Karlchen, *betšn* bischen, *blètšn* blättchen, *bēatšn* bärtchen, *beltšn* bildchen, *hō͞anšn* hörnchen, *bentšn* beinchen; aber: *dy͞fkn* täubchen, *lèmpkn* lämpchen, *keŋkn* kindchen (zu *keŋk*), *mèŋkn* kleiner korb für wäsche, zeug u. dgl. (von *maŋ* f. = mnl. *mande*), *deškn* tischchen, *nēskn* näschen, *hēmrkn̥* hämmerchen, *mènəkn, mèŋkn* männchen.

2. Geht das wort auf einen alten guttural aus, so wird die verkleinerung doppelt durch *-ltšn* ausgedrückt: *vēʒltšn* wägelchen, *krēʒltšn* krägelchen, *by͞əkltšn* büchlein, *dy͞əkltšn* tüchlein, *štökltšn* stöckchen.

2. Das adjectivum.

a) Starke flexion.

1. *šarəp* scharf.

	Sgl. m.	Sgl. n.	Sgl. f.		Pl.
N.	—	*šarəp*	*šarpə*	N. Ac.	*šarpə*
D.	*šarpm* (m. n.)		*šarpr*	D.	*šarpn*
Ac.	*šarpn*	*šarəp*	*šarpə*		

Der nom. sgl. m. wird stets durch die accusativ-form vertreten *n̥ šarpn nāl* ein scharfer nagel, *šlāētn bōrm̥* schlechter boden.

So gehen alle adjectiva, welche am ende keine spirans, keinen nasal, kein *l, r* oder *t* (< *d*) haben, z. b. *klüək* klug, *fet* fett.

2. *ʒüət* gut.

	Sgl. m.	Sgl. n.	Sgl. f.		Pl.
N.	—	*ʒüət*	*ʒüət*	N. A.	*ʒüət*
D.	*ʒüədm* (m. n.)		*ʒüədr*	D.	*ʒüədn*
A.	*ʒüədn*	*ʒüət*	*ʒüət*		

So gehen alle unter 1. ausgenommenen adjectiva wie *līəf* lieb, *gry̆ən* grün, *kāl* kahl, *švōər* schwer, dat. *švōrm̥*.

3. *rīkə* reich.

	Sgl. m.	Sgl. n.	Sgl. f.		Pl.
N.	—	*rīkə*	*rīkə*	N. A.	*rīkə*
D.	*rīkm* (m. n.)		*rīkr*	D.	*rīkn*
A.	*rīkn*	*rīkə*	*rīkə*		

Auch hier steht der Acc. für den Nom. sgl. m.: *n rīkn ky̆ənŋk* ein reicher könig. So gehen noch: *rīpə* reif, *dīəpe* tief, *fastə* fest, *lĕītə* leicht, *dê̆ītə* dicht, *fôŭtə* feucht, *zy̆əte* süss, *dekə* dick, betrunken.

3. *fīn* fein.

	Sgl. m.	Sgl. n.	Sgl. f.		Pl.
N.	—	*fīn*	*fiŋ*	N. A.	*fiŋ*
D.	*fīnm* (m. n.)		*fīnr*	D.	*fīnn*
A.	*fīnn*	*fīn*	*fiŋ*		

Ebenso gehen *mīn, dīn, zīn,* mein, dein, sein.

4. *reŋ* rein.

	Sgl. m.	Sgl. n.	Sgl. f.		Pl.
N.	—	*reŋ*	*reŋ*	N. A.	*reŋ*
D.	*rīənm* (m. n.)		*rīənr*	D.	*rīənn*
A.	*rīənn*	*reŋ*	*reŋ*		

Ebenso gehen noch *kleŋ* klein, *ʒəmeŋ* gemein, und *īən* éin im fem.

5. *bleŋk* blind.

	Sgl. m.	Sgl. n.	Sgl. f.		Pl.
N.	—	*bleŋk*	*bleŋ*	N. A.	*bleŋ*
D.	*bleŋm* (m. n.)		*bleŋr*	D.	*bleŋn*
A.	*bleŋn*	*bleŋk*	*bleŋ*		

So gehen z. b. *laŋk* lang, *joŋk* jung, *ʒezoŋk* gesund.

Der genitiv sgl. neutr. kommt nur in gewissen formeln wie *zèt zūəts* etwas gutes, *niks nö̂y̆əs, fīnəs,* nichts neues, feines, *zèt klīəns* etwas kleines, vor.

b) Schwache flexion.

nom. sgl. aller genera u. ac. sgl. f. u. n.:	in allen andern casus:
1. *šarpə*	*šarpn*
2. *zūət*	*zūədn*
3. *fiŋ*	*fīnn*
4. *reŋ*	*rīənn*
5. *bleŋk*	*bleŋn*

Steigerung.

Comp.: *-r,* superl.: *-stə, -tstə.* Die superl. endung *-tstə* tritt an stämme die auf *-n* oder *-l* ausgehn. Einige adjectiva mit langem wurzelvocal oder diphthongen verkürzen dieselben im comp. und superl., wenn der stamm nur mit *t,* bloss im superl. dagegen, wenn derselbe mit *n* oder *d* schliesst. Beispiele:

1. regelmässig gehen:

dekə — *dekr* — *dekstə* dick,
fòl — *fòlr* — *fòltstə* voll,
åölt — *òö̆lr* — *òö̆ltstə* alt;

2. mit verkürzung des wurzelvocals im comp. und superl.:

zrūat — *zrøtr* — *zrøtstə* gross,
(*vit*) — *vitr* — *vitstə* weiss[1]);

3. mit verkürzung im superl.:

kleŋ — *klīənr* — *klentstə* klein,
reŋ — *rīənr* — *rentstə* rein,
fīn — *fīnr* — *fintstə* fein,
vīt — *vīdr* — *vitstə* weit,
brīət — *brīədr* — *bretstə* breit.

Besondere abweichungen zeigen:

hat — *hēdr* — *hètstə* hart,
hūa — *hy̆ö̆r* — *hy̆ö̆štə* hoch.

Ob letztere form einem hd. 'höherste' entspricht oder mit dem merkwürdigen *hĕšt* du liegst zusammengehört?

---

1) Hier zeigt der positiv ausgleichung wie auch nl. wit.

Unregelmässige steigerung.

ʒūət — [*bèsr*] — *bèstə* gut
fəl — *mīĕr* — *mīəstə* viel.

Anhang: Adverbia.

Dieselben gehen auf *-ə* aus, welches nach den gegebenen regeln apokope erleidet, z. b. *fastə* fest, *båŏl* bald, *laŋ* lange u. s. w.

3. Die zahlwörter.

A) Cardinalzahlen.

1 *īən, eŋ, īənt, n,* 2 *tväĕ, bets* beide, 3 *drêĭ,* 4 *fīar,* 5 *fôŭf,* 6 *zès(ə),* 7 *zīəvn,* 8 *äĕt(ə),* 9 *nyŋ,* 10 *tīən,* 11 *eləf,* 12 *tvöləf,* 13 *drytīən,* 14 *fīatīən,* 15 *foftīən,* 16 *zèstīən,* 17 *zīəvntīən,* 18 *äĕtīən,* 19 *nyŋtīən,* 20 *tvèŋtəx,* 30 [*dresəx,* 40 *fīatsəx,* 50 *foftsex,* 60 *tsèktsəx,* 70 *tsīəvntsəx,* 80 *axtsəx,* 90 *nyŋtsəx*], 100 *hoŋat,* 1000 *dūznt.*

Die einer und zehner werden durch *ən* oder silbenbildendes *n* (< *on* und) verbunden: 21 *īənntvèŋtəx, tväĕəntv., drêĭənt., fīarənt., fôŭvnt., zèsnt., zīəvnntv., äĕtnt., nyˉnnt.,* wobei *f* > *v* wird. In neunund- allein hat die zahl 9 ihre alte form *nyˉn* vor dem ursprünglich darauf folgenden vokal (*o, ə*) bewahrt.

Anm. *īən,* m. und n. = éin, *eŋ* f. = éine, *īənt* subst. n. = éins. Der unbest. artikel für alle geschlechter ist *n.*

6, 8. Die längeren formen mit *-ə* werden nur bei substantivischem gebrauch dieser zahlen verwendet.

6 *zès(ə)* sollte regelrecht **zēs(ə)* heissen, da echs > *ēs* wird, vgl. *vēsl* wechsel. Der kurze vocal entstammt jedenfalls den formen *zèsdə* der 6. und *zèstīən* 16, wo die verkürzung vor doppelconsonanz eintreten musste. Ebenso kann das *y* (< *ū*) und das *ŋ* in *nyŋ* 9 als ausgleichung nach den formen *nyŋtīən* 19, *nyŋtsəx* 90 betrachtet werden, möglicherweise ist es jedoch auch dem oben gegebenen apokopierungsgesetze gemäss aus alts. niguni entstanden.

Von 30 an beginnen die hd. (fränk.) endungen mit *s, ts,* welche sonst die westfäl. dialekte erst von 70 an zeigen.[1]) Das *e* in 30 ist entweder mitsamt der endung aus dem fränkischen übernommen, oder darf neben dem diphthong in *drêĭ* als eine verkürzung analog dem verhältnis von *foftsəx : fôŭf* angesehen werden. 60 und 80 geben sich durch ihr *k* und *x* deutlich als lehnworte kund; das *t* im anfang der zahlen 60 und 70 ist wie das in *tsaldōt* u. a. (s. später) zu erklären.

---

[1]) In Soest z. b. *sīəvntsiç, axtsiç, nīəʒntsiç.* Wie schon Woeste bemerkte, sind dies die im alts. mit ant- (ags. hund-) gebildeten zahlen.

B) Ordinalzahlen.

1. *īĕšta*, 2. *twăĕdə*, 3. *drĕīdə*, 4. *fīadə*, 5. *fôŭfdə*, 6. *zèsdə*, 7. *zīəvndə*, 8. *ăĕde*, 9. *nyŋdə*, 10. *tīəndə* u. s. w., 20. *twèŋtəxstə* u. s. w., 100 *hoŋatstə*.

Anm. Die ordinalzahlen für 2 und 3 sind offenbar junge neu- und analogiebildungen zu den entsprechenden cardinalzahlen. Die endung *-də* ist auch auf die zahlen 5 und 6 übertragen, denen eigentlich *t* zukam (vgl. alts. fīfto, sehsto, ags. fīfta, siexta). Phonetisch ist zu beachten, dass die stimmlosen spiranten *f* und *s* vor dem *d* mitten während ihrer dauer stimmhaft werden, also genau eigentlich *f͡vd*, *s͡zd* zu schreiben wäre. Dasselbe werden wir später bei der schw. präteritalendung *-dn* widerfinden.

Multipliziert wird wie im hd. mit *mōl* mal. Einmal heisst mit assimilation der beiden nasale *īəmōl* (in Soest *ḃĕmål*); daneben gebraucht man *kīĕr* (ahd. kēra), z. b. *eŋ k.* einmal, *alə kīĕr̥n* jedesmal.

4. Pronomina.

1. Persönliche ungeschlechtige.

I. Pers. [*ex, mer, mex*]; [*fīar, fir, fər, fr*], *us*.

II. Pers. *dū, du,* [*der, dex*]; [*īar, ir,*] *ʒet, əŋk*.

Anm. *fir, ir* sind die unbetonten, verkürzten formen. Eine solche liegt auch in *us* (< ūs) vor, wie auch im engl. us, Soester *us*. Die alte form zeigen noch die östlicheren westfäl. dialekte als *ius* (*iu* = alts. ū). *ʒet* und *əŋk* sind eigentlich dualformen (= alts. ags. git, inc), *īar, ir* wird als höfliche anrede einer einzelnen person statt des hd. Sie gebraucht und mag eine junge entlehnung sein.

2. Das reflexive.

Wie im hd. für dat. und acc. nur [*zex*] sich.

3. Geschlechtiges pron. der 3. person.

sgl. { masc. *hē, he; em; en;*
neutr. *ət*; *em*; *ət*; plur. } *ze*, gen. *ər*, dat. *en*, ac. *ze*.
fem. *ze*; *ēar; ze;*

Der gen. pl. *ər* kommt wie der unter 5. verzeichnete *dèr, dər* nur unbetont als gen. partitivus vor.

4. Possessiva.

a) *mīn* f. *miŋ*, *dīn* f. *diŋ*, *zīn* f. *ziŋ*, *us*, *əŋkə*, *ēar*.

b) *mīntə*, *dīntə*, *zīntə*, meinige, deinige, seinige, gebildet von einer neutralen form **mīnt* etc.: meines.

5. Demonstrativa.

a) der best. artikel:

sgl. { m. [*dèr*], *dèm*, *dèn*, n. *dat*, *dèm*, *dat*, f. *dī*, *dèr*, *dī*, pl. } *dī*, *dèr*, *dər*, *dèn*.

In unbetonter stellung wird gekürzt: *dr*, *dm*, *dn*, *di*; das neutr. verliert dann seinen vocal und sein *d* : *ət*, *t*. Lehnen sich die formen enclitisch an vorhergehende wörter an, so assimiliert sich ihr *d* daran: *om* auf dem, *ann* an den, *enn* in den, *nōm* nach dem, *ant* an das, ans, *opət* auf das, aufs.

b) das best. demonstr. pron. dieser:

sgl. { m. [*døzr*], *døm*, *døn*, n. *døt*, *døm*, *døt*, f. *døs*, *dør*, *døs*, pl. } *døs*, *døn*.

ø = mnd. ü ist alte verkürzung von ū < alts. iu in thius (nom. sgl. f., instr. sgl. n., und nom. acc. pl. n.), und ist von dieser form aus verallgemeinert worden.

6. Interrogativum.

Sgl. m. [*vekr*, *vekrm*, *vekən*] wer?, welcher?
n. *vat* was?
adv. *vī* wie?

7. Indefinita.

mər *mr* man (mnd. men), *øməs* jemand, *nøməs* niemand, *niks* nichts, *ʒèt* etwas (ahd. eowiht), *ʒīən* kein (mnd. gein) flectiert wie *īən* ein.

Der unbest. artikel flectiert:

m. *n*, *nəm*, *nən*, *n*; f. *n*, *nər*, *nr*; neutr. *n*, *nəm*.

Dafür wird auch *zon* so ein, ein solcher gebraucht: m. *zon*, *zonəm*, *zonn*; f. *zon*, *zonr*, *zon*; n. *zon*, *zonəm*. *aŋr* ander, *zèlvr* selber.

B. Conjugation.

I. Starke verba.

A. Allgemeines über die endungen und stämme.

Präsens ind. —; *-st*, *-tst*; *-t*; *-n*; opt. fehlt.
Imp. —; *-nt*; Inf. *-n*.
Prät. ind. —; *-st*, *-tst*; —; *-n*; opt. ebenso.
Ptcp. perf. *-n*.

Zur formenbildung ist zu bemerken:

1. Der lange vocal oder diphthong des präsensstammes

von verben der I., II., IV. und V. klasse wird ausser vor den spiranten *v, z, ʒ* in der 2. und 3. pers. sgl. präs. verkürzt resp. monophthongiert. Beispiele: *ritst* reitest, *ʒript* er greift, *vikt* er weicht, *šiŋt* scheint, *krypt* kriecht, *ʒyt* giesst, *brekt* bricht, *etst* issest, zu *rīdn, ʒrīpn, vīkn, šīnn, krūpn, ʒīətn, brēkn, ētn.*

2. Vor den spiranten *v, z, ʒ* dagegen bleibt die länge erhalten, wobei *ʒ* in der regel, *v* zuweilen schwindet, *z* dem *s* der endung assimiliert wird. Beispiele: *štīst, štīt,* steigst, steigt, *lȳst* lügst, *flȳt* fliegt, *līət* liegt, *blīt* bleibt, *ʒət* er gibt, *vīst* du weisest, *līəst* liesest.

3. Die stimmhaften consonanten werden in der 2. und 3. pers. sgl. vor dem *-st* und *-t* der endung stimmlos, z. b. *šnitst* schneidest, *ʒrēfst* gräbst, *lōxst* lagst.

4. *t* und *d* assimilieren sich dem *-t* der endung: *bit* er beisst, *šnit* schneidet, *et* isst.

5. Im sgl. imperativi haben die mit den spiranten *f, s, x* und mit *m* schliessenden verba verkürzung des wurzelvocals, z. b. *blif* bleib, *vis* weis, *štix* steig, *lyx* lüg, *frys* frier, *šuf* schieb, *ʒraf* grab, *nəm* nimm, *kom* komm, dagegen alle andern verba bewahren den langen vocal oder diphthongen des infinitivstammes. Im letzteren falle ist also der ursprüngliche zustand bewahrt, resp. ausgleichung — wie in *brēk* brich — eingetreten; jene verkürzung dagegen ist eine neubildung und vielleicht nach analogie von declinationsverhältnissen wie *hòf : hōf — hȫf, dax : dāx, ʒlas : ʒlās — ʒlēzr* geschaffen worden.

6. Der plural präs. zeigt angleichung an den plur. des präteritums, der plural des imperativs hat die alte endung der 3. pers. plur. präs. angenommen. Im partcp. perf. ist die erhaltung des präfixes *ʒe-* den sonstigen westfälischen dialecten (die es entweder ganz verloren oder zu *ə-* reduziert haben) gegenüber zu bemerken.

Der vocalwechsel resp. die palatalisierung in der 2. 3. pers. sgl. präs. und in der 2. pers. sgl. imp. ist durchaus nach den alten verhältnissen bewahrt; zwischen dem sgl. und plur. des prät. ist dagegen ausgleichung zu gunsten des letzteren eingetreten. Näheres geben die paradigmen.

B. Flexion.

1. Verba mit vocalabstufung.

I. klasse: α) *ī — īə — īə — īə.*
β) *ẽĭ — ôŭ — ôŭ — ôŭ.*

Ad α): 1. mit *p, k, t, d, n;* paradigmen: *pīpn* pfeifen, *šnīdn* schneiden, *šīnn* scheinen.

Präs. *pīp, pipst, pipt, pīpn;* prät. *pīəp, pīəpst, pīəpn;* opt. gerade so; ptcp. perf. *ʒepīəpn;* imperat. *pīp, pīpnt.*

Ebenso gehen: *ʒrīpn* greifen; *kīkn* sehen, schauen, *štrīkn* streichen, bügeln, *vīkn* weichen, *frʒlīkn* vergleichen; *šmītn* schmeissen, werfen, *bītn* beissen, *rītn* reissen, *drītn* scheissen, *šlītn* schleissen. — Merke bei letzteren die 3. sgl. präs.: *šmit* etc.

Präs. *šnīt, šnitst, šnit, šnīdn; šnīət — šnīədn; ʒešnīədn; šnīt, šnīdnt.*

So gehen noch *līdn* leiden, *rīdn* reiten, und das aus der reduplicierenden klasse hierher geratene *oŋašīdn* unterscheiden, mit neugebildetem präsensstamm.

Präs. *šīn, šiŋst, šiŋt, šīnn; šīən, šīəntst, šīənn; ʒəšīenn;* imp. kommt nicht vor.

Anm. Das *η* der 2. pers. sgl. präs. ist ausgleichung nach dem der 3.

2. Mit *v* (*f*), *ʒ* (*x*) und *z* (*s*); paradigmen: *drīvn* treiben, *štīʒn* steigen, *vīzn* weisen, zeigen.

Präs. *drīf, drīfst, drīft, drīvn;* prät. 1. 3 *drīəf, drīəfst, drīəvn;* ptcp. perf. *ʒədrīəvn;* imperat. *drif, drīvnt.*

Ebenso gehen: *blīvn* bleiben, *rīvn* reiben. *Blīvn* hat in der 2. 3. sgl. präs. auch *blīst, blīt.*

Präs. *štīx, štīst, štīt, štīʒn; štīəx — štīəʒn; ʒeštīəʒn; štix, štīʒnt.*

Ebenso geht: *švīʒn* schweigen, *krīʒn* kriegen, bekommen, erhalten, mit refl.: nehmen.

Präs. *vīs,* 2. 3. *vīst, vīzn; vīəs, vīəst, vīəzn; ʒevīəzn; vis, vīznt.*

Ebenso geht noch *prīzn* preisen.

Ad β): paradigma: *šrẽĭən* schreien.

Präs. *šrẽĭ, šrẽĭst, šrẽĭt, šrẽĭən;* Prät. *šrôŭ, šrôŭst, šrôŭən;* opt. *šrö̂y̆, šrö̂y̆st, šrö̂y̆ən;* ptcp. perf. *ʒešrôŭən;* imp. *šrẽĭ, šrẽĭənt.*

Ebenso geht noch *špẽĭən* speien.

Anm. Der sgl. prät. zeigt ausgleichung nach dem plur. und dem ptcp. perf., diese letzteren sind = mhd. schruwen, geschruwen, spuwen, gespuwen.

II. klasse: *α*) *īə* — *ūə* — *ūə* — *ō*,
β) *ū* — *ūə* — *ūə* — *ō*.

Ad *α*): 1. mit *t* und *d*; paradigmen: *ʒīətn* giessen, *bīədn* bieten.

Präs. *ʒīət*, *ʒytst*, *ʒyt*, *ʒīətn*; prät. *ʒūət*, *ʒūətst*, *ʒūətn*; opt. *ʒy̆ˉət*, *ʒy̆ˉətst*, *ʒy̆ˉətn*; ptcp. perf. *ʒəʒōtn*; imperat. *ʒīət*, *ʒīətnt*.

Ebenso gehen noch *ʒənīətn* geniessen, *šīətn* schiessen.

Präs. *bīət*, *bytst*, *byt*, *bīədn*; *būət*, *būətst*, *būədn*; *by̆ˉət* — *by̆ˉədn*; *ʒəbōdn*; *bīət*, *bīədnt*.

2. Mit -*ʒ*- (*x*) und *z* (*s*) -*r*; paradigmen: *līəʒn* lügen, *frīəzn* frieren.

Präs. *līəx*, *ly̆ˉst*, *ly̆ˉt*, *līəʒn*; *lūəx*, *lūəxst*, *lūəʒn*; *ly̆ˉəx* — *ly̆ˉəʒn*; *ʒəlōʒn*; *lyx*, *līəʒnt*.

Ebenso gehen noch *bīəʒn* biegen, *bədrīəʒn* betrügen, *flīəʒn* fliegen. Hierher ist auch das defective dem hd. ziehen entsprechende verbum zu stellen, das seine fehlenden formen aus *trèkn* ergänzt (s. IV. kl.). Präs. 2. *ty̆ˉst*, 3. *ty̆ˉt*, Prät. *tūəx*, *tūəxst*, *tūəʒn*; opt. *ty̆ˉəx* — *ty̆ˉəʒn*; Part. perf. *ʒətōʒn*; Imp. *ty* oder *tyx*.

Präs. *frīəs*, 2. 3. *fryst*, *frīəzn*; *frūɑr*, *frūɑšt*, *frūərn̥*; *fry̆ˉɑr*, *fry̆ˉɑšt*, *fry̆ˉərn̥*; *ʒəfrōrn̥*; *frys*, *frīəznt*.

Ebenso geht noch *falīəzn* verlieren.

Ad *β*): 1. Mit *p*, *k* und *t*; paradigmen: *krūpn* kriechen, *šlūtn* schliessen.

krūp, *krypst*, *krypt*, *krūpn*; *krūəp*, *krūəpst*, *krūəpn*; *kry̆ˉəp* etc.; *ʒəkrōpn*; imp. *krūp*, *krūpnt*.

Ebenso geht *rūkn* riechen und das dem hd. saufen entsprechende verb, nur dass es im inf. *zupn*, in der 1. pers. sgl. präs. *zup* hat. Warum?

2. Mit *ʒ* (*x*) und *v* (*f*); paradigmen: *zūʒn* saugen, *šūvn* schieben.

Präs. *zūx*, *zy̆ˉxst*, *zy̆ˉxt*, *zūʒn*; *zūəx* — *zūəʒn*; *zy̆ˉəx*; *ʒəzōʒn*; *zux*, *zūxnt*.

Präs. *šūf*, *šy̆ˉfst*, *šy̆ˉft*, *šūvnt*; *šūəf* — *šūəvn*; *šy̆ˉəf*; *ʒəšōvn*; *šuf*, *šūvnt*.

Ebenso geht das nur in der 3. person gebräuchliche *štūvn* stauben und *šnūvn* schnupfen, (d. h. schnupftabak nehmen,) schnauben.

III. klasse:

α) mit nasal fortis oder nasal + consonant: *e — o — o — o*,

β) mit *l* fortis: *e — o — o — ò*,

γ) mit *lp, lk: è — o — o — o*,

δ) mit *rv: è — o — o — ò*,

ε) mit einfachem *l: ē — ūə — ūə — ō*,

ζ) mit *r(d): ē — ū — ū — ō*,

η) mit *l(d)* und *lt: äĕ — ôŭ — ôŭ — ôŭ.*

Ad *α*): mit *m, n, η, ηk;* paradigma: *beηn* binden.

Präs. *beη, beηst, beηt, beηn;* prät. *boη, boηst, boηn;* opt. *bøη, bøηst, bøηn;* part. perf. *ʒəboηn;* imp. *beη, beηnt.*

Ebenso gehen: *švemn* schwimmen, *zex bəzenn* sich besinnen, *špenn* spinnen, *ʒəvenn* gewinnen; *kleηn* klingen, *ʒəleηn* gelingen, *freηn* wringen, *zeηn* singen, *špreηn* springen, *šveηn* schwingen, prügeln, *tveηn* zwingen; *feηn* finden, *fašleηn* verschlingen (mhd. slinden); *šteηkn* stinken, *dreηkn* trinken, *zeηkn* sinken, *heηkn* hinken.

Ad *β*): paradigma für *l* fortis: *kveln* quellen.

Präs. *kvel, kveltst, kvelt, kveln; kvol — kvoln; kvøl; ʒekvòln; kvel, kvelnt.*

Ebenso geht noch *šveln* schwellen.

Anm. Der inf., der plur. des präs. und des imp. zeigen *e* statt *è* durch anschluss an die entsprechenden formen des vorigen paradigmas.

Ad *γ*): Paradigmen: *hèlpn* helfen, *mèlkn* melken.

hèləp, høləpst, høləpt, hèlpn; holəp — holpn; høləp; ʒəholpn; høləp, hèlpnt!

mèlək, mèləkst, mèləkt, mèlkn; molək — molkn; mølək; ʒəmolkn; mèlək, mèlknt.

Anm. Das ptcp. perf. beider verba zeigt *o* statt *ò* im anschluss an das paradigma *α*), oder vielleicht auch durch ausgleichung nach dem prät.; *mèlkn* behält wie im nhd. sein *è* gegen die regel in der 2. und 3. pers. sgl. präs. und im sgl. imp.

Ad *δ*): Paradigma: *štèrvn* sterben.

štèrəf, šterəfst, šterəft, štèrvn; štorəf, štorəfst, štorvn; štørəf; ʒəštòrvn; šterəf, štèrvnt!

Ebenso geht *fadèrvn* verderben.

Ad *ε*): Paradigma: *bəfēl̥n* befehlen.

bəfēl, bəfeltst, bəfelt, bəfēl̥n; bəfūəl; bəfūəl̥n; bəfy̆el; bəfōl̥n; imp. *bəfīəl, bəfēl̥nt!*

Ebenso gehen die aus der IV. und V. klasse herübergenommenen *štēl̥n* stehlen, *bəvēʒn* bewegen, (jedoch präs. 2. 3. sgl. *bevēst, bəvēt*, 2. imp. *bəvex*!) und *vēvn* weben, (2. 3. sgl. präs. *vēfst, vēft* imp. *vef*!).

Anm. Da das alte *h* in *befēl̥n* (mhd. bevëlhen) frühzeitig geschwunden war, so kamen die vokale in offene silbe und wurden zu *ē, ūə, ō* (< u, mhd. pl. prät. bevulhen > befûlen) gedehnt. Im sgl. prät. fand ausgleichung nach dem plur. statt. *štēl̥n* kam durch die gleiche bildung des präs. und partcp. perf. in diese abteilung, aber warum *bəvēʒn*?

Ad ζ): Einziges beispiel: *vēr̥n* werden.

vēar, vīašt, vīat, vēr̥n; vūat, vūatst, vūatn; vy͞at, vy͞atn; ʒəvōr̥n; vēar, vēr̥nt!

Das *t* im plur. des ind. und opt. prät. ist aus dem sgl. entlehnt; die formen sind sonst regelmässig nach den für die verbindung vokal + r + dental geltenden gesetzen gebildet. Der sgl. prät. ist nach dem plur. ausgeglichen, der sgl. imp. (wie im hd. werde!) nach den ë-formen.

Ad η): Paradigmen: *ʒäēl̥n* kaufen (= gelten), *šmêĭltn* schmelzen.

Präs. *ʒäēl, ʒêĭltst, ʒêĭlt, ʒäēl̥n*; prät. *ʒôŭl, ʒôŭltst, ʒôŭl̥n*; opt. *ʒö͡y͞l*; part. perf. *ʒəʒôŭl̥n*; imp. *ʒäēl, ʒäēl̥nt*.

Präs. *šmêĭlt, šmêĭltst, šmêĭlt, šmêĭltn; šmôŭlt — šmôŭltn; šmö͡y͞lt; ʒəšmôŭltn*; imp. *šmêĭlt, šmêĭltnt*.

Anm. In *šmêĭltn* ist das *i* der 2. 3. sgl. präs. und der 2. sgl. imp. auch in die alten ë-formen eingeführt worden, *šmêĭltn* wäre hd. *schmilzen. Das *ôŭ* beider verba ist übrigens — statt des zu erwartenden *ūə*[1]) — ausgleichung nach dem *ö͡y͞* des opt. prät.

IV. klasse: α) *ē — ō — ō — ō*,
β) *ūə — ō — ō — ūə*,
γ) *è — ò — ò*.

α) Paradigma: *brēkn* brechen.

brēk, brekst, brekt, brēkn; brōk, brōkst, brōkn; brö͞k — brö͞kn; ʒəbrōkn; imp. *brēk, brēknt*.

Gerade so geht *štēkn* stechen. *nēmn* nehmen hat in der 2. 3. sgl. präs. *nemst, nemt*, im sgl. imp. *nem*.

β) Einziges beispiel: *kūəmn* kommen (= alts. cuman).

kūəm, kemst, kemt; kōm — kōmn; kö͞m — kö͞mn; ʒekūəmn; imp. *kom, kūəmnt*.

---

[1]) Vgl. oben s. 412.

γ) Einziges beispiel: *trèkn* ziehn, ein defectives verb, das seine formen mit *ziehen* (s. oben II. kl.) ergänzt. Es kommen vor: präs. 1. sgl. *trèk*, pl. *trèkn*, prät. *tròk* etc., opt. *trök* etc., pl. *tròkn, trökn*, imp. pl. *trèknt*!

V. klasse:

A. Mit einfachem präsensstamm:

ē — ō — ō — ē.

B. Mit ja-suffix im präsensstamm:

α) *e — ō — ō — ē,*

β) *īə — ō — ō — ē.*

A. 1. Mit *t* und *d*; paradigma: *ētn* essen.

ēt, etst, et, ētn; ōt, ōtst, ōtn; ȫt — ȫtn; ʒētn[1]; *īət, ētnt.*

Ebenso gehen *frētn* fressen, *frʒētn* vergessen, *trēdn* treten, nur dass letzteres im sgl. imper. *trēt* hat.

2. Mit *z* (*s*) und *r* (*z*); beispiele: *lēzn* lesen, und im prät. und ptcp. perf. (*zin*) sein:

lēs, 2. 3. līəst, lēzn; lōs, lōst, lōzn; lȫs — lȫzn; ʒəlēzn; līəs, lēznt. vōar, vōašt, vōrn̥; vȫar, vȫašt, vȫrn̥; ʒəvēzn.

3. Mit *v* (*f*); einziges beispiel: *ʒēvn* geben.

ʒēf, ʒətst, ʒət, ʒēvn; ʒōf — ʒōvn; ʒȫf — ʒȫvn; ʒəʒēvn; ʒəf, ʒēvnt.

Anm. Das *t* der 2. pers. sgl. präs. ist wie das *η* in *šiηst* aus der 3. pers. genommen.

4. Mit *ʒ* (*x*); einziges beispiel: (*zen*) sehen.

(*zen*) *zyst, zyt* (*zent*); *zōx, zōxst, zōʒn; zȫx — zȫʒn;* (*ʒezən*); *zyx* (*zent*).

Anm. Die eingeklammerten formen dieses verbs sind in die -mi-klasse übergetreten und es zeigt grammatischen wechsel. Die 2. und 3. sgl. präs. und der sgl. imp. sind in die II. klasse übergetreten wie schon im mnd. und ags., wozu gewiss die übereinstimmung der älteren formen der 1. sgl. präs., des pl. präs. und des inf. mit den entsprechenden des verbums ziehen, wie sie im ags. und in der Soester mundart noch klar vorliegt, die veranlassung war (vgl. ags. *seó : teó, seóð : teóð, seón : teón*, mnd. *sē : tē, sēet : tēet, sēen : tēen;* in Soest: *saĕə : taĕə, saĕət : taĕət, saĕən : taĕən*). Die verkürzung des *ū* in der 2. 3. sgl. präs. gegenüber dem *tȳst, tȳt* ist vielleicht im an-

[1]) Bei dieser wol schon früh aus geeten contrahierten form hat auch die Soester mundart das präfix bewahrt, sie lautet dort *çęatə*.

schluss an die kurzen vocale in den andern formen des präsensstammes geschehen.

B. Mit ja-präsens.

Ad α): Einziges beispiel: *zetn* sitzen.

zet, zetst, zet, zetn; zōt — zōtn; zō̆t; ʒezētn; zet, zetnt.

Ad β): Einziges beispiel: *līəʒn* liegen.

līəx, līĕšt, līət, līəʒn; lōx — lōʒn; lō̆x; ʒəlēʒn; līəx, līəʒnt.

Anm. Die vereinfachung des ursprüngl. *gg* geschah wie auch im mhd. von den formen mit einfachem *g* aus. Die sonderbare 2. pers. sgl. präs. weiss ich nicht zu erklären.

VI. klasse:

α) *ā — ūə — ūə — ā,*
β) *o — ūə — ūə — ā,*
γ) *a — ūə — ūə — a.*
δ) *è — ūə — ūə — è.*

Ad α): 1. Mit *d*; einziges beispiel: *lādn* laden.

lāt, lētst, lēt, lādn; lūət — lūədn; ly̆ət; ʒəlādn; imp. *lāt, lādnt.*

Anm. Die länge *ē* in der 2. 3. sgl. präs. ist ausgleichung gegen die regel.

2. Mit *r*; einziges beispiel: *fār̥n* fahren.

fār, fēašt, fēat, fār̥n; fūar, fūašt, fūər̥n; fy̆ar; ʒefār̥n; imp. *fār, fār̥nt.*

3. Mit *v* (*f*) und *ʒ* (*x*); paradigma: *ʒrāvn* graben.

ʒrāf, ʒrēfst, ʒrēft, ʒrāvn; ʒrūef — ʒrūəvn; ʒry̆əf; ʒəʒrāvn; imp. *ʒraf, ʒrāvnt.*

Ebenso geht *drāx — drāʒn* tragen, nur hat es in der 2. 3. sgl. präs. *drēst, drēt.*

4. Mit *s*; einziges beispiel: *vāsn* wachsen.

vās, 2. 3. *vīəst, vāsnt; vūəs, vūəst, vūəsn; vy̆əs; ʒəvāsn;* imp. *vās, vāsnt.*

Ad β): Einziges beispiel: (*šlon*) schlagen.

(*šlon*), *šlīəst, šlīət,* (*šlont*); *šlūəx, šlūəxst, šlūəʒn; šly̆əx; ʒəšlāʒn; šlax, šlont!*

Anm. Wie oben *zen* ist auch dies verbum zum teil in die -mi-klasse übergetreten, wozu wol die ursprüngliche ähnlichkeit des inf. *slōn (aus slān, Soest: *slån*) mit *ʒōn gehn, *stōn stehn (Soest: *xån, stån*) veranlassung gab. Die 3. sgl. präs. mit ihrem *īə* ist nicht gesetzlich entwickelt, sondern eine analogiebildung zu der 2. person. *šlon* zeigt übrigens noch den grammat. wechsel.

Ad γ): Einziges beispiel: *bakn* backen.

bak, bakst, bakt, bakn; būək — būəkn; bȳək; ʒəbakn; bak, baknt.

Anm. Dieses verb zeigt die regelmässige entwickelung (vgl. mhd. backe — buoch — buochen — gebachen), ausser im partcp. perf. *ʒəbakn* statt **ʒəbākn*.

Ad δ): Einziges beispiel: *vèšn* waschen.

vèš, vèšst, vèšt, vèšn; vūəš, vūəšst, vūəšn; vȳəš; ʒevèšn; vèš, vèšnt.

Anm. Ueber das durch *i*-umlaut entstandene *è* dieses verbs vgl. die nachträge!

2. Die reduplicierenden verba.

Das prät. hat in allen formen *īə*; nach dem vocalismus des präsens- und ptcp. perf.-stammes können wir mehrere abteilungen machen. Hat derselbe einen langen vocal oder diphthongen, so tritt in der 2. 3. sgl. präs. verkürzung ein.

1. Mit kurzem wurzelvocal; einziges beispiel: *faln* fallen.

fal, fèltst, fèlt, faln; fīəl, fīəltst, fīəln; ʒəfaln; fal, falnt!

Haŋn hangen gehört zwar auch ursprünglich hierher und bildet auch noch regelrecht: *haŋ, hèŋst, hèŋt haŋn;* ptcp. perf. *ʒəhaŋn;* imp. *haŋk, haŋnt!*, hat aber den ind. und opt. prät. nach analogie der verba gehen und stehen, mit denen es im ptcp. perf. übereinstimmte (*ʒəhaŋn* wie *ʒəʒaŋn, ʒəstaŋn*) als *hoŋ, høŋ* gebildet.

2. Mit langem wurzelvocal; paradigma: *šlōpn* schlafen.

šlōp, šlöpst, šlöpt, šlōpn; šlīəp; zešlōpn; šlōp!

Ebenso gehn: *lōtn* lassen (2. 3. sgl. präs. *lötst, löt*), *rōdn* raten (*rötst, röt*), *brōdn* braten. Das sonst schwach flektierende *hōl̥n* holen, bildet sein prät. hiernach als *hīəl, hīəl̥n*.

3. Mit *ūŏ, ūa*, und *ūə;* paradigma: *lūŏpn* laufen.

lūŏp, løpst, løpt, lūŏpn; līəp; zelūŏpn; imp. *lūŏp!*

Ebenso gehen: *štūatn* stossen (3. sgl. präs. *štøt*) und *rūəpn* rufen.

4. Mit *åŏ;* paradigmen: *håŏl̥n* halten, *håŏən* hauen.

håŏl, hǒŏ͂ltst, hǒŏ͂lt, håŏl̥n; hīəl, hīəltst, hīəl̥n; ʒəhåŏl̥n; håŏlt, håŏl̥nt! — håŏ, hǒŏ͂st, hǒŏ͂t, håŏən; hīəf, hīəfst, hīəvn; ʒəhåŏən; håŏ, håŏənt!

Anm. *hīəf* ist eine neubildung (wie nhd. hieb) nach dem plur. *hīəvn* (= mhd. hiewen).

3. Verba praeterito-praesentia.

1. wissen: präs. 1. 3. *vīət*, 2. *vīəst*, plur. *vīətn;* prät. 1. 2. 3. *vost*, plur. *vostn;* opt. *vəst, vəstn;* partcp. *ʒevost;* inf. *vīətn.*

2. taugen: *dūŏx, dūŏxst, dūŏxt, dūŏʒn;* prät. *då̆ŏt, då̆ŏtst, då̆ŏtn;* opt. *dòə̆t, dòə̆tst, dòə̆tn;* ptcp. prät. *ʒədūŏxt;* inf. *dūŏʒn;* ptcp. präs. in: *ondy̆ənəx* nichtsnutzig.

Anm. Das präs. ist wie im nhd. neubildung, im prät. ist *ch* geschwunden. Das ptcp. prät. ist eine neubildung, — zu erwarten wäre *ʒədå̆ŏt* — die grundform für das ptcp. präs. ist *undūgendich, vgl. Soester: *undy̆əʒnt*, ags. duʒende.

3. gönnen: *ʒən, ʒəntst, ʒənt, ʒənn; ʒoŋt, ʒoŋtst, ʒoŋtn; ʒəŋt, ʒəŋtst, ʒəŋtn; ʒəʒoŋt; ʒənn;* imperat. *ʒən, ʒənnt.*

Anm. Dies verb ist wie im nhd. in die klasse der schwachen verba übergetreten; altes *nn* ist *n* geblieben, *n* vor *t* > *ŋ* geworden.

4. können: *kan, kast, kənn; kūən, kūəntst, kūənn; ky̆ən* etc.; *ʒəkoŋt; kənn.*

Anm. *kūən* ist jedenfalls analogiebildung nach *zūəl* sollte.

5. dürfen: *darəf, darəfst, dərvn; dorəft* etc.; *dərəft* etc.; *ʒədorəft; dərvn.*

6. sollen: *zal, zast, zəln; zūəl; zy̆əl; ʒəzūəlt; zəln.*

Anm. *zūəl* ist regelrecht aus mnd. solde entwickelt.

7. mögen: *max, my̆əʒn; må̆ŏt, må̆ŏtst* etc.; *mòə̆t; ʒemå̆ŏt; my̆əʒn.*

8. müssen: *mot, motst, mətn; mūəs, mūəst, mūəsn; my̆əs, my̆əsn; ʒəmūəst; mətn.*

Anm. Die kürze des stammvocals in der 1. 3. sgl. und dem plur. präs. sowie im inf. ist ausgleichung nach der 2. sgl. *motst*, wo kürzung vor doppelconsonanz eintrat; das präterit. *mūəs* ist ganz das ahd. muosa, und das *s* statt **z* im plur. ist ausgleichung nach *mūəs, mūəst, ʒəmūəst.*

4. Verba auf -mi.

Bei diesen verbis allein ist die alte endung der 3. pers. pl. präs. auf *-nt* erhalten.

1. sein: *zin, bəst, es, zint;* inf. *zin;* imp. *bəs, zint!*

Anm. Auch in Soest ist das *s* des pl. präs. und des inf. in die 1. sgl. präs. eingedrungen: *ik sin.* Prät. und ptcp. perf. werden von dem verbum *wēsan* (s. die V. klasse der st. verba) gebildet.

2. thun: *don, dīəst, dīət, dont; dèt, dètst, dèrn̥;* opt. gerade so; *ʒedōn;* inf. *don;* imperat. *dū, dont.*

3. gehen: *zon, zīəst, zīət, zont; zoŋ, zoŋst, zoŋn; zøŋ* etc.; *zəzaŋn; zon;* imp. *zaŋk, zont.*

4. stehen: *šton, štīəst, štīət, štont; štoŋ, štoŋst* etc.; *štøŋ; zəštaŋn; šton;* imp. *štaŋk, štont*!

5. haben: *han, hèst, hèt; hant; har, hatst, harn̥; hèr, hètst, hèrn̥; zəhat;* inf. *han;* imp. *han, hant*! (Ursprünglich nicht hierher gehörend.)

Anm. Die kürze des stammvocals im inf. und in der 1. sgl. präs. ist wol ausgleichung nach dem plur präs. (*dont* etc.), der vor doppelconsonanz verkürzt hatte. *zoŋ* ist analogie nach *štoŋ* (= mhd. stuont); die übrigen formen sind regelrecht aus den bekannten mnd. und mmfränk. entwickelt. Neugebildet sind hiernach folgende formen der verba sehen und schlagen: 1. inf. und 1. sgl. präs. *zen,* pl. präs. und imp. *zent;* ptcp. *zəzen;* 2. inf. u. 1. sgl. präs. *šlon,* pl. präs. und imp. *šlont.*

5. Das verbum wollen.

vel, vost, veln; vūəl, vūəltst, vūəln; vȳəl etc.; *zevūəlt; veln;* imp. fehlt.

Anm. Die formen mit *e* weisen auf altes *i* zurück; zu *vost* vgl. Soester *vòst. vūəl* < wolde.

II. Die schwachen verba.

Nach der bildung des präteritums und des ptcp. perf. sind hier zwei klassen zu unterscheiden, nämlich: 1. verba, die das präteritum auf *-dn,* und 2. verba die dasselbe auf *-t* bilden. Jene entspricht der abteilung der älteren periode, welche die endung *-da,* diese derjenigen, welche *-ta* hatte. Jedoch sind die alten unterschiede nicht streng aufrecht erhalten, sondern durch analogiebildungen und übertritte aus der einen in die andere klasse viele neue zustände geschaffen worden.

A. Die endungen.

Präs. —, *-st,* (*-tst*), *-t, -n;* inf. *-n;* imp. —, *-nt.*

Prät. { I. *-dn, -dntst, -dn,*
II. *-t, -tst, -tn.*

Partcp. perf. { I. *-t,* flectiert: *-d-,*
II. *-t,* flectiert: *-t-.*

Bemerkungen zu den endungen.

1. Präsens, infinitiv und imperativ werden flectiert wie beim regelmässigen starken verbum; die eingeklammerte form

der 2. sgl. präs. mit ihrem *-t-* tritt an verba, deren wurzel mit *n* oder *l* schliesst.

2. Geht die wurzel auf *s* oder *z* aus, so steht in der 2. sgl. präs. nur ein einfaches *s*, ebenso wird das *t* der 3. pers. sgl. präs. und des ptcp. perf. mit einem vorhergehenden *t* oder *d* zu einfachem *t* verschmolzen, z. b. *rīəst* du reisest, er reist, zu *rīəzn*, *švet* er schwitzt, *zəblot* geblutet zu *blūədn*.

3. Ueber das prät der 1. klasse ist folgendes zu sagen.

Das *-n* in der endung ist von der ersten sgl. präs. der alten *ō*- (im ahd. auch der *ai*-) und *mi*-stämme entlehnt. Ursprünglich natürlich nur der ersten person zukommend, wurde es von dieser auf die vorher gleichlautende dritte übertragen[1]), später auch auf die zweite, nachdem man angefangen hatte, diese personalendung als tempusbildendes suffix anzusehn. Da der plural prät. nun seine alte endung *-en* hatte, so sind die 1. und 3. sgl. und der ganze plural formell gleich geworden. Ueber den antritt des *-dn* an den endconsonanten der verbalwurzel (so wie er im infinitiv oder im plur. präs. erscheint) merke man:

a) ist derselbe eine stimmlose spirans oder muta, so setzt diese zwar stimmlos ein, entwickelt sich aber noch während der dauer der enge- resp. der verschluss-stellung durch beginn der stimmbandarticulation vor dem übergange der zunge in die *d*-stellung zur stimmhaften. Es wäre also ganz genau etwa zu schreiben: *-f͡vdn, -s͡zdn, -x͡zdn, -p͡bdn, -k͡gdn.* (Dies ist auch der einzige fall, wo in der mundart ein *g* erscheint.) Ich schreibe jedoch einfacher: *-fdn*, *-sdn* u. s. w.

b) Ist derselbe ein *t* oder *d*, so verschmilzt derselbe mit dem antretenden suffixalen *d* zu einfachem *d*, z. b. *hedn* hiess, zu *hetn*, *bədydn* bedeutete, zu *bədydn*.

B. Die schicksale des wurzelvocals und die flexion.

I. klasse.

In der ersten klasse sind zwei abteilungen zu machen, es gibt nämlich:

---

[1]) Ueber das erste auftreten dieser formen vgl. Weinhold, Mhd. gr.[2] § 402, s. 434.

a) verba, die in allen formen den wurzelvocal unverändert bewahren, und

b) verba, die denselben entweder bloss im imp., oder in der 2. 3. sgl. präs., sowie im prät. und partcp. perf. verkürzen.

Unter a) gehören:

1. alle (aber nicht erst durch zusammensetzung) drei- und mehrsilbigen, und

2. alle zweisilbigen verba, welche

α) kurzen wurzelvocal, oder

β) langen vocal oder diphthongen in der wurzel haben und dahinter entweder keinen consonanten oder doppelconsonanz.

Unter b) dagegen stellen sich alle diejenigen zweisilbigen schwachen verba, welche in der wurzel einen langen vocal oder diphthongen und dahinter einen einfachen consonanten aufweisen. Ist letzterer eine spirans, so tritt nur in der 2. sgl. imp. verkürzung ein, während im andern fall hier die länge bleibt und die 2. 3. sgl. präs., das prät. und ptcp. perf. ihre länge verlieren.

Der optativ des prät. unterscheidet sich in dieser 1. klasse nicht von dem indicativ desselben tempus.

Ad a) 1.: paradigma *belèstəʒn* belästigen.

bəlèstəx, bəlèstəxst, bəlèstəxt, bəlèstəʒn; belèstəxdn, bəlèstəxdntst; ptcp. *bəlèstəxt;* imp. *bəlèstəx, bəlèstəʒnt!*

2.: paradigmen: *tapn* zapfen, *ledn* leiten, *vèr̥n* wetten, *mēən* mähen, *hūəstn* husten.

tap, tapst, tapt, tapn; tapdn, tapdntst; ʒətapt (flect.: *ʒətapdn*); *tap, tapnt! let, letst, let, ledn; ledn, ledntst; ʒəlet* (flect.: *ʒəledn*); *let, lednt!*

So gehen noch: *bədydn* bedeuten, *lydn* läuten, *ludn* lauten, *hètn* heissen — ptcp. perf. noch stark: *ʒəhetn.*

Anm. In den 5 zuletzt genannten verbis ist die allgemeine kürze erst durch ausgleichung nach der 2. 3. sgl. präs., dem prät. und ptcp. perf. entstanden. *zètn* setzen hat: *zèdn, ʒəzat.*[1])

vèt, vètst, vèt, vèr̥n; vèdn, vèdntst; ʒəvèt; vèt, vèr̥nt.

So geht noch *šər̥n* schütten — *šədn* — *ʒešot.*[1])

[1]) Hier zeigt das ptcp. perf. noch den ursprünglichen nicht-palatalisierten vocal.

mē, mēst, mēt, mēən; mēdn; ʒəmēt; mē, mēənt!

Ebenso geht *brȯüən — brȯüdn — ʒəbrȯüt* brauen.

hūəst, hūəstst, hūəst, hūəstn; hūəsdn; ʒehūəst; hūəst, hūəstnt!

Ad b): I. Verba mit langem vocal in der wurzel.

1. Vor spiranten, beisp. *lōvn* loben, *klāʒn* klagen.

lōf, lōfst, lōft, lōvn; lōvdn, lōvdntst etc.; *ʒelōft;* imp. *lof, lōvnt.*

Ebenso gehen: *lēvn — lēfdn — ʒəlēft* leben, *bēvn* beben, der imp.: *lēf, bēf* zeigt gegen die regel langen vocal.

klāx, klāxst, klāt, klāʒn; klāxdn; ʒəklāt; imp. *klax!* klagen, *drūʒn — drūx, drūxst, drūt; drūxdn; ʒədrūt; drux!* trocknen.

2. Vor verschlussconsonanten, nasalen, *r* und *l*.

α) Verba mit langem wurzelvokal; paradigma: *kōkn* kochen, *knēdn* kneten, *vārn̥* warten, *hōln̥* holen.

kōk, kȯkst, kȯkt, kōkn; kȯkdn, kȯkdntst; ʒəkȯkt; kōk, kōknt.

Ebenso gehen: *mākn — makdn — ʒemakt* machen, *šmākn* schmecken (= ndl. smaken), *vōnn* wohnen.

knēt, knetst, knet, knēdn; knedn; ʒəknet; imp. *knēt.*

Ebenso geht *bātn* nützen, helfen (nur in der 3. pers. und im inf. *bat — badn — ʒəbat*), *šādn* schaden.

vār, vatst, vat, vārn̥; vadn; ʒəvat; imp. *vār, vārn̥t!*

hōl, hȯltst, hȯlt, hōln̥; (prät. redupl. *hīəl — hīəln̥*) *ʒəhȯlt;* imp. *hōl, hōln̥t.*

II. Verba mit diphthong in der wurzel, paradigmen: *lĭĕnn* entlehnen, leihen, *árbīədn* arbeiten, *mīənn* meinen, *blūədn* bluten.

lĭĕn, lentst, lent, lĭĕnn; lendn; ʒəlent; lĭĕn, lĭĕnnt!

Aehnlich gehen: *dīənn* dienen, *dīəln̥* teilen.

árbīət, árbətst, árbət, árbīədn; árbədn; ʒəárbət; árbīət, árbīədnt!

Anm. Das *ə* erklärt sich aus der nebentonigkeit der 2. silbe.

blūət, blotst, blot, blūədnt; blodn; ʒəblot; blūət, blūədnt!

So gehen: *flūəkn* fluchen, *špūəkn* spuken, *hy̆ədn* hüten — *hətst, hət, — hədn — ʒəhət, dy̆ĕpn* taufen.

meŋ, meŋst, meŋt, mīənn; meŋdn; ʒəmeŋt; meŋ, mīənnt!

Ebenso geht: *əmty̆nn* umzäunen, präs. *əmtyŋ* etc., ptcp. *əmtyŋt.*

Anm. Das *ŋ* der 1. pers. sgl. präs. und der 2. sgl. imp. ist lautgesetzlich, das in *meŋst* ausgleichung.

II. klasse.

Das merkmal dieser klasse ist, dass der ursprüngliche wurzelvocal im präsensstamme und im opt. prät. palatalisierung erfährt und nur im ind. prät. und im ptcp. perf. ohne dieselbe erscheint (sogen. 'rückumlaut'). Die endungen des prät. sind bereits oben angegeben, vor ihnen treten mancherlei veränderungen des endconsonanten der wurzel und des wurzelvocals ein. Wir unterscheiden:

a) solche mit kurzem wurzelvocal,

b) solche mit langem vocal oder diphthongen in der wurzel. Bei dieser abteilung zeigt sich im prät. und ptcp. perf. verkürzung.

Ad a): 1. präs. *è* — ind. prät. und ptcp. perf. *a*; paradigma: *vèŋn* wenden.

vèŋ, vèŋst, vèŋt, vèŋn; *vaŋt, vaŋtst, vaŋtn*; opt. *vèŋt*; *zəvaŋt*; *vèŋ, vèŋnt.*

So gehen: *šèŋn* schimpfen (= schänden), *brènn* brennen, präs.: *brèn, brèntst, brènt, brènn,* prät. *braŋt,* opt. *brèŋt,* ptcp. perf. *zəbraŋt; kènn — kaŋt — zəkaŋt* kennen, *nènn — naŋt — zenaŋt* nennen.

2. Präs. *è* — ind. prät. und ptcp. perf. *åŏ*; paradigma: *štèln* stellen.

štèl, štèltst, štèlt, štèln; *štåŏlt — štåŏltn*; opt. *štòəlt*; *zəštåŏlt*; imp. *štèl, štèlnt.*

Gerade so geht *tèln* zählen.

3. Präs. *è* — ind. prät. und ptcp. perf. *äĕ*; paradigma: *dèŋkn* denken.

dèŋk, dèŋkst, dèŋkt, dèŋkn; *däĕt — däĕtn;* opt. gerade so; *zədäĕt*; *dèŋk.*

Ebenso: *brèŋn — bräĕt — zəbräĕt* bringen.

4. Präs. *ə* — ind. prät. und ptcp. perf. *ôŭ*; paradigma: *pləkn* pflücken.

plək, pləkst etc.; *plôŭt — plôŭtn*; opt. *plə̂ y̆t*; *zəplôŭt*; *plək*!

Ad b): *α*) Ohne verkürzung in der 2. und 3. pers. sgl. präs.

1. Präs. { *ā* / *ē* } — prät. und ptcp. perf. *äĕ*; paradigma: *lēzn* legen.

lēx, lēst, lēt, lēzn; *läĕt — läĕtn*; opt. ebenso; *zəläĕt*; *lex, lēznt.*

Ebenso: *zāʒn* sagen, dass sich nur durch den inf., die 1. sgl. und den pl. präs. *zāx, zāʒn* und den imperat. *zax* (neben *zex*), *zāʒnt* unterscheidet.

Anm. *lēʒn, lēx, lēʒnt* sind neubildungen, wie im mhd. und nhd. durch ausgleichung zu stande gekommen. Die formen von *zāʒn* zeigen noch die alte mischung der ja- und ai-conjugation, wie sie im ags. und mhd. erhalten ist.[1])

2. Präs. *y̆ø̆* — prät. und ptcp. perf. *ūŏ*. Einziges beispiel: *drȳø̆mn* träumen.

drȳø̆m, drȳø̆mst, drȳø̆mt, drȳø̆mn; *drūŏmt*; *drȳø̆mt*; *ʒədrūŏmt*; *drȳø̆m, drȳø̆mn̥t*!

3. Präs. *ȳø̆*- prät. und ptcp. perf. *åŏ*. Einziges beispiel: *ʒlȳø̆vn* glauben.

ʒlȳø̆f, ʒlȳø̆fst, ʒlȳø̆ft, ʒlȳø̆vnt; *ʒlåŏt*; *ʒlòø̆t*; *ʒəʒlåŏt*; *ʒlȳø̆f, ʒlȳø̆vnt*!

4. Präs. *ȳə*, prät. und ptcp. perf. *ūə*. Einziges beispiel: *fȳəln̥* fühlen.

fȳəl, fȳəltst, fȳəlt, fȳəln̥; *fūəlt*; *fȳəlt*; *ʒəfūəlt*; *fȳəl, fȳəln̥t*!

5. Präs. *ȳə*, prät. und ptcp. perf. *ūa*. Beispiel: *rȳərn̥* rühren.

rȳar, rȳašt, ryat, rȳərn̥; *rūat*; *rȳat*; *ʒərūat*; *rȳar, rȳərn̥t*!

Ebenso geht: *bȳərn̥* heben.

6. Präs. *ȳŏ̆*, prät. und ptcp. perf. *ūa*. Einziges beispiel: *hȳŏ̆rn̥* hören.

hȳŏ̆r, hȳŏ̆št, hȳŏ̆t, hȳŏ̆rn̥; *hūat*; *hȳŏ̆t*; *ʒəhūat*; *hȳŏ̆r, hȳŏ̆rn̥t*!

7. Präs. *ø̂y̆*, prät. und ptcp. perf. *ôŭ*. Einziges beispiel: *dø̂y̆ən* drücken.

dø̂y̆, dø̂y̆st, dø̂y̆t, dø̂y̆ən; *dôŭt*; *dø̂y̆t*; *ʒədôŭt*; *dø̂y̆, dø̂y̆ənt*!

β) Mit verkürzung in der 2. und 3. pers. sgl. präs.

1. Präs. *ȳə*, prät. und ptcp. perf. *ôŭ*. Einziges beispiel: *zȳəkn* suchen.

zȳək, zøkst, zøkt, zȳəkn; *zôŭt*; *zø̂y̆t*; *ʒəzôŭt*; *zȳək, zȳəknt*!

---

[1]) s. Sievers, Ags. gr. § 415 f., Paul, Mhd. gr.[2] § 179.

2. Präs. *ūŏ*, prät. und ptcp. perf. *åŏ*. Einziges beispiel: *frkūŏpn* verkaufen.

frkūŏp, frkøpst, frkøpt, frkūŏpnt; *frkåŏt*; *frkŏø̆t*; *frkåŏt*; *frkūŏp, frkūŏpnt*!

3. Präs. *ȳə-* prät. und ptcp. perf. *o*. Einziges beispiel: *ānbȳətn* feuer anzünden, einheizen.

bȳət, bøtst, bøt, bȳətnt ān; *bot ān*; *bøt ān*; *ānȝəbot*; *bȳət, bȳətnt ān*!

Anhang.

I. Fränkische lehnworte.[1])

Als solche sind alle diejenigen formen und worte zu bezeichnen, welche sich entweder durch ihre consonantenverschiebung oder durch hochdeutsche endung — ich meine das *-r* in einigen fürwörtern — oder endlich durch vorschlag eines *t* vor *s* von dem allgemeinen gepräge der mundart entfernen.

1. Consonantenverschiebung finden wir in *šef* schiff, *pèfr* pfeffer, *trèfn* treffen, *herš* hirsch, *bèsr* besser, *blets* blitz (mnd. bliksem), *plātsə* f. platz, *kēatsə* kerze, *zets* m. sitz, *ēatsə* erbse, *blūas* bloss, nur, *ȝrȳsn* grüssen, *krīəps* krebs (*īə* geht auf i zurück, das Soester *krīəvət* kann auf e (ä) oder i beruhen), *køxə* küche, *bèxr* becher, *zexr* sicher, *ūŏx, ox* auch (letzteres die unbetonte form, wie in Soester *ŏk* neben *èŏk*), *blèx* blech, *ex* ich, *mex* mich etc.

2. Als hd. sind die unter den pronominibus verzeichneten formen *mer, der, fīar, īar, dèr, vekr* u. s. w. zu bezeichnen.

3. In fremdwörtern wird *s* im wortanfang in *ts* verwandelt[2]): *tsaldōt* soldat, *tsābl* säbel, *tsōatə* sorte, *tsèksəx* 60, *tsīəvntsəx* 70.

II. Sandhigesetze.

Im satzgefüge erleiden viele worte im vocalismus und consonantismus veränderungen. Pronomina, conjunctionen und präpositionen lehnen sich en- oder proclitisch an stärker be-

---

[1]) Alle worte von hd. form sind in der grammatischen darstellung und den folgenden texten in eckige klammern eingeschlossen.

[2]) Bekanntlich behält das ndl. hier das *s*, während altes *s-* > *z-* wird.

tonte worte an und werden verkürzt[1]) oder ganz vocallos, stimmhafte consonanten werden durch assimilation an stimmlose ebenfalls stimmlos, und umgekehrt, *r* geht vor dentalen in den vocal *a* über. Alle diese veränderungen können aus den folgenden proben, die möglichst genau die gesprochene rede widergeben wollen, zur genüge ersehen werden. Der deutlichkeit wegen habe ich nicht in sprachtakten und -gruppen geschrieben, sondern die einzelnen worte getrennt gelassen. Eingeklammertes ([—]) soll wie auch früher sogleich fremdes gut bezeichnen.

III. Sprachproben.[2])

I.

līəf [*jan frīədrəx*]!

ex dèŋk, ət es nū båŏl vīar an da tīt, datu nòx es zèt fan dir hy̆ŏ̃rn̥ lötst, dèn di vālkrèmpəlêīən[1]) *zint alt vīar en fòlm zaŋk on ox da tuk.*[2]) — *dat hant fər jō am deŋstāzn̥ōvnt*[3]) *en dər haln̥ zəzen, on ox xəhūat.* — *hèstu di rēdn, di* [*bøs*] *døndax xəhåŏln̥ vōrn̥ zint, al zəhūat? ex* [*blūas*] *em pā drfan, on dī hant mr zrāt nit šläĕt xəfaln̥; dòx ex han dōry̆əvr zīən* [*rextəx*] *ūadl, dèn dōfy̆ar mot mr, vī zāzn də* [*politika*] *dòx? əx xly̆ø̆f, ət het* [*politiš*] *xəbeldət sin, on dat sin əx līəda nit. dat zīət med dīar* [*bèsr*], *dèsvēzn vūəl əx dan ūŏx əs zēan diŋ mīənŋk hy̆ŏ̃rn̥ y̆əva di rēdn al, on bəzoŋaš y̆əva dī fam deŋstax.* —

I.

Lieber Johann Friedrich! Ich denke, es ist nun bald wider an der zeit, dass du noch einmal etwas von dir hören lässt, denn die wahlgeschichten sind schon wider in vollem gang, und auch der streit. — Das haben wir ja am dienstagabend in der halle gesehn, und auch gehört. — Hast du die reden, die bis heute gehalten worden sind, alle gehört? Ich bloss ein paar davon, und die haben mir grade nicht schlecht gefallen; doch ich habe darüber kein richtig urteil, denn dafür muss man, wie sagen die politiker doch? ich glaube, es heisst 'politisch gebildet' sein, und das bin ich leider nicht. Das geht mit dir besser, deswegen wollte ich denn auch einmal gern deine meinung hören über die reden alle, und besonders über die vom Dienstag. —

---

[1]) So erkläre ich mir z. b. das *ø* statt des zu erwartenden **ø̂y̆* in der präposition *øm* um (alts. umbi, Soest: *ymə*).

[2]) Aus der 'Remscheider zeitung', geschrieben nach dem diktat meines gewährsmannes. Die zahlen verweisen auf die anmerkungen.

donr nòx es, vat vōrn̥ dō føl lyt, èvr ox mətoŋa temləx føl [špèktākl]; ex kūən ət ,èva nit zen, [vekr] dèn val makdn; dèn ex štoŋ zū vīt drfan af on ox zū fastə, dat əx məx nit röpn nòx vēgn kūən; on dan vīəstə jō ox, dat əx šläĕt zeŋ kan.

ət štoŋn ər èvr em pār nēvr mər (ex kaŋt sə nit, zī vōrn̥ èvr oŋn ūtn bèrgn) zū grāt fam mīna [tsōatn], uda nòx xèt mīĕr vī ex, dī zäĕtn əm pār mōl: ‘nē, nē, on dat veln̥ gəbeldətə hērn̥ zin, dī en dər anštaŋks[šūaln̥] vōrn̥?’ em īĕštn ūŏgmblekə vost əx nū nit, vat tī īəgntləx vūəln̥; špēdr fīəl ət mər en; èva dō zäĕt əx [mer], dat es nū gā nit my̆əgləx, dat gly̆ŏ vəx nit, dī hant sex fazen. — dī dèn [špèktākl] makdn, dat vōrn̥ ər gəves fan dēar [tsōatn], dī met tən kārn̥ gont on kōln̥ on ēapl aflādn, dèr vōrn̥ ər jō ūŏx en dər haln̥.

vèn zū gèt am lètstn zondax [pasīat] vō̆ar, vat vō̆a dan val gəzäĕt vōrn̥?

èva dat vōar jō gā nit my̆əgləx, dat zū gèt fy̆arkūəmn kūən, dèn dō vōar jō en[gants] aŋr [publikum]. — dòx ex han nū gənūəx gəbublt[4]), ex vel ophy̆ŏrn̥. — [gry̆s] mea diŋ fråŏ, dèn kāl, on šrif es båòl vīar

dīnm [kūabəs].

Donner noch einmal, was waren da viele leute, aber auch mitunter ziemlich viel spektakel; ich konnte es aber nicht sehn, wer den wol machte, denn ich stand so weit davon ab und auch so fest, dass ich mich nicht rühren noch bewegen konnte, und dann weisst du ja auch, dass ich schlecht sehn kann.

Es standen ihrer aber ein paar neben mir (ich kannte sie nicht, sie waren aber unten aus den bergen) so gerade von meiner sorte, oder noch etwas mehr wie ich, die sagten ein paarmal: ‘nein, nein, und das wollen gebildete herren sein, die in der anstandsschule waren?!’ Im ersten augenblicke wusste ich nun nicht, was die eigentlich wollten; später fiel es mir ein; aber da sagte ich mir: ‘das ist nun gar nicht möglich, das glaube ich nicht, die haben sich versehn’.

Die den spektakel machten, das waren [ihrer] gewiss von der sorte, die mit den karren gehen und kohlen und erdäpfel abladen, derer waren [ihrer] ja auch in der halle.

Wenn so etwas am letzten Sonntag passiert wäre, was wäre dann wol gesagt worden?

Aber das war ja gar nicht möglich, dass so etwas vorkommen konnte, denn da war ja ein ganz ander publikum. — Doch ich habe nun genug geredet, ich will aufhören. — Grüss mir deine frau, den Karl, und schreib einmal bald wider

deinem Jacobus.

II.

mat[xəšextə].

ex däĕt, dī matfrōx vö͞a nū eŋzəšlōpn,
vat jō ox īəzntləx vōa tə hōpn;
dèn dō dat mat haləf em dòrpə blīəf,
dō zlåŏt əx, ət nö͞m nəməs šīəf,
vèn dī aŋr hèlfšət, vī zəzäĕt,
nōm šətə fäĕl vy͞at faläĕt.
dòx vīat mr īənəs [bèsrn̥] bəlīĕt
vèm mr us [tsĕītŋk] fam mōandax[5] *[študīat],*
dō dūar, dat ət īĕštə mat nit vōar bəzat,
šlūtn də dörpr, də būrn̥ hèdn ət sat
nòx es vīar ōvn hen tə zon,
vō zī ōn būdn my͞əsn šton.
ət švelt ən oŋn alt dēarāt dr kåŏmp,
dat ət nū tərək sal zon [pèr] dåŏmp
met əm nə͡y͞mat, vī ox met tn haln̥
dī en om åŏln̥mat [bèsr] zəfaln̥,
zəs hèrn̥ ze kīən zəzy͞ək an dèn štatrōt zəšrīəvn,
vat èvr, vī ex zly͞ə͞f, īarnts līəzn zəblīəvn.
fər haln̥ kan ex mex ox nit arəx [entrèsīrn̥],

II.

Marktgeschichte.

Ich dacht', die marktfrag' wär' nun eingeschlafen,
was ja auch eigentlich war zu hoffen;
denn da der markt halb im dorfe blieb,
da glaubt' ich, es nähm' niemand schief,
wenn die andre hälfte, wie gesagt,
nach dem schützenfelde würd' verlegt.
Doch wird man eines bessern belehrt,
wenn man unsre zeitung vom montag studiert.
Dadurch, dass der erste markt nicht war besetzt,
schliessen die dörfer, die bauern hätten's satt,
noch einmal wider oben hin zu gehn,
wo sie ohne buden müssten stehn.
Es schwillt ihnen unten schon derart der kamm,
dass es nun zurück soll gehn per dampf
mit dem neumarkt, wie auch mit den hallen,
die ihnen auf dem alten markt besser gefallen.
Sonst hätten sie kein gesuch an den stadtrat geschrieben,
was aber, wie ich glaube, irgendwo liegen geblieben.
Für hallen kann ich mich auch nicht sehr interessieren,

endèm ət nit [zexr] es, of sə zex [rèntīrn̥].
vèn ox en døm fal zīxdn di [minoritēt]
em štatrōt, vō zə zøs kènn venəx fan [diēt],
zū vērn̥ di haln̥, hy̆ō̆t mr, gəbåŏt op al fèl,
vèn ox [ā fòŋ pèrdy̆] vī dī štāklzr [haltə]štèl.
vat ət dan gøt met tèm mat dō oŋn,
dat vīət alt mīnn klīənn joŋn[6]*;*
drøm brūk əx ət øŋk nit laŋ tə zāgn,
dèn get hant zū alt zòrgn gənūəx drøm gədrāgn.
dòx mèrknt øŋk, èva niks för oŋgūət,
dat åŏlmat kømt laŋsam ūt tr[mūat];
vèn ət ox nòx em betšn am lēvn blīt,
ət gīət dòx nit op dī lèŋ da tīt.
ət es tə kleŋ, dō høləpt gīən [švadronīrn̥],
vèn get øŋk ox vērn̥ met aln̥ fīərn̥.
dō vērn̥ šlypkr[7]*) afxətrēdn, klīəda tərīətn,*
dōbī ən [masə] rēndēkr fašlīətn,
tīĕnn plat xədôŭt, hy̆ət [eŋgərant],
dat īənm šīar štel štīət dr faštaŋk.
vī dō nòx lyt sint, dī dən åŏln̥ [tsòpf][8]*)*
nit pakn veln̥ dərèkt am [šòpf][9]*)!*

indem es nicht sicher ist, ob sie sich rentieren.
Wenn auch in diesem fall siegte die minorität
im stadtrat, wo sie sonst kennen wenig von diät,
so werden die hallen, hört man, gebaut auf alle fäll',
wenn auch à fonds perdu, wie die Stachelhauser haltestell'.
Was es dann gibt mit dem markt da unten,
das weiss schon mein kleiner junge.
D'rum brauch' ich es euch nicht lange zu sagen,
denn ihr habt so schon sorgen genug d'rum getragen.
Doch merkt euch, aber nichts für ungut,
der altemarkt kommt langsam aus der mod',
wenn er auch noch ein bischen am leben bleibt,
es geht doch nicht auf die länge der zeit.
Er ist zu klein, da hilft kein schwadronieren,
wenn ihr euch auch wehrt mit allen vieren,
Da werden schleifchen abgetreten, kleider zerrissen,
dabei eine menge regendächer (-schirme) verschlissen,
zehen platt gedrückt, hüte eingerannt,
dass einem schier still steht der verstand.
Wie da noch leute sind, die den alten zopf
nicht packen wollen direkt am schopf!

Anmerkungen zu den sprachproben.

Zu I.

1) Zu mhd. *krempel*: ein wertloser haufe, gerümpel. 2) = mhd. zuc, es bedeutet einen kampf, eine rauferei, wobei es drunter und drüber geht. 3) *deŋstax* ist wie ndl. dingsdag volksetymologisch an d i n g angelehnt. Das eingeschobene *n* ist zu beurteilen wie das *s* in meinungsverschiedenheit, zeitungsleser, d. h. es ist eine analogiebildung nach den compositis, deren erstes glied ein schw. masc. oder fem. ist (z. b. narrenkappe, strassenpflaster). 4) wol = ndl. bobbelen: blasen aufwerfen.

Zu II.

5) Der diphthong *ōa* erscheint (ausser vor *r*) nur in *mōant* mond und *mōandax* montag, die beide gewiss hd. lehnwörter sind. 6) Accusativform des subjects. 7) Sgl. *šlypkn* n. schleifchen, wol zu md. *slūf*. 8) Remsch. *tòp* bedeutet nur den wipfel eines baumes. 9) Echt ndd. ist die form als *šòp* gebräuchlich.

Nachträge und berichtigungen zum ersten teil.

Zu s. 407, z. 11 f. v. u. *hepn* und nl. *hippelen* gehören wol zu nnd. *hipə* (Soest: *hitə*) 'ziege'.

S. 409, z. 9 v. u. lies *blādr* = mnd. *blader*, das wie mnd. *rader*, nnd. *xlāzasxap* gläserschrank, schrank mit glastüren, keinen umlaut zeigt.

Zu s. 410, z. 7 v. o. ff. Das angesetzte as. **krigil* gehört n i c h t mit ahd. *chragil*, nhd. *kragen* zusammen, sondern mit nhd. *krieg*, nl. *krijgen* u. s. w.

Zu s. 414, z. 16 v. o. füge *zēsə* 'sense' hinter *drēsln* ein (vgl. darüber unten die bemerkung zu s. 421, z. 12 v. u.).

S. 417, z. 5 v. u. lies: *a* > *ə*.

S. 418, z. 6 v. o. lies *hèmdn*. Dies ist eigentlich die pluralform, zu der der neue plural *hèmdr* gebildet ist; vgl. nhd. t h r ä n e — t h r ä n e n, ä h r e — ä h r e n.

Ibid. Die unter S y n k o p e u n d a p o k o p e 3. gegebene regel ist so zu fassen: 'wenn dem *e* ein stimmhafter spirant, ein nasal, *l, r, d* oder *gg* vorherging'. Nachzutragen sind demzufolge die s. 420 unter *w* gegebenen beispiele *farəf, švaləf, lyˉeˇf* und von s. 423 unter *g*: *brøk, røk, vèk, møk* und *fløk* flugs, schnell (= nhd. flügge).

Anm. 1 auf s. 418 muss gestrichen werden, da für die apokope n i c h t die s p i r a n t i s c h e, sondern die s t i m m h a f t e qualität des vorhergehenden consonsonanten das wesentliche ist.

Zu s. 421, z. 9 v. o. *fūərn̥* ist = ahd. *fuorōn*, mhd. *vuoren*, da dem as. *fōdian* eine form m i t u m l a u t (vgl. nnd. (Soester) *faēən*) entsprechen müsste. Das unter Anm. 1 genannte *fūar* ist demgemäss = ahd. *fuora*, mhd. *vuore*.

Ibid. z. 12 v. u. *zēsə* wird sein *s* nicht aus einem älteren *sn*, sondern aus *chs* entwickelt haben, und ich möchte es folgendermassen aus as. *segisna* ableiten: *segisna* > **sechsne* > **sechsn* > **zēsn*, was —

als plural gefasst — einen neuen singular *zēsə* bildete. Aehnliche fälle zeigt ja das nhd. in worten wie *küche, kette, wolke* gegenüber dem mhd. *küchen, keten, wolken*. *zēsə* gehört also zu *vēsl, drēsln*, s. 414, z. 16 v. o.

S. 423, z. 11 v. u. lies *mək*.

Zu s. 425, z. 4 v. o. füge noch: *əməs* jemand und *nəməs* niemand.

SOEST, 22. märz 1885. F. HOLTHAUSEN.

ZU DEN ALTNIEDERLÄNDISCHEN DENKMÄLERN.

Bei einem eingehenderen studium der altniederländischen denkmäler — der interlinearversion von Ps. 53, 7 bis 73, 9 und der sogen. glossae Lipsianae[1]) — haben sich mir eine anzahl textesbesserungen ergeben, die ich den freunden niederdeutscher sprachforschung zur erwägung vorlegen möchte. Ausserdem füge ich mehrere berichtigungen zu dem Heyneschen glossar bei.

I. Zu den Psalmen.

Ps. LXI, 11: statt *thinat* l. *thîant*, nicht wie Heyne *thîhant*, da intervocalisches *h* im anl. bereits geschwunden ist.

Ps. LXIX, 6: statt *thurthic* l. *thurhtig*, mit dem bekannten eintritt von *ht* für *ft*, den auch *thruhtigeno* 'pauperum' in den Prud. gll. zeigt.

Ps. LXX, 11 l. *êhtit* 'persequimini' statt *ehtin*.

Ps. LXXI, 17 l. *thuro-wunot* 'permanet' statt *-wanot*; *a* ist häufig fälschlich für *u* gesetzt.

Ps. LXXII, 9 l. *leith* 'transivit' statt des überlieferten, aber durchaus nicht in einen niederländischen text passenden *lief* und vgl. den artikel *lîthan* im glossar.

II. Zu den glossae Lipsianae.

Gl. L. 67 u. 68. Das sinnlose *annimendeliken, amunendeliken* '[aquam] intolerabilem' ist vielleicht aus *unannemendeliken* entstellt.

---

[1]) Benutzt in der ausgabe von M. Heyne 'Kleinere altniederdeutsche denkmäler'², Paderborn 1877.

69. *balon* 'cicatrices' l. *bûlon* (vgl. *bûlun* 'strumas' in den Prud. gl.).

136. *bewildi* 'possedisti' l. *bewieldi* (vgl. *wielde* 1077).

189. *criedon* 'cognoverunt' steht vielleicht für *cnêdon*, dem prät. eines inf. *cnêan* < **knâjan* = ahd. *chnâan*, ags. *cnâwan*.

222. *ebrenlari* 'legislatorem' lässt sich durch veränderung bloss éines buchstabens in *ê-brengari* verbessern.

261. *erende* 'fines [terrae]' hat wol ein *d* verloren und ergibt *erd-ende*.

268. *ewithon* 'aeternum' l. *êwiskon*; vgl. 269 und 271.

289. *farwathana* 'maledicti' l. *farwâtana*.

299. *farliet* 'transeat' ist aus *farlîthe* verderbt, das auch im text, ps. 56, 2, bereits von Heyne eingesetzt wurde.

367. *fuortida* 'pavit' lässt sich entschieden leichter in *fuodida* ändern, als in das vom herausgeber vorgeschlagene *fuoroda*.

417 u. 418. *genuuert, -erde* 'conspectu' ist doch dasselbe wort wie *geginwirdi, gaienwerde*, s. Glossar.

465. *gethuuuing* 'disciplina' wird als *gethûwing* (vgl. *bethuwendero* 'deprimentium' 124), nicht mit Heyne als *gethwing* zu fassen sein. Das *githuuic* (al. *uig*) 518 ist natürlich dasselbe wort.

474. *geuuallit* 'coagulatum' steht entweder für *gequalhit* (s. 431 und ps. LXVII, 17) oder ist gleich dem *geuuelid* der Gl. Arg. 66 zu got. *walwjan* zu stellen. Dann wäre auch wol *gewellit* zu schreiben.

479. *geweinoda mi* 'educavit' l. *geweidoda* oder *geweithoda* (vgl. *weitha* 'pascua' Ps. 73, 1). Es steht in der stelle ps. 22, 2 'super aquam refectionis educavit me', wo Luther nach dem hebr. (hier 23, 2) יַרְבִּיצֵנִי übersetzt: 'er weidet mich auf einer grünen aue'.

489. *gewertunga* 'corruptione(m)' ist das ahd. *irwartunga*.

514. locaverunt steht im cant. Annae, I. Reg. (Sam.) 2, 5.

551. *hategon* 'aemulatione(m)' l. *hatongon* oder *hatungon*.

592. *hundesfliiga* 'cynomya' muss *hundesfliega* gelesen werden.

621, 624, 625. *irrot* 'commovebitur', *irrot, rod* (für *irrod*) *werthan* 'movebor' ist nicht, wie Heyne in der anmerkung zu 621 meint, *irruort* zu lesen, sondern gleich alts. *irrean*, ahd.

irren, got. *airzjan* und durchaus von *irron* 'errare' zu trennen. Im glossar sind die verba aber nicht geschieden!

641, 644. *lief* 'transivit', *ic lef* 'transivi' l. *leith, lêth*; vgl. *lîthon sal ick* 'transibo' 643 und *lîthan* im glossar.

789. *scachon* 'pudore' l. *scamon,* nicht *smâhon,* wie Heyne tut.

790. *scaphon* 'ovili' kann auch ausser dem bereits in der anm. vorgeschlagenen für *scâp-hurt(d)* 'schafhürde' stehn.

807. *sciumo* 'cito' kann auch aus *sniumo* entstellt sein.

822. *scrimbre* 'protector' l. *scirmbre,* mit einem zwischen *m* und *r* organisch entwickelten *b* wie in *timbar,* ἄμβροτος.

839. *sprinco* 'locusta' l. *springo* = ahd. *springo* 'springer'.

909. *theseuun* 'dextera(e)' l. *tesewun.*

912. *thinnongun* 'temporibus' l. *thunnongun* oder vielleicht auch noch *thunwongun, -wangun.* Es ist natürlich das ahd. *dunwangi,* ags. *ðunwonʒe,* altn. *þunnvangi,* nnd. *dünninge.*

945. *tilogon* 'exercitatione' l. *tilongon.*

954. *trege* 'dolores' l. *tregon* wie 952.

975. *untumigon thingon* 'abominationibus' ist *untimigon* zu lesen und gleich ahd. *unzimig.*

1032. *vuirte* 'holera' l. *wurte* = *wurti* 1068.

1056. *vitute* 'lege' l. *wituthe* oder *witude.*

1061. *wolangis* 'utinam' l. *wolagis*; vgl. *woligis* 1063 und ahd. *welaga, wolaga,* alts. *welaga.*

1087. *urderschid* 'distinxit' l. *underschied.*

III. In Heynes glossar ist folgendes zu verbessern:

s. 101 b, z. 17 u. 16 v. u. l. *âhton, âhtidon.*

114 a, z. 8 v. u. ff. l. *êhtan* u. s. w.

119 b, l. *ir-fêrron* (= mhd. *erværen*).

121 a ist die form *fiur* zu streichen, da im anl. nur *fûir* vorkommt.

126 a l. *gen-wert* (*gen* aus *gegen*).

175 a ist fälschlich *scêthlo, sceithlo* als swm. statt *sceithla* swf. (wie im ahd. und noch im nnd. *sxaělə*) angesetzt.

180 b z. 1 v. u. l. L. statt A.

181 b hinter *stukkan* l. ahd. statt ags.

191 b z. 11 v. o. l. (Gl.) A. statt L.

194 a ist *ûla* anzusetzen, vgl. den nhd. eigennamen Euler.

204 b f. erscheinen wunderlicher weise unter *wîhian* die

formen *farwîeton* 'execrabantur, maledicebant', die doch präteritum von *farwâtan* sind und auf s. 198 b gehören.

206 a wäre *wuop, wuopan, wuostandilic, wuosti, wuostîna* (= nnl. woestijn) und *wuostinna* zu schreiben gewesen, da ja im anl. das westgerm. ō stets als *uo*, wie im ahd., erscheint. In der hdschr. sind einfach 2 statt 3 *u* gesetzt.

206 b endlich steht ein wol noch aus der 1. auflage herübergenommener artikel *farwurran*, der sich höchst sonderbar ausnimmt, wenn man vorne im text *farwiet* findet. Er muss natürlich gestrichen werden.

SOEST, 22. märz 1885. F. HOLTHAUSEN.

NORDISCHE LEHNWÖRTER IM ORRMULUM
(nachträge und berichtigungen).

Im § 3 des ersten teiles, s. 2, habe ich meine auffassung des princips, welches Orms schreibung beherscht, in vermeintlicher übereinstimmung mit Ten Brink, Haupts zs. XIX, 213 f. angegeben. Neuerdings hat Trautmann, Anglia VII, anz. 94 f. eine neue auffassung von Orms schreibweise aufgestellt. Aus der von Sweet als 'a formidable difficulty' bezeichneten tatsache, dass Orm wörter wie *witenn, sune* nicht **wittenn, *sunne* schreibt, obgleich er die kürze des ersten vocals in solchen wörtern auf doppelte weise bezeugt, teils durch zeichen der kürze, wie *wĭtenn, Gŏde,* teils dadurch dass er ihre verwendung im ausgange des verses, wo nur wörter mit vorletzter langer silbe geduldet werden, vermeidet, schliesst T., dass die regel: 'kürze des vorhergehenden vocals wird durch doppelten consonanten ausgedrückt' nicht das princip für Orms schreibung sein könne. Auch nicht die beschränkung dieser regel auf die vocale der geschlossenen silben könne für Orm gegolten haben. Die doppelte setzung des consonanten hätte nämlich in einem falle, in der stellung zwischen zwei vocalen, offenbar einen andern zweck, den die länge des consonanten auszudrücken. Da also dieser zweck der doppelschreibung feststehe, so könne man nicht annehmen, dass Orm 'der biedere mann der regel und der folgerichtigkeit' in dem einem worte doppelbuchstaben geschrieben habe um langen consonanten auszudrücken, in dem andern um die kürze des vorhergehenden vocals anzudeuten. Nur eins von den beiden hätte er mit der doppelschreibung beabsichtigen können und zwar das erste, das wir in dem genannten falle erkennen können. Auch in den fällen, wo man anzunehmen pflege, dass die doppelschreibung des consonanten nur die kürze des vorhergehenden vocals anzeigen solle, müsse diese doppelschreibung denselben zweck wie sonst haben, die länge des consonanten selbst auszudrücken. Aus Orms schreibung könne man dann schliessen, dass in seiner sprache ein silbenauslautgesetz gegolten habe, wonach jeder eine silbe schliessende consonant nach kurzem vocale lang (und nach langem vocale kurz) war. Durch diese annahme würden die sonderbarkeiten in Orms schreibweise auf das befriedigendste erklärt, 'hört *Godd godess* gegen *flocc floccess* u. s. f. auf rätselhaft zu sein, erhält eine von ten Brink richtig beobachtete, doch unerklärt gelassene tatsache sinn und verschwindet Sweet's formidable difficulty'.

Man muss zugeben, dass diese vorteile durch Trautmanns erklärung erzielt werden und seine annahme empfiehlt sich besonders dadurch, dass sie nur ein einfaches princip Orms ganze orthographie beherrschen lässt. Bei der altersbestimmung des angenommenen gesetzes geht aber T. entschieden zu weit, wenn er sagt, dass das gesetz 'schon im ae. und seinen altgermanischen schwestern, ja in den alten indogermanischen sprachen überhaupt gegolten haben muss'. Der terminus a quo ist offenbar die altenglische synkope und apokope der vocale, weil erst dadurch viele von der angenommenen dehnung betroffenen consonanten silbenschliessend geworden sind z. b. *Godd* < **ȝođo,* und die darauf folgende kürzung der längen vor consonantverbindungen, weil auch nach erst dadurch entstandenen kürzen die angebliche dehnung auftritt, z. b. *demenn,* prät. *demmde.* Hätte das gesetz im vorhistorischen ahd. geltung gehabt, so wäre wol die verschiebung dieselbe bei den durch die wirkung des gesetzes entstandenen längen wie bei den ursprünglichen, also ahd. **scipf* statt *scif* — ae. *scip,* wie ahd. *zopf* — ae. *topp.*

Auch Ten Brink, Chaucers sprache und verskunst, § 97 spricht wie Trautmann die ansicht aus, dass die doppelschreibung der consonanten bei Orm auch in geschlossener silbe den lautwert eines langen consonanten im allgemeinen habe, und nicht allein die kürze des vorhergehenden vcoals anzuzeigen bezwecke. Wenn aber Trautmann jeder doppelschreibung den lautwert eines langen consonanten beilegen will, so gibt Ten Brink zu, dass es fälle gebe, wo dieser lautwert nicht anzunehmen sei. Ten Brink nimmt also auch fernerhin eine doppelte rolle der doppelschreibung an:

1. Die länge des durch die doppelschreibung ausgedrückten lautes zu bezeichnen, a) in der ae. gemination, b) wo im wortauslaut ursprünglich kurzer consonant nach betontem vocale stand und c) wo im silbenauslaut der erste von mehreren auf einen kurzen vocal folgenden consonanten doppelt geschrieben wird.

2. Die kürze des vorhergehenden vocals zu bezeichnen: a) sicher in den unbetonten silben, b) vielleicht auch da, wo Orm im wortauslaut den ersten von mehreren auf kurzen vocal folgenden konsonanten verdoppelt, welcher fall sonst 1, c angehören würde.

Vielleicht hatte Ten Brink schon an der gedachten stelle in Haupts zs. XIX dieselbe meinung, aber sie geht aus seinen worten daselbst nicht deutlich hervor und sowol ich als auch jetzt Trautmann haben ihn, wenn es so ist, missverstanden. Wenn die meinung dieser beiden forscher richtig ist, so müsste meine angabe in § 3 über das princip von Orms orthographie demgemäss anders formuliert werden. Aber ganz über allen zweifel erhoben scheint mir ihre annahme nicht zu sein, dass Orm auch in geschlossener silbe die doppelschreibung verwendet den lautwert eines langen consonanten auszudrücken, und nicht um die kürze des vorhergehenden vocals zu bezeichnen. Erstens bleibt der letztere zweck anerkannt für die unbetonten silben bestehen und von denen aus liesse sich für die streitigen fälle ebensogut dieser zweck folgern, wie jener von Trautmann aus der stellung zwischen zwei vocalen gefolgert worden ist. Denn Trautmann nimmt kaum mit recht an, dass auch die schlussconsonanten der unbetonten silben lang gesprochen worden seien; schwerlich hat das später schwindende schluss-*n* noch zu Orms zeiten lang sein können. Dann gibt es auch in solchen stellungen, wo nach Ten Brink langer consonant unzweifelhaft der lautwert der doppelschreibung ist, fälle wo der doppeltgeschriebene laut nicht gut lang sein kann, nämlich die aus dem nordischen übernommenen diphthonge. Orm kann schwerlich das *ȝ* in *heȝȝlenn, leȝȝtenn* und noch weniger das *w* in *dowwnenn, sowwþess* als lang empfunden haben. Für solche fälle wäre dann auch die anwendung der doppelschreibung als bezeichnung der kürze des vorhergehenden vocals anzunehmen. Nach diesen fällen möchte man aber geneigt sein zu glauben, dass auch in anderen fällen, wo die doppelschreibung sich in der selben stellung befände, sie auch denselben sinn haben könnte, also im falle 1, c nach der obigen bezeichnung. Dann bleibt der fall 1, b, wörter von dem typus *Godd, icc,* wo die doppelschreibung die durch die angebliche consonantendehnung entstandene länge bezeichnete. Ich weiss nicht ob metrische gründe sich vorfinden, welche zu der annahme zwingen, dass diese dehnung schon zu Orms zeit vollzogen gewesen sei, wie Ten Brink behauptet; Orms schreibung allein scheint mir aus den angeführten gründen zum beweise nicht auszureichen. Da wir in offener silbe kurzen vocal + kurzen consonanten sicher haben, wie die zeichen der kürze in *wĭtenn, lăkenn, Gŏde* u. a. zeigen, so ist es wol nicht unmöglich, dass auch in den geschlossenen silben dieselbe lautfolge noch bestand. Mag nun die eine oder die andere ansicht die richtige sein, unsere berechtigung, ganz wie bisher aus der doppelten oder einfachen setzung des consonanten in einer geschlossenen silbe auf die quantität des vorhergehenden vocals zu schliessen, bleibt unverändert. Das ergibt sich aus der fassung des angenommenen dehnungsgesetzes der consonanten und ist auch von Trautmann besonders hervorgehoben worden.

Wenn ich also annehmen dürfte, dass das in § 3 enthaltene princip für Orms schreibung das richtige sei, so möchte ich vermuten er habe dieses princip aus dem verhalten der vocale den ae. doppeltgeschriebenen consonantenlängen gegenüber gefolgert. Der doppelschreibung der consonanten ging in seiner aussprache immer kurzer vocal voraus, siehe Beitr. X, 10 f., vor einfachem consonanten aber stand bald kurzer bald langer vocal. Dadurch konnte leicht bei ihm der gedanke aufkommen die doppelschreibung des consonanten liesse sich zum ausdruck der kürze des vorhergehenden vocals verwenden.

Wenn es aber so ist, so muss die von mir in § 4 als zeugniss für die länge des vorhergehenden vocals angesehene doppelschreibung des consonanten zwischen zwei vocalen, wo sie nicht ae. vorhanden war, eben als zeugniss für das umgekehrte gedeutet werden. Die fälle haben tatsächlich keine bedeutung, weil sie so ausserordentlich spärlich sind, natürlich von den fällen mit *ȝȝ, ww* zwischen vocalen abgesehen. Nach einer bemerkung des herrn docenten dr. Erdmann zu Upsala ist *wraþþenn* 'to anger, offend' zu streichen, weil es wegen der bedeutungsverschiedenheit ein anderes wort als ae. *wrâðian* 'succensere, irasci' sein muss. Es ist dann eine verbalbildung zu *wraþþe* 'wrath' und gehört zu den fällen mit ae. gemination. Dagegen stützt *immess;* isl. *ýmiss,* meine neue auffassung, denn dr. Erdmann verdanke ich auch die angabe, dass es noch in schottischen dialecten vorkommt und alte kürze voraussetzt.

s. 17 z. 5 steht *icch* statt *icc.*

§ 23, 1 steht *full-iwiss* statt *ful-iwiss.*

s. 23 z. 2 steht wg. *ǣ* statt wg. *â.*

§ 26 in letzter zeile steht 'die palatale guttural wurden' statt 'die gutturale palatal wurden'.

§ 27 *awwnenn* : ae. **eawnian* = *chappmann* : *ceap-mon.*

Zum zweiten teile ist folgendes zu ergänzen:

afell 'strength' und *afledd* sind von mir unrichtig beurteilt worden. Der vers I, 37117: *Itt hafeþþ mikell afell* bezeugt dass *âfell* auszusprechen ist, denn im versausgange können nur wörter mit langer vorletzter silbe stehen. Dazu stimmt trefflich die schreibung *afledd* des dazu gehörigen adjectivs, welches also keine verschreibung ist. Aber damit verbietet sich auch die englische herkunft des wortes; die silbe war vor der apokope des stammesauslauts überall geschlossen und hätte **ǣfell* ergeben, was ebenso bei Orm erscheinen müsste, da keine kürzung eingetreten ist. Nordische entlehnung ist also anzunehmen und wir kommen auf adän. **âfl* zurück woraus das belegte adän.-isl. *afl* gekürzt ist. Ich halte die annahme einfacher kürzung für viel wahrscheinlicher als dass **âfl* : *afl* in ablautsverhältniss stünden, was freilich formell auch möglich wäre. Die vorgerm. form wäre **êplom,* welches eine stufe der in 'üben' enthaltenen wz. enthielte. Vgl. Kluge, Etym. wb. d. deutsch. spr. 'üben'.

arrfname pl. 'heirs' dürfte als erstes glied das adän.-aschw. *arver* — isl. *arfr* 'inheritance, patrimony' enthalten, da im ae. nur umgelautete formen des wortes vorzukommen scheinen.

asskess pl. 'ashes' scheint lautlich wol ae. *asce* sein zu können (I § 25 anm.). Sonst entspricht im nordischen adän.-aschw. *aska* — isl. *aska* 'ashes'.

azz 'aye, always' ist die regelrechte entsprechung des adän. *e* — isl. *ei, ey,* siehe den nachtrag zu III § 20.

derrf 'daring, bold' ist die ungebrochene form des adän. aschw. *diarver, diærver* — isl. *djarfr* mit derselben bedeutung. Dazu *deorrflike, derrflike* 'daringly'.

s. 49 steht *[lic* 'a body, corps' soll 'corpse' sein.

s. 50 zu *make* steht in der letzten zeile 'zukäme' statt 'zukommt'.

mazz 'maid' ist die zu erwartende entsprechung des adän. *mö* — isl. acc. sg. *møy.* Siehe den nachtrag zu III § 20.

nittenn 'to use, enjoy' stimmt formell gut zu aschw. *nytia* 'benützen', wie *flittenn* zu aschw. *flytia.* Die bedeutungen stimmen auch, da die von Holt angesetzte bedeutung 'enjoy' an keiner der im glossar verzeichneten belegstellen notwendig ist. Ae. *nyttian,* welches auch formell entspricht, bedeutet nach Ettm. 'munere fungi, frui'.

Orrm. In zweiter zeile steht *Orrminn* statt *Orrmin.*

Zu *skirrpeþþ* steht 'rejecteth contemptously' statt 'contemptuously'.

In *sleckenn* ist 'nur' in der zweiten zeile zu tilgen.

unnhilenn 'to uncover, reveal'. Holts zusammenstellung mit einem ae. *un-helan* ist nur unter der annahme von übertragung aus 2. 3. sg. präs. ind. möglich. Aber da bei Orrm *forrhelenn* mit erhaltenem *e* vorkommt, ziehe ich vor *unnhilenn* als eine zsg. mit dem entlehnten adän.-aschw. *hylia* — isl. *hylja* 'to hide, cover' anzusehen.

wazz 'woe' ist nach dem nachtrag zu III § 20 auf adän.-aschw. *ve* — isl. *vei* zurückzuführen.

wiless pl. 'wiles, guile'. Ettm. hat nur ae. '*vile* (vel *vîle*?), *-es* n? 'astutia' Chron. Sax. 1128.' Bei dieser bewandnis kann man geneigt sein nordische entlehnung zu vermuten. Der zusammenhang an den belegstellen verlangt die gegebene bedeutung, aber das formell entsprechende isl. *víl* bedeutet 'misery, wretchedness'.

Zum teil III ist nachzutragen:

§ 20. Der diphthong *ezz* wird nach der aufnahme der

lehnwörter im auslaut zu *azz* entwickelt. Mittels dieses lautgesetzes lassen sich *azz, mazz, wazz* auf die entsprechenden nord. wörter zurückführen, adän. *e, mö, ve* — isl. *ei, øy,* acc. sg. *møy, vei.* Weil nordisches *ø* in den lehnwörtern als *e* auftritt (III § 15), so macht der diphthong *øy* dieselbe entwickelung mit. Dem gesetze fügt sich nicht *þezz* — isl. *þeir.* Entweder ist das nordische auslautende *r* erst nach der vollziehung des gesetzes abgefallen oder man hat analogieeinwirkung aus den übrigen casus *þezzre, þezzm* als die ursache des erhaltenen *ezz* anzunehmen. An englischen wörtern ist das gesetz nicht wahrzunehmen, obgleich man die wirkung davon auf fälle wie *wezz* erwarten könnte. Entweder war zur zeit des gesetzes die alte spirans noch erhalten und nicht zu *į* übergegangen oder es hat auch dort analogische einwirkung aus solchen formen, wo *ezz* bleiben musste, ihr spiel getrieben.

Die übrigen oben angenommenen nordischen lehnwörter sind bei den gehörigen §§ im teil III zu ergänzen: *arrfname, asskess* § 3, *derrf* §§ 8, 25, *nittenn, unnhilenn* § 17, *wiless* § 12.

UPSALA im januar 1885. ERIK BRATE.

BEMERKUNGEN ZUM HELIAND.

Zu den bemerkungen über den Heliand, welche C. Schumann soeben in der Germania XXX, 65 ff., veröffentlicht hat, habe ich folgende gegenbemerkungen zu machen.

2. *that sia bigunnun reckean that girûni* ist mit nichten ein normaler erster halbvers. *Reckian that girûni* ist, wie sich jetzt nach meinen untersuchungen über die rhythmik des germanischen alliterationsverses, Beitr. X, 209 ff. 451 ff. ergibt, ein vers des typus A mit doppelalliteration, und solche verse werden im Heliand nicht mit auftakten von der länge versehen, wie sie Schumann annimmt. Ich leugne ferner, dass Schumann im rechte ist, wenn er sagt, dass wir nach der streichung von *word godas* einen völlig genügenden und treffenden ausdruck für den hauptinhalt des Heliand haben. Es zeugt wahrlich von geringem stilgefühl, wenn die magere zeile die Schumann durch seine tilgung herstellt, nicht als dürftig und ihrer umgebung unangemessen empfunden wird. Und das letzte argument beweist nun gar nichts. Warum soll denn nicht gleich der anfang eines werkes eine 'solche' lücke zeigen? Haben wir z. b. nicht im Hildebrandslied genau das nämliche? Und können wir das argument Schumanns nicht ad libitum umkehren, und sagen es sei 'eine immerhin auffallende erscheinung', dass gleich der anfang dieses werkes eine 'solche' interpolation erfahren habe?

Zu v. 25, welcher wahrscheinlich richtig erklärt ist, war noch anzuziehen *nis ênig helido sô ald, that io mannes sunu mêr gisâhi is selbes uuord sêrur hreuuan* 5008 ff.

50. Ich sehe nicht recht, wie sich Schumann's auffassung des verhältnisses von *Cristas giburd* und *hêlandero best,* die er als neu anzunehmen scheint, von der unterscheidet welche

Rückert und ich angegeben haben. An dem widerspruch gegen die instrumentale bedeutung von *hêlagas gêstes* halte ich fest, denn auch v. 2790 f. hat es diese bedeutung nicht. Man kann da höchstens übersetzen 'voll heiligen geistes' und diese auffassung passt auch wol für v. 50. Sie kommt mir jetzt etwas wahrscheinlicher vor als im jahre 1877, wo ich die anmerkungen zum Heliand ausarbeitete.

217. Rödiger hat ganz recht, wenn er, Anz. f. d. altert. V, 283 f. fragt: "kann nicht *furmon uuordu* einfach bedeuten 'mit dem ersten worte'? das gebot war sein erstes wort, war ihm mithin das wichtigste, so dass man die formel auch durch 'angelegentlich' übersetzen kann". Ich füge hierzu den hinweis auf die früher übersehene formelhafte wendung *ok hann þat orða alls fyrst um kvað* Þrymskviða 2. 3. 8. 11. Es hat da genau den sinn, welchen Rödiger für die stellen aus dem Heliand und der Genesis B annimmt.

447. Der versuch, *wânum* wider zu einem adverb zu stempeln, wird wol niemanden überzeugen. Die argumentation ist höchst sonderbar, zumal der satz, dass philologische bedenken vor der poetischen auffassung weichen müssen, den ich um so weniger verstehe, als die 'poetische auffassung' dieselbe bleibt, mögen wir *wânum* als adverb oder als adjectivum fassen. Ein völliges verkennen der einfachsten regeln sprachlicher entwickelung zeigt sodann die frage: 'Und wäre denn die erhaltung des schliessenden *m* bei einem so eminent formelhaften und energischen ausdruck so völlig undenkbar'? Wir wissen doch nachgerade hinlänglich, dass gerade 'eminent formelhafte' wörter und wendungen die reinsten beispiele für lautgesetzliche entwicklung zu zeigen pflegen. Nicht minder unmethodisch ist auch die erklärung von *scadouuan mid skîmon* 279 durch 'mit göttlichem glanz umgeben', denn die formel ist nichts als eine übersetzung von *virtus altissimi obumbrabit te,* wie aus der quellenangabe zur stelle zu ersehen war.

955. Die ausführungen zu diesem vers sind wol gegen meine etwas knappe übersetzung 'teufelswille, böses' gerichtet, und insofern gegenstandslos, als ich 'teufelswille', wie die beisetzte erläuterung 'böses' andeutet, nicht als sachlich treffende, sondern nur als eine wörtliche übersetzung von *uurêdaro*

uuillion gemeint habe. Wie hätte ich sonst 'teufelswille = böses' setzen können? Was den positiven teil der anmerkung betrifft, so irrt Schumann, wenn er *willeo* mit 'gunst, huld' übersetzen will. Ausser 'wille' bedeutet alts. *willeo* wie ags. *willa* vornehmlich 'quod gratum, acceptum est', also *willeon wirkean* tun was jemand angenehm ist, und da es natürlich ist, dass man durch dieses *willean wirkean* sich die huld dessen erwirbt, dem man diesen dienst widmet, und zugleich dass man den 'willen wirkt' um der zu erlangenden huld willen, so berührt sich *willean wirkean* auch de facto mit *huldi githionôn,* wie aus den von Schumann citierten stellen zu ersehen ist. Und wie diesergestalt *willeon wirkean* als formelhaftes ganzes etwa heissen kann 'sich um die huld jemandes bemühen', so hat man umgekehrt eine formel *huldi wirkean* gebildet, die aus dem grundbegriff von *huldi* allein nicht abzuleiten ist.

2410. Die vorgeschlagene deutung scheitert an dem bestimmten artikel *thes* vor *uualdes.*

3065. Es gehört schon etwas viel phantasie dazu um aus dem einfachen *ford gisprâki* 'du sprachest aus' das herauszulesen, was Schumann darin sucht.

3451. In der verwerfung der durch Rödiger und Behaghel gebilligten lesung *gicoran an muod* (gegen *gicoranan* der handschrift) bin ich natürlich mit Schumann einverstanden, vgl. meine anmerkung zu dem verse. Die hauptgründe aber scheint Schumann nicht erkannt zu haben. In der von Rödiger beigebrachten stelle *lâte man sie an iro môdsebon selbon keosen, hueder im suôtiera thunke* ist *môdsebon* doch ohne allen zweifel dativ, und folglich enthält dieser vers gar keine parallele. Sodann spricht die alliteration gegen die trennung, die schwerlich das rein verbale particip treffen könnte. Rödigers bedenken endlich (a. a. o. 287), es sei nicht recht ersichtlich, wieso *gecoran* 'erprobt' bedeuten könne, erledigt sich doch wol durch den hinweis auf ags. *ȝecost,* das doch 'erprobt, trefflich' bedeutet und der form nach auch nichts anderes ist, als ein altes participium zu *keosan.*

3696 ff. Die vorgeschlagene interpunktion ist abzulehnen. Sie schafft ganz ungebräuchliche und harte satztypen. Ausserdem glaube ich nicht, dass es möglich ist, *fiures liomon* als subject zu *uuallôs hôha felliad te foldun* aufzufassen.

4320 (nicht 4329). Ich sehe nicht ein, was dazu nötigt, *lêdid* als participium aufzufassen.

5426. Zu diesem verse verweise ich auch auf meine bemerkung, Zs. f. deutsche phil. XVI, 111, die Schumann noch nicht benutzen konnte.

TÜBINGEN, 20. januar 1885. E. SIEVERS.

ZU OPITZENS DEUTSCHER POETEREY.

Im anschluss an meine dissertation (Martin Opitzens buch von der deutschen poeterei. Ein kritischer versuch Halle 1884) kann ich eine neue kleine beobachtung mitteilen. Bislang ist 'La Deffence Et Illustration De La Langue Francoyse' von Joachim du Bellay[1]), eine quelle von nicht untergeordneter bedeutung, übersehen worden. Nicht als ob Opitz reiches material aus ihr geschöpft habe. Es ist an sich klar, dass die entlehnungen nicht erheblich sein können; — sie bezeugen nichts weiter als des dichters oft dargetane virtuose art, fremdes mit eigenem zu verschmelzen und erhärten den urteilsspruch von Gervinus, indem diese schriftstellerische manier dem moralischen charakter Opitzens, eines meisters in der kunst der anschmiegung an gegebene verhältnisse, getreulich entspricht — wichtig erscheint die tatsache, dass das du Bellay'sche manifest vermöge seiner tendenz und seines einflusses[2]) auf die entwicklung der französischen literatur mit höherem rechte als das vorbild der poeterey und andererseits diese als das seitenstück jenes gelten darf denn Ronsard's abrégé de l'Art poétique. Demungeachtet bleibt Opitz der deutsche Ronsard. Der appell Opitzens an seine undeutschen landsleute war das unmittelbare echo des du Bellay'schen weckrufes. Fast meint man es habe der morgenfrische eindruck dieser herzerbauenden schrift Opitzen die feder in die

---

[1]) ed. Em. Person, Paris 8.

[2]) Ad. Ebert, Entwicklungsgeschichte der französischen tragödie, p. 74: 'Im anfang des jahres 1549 kam Joachim Du Bellay's verteidigung und verherrlichung der französischen sprache heraus: von dem erscheinen dieses werkes an kann man die moderne französische poesie datieren'.

hand gedrückt. Sicherlich muss ihn die erste lectüre mit einem wahren enthusiasmus erfüllt haben; denn es war sein ideal, das er in diesem werkchen fand. Und vollends in der darstellung von du Bellay. d. B. schreibt mit dem herzen, seine seele nimmt den lebendigsten anteil am gegenstande. Recht bezeichnend für das verhältnis, in dem der autor zu seinem stoffe steht, ist eine syntaktische eigentümlichkeit, nämlich die ausgiebige verwendung des dativus ethicus.

Der parallelismus zwischen der Poeterey und der Deffence ist ein vollkommener. Beide streiter waren eins im was und wie ihres wollens, und hier wie dort entsprang das eigentliche motiv aus der liebe zum vaterländischen. Du Bellay trieb es, Frankreich seine neuen ideen vorzutragen, als er kaum 25 jahre zählte. Jede zeile verrät ein erregbares temperament und jugendliches feuer. Es mag die objectivierung der conception des in den beiden heften niedergelegten ideenmaterials auf dem fusse gefolgt sein, — darauf deutet zum wenigsten die form. Aber deshalb ist das ganze aus éinem guss hervorgegangen und auf den ersten wurf gelungen. Opitz stand, da er der deutschen poesie ihre wege wies, auf der schwelle vom jüngling zum manne. Er war nicht minder für sein hohes ziel begeistert, und das pathos eines reformators geht ihm ebenso wenig ab. Was die Poeterey an fruchtbringenden ideen enthält, verdankt unser Schlesier mit nichten ausschliesslich seinem geistigen können; es versteht sich, dass der ganze mensch der urheber des werkchens war.

Den gemeinschaftlichen ausgangspunkt bildete bei beiden dichtern die wissenschaft, und zwar das studium der klassischen sprachen und literaturen (die Deffence starrt von gelehrten anspielungen und reminiscenzen). Nach humanistenart versenkten sie sich in das altertümliche leben, aber — sie gingen darin nicht auf. Sie vertieften vielmehr in Róm und Athen, anstatt vaterlandsverächter zu werden, ihre liebe zum nationalen wesen. Es ist handgreiflich, wie gar armselig ihnen ihre eigene zeitgenössische sprache und literatur, im lichte der antike besehen, erscheinen musste und in der tat erschien. Um so verdienstlicher war es, dass sie sich durch dieses trübe bild nicht abschrecken liessen.

Es mögen nunmehr zur erläuterung des vorhergesagten

eine anzahl citate folgen. Zunächst die wenigen stellen, welche direct entlehnt sind, um vorerst darzutun, dass Opitz diese schrift gekannt hat. Schwerlich bedarf es der argumente, die tatsache ist apriorisch zu erschliessen. Man vergegenwärtige sich nnr, welch' eindringende kenntnis der französischen literatur und namentlich Ronsard's und seiner zeit die Poeterey bekundet.

Opitz, p. 17, zeile 5 sqq.: 'Die Vornemsten Griechen sind in Egypten, Indien vnd Franckreich gereiset, die weissheit zue erlernen.'	du Bellay I, X, p. 87, zeile 6 sqq.: 'Pourquay donques ont voyaigé les Anciens Grecz par tant de païz, et dangers, les vns aux Indes, pour voir les Gymnosophistes, les autres en Egypte, pour emprunter de ces vieux Prestres et Prophetes ces grandes Richesses, dont la Grece est maintenant si superbe?'
Opitz, p. 17, z. 4. 5.: 'Der weise Anacharsis ist in den Scitischen wüsten gebohren worden.'	du Bellay I, V, p. 85, z. 10: ... qu' estoit le philosophe Anacharsis entre les Scythes, ne craignent rien tant ...
Opitz, p. 28, z. 6 bis 15: 'Was aber die nomina propria oder eigentlichen namen der Götter, Männer vnd Weiber vnd dergleichen betrifft, dürffen wir nach art der Lateiner vnd Griechen jhre casus nicht in acht nemen, sondern sollen sie so viel müglich auff unsere endung bringen. Als ich mag künlich nach der Deutschen gebrauche sagen: Der schnelle plitz, des Jupiters geschoss, vnd nicht, des Jovis. Item, der Venus pfeile, nicht veneris. Wie es denn auch die Römer mit den griechischen wörtern machen. Die Frantzosen gleichfals.'	du Bellay II, VI, p. 127/128, z. 1—13: 'Entre autres choses, se garde bien notre Poëte d'vser de Noms propres Latins, ou Grecs, chose vrayment aussi absurde, que si tu appliquois une Piece de Velours verd à vne Robe de Velours rouge. Mais seroit-ce pas vne chose bien plaisante, vser en un ouuraige Latin d'vn Nom propre d'Homme, ou d'autre chose, en Francoys? comme *Ian currit Loyre fluit*, et autres semblables. Accomode donques telz Noms propres de quelque Langue, que ce soit à l'vsaige de ton vulgaire: suyuant les Latins, qui pour Ἡρακλῆς, ont dit *Hercules*, pour Θησεὺς, *Theseus*: et dy Hercule, Theséе, Achile, Ulysse, Virgile, Ciceron, Horace.'
Opitz, p. 28, z. 20—30: 'Doch können wir anfanges, weil es in vieler ohren noch etwas harte lautet, etliche lateinische endungen	du Bellay II, VI, p. 128, z. 13—129, 4: 'Tu doibz pourtant vser en cela de ingement, et discretion, car il y a beaucoup de telz noms, qui ne

noch gebrauchen, biss wir in die gewonheit kommen sind. Als wenn ich der Erinnen, die Stobeus anzeucht, verss geben wollte.

Χαῖρε μοι Ρώμα θυγάτηρ Αρηος

mag ich wol setzen:

O Rom, des Martis kind, sey sehr gegrüsst von mir;

denn im fall ich spreche, O Rom, du kind des Mars, möchte es vielen zue anfange seltzam vorkommen.'

se peuuent approprier en Francoy., les vns Monosyllabes, comme *Mars:* les autres dissyllabes comme *Venus;* aucuns de plusieurs syllabes, comme *Jupiter*, si tu ne voulois dire *Joue*, et autres infinitz, dont ie ne te sçauroy' bailler certaine reigle. Parquoy ie renuoye tout au iugement de ton oreille.

Opitz, p. 16, z. 25 sqq.:

... vngeacht dieser trübseligen zeiten...; sondern auch die Deutsche, zue welcher ich nach meinem armen Vermögen allbereit die fahne auffgesteckt, von stattlichen gemütern allso aussgevbet werden, das vnser Vaterland Franckreich vnd Italien wenig wird bevor dörffen geben.'

du Bellay I, X, p. 88, z. 7 sqq.:

'Mais le Tens viendra parauanture (et ie suplye au Dieu tresbon et tresgrand que ce soit de nostre Aage) que quelque bonne Personne, non moins hardie, qu'ingenieuse, et scauante ...... donnant à nostre Langue la fleur, et le fruict des bonnes lettres.'

II, III, p. 109, z. 9 sqq.:

... ie veux bien auertir, ceux qui aspirent à ceste gloire, d'immiter les bons Aucteurs Grecz, et Romains, voyre bien Italiens, Hespagnolz, et autres: .....'

Opitz p. 16/17:

'Von dieser Deutschen Poeterey nun zue reden, sollen wir nicht vermeinen, das vnser Land vnter so einer rawen vnd ungeschlachten Lufft liege, das es nicht eben dergleichen zue der Poesie tüchtige ingenia könne tragen, als jergendt ein anderer ort vnter der Sonnen.'

du Bellay I, IV, p. 61, z. 12 sqq.:

'Car ceste Disputation, n'est propre à ce, que i'ay entrepris, qui est seulement de montrer que nostre Langue n'ha point eu à sa naissance les Dieux, et les Astres si ennemis, qu'elle ne puisse vn iour paruenir au poinct d'excellence et de perfection, aussi bien que les autres', ...

II, V, p. 123, z. 3 sqq.:

'Certainement si nous auions des Mecenes, et des Augustes, les Cieux et la Nature ne sont point si Ennemis de nostre Siecle,' ....

Opitz, p. 19, zeile 3 sqq.:

'Vnd muss ich nur bey hiesiger gelegenheit ohne schew dieses erinnern, das ich es für eine verlorene

du Bellay I, XI, p. 89, z. 7:

'Toutes Personnes de bon Esprit entendront assez, que cela, que i'ay dict pour la deffence de nostre

arbeit halte, im fall sich jemand an vnsere deutsche Poeterey machen wolte, der, nebenst dem das er ein Poete von natur sein muss, in den griechischen vnd Lateinischen büchern nicht wol durchtrieben ist, vnd von jhnen den rechten grieff erlernet hat; das auch alle die lehren, welche sonsten zue der Poesie erfordert werden, vnd ich jetzund kürtzlich berühren wil, bey jhm nichts verfangen können.'

Langue, n'est pour decouraiger aucun de la Greque, et Latine: car tant s'en fault, que ie soyo de cete Opinion, que ie confesse, et soutiens celuy ne pouuoir faire oeuure excellent en son vulgaire, qui soit ignorant de ces deux Langues, ou qui n'entende la Latine pour le moins.'

II, I, p. 100, z. 15/18:

'C'est que sans l'immitation des Grecz, et Romains nous ne pouuons donner à nostre Langue l'excellence et lumiere des autres plus fameuses.'

I, V, p. 63, z. 19:

'Il fault donques necessairement que ces deux Langues soint entendues de celuy, qui veut acquerir cete copie, et richesse d'Inuention ....'

Opitz, p. 24, z. 7—9:

'wie dann die meister derselben, Ouidius, Propertius, Tibullus, Sannazar, Secundus .....'

p. 117, z. 8:

'... ces plaisantes Eccloques Rustiques; à l'exemple de Thëocrit et de Virgile: Marines; à l'exemple de Sennazar Gentilhomme Nëapolitain.'

p. 118, z. 3:

'... et mignars Hendecasyllables, à l'exemple d'vn Catule, d'vn Pontan, et d'vn Secund.'

Opitz, p. 28, z. 35 sqq.:

'Newe wörter, welches gemeiniglich epitheta, derer wir bald gedencken werden, vnd von andern wörtern zuesammen gesetzt sindt, zue erdencken, ist Poeten nicht allein erlaubet, sondern macht auch den getichten, wenn es mässig geschiehet, eine sonderliche anmutigkeit.'

p. 126, z. 2 sqq.:

'est il deffendu en ce mesme endroict user de quelques motz nouueaux, mesmes quand la necessité nous y contraint?'

p. 127, z. 11 sqq.:

'Ne crains donques Poëte futur, d'innouer quelques termes, en vn long Poëme principalement ....'

Opitz, p. 32, z. 17 sqq.:

'Das ansehen vnd die dignitet der Poetischen rede anlangt, bestehet dieselbe in den tropis vnnd schematibus, wenn wir nemblich

du Bellay, p. 64, z. 9 sqq.:

'comme celle dont est apellée la mesme Eloquence: et dont la vertu gist aux motz propres, vsitez et non aliénes du commun vsaige

ein wort von seiner eigentlichen bedeutung auff eine andere ziehen. Dieser figuren abtheilung eigenschafft vnd zuegehör allhier zue beschreiben, ...'

de parler: aux Metaphores, Alegories, Comparaisons, Similitudes, Energies, et tout d'autres figures, et ornemens, sans les quelz tout oraison, et Poeme sont nudz, manques et debiles.'

Opitz, p. 54, z. 28 sqq.:

'Was noch vbrig ist, wil ich entweder inkünfftig selbst gründtlicher vorführen, oder denen lassen, die mir an liebe gegen vnsere sprache gleiche, vnd an geschickligkeit vberlegen sein' ... 'Welche meine geringschätzige arbeit bey statlichen auffgeweckten gemütern, wo nicht mehr, doch so viel verfangen wird, das sie gleichsam als durch einen sporen hiermit auffgemuntert, vnserer Muttersprache die hand bietten, vnd jhrer Poesie den glantz, welchen sie lengest hette kriegen sollen, geben (pag. 55) werden.'

du Bellay, p. 100, z. 6 sqq.:

'Cela certainement est de trop plus grand scauoir, et loysir, que le mien: et penseray auoir beaucoup merité des miens, si ie leur montre seulement auecques le doy le chemin, qu'ilz doiuent suyure pour attaindre à l'excellence des Anciens, ou quelque autre (peut-estre), incité par notre petit Labeur les conduyra auecques la Main.'

Opitz, p. 55, z. 22 sqq.:

'Eine guete art der vbung aber ist, das wir vns zueweilen auss dem Griechischen vnd Lateinischen Poeten etwas zue vbersetzen vornemen: dadurch denn die eigenschafft vnd glantz der wörter, die menge der figuren, vnd das vermögen auch dergleichen zue erfinden zue wege gebracht wird.'

du Bellay p. 62, z. 9 sqq.:

'Toutesfois ce tant louable labeur de traduyre, ne me semble moyen vnique, et suffisant, pour eleuer nostre vulgaire à l'égal, et Parangon des autres plus fameuses Langues.'

p. 66, z. 9 sqq.:

'Et si les raisons, que i'ay alleguées ne semblent assez fortes, ie produiray pour mes garans, et deffenseurs les anciens Aucteurs Romains, Poëtes principalement, et Orateurs, les quelz (combien que Ciceron ait traduyt quelques liures de Xenophon, et d'Arate, et qu' Horace baille les preceptes de bien traduyre) ont vacqué à ceste partie plus pour leur étude, et profit particulier, que pour le publier à l'amplification de leur Langue, à leur gloire et commodité d'autruy.'

Opitz, p. 55, z. 35 sqq.:

'Welches [sc. berühmbter männer vrtheil ergehen lassen] inngleichen die Römer so wol verstanden, vnd in acht genommen, das sie nicht leichtlich etwas offentlich ausskommen lassen, das nicht zuevor von einem vnd dem andern geschätzet vnd durchgezogen worden.'

du Bellay, p. 147, z. 1 sqq.:

'Sur tout nous conuient auoir quelque scauant, et fidele Compaignon, ou vn Amy bien familier, voire trois ou quatre, qui veillent, et puissent congnoitre nos fautes, et ne craignent point blesser nostre papier auecques les vngles.'

Opitz, p. 57, z. 21 sqq.:

'So war ich dieses für meine grösseste frewde vnd lust auff der Welt halte, so war wündsche ich, das die die in ansehung jhres reichthumbs vnnd vermeineter vberflüssigkeit aller notdurfft jhren stand weit vber den vnserigen erheben, die genüge vnd rhue, welche wir schöpffen auss dem geheimen gespreche vnd gemeinschafft der grossen hohen Seelen, die von so viel hundert ja tausendt Jharen her mit vns reden, empfinden solten; ich weiss, sie würden bekennen, das es weit besser sey viel wissen vnd wenig besitzen, als alles besitzen vnd nichts wissen.'

du Bellay p. 123, z. 6 sqq.:

'L'honneur nourist les Ars, nous sommes tous pour la gloire enflammez à l'étude des Sciences, et ne s'eleuent iamais les choses, qu'on voit estre deprisées de tous. Les Roys, et les Princes deuroient (ce me semble) auoir memoire de ce grand Empereur ....'

Opitz, p. 57/58:

'Derentwegen wolle vns ja niemandt verargen, das wir die zeit, welche viel durch Fressereyen, Bretspiel, vnnütze geschwätze, verleumbdung ehrlicher leute, vnd sonderlich die lustige vberrechnung des vermögens hinbringen, mit anmutigkeit vnsers studierens, und denen sachen verschliessen, welche die armen offte haben, vnd die reichen nicht erkauffen können.'

du Bellay, p. 124, z. 9 sqq.:

'Les Allechementz de Venus, la gueule, et les ocieuses plumes ont chassé d'entre les Hommes tout desir de l'immortalité: mais encores est ce chose plus indigne, que ceux, qui d'ignorance et toutes especes de vices font leur plus grande gloire, se moquent de ceux, qui en ce tout louable labeur Poëtique employent les heures, que les autres consument aux Jeuz, aux Baings, aux Banquez, et autres telz menuz plaisirs.

Opitz, p. 56, z. 25 sqq.:

'Welches denn der grösseste lohn ist, den die Poeten zue gewarten haben; das sie nemblich inn

du Bellay, p. 148, z. 1 sqq.:

'Ie suis d'opinion, que vous retiriez, au Bagaige auecques les Paiges et Laquais, ou bien (car j'ay

königlichen vnnd fürstlichen Zimmern platz finden, ... in die bibliothecken einverleibet, offentlich verkauffet vnd von jedermann gerhümet werden.'

pitié de vous) soubz les frais vmbraiges, aux sumptueux Palaiz des grands Seigneurs, et Cours magnifiques des Princes, entre les Dames, et Damoizelles, ou votz beaux, et mignous Ecriz, non de plus longue durée, que vostre vie, seront receuz, admirés, et adorés: non point aux doctes Etudes, et riches Byblyotheques des Scauans.'

Opitz, p. 41, z. 5 sqq.:

'Wiewol nun meines wissens noch niemand, ich auch vor der Zeit selber nicht, dieses genawe in acht genommen, scheinet es doch ....'

du Bellay p. 100, zeile 17 sqq.:

'Je scay que beaucoup me reprendont, qui ay osé le premier des Francoys introduire quasi comme vne nouuelle Poësie: ....'

Schliesslich will ich einer Opitz'schen eigentümlichkeit gedenken, welche bis zu einem gewissen grade als französisches erbstück begriffen werden darf. Es entspricht nicht eben der deutschen auffassung und fällt darum auf, wenn Opitz die poesie als vornehmliches vehikel zur befriedigung ehrgeiziger ruhmsucht anpreist. Mag hierfür auch die anschauung jener zeit in anschlag gebracht werden, so ist doch eine beeinflussung von seiten du Bellay's schwerlich ausgeschlossen: die Déffence verheisst an zahlreichen stellen viel zu eindringlich und verlockend den preis des dichters, und zwar kennt sie keinen anderen als gloire, honneur, immortalité.

Nachdem wir also du Bellay und Opitz confrontiert und jenen als quelle erfunden haben, liegt darin die berechtiguug beschlossen, die jahre 1549 und 1624 für literarhistorische parallelen auszugeben. Selbst ohne ein directes abhängigkeitsverhältnis beider stellt sie die tatsache der bewussten einführung des renaissancestils in ihre literaturen, nebeneinander.

HALLE, den 8. jan. 1885. OTTO FRITSCH.

NACHTRAEGE UND BERICHTIGUNGEN ZUR GRAMMATIK DER REMSCHEIDER MUNDART.

Zu s. 417. Weitere beispiele für die verkürzung nebentoniger vocale sind *təbak* taback, *štāklzn* Stachelhausen.

Zu s. 419. *mb* ist zu *m* assimiliert in *aml̥t* amboss (mnd. am-bolt).

Zu s. 420. *t* ist geschwunden zwischen *s* und *l* in *faslōvnt* fastnacht. Wenn wir dasselbe von den s. 563 gegebenen verbalformen *mūəsn, mȳəsn* annehmen, die also für älteres **mūəstn*, **mȳəstn* stehen würden (vgl. *rèsn* rasten), so wäre der sgl. *mūəs, mȳəs* eine ausgleichung an die regelrecht des *t* entbehrenden pluralformen. Wer demnach nicht die s. 563 unter 8 anm. gegebene erklärung vorzieht, möge diese dafür einsetzen.

Zu s. 421. Uebergang von *rs* in *aš* kommt auch in isolierten genitivformen wie *zōtašdax* samstag (nl. zaturdag, e. saturday), *nōbašfråŏ* nachbarsfrau, vor.

Zu s. 422. *n* fiel zwischen *r* und *t* aus in *ōatləx* ordentlich, vor *s* in *zūədəsdax* mittwoch (s. unten) und *ēvəs* eben (aus *evens), welches sich mit seinem *s* den s. 425 oben gegebenen beispielen anschliesst.

Ebenda. Schwund des *l* zeigt auch *ès* als (vgl. engl. as), dessen *è* sich wol als schwächung des in unbetonter satzstelle stehenden *a* erklärt, wie auch bei *èvr* aber; vgl. mnd. men 'man'.

Zu s. 424. Schwund eines gutturals zeigt auch *dālūan* taglohn (aus **dāzəl.* oder **daxl.*?) und *zondās* sonntags, am sonntage, und die entsprechenden weiteren temporalen genitive der wochentage. Auch hier kann man zweifeln, ob *-dās* für älteres **dāzes* oder **daxs* steht — im letzteren falle würde es sich den s. 414 mitgeteilten formen *vās* etc. anreihen.

NB. Mehrere male steht im 2. teile *ŏ̂ y̆* und *ðŏ̆*, was in *ŏ̂y̆* und *ðə̆* zu verbessern ist.

Als ein mir erst nachträglich klar gewordenes lautgesetz muss ich noch den durch unmittelbar folgendes *š* (= and. *sk*) bei vorhergehendem kurzem *a* bewirkten umlaut nennen, wofür als beispiele gelten mögen:

èšə asche, *tèšə* tasche, *flèšə* flasche und *vèšn* waschen (für letzteres erscheint jedoch bereits mhd. weschen, vielleicht angelehnt an das subst. wesche?). Dieser umlaut, sowie der in *hèrke* f. harke, rechen vergleicht sich am ehesten dem bekannten altnord. *R*-umlaut.

Bemerkungen über einzelne wörter.

1. *ānšnåǒən* 'anschnauzen', grob anfahren, schmähen, gehört zu mhd. snāwen, nl. snaauwen (vgl. Schade, Altd. wbch.², 836 b).

2. *èf* ob entspricht dem and. *ef*.

3. *ȝūədəsdax* mittwoch, hat, wie das von Woeste, Wtb. d. westf. munda. s. 87 mitgeteilte guensdag, in der Soester gegend noch auf einigen dörfern gebräuchliche *xụ̄əsdax* (mit nasalem *ūə*) beweisen, sein *ūə* aus altem *u*[1]) entwickelt und vor dem *s* ein *n* verloren. Als spät and. (vormnd.) form ist daher mit sicherheit *ȝudensdach anzusetzen, dessen allgemein angenommene zusammenstellung mit nl. woensdag, engl. Wednesday, dän. schwed. onsdag u. s. w. wegen des anlautenden *ȝ* statt eines zu erwartenden *v* und des kurzen stammvocals (verkürzung von *ō* hätte *o* ergeben!) auf unüberwindliche hindernisse stösst. Möglich wäre es immerhin, eine volksetymologische umdeutung — vielleicht anlehnung an gott? — anzunehmen.

4. *knūvn* plur. tant. 'fäuste' gehört wol als längere tiefstufenform zu der sippe von ahd. chnubil, mhd. knübel 'knöchel am finger', nhd. knubbe, knuffen (s. Kluge, Et. wtbch unter 'knopf'). — Aus dem nnd. gehören dahin noch westf. knūst m. (Woeste wtbch. 137) nl. knuist m. 'knorren, klumpen, auswuchs, höcker' für urgerm. *knūfstaz?, Soester *kneop* knopf (= nhd. knauf), westf. knoppe f. 'knospe' (Woeste), knoppeln pl. 'hagelkörner' (ibid.), knubbel, knubben, knūven m. 'knoten, knorren, klumpen; geschwulst; cactus', knub-

[1]) Vgl. oben s. 408 unter δ².

beln 'zerdrücken, faltig machen', knūf — pl. knȳvə 'dickes rasenstück, torfrasen' (wol identisch mit dem Remscheider worte), knuffel f. 'falte', knuffelig 'faltig', knuffeln 'faltig machen', knüffeln 'mit der geballten faust schlagen', knuffen 'mit der faust schlagen, stossen; die faust ballen', *knyp* 'knoten' (= nhd. knüpf), knūvən 'mit vollen backen langsam kauen, drücken, d. i. essen'.

HEIDELBERG, 9. mai 1885. F. HOLTHAUSEN.

Einladung.

Die 38. versammlung deutscher philologen und schulmänner soll vom 30. sept. bis 3. oct. 1885 hierselbst stattfinden. Als designierte vorsitzende der Deutsch-romanischen section beehren wir uns die fachgenossen hierzu ganz ergebenst einzuladen und bitten insbesondere um baldige anmeldung der etwa beabsichtigten vorträge.

Giessen, im juni 1885. Wilhelm Braune.
Adolf Birch-Hirschfeld.

Vorläufige anzeige.

Vielfach geäusserten wünschen folge gebend hat sich die verlagshandlung entschlossen, zu band I—X der Beiträge ein ausführliches gesammtregister bearbeiten zu lassen. Dasselbe wird als besonderes bändchen noch im laufe dieses jahres zur ausgabe gelangen.

W. B.

INHALT.

Verbesserungen zu Beiträge bd. IX.

S. 458 *z.* 14 *v. u. lies* sinu.
462 *z.* 6 *v. u. und* 463 *z.* 9 *lies* mehrerer.
464 *z.* 17 *lies* Westphalia.
468 *z.* 17 *v. u. lies* mína hina góðu . . . . *und* hina ríku.
469 *z.* 1 *v. u. lies* satt.
481 *z.* 11 *v. u. lies* bitit.
491 *z.* 22 *ff. lies* Valslǫngu.

Zur beachtung: Alle auf die redaction der 'Beiträge' bezüglichen zusendungen bittet man zu richten an Professor Dr. W. Braune in **Giessen.**

Lightning Source UK Ltd.
Milton Keynes UK
UKOW032204080113

204605UK00008B/280/P

9 781161 057430